国家社科基金
后期资助项目

《国富论》
在近代中国的传播

The Diffusion of the *Wealth of Nations* in Modern China

何洪涛 著

上海社会科学院出版社
SHANGHAI ACADEMY OF SOCIAL SCIENCES PRESS

图书在版编目（CIP）数据

《国富论》在近代中国的传播 / 何洪涛著. -- 上海：上海社会科学院出版社, 2024. -- ISBN 978-7-5520-4516-1

Ⅰ.F091.33

中国国家版本馆 CIP 数据核字第 202454BL21 号

《国富论》在近代中国的传播

著　　者：何洪涛
责任编辑：张　晶
封面设计：霍　罩
技术编辑：裘幼华
出版发行：上海社会科学院出版社
　　　　　上海顺昌路 622 号　邮编 200025
　　　　　电话总机 021-63315947　销售热线 021-53063735
　　　　　https://cbs.sass.org.cn　E-mail: sassp@sassp.cn
排　　版：南京展望文化发展有限公司
印　　刷：上海龙腾印务有限公司
开　　本：710 毫米×1010 毫米　1/16
印　　张：29.5
字　　数：526 千
版　　次：2024 年 11 月第 1 版　2024 年 11 月第 1 次印刷

ISBN 978-7-5520-4516-1/F·783　　　　　定价：128.00 元

版权所有　翻印必究

国家社科基金后期资助项目
出版说明

　　后期资助项目是国家社科基金设立的一类重要项目,旨在鼓励广大社科研究者潜心治学,支持基础研究多出优秀成果。它是经过严格评审,从接近完成的科研成果中遴选立项的。为扩大后期资助项目的影响,更好地推动学术发展,促进成果转化,全国哲学社会科学工作办公室按照"统一设计、统一标识、统一版式、形成系列"的总体要求,组织出版国家社科基金后期资助项目成果。

全国哲学社会科学工作办公室

序　言

蒋永穆

何洪涛同志于2010年至2013年跟随我在四川大学理论经济学博士后流动站从事研究工作。出站之后，他的博士后出站报告《〈国富论〉在近代中国的传播》经过修改打磨，于2019年成功申请获批国家社科基金后期资助项目。经过数年努力，项目顺利结项。他在博士后出站报告和国家社科基金结项成果基础之上修改而成的专著即将出版，作为他曾经的合作导师，特谈一谈我读这部专著的几点感受，以表祝贺之情，亦寓鼓励之意。

首先，从学术观点而言，这部著作通过对原始材料的解读，纠正了一些已有成果的谬误。本书利用了一大批以往学术界从未涉及过，或是利用得较少的第一手学术资料，如稀见文献《致富新书》，傅兰雅、艾约瑟、李提摩太等人的英文原著，以及从300多种报刊中梳理出来的800多篇与论述主题相关的晚清民国期刊文章。又如本书指出，中国最早的政治经济学译著是《致富新书》，而非学术界认为的《富国策》。由于忽视《佐治刍言》《富国养民策》《泰西新史揽要》等书的英语底本的利用，以及译者中英文水平的欠缺，部分成果的书名、版本来源、历史叙述都存在着错误，这部著作为此一一进行了细致的考辨。

其次，这部著作探讨了《国富论》对中国近代政治人物的思想发展历程和代表性著作的影响。孙中山反对斯密的经济自由主义与分配论，认为中国不能实行经济自由主义，而是应该节制私人资本，发展国家资本。他的看法在当时社会具有风向标的作用，直接影响并坚定了学界对斯密的批判态度。蒋介石抵制西方正统派经济学和马克思主义经济学，倡导中国的传统经济思想。李大钊、陈独秀二人都在对马克思与斯密的相关经济学说进行详细的理论比较过程中，逐渐从民主主义者转变为马克思主义者，也促进了青年知识分子在接受马克思主义的同时，加深对斯密的资本理论、价值理论的了解。以往学术界大多关注中国经济学家对斯密学说的接受，本书则率先研究了孙中山、蒋介石、李大钊、陈独秀、毛泽东等对斯密学说的认识和态度，填补了《国富论》传播史上的空白。

再次，深入研究了民国主流经济学家对《国富论》的理解、运用与批判，从而全面地认识了中国第一批经济学家的思想渊源与发展轨迹。唐庆增是继严复、梁启超之后传播《国富论》的代表人物，他信奉经济自由主义，较早指出中国古代传统经济思想对亚当·斯密产生过影响。马寅初、李权时、张素民、赵兰坪等其他经济学社社员主要信奉新古典经济学，均使用新古典经济学派的观点对斯密的劳动价值论与自由贸易论进行批判，倡导在中国实行统制经济，并直接影响了当时国民政府所推行的经济政策。

最后，本书系统研究了马克思主义理论家陈豹隐、郭大力、王亚南对传播《国富论》的贡献，及其所译的《国富论》对"中国经济学"形成的影响。对斯密学说的批判与继承是马克思主义理论形成的一个重要方面，接触过《国富论》的中国马克思主义者也是在批判和继承中，完成了对马克思主义理论的历史性正确选择，陈豹隐、王亚南、郭大力曾经深度钻研过斯密学说，《国富论》为构建"中国经济学"给予了理论素材与研究方法，成了具有中国特色的马克思主义经济学思想的重要源头。

以上四个方面可以说是此书对《国富论》在近代中国传播过程的历史叙事分析的结果，然而，此书不仅善于历史分析，而且还总结、阐发了《国富论》在近代中国传播的现实意义，例如对于中国特色社会主义市场经济发展的启示。《国富论》奠定了市场化机制的理论基础，它的市场经济理论实质上是资本主义市场经济，与中国特色社会主义市场经济有着本质的区别。中国对于《国富论》的借鉴必须在中国特色社会主义制度下，坚持党的领导，坚持马克思主义，避免市场经济造成的贫富两极分化。也就是二十大报告中的要求："坚持和完善社会主义基本经济制度，毫不动摇巩固和发展公有制经济，毫不动摇鼓励、支持、引导非公有制经济发展，充分发挥市场在资源配置中的决定性作用，更好发挥政府作用。"正如何洪涛同志所指出的，要构建高水平社会主义市场经济体制，须"合理借鉴《国富论》的有益成分"。这个"有益成分"就是要正确认识与理解《国富论》对政府的职能、政府与市场、劳动分工与市场交易、竞争机制、公正法律等的阐述，斯密关于市场经济理论的探讨，能够为中国式现代化进程建构高水平社会主义市场经济体制提供有益启迪。

另外，《国富论》倡导经济自由主义，考察《国富论》在近代中国的传播历程，可一窥自由主义与新自由主义在中国的传播历程。自由主义在19世纪后期传入中国，而与自由主义有着天然渊源关系的新自由主义则在20世纪初才传入中国，无论是自由主义还是新自由主义均无法在中国扎根,本书从政治因素、经济土壤、舆论环境、自由主义者与新自由主义自身的局限等方面解析了自由主义、新自由主义在中国失败的缘由。时至今日,我们更是要以史为鉴,警惕新自由主义的弊端与危害。

此书付梓之际,特作上述数语,与学界诸君共勉,也希望何洪涛同志继续潜心学术,不断进步。

是为序。

2024年金秋于四川大学

目　　录

绪　论 …………………………………………………………………… 1

第一章　《国富论》在中国的传播前史（1840—1902） ……………… 11
第一节　传教士编译著作中的《国富论》 ……………………… 12
第二节　早期报刊对《国富论》的报道 ………………………… 41
第三节　驻外使臣与早期资产阶级改良派对《国富论》的接触 … 45
第四节　本章小结 ………………………………………………… 52

第二章　严复的《原富》及相关著述中的斯密学说 …………………… 56
第一节　严复对"富强"的探索 ………………………………… 56
第二节　严复经济思想的集中体现——《原富》 ……………… 60
第三节　《原富》问世后，严复作品中的斯密学说 …………… 77
第四节　本章小结 ………………………………………………… 83

第三章　梁启超对《国富论》的评介 …………………………………… 85
第一节　《原富》的首个书评及其他 …………………………… 85
第二节　《生计学学说沿革小史》对《国富论》的评介 ……… 89
第三节　梁启超的其他相关评介 ………………………………… 103
第四节　本章小结 ………………………………………………… 111

第四章　资产阶级革命派对《国富论》的反响 ………………………… 113
第一节　孙中山对《国富论》的批判 …………………………… 113
第二节　朱执信对斯密与马克思传承性的简介 ………………… 125
第三节　蔡元培对斯密学说的了解 ……………………………… 127

第四节　蒋介石对斯密学说的看法：以《中国经济学说》为例……… 130
　　第五节　本章小结……………………………………………………… 135

第五章　中国早期马克思主义者对《国富论》的回应……………………… 138
　　第一节　李大钊对《国富论》的评介………………………………… 139
　　第二节　陈独秀对《国富论》的简短评论…………………………… 152
　　第三节　毛泽东对《国富论》的否定………………………………… 157
　　第四节　陈豹隐对劳动价值说的批判………………………………… 163
　　第五节　本章小结……………………………………………………… 169

第六章　中国经济学社与《国富论》的传播……………………………… 175
　　第一节　民国经济思想史的代表人物：唐庆增……………………… 176
　　第二节　李权时著述中的斯密学说…………………………………… 196
　　第三节　马寅初著述中的斯密学说…………………………………… 204
　　第四节　张素民、赵迺抟、赵兰坪与《国富论》…………………… 215
　　第五节　本章小结……………………………………………………… 224

第七章　从报刊看《国富论》在中国近代的传播………………………… 229
　　第一节　《国富论》在近代报刊的分布概述………………………… 229
　　第二节　纪念亚当·斯密的期刊文章………………………………… 256
　　第三节　纪念《国富论》的期刊文章………………………………… 272
　　第四节　本章小结……………………………………………………… 284

第八章　从经济学著作看《国富论》在中国近代的传播………………… 289
　　第一节　经济学译著对《国富论》的译介：日本渠道……………… 289
　　第二节　经济学译著对《国富论》的译介：欧美渠道……………… 299
　　第三节　中国人自编的经济学著作对《国富论》的介绍…………… 305
　　第四节　本章小结……………………………………………………… 313

第九章　郭大力、王亚南《国富论》译本及相关著述中的斯密学说…… 315
　　第一节　《原富》与《国富论》之比较……………………………… 315
　　第二节　《国富论》与"中国经济学"：以王亚南为例……………… 319

第三节　郭大力著译作中的斯密学说 ………………………… 338
　　第四节　本章小结 …………………………………………… 354

结语与余论 ……………………………………………………… 361

附　录 …………………………………………………………… 392
主要征引书目与参考文献 ……………………………………… 443
后　记 …………………………………………………………… 459

绪　　论

　　1840年鸦片战争爆发后,西方列强用坚船利炮打开了中国的大门,西方经济学开始逐渐在中国传播开来。作为西方经济学的代表作,亚当·斯密的《国富论》(中文全称是《国民财富的性质和原因的研究》,英文全称是 *An Inquiry into the Nature and Causes of the Wealth of Nations*)也随之传入中国。从标题来看,这是一本研究国民财富的性质与产生原因的书籍,与晚清中国追求富强的基调相契合,因而备受关注,入华传教士、驻外使臣、资产阶级维新派、资产阶级革命派、中国早期马克思主义者,以及知识界都曾不同程度地评论过此书。因此,研究该书在近代中国的传播具有重要的学术价值。

　　《国富论》在中国的传播已百年有余,学术界对它在近代中国传播的专题研究成果比较薄弱,主要研究成果散见于各种论著之中。归纳起来,笔者主要从思想家人物、西方经济学在中国传播、马克思主义来源、三阶段论四种视角来概述这一主题。

一、思想家人物视角的研究

　　《原富》是斯密的《国富论》在中国的第一个中译本,学术界视1902年《原富》的出版为中国经济学的开端。在当时,中国的经济学还从属于其他学科,没有自己的学科领域、研究方法、学术话语。因此,从一开始,不仅是经济学的学者,而且其他学科的学者都加入其中,他们站在不同的角度研究严复及其《原富》,时至今日,研究已百年有余。因涉及的范围太广,此处主要概括经济学界的研究成果。

　　所谓思想家人物视角,是指对《国富论》传播起着重要影响的人物的研究,这些人物数量庞大,学术界主要集中在严复和王亚南身上。两人比较起来,严复一直是关注的重点,其是近代杰出的启蒙思想家、翻译家、教育家,几乎社会科学各领域都有对严复的研究,经济学界也不例外,经济学界对他的研究主要集中在其译本《原富》上。

　　民国时期,学术界一致肯定严复对传播《国富论》的贡献。《原富》还未出版时吴汝纶便为该书作序,借此批判国人重农抑商、重义轻利的传统思想,《原富》刚一出版,梁启超首先在《新民丛报》上向国人推荐该书,称赞严复于西学、中学皆为我国第一流人物。这种赞誉一直延续到20世纪三四十年代的学术界,比如:1935年郑学稼在《严侯官先生的政治经济思想》一文中肯定了严复将西洋的政治经济思想首先引介到中国来的学术贡献,并附带指出了严复经济思想中的缺点;①民国经济学家唐庆增、刘秉麟等也给予了严复不同程度的好评。1949—1978年改革开放之前,对于严复经济思想的研究,几乎处于停滞状态。1978年之后,研究严复经济思想的成果才逐渐丰富起来。严复一生没有写过专门的经济学著作,他的经济思想集中体现在翻译过程中撰写的大量按语中,解读严复按语成了20世纪八九十年代学术界的一个关注点,由此诞生了一批有学术水准的论文。例如,叶世昌的《从〈原富〉按语看严复的经济思想》(《经济研究》1980年第7期)、骆浪萍的《〈原富〉按语中严复的人口思想》(《人口研究》1987年第3期)、孙小著的《从严译名著按语试探严复的改革思想》(《近代史研究》1994年第5期)、俞政的《析严译〈原富〉按语中的富国策》(《苏州大学学报(哲学社会科学版)》1995年第3期),等等。另外,20世纪末21世纪初还出现了一些专门阐述严复经济思想的学位论文:《严复经济思想初探》②、《严复与福泽谕吉的"自由经济理论"》③、《严复经济思想研究》④、郑双阳的《严复经济思想研究》⑤、张丁丹的《〈原富〉的经济术语翻译会通研究》等⑥。

20世纪80年代以来的学术著作也有不少涉及严复的经济思想。赖建诚有两本著作涉及此问题。一本是《亚当·斯密与严复——〈国富论〉与中国》⑦,该书主要探讨了《国富论》在各国的传播、翻译《原富》的动机、严复对《国富论》的理解、《原富》的按语以及严复的经济见解等问题。作者视野广阔,理论功底扎实,该书具有相当的学术深度,是研究严复经济思想的一本力作。另外一本则是他的英文著作《国际视野中的亚当·斯密:〈国富论〉的翻译与接受》⑧,介绍了《国富论》在10个非英语国家的传播概况,并

---

① 郑学稼:《严侯官先生的政治经济思想》,《文化建设》1935年第1卷第12期,第49—55页。
② 乔雪松:《严复的经济思想初探》,东北财经大学2003年硕士论文。
③ 宋雄伟:《严复与福泽谕吉的"自由经济理论"》,山东大学2007年硕士论文。
④ 郑斌孙:《严复的经济思想初探》,山东大学2009年硕士论文。
⑤ 郑双阳:《严复经济思想研究》,福建师范大学2012年博士论文。
⑥ 张丁丹:《〈原富〉的经济术语翻译会通研究》,湖南科技大学2018年硕士论文。
⑦ 赖建诚:《亚当·斯密与严复:〈国富论〉与中国》,浙江大学出版社2009年版。
⑧ Lai Cheng-chung, *Adam Smith across Nations: Translations and Receptions of the Wealth of Nations*, Oxford: Oxford University Press, 2000.

在书中比较了斯密与严复的经济思想。还有一些著作则是部分章节谈到严复的经济思想。例如,侯厚吉和吴其敬在《中国近代经济思想史稿》第二册第五章第三节中论述了严复的自由主义经济思想、经济范畴理论,严复关于农工商、财政、金融的观点,并高度评价了严复的贡献:"以西方古典经济学家的经济自由主义思想作为武器来宣扬经济自由主义,严复是最深刻的一人。"①赵靖的《政治经济学方面向西方寻找真理的标本——从〈原富〉按语看严复的经济思想》②与《从严译〈原富〉按语看严复的经济思想》③谈论到对严复按语的解读。皮后锋的《严复评传》专列一节探讨了《原富》按语的性质与内容。④ 美国学者本杰明·史华兹在《严复与西方》一书的第五章则探讨了严复的经济自由主义思想。

此外,自 20 世纪 90 年代以来,一些有关纪念严复及其《原富》诞辰的学术讨论会中涉及对严复经济思想的研究。比如,1993 年的《93 严复国际学术研讨会论文集》中收录了 4 篇关于严复经济思想的论文:绪形康的《严复的经济思想与亚当·斯密的思想比较》、林其泉的《简议严复对〈原富〉的翻译》、潘心城的《论严复的理财思想》、俞政的《论严复的经济自由主义》;1997 年《严复与中国近代化学术研讨会论文集》收录了 3 篇关于严复经济思想的论文:潘心城的《关于严复经济学理论的探讨》、林利本的《严复对西方古典经济学的传播》、俞政的《严译〈原富〉的社会反应》;2002 年"纪念严复译本《原富》出版 100 周年"全国学术研讨会在安徽省滁州市召开,2003 年《经济学动态》第 1 期发表了刘雪梅关于此次会议的综述文章《纪念严复译本〈原富〉出版 100 周年全国学术研讨会综述》;2004 年的《中国近代启蒙思想家——严复 150 周年诞辰(研讨会论文集)》收录了皮后锋的《略论〈原富〉的翻译》一文。这些会议论文深化了对严复经济思想的研究。

与严复的相关研究相比,学术界对王亚南传播《国富论》的研究却明显滞后。从 1949 年之前王亚南的著述来看,他不仅大力传播马克思主义经济学,同时也致力于传播资产阶级经济学。一方面,国内学术界对前者涉猎较多,如陈克俭、罗郁聪、叶世昌、陈其人、胡培兆、张小金、宋涛、陶大镛等都关注了王亚南在传播马克思主义经济学方面的贡献;另一方面,国内学术界对后者的研究成果较少,目前只见到一篇介绍王亚南传播古典经济学的文章——郭其友、黄志贤撰写的《王亚南研究"西方经济学说"的科学态度与

---

① 侯厚吉、吴其敬:《近代经济思想史稿》(第 2 册),黑龙江人民出版社 1983 年版,第 519 页。
② 赵靖:《中国近代经济思想史讲话》,人民出版社 1983 年版,第 187—205 页。
③ 赵靖:《赵靖文集》,北京大学出版社 2002 年版,第 1—12 页。
④ 皮后锋:《严复评传》,南京大学出版社 2011 年版,第 426—435 页。

方法论》(《福建论坛》2006年第2期)。殊不知,1949年之前王亚南有10余部著作、近30篇论文都论及《国富论》。他是如何评价斯密学说的?斯密学说与马克思主义学说的联系与区别何在?这些问题一直没有引起重视,学术界重视的反而是1949年之后王亚南对斯密学说的态度。本书试图全面分析王亚南著述中对斯密学说的理解和运用。

二、西方经济学在中国传播的视角

《国富论》是西方经济学的奠基之作,研究西方经济学在中国的传播往往都涉及该书,这类研究成果有:李竟能的《论清末西方资产阶级经济学的传入中国》(《经济研究》1979年第2期)、戴金珊的《试论西方经济学在中国的早期传播》(《世界经济文汇》1985年第4期)、刘健的《概述二十世纪三十年代西方经济学思想在中国的传播》(河北师范大学2008年硕士论文)、范文田的《浅论西方经济学在晚清时期的传播途径与影响》(河北师范大学2008年硕士论文)、梁捷的《西方经济学在华早期传播与译介》(《学习与探索》2007年第2期)、张登德的《〈富国策〉与西方经济学在近代中国的传播》(《山东师范大学学报》2008年第4期)、傅德元的《〈富国策〉的翻译与西方经济学在华的早期传播》(《社会科学战线》2010年第2期)、岳清唐与周建波的《民国时期西方经济学在中国的传播及其影响》(《贵州社会科学》2014年第9期),等等。上述成果重在探讨经济学在中国的传播渠道、传播过程、传播特点、传播内容等方面,所以虽然都提及了斯密的《国富论》,但多为简略的回顾,没有进行较为深入的专题分析。

三、马克思主义来源的视角

考察《国富论》在近代中国的传播,一部分学者从西方经济学在中国传播的角度予以解读,另一部分学者则从马克思主义来源的角度进行解读。郭大力、王亚南翻译的《国富论》于1931年出版,可以被视为从马克思主义来源的视角进行解读的开端。1962年1月13日,王亚南在《人民日报》上发表题为《研究古典经济学的现实意义》的文章,认为研究古典经济学有三点现实意义,可以"加深对于马克思主义政治经济学的理解、加强对于庸俗经济学的斗争、批判地吸收人类优秀文化的遗产",他说严译《原富》"几乎连纯学术的影响也谈不到"。[①] 1965年,王亚南在《国富论》的《改订译本序言》中再次低估斯密《国富论》的现实意义,他说:"现在,在这帝国主义日趋

---

① 王亚南:《研究古典经济学的现实意义》,《人民日报》1962年1月13日。

灭亡,社会主义革命不断走向胜利的历史阶段,尽管一些反动的资产阶级庸俗经济学者,还在不同意义上强调着自由市场经济,还在宣扬着资本主义的改造或再生,但作为资本主义成长时代的斯密的这部经济学译著,早已没有现实的意义,而只有政治经济学史上的意义了。"①并且,他承认翻译《国富论》的动机是为翻译《资本论》做准备,为宣传马克思主义做准备,他对斯密学说的评论也是依据马克思的观点来进行的。苏联学术界也是按照马克思、列宁对斯密的观点来进行分析的,在这点上,王亚南与苏联学术界都秉承马列主义的观点来看待《国富论》。他们把斯密学说当成马克思主义的三大来源之一,以马克思的观点来评价斯密的理论,"这势必冲淡和模糊了斯密学说的本来面貌和核心,即经济自由主义,难以对其历史进步性和一定程度的科学意义做出公允的评价"。②

1949年以后,苏联模式对中国影响较深,我国学者几乎全部运用马克思主义的政治经济学原理来研究《国富论》,这可从1949—1978年的大学教材中得到印证。比如20世纪六七十年代鲁友章、李宗正主编的《经济学说史》(上下册)就是一个例证,该教材以马克思主义为指导,体现了我国学术界的研究水平,是我国第一部完整的经济学说史教科书,在全国高等院校广泛使用。该教材分析了斯密关于分工、交换、货币理论的得失,仿照马克思在《剩余价值学说史》中的观点指出斯密价值论是二重、三重的,甚至四重的。再比如,20世纪60—80年代,一些高等学校使用苏联院士卢森贝的《政治经济学史》第1卷(生活·读书·新知三联书店1959年版)作为教材,该教材继承了马克思对斯密的批评。季陶达与纪明山将鲁友章的《经济学说史》与卢森贝的《政治经济学史》第1卷做了比较,结果发现鲁友章还是按照马克思主义的观点对《国富论》进行评介。③

对《国富论》评价的转变发生在党的十一届三中全会以后,中国社会开始以经济建设为中心,而《国富论》一书的目的在于"富国裕民",国人开始认识到斯密及其《国富论》对中国经济改革、对"富国"的价值和意义,于是重新研究《国富论》在理论上、实践上的重要性就不言而喻了,中国社会开始出现了一股重新研究《国富论》的热潮。比如,每逢亚当·斯密的诞辰或者《国富论》的出版纪念日,学术界纷纷撰写纪念文章,召开学术纪念活动。

---

① [英]亚当·斯密:《国民财富的性质和原因的研究》(上卷),郭大力、王亚南译,商务印书馆2008年版,第13、2页。
② 晏智杰:《晏智杰讲亚当·斯密》,北京大学出版社2011年版,第166页。
③ 季陶达、纪明山:《我国第一部完整的经济学说史教科书——评介鲁友章、李宗正主编的〈经济学说史〉》,《天津社会科学》1984年第3期,第12—15页。

1976年,《黑龙江大学学报》刊登了张志、程恩的纪念文章《风烛话残年——漫谈〈国富论〉出版二百周年、〈通论〉出版四十周年》。1979年7月17日是亚当·斯密逝世190周年纪念日,《国外社会科学》1980年第7期发表了朱绍文的纪念文章《访"亚当·斯密文库"——纪念亚当·斯密逝世一百九十周年》。1986年,上海社会科学院经济研究所、复旦大学经济系、华东师范大学经济系召开了纪念斯密《国富论》发表210周年学术研讨会,杨建文、尹伯成、石士钧、李荣昌、肖高励、王惟中、蒋自强、徐为列等学者撰写了纪念论文。另外,南开经济研究的鲁明学也发表了纪念文章。2006年10月,中华外国经济学说研究会、中国社会科学院马克思主义研究院、经济研究所、北京大学经济学院、清华大学经济管理学院、中国人民大学经济学院、北京师范大学经济与工商管理学院、首都经济贸易大学经济学院联合召开了学术会议,讨论"马克思主义经济学与西方经济学",与会专家学者发表了一些纪念亚当·斯密《国富论》发表230周年的论文。又比如,从1980—2012年,各类政治经济学教材和经济学说史教材①大量涌现,各类教材几乎都转向了对《国富论》的正面评价。再比如,2016年9月,上海社会科学院召开了"市场经济思想在中国的传播和实践——暨纪念《国富论》发表240周年"国际学术研讨会,彰显了市场经济对中国当下的学术价值与现实意义。尤其引人注目的是,近些年来中国掀起了翻译《国富论》的热潮,截至2020年,《国富论》的中译本达到42个版本,②全译本、节译本、中英文对照本、图解本、插图本、精装本、简装本等让人眼花缭乱,中国社会对《国富论》的重视程度达到了前所未有的程度。

2023年是亚当·斯密300周年诞辰,不仅有格拉斯哥大学举办的为期3个月的亚当·斯密全球阅读小组与多场学术纪念活动与讲座,还有北京大学、浙江大学、浙大城市学院等国内高校的学术研讨会,这些学术活动把斯密经济思想的研究推进到了一个崭新的高度。

四、三段式的视角

关于《国富论》在中国的传播与影响,国内多用三个阶段的模式来概括,

---

① 相关论述参见胡寄窗主编:《西方经济学说史》,立信会计出版社1991年版;陈孟熙主编:《经济学说史教程》,中国人民大学出版社1992年版;晏智杰主编:《西方经济学说史教程》,北京大学出版社2002年版;尹伯成主编:《西方经济学说史:从市场经济视角的考察》,复旦大学出版社2005年版;尹伯成编著:《西方经济学说史简明教程》,科学出版社2007年版;周志太主编:《外国经济学说史》,中国科学技术大学出版社2009年版,等等。

② 刘瑾玉:《翻译、概念与经济:严复译〈国富论〉研究》,社会科学文献出版社2021年版,第618—620页。

这种模式常常依据历史上的重大事件发生的时间为划分的标准。比如，陈孟熙认为1949年前是《国富论》传播的第一阶段，严复、梁启超是第一阶段的代表人物，他们关注的是斯密的经济自由主义和富国裕民学说；第二阶段是新中国成立以后到"文化大革命"前的17年间，各大学相继开设"经济学说史"课程，多采用苏联教材讲授斯密理论；第三阶段是改革开放以后，对斯密学说的研究步入高潮，出现很多研究斯密学说的译著。① 张登德也用三个阶段来概括这个传播过程：第一阶段是传入阶段，主要以传教士和少数中国人为代表，简单介绍亚当·斯密及其理论；第二阶段是扩展阶段，主要以严复、梁启超为代表，介绍并开始运用亚当·斯密的理论研究中国经济问题；第三阶段是深化阶段，以中国留学生②和国内学者为代表，不仅出现了研究性的译著，而且被当作马克思主义的来源的辅助读物。③ 朱绍文、张琳、晏智杰等人的论著都简单回顾了《国富论》在中国传播的过程，只是对三个阶段的侧重点不一样。张琳突出了《原富》诞生前的传播与严复对传播《国富论》的贡献，④朱绍文侧重介绍了严复的贡献与《国富论》在现代中国的意义，⑤晏智杰则主要论述了严复翻译《原富》的由来以及《国富论》在当代中国越发受到重视的现实。⑥ 关于《国富论》在中国的影响，尹伯成将之划分为三个阶段。第一阶段，清末以严复为代表的先进思想家欲从《国富论》中寻找实现中国维新变法、富国强兵的思想武器；第二阶段，中国新民主主义革命时期到改革开放以前，《国富论》被作为马克思主义批判的来源之一、被作为《资本论》的辅助读物来研究；第三阶段，改革开放之后以经济建设为中心的新时期，我们研究《国富论》主要是要从中得到如何发展市场经济的一些启发，以"富国裕民"。⑦

陈孟熙、张登德、尹伯成三人的三段式划分在时段上有所不同，对其代表人物的选定也出现差异。陈孟熙认为1949年新中国成立前传播《国富论》的代表人物为严复与梁启超，这忽视了王亚南的学术贡献。

---

① 宋涛：《中国学术大典》（上册），福建教育出版社2005年版，第75页。
② 关于留学生传播经济学的作用参见邹进文：《近代中国经济学的发展：以留学生博士论文为中心的考察》，中国人民大学出版社2016年版。
③ 张登德：《亚当·斯密及其〈国富论〉在近代中国的传播和影响》，《理论学刊》2010年第9期，第95—99页。
④ 张琳：《亚当·斯密〈国富论〉在近代中国的传播》，上海财经大学2010年硕士论文，第16—26页。
⑤ 朱绍文：《经典经济学与现代经济学》，北京大学出版社2000年版，第75—83页。
⑥ 晏智杰：《晏智杰讲亚当·斯密》，北京大学出版社2011年版，第164—170页。
⑦ 尹伯成：《斯密理论在中国影响的三个阶段——为〈国富论〉问世二百三十周年而作》，《探索与争鸣》2006年第4期，第45页。

张登德和尹伯成均将严复与梁启超视为清末传播《国富论》的代表人物，而对谁是新民主主义革命时期的代表人物产生了分歧。张登德把留学生与国内学者作为代表，列举了陶希圣、连士升、李大钊、王亚南、郭大力、刘秉麟、唐庆增等人；尹伯成则把王亚南、郭大力视为代表人物。由此看来，学术界对于1949年前传播《国富论》的主要代表人物并没有取得共识。

从总体而言，本论题的相关研究在学术界存在着如下不足与发展趋势：

第一，学术界对严复经济思想的关注主要聚焦于《原富》的《译事例言》与按语。其实，除《原富》之外，《天演论》《孟德斯鸠法意》《政治讲义》《原强修改稿》《论铜元充斥病国病民不可不急筹挽救之术》《中国古代政治结社小史》等论著中都或多或少含有斯密学说。近些年来学术界对这些作品中包含的斯密学说不太重视，这势必造成对严复经济思想整体把握的缺失。因此，本书力图弥补这一缺陷。

第二，对传播《国富论》有重要贡献的人物缺乏应有的重视。学术界关于严复对传播斯密学说的贡献已达成共识，然而长久以来的研究视野较为狭窄，对许多有重要贡献的人物轻描淡写，梁启超与中国经济学社社员（民国主流经济学群体）的传播作用始终未能受到重视。

关于梁启超经济思想的研究成果，20世纪八九十年代的一些经济思想通史中仅有一章或一节有过概述，如赵靖、易梦虹主编的《中国近代经济思想史》（下册，1980）、叶世昌的《中国经济思想简史》（下册，1980）和《近代中国经济思想史》（1998），以及侯厚吉、吴其敬主编的《中国近代经济思想史稿》（第三册，1984）、胡寄窗的《中国近代经济思想史大纲》（1984）。也有一些专论他经济思想的书籍，如1999年出版了吴申元的《被历史"遗忘的角落"——梁启超的新民学说与经济思想》一书，2000年之后专门研究他经济思想的成果开始增加，如复旦大学高月仓的2001年博士论文《梁启超经济思想研究》、中山大学博士后朱圆满在2004年完成的出站报告《梁启超早期经济思想研究》、朱俊瑞的《梁启超经济思想研究》（2004）、赖建诚的《梁启超的经济面向》（2010）。上述作品中零星涉及梁启超对斯密学说的运用与评价。本书将在吸收、借鉴前人研究成果的基础上全面解读梁启超作品中的斯密学说。

《国富论》传入中国的过程也是经济学在中国的成长过程，当时国内的学术组织和报刊纷纷进行了引介，中国经济学社及其创办的经济学权威理论期刊《经济学季刊》在其中发挥了重要的作用。关于中国经济学社与《经济学季刊》的研究，目前最主要的成果是孙大权的专著《中国经济学的成长：中国经济学社研究（1923—1953）》①与方小玉的博士论文《民国〈经济学季刊〉（1930—1937）研究》②，前者全面考察了中国经济学社骨干社员的学术背景、学术思想、学术影响，后者对该刊的创办、运营、出版、论文作者、论文内容进行了梳理。但两者都没有专门研究该社社员以及该刊对斯密学说的专题研究，与之不同的是，本书专门分析该社骨干社员，如唐庆增、刘秉麟、马寅初、李权时等人论著中对斯密学说的介绍、运用与批判。

第三，对报刊的传播作用不够重视。报刊是展现新思想的重要媒介，《国富论》在中国传播的程度如何，报刊是一个重要的衡量指标。晚清、民国时期有300余种报刊登载了800多篇有关亚当·斯密及其《国富论》的文章，学术界迄今未系统整理这些文献。本书则全面梳理了民国报刊中的所有涉及《国富论》的文章，第一次以斯密学说的报刊传播为切入点，从整体上把握民国时期的经济思想发展动态与关注热点。

第四，《国富论》能否在中国顺利传播，知识界的态度固然是一个重要的影响因素，政治派别的态度也是一个不可忽视的因素。资产阶级革命派、早期马克思主义者分别在不同时期充当了中国政坛的主流。其中，孙中山、李大钊、陈独秀、毛泽东以及蒋介石等政治人物对《国富论》的认识与态度会影响该书在中国的命运，因此有必要探讨此书对他们的影响。

第五，研究方法和研究视野有待扩展。目前已取得的成果多局限于某个学科的单一视角和单一研究方法，研究视野相对狭窄，而《国富论》在近代中国的传播，其实广泛涉及历史学、经济学、传播学、译介学、文献学、政治学、社会学等领域，因此从多学科的角度，在宏大的学术视野中重新审视这项研究，综合运用多种研究手段，成为未来研究的发展趋势。

基于上述思考，本书以1840—1949年为研究时段，以相关的100余种著述、300余种晚清、民国报刊为考察的基本文献资料，梳理来华传教士、资产阶级维新派、资产阶级革命派、中国早期马克思主义者、中国经济学社骨干社员等不同群体对《国富论》的译介、理解、接受、运用、批判。这里需要指明的是，《国富论》全书分五篇，其中心论点有五大项：分工论、劳动价值论、自然分配论、自由主义经济政策、赋税论。而这五大项下面又可派生出许多分论点，如分配论包括了地租论、工资论、利润论等，该书除这五大项之外还

---

① 孙大权：《中国经济学的成长：中国经济学社研究（1923—1953）》，上海三联书店2006年版。
② 方小玉：《民国〈经济学季刊〉（1930—1937）研究》，武汉大学2009年博士论文。

有多个理论观点,如自利说、"看不见的手"、对重商主义、重农主义的批判等。总之,牵涉的理论观点非常庞广。因此,本书用"斯密学说"一词来指代《国富论》中所有的理论观点、政策措施与批判等,即《国富论》在近代中国的传播实际上包含了斯密学说在中国的传播。

第一章 《国富论》在中国的传播前史(1840—1902)

1776年,英国古典经济学家亚当·斯密的著作《国富论》的出版标志着经济学学科的诞生。该书在英国乃至整个欧洲引起了轰动,被译为多国语言在世界范围内传播,19世纪下半期,这部巨著随着传教士、商人、旅行家等传播到日本、中国、朝鲜等东亚国家。这些国家的有识之士试图通过这部著作来了解西方富强的缘由。众所周知,1840年鸦片战争爆发后,西方列强用坚船利炮打开了中国的大门,将其商品、文化等源源不断输往中国,这是近代中国"西学东渐"的时期。长期遭受封建禁锢、闭关锁国的中国人开始睁眼看世界,学习西方的科学技术和文化知识,以便实现国家富强的目的。赵丰田说:"晚清五十年政治经济思想之中心,可一言以蔽之曰,求富强而已。"[①]贫富问题是经济学始终关注的核心议题,作为一本研究如何增加国家财富的书籍,《国富论》与晚清中国追求富强的目标相吻合,因此这本经济学开山之作在近代中国颇受关注。

然而,这本理论性很强的经济学经典著作,对于长期固守传统价值的中国人来说理解起来十分困难,因而它的传播范围有限,传播的初期仅仅局限在来华传教士、驻外使臣以及学习西方文化的少数中国人当中,中国人对它的认知也是一知半解、模棱两可,这种情况一直持续到1902年《国富论》第一个中译本——《原富》的诞生才有所改变。因而笔者将《国富论》在1840—1902年传播的情况称为《国富论》在中国的传播前史,旨在说明该书的中译本未诞生之前在中国的早期传入情况。在此期间,《国富论》的内容首先通过传教士的译著引介到中国。

---

① 赵丰田:《晚清五十年经济思想史》,哈佛燕京学社1939年版,第1页。

第一节 传教士编译著作中的《国富论》

1807年,英国传教士马礼逊(Robert Morrison,1782—1834)来华,揭开了新教传教士在中国传教与传播近代西学的序幕。但马礼逊的传教活动受到极大的限制,其原因在于自十七八世纪以来的中西礼仪之争,清廷采取了禁教政策。1840年鸦片战争以降,这种禁教政策逐渐松弛,传教士可以在沿海五口通商口岸一带活动。随着《天津条约》与《北京条约》的签订,传教士获得了到中国内地传教的权利。一些传教士采取宣讲教义、分发宗教印刷品的直接传教方式,但效果甚微,于是他们改变传教策略,采取间接传教的方法,即通过创办报刊、办学校、教书、译书等手段,大力传播西方文化与科学技术。他们在传播西方文化的过程中也传播了西方经济学,这种"舶来品"是一套迥异于中国传统文化的外来知识体系。传教士要将经济学引介给中国人,首先面临的就是语言障碍。传教士虽然或多或少懂一些汉语,但要深入理解并书写的难度依然较大,中国当时懂英语的人才也是凤毛麟角。此外,中国当时尚未建立近代学科分类体系,尚未开设经济学课程,文言文难以容受西方的学术概念。从明朝末年利玛窦入华以来,传教士一般采用传教士口述与中国知识分子笔述的方式来翻译西方著作,介绍西学,晚清传教士沿袭了这种方式。这一时期,涌现了以郭实猎、鲍留云、丁韪良、傅兰雅、艾约瑟、李提摩太等为代表的传教士,他们是晚清传播经济学知识的重要人物。在引介《国富论》的过程中,他们所遇到的困难比严复要早得多、大得多,然而学术界至今未见有对该问题的专题个案研究。下文主要从上述传教士编译的著作来简要梳理他们引介亚当·斯密和转述《国富论》的情况。

一、《国富论》传入中国探源

《国富论》究竟何时传入中国? 这个问题的答案,需要从近代西方经济学传入中国这个大背景去探索。① 这里,试图从传教士译著中揭示出一条

---

① Paul B. Trescott, *Jingji Xue: The History of the Introduction of Western Economic Ideas into China, 1850 - 1950*, Hong Kong: The Chinese University of Hong Kong, 2007, pp.23 - 44;熊月之:《西学东渐与晚清社会》,上海人民出版社1994年版,第567—613页;李丹:《新教传教士与西方经济知识在华传播(1800—1860)》,《福建师范大学学报》2011年第1期,第165—172页;李丹:《晚清西方经济学财富学说在华传播研究——以在华西人著述活动为中心的考察》,《中国经济史研究》2015年第3期,第43—53页;李浩、梁永康:《外国来华传教士与晚清经济思想的早期近代化》,《中国社会经济史研究》2008年第2期,第92—98页。

被遮蔽的线索——晚清传教士作品中隐含的斯密学说的线索。

(一)《贸易通志》

晚清新教传教士是西方经济学传入中国的主角。1815 年,英国传教士马礼逊与米怜(William Milne,1785—1822)在马六甲创办了近代第一份中文报刊《察世俗每月统记传》,刊载了一些国家的经济与地理知识。1818 年,米怜翻译的《生意公平聚益法》探讨了商业道德问题。1833 年 8 月 1 日,普鲁士传教士郭实猎(Charles Gutzlaff,1803—1851)在广州主编出版了中国境内第一份中文月刊《东西洋考每月统记传》,介绍西方的宗教、科学、政治、历史、商业、地理、新闻等内容,这份刊物直到 1838 年 9 月才停刊。1839 年,他出版了《制国之用大略》;1840 年,又出版了《贸易通志》。这些中文作品向中国人介绍了西方的商业制度与贸易情况。这两本书被美国经济思想史家保罗·B.特雷斯科特(Paul B. Trescott,1926—2018)誉为"现有记录中最早的中文经济学书籍"。①

特雷斯科特此言的依据可能来自英国汉学家兼传教士伟烈亚力(Alexander Wylie,1815—1887)于 1867 年出版的关于来华新教传教士的著述目录。伟烈亚力将《制国之用大略》译为"Outlines of Political Economy",《贸易通志》译为"Treatise on Commerce"。前者 24 页,讨论建构好政府的基本原则,包括公共产品、货币、收入、国家开支、教育、财富等内容。后者 63 页,共分 5 卷,各卷的目录依次如下:第一卷,发语、交易大略、商贾、公司、自主商;第二卷,各国通商、中国、中国邻邦、南海各地、五印度国、西国、欧罗巴各国、北亚默利加列国、南亚默利加列国;第三卷,运货、海图、道路、港口;第四卷,通国行宝、银票、银馆、挽银票、担保会;第五卷,新地、通商制度、章程、保护、商约。伟烈亚力没有说明《制国之用大略》的资料来源,但声称《贸易通志》来自英国经济学家约翰·雷姆西·麦克库洛赫②的理论原则。③《贸易通志》的资料主要源于麦克库洛赫编写的一部词典——《商业指南词典:实践、理论与历史》。

---

① Paul B. Trescoutt, *Jingji Xue: The History of the Introduction of Western Economic Ideas Into china (1850-1950)*, Hong Kong: The Chinese University of Hong Kong, 2007, p.23.
② 麦克库洛赫(John Ramsey McCulloch,1789—1864)是李嘉图学派的一位重要人物,著述颇丰,其主要作品是 1825 年出版的《政治经济学原理:这门科学产生和发展的概述》,编注了亚当·斯密的《国民财富的性质和原因的研究》(1828)和大卫·李嘉图的《李嘉图著作集》(1846),撰写了《商业指南词典:实践、理论与历史》(1832)、《世界地理、统计、历史词典》(1841)、《论赋税和公债制度的原理及实际影响》(1845)、《政治经济学文献》(1845)等。
③ Alexander Wylie, *Memorials of Protestant Missionaries to the Chinese: A List of Their Publications, and Obituary Notices of the Deceased*, Shanghai: American Presbyterian Mission Press, 1867, p.61.

这部为商人而作的商业词典近30处论及斯密与《国富论》。例如,"银行"("银馆")一节提及《国富论》对荷兰银行的描述;在论述关于运河的功能时,提到了运河通航是最伟大的进步;"贸易"一节陈述斯密赞同将资本主要投资于国内贸易而不是国际贸易,同时还论及斯密的自由贸易原则;"公司"("公班衙")一节引用了《国富论》有关联合股份公司的一系列观点;"谷物法与谷物贸易"一节征引了斯密对农业税的看法,麦克库洛赫强调征引的内容出自他亲自主编的《国富论》版本;"航海法"一节引述了斯密赞同英国政府颁布的航海法;"道路"一节阐明了斯密反对私人修路,提议修路应是政府的职责等。① 耐人寻味的是,上述内容并未出现在《贸易通志》②与《东西洋考每月统记传》③上。这部商业词典有1378页,《贸易通志》有63页,约3万字,《东西洋考每月统记传》登载的经济类论文一般也才区区几百字,可见郭氏④仅仅摘译了部分论点与数据。以自由贸易为例,对于对西方极度陌生的中国读者而言,虽然可以从郭氏的文字中首闻自由贸易原则,但并不知悉这套理论的倡导者与继承者。令人遗憾的是,现有资料也无从考证郭实猎向国人介绍《贸易通志》时是否提及亚当·斯密或者《国富论》。

《贸易通志》介绍的公司、自由贸易、银行、保险、地理等"夷情"对中国来说是新知新学,主张师夷长技以制夷的近代著名启蒙思想家魏源深受其影响,在《海国图志》中引录《贸易通志》达14次,⑤《海国图志》对中日近代史的影响已是历史事实。《贸易通志》被认为是近代早期向中国介绍西方商业制度、贸易情况最为详尽的著作,⑥尽管没有直接提到《国富论》,但因其传布通商有益、自由贸易等原则备受中国知识分子的推崇,为《国富论》的传播做了前期铺垫。

(二)《致富新书》

与《贸易通志》相比,稍晚出现的《致富新书》同样值得关注。从近年国内外的研究来看,这本由美国归正会传教士鲍留云(S. R. Brown, 1810—

---

① John Ramsey McCulloch, *A Dictionary, Practical, Theoretical and Historical of Commerce and Commercial Navigation*, London: Longman, 1835, pp.107, 227, 371, 375, 377-378, 818.
② 笔者查阅北京国家图书馆馆藏《贸易通志》,没有发现介绍亚当·斯密或者《国富论》的内容等相关信息。参见王锡祺辑:《贸易通志》,光绪二十三年(1897)上海著易堂铅印本,第1—60页。
③ 《贸易通志》的部分内容刊登在《东西洋考每月统记传》。
④ 郭实腊删除原著中关于《国富论》的编译策略,美国公理会教育传教士谢卫楼在1902年翻译出版的《理财学》中也采取了类似的做法。
⑤ 沈国威、王扬宗:《关于〈贸易通志〉》,《或问》2004年第七号,第116页。
⑥ 熊月之:《郭实腊〈贸易通志〉简论》,《史林》2009年第3期,第62页。

1880)于1847年编译的小册子很可能就是最早的中文政治经济学教科书。①《致富新书》不到2万字,只有56页,包含了19个小节,分别是:"论用银格""论百工交易""论商事""论贸易""论工艺""论农工商贾""论土地""论贫富分业""论用银益人""论物贵重""论市价""论平贱""公务""学业""贫约""论求财""并处世良规""论银用""并用银例"。这些内容基本上涵盖了经济学的基本知识。遗憾的是,这本小册子在中国已绝版②,国内学者很难有机会读到此书。然而,这本小书将突破国内学术界长期以来将《富国策》视为第一本中文政治经济学译著的惯有认知。基于此,很有必要了解其成书的背景。

马礼逊学堂是中国第一所西式学校,用英语教授宗教、历史、地理、算术、代数、几何、力学、生物学等课程,其图书馆拥有"许多有关法学、政府、政治经济学、商业的藏书,尤其是关于东方国家政府与商业的书籍"。③ 鲍留云在担任马礼逊学堂校长兼教师时向中国学生传授西学知识,《致富新书》就是这样一本有别于孔孟之书,言西方政治经济学常识的书籍。1846年,鲍留云在马礼逊教育协会年度报告中提及该书:

> 一名学生翻译了这本政治经济学大纲,几经修改后交由一位中国老师进行润色。有一位热心的广东绅士慷慨解囊,承担了该书的出版费用,有望在今年(1846年)10月份的考试中面向广大学生出版发行。……这部译作在基督教世界很常见,但对于中国来说意味着真理。我对这部作品十分满意,原因在于这是马礼逊教育协会实现宏伟目标的肇始,即用汉语将外国的科学引入中国。倘若我们持之以恒,便可能见证知识之花开遍中国,我们从这部译作中看到了曙光。④

这段文字表明,《致富新书》是马礼逊学堂一名学生的译作,中国老师参与了修订,该书阐明的是一门"科学",对中国而言是"真理"。那么,鲍留云

---

① 参见吴义雄:《鲍留云与〈致富新书〉》,《中山大学学报(社会科学版)》2011年第51卷第3期,第88—96页;Federica Casalin, "Some Preliminary Remarks On The Zhifu Xinshu 致富新书", *Wakumon*, No.11, 2006, pp.85-99.
② 目前仅保存在英国的伦敦亚非学院图书馆、剑桥大学图书馆,美国的纽约公立图书馆、耶鲁大学图书馆以及荷兰莱登大学图书馆。
③ "Catalogue of Books in the library of the Morrison Education Society", *The Chinese Repository*, Vol.14, 1845, p.290.
④ Samuel R. Brown, "Report of the Trustees", *The Chinese Repository*, Vol.15, September 30th, 1846, p.608.

是否参与了该书的翻译呢?

《致富新书》的封面未注明著译者,正文之前有一篇序言和一篇例言。序言由一位佚名的中国人撰写,他在序言中交代说是鲍留云聘请他作序的:

> 外国重文人之学,他邦求识字之人。鲍留云先生……问字频来,借书时至,不愧西土名儒。幸为东国贤师,摘叶抽词,粲花著论。《致富》番书,译为唐卷。全稿授我,索我俚言。①

上述引文中的"问字频来"反映了鲍留云的汉语水平不高,需要中国文人的帮助。"摘叶抽词"表明鲍留云只是选择性地摘译了原著中的有关内容。"《致富》"即译本的书名,译者使用"致富"来翻译"政治经济学"(political economy)。《致富新书》中的"新书"二字虽然是引介西方经济学的常识,但对于晚清闭关锁国的中国人而言,则是新思想、新知识、新学问。

序言之后接着就是例言,该书例言下标有"合众国鲍留云易编"字样,"易编"是简易编撰、编译之意,这意味着鲍留云编译了此书。他在例言中写道:

> 中华选家,多取文章诗赋抄刻。其余各体,概置弗录。吾合众国选刻《致富新书》一本,益人良深。余到中华有年,历览群书不少,而与吾国《致富新书》之义相同者,目所罕睹。故弗敢自秘,不辞劳苦,译为唐书,愿人所知重焉。《致富新书》系合众国贤人杰士所作。见世人多不知趋向,故作是书以勉之。所以合众国之人,士农工商,各得其所,而国无游民者,赖此书之功也。

在鲍留云看来,中国文人偏重诗赋而忽略其他题材的作品,因此鲍留云才"不辞劳苦"翻译了此书。综上,《致富新书》是一本由鲍留云、马礼逊学堂师生、一位佚名的中国文人集体完成的译作。

接下来的问题是,此书英文母本的作者是谁呢?作者是美国某位"贤人杰士",但鲍留云在书中没有指出这位"贤人杰士"的姓名与英文书名。世界最大的联机书目数据库Worldcat词条显示这位"贤人杰士"是美国经济学

---

① 佚名:《致富新书·序》,《致富新书》,香港飞鹅山书院藏版,道光二十七年(1847)。

家约翰·麦克维卡(John McVickar, 1787—1868),学术界①认为《致富新书》的英文底本是麦克维卡于1825年出版的《政治经济学大纲》一书,此书共有188页,包含四个部分:政治经济学定义与学说史,财富的生产,财富的分配,财富的消费。② 对照《致富新书》19个小节的内容,不难发现这两本书的结构与内容迥异。

笔者以为,《致富新书》的英文原著不是麦克维卡的《政治经济学大纲》,而是他于1835年出版的《政治经济学初级教材》一书。理由在于,《政治经济学初级教材》封面标题下注明该书供小学使用,该书前言介绍麦克维卡根据不同年龄的学生编写了三本政治经济学教材:《政治经济学初级教材》供小学使用,《政治经济学大纲》供中学使用,《政治经济学讲义》供大学使用。③ 马礼逊学堂学生的英语水平远远不及讲英语的美国学生,况且马礼逊学堂学生中有很多还是小学年龄,鲍留云很可能认为《政治经济学初级教材》这种入门书籍比较适合马礼逊学堂的学员,故选择此书。更为重要的是,它与《致富新书》均有19个小节,表1-1显示这两本书的目录结构大部分维持原状,但也有一些做了调整,例如《致富新书》第三节"论商事"是鲍留云新增的章节,第六节"论农工商贾"综合了《政治经济学初级教材》第四节"商"与第六节"农"的内容,而《政治经济学初级教材》第七节未见翻译。

表1-1 《致富新书》与《政治经济学初级教材》目录比较

	《致富新书》	《政治经济学初级教材》
1	论用银格(第一节)	Money(第一节)
2	论百工交易(第二节)	Exchanges(第二节)
3	论商事(第三节)	Commerce(第三节)
4	论贸易(第四节)	Merchant(第四节)

---

① 相关论述参见中国学者吴义雄、意大利学者费琳(Federica Casalin)、日本学者王斌的文章。吴义雄:《鲍留云与〈致富新书〉》,《中山大学学报(社会科学版)》2011年第51卷第3期,第88—96页;Federica Casalin, "Some Preliminary Remarks On The Zhifu Xinshu 致富新书", *Wakumon*, No.11, 2006, pp.85-99;王斌:《明治初期における経済学翻訳の一齣—漢訳書『致富新書』をめぐって》,《翻訳研究への招待》2016年第15期,第33—46页。

② John McVickar, *Outlines of Political Economy*, New York: Wilder & Campbell, 1825, pp.i-iv.

③ John McVickar, *First Lessons in Political Economy*, Albany: Common School Depository, 1837, pp.7-8.

(续表)

	《致富新书》	《政治经济学初级教材》
5	论工艺(第五节)	Manufacturer(第五节)
6	论农工商贾(第六节)	Farmer(第六节);Lawyer, Physician and Clergyman(第七节)
7	论土地(第七节)	Land(第八节)
8	论贫富分业(第八节)	Rich and Poor(第九节)
9	论用银益人(第九节)	Productive and Unproductive(第十节)
10	论物贵重(第十节)	Value(第十一节)
11	论市价(第十一节)	Price(第十二节)
12	论平贱(第十二节)	Cheap(第十三节)
13	公务(第十三节)	Government(第十四节)
14	学业(第十四节)	Education(第十五节)
15	贫约(第十五节)	The Poor(第十六节)
16	论求财(第十六节)	Lotteries(第十七节)
17	并处世良规(第十七节)	How to make money(第十八节)
18	论银用(第十八节)	How to use money(第十九节)
19	并用银例(第十九节)	How to use money(第十九节)

资料来源：鲍留云：《致富新书》，香港飞鹅山书院藏版，道光二十七年(1847);John McVickar, *First Lessons in Political Economy*, Albany: Common School Depository, 1837。

表1-1有两点需要说明。一是从经济学术语的译法来看，《致富新书》把货币译为"银"，价值译为"论物贵重"，价格译为"市价"，彩票译为"求财"，这些译法令人费解，而"交易"与"贸易"的译法值得称道，这两个术语至今仍在沿用。二是"论商事""论贸易""农工商贾"三节占了全书的¼篇幅，着重宣扬自由贸易的观点，鲍留云虽然是在为西方的商人与贸易进行辩护，但也意在批评清政府的闭关锁国政策。

作为一本小学教科书，《政治经济学初级教材》内容简明，每一课后附有若干问答题。乍一看，书中未出现任何一位经济学家或者参考书目，似乎亚当•斯密在政治经济学的地位没有显示出来。其实，《政治经济学大纲》出版于1825年,《政治经济学讲义》出版于1830年,《政治经济学初级教材》出版于1835年,《政治经济学大纲》里面大量引述了斯密以及其他经济学家的观点,为了便于小学生理解,《政治经济学初级教材》便省略了经济学家的理论争论以及参考书目,用日常生活中的事物来简明扼要地阐明其主要观点。

纵观《致富新书》,第二节"论百工交易"简要介绍了斯密的分工理论。事实上,《政治经济学大纲》用了三页的篇幅来叙述斯密关于分工的三个作用,①《政治经济学初级教材》则省略了"division of labour"("分工")这个概念与斯密其人其书,仅以寥寥数语来证明分工的三个作用,《致富新书》则将其译为:

> 各务一艺,则精于一艺。故器多有所成,而民亦多有所用。……人兼营两业,方其舍一就一之时,固失时废事,以求备其器用。及其器既备,未必便能精通,又必废时以学之。……夫心专则智慧生,智生则艺巧。此所以省工而不失时也。②
>
> In proportion as men confine their attention to one operation, they become more industrious, that is, they work more steadily; and more skillful, so that they do more in the same time; and lastly, more ingenious in finding out inventions to save time and trouble.③

《政治经济学大纲》还提到斯密关于分工受市场范围大小限制的观点,也许是这个理论对于小学生来说难以理解,所以《政治经济学初级教材》省略了该内容。类似的情况还有,《政治经济学大纲》提到斯密对财富与货币的理解,即财富不是金银,而是各种必需品、便利品以及人们的享乐品,④而在《致富新书》中,"论用银格""论用银益人""论用银""并用银例"这四节均以货币(银)为标题,加之"论物贵重"也论述了金、银、铁的价值,鲍留云在这五个小节中用许多案例来说明了这个道理。同样,斯密的生产性消费与非生产性消费理论在《致富新书》中也是通过具体案例揭示出来的。

另外,马礼逊学堂的中西课程设置并没有包括经济学课程,鲍留云译介《政治经济学初级教材》的目的是向中国人普及经济学常识。《致富新书》

---

① John McVickar, *Outlines of Political Economy*, New York: Wilder & Campbell, 1825, pp.65-67.
② 鲍留云:《致富新书》,香港飞鹅山书院藏版,道光二十七年(1847),第9—10页。
③ John McVickar, *First Lessons in Political Economy*, Albany: Common School Depository, 1837, pp.17-18.
④ John McVickar, *Outlines of Political Economy*, New York: Wilder & Campbell, 1825, p.41.

出版后不久，鲍留云就携带容闳、黄宽、黄胜三人赴美留学，此书在该校的使用情况就受到了影响。而且此后中国各种书籍对《致富新书》鲜有记载，反而是日本人在19世纪70年代将此书译为日文版《致富新论译解》，在日本受到了知识界的极大关注。

《贸易通志》与《致富新书》毕竟是以一种间接的、隐蔽的方式与《国富论》发生着某种关联，直接记载亚当·斯密的相关信息则见诸当时在华出版的英文报刊上。《中国丛报》是美国传教士裨治文于1832年在广州创办的一份英文月刊，1838年3月1日，该报报道了太常寺少卿许乃济向清廷奏请弛禁鸦片一事，把接受奏折的道光皇帝的冷漠态度形容成亚当·斯密所描绘的"公正的旁观者"。① 再比如，第一次鸦片战争后，英国对香港进行了殖民统治，香港也成了中西文化交流的中心。1853年10月31日，香港的一家英文报纸也提及亚当·斯密的名字；②而1856年英国伦敦会传教士慕威廉编译的《大英国志》则使亚当·斯密的中文译名首次进入国人的视野。《大英国志》描述了公元前55年恺撒入侵不列颠直到1853年的英国历史，是一部英国王朝更迭史，蕴含着丰富的历史、法律、政治等方面的知识，对于晚清中国人认识英国历史具有重要的文献价值。该书第七卷介绍英国的科学技术、学术、艺术等方面的成就时提到了斯密："著书述国政、商贾贸易事者，曰亚丹斯密。"③只是未见到其对斯密学说的进一步介绍，但这是亚当·斯密的名字首次出现在中文著作中。鸦片战争后传教士主动输入各种西学知识，国人也渴望了解西方，当时通晓英语的国人毕竟是少数，斯密偶尔零星出现在政治经济学类、历史类书籍中，这是斯密传入中国的时代背景。随着西学东渐的深入，尤其是从19世纪80年代开始，亚当·斯密与《国富论》便开始更多地出现在传教士的作品中。

二、传教士对《国富论》观点的早期译介

据现有资料记载，19世纪80年代之后美国长老会传教士丁韪良（William A. P. Martin, 1827—1916）、美国圣公会传教士卜舫济（Francis L. H. Pott, 1864—1947）、英国伦敦会传教士艾约瑟（Joseph Edkins, 1823—1905）、英国圣公会传教士傅兰雅（John Fryer, 1839—1928）、英国浸礼会传

---

① The Chinese repository, Vol.VI, Canton: Printed for the Proprietors, 1838, p.515.
② "To The Editor Of The 'Hongkong Register'" on 31st October 1853. See August 5, 1852 - February 22, 1854. MS Despatches from U.S. Ministers to China, 1843 - 1906, Volume 8, National Archives, from Asia and the West: Diplomacy and Cultural Exchange.
③ 慕维廉编译：《大英国志》，墨海书院1856年版，第22页。

教士李提摩太(Timothy Richard，1845—1915)、加拿大基督会传教士马林(Williams Edward Macklin，1860—1947)等新教传教士作品中提到了《国富论》。其中最先提到《国富论》且最早将经济学课程引入中国学校课堂的是丁韪良。丁韪良在华长达62年(1850—1880、1882—1897、1897—1902、1906—1916)，编译过多部西学书籍。

京师同文馆成立于1862年，作为翻译机构和中国最早的新式教育机构，率先在中国开设经济学课程。做出这一创举的人物正是美国传教士丁韪良，他于1865年在京师同文馆任教，1869年至1894年任同文馆总教习，他借鉴西方教育制度于1876年在同文馆课程表中制订了"富国策"的经济学课程，①并将英国经济学家亨利·法思德(Henry Fawcett，1833—1884)于1863年撰写的《政治经济学指南》(Manual of Political Economy)一书作为教材。法思德是英国古典经济学家约翰·穆勒(John Mill，1806—1873)的信徒，他的这本著作模仿了穆勒的《政治经济学原理》一书。丁韪良认为英国是当时研究经济学最主要的国家，在英国著名的政治经济学家中，亚当·斯密、大卫·李嘉图(David Ricardw，1772—1823)和约翰·穆勒都不如法思德对经济学论述得那么详细与清楚。但是英文基础差、年龄大的学生阅读起来非常困难，在这种情况下，将《政治经济学指南》译为中文尤为必要，因此该书的中文版于1880年出版，取名为《富国策》。《富国策》共分为3卷26章：卷一"论生财"，即生产论；卷二"论用财"，即消费论；卷三"论交易"，即交换、分配论。书中论述了西方经济学的生产、分配、交换、消费等理论，介绍了价值、利润、资本、地租、赋税、贸易等经济学基本概念以及创立西方主要经济流派的代表人物。斯密的分工赋税理论，李嘉图的地租论，托马斯·马尔萨斯(Thomas Malthus，1766—1834)的人口说，罗伯特·欧文(Robert Owen，1771—1858)、查尔斯·傅立叶(Charles Fourier，1772—1837)的空想社会主义学说较早地进入了国人视野。

作为叙述古典政治经济学的教科书，《富国策》是较早系统介绍西方政治经济学的中文译著，同时也是近代中国较早直接介绍斯密理论的著作。此后的陈炽(1855—1900)、康有为、梁启超、郑观应、孙中山等均受到该书的影响。它对晚清思想界的影响远远超过了最早的中文政治经济学教科书《致富新书》，以至于至今大多数学者将《富国策》视为中国最早的中文政治经济学教材。亚当·斯密的名字以及《国富论》得以传入晚清，《富国策》的翻译出版起着很大的作用。

---

① 此后，狄考文在登州文会馆、林乐知在中西书院、谢卫楼在潞河书院均开设了"富国策"课程。

这里有一个问题需要讨论,即《富国策》的译者是丁韪良还是京师同文馆副教习汪凤藻(1851—1918)呢?目前学术界关于《富国策》的译者大致有四种观点:一是认为该书由丁韪良口译,汪凤藻笔述;二是认为该书由汪凤藻翻译;三是认为该书由丁韪良著、编或译;四是认为该书由两人合作翻译完成。① 笔者以为,丁韪良在同文馆任总教习的25年中向中国大量引进西学,翻译了《万国公法》《各国史略》《格物入门》等多部西书,《富国策》只是其中的一部。据赫德日记记载,1864年海关总税务司赫德曾经有一个计划,打算让丁韪良翻译西方政治经济学书籍。② 这说明丁韪良是翻译《富国策》的主持者。丁韪良本人在《富国策》凡例中也坦承"译是书者为同文馆副教习汪生凤藻……译本脱稿后复经总教习详加核对",③换而言之,《富国策》的具体翻译工作由汪凤藻负责,总教习丁韪良的贡献在于"详加核对"该译本。

与《贸易通志》《致富新书》相比,《富国策》中多处直接论及斯密与《国富论》,本来是解读传教士译著中有关最早直接出现《国富论》的绝佳案例,但由于丁韪良本人承认汪凤藻是《富国策》的译者,如果分析丁韪良与《富国策》难免与传教士这个主题相冲突。我们还得抛开丁韪良,从其他传教士译著中探源《国富论》在中国的流布状况。继《富国策》之后,《国富论》的思想随着其他一些西学著作陆续登陆中国,其中比较有代表性的作品是《佐治刍言》《富国养民策》《泰西新史揽要》④。这三部译著的作者均具有丰富的翻译经验与中文功底。傅兰雅在华35年(1861—1896),他在江南制造局翻译馆翻译了百余部西书,成为翻译西学书籍最多的西方人士。艾约瑟在华53年(1848—1858、1859—1873、1876—1905),他是著名的汉学家,在墨海书馆从事翻译工作,翻译西书十余种,撰有几十种关于中国问题的论著。李提摩太在华45年(1870—1915),他在广学会期间主持译书编书工作,在《万国公报》⑤发表了28部著译作品。

(一)《佐治刍言》

选择《佐治刍言》为分析个案,一个重要的原因是19世纪下半期东亚的

---

① 张登德:《〈富国策〉著译者考释》,《安徽史学》2006年第6期,第101—102页。
② [美]理查德·J.司马富等编:《赫德日记——赫德与中国早期现代化(1863—1866)》,陈绛译,中国海关出版社2005年版,第192页。
③ 汪凤藻译、丁韪良核对:《富国策》,凡例,鸿宝书局1901年版。
④ 之所以选择这三本译著,原因在于傅兰雅、艾约瑟、李提摩太的其他论著的影响力要小于这三本译著,卜舫济的作品仅是一篇介绍赋税的小论文,马林译著出现的时间则晚得多。
⑤ 《万国公报》的前身是《中国教会新报》,这是一份由美国监理会传教士林乐知于1868年9月5日在上海创办的宗教性刊物,1874年9月,该刊改名为《万国公报》,内容从宗教转向了介绍泰西的历史、地理、政治、科学、工业等知识,1907年12月停刊。该刊发行量巨大,被誉为"西学新知之总荟",是当时介绍西学的重要刊物,对近代中国影响深远。

日本、朝鲜、中国在引进与传播西学的过程中翻译、编译了同源的英语原著 Political Economy for Use in Schools, and for Private Instruction。该原著出版于 1852 年，系苏格兰出版商钱伯斯兄弟（W. & R. Charmbers）编辑的教育丛书的一种，钱伯斯兄弟在前言中说："我们相信，有关政治经济学原理的知识，应当作为初等教育的一个组成部分。因此，在一个完全胜任的作者的帮助下，我们准备了这本书。在这里，政治经济学从一门科学被简化为一些原理，其中涉及的各社会组织的定义，并不十分严密。"① 也就是说，这本书的受众者是初等教育的群体。遗憾的是，原书未注明作者，据克里格（Craig）教授的研究，原作者应当是苏格兰律师兼历史学家约翰·希尔·伯顿（John Hill Burton，1809—1881），钱伯斯兄弟在出版合同中支付给伯顿 50 英镑的稿酬，获得了该书的出版权。②

伯顿的这本政治经济学初等教科书旨在宣传西方资本主义社会的自由、民权、平等思想，对于走向近代化的中国、日本、朝鲜三国具有很强大的吸引力。全书共 35 章，日本启蒙思想家福泽谕吉（1835—1901）选译了其中的 17 章，将之命名为《西洋事情·外编》，1867 年东京尚古堂出版了该书。朝鲜启蒙思想家俞吉浚（1856—1914）于 1881 年在庆应义塾留学，1883 年又在美国留学，他后来将《西洋事情》初编、外编、二编的部分内容进行编译（仅选译了 6 章），加上留美经历综合而成了《西游见闻》一书，1895 年日本交询社出版了该书。③ 中译本《佐治刍言》比韩译本《西游见闻》早了 10 年，即《佐治刍言》出版于 1885 年，由英国传教士傅兰雅口译，浙江永康应祖锡（1855—1927）笔述而成。

伯顿的原书共 35 章，傅兰雅只翻译了前 31 章，商业波动、积累和消费、保险、税收最后四章没有翻译。《佐治刍言》前 13 章谈论社会、政治、法律、教育等方面，后 18 章论述经济方面的问题，比如财用、产业、工艺、分工、机器、工价、资本、贸易、钞票、银行、赊借等。《佐治刍言》没有改动原著的章节结构，译者没有逐字逐句翻译，而是根据中文习惯叙述其大意，甚至在个别地方加上自己的意思。叶斌在该书的点校说明中评价道："《佐治刍言》是

---

① 傅兰雅口译、应祖锡笔述：《佐治刍言》，上海书店出版社 2002 年版，第 2 页。
② Albert M. Craig, "John Hill Burton and Fukuzawa Yukichi", *Kindai Nihon Kenkyu*, Vol.1, 1984, pp.218 - 238.
③ 相关论述参见梁台根：《近代西方知识在东亚的传播及其共同文本之探索——以〈佐治刍言〉为例》，《汉学研究》2006 年第 24 卷第 2 期，第 323—351 页；[日] 森时彦：《清末中国吸纳经济学（political economy）路径考——以梁启超为中心》，[日] 狭间直树、[日] 石川祯浩主编：《近代东亚翻译概念的发生与传播》，袁广泉等译，社会科学文献出版社 2015 年版，第 277—282 页。

戊戌变法以前介绍西方政治和经济思想最为系统的一部书,出版后多次重印,在晚清知识界产生了较大影响。"①康有为、梁启超、谭嗣同、章太炎、孙宝瑄等均受到了该书的影响。

《佐治刍言》英文底本有两处直接提到斯密及其《国富论》。

第一处是《佐治刍言》第14章《论财用》:"著理财之书者,始于英人阿荡司,按其书名曰《万国财用》,言人家生财之法,必于家内随事撙节,免其浪费,铢积寸累,久之自能足食足用,成为小康之家。一家如是,一国如是,即极之万国亦无不如是。旨哉其言,诚能探源立论也。"②查阅英文底本,大致对应的英文原文如下:

> The first great work on political economy was named *The Wealth of Nations*. It was seen that men acquired wealth by household economy; and it was considered that the same term might be usefully applied to the good earned by nations from a proper application of the laws of political economy. It would be an entire mistake, however, to suppose that political economy is a system for acquiring riches, or even for saving what is acquired.③

这段引文一开始就涉及斯密在政治经济学上的地位。英文原著说《国富论》是第一部伟大的政治经济学著作,译者却译为"著理财之书者,始于英人阿荡司",给人造成撰写政治经济学的著作是从斯密开始的错觉。实际上,斯密的同乡,苏格兰经济学家詹姆斯·斯图亚特(James Steuart,1713—1780)在1767年发表了《政治经济学原理研究》一书,这部书是英国第一部以"政治经济学"命名的著作。李嘉图与穆勒均出版了以"政治经济学"为书名的著作,反而是斯密极少使用这个术语。《国富论》第四篇的标题是"论政治经济学体系",斯密将"political economy"(今译"政治经济学")定义为一门给国家和人民提供充足收入的"富国裕民"④的学科。斯密在第四篇用了大量的篇幅批评重商主义与重农主义。"政治经济学"因而不是《国富

---

① 傅兰雅口译、应祖锡笔述:《佐治刍言》,上海书店出版社2002年版,第2页。
② 傅兰雅口译、应祖锡笔述:《佐治刍言》,上海书店出版社2002年版,第56页。
③ Anonymity, *Chambers's Educational Course: Political Economy for Use in Schools, and for Private Instruction*, Edinburgh: William and Robert Chambers, 1852, p.49.
④ Adam smith, *An Inquiry into the Nature and Causes of the Wealth of Nations*, R. H. Campbell and A. S. Skinner ed., Oxford: Clarendon Press, 1976, p.428.

论》的一个核心概念。《富国策》更是错误地定位了斯密与政治经济学的关系,言斯密"首创是学",①把斯密说成了政治经济学的开创者。

从翻译的角度来看,关于"economy"的译名,傅兰雅采用音译的策略,译为"伊哥挪谜"。关于"Political economy"的翻译,在《佐治刍言》之前,《英华字典》《英华字典集成》等英汉双解字典将之译为"治国之法,节俭",美国传教士林乐知用"理财"来表示该词,《佐治刍言》将"political economy"译作"理财"。"理财"源自《易经·系辞下》的"理财正辞",指掌权者合理使用钱财之义。《佐治刍言》指出"理财"是一门"格致学"(科学),不应列入"工艺"的范围,书中多次称"理财"是一门"生财"的"学问"。② 这说明,《佐治刍言》译文中"理财"的概念范围大大超过了它在中国古典文献所表示的含义,将之提升至学科的高度,学习这门学科,就可以使国家富强。

至于亚当·斯密名字的翻译,英文原著中没有出现亚当·斯密的名字,傅兰雅在译成中文时添加了他的名字,采用音译的方式,把"Adam Smith"译为"阿荡司"。傅兰雅添加斯密的名字也许是为了向中国读者展示斯密在经济学上的地位。但是,他在同一本书中并没有保持译名的一致,他在第26章又将"亚当·斯密"译为"斯米德"③。这种前后不一致的译名,体现出了在《国富论》的早期译介史中,在严谨性上是有可检讨之处的。

笔者发现,在《佐治刍言》一书的标题中,译者还创造性地使用了"财用"来翻译"political economy",甚至将《国富论》一书译为《万国财用》。当然,《万国财用》这个书名,是受到了早诞生15年的《富国策》的影响。该书第1卷第1章《总论》说:"富国策所论述者,乃生财、用财、货殖、交易之道。昔斯密氏首创是学,名其书曰《邦国财用论》。其实,此学所论财用,固合民生国计而言之也。盖财用者,人生衣食之源,天下林总之侪,熙来攘往,不惮经营力作者,无非为植财治生计耳。"④这里的《邦国财用论》即《国富论》在中国最早的中文译名。换而言之,"财用"这一译词的开创之功,要导源到《富国策》一书。其实,这个词有着深厚的中国古代经济史传统。

在《周礼》中则可频频见到"财用"一词:"一曰治职,以平邦国,以均万民,以节财用""掌治法以考百官府、群都县鄙之治,乘其财用之出入""以九贡之法致邦国之财用,以九赋之法令田野之财用,以九功之法令民职之财

---

① 汪凤藻译、丁韪良核对:《富国策》,鸿宝书局1901年版,第21页;Henry Fawcett, *Manual of Political Economy*, London: Macmillan, 1863, p.4.
② 傅兰雅口译、应祖锡笔述:《佐治刍言》,上海书店出版社2002年版,第56—57页。
③ 傅兰雅口译、应祖锡笔述:《佐治刍言》,上海书店出版社2002年版,第89页。
④ 汪凤藻译、丁韪良核对:《富国策》,鸿宝书局1901年版,第21页。

用,以九式之法均节邦之财用"等①。又如,《管子·重令》亦云:"民不务经产,则仓廪空虚,财用不足。"②先秦典籍中的"财用"从字面理解就是财物、财富的意思,但是细究下来,这个词往往用于叙述国家政治经济政策、政府财政管理等方面。所以,中国早期典籍中的"财用"主要是指国民财富和财物。从这个意义上来说,作为一本英文著作的汉语文言文译作,《佐治刍言》将"political economy"译为"财用",既利用了原有的文言词汇,又体现了国民财富这样的一个核心意义。"理财"与"财用"均是傅兰雅翻译原则的一种体现,早在1880年,傅兰雅就西学译名提出了三条原则与方法:一是采用字典中找不到而在汉语中已经存在的名词,二是创立新名词,三是编辑词汇总表与专有名词对照表。③ 可见他把汉语中已有名词作为自己翻译西学术语的首要选择。

《西洋事情·外编》比《佐治刍言》早18年出版,福泽谕吉把第14章的标题译为"经济の总论",他有时又把"political economy"译为"经济学""经济之学",不过"经济"译名使用的频率更多;*The Wealth of Nations* 被他翻译为《富国论》④,与傅兰雅的翻译不同,福泽谕吉在翻译过程中没有注明《国富论》的作者是亚当·斯密。另外,俞吉浚的《西游见闻》省略了该章,故无法推知俞吉浚的译文。中国与日本同属汉字文化圈,福泽谕吉与傅兰雅都用中国古典文献中的词汇来表达英文的含义,"经济"在中国古典文献中的含义是"经世济民""经邦治国",其"政治"意味较浓,日本古代书籍中也沿用这一词语,直到近代日本接触到大量欧美文化时,日本人对"经济"概念的认识才从政治治理的古典义逐渐转向生产、分配、交换、消费、节俭的现代意义。1862年出版的《英和对译袖珍辞典》把"political economy"译为"经济学",这可以说是日本用"economy"翻译"经济"的开端。日本人神田孝平(1830—1898)于1867年出版的《经济小学》,高桥达朗于1874年翻译出版的《泰西经济新论》等,均说明"经济学""经济"这两个术语已经在福泽谕吉的时代经常使用了。中国人在当时从心理上不愿意接受日本传播过来的"经济"概念,傅兰雅翻译《佐治刍言》时中国知识界不用"经济"一词,而用"富国策""理财""生计"之类的词汇来表示。

---

① 郑玄:《周礼注疏》(卷三、卷六),上海古籍出版社2010年版,第78、93、219—220页。
② 管仲:《管子》(卷五),上海古籍出版社1989年版,第54页。
③ John Fryer, "Scientific Terminology: Present Discrepancies and Means of Securing Uniformity", *Records of The General Conference of The Protestant Missionaries of China Held at Shanghai*, ed. by W. J. Lewis, Shanghai: American Presbyterian Mission Press, 1890, p.536.
④ [日]福泽谕吉:《西洋事情·外编》第3卷,东京尚古堂1867年版,第10页。

第二处是《佐治刍言》第 21 章《论分工并管理人工之法》引述了斯密的制针例子。英文底本中直接提到斯密的理论仅仅出现在第 21 章 "Division And Organisation of Labour" 中。英文原文如下：

> This could not be better explained than in the account which Adam Smith has given of the making of pins: "One man," he says, "draws out the wire, another straightens it, a third cuts it, a fourth points it, a fifth grinds it at the top for receiving the head; to make the head requires two or three distinct operations; to put it on is a peculiar business; to whiten the pin is another. It is even a trade by itself to put the pins into paper: and the important business of making a pin is, in this manner, divided into about eighteen distinct operations, which in some manufactories are all performed by distinct hands, though in others the same man will sometimes perform two or three of them."
>
> Adam Smith questions if one man, working alone, would make twenty pins in a day; but he found that ten men could make 48,000, being 4800 each. If the man who draws out the wire, were to put aside his drawing machinery, and then put right the straightening machinery, and straighten the wire; and were then to put this machinery aside, and take the cutting instruments to cut the wire; and then were to change from that to the grinding machinery; and giving up that, were to attend to the metal for whitening the pins, an enormous deal of time would be lost.①

《西洋事情·外编》与《西游见闻》均省略了该章。且看傅兰雅在《佐治刍言》第 21 章《论分工并管理人工之法》的译文：

> 如制造有头之针，事之最简易者也，而西国亦以十余人为之。有用黄铜抽成细丝者，有将打直者，有剪丝成条者，有磨尖者，有磨平连头之端者，有造针头者，有将头装上针端者，有用药水制针成白色者，有将针插纸上令成行以备出售者。往时以手工造针须用十八人，每人专司一事。至近年以机器制造，始用一二人管理其机器。

---

① Anonymity, *Chambers's Educational Course: Political Economy for Use in Schools, and for Private Instruction*, Edinburgh, 1852, pp.80 - 81.

如令一人独造此种针,则各套工夫皆须次第为之,一日内难成针二十枚。若用十人合造,每人各司一艺,则一日内能共成针四万八千枚,即每人能成四千八百枚。①

从标题来看,傅兰雅将"division of labour"译为"分工",实属创见。《富国策》作为第一本介绍到中国的政治经济学书籍,把"division of labour"译为"分职",其译名远不及"分工"。"分工"这一经济学术语今日仍在使用,但是此前未见有来华传教士和中国人使用这一译词,傅兰雅此举当为首创。从整个译文来看,傅兰雅在翻译的过程中省略了制针的一些细节,但也没有评论斯密的分工论,甚至连斯密的名字都给省略了。他只是简单提到了斯密分工理论的好处,简化了斯密分工论中的理论色彩。

从上面两个案例可以看出,傅兰雅从中国传统文化中搜寻翻译资源,以意译的方式,用文言文简洁地传达了原文的意思,成功地实现了西方术语中国化。

傅兰雅将西方著作翻译成中文多达一百多种,是译书最多的传教士。他的译著中涉及斯密及其《国富论》,除了《佐治刍言》之外,还有《保富述要》一书。1896年,江南制造总局出版了傅兰雅口译、无锡徐家宝笔述的《保富述要》一书,该书的英文原书名为 *Money*,作者是英国的詹姆斯·布来德(James Platt,生平不详)。《保富述要》与《佐治刍言》的内容多有重复之处,傅兰雅均是这两部书的口译者,由于笔述者不同,书中对亚当·斯密与《国富论》的称呼并不一致。《保富述要》第17章《论一国兴旺之理》说:"英国有人名斯米德,作书名《万国富贵法》,内有一欵云制造,各货价值每年比开销更大,则其余者为所得之利,而国必渐富,如每年价值小于开销,则国必渐贫,此理易明。"②文中的"斯米德"即亚当·斯密,"《万国富贵法》"即《国富论》。

(二)《富国养民策》

《富国养民策》一书由英国传教士艾约瑟编译而成,全书共16章100节。该书的英文底本是英国伦敦大学经济学教授威廉·斯坦利·杰文斯(William Stanley Jevons,1835—1882)于1878年撰写的《政治经济学入门》(*Science Primers: Political Economy*)。《富国养民策》一书由上海总税务司于

---

① 傅兰雅口译、应祖锡笔述:《佐治刍言》,上海书店出版社2002年版,第88—89页。
② [英]布来德:《保富述要》,傅兰雅口译、徐家宝笔述,江南制造总局,光绪十五年(1889),第244页。

1886 年出版,1892 年 8 月至 1896 年 5 月连载于《万国公报》第 43—88 册上。该书有 4 处直接提到亚当·斯密及其《国富论》。

第一处提到亚当·斯密其人其书的地方在该书的第一章《冠首导引》。杰文斯在第一章开篇就开始解释"political economy"①这门"science"(科学)的含义,这门科学教导人们超越短期利益的影响,去探索整个社会乃至整个人类的利益。他将英国的繁荣归功于亚当·斯密在《国富论》中对这门科学深刻认识的结果。他写道:

> The present prosperity of England is greatly due to the science which Adam Smith gave to the world in his "Wealth of Nations". He taught us the value of Free Labour and Free Trade, and now, a hundred years after the publication of his great book, there ought not to be so many mistaken people vainly acting in opposition to his lessons.②

艾约瑟将杰文斯的话译为:"英人亚当斯米所著有富国探源书,英国斯时兴盛,多由于研求其生财之学术致也,缘其书能使人洞晓贸易应无遏禁,工作应无定限之一应利益。"③文中的"亚当斯米"即亚当·斯密,"富国探源"即亚当·斯密所著的《国富论》一书。在艾约瑟看来,英国的"兴盛"是研究"生财"的原因,《国富论》揭示了贸易自由的道理。"富国探源"的字面意思是探究国家富裕的源头、根源、原由,艾约瑟的译名比较吻合《国富论》的意涵。

第二处是《富国养民策》第 4 章《分工操作》第 26 节《亚当斯米论分工》。这一节专论斯密的分工理论,艾约瑟的译文共 1 042 个汉字,杰文斯的英文原文共 646 个单词。现列举部分译文进行解析。

艾约瑟的译文如下:"分工操作之局势极多,惟推亚当斯米论者极嘉。伊论说之语,学者宜先加意矣。伊云分工之得益有三:工人各因之增灵巧才干;能省由此路技艺手到彼路技艺手多费之时分;制造若许助力省力之器具便于一人作数人之工。"④杰文斯的原文如下:

---

① 艾约瑟将"political economy"译为"富国养民策"。
② William Stanley Jevons, *Science Primers: Political Economy*, London: Macmillan, 1878, pp.10 - 11.
③ [英]艾约瑟:《富国养民策》,《万国公报》1892 年第 43 期,第 10 页。
④ [英]艾约瑟:《富国养民策》,《万国公报》1893 年第 49 期,第 15 页,点校参见李天纲编校:《万国公报文选》,生活·读书·新知三联书店 1998 年版,第 535 页。

There are many ways in which we gain by the division of labour, but Adam Smith has treated the subject so excellently that we had better, in the first place, consider his view of the matter. There are, as he thought, three ways in which advantage arises from the division of labour, namely—

(1) Increase of dexterity in every particular workman.

(2) Saving of the time which is commonly lost in passing from one kind of work to another.

(3) The invention of a great number of machines, which facilitate and abridge labour, and enable one man to do the work of many.①

艾约瑟将"division of labour"翻译为"分工",与傅兰雅的译名相同。杰文斯引用了斯密分工理论的三点益处,艾约瑟的译文还算忠实于原文。

关于第一点,艾约瑟写道:"斯米曾如是云:铁匠打造铁钉,夙昔未尝习其业者,一日成造二百枚,且不甚嘉。曾经习其业者,一日可成造八百枚、千枚不等,自幼习熟其手艺者,一日中成造至二千三百枚亦可。此等譬喻无庸多增,凡余等所见极精工雅致之器用什物,均为费若许时日习熟此业之人造成者也。"②《富国养民策》也与《佐治刍言》一样大段地征引了斯密的论述,《富国养民策》的作者大段征引斯密的论述,只是艾约瑟没有把分工的特殊作用体现出来。在谈到分工的第二、三点好处时艾约瑟又说:"斯米又云:分工操作能令人多造出既省力兼省时分之机器。此何故哉?实缘伊等俱专心致志于己所操劳之一路事业,自必追究出多端便捷法耳。"③

第三处是第7章《工价》第45节《亚当斯米论工价五则》。这一节谈论了工资问题、工资高低不等,《国富论》作何解释呢?关于工资,《国富论》中谈到了工资的概念、工资的决定、工资差异、工资的作用、最低工资理论等诸多内容,传教士译著仅仅涉及斯密关于不同职业造成的工资差异的论述,即职业决定工资高低的五种情况。艾约瑟翻译了斯密关于决定工资高低的"五则":

兹可取亚当斯米于此事论道者慎番言之,以工作为业,工价小者,缘何人多趋就,工价大者,缘何人多退却有可判分之五故:工价低昂,

---

① William Stanley Jevons, *Science Primers: Political Economy*, London: Macmillan, 1878, p.34.
② [英]艾约瑟:《富国养民策》,《万国公报》1893年第49期,第15页。
③ 李天纲编校:《万国公报文选》,生活·读书·新知三联书店1998年版,第536页。

缘工作之业是否恰合众心也;工价之高下,缘学习某种技艺有难易与费财不费财之不同也;工价之为高为下,亦视所业事之时日有间断否也;工价之低昂,亦视所托人担当之职任重大与否判定也;技艺之工价高下,亦视所习之事成功难易也。①

从斯密整个工资理论来看,这五点内容并非斯密工资理论的核心,仅是其中的一部分,斯密的工资理论反映的是资本主义社会雇佣劳动关系。由于近代中国封建自然经济占统治地位,资本主义经济发展很不充分,中国雇工的工资低下,工资形式普遍落后,斯密的工资理论并未引起中国社会各阶层的重视。

第四处是在第16章《征税》第97节《酌定税之数端要理》。艾约瑟提到了斯密的赋税论:"国家酌拟赋税,首先道及应遵之诸要理者,即亚当斯米(《泰西新史揽要》作师米德雅堂)所创论而声明之者也。论诚至善,凡习富国养民学者,务宜拳拳服膺而弗失也。试为依次列下。"②艾约瑟依次列出的四点"要理"分别是:"均平输税""一国人完税应有定额""征税应在完税人极便之候,并诸事从简""税银之数,以出乎花户手者与收入府库者,所差益少益嘉也"。③ 这四点"要理"即斯密所主张的平等原则、确定原则、便利原则和经济原则,艾约瑟将"maxim of equality"译为"均平输税","maxim of certainty"译为"定额","maxim of convenience"译为"极便之候、从简","maxim of economy"译为"益少益嘉"。《富国策》对这四条原则的译文依次为:"量民力以均税""取民有常制""因时以便民""节费以恤民",译者将这四条原则简化成"均输""定额""因时""节费"。④

在上述译词中,"均输"的使用颇有可议之处。此词出现于先秦,原义是指"政府按距输所远近增减各地贡输数量以均劳费"。⑤ "均输"在中国封建社会的不同朝代指代的内容、实施的措施有所差别,例如,西汉桑弘羊主持推行的是,各地将应该缴纳的贡赋依当地市价折算成应当缴纳的土特产品,交由均输官,其中优质的产品运往京师,其余产品或运送到价高地区出售,或折成现金。宋代王安石的措施是,政府采取就近原则,购买价格低廉的贡

---

① [英]艾约瑟:《富国养民策》,《万国公报》1893年第54期,第15—16页。
② [英]艾约瑟:《富国养民策》,《万国公报》1896年第87期,第13页。
③ [英]艾约瑟:《富国养民策》,《万国公报》1896年第87期,第13—14页。
④ 汪凤藻译、丁韪良核对:《富国策》,鸿宝书局1901年版,第119页。
⑤ 中国大百科全书编辑委员会:《中国大百科全书》,中国大百科全书出版社1986年版,第91页。

品，以确保都城开封的物资供应。这些都不是斯密所谓的平等原则，因此《富国策》的翻译难免牵强附会。相比之下，艾约瑟的"均平输税"反而能表达斯密赋税原则中的公平、平等之意。斯密的赋税理论奠定了近代西方税制理论的基础，传教士率先译介西方的赋税原理，对中国赋税思想从传统向近代转型具有促进作用，清政府后来在政治改革中引入了西方的财政体制。

《富国养民策》是一本针对初学者的经济学入门书籍，介绍了经济学一些基本概念与理论，如效用、分工、资本、工资、地租、利息、股份、价值、货币、交易、金融、经济周期、税收等。艾约瑟将这些西方经济学理论比较系统地引进到中国，从翻译的角度而言，艾约瑟翻译的经济学术语只有少部分比较成功，至今仍在使用，例如分工、资本等，他翻译的大多数名词不为现代人使用，例如效用译为"物之有益于人"，价值译为"货值"，工资译为"工价"，固定资本译为"有定资本"，流动资本译为"流行资本"，将"protection and free trade"译为"通商并土货得偏护"，把对应重商主义的"mercantile theory"译为"国富不恃金银入口多"。当然，我们不能过高要求艾约瑟，他毕竟是在西方经济学术语没有与之对应的中文词汇的环境下进行翻译实践尝试的，他的勇于探索的精神是值得肯定的。

《富国策》《佐治刍言》《富国养民策》三书有一个明显的共同点，就是对分工理论的重视。分工是斯密政治经济学体系的逻辑起点，斯密认为劳动生产率提高的原因在于实行了劳动分工，因而将分工学说置于《国富论》的篇首，从分工的结果、分工的原因、分工受市场范围的限制这三个方面进行阐述。斯密在《国富论》中谈到了国家贫富的差别与社会进步的水平由分工的程度所决定，分工是文明的根基，正是由于分工的意义重大，所以《富国策》《佐治刍言》《富国养民策》均对这一理论进行了译介。将"division of labour"译成中文，日本学术界略早于中国。1870年小幡笃次郎（1842—1905）译述的《生产道案内》介绍了斯密的分工理论，小幡借用了中国古典词汇"分业"来翻译"division of labour"，而傅兰雅、艾约瑟借用了中国古典词汇"分工"①来表达，"分工"在《国富论》的翻译史上可谓是一个极具有开创性的译词，此前后几十年间未见有来华传教士和中国人如此翻译。除了《富国策》（1880）将之译为"分职"之外，宋育仁的《泰西各国采风记》（1896）译为"分业"，严复的《原富》（1902）译为"分功"，这些译名均来自中国古典文

---

① 马林后来也沿用这一术语，或许是受其影响。参见[加]马林：《富民策》，李玉书译，上海美华书馆1911年版，第59页。

献。例如,《荀子·王制》云:"人何以能群?曰:分。"①荀子认为人之所以能够组成一个社会共同体,其原因在于人与人之间存在贫富贵贱之分、士农工商职业之分。这里的"分"包含了社会分工的意思。"分工"最早见于汉代刘向的《说苑·复恩》:"君诚能令夫人以下,编于士卒间,分工而作之,家所有尽散以飨士,方其危苦时,易为惠耳。"②此处的"分工"意为"分别从事各种不同但又相互联系的工作"。"分职"源自《尚书·周官》:"六卿分职,各率其属,以倡九牧,阜成兆民。"③其意思是说中国古代六卿在从政时分别各司其职。"分业"与管仲的"四民分业定居"思想紧密相关,管仲主张中国古代社会由士、农、工、商四民组成,他们明确分属于各自的生产、生活区划。"分功"在《慎子·威德》篇中就有记载:"明君动事分功必由慧,定赏分财必由法,行德制中必由礼。"④此处的"分工"意指分担工作。"分功"在《汉语大词典》中有两层意思:一是指古代博弈用语,二是指分工。⑤ 其中第一层意思"博弈用语"在近代已不再使用,第二层意思"分工"流传了下来,而且,"功"与"工"是通假字,因此,"分功"与"分工"并无本质区别,只是从语言形式而言,中国近代经过五四新文化活动之后,白话文逐渐取代文言文,"分工"成为社会日常用语。总而言之,从文言文到白话文的演变历程来看,同样是中国古典词汇,傅兰雅、艾约瑟的译名比汪凤藻、宋育仁、严复、小幡笃次郎的译名流传得更为久远与广泛,"分职""分业""分功"这三个译词最终被"分工"取代,使得"分工"一词最终成为经济学中一个耳熟能详的理论术语。

关于斯密具体的分工理论,这些传教士译著中成书时间最早的《富国策》曰:"今夫针之为物,至小也,而一针之造,凡更历者几八十役。铸钢而成线,截线以合度,由是而锐其端,利其锋,磨之砺之,整齐而束摶之,使以一手而兼诸役,虽至巧者,日不过造针二十而已。今第分司其役,而一日之间,一人之手,可成五千枚之多,其速二百余倍,即其利亦二百余倍矣。"⑥《国富论》原文说每人每日可造四千八百枚,《富国策》的原著却说成了五千枚,做了一个不影响其内涵的小小改动。关于这个案例的介绍,虽不如后来的《佐治刍言》详尽和准确,但这是传教士译著首次向国人介绍斯密经济理论学说

---

① 荀况:《荀子》(卷五),上海古籍出版社 2014 年版,第 98 页。
② 刘向:《说苑校证》(卷六),中华书局 1987 年版,第 124—125 页。
③ 孔安国:《尚书正义》(卷十七),上海古籍出版社 2007 年版,第 704 页。
④ 许富宏撰:《慎子集校集注》,中华书局 2013 年版,第 21 页。
⑤ 罗竹风主编:《汉语大词典》第 2 卷,汉语大词典出版社 1988 年版,第 567 页。
⑥ 汪凤藻译、丁韪良核对:《富国策》,鸿宝书局 1901 年版,第 36—37 页。

中最为经典的案例。《富国策》又云："专一则能生巧,一也;无更役之劳则时不废,二也;各以私智创机器,则事半而功倍,三也"。① 这也是近代史上最早向国人译介斯密对分工三点益处的总结。其实关于分工的益处,中国思想家的认识更早。例如,管子谈到行业的专一性时主张职业的固化:"士之子恒为士""农之子恒为农""工之子恒为工""商之子恒为商"。然而,中国传统思想里的分工,更侧重于追求安民固国、维护社会秩序的政治效果,斯密关于分工益处的总结才真正从经济方面凸显分工的优化功能。因此,《富国策》与后来的《富国养民策》虽然对于斯密分工益处总结的译介只是浅尝辄止,却能引导当时的国人从另一完全不同的视域中重新审视"分工"这一既古老又现代的经济问题。

总体而言,诸书中以《富国养民策》对分工的认识最为深刻。《富国养民策》第四章《分工操作》论及了分工的形成、斯密的分工理论、分工的优点、分工的弊端等问题,单就斯密的分工理论而言,分工的这三个优点基本符合斯密的原意。关于分工的第一点益处,《富国养民策》以耍杂技、弹钢琴、造玻璃为例说明长期练习的重要性,之后重点列举了斯密关于铁匠造铁钉的例子,以此证明劳动者熟练程度的提高有助于工作量的增加这一分工优势。关于分工的第二点益处,《富国养民策》没有使用《国富论》中的乡村织布匠的例子,而是以制作木匣、修鞋、写信为例,说明了分工的益处——节约了从一种工作转换到另一种工作的时间。至于分工的第三点好处,《富国养民策》解释了斯密的观点,分工导致机器的发明,而机器既省力又省时。这些认识当然比傅兰雅的译介要更为具体和丰富,可以说是对斯密分工学说译介的一个推进。作为一本经济学简明读物,《富国养民策》以简练的语言向中国大众普及了斯密关于分工益处的论述。非常遗憾的是,分工与市场的关系是斯密分工理论的重要内容,这些传教士译著却均未提及。

分工是人类社会一种古老的普遍现象,中国的先哲在先秦就注意到这一现象,并且留下了许多经典的论述。中国是一个小农经济的国家,长期以来采取重农抑商的政策,轻视工商业领域的社会分工,近代以降,中国的工商业发展水平远远落后于欧美等资本主义国家。斯密制针、造铁钉的案例看似普通,但却反映了分工促进劳动生产率改进这一基本规律。经过启蒙思想家斯密之笔端,人们认识到工业生产中分工的重大意义,在制造业中采用专业化的生产方式,大大地提高了劳动生产力,而且英国工业革命的经验表明了分工更容易在工业部门进行,而不是农业领域。《富国策》《佐治刍

---

① 汪凤藻译、丁韪良核对:《富国策》,鸿宝书局1901年版,第37页。

言》《富国养民策》作为晚清流传广泛的经济启蒙之书,是对斯密分工理论的译介,为促进中国知识分子重新认识分工的经济学作用、重新探讨西方富强的原因,起到了积极的作用。

(三)《泰西新史揽要》

1894 年 3—9 月,《万国公报》连载了英国传教士李提摩太译、上海蔡尔康(1851—1921)述的《泰西近百年来大事记》一文,1895 年广学会将该文以《泰西新史揽要》为名出版,李提摩太口译的英文底本系英国历史学家罗伯特·麦肯齐(Robert Mackenzie,1823—1881)撰写的历史书《十九世纪史》(The 19th Century: A History)。《泰西新史揽要》共 24 卷,叙述了 19 世纪以来英国、法国、美国、德国、俄国等欧美资本主义国家的发展史,内容涉及国际关系、政治改革、工业革命、宗教文化等诸多方面。《泰西新史揽要》出版于中日甲午战争之际,书中宣传的进化论思想、民主政治思想对于急欲变法图强的中国具有启发意义,上至光绪皇帝,下至普通读书人,争相诵读,是"晚清所有翻译西方历史书籍中销售量最大、影响最广的一部"。① 该书大约有四处论及斯密及其著作。

第一处见于该书第六卷"英除积弊一"第十四节"万国通商免税",其曰:"一千七百七十六年乾隆四十一年英国苏格兰省之戛斯哥海口有掌教大书院之山长,姓师米德名雅堂者,特创一书名曰《富国策》,家弦户诵,名震一时,甚至他国文字与英有异者亦复遍加翻译。"② 与之相应的英文如下:

> In 1776, Adam Smith, a Glasgow professor, and the son of an officer of customs in the small Scotch town of Kirkcaldy, published a book on the Wealth of Nations. In this book he argued with irresistible force that it was an exceedingly foolish thing for a nation to make the commodities which it consumed artificially dear, in order to benefit the home producers of these articles.③

李提摩太、蔡尔康采用中西历对照法,在西历之后辅以中国历法,如《国富论》出版于西历 1776 年④,译者同时注明乾隆四十一年,并且以小一号字

---

① 熊月之:《西学东渐与晚清社会》,上海人民出版社 1994 年版,第 597 页。
② [英]罗伯特·麦肯齐:《泰西新史揽要》,李提摩太译、蔡尔康述,上海书店出版社 2002 年版,第 94 页。
③ Robert Mackenzie, The 19th Century: A History, London: Thomas Nelson & Sons, 1880, p.126.
④ 与其他传教士译著相比,《泰西新史揽要》第一次明确提出《国富论》出版于 1776 年。

体标注出来，便于中国读者对比中西历法。下面的第3例、第4例也采用了同样的手法。在人名翻译方面，译者根据中国人的姓氏习惯，把亚当·斯密的姓翻译为"师米德"，亚当·斯密的名翻译为"雅堂"，译者在书后还专门制作了一个人名地名表。引文中的"《富国策》"即亚当·斯密的著作《国富论》。

　　李提摩太用清末知识界一个非常流行的经济学译名"富国策"来翻译《国富论》，这是当时知识风尚的体现，就这一词汇本身而言，也有着深厚的历史渊源。在中国历史上，"富国"是中国古代表示经济思想的常用词语，例如商鞅、韩非子主张"富国强兵"，荀子在经济论文《富国篇》中探讨过富国、富民之道，北宋李觏更是著书《富国策》专门研究经济问题。晚清经学部审定，将经济学译为"富国学"，这一时期以此为名的书籍和论文多不胜数，除了《富国策》与《富国养民策》，还有嘉托玛的《富国新策》、金琥的《富国要策》、谢子荣的《富国策摘要》、陈炽的《续富国策》与《重译富国策》、马林与李玉书合译的《各家富国策辨》等。客观来说，这个译名只是一个普通译名，甚至容易造成同名异书的情况，但是就其产生的时代背景而言，这个译名既能传达《国富论》书名原义中增进国民财富的内蕴，也是晚清知识风尚的缩影，在这背后反映的是中国知识分子追求国家富强的强烈愿望。

　　第二处在该书第六卷第十六节"商船运货新规"，书中写道："著《富国策》之师米得姓雅堂名论各种富国之事，皆明白晓畅，说理圆透，惟于此事仅举其偏而未会其全，故极称不许他国之船运载我国之物实为妙策，而不知此亦启衅之一端也。"①英文原文如下：

> Adam Smith, who reasoned so powerfully against all other restrictions on commerce, bestowed upon the navigation laws his unqualified approval. They proceeded, he thought, from national animosity; but yet, strange to say, they were " as wise as if they had all been dictated by the most consummate wisdom." They were unquestionably injurious to commerce, but in as much as they kept up a large supply of sailors, they were necessary to the safety of the country; and as defence is of more value than opulence, it was held by this great economist that the benefits conferred by the navigation laws outweighed their disadvantages.②

---

① ［英］罗伯特·麦肯齐：《泰西新史揽要》，李提摩太译，蔡尔康述，上海书店出版社2002年版，第99页。
② Robert Mackenzie, *The 19th Century: A History*, London: Thomas Nelson & Sons, 1880, p.132.

此处,亚当·斯密的姓被翻译为"师米得",与上一处的"师米德"不一致。中文译文与英文原文相差甚远,整段英文都在谈论航海法,译者仅仅把斯密赞同航海法这层意思用一句话表达出来。其实,斯密虽然反对重商主义,提倡自由贸易,但是唯独在航海法这个问题上有些例外。在斯密看来,航海牵涉到英国国家利益,关系到国家富强,所以他才坚定地支持航海法,放弃了他一贯的自由贸易立场。

第三处在该书第九卷"郅治之隆一"第八节"通商贸易章程",书上这样记载:"幸而一千七百七十六年乾隆四十一年英人师米德雅堂著《富国策》一书,镂版通行,立通商之根本,新策既行,旧章尽废,诸英人所创之新机至是始大用之而大效矣。"①对应的原文是:"In 1776 Adam Smith published his 'Wealth of Nations,' a book from which Great Britain learned in time to understand the true foundation of economical greatness. Adam Smith was an indispensable supplement to the work of the inventors."②此处英文来自书中《瓦特蒸汽机》一节的相关叙述,全节的重点是陈述工业革命的各种发明,只用了一句话提到《国富论》,李提摩太并未在此节中译出斯密其人其书,而是将之调到《通商贸易章程》,突出《国富论》至关重要的地位。在李提摩太看来,英国虽有瓦特蒸汽机、克伦普敦纺纱机、卡特莱特织布机,但"通商"仍然不自由,幸亏《国富论》以"通商"为"根本",该书于1776年出版后,英国新发明的机器才"大用""大效"。如果读者只读英文,看不出《国富论》的重要性,但经李提摩太这一调整,中国读者一眼便知《国富论》的突出位置。

第四处见于第十二卷"印度"第三节"得地最广",书上说:"英学士师米得雅堂为讲求富国策之第一名流,一千七百八十四年乾隆四十九年曾笔之于书曰:'余恒闻人言大商局之在印度宜何若也,或又谓大商局之于印度宜何若也,藉藉者不一而足,夫使英商治印已臻美善,何劳局外人之借箸而筹哉'。"③李提摩太在此引用了斯密对英属东印度公司(大商局)的评论,找出其中对应的英文原文颇费周折。原因在于,这段被译者李提摩太移入正文之中的文字,在原文中是麦肯齐力陈东印度公司经营不善时,所做的一个注释,英文原文如下:

---

① [英]罗伯特·麦肯齐:《泰西新史揽要》,李提摩太译、蔡尔康述,上海书店出版社2002年版,第147—148页。
② Robert Mackenzie, *The 19th Century: A History*, London: Thomas Nelson & Sons, 1880, p.186.
③ [英]罗伯特·麦肯齐:《泰西新史揽要》,李提摩太译、蔡尔康述,上海书店出版社2002年版,第187页。

"Different plans," says Adam Smith, writing in 1784, "have been proposed for the better management of [the company's] affairs. All those plans seem to agree in supposing, what was indeed always abundantly evident, that it is altogether unfit to govern its territorial possessions."①

这个注释实际上来自《国富论》第三版(1784年版)第三卷第596页,斯密在书中批评东印度公司因管理不善即将出现破产的危机,公司被迫向政府寻求援助,政府中各党派为改善公司的经营管理而抛出了各种救治方案,这些方案的一个共识是公司不适合管理印度的广袤领土,这个任务应该交给政府来完成。所以,英国政府在1784年通过了《1784年印度法案》以加强政府对东印度公司的管控。东印度公司早在17世纪30年代就开始与中国进行商业贸易,确切来说是广州与伦敦之间的商业贸易,不过国人对这家公司的运营知之甚少。这条被移入正文的注释,虽然也只有寥寥数语,但联系上下文的描述,可以让中国人对这家著名公司的内部管理,及其与英国政府的关系有新的了解。

上述四处的共同之处在于,李提摩太把英国经济的发展归因为一个人的学说,即斯密的学说,前已论述,艾约瑟也持如是观。他们把斯密看作一个能够给中国带来富强的经典形象。斯密仿佛是灾难深重的晚清的"救世主",②这是19世纪晚期传教士笔下的斯密形象。上述后三处均与商业贸易有关,《富国策》《富国养民策》《佐治刍言》虽然也介绍了这个主题,但没有像《泰西新史揽要》那样直接征引《国富论》的观点。《泰西新史揽要》是晚清钦定的新式学堂历史教科书,有着非常广阔的阅读和接受空间。当时的英国执全球商业贸易之牛耳,对于长期闭关锁国的晚清社会来说,此书较早地多次引用斯密对英国商业贸易的论述,为改变中国传统的知识结构,打破重农抑商、深闭固拒的状态,迈出了具有现实意义的一步。

传教士宣传的经济自由主义是戊戌维新派反对封建主义的理论武器,但昙花一现的戊戌变法并未成为经济自由主义的保护伞。戊戌变法的失败使得封建专制制度更加强化,斯密学说也遭到抛弃。传教士针对中国内忧外患的困境,引入了其他西方学说。1896年,严复翻译的《天演论》震动了中国的思想界,物竞天择成为人们的口头禅。1899年,维新运动的"良师"

---

① Robert Mackenzie, *The 19th Century: A History*, London: Thomas Nelson & Sons, 1880, p.227.
② Jeng-Guo S. Chen, "Between the Modernist and Traditionalist: Receptions of Adam Smith in China, 1902-2012", *The Journal of Economics*, Vol.82, No.3, 2019, p.6.

李提摩太对社会进化论进行了宣传。1899年,《万国公报》第121至124册刊载了李提摩太翻译、蔡尔康笔述的《大同学》,《大同学》的原著是英国本杰明·基德(1858—1916)于1894年出版的著作《社会进化》,该书主要介绍社会进化论与宗教原理,并最早提及了"百工领袖""养民学者"马克思及其"安民新学""主于资本"的学说,书中对斯密学说持批评态度。①

基于中国社会贫困问题异常突出的现实,加拿大传教士马林于1899年出版了《富民策》,此译本选自亨利·乔治的《进步与贫困》(*Progress and Poverty*),译者站在劳动人民的立场,主张均贫富,首次引入了亨利·乔治的土地单一税理论。此外,《富民策》还介绍了马尔萨斯的人口论、达尔文的生物进化论、李嘉图的地租论等。纵观全书,《富民策》多处涉及斯密的《国富论》,例如,斯密关于资本的8种分类、分工论、交易论、关税论、货币论、赋税论。② 此书是继《富国策》之后提及斯密学说最多的传教士译著。《富民策》在近代中国产生了重要影响,孙中山的"平均地权"思想即源自亨利·乔治的土地国有思想,中国无政府主义鼻祖江亢虎(1883—1954)曾撰文宣传亨利·乔治土地单一税学说,并且最早在国内进行单一税试验。

值得注意的是,论及斯密学说最多的传教士是艾约瑟。1886年艾约瑟编辑的《西学略述》是第一部概述各种西学源流的中文书籍,书中称斯密的《国富论》是一本讨论"富国之本"的书籍。③ 艾约瑟的西学造诣影响了他的翻译助手王韬(1823—1897),后者将他们早年共同翻译的作品编辑成《西学原始考》,该书在追溯西方学术源流时提及了斯密及其《国富论》的社会影响。④

值得称道的是,艾约瑟撰写了有关中国的银行、货币、财政税收制度等方面的专著,他在分析中国经济问题时运用了《国富论》的理论。例如,他在阐述中国货币史时,总是对比中国与英国的情形。他在论述18世纪英国造币厂黄金与白银的铸币价格与价值的数据时引用了斯密的看法,⑤之后艾约瑟将笔锋转向18世纪中国白银的发展史。再比如,艾约瑟在《中国的财政与赋税》一书中不满足于斯密的四大税收原则而提出了六条赋税原则,这

---

① 李提摩太译、蔡尔康笔述:《大同学》,李天纲编校:《万国公报文选》,生活·读书·新知三联书店1998年版,第614、617、620页;林代昭:《马克思主义在中国——从影响的传入到传播》(上册),清华大学出版社1983年版,第55页。
② [加]马林:《富民策》,李玉书译,上海美华书馆1911年版,(上卷)第24、39、59、63、67、72页;(下卷)第28页。
③ [英]艾约瑟编译:《西学略述》,清光绪丙戌(1886),总税务司署印,第86页。
④ 王韬:《西学原始考》,袁俊德编辑:《富强斋丛书续全集》,光绪二十七年(1901)小仓山房石印本,第16—17页。
⑤ Joseph Edkins, *Chinese Currency*, Shanghai: Presbyterian Mission Press, 1901, p.56.

添加的两条原则分别是人民的承受力与意愿。他举例说,在斯密生活的时代,英国煤炭出口要征税,这项税收政策于1834年被废止。1845年皮尔首相重启煤炭税,这项政策遭到强烈的反对后在同年就被废除了。因此征税的一个原则就是人民的意愿。① 笔者以为艾约瑟添加的这两条原则并不恰当,不能反映税收的一般原则。

上述传教士中除了艾约瑟之外,其余皆依靠中国助手对译著进行润笔。也就是说,传教士与中国助手在翻译中是一种合作关系,通常是传教士口述,然后再经中国助手笔述,双方共同完成一部译作。由于传教士中文水平有限,无法独立完成英文作品的翻译,需要中国知识分子对其进行润色与修饰,因此中国译者充当了代笔的作用。现存关于应祖锡、蔡尔康、徐家宝、李玉书等代笔之士的资料不齐全,难以对他们进行深入研究。这些人之中,汪凤藻毕业于京师同文馆英文班,学业优秀。丁韪良在《富国策》序言中明确指出汪凤藻是该书的译者,他本人的作用是"详加核对"。除汪凤藻之外,其余均不懂英语,缺乏经济学知识,但他们精通中国传统文化,能够对传教士的口语进行遣词造句,撰写出适合国人阅读的语言文字。因此,中国助手在整个翻译过程中发挥了重要的作用。

总的来说,上述译著虽然介绍《国富论》的地方不多,但这些作品把斯密与《国富论》描述成英国富强乃至西方富强的代表与象征,正好契合中国当时急于实现富国强兵的目标。《富国策》《佐治刍言》曾多次再版,《泰西新史揽要》是销量最大、影响最广的西方历史书籍,随着它们的传播,中国知识分子才真正接触到《国富论》中的具体内容,可以说,这些传教士译著率先把斯密的经济学说介绍到中国,起到了经济启蒙的效果。此后陈炽撰写了《续富国策》与《重译富国策》,梁启超在《国富论》影响下编写了第一部中国经济学说史著作,留日学生首次对《国富论》进行经济学的专业理论研究,如此等等。可以说《国富论》在近代中国掀起了一段具有划时代意义的东方传播史。然而,当我们回溯历史时,却不得不承认,正是以鲍留云、丁韪良、傅兰雅、艾约瑟、李提摩太为代表的来华传教士,以他们具有开创性的译著,充当了《国富论》在华早期传播的先锋与主角,对近代中国的经济思想启蒙做出了不可忽视的贡献。

传教士在传播西方经济学的过程中所积累的词汇对居于主导地位的文言文形成了冲击,汉语中呈现出文白杂糅的现象。可以说,传教士译著促进了汉语的语言变革,这是需要肯定的。但从术语翻译的角度而言,由于晚清

---

① Joseph Edkins, *The Revenue and Taxation of the Chinese Empire*, Shanghai: Presbyterian Mission Press, 1903, p.127.

中国翻译界并没有达成一致的翻译规范，所以传教士译著中出现了用《邦国财用论》《富国探源》《富国策》《万国财用》《万国富贵法》等不同书名来指代《国富论》，用"阿荡司""斯米德雅堂""斯米得""斯密氏"来称呼亚当·斯密的混乱局面。从中国自身的情况来看，"经济学"（economics）这一译名在中国尚未确立，①因而才出现理财学、生计学、计学、富国学、平准学等不同译名。无论是传教士还是严复、汪凤藻、应祖锡、徐家宝等中国译界人士，对经济学及其术语的翻译均各行其是，所以《国富论》才会出现各种各样的译名。传教士使用中国传统文化中已经存在的词汇而没有新造词语，这些词汇本来具有很强的语言容受力，但传教士赋予了这些词汇过重的负担，从而造成词义上的混乱。例如，富国策就有多种含义，既表示经济学，又指经济学课程，甚至指代《国富论》。

传教士对斯密的错误认识，上文已经提及，例如，对于斯密与政治经济学的关系，《富国策》把斯密视为"首创是学"的人物，中文读者误认为斯密是政治经济学"创始人"的认识也许就是由此开始。《佐治刍言》也认为政治经济学"始于"斯密。而且，传教士把斯密税收理论中的公平原理理解为"均输"，如此等等。传教士的译品当时即受到严厉批评，如陈炽认为《富国策》"词旨庸陋，平平焉无奇也。……弃菁英，存糟粕，名言精理，百无一存"。② 严复则直截了当地指出其"纰缪层出，开卷即见"。③

不过，这些传教士们主动适应中国文化，用中国古典词汇来翻译西方学术概念，许多译词都具有深厚的中国历史文化渊源，以"理财""分工"为代表的译词，甚至经历了时间的洗涤，成了现代经济学的基本通用术语，这些源自中国古典词汇的文言译词，化解了中国读者的疏离感，使得以《国富论》为代表的西方经济学理论有了第一次中国化的表述，实现了中国知识分子对斯密学说从有所耳闻到真正了解和接受这一新阶段的跨越。

第二节　早期报刊对《国富论》的报道

传教士译著是认识《国富论》在中国早期译介的重要传播媒介，作为大

---

① 关于经济学译名的研究参见方维规：《"经济"译名溯源考——是"政治"还是"经济"》，《中国社会科学》，2003年第3期；叶世昌：《经济学译名源流考》，《复旦学报》1990年第5期；赵靖：《经济学译名的由来》，《教学与研究》1982年第2期。
② 赵树贵、曾丽雅编：《陈炽集》，中华书局1997年版，第274—275页。
③ 严复：《论译才之难》，王栻主编：《严复集》（第1册），中华书局1986年版，第91页。

众传播媒介,报刊同样是传播西方知识和思想的重要载体。前已提及中文报刊最早由传教士在1815年创办,一些西学译著最先也是在传教士中文报刊上连续刊登,然后再单独出版成小册子,例如《贸易通志》的部分内容刊载于《东西洋考每月统记传》,《富国养民策》连载于《万国公报》,《泰西新史揽要》也以《泰西近百年来大事记》为名连载于《万国公报》。本节的早期报刊是指1902年《国富论》第一个中译本诞生之前的报刊,这一时期,无论是传教士报刊还是后来国人自办的报刊都有少数论文涉及亚当·斯密其人其书,归纳起来,这个时期的报刊对《国富论》的传播大致呈现出了以下历史面貌和特点:

第一,从传入时间来看,最早在报刊上提及《国富论》的是传教士,而最早提到《国富论》的报刊是《万国公报》。传教士创办的《察世俗每月统记传》《东西洋考每月统记传》《遐迩贯珍》《六合丛谈》《中国丛报》《格致汇编》《中西教会报》《教会新报》《万国公报》等刊物发表了许多西方经济学知识的文章,译介了一些经济学著作,但鲜有提及经济学家,直到1892年8月,《万国公报》第43期开始连载艾约瑟的《富国养民策》,亚当·斯密与《国富论》才随之首次出现在报刊上,而出现在中国人自办报刊的时间则是1896年(参见《时务报》第15期刊载的《富国策卷一》一文)。《万国公报》是当时国内发行量最大的刊物,它的读者主要包括清朝的皇帝与政府官员、清朝驻外使馆人员、书院与学堂的学生、中国的教徒、中国的绅士与普通民众等五类群体,传播空间跨越中国十多个省份,1896年发行量大约为50 000份,1897年大约60 000份,1898年大约38 400份。①《万国公报》扩大了《国富论》的受众群体与流传范围。

第二,对于《国富论》书名的翻译未达成共识。传教士译著中已经出现了这种现象,报刊中也同样如此。这里以《万国公报》的两篇文章为例来说明这一情况。1894年8月,《万国公报》第67册刊登了美国传教士卜舫济写的一篇关于赋税方面的文章《税敛要例》,他选译了斯密关于赋税征收的四条原则:"约一百五十年前,英国人师米德雅堂,著有《富国策解》,所论税敛,其理由有四:一须照公纳税。……二纳税须有定时。……三征税之时,应乘民便。……"②此处"师米德雅堂"所著的"《富国策解》"即亚当·斯密的《国富论》。上文提及的《大同学》也出现了这样的状况,《大同学》第一章

---

① 杨代春:《〈万国公报〉与晚清中西文化交流》,湖南人民出版社2002年版,第56、58、81—85页。
② 卜舫济:《税敛要例》,《万国公报》1894年第67册,李天纲编校:《万国公报文选》,生活·读书·新知三联书店1998年版,第553页。

"今世景象"说："故如师米德及米勒二君，同著《富国新策》，苦心孤诣，推究入微，然书中多讲积财之法，并未究安民之学。"①这里的"师米德"指亚当·斯密，"米勒"指英国经济学家约翰·穆勒。基德认为斯密和穆勒的著作多讲"积财之法"，并未研究"安民之学"，可见他对斯密和穆勒这样的"格致家"（科学家）是持否定态度的。这里的问题是斯密和穆勒是不是"同著《富国新策》"？这两个不同时代的人不可能撰写同一本书，那么"《富国新策》"究竟是指斯密的《国富论》还是穆勒的《政治经济学原理》？李提摩太在《泰西新史揽要》中把《国富论》称为《富国策》，此处的"《富国新策》"就是指"《富国策》"吗？《大同学》中没有说明这一点，可见译名混乱给中文读者带来的困惑。实际上，"富国策"这个名字极为常见，含义复杂，容易混淆。晚清时期一些书名和论文名常常冠以此名称，例如《富国策》《富国新策》《富国要策》《富国策摘要》《富国养民策》《续富国策》《重译富国策》《各家富国策辨》，等等，上述作品大都与《国富论》有关系。近代以来，富强一直是国人追求的奋斗目标，《国富论》成了"富先生"的代名词，即使有的作者并不了解斯密其人其书，但这本书还是被人屡屡提起。

第三，从文体选择看，文言书写逐渐过渡到白话书写。虽然文言文在晚清仍居主导地位，但《察世俗每月统记传》《东西洋考每月统记传》《遐迩贯珍》等传教士报纸使用的文字已经不是纯粹的文言文了，而是一种浅近文言，或者称为古白话、欧化文言、文白杂糅等语体形式，到1898年5月裘廷梁创办《无锡白话报》时，白话文已经运用于报纸上。② 该报第一期刊登了一篇名为《富国策卷一》的文章，此文作者署名为"梁溪毋我室主人演"。文章开篇就介绍了《富国策》是英国人法思德所写的"教国发财"的一部书，然后继续写道："从前英国有一个人，名叫斯密得，第一个讲这富国的道理，做一部书，名叫邦国财用论"。③ 引文中"斯密得"即亚当·斯密，"邦国财用论"即《国富论》，这不足为奇，这篇文章与此前介绍《国富论》的成果相比，最大的差异在于使用了新词汇、新句型结构，"一个人"与"一部书"是不定冠词短语表达，"有"字句显示出欧化痕迹，"的"字句明显是白话文的标记。毋庸置疑，白话文浅显易懂，具有通俗化、大众化的特点，有助于扩大《国富

---

① 李提摩太译、蔡尔康笔述：《大同学》，李天纲编校：《万国公报文选》，生活·读书·新知三联书店1998年版，第617页。
② 此前已有1876年《申报》馆创办的《民报》、1895年林琴南创办的《杭州白话报》、1897年章伯初等创办的《演义白话报》等使用白话刊文。
③ 梁溪毋我室主人演：《富国策卷一》，《无锡白话报》1898年第1期，第2页。"梁溪毋我室主人演"究竟是谁？学术界至今无人考证。

论》在中国的受众范围,这是一个好的征兆。

第四,斯密学说的反对者开始登场。《国富论》在传入中国的过程中曾遭遇到马克思主义学派(社会主义派)、德国历史学派等的挑战。1902年《翻译世界》开始连载日本社会主义研究会会长村井知至的《社会主义》一书,书中说经济界"阿达摩氏"提倡"自由主义个人主义"才造成"惨淡竞争"的社会,只有"社会主义平等主义"才能改造这种社会。① "阿达摩氏"即亚当·斯密,这个名字在书中仅出现了一次,也没有进一步的介绍。这个译名此前在中文论著中未曾见到,对社会主义知之甚少的国人不一定会联想到亚当·斯密,但该书毕竟向中文读者较早传递了社会主义是弥补自由主义个人主义缺陷的理想社会的印象。

德国历史学派先驱弗里德里希·李斯特(Friedrich List,1789—1846)的学说最早传入中国是在1901年,在这一年《译书汇编》第2卷第2、3、4、8期连载了《理财学:原名经济论》一文。此文系李斯特的代表作《政治经济学的国民体系》第一编"历史"的前四章,这一部分并不是李斯特集中攻击斯密的地方,但也显示了他对斯密的不满。在李斯特看来,英国曾经也实行过贸易保护政策,但是"学问渊博"的亚当·斯密"逞一己之议论,而讳言当时之实情",②斯密对航海法与自由贸易的看法是"一偏之见",保护贸易政策优于自由贸易。③ 李斯特学说在中国迅速引起了反响,1902年,梁启超在《新民丛报》就开始刊发倡导贸易保护的文章。这是后话,暂且不表。

第五,传播主体开始出现变化。19世纪中期传播《国富论》的主体是欧美传教士,他们宣传的通商有益、自由贸易等经济学知识体现的是斯密经济自由主义思想,这种思想在19世纪中后期受到中国知识界与部分统治阶层的重视。甲午战争中国惨败,洋务运动的破产,再到戊戌变法的失败,康有为、梁启超流亡日本,资产阶级思想遭到清廷的封杀,经济自由主义思想难逃厄运,在这种情况下,传播经济学的主体就从传教士逐渐转移到留学生身上。早期留学欧美的学生,如容闳、马建忠、陈季同、严复、罗忠尧、高而谦、王寿昌等虽非经济学专业出身,但他们曾经学习过经济学课程,并不同程度地介绍过西方经济理论,只是总体上留学欧美的人数并不多。1894年甲午战争爆发后,留学日本的人数很快超过留学欧美的人数。例如1896年首批留日生的人数是13人,1897年的人数为9人,之后每年留学人数几乎呈

---

① [日]村井知至:《社会主义》,罗大维译,广智书局1903年版,第12页。
② [德]李士德:《理财学:原名经济论》,《译书汇编》1901年第2卷第3期,第20页。
③ [德]李士德:《理财学:原名经济论》,《译书汇编》1901年第2卷第8期,第35—36页。

爆发式上涨势头,1898 年 61 人、1899 年 200 人、1900 年 159 人、1901 年 274 人、1902 年 727 人。① 到 1902 年左右,留日生大量翻译日文书籍,兴办报刊,引入了日本经济学以及日译新名词。《东京经济杂志》《译书汇编》《大陆报》《新民丛报》等留日生创办的刊物在当时影响很大,这些刊物也刊登了有关斯密的文章。例如,登载李斯特学说的《译书汇编》是中国留日学生于 1900 年 12 月在日本东京创办的刊物,刊发日本村井知至的《社会主义》的《翻译世界》于 1902 年 12 月在上海创刊,留日生马君武担任主编,该刊译文主要来自日本学者以及部分欧美学者的作品。村井知至的《社会主义》后来也由留日学生罗大维翻译成中文。虽然,对传播《国富论》做出最大贡献的留学生当首推留英生严复,但严复译语始终竞争不过日译新名词,20 世纪初期日本取代欧美成为中国学习经济学的首选国。因此,传播主体发生改变实际包含两个转变:一是从传教士转向留学生;二是就留学生内部而言则从欧美留学生转向留日学生。

第三节　驻外使臣与早期资产阶级改良派对《国富论》的接触

鸦片战争打开了中国的国门,也开拓了中国人的眼界,能够较早接触西方资产阶级文化的人士才有可能较早了解《国富论》,清廷派往外国的驻外使臣与资产阶级改良派皆在此列。先说驻外使臣的情况,经过两次鸦片战争后,清朝统治阶级内部对如何解决一系列的内忧外患分裂为洋务派与顽固派,前者于 19 世纪 60—90 年代掀起了一场洋务运动,洋务派以"中学为体,西学为用"为理论依据,主张学习西方的近代工业和先进技术以达到维护封建统治的目的;后者反对学习西方的文化、技术、商业等,主张用封建伦理道德巩固统治秩序。为与西方各国正常交往,考察其政治、经济、文化、社会等方面,清政府开始派遣驻外使臣,洋务派与顽固派官员出国考察不可避免地要接触西方的各种思潮。

驻外使臣中最早言及斯密其人其作的当属中国首任驻英公使郭嵩焘(1818—1891)及其副使刘锡鸿(?—1891)。郭嵩焘在访英期间(1877—1879)获悉日本公使井上馨在学习英国理财之道,于是在光绪三年(1877)2

---

① 谈敏:《回溯历史——马克思主义经济学在中国的传播前史》(上册),上海财经大学出版社 2008 年版,第 388 页。

月25日的日记中记载了他在伦敦向井上馨咨询"查考英之税课当看何书",井上馨向他推荐了两种政治经济学书目:"一种曰阿达格斯密斯,一种曰长斯觉尔密罗,"①此处的"阿达格斯密斯"和"长斯觉尔密罗"分别指亚当·斯密和约翰·穆勒。随同郭嵩焘出行的副使刘锡鸿也在使英日记中论及此事:"正使叩以查考英之税课当看何书,并以书名'威罗士疴弗呢顺士'者为答(威罗士者丰也,疴弗呢顺士者国也,书言丰裕其国之道,故名)。此书系挨登思蔑士所著,难于翻译,非习英文者不能翻译。"②此处的"挨登思蔑士"即亚当·斯密,"威罗士疴弗呢顺士"即亚当·斯密所著的《国富论》,刘锡鸿把《国富论》当作"丰裕其国之道"。光绪四年(1878)7月1日,郭嵩焘又在日记中写道:"阿敦斯密斯创立理财学问,于英国最有名。"③郭嵩焘是洋务派人士,主张学习西方的政治制度、经济制度、教育制度以及外交政策,刘锡鸿是反洋务的封建顽固派代表人物之一,他反对西学,反对新式工商业。无论是主张学习西方的郭嵩焘,还是反对向西方学习的刘锡鸿,他们的日记中都没有介绍亚当·斯密《国富论》的具体内容,对于斯密与《国富论》,他们仅仅只是听闻而已。

郭嵩焘与井上馨具体交谈的内容虽无详细的记载,不过,纵观郭嵩焘出国前后的言论,我们还是可以揣测出他的思想与斯密的经济自由主义有某种相通之处。1875年,他在《条议海防事宜》中倡导发展民营企业,"令沿海商人广开机器局",并在西洋各国立国的本末问题上持"其本在朝廷政教,其末在商贾"的观点。④ 1876年8月27日,郭嵩焘在给清廷的奏折中要求建立"通商则例"(通商规则)时指出西方国家"以通商为治国之经"。⑤ 1877年,郭嵩焘在目睹了西洋各国的富裕之后,在日记中描述了"西洋以行商为制国之本"的诸多景象,⑥认为西方的富强在于以商立国。从"其末在商贾"到"以通商为治国之经",再到"以行商为制国之本",访英的经历对他直观体认自由资本主义经济的发展起到了重要的作用,以至于他后来批评轮船招商局"半官半商,无所主名,未见其利,先受其累,终无能求有益处也",⑦

---

① 郭嵩焘:《伦敦与巴黎日记》,岳麓书社1984年版,第145页。
② 刘锡鸿:《英轺私记》,岳麓书社1984年版,第120页。
③ 郭嵩焘:《伦敦与巴黎日记》,岳麓书社1984年版,第676页。
④ 郭嵩焘:《条议海防事宜》,丁守和等主编:《中国历代奏议大典》,哈尔滨出版社1994年版,第486页。
⑤ 郭嵩焘:《请纂成通商则例折》,丁守和等主编:《中国历代奏议大典》,哈尔滨出版社1994年版,第491页。
⑥ 郭嵩焘:《伦敦与巴黎日记》,岳麓书社1984年版,第75页。
⑦ 郭嵩焘:《伦敦与巴黎日记》,岳麓书社1984年版,第823页。

他反对洋务派的官办与官督商办的经济经营模式,指出"天地自然之利,百姓皆能经营,不必官为督率",①这反映出他鼓励民营企业自由经营的经济思想。总之,郭嵩焘的经济思想与斯密的反政府垄断,倡导自由经济的思想是有契合之处的。

继郭嵩焘之后,洋务派官员宋育仁(1857—1931)于1894年以驻英、法、意、比四国使馆二等参赞的身份随公使龚照瑗出使西洋。在出使英国期间,宋育仁广泛研究英国的政治、经济、文化各方面,经常出入英国的学校、工商各界、议院,著成《泰西各国采风记》。该书的《理财之术贵在分工》一节与《西人理财尚同之效》一节均提到"富国策"。如《理财之术贵在分工》记载:"西人书富国策,言理财之术,贵在分业。以琢针为喻,自溶铁抽丝,以至磨尖穿鼻,如一人兼为之,则一日不能成数十针;以十人分业为之,则一日约可成万针。故西人每事皆分业而治,工业如此,推之国政皆然:一,事有专司,则无所牵制;二,熟极生巧,则变通不穷;三,用志不纷,则精神少耗,中间无有旷时。"②很明显,从制针案例与分工的三点益处可推知引文中的"富国策"即《国富论》,"分业"即"分工",从上述译文可以看出宋氏是读过《国富论》英文原著才翻译出来的。清代陈忠倚编辑的《清经世文三编》(共80卷)第77卷《洋务》也记载了宋育仁的《理财之术贵在分工》一节的内容,文字完全相同。③ 同为政府外交官员,在了解斯密及其学说方面,宋育仁比郭嵩焘更进了一步。

再来看一位清朝王室成员对斯密著作的了解。爱新觉罗·载振(1876—1947)是清代庆亲王奕劻的长子,1902年曾代表清廷赴英参加英国国王爱德华七世加冕典礼,并访问了法、比、美、日四国。《英轺日记》系他出英期间撰写的日记,共12卷,记录了出使期间的各国外交礼仪和各国的政治、商务、工艺、外交、军事、教育等情况,光绪二十九年(1903),上海文明书局出版了该书,其第6卷第17节在谈英国工商业的发展状况时提到斯密及其著作:"中国乾隆年间,英伦有斯密亚丹者,著《原富》一书,综论工作之巧拙,本末之轻重,又论赋税钞币之法,最为完备。而计学家有名罗哲斯者,尝推阐其义,云国家害富之事,邦国外侵不若庶民之内讧,庶民内讧不若秕政之时行。"④文中的"罗哲斯"即英国经济学家索尔德·罗杰斯(1823—

---

① 郭嵩焘撰、梁小进主编:《郭嵩焘全集》(第十三册),岳麓书社2018年版,第476页。
② 宋育仁撰:《泰西各国采风记》,钱钟书总编、朱维铮执行主编:《郭嵩焘等使西纪六种》,生活·读书·新知三联书店1998年版,第382—383页。
③ 陈忠倚编:《清经世文三编》,光绪二十三年(1897)石印本,第1460页。
④ 载振:《英轺日记》第6卷,上海文明书局,光绪二十九年(1903),第54页。

1890），严复选用的《国富论》底本就是罗杰斯编校的，载振以"《原富》"称呼斯密的著作，说明他可能阅读过严复译本《原富》。后来载振担任商部最高官员尚书这一职务，成为中国历史上第一任"商务部部长"，但他实际不熟悉商情，4年的任职期并未实现振兴清朝商务的目标。

除了像郭嵩焘、宋育仁等少数驻外使臣有机会出国方才听闻斯密及其著作之外，奕䜣、文祥、曾国藩、李鸿章、张之洞等洋务派代表人物也或许听闻过《国富论》，恭亲王奕䜣创设的京师同文馆是洋务运动在教育领域改革的成果之一，前已提及丁韪良在京师同文馆开设"富国策"课程，在总理衙门的资助下翻译出版《富国策》一书，并免费赠送给清廷官员，上述洋务派人物可能阅读过此书，至于他们是否对《国富论》有了解则无从得知，即使出访过欧美诸国的李鸿章，也不见其著作、日记中有关《国富论》的记载。洋务派是地主阶级中较为开明的官僚集团，就经济管理政策而言，洋务派运用封建政权的力量采用官办、官督商办、官商合办等方式经营企业，具有垄断性、封建性、买办性、依附性等特点。它实际上遏制了私人资本投资新式企业，束缚了民族资本主义在近代中国的正常发展。因此，洋务派不可能采用斯密的经济自由主义政策来经营洋务企业。

与洋务派差不多同一时期产生的资产阶级改良派也开始接触到斯密及其《国富论》。这一派是由一部分地主、知识精英、官僚、商人组成，力主通过社会改良的手段在中国发展民族资本主义、兴办资本主义工商业以寻求富强之道，为此他们主张学习西方资产阶级文化，翻译西方著作，大力向国人介绍西方的思想。资产阶级改良派的经济思想在1894年中日甲午战争之前以王韬、陈炽、郑观应、马建忠等为代表，在戊戌变法期间以康有为、梁启超、谭嗣同、严复等为代表，这期间的资产阶级改良派又因变法维新被称为资产阶级维新派。王韬、陈炽、郑观应、马建忠等人属于早期资产阶级改良派，他们的政治影响力很微弱，其中的一些人还为洋务派效力，例如：王韬与丁日昌、李鸿章关系密切，薛福成、马建忠是李鸿章的幕僚，郑观应曾在李鸿章的官督商办企业中任职。这两派关系复杂，既有联合，又有斗争。洋务运动期间顽固派反对学习西方，他们曾经联合反对顽固派的保守思想，主张采西学，办洋务，但是改良派学习西学的范围比洋务派宽泛得多，在洋务运动后期，两者就如何处理资本主义工商业的发展、官办与民办企业的关系、政治制度改革等方面的分歧越来越明显，戊戌变法就是明证。

下面先考察王韬、陈炽、郑观应等早期资产阶级改良派对斯密的了解。

19世纪中叶传播西方经济知识较突出的一位要算中国近代改良派思想家王韬。他在上海墨海书馆从事了13年的翻译工作，与艾约瑟、麦都思、理雅各等传教士合作过,翻译出版了大量西学书籍。例如,他于1853年、1858年与艾约瑟合译《格致新学提纲》一卷,介绍西方文化和科学方面的成就,并对西方学术的源流有一定的叙述。1890年,王韬将该书重新修订,编辑成《西学原始考》一书,他在书中提及亚当·斯密:"一千八百四年……时英国学校中多著名之士……著书述国政及贸易事宜者,曰亚丹斯密,俱以专门名家著称,文学彬彬,盛于一时。"①为彰显斯密的地位,他接着又重复写道:"一千八百二十九年……著书讲述国政及商业贸易事宜者,曰亚丹斯密,彬彬遗美,称盛一时。"②王韬在这里以简洁的笔调概括了斯密及其《国富论》的影响,他的描述是基于他在海外的游览感受。王韬在1867—1870年之间曾游历英、法、俄等国,深受西方资本主义思想的影响,主张在中国发展资本主义工商业,介绍英国富强之道自然成为他关注的中心。

与王韬不同的是,陈炽没有踏出过国门,只是游历过沿海各地及香港、澳门,但他勤奋好学,广泛涉猎西学著作。甲午战争后,他认识到英国的富强在于贯彻了《国富论》的原理,中国同样也需要这样类似的著作。1895年,他开始撰写经济著作《续富国策》一书,希望中国富强起来,该书于1896年夏季完稿,共60篇,分为农书、工书、矿书、商书四部分。作为传统科举制度下成长起来的知识分子,陈炽不懂英语,他的著作并非以西方经济学理论体系行文,仍旧使用传统的叙事方式。他在序言中赞扬亚当·斯密的《国富论》曰:"有贤士某,著《富国策》,极论通商之理,谓商务衰多益寡,非通不兴。英人举国昭若发蒙,尽涤烦苛,以归简便,而近今八十载,商务之盛,遂冠全球。"③陈炽在这里犯了两个错误,一是把"《富国策》"误作斯密的《国富论》,二是弄错了《国富论》的出版时间,《国富论》已经出版了120年,陈炽不了解西方经济学的历史,凭主观猜测说此书距今才"八十载"。他的《重译富国策》同样延续了类似的错误。

1896年12月25日,陈炽与友人合译了法思德的《富国策》,将其命名为《重译富国策》,发表在《时务报》第15册上,后陆续在第16、19、23、25册上连载。该译本的内容比同文馆翻译的《富国策》大大减少,其中删略处较多,补充的内容也不少。陈炽在《重译富国策叙》中交代了重译的原由:"因忆十五年前,曾见总署同文馆所译《富国策》,词旨庸陋,平平焉无奇也。"陈

---

① 王韬:《西学原始考》,袁俊德辑:《富强斋丛书续全集》,光绪二十七年(1901)小仓山房石印本,第16页。
② 王韬:《西学原始考》,袁俊德辑:《富强斋丛书续全集》,光绪二十七年(1901)小仓山房石印本,第17页。
③ 《陈炽集》,中华书局1997年版,第149页。

炽说到的"十五年前"同文馆所译的《富国策》实际上是法思德撰写的《政治经济学指南》，陈炽却误认为是斯密的《国富论》，他这样说道："英人斯密德，著《富国策》一书，西国通人，珍之如拱珍之如拱璧。……欧美各国，以富强为本，权利为归，其得力实在《富国策》一书阐明其理，而以格致名学辅之，遂以纵横四海。《富国策》，洵天下奇文也！"①可见，在陈炽的心中，亚当·斯密的《国富论》成了能够"纵横四海"的"天下奇文"，这反映出斯密学说在当时中国知识阶层中的受欢迎程度。

更值得注意的是，1896年，《时务报》第15册刊发了一位名为"通正斋生"译述的文章"富国策卷一"。据考证，"通正斋生"即陈炽。陈炽开门见山就指出"富国之学"是英国人"斯密德"首创，陈炽说斯密写的《邦国财用论》是一本表面言富国，实言"富民""民财"的著作。② 陈炽在这里把《邦国财用论》视为斯密的《国富论》，这是正确的。令人费解的是，陈炽把作为经济学译名的《富国策》和《邦国财用论》都视为斯密的《国富论》，这又是陈炽的失误了。1897年，湖南学政江标(1860—1899)在《经济实学考》中指出了陈炽《重译富国策》的不当之处：

> 今案斯米·雅堂虽曾著《富国策》，主张均税，使英人盛兴工商以致富强……观此则斯密德所著《富国策》，与同文馆所译本为法斯德所著者迥不相同。乃合为一人，又合为一书，而谓取原本重译，其谁信之？且篇第、名目、议论均与法斯德所著相同，其为取同文馆本重加删润无疑。不独斯密原书未见，即法斯德原本亦未见也。惟文笔浩肆，正可与原译本参观，其中亦大有申明原书议论繁简得当之处，未可废也。③

很明显，陈炽混淆了法思德与斯密，才出现这样的错误。严复则直陈陈炽译本"非徒无益，且有害矣"。④ 不过，中国当时的知识分子对西方经济学的了解一般都比较肤浅，陈炽的认识反映了中国大多数知识分子对西学的了解情况。

继王韬、陈炽之后的郑观应(1841—1920)是近代早期中国资产阶级改良主义思想家与近代企业家。郑观应的代表作《盛世危言》贯穿着"富国强民"的主题，是一部反映资产阶级维新思想体系的著作，该书体现了他"商

---

① 《重译富国策叙》，《时务报》1896年第15册，第1页。
② 通正斋生译述：《富国策卷一》，《时务报》1896年第15册，第1页。
③ 江标：《经济实学考》，博济书院，光绪二十四年(1897)石印本，第39页。
④ 严复：《与张元济书》，王栻主编：《严复集》第三册，中华书局1986年版，第528页。

战"的思想。他认识到英国的富强在于振兴商务,中国也应该学习西方列强,与之进行商战。郑观应非常重视《盛世危言》一书,曾三次修订该书,形成了三个版本(1894年5卷本、1895年14卷本、1900年8卷本)。

郑观应是否阅读过斯密的《国富论》并受其影响呢?《盛世危言》收录了一篇文章《序〈富国探源论〉》,文章作者姓名不详。① 这篇序文介绍了斯密的《国富论》。纵观全文,笔者发现,该文与《清经世文三编》第39卷《礼政三礼政四》的《富国探源论》篇文字相同,《清经世文三编》是清代陈忠倚于光绪二十三年(1897)编辑而成,两篇文章都没有注明作者,到底谁是作者呢?既然这两篇文章内容相同,究竟是郑观应抄了陈忠倚,还是陈忠倚抄了郑观应,换句话说,郑观应是看了《清经世文三编》的《富国探源论》之后写的序言,还是陈忠倚看了郑观应的《盛世危言》中的《序〈富国探源论〉》才写的《富国探源论》?从成书时间来看,《清经世文三编》写于1897年,后来又有1898年版、1901年版、1902年版;郑观应亲手修订《盛世危言》的版本有三个,其中,1895年《盛世危言》14卷本增加了《序〈富国探源论〉》一文,② 笔者据此判定郑观应的文章在先,陈忠倚抄录郑观应的文章在后。接下来的问题是这篇文章究竟是否郑观应写的?此问题的提出源于上海格致书院的青年才俊杨然青(即杨毓辉)曾经帮助郑观应编校《盛世危言》,而且《盛世危言》还收录了杨然青的部分作品。据张登德与戴金珊猜测,《序〈富国探源论〉》为亚当·斯密《国富论》作序之文,文章作者是杨然青。③ 此文究竟是郑观应还是杨然青所写?从张登德和戴金珊的文章中,笔者找不到杨然青是作者的证据,那么作者是否是郑观应呢?华夏出版社于2002年出版了辛俊玲评注的《盛世危言》,辛俊玲在其附录《序〈富国探源论〉》的注释4中明确指出,"司密司"即亚当·斯密,《国民财富的性质和原因的研究》即郑观应所译的《富国探原论》。④ 其实,郑观应在《盛世危言》中把凡杨然青

---

① 郑观应:《盛世危言新编》,光绪二十三年(1897)成都刻本,第134—135页。郑观应著、辛俊玲评注:《盛世危言》,华夏出版社2002年版,第162—164页,又见夏东元编:《郑观应集》(上册),上海人民出版社1982年版,第496—498页。笔者发现,该文与陈忠倚编《清经世文三编》第39卷《礼政三礼政四》的《富国探源论》中的内容重复,光绪二十三年(1897)石印本,第772页。

② 夏东元:《郑观应集》(上册),上海人民出版社1982年版,第496页。

③ 张登德在《理论学刊》2010年第9期发表《亚当·斯密及〈国富论〉在近代中国的传播和影响》一文,认为上海格致书院的杨然青曾为斯密的《国富论》作序,依据是夏东元主编的《郑观应集》(上册)(上海人民出版社1982年版,第496—498页)的相关论述,证据是戴金珊在《亚当·斯密与近代中国的经济思想》(《复旦学报》1990年第2期)一文中指出此文作者是杨然青,笔者发现戴金珊并没有证据证明杨然青就是该文作者。

④ 郑观应:《盛世危言》,辛俊玲评注,华夏出版社2002年版,第164页。

所作均注明了他的姓名，所以笔者还是认为这篇没有署名的文章当为郑观应所作。下面再看这篇文章的具体内容。

此文章的开篇写道："英国博士名司密司者，才优识广，见理极明，而于格致制造之功，养民治国之要，凡可以兴大利致富强者，无不拳拳致意，考察精详，思欲公之天下，遂著一书，名《富国探原》，备述国家兴衰强弱之理，古今上下之情，洞烛数千年。下笔万言，深入显出，刊行于世。各国之君见此书者，莫不恍然大悟，心领神会，以为确论。于是遵其法而推行之，乃得旧弊销除，政治日新。"①这里的"司密司"即亚当·斯密，"《富国探源》"即《国富论》。从这段引文看出，郑观应对《国富论》的理解有些偏颇，他仅仅认为该书是一本叙述国家富强或是国家兴衰强弱的书籍，没有认识到该书的主旨与中心思想。他将"探源"解释为"民生之勤俭"，"勤，德之基也，能勤则百废具举动；俭，德之辅也，能俭则万物有余"。② 接着作者大谈历史上的希腊、罗马、意大利、法国之所以均未能长期称雄，与它们没有长期坚持勤和俭息息相关，在此情况下，"司密司"将这些历史"讨论明辨，著为论说"，③使读者从中做出判断。整篇序言除了提到勤、俭之外，没有论及斯密的经济理论与思想。可见，郑观应虽然阅读了《国富论》，但是丝毫不解斯密之经济学说的真义。

第四节 本 章 小 结

从1840年起，直至1902年严复翻译出版《原富》，这段时期可视作《国富论》在中国的传播前史。其间，《国富论》的传播主要局限于来华传教士、驻外使臣以及早期资产阶级改良派，其中传播主体是来华传教士。本章以傅兰雅的《佐治刍言》、艾约瑟的《富国养民策》、李提摩太的《泰西新史揽要》为研究重点，考察来华传教士对传播斯密分工学说、工资与赋税理论等方面所做出的历史贡献，在系统梳理十余种晚清刊物的基础上，总结来华传教士所办报刊在传播《国富论》时的基本面貌和特点。

来华传教士在中国的任务不是传播《国富论》，而是传播基督教。在传

---

① 夏东元：《郑观应集》（上册），上海人民出版社1982年版，第496页。
② 郑观应：《盛世危言》，辛俊玲评注，华夏出版社2002年版，第162页。
③ 郑观应：《盛世危言》，辛俊玲评注，华夏出版社2002年版，第163页。

教初期,当直接传教无效时,他们遂从事翻译、教育、办报等工作,因为文字事工比直接说教更有效率。同时,他们也与中国知识分子和高官有直接或间接的联系。其中,丁韪良、傅兰雅、艾约瑟参与了中国的政治、经济和教育改革,得到了朝廷的任用和提拔。这些都为包括政治经济学在内的西学传播创造了良好的条件。不过,传教士并非经济学专业人士,不能系统、完整地介绍西方经济理论。他们的译介只停留在经济学常识和基础知识的层面。同时,他们的中文书面表达能力较差,所以大多数传教士都需要中文助手来做记录和润色。毫无疑问,这些中国助手在翻译中也发挥了重要的作用。

传教士引入的《致富新书》《富国策》《富国养民策》《佐治刍言》以及历史学著作《泰西新史揽要》等译著均来自英国,属于正统派经济学,或者可称之为古典政治经济学,正统派经济学在晚清一直居于主流地位,亚当·斯密作为正统派经济学或者古典政治经济学的创始人或者集大成者,他的《国富论》中译本虽未产生,但传教士译著的传播已为其奠定了相应的基础。由于西方政治经济学在晚清尚处于传播的起步阶段,中国传统学术又没有相应的学科,传教士在引入的过程中借用了中国古代典籍已有的词汇来定义与阐释。"富国""富国策""养民""理财""财用"都是中国古代治国理政的术语,传教士对古代汉语的旧词新用,化解了中国读者的疏离感,是西方经济理论中国化的第一次尝试。从传教士翻译的经济学基本术语来看,他们用"货值""工价""物之有益于人"来翻译价值、工资、效用等特定经济学概念,因不符合中国的语言习惯而消失,而他们译创的分工、资本、地租、利息等术语,至今仍是中国经济学的基本概念。

从实践的层面来看,《国富论》的经济理论没有在晚清的政策制定中得到实际应用。就分工而言,斯密的分工理论在资本主义自由主义经济的环境下可以提高生产力和经济增长,甚至促进了英国的繁荣。中国传统思想中的劳动分工理论,由于产生于小农经济的社会,更注重社会秩序和社会稳定。近代中国人口众多、资本不足、生产力低下,在外来商品的压迫下,劳动分工也不发达,因而斯密的分工理论并不能促进中国的经济增长。不仅是斯密的分工理论,就连传教士译著大力宣传的经济自由主义,也因为不适合中国国情而遭遇失败,戊戌变法便是最好的例证。

即便如此,传教士通过创办学校,引进经济学课程、教师、教材等方式,推行了西方的经济学教育,推动了中国传统经济思想的近代转型。传教士因此充当了西方政治经济学在中国早期传播的主角,对近代中国的思想启蒙做出了不可忽视的贡献,斯密、李嘉图、马尔萨斯、马克思等世界著名的政治经济学家都是由他们介绍到中国的。由于包括《国富论》在内的西方政治经济学在实现国家富强中的重要地位，传教士通过翻译西学来揭示西方富裕的缘由，这正好契合了洋务运动与戊戌变法所追求的富强目标，传教士译著从而得以影响当时的中国知识界。

王韬、陈炽、郑观应等中国早期资产阶级改良派人物是中国知识界的精英，是西方经济知识的早期传播者，他们在介绍西方经济知识的过程中均提及斯密及其著作，他们的目的是借此书探讨中国的富强之术，这与向西方寻求真理的驻外使臣郭嵩焘有着同样的价值追求，但另一位驻外使臣刘锡鸿却主张封建主义的旧经济思想，抵制资产阶级的新经济思想，当然也包括《国富论》在内。与清政府的这两位驻外使臣相比，王韬、陈炽、郑观应对斯密及其《国富论》的认识要稍微详细些，但是他们也有缺点。如陈炽搞错了《国富论》的出版时间以及《富国策》与《国富论》的区别，虽然他的论述提到《国富论》是一本关于商贸之书。总的来说，他们更多的是向国人传播经济学常识，甚少涉及经济理论，他们关于斯密其人其书的描述只言片语、浅尝辄止，甚至还远逊于传教士。《国富论》在近代中国的早期传播，仅仅停留在亚当·斯密其人和其著《国富论》的引入上，尚未具体论及其经济理论。当然更谈不上将其理论应用在经济政策上，即便如此，他们仍然为近代中国学术界接受西方经济思想做了铺垫。比他们稍晚的资产阶级维新派则在此方面做出了巨大的贡献。从1895年"公车上书"到1898年戊戌政变，维新派逐渐登上中国政治舞台，维新派为反对洋务派的官僚垄断，要求自由开办民用企业，经济自由主义就成了维新派反对封建主义的理论武器。那么维新派是否受到斯密学说的影响呢？

作为维新派的首领，康有为不懂英语，他对斯密的有限认识来自他阅读过的传教士译著，他坦承他的维新思想深受李提摩太与林乐知的影响。[①] 从经济的角度讲，"富国"是康有为的变法主张之一，其实质是要中国仿效西方，发展资本主义工商业。康有为在给光绪皇帝的奏折中多次提出"富国"之策，而其中的一份奏折则提到了斯密："富国学则乾隆时师米得堂著《富国策》，明生利分利之义，旧章尽废，而泰西民富百倍。"[②] 这个奏折论及如何学习西方科学、技术与文化，培养人才、鼓励创新、奖励专利等事宜，康氏列举了西方多位科技文化界名人，其中包含了斯密。他认为斯密创立了"富国

[①] Warren A. Candler, *Young J. Allen, the Man Who Seeded China*, Nashville: Cokesbury Press, 1931, pp.174–175.

[②] 康有为：《请以爵赏奖励新艺新法新书新器新学设立特许专卖折》（1898年6月26日），见《杰士上书汇录》（卷二）。

学"(经济学),英国民富百倍的原因是英国采纳了《国富论》的主张,康氏把此书理解为"生利分利"之书,这种看法是不全面的。他的著作中未见到提及斯密学说的内容,可见斯密学说并未影响到康有为。与之不同的是,严复与康有为的弟子梁启超则深受斯密学说的影响,他们开启了《国富论》在近代中国传播的新篇章。

第二章　严复的《原富》及相关著述中的斯密学说

《国富论》在中国的传播过程是中国人向西方学习西方经济学的过程。当时留学生和国内知识阶层热衷于学习西方应用经济学的知识，例如，财政、贸易、货币、银行、会计等，而对于西方理论经济学没有多少兴趣，20世纪初，中国真正接触到西方古典政治经济学的人物凤毛麟角，严复（1854—1921）便是其中的一位，他是继传教士之后将西方资产阶级古典政治经济学理论系统介绍到中国的主要代表。他的作品里包含有许多经济思想，如《原富》《孟德斯鸠法意》《天演论》《政治讲义》《救贫》《原强修改稿》等作品均涉及斯密学说。本章拟重点剖析《原富》译本与社会影响以及严复其他作品中的斯密学说。

第一节　严复对"富强"的探索

严复一生都致力于民族的振兴、国家的富强，在《原富》出版之前，严复作品中的斯密学说均围绕着富强问题而展开。1895年3月4—9日，天津《直报》刊发了《原强》一文，此文是严复基于甲午战败的强烈刺激而从思想层面探索民族救亡的一个反映。文章标题《原强》，从词义上讲，即寻求一个国家的富强之道。严复对此的解释是："是故富强者，不外利民之政也，而必自民之能自利始；能自利自能自由始；能自由自能自治始，能自治者，必其能恕、能用絜矩之道者也。"[①]从这句话中可以看出严复推崇西方的自由民主制度，他把西方的富强归因于个体的"自利""自由""自治"。英国正是由于长期实行了"利民"的自由经济政策才创造了巨大的社会财富，而"利民""自利""自由"属于亚当·斯密自由主义经济学的范畴，这反映了严复受到

---

① 严复：《原强》，王栻主编：《严复集》（第1册），中华书局1986年版，第14页。

斯密自由经济的影响。要实现国家富强,严复提出了增强"民力、民智、民德"的主张,其中开启民智最为紧迫。之后,严复对此文进行了修改,撰写成《原强修改稿》,对其中的内容进行了进一步的说明。严复认为国家富强的根本在于"鼓民力""开民智""兴民德"。所谓"鼓民力"即提倡增强国民体质,所谓"开民智"即办学校讲西学,所谓"新民德"即以资产阶级的道德思想来更新中国传统的道德思想。其中,"开民智"在三者中地位最重要,是"富强之原",①对于中国来说,开民智就是要废除八股文、发展实业教育、提倡西学。严复在谈到"开民智"时歌颂了英国经济学家亚当·斯密的功劳,这是因为,在严复留学英国期间,英国资本主义社会的发达与富裕给他留下了极其深刻的印象。他把西方国家创造的巨大物质财富归功于斯密的《国富论》一书,他说:"东土之人,见西国今日之财利,其隐赈流溢如是,每疑之而不信;迨亲见而信矣,又莫测其所以然;及观其治生理财之多术,然后知其悉归功于亚丹斯密之一书,泰西有识之公论也。"②也就是说,英国富强的原因在于贯彻了《国富论》一书的原则,这是西方有识之士的"公论"。《原强修改稿》是严复著述中最早提到斯密《国富论》的一篇论文,由此可见,从一开始《国富论》就与严复探求中国富强之道紧密联系在一起。

继《原强修改稿》之后,《天演论》中再次出现了斯密及其学说。1896年10月15日,严复翻译完《天演论》并写下序言。该书于1898年正式出版,全书分上下两卷,上卷18篇,下卷17篇,共计35篇,严复为其中的29篇撰写了按语,字数大约1.7万字。《天演论》中宣扬的"物竞天择,适者生存"的进化论思想是清末影响最大的西方理论,以往学术界对它的经济思想的探讨较为薄弱。其实,该书有不少地方论述经济学,据统计,"计学"(即经济学)出现了8次,"计学家"2次,严复又称"计学"为"理财","理财"在文中出现了3次。以"计学"为线索,书中有两条按语直接提到亚当·斯密。

第一条按语见于该书"导言十三·制私"。该节的大意是,在一个社会中,如果人人破坏彼此之间制定的协议,任由私心肆意发展,结果就会造成"群道息而人种灭"的悲剧,所以,人的私心必须受到"天良"(善心)的限制,这样才能达到"有群之效"。在论证过程中,赫胥黎认为人类相互之间能够共处是因为最初具有"善相感通"的同情心和善心,"感通"一词在文中出现多处,它的意思是一方的言行感动对方,同时使对方产生相应的反应,有心灵感应之意。严复在按语中对"感通"进行了回应。严复认为人类最初在社

---

① 严复:《原强修订稿》,王栻主编:《严复集》(第1册),中华书局1986年版,第29页。
② 严复:《原强修订稿》,王栻主编:《严复集》(第1册),中华书局1986年版,第29页。

会中不是通过"感通"建立关系的,而是为了各自利益结合在一起,后来,经过自然的选择具备了"感通"的能力,做到了"善群",具备了良心。这不是赫胥黎独创的新学理,而是经济学家亚当·斯密首创的,即"以感通为人道之本,其说发于计学家亚丹斯密,亦非赫胥黎氏所独标之新理也"。① 既然斯密发现了"以感通为人道之本"的学说,那么"感通"一词是严复自创的,还是将与之对应的英文翻译为汉语而得来的呢? 严复将斯密的《道德情操论》译为《德性论》,称"《德性论》谓起于人心之相感"②,笔者认为这里的"相感"即英文中的"sympathy"("同情"),这与1905年王国维在《论新学语之输入》一文中的说法比较接近。王国维称严复是"创造学语名者",自创了很多新词,但也有不少不当之词,最不当之词是"如'Evolution'之为'天演'也,'Sympathy'之为'善相感'也。而'天演'之于'进化','善相感'之于'同情',其对'Evolution'与'Sympathy'之本义,孰得孰失,孰明孰昧,凡稍有外国语之知识者,宁俟终朝而决哉"。③ 由此,笔者进一步推论:"相感"即"感通","感通"就是同情,《道德情操论》就是一本论以同情为人道之本的名著,这样也许就可以正确理解"以感通为人道之本,其说发于计学家亚丹斯密"这句话了。

第二条按语见于"导言十四·恕败"。严复在第一条按语中对赫胥黎是持批评态度,批评的结果道出了斯密的贡献,该节同样面临类似的情况。赫胥黎指出,要使一个社会保持安宁与和谐,遵守和仿效一定的道德准则很重要,如东亚的学者说"己所不欲,勿施于人",西欧的学者说:"施人如己所欲受","设身处地,待人如己"。严复在按语中进行了批驳,他说赫胥黎列举的这些名言警句均不是维持社会太平的"最大公例",社会太平的"最大公例"是"一个人获得了自由,也不要破坏他人获得自由"。斯宾塞写的《群谊》(即《群学肆言》)就是为此而生的。写到此,严复特地以斯密为例来说明赫胥黎对"最大公例"认识的不足。严复认为近代欧洲的富强是因为经济学(计学)的兴起,而经济学的首创者是亚当·斯密,严复说:"晚近欧洲富强之效,识者皆归功于计学,计学者首于亚丹斯密氏者也。"换而言之,斯密学说使国家富强。严复指出,赫胥黎没有领悟经济学"最大公例"的含义:"大利所存,必其两益:损人利己,非也,损己利人亦非;损下益上,非也,损

---

① [英]赫胥黎:《天演论》,严复译,商务印书馆1981年版,第32页。
② 严复:《斯密亚丹传》,[英]亚当·斯密:《原富》(上册),严复译,商务印书馆1981年版,第5页。
③ 王国维:《论新学语之输入》,《人间闲话:王国维随笔》,北京大学出版社2011年版,第141页。

上益下亦非。其书五卷数十篇，大抵反复明此义耳。"①这段话的意思是：要想获取巨大利益，一定是双方都受益：损人利己是不对的，损己利人也是不对的；损害下级而让上级得利是不对的，损害上级而让下级得利也是不对的。这里的"其书"是指斯密的《国富论》，严复当时还没有译完该书，还没有为书命名，故用了"其书"一词，并说该书共有五卷几十篇，其内容都是在反复说明这一点。

值得一提的是，1902年，中国民主革命先驱于右任（1879—1964）在陕西宏道大学堂求学答卷中根据严复所说"大利所存，必其两益"，认为"斯密亚丹创此旨，作书数十卷。生计学出版之日，即政治界革命之时，而经济主义遂飞跃于地球。数百年来，蠲保富之法，平进出之税，皆斯密氏此宗旨所振动"。②

《天演论》宣传进化学说，为近代中国输入了崭新的哲学世界观与方法论，与此同时也引进了西方的经济伦理思想与自由思想。严复引进进化学说是为了探求中国的富强之道，他在论证的过程中发现经济自由主义也是国家富强的工具，因此不断强调斯密《国富论》的重要性。从上述两条按语可以看出，严复不仅了解《国富论》的内容，还了解《道德情操论》的内容。只有同时研究这两本书，才能完整、准确地把握斯密学说的真正含义。通过对《原强》《原强修改稿》《天演论》的解读，我们可以看出严复在翻译《国富论》之前已经对斯密最重要的两本著作以及学说有所了解。基于寻求富强的目的，严复在译完《天演论》后便着手《原富》的翻译，据华东师范大学图书馆严复译《原富》英文底本里他所做的批注，严复在1892年4月获得《原富》英文版，1896年10月30日开始翻译《国富论》，1901年5月《原富》首二部（即《国富论》第一、二篇）出版，1902年11月上海南洋公学译书院首次将全书（共五篇）出版。③

值得一提的是，《原富》在中国的出版，逐渐加深了国人对经济学学科的认识，改变了国人传统的经济思维模式。刘絜敖说：

> 在亚当·斯密（Adam Smith）以前，可谓经济学犹在"实践知识的时代"，这时关于经济现象之研究，大家皆或本于实践的应用的目的，或只

---

① ［英］赫胥黎：《天演论》，严复译，商务印书馆1981年版，第34页。
② 中国人民政治协商会议陕西省委员会、咸阳市委员会、三原县委员会文史资料委员会编：《于右任先生》，陕西人民出版社1991年版，第282—283页。
③ 刘重煮：《严复翻译〈原富〉之经过》，《华东师范大学学报》1985年第4期，第95—96页。又见皮后锋：《严复评传》，南京大学出版社2011年版，第415—417页。

作了局部的片段的论述,乃至斯密的《原富》出版,于是,关于经济生活之生产流通分配等现象,乃有条理整备的记述与体系一贯的说明。故可谓到了此时,经济学才达到了体系化的境地,而不复为从前之实践知识的堆积。①

以《原富》为标志,此后传入的西方经济学不断介绍科学的方法论,国人的译著中也开始仿效西方经济学分科体系、研究范式,该书因而获得了国内学者的高度评价。民国著名经济思想史家夏炎德指出,"西洋经济学之正式传入中国,以严译《原富》为嚆矢"。② 经济学家胡寄窗对《原富》给予了很高的评价:"以严复翻译亚当·斯密的名著《原富》于1902年正式出版为标志,西方经济学的引进,才突破以往局限于一般经济知识的窠臼,形成西方各种经济学科的系统理论,以翻译或国人自撰的形式,被大量介绍到国内的局面。"③严复译的《原富》是《国富论》在中国最早、相对完整的中译本,下面重点介绍这本文言文译本的相关内容。

第二节　严复经济思想的集中体现——《原富》

严复在翻译《国富论》的过程中撰写了大量按语,这些按语体现了他对中外经济问题的理解与看法。从这个意义上说,《原富》其实由两部分组成,一是《国富论》的内容,二是严复撰写的大量按语。因此,《原富》不仅仅是《国富论》的中译本,也是研究严复经济思想的母本。

一、《原富》的前言

《原富》一书的正文由部甲、部乙、部丙、部丁、部戊五部分组成,正文之前的前言附有《吴汝纶序》④《斯密亚丹传》《译事例言》《中西年表》《发凡》五部分,前言的前三部分均论了斯密及其《原富》。

《吴汝纶序》系桐城派大师吴汝纶为《原富》所作的序言。在吴汝纶看来,《原富》一书在"欧美传习已久",但中国"未之前闻",因此,严复翻译此

---

① 刘絜敖:《经济学方法论》,商务印书馆1937年版,第2页。
② 夏炎德:《中国近百年经济思想》,《民国丛书》(第1编36册),上海书店1989年版,第166页。
③ 胡寄窗:《中国近代经济思想史大纲》,中国社会科学出版社1984年版,第10页。
④ "序"同"叙",《吴汝纶序》即吴汝纶发表在《政艺通报》与《鹭江报》的《原富叙》一文。

书"不可以已也"。原因在于，中国士大夫"以言利为讳"，又长期固守"重农抑商之说"，造成了"生财之途常隘，用财之数常多"的局面。① 中国在西方列强数次入侵下变得非常贫穷，急需一种新的经济理论来改变国人的传统经济思维，以备统治者富国之用，《原富》作为一本"言利"之书十分适合中国的需要。吴汝纶在序言中主要介绍《原富》在中国翻译的原由以及该书对中国当时的社会意义。

《斯密亚丹传》系严复模仿《史记》的传记体裁撰写而成，它是中国第一篇关于斯密的传记。严复简述了斯密的生平并加以评论，其内容要点大致有：斯密在格拉斯哥大学的教育、教学情况，尤其是深受哲学家休谟的影响；斯密游学欧洲，与法国重农学派代表魁奈、杜尔阁等的交往；斯密的代表作《国富论》与《道德情操论》等。严复重点提到了这两本书，他说："盖斯密平生著作传者仅十余种，《原富》最善，次之，皆于此时肇其始矣。"《原富》出版后，各国纷纷翻译传播，"言计之家，偃尔宗之"。他还指出，英国政府也采用了斯密的理论，英国的富强与该书息息相关。严复所谓的"《德性论》"即《道德情操论》，该书"言风俗之所以成，其与同时哲学家异者，诸家言群道起于自营，《德性论》谓起于人心之相感"。② 难能可贵的是，严复将这两本书相提并论，大大超出了同时代之人仅将斯密视为经济学家的一面，忽视了斯密作为哲学家的一面。

一个值得注意的现象是，严复撰写的斯密传记后来分别以文言文与白话文刊登在一些报纸上。例如《鹭江报》(1903 年第 27 期)、《政艺通报》(1903 年第 2 卷第 1 期)与《北洋官报》(1903 年第 31 期)三家报纸均以文言文版本进行全文转载，与此同时，斯密的传记也以白话文的形式刊登在部分报纸上，例如一位名叫雪震的作者在《绍兴白话报》上对斯密的履历进行了简述，从内容上看，严复提到了《道德情操论》，而雪震没有提及这点，其他方面则大同小异。由于雪震采用了浅显的白话文，对斯密未婚之事进行了渲染，③也许这样更能吸引普通读者的兴趣。在这之后的《商务报》则以《计学大家英儒斯密亚丹》为题进行了详细的描绘，内容大幅度增加，对《国富论》与《道德情操论》都进行了介绍。④ 此文浅白的语言、丰富的信息加深了"英儒"亚当·斯密在中国读者中的形象。

《译事例言》又称《译斯氏〈计学〉例言》，共 15 段，3 400 余字，是研究严

---

① 吴汝纶：《吴汝纶序》，王栻主编：《严复集》(第 1 册)，中华书局 1986 年版，第 1—2 页。
② 严复：《斯密亚丹传》，王栻主编：《严复集》(第 1 册)，中华书局 1986 年版，第 4—5 页。
③ 雪震：《斯密亚丹传》，《绍兴白话报》1903 年第 14 期，第 8 页。
④ 《计学大家英儒斯密亚丹》，《商务报》1904 年第 6 期，第 51—61 页。

复经济思想的重要材料之一。文中主要内容如下：

第一，《原富》一名的由来。严复将译本命名为"原富"，而不取名为"计学"的原因在于，"从斯密氏之所自名也。且其书体例，亦与后人所撰计学，稍有不同：达用多于明体，一也；匡谬急于讲学，二也。其中所论，如部丙之篇二篇三，部戊之篇五，皆旁罗之言，于计学所涉者寡，尤不得以科学家言例之。云原富者，所以察究财利之性情，贫富之因果，著国财所由出云尔。故《原富》者，计学之书，而非讲计学者之正法也。"《原富》的"部丙之篇二篇三"与"部戊之篇五"不是谈经济学的基本原理，这些议题在一般的经济学书籍中都找不到，可见，严复看到了《原富》与一般经济学类书籍的相异之处，而且他还认识到了，《原富》是一本考察"财利之性情，贫富之因果，著国财所由出"的经济学书籍，看来，严复正确地领会了《国富论》书名的原意。

第二，译书的目的。严复谈了翻译此书的四个目的："计学以近代为精密，乃不佞独有取于是书，而以为先事者，盖温故知新之义，一也。其中所指斥当轴之迷谬，多吾国言财政者之所同然，所谓从其后而鞭之，二也。其书于欧亚二洲始通之情势，英法诸国旧日所用之典章，多所纂引，足资考镜，三也。标一公理，则必有事实为之证喻，不若他书勃窣理窟，洁净精微，不便浅学，四也。"其中第二个目的是严复译书的根本目的，他希望将斯密学说传到中国，觉得中国可以借鉴英国经济政策的经验教训，为此他批判封建经济政策，试图为民族资本主义的发展开辟道路。他在文末再次强调了翻译这本书的初衷，从近期来看，关系到"中国之贫富"，从长远来说，关系到"黄种之盛衰"。①

第三，自由贸易论。严复批判重商主义，认为"以金为财"的观点是错误的，他认为金银只是"百货之一"，金银与国家的贫富没有多大的关系，所以，在贸易进出口问题上，没有必要"争进出差之正负"（favorable or unfavorable balance of trade）。如果以争取获得贸易顺差为目的而实行"保商之政""优内抑外之术"，既不利于对外贸易，更不利于国内工商业的健康发展，即"既非大公至正之规，而又足沮遏国中商业之发达"，贸易保护政策实际上是"名曰保之，实则困之。虽有一时一家之获，而一国长久之利，所失滋多"。自由贸易则可以使"主客交利"，严复用了整整五段来批评重商主义的贸易保护政策，阐述他的自由贸易主张，他在正文的按语也多次表达了贸易自由的思想。

---

① 严复：《译斯氏〈计学〉例言》，王栻主编：《严复集》（第1册），中华书局1986年版，第98、101页。

第四,对正文的补充解释。一个解释是关于斯密反对重商主义与中国传统思想中的重农抑商思想。斯密在《国富论》第四篇中反对重商主义,中国又有重农抑商的传统,国人很容易将两者混同。严复对此进行了解释,他指出:斯密的本意之一是反对政府以给商人专利权与特权为名借机增加税收,谋取私利的作法,谴责一些不法商贩的恶劣行径并限制了他们的一些商业行为。他说:"斯密此书,论及商贾,辄有疾首蹙额之思。后人释私平意观之,每觉所言之过,然亦知斯密时之商贾,为何等商贾乎?税关屯栈者,公司之利也。彼以谋而沮其成,阴嗾七年之战。战费既重,而印度公司所待以搘柱其业者又不訾,事转相因,于是乎有北美之战,此其害于外者也。选议员则购推举、议权税,则赂当轴,大坏英国之法度,此其害于内者也。此曹顾利否耳,何尝恤国家乎?又何怪斯密言之之痛也!"另一个解释是《原富》是一本"纯于功利之说"的书吗?严复的答案是否定的,因为斯密认为道德源于人的同情心,"义"与"利"是相互补充的,人类既利己,又利他,严复用《道德情操论》的自利思想来解释《原富》,反对将《原富》视为纯粹的功利之书,他说:"然而犹有以斯密氏此书为纯于功利之说者,以谓如计学家言,则人道计赢虑亏,将无往而不出于喻利。驯致其效,天理将亡,此其为言厉矣。独不知科学之事。主于所明之诚妄而已。其合于仁义与否,非所容心也。且其所言者计也,固将非计不言,抑非曰人道止于为计,乃已足也。从而尤之,此何异读兵谋之书,而訾其伐国,睹针砭之伦,而怪其伤人乎!"①

第五,交代译本的删减之处。严复交代自己在翻译过程中使用了大量的缩译、节译方法。对于大段大段的论述,严复以高度概括性的语言译其大意,如"首部篇十一释租之后,原书旁论四百年以来银市腾跌,文多繁赘,而无关宏旨,则概括要义译之";对于一些烦琐、无关紧要的解释性文字则进行删减,如"部丁篇三,首段之末,专言荷京版克(银行)",以及"部甲后有斯密及罗哲斯所附一千二百二年至一千八百二十九年之伦敦麦价表"等。② 可见,《原富》是《国富论》的一个节译本,并非全译本。

此外,译文中夹杂着大量按语。据严复交代,《原富》所用的英文底本是经济学家罗哲斯编注的版本(牛津大学,1880 年第 2 版),罗哲斯在书中添加了许多注解,严复对此译本"录其善者附译之,以为后案",即严复把他的注解以按语的方式罗列出来。另外,严复还以大量按语表达了他自己对斯

---

① 严复:《译斯氏〈计学〉例言》,王栻主编:《严复集》(第 1 册),中华书局 1986 年版,第 99—100 页。
② 严复:《译斯氏〈计学〉例言》,王栻主编:《严复集》(第 1 册),中华书局 1986 年版,第 101 页。

密的理解,对中国社会经济现象的解释等,他说:"杂取他家之说,参合己见","每见斯密之言于时事有关合者,或于己意有所枨触,辄为案论,丁宁反覆,不自觉其言之长而辞之激也"。① 严复在正文中撰写了310条按语,共计6万多字。严复译的《原富》与斯密原著最显著的区别是严复的按语,这最能体现严复的经济思想。下面重点介绍严复的按语。

二、《原富》的按语

《原富》共有310条严复的按语,赖建诚、皮后锋、俞政、胡寄窗、叶世昌、侯厚吉、吴其敬、钟祥财、郑双阳等学者对此问题做过研究,本书则在此基础上梳理严复在这些按语中对斯密学说的理解与接受程度。

(一) 经济自由主义

严复受斯密学说影响最深之处是经济自由主义,它是《国富论》全书的主旨,其内容包括主张自由竞争、自由贸易,反对国家与个人的垄断,反对贸易保护主义以及国家过多干预经济事务。《译事例言》中已经提到过自由贸易论,全书译文和按语中更是大量充斥着经济自由主义思想。经济自由主义是严复经济思想的核心,其经济自由思想可归纳如下:

(1) 反对政府干涉私人的经济活动,提倡经济自由。为发展中国的资本主义,严复反对政府的干涉与垄断(辜榷)行为:"一国财赋之事,惟其理有固然,斯其势有必至,决非在上者所得强物从我,倒行逆施也。"又声称:"斯密氏谓辜榷之事,能使求货者出最贵不可复加之价,而自由相竞,则物价最廉。以常法论之,其大例自不可易。"因此,他大力提倡私人的经济活动,政府只要"听民自谋",经济就可以发展,也就是"名曰辅之,适以锢之,名曰抚之,适以苦之,生于其政,害于其事,此五洲国史可遍以知其然者也"。严复又运用司马迁的自由放任思想来为经济自由主义正名,他说:"善者因之,其次利导之,其次教诲之,其次整齐之,最下与之争。"②严复与斯密在经济自由这一点上的看法是一致的。

(2) 主张自由竞争。严复认识到自由竞争可以调节商品价格,他说:"知物价趋经,犹水趋平,道在任其自已而已。顾任物为竞,则如纵众流以归大墟,非得其平不止。……而自由相竞,则物价最廉";还可以提高劳动生产率,"民物各任自然,地产大出,百倍于前"。③ 严复目睹了当时清政府垄断

---

① 严复:《译斯氏〈计学〉例言》,王栻主编:《严复集》(第1册),中华书局1986年版,第101页。
② [英] 亚当·斯密:《原富》(上册),严复译,商务印书馆1981年版,第35、55、286页。
③ [英] 亚当·斯密:《原富》(上册),严复译,商务印书馆1981年版,第54—55、119页。

盐的经营,禁止私盐,官盐比私盐价格高出许多倍的现象,而提出自由竞争,因为竞争可以使资源配置最优化,使生产成本下降到最低水平,价格维持在最低点。

(3)主张自由贸易。严复认为英国在国际经济竞争中能够独领风骚,原因在于采用自由贸易,他说:"洎斯密氏书出,英人首弛海禁,号曰无遮通商(亦名自由商法),而国中诸辜榷垄断之为,不期自废,荡然维新,平均为竞。"他在其他地方同样强调英国富强的原因是"守自由商政之效也"。他把自由贸易分为国内和国际两个层面,就国内贸易而言,"盖国之财赋必供诸民……自由贸易非他,尽其国地利民力二者出货之能,恣贾商之公平为竞,以使物产极于至廉而已"。就国际贸易而言,"弛关者,内外平等,不于入口诸货畸有重征也"。①

(二)供求价值论

斯密的价值论体系中,既有劳动价值论,又有供求价值论。严复反对前者,信奉后者,他说:"斯密氏以产物之功力为物之真值,值之高下视功力之难易多少为差,其言虽近理,然智者千虑之一失也。盖物无定值,而纯视供求二者相剂之间,供少求多,难得则贵;供多求少,易有则贱。方其难得,不必功力多;方其易有,不必功力少也。"②引文中的"物无定值,而纯视供求二者相剂之间",明显反映了严复的价值观,即功力(劳动)不能决定物的价值,否认物有内在价值,认为物的价格由供求关系而定,供不应求,则价值高,供过于求,则价值低。他还举例来证明:同一块地,如果在农村,价格不高也无人购买,如果在城市,价格虽高人们还是争相购买;同在一棵树上的果子,向阳一面的果子比背阴一面的果子价格高,劳动价值论显然解释不了上述例子,因此,严复坚信供求价值论,并在按语中多次用供求论来解释经济现象,如"凡价皆供求相剂之例之所为,操枋者又乌能强定之耶?""金银本值贵贱之理,与百货之所以贵贱本同,视供求之相剂,不以多少论也,""物之贵贱无常,视求其用者之缓急。……急则值贵……使知价由供求之多寡缓急而成,则农宗工商无所生财之说将不待辨而自废矣。"③这样的例子不胜枚举,可以说,供求论对严复的影响仅次于经济自由主义。

(三)分工论

严复对斯密的分工论并不满意,他为此提出了两点意见。

---

① [英]亚当·斯密:《原富》(上册),严复译,商务印书馆1981年版,第119、546、519—520、122页。
② [英]亚当·斯密:《原富》(上册),严复译,商务印书馆1981年版,第24—25页。
③ [英]亚当·斯密:《原富》(上册),严复译,商务印书馆1981年版,第84、179、551页。

（1）对分工优点的补充。严复在部甲篇一"论分功之效"中评论了斯密关于分工的论述——"可谓辨晰矣"，但他又指出了斯密的不足。斯密在《国富论》中提到分工有利于劳动者改进技术，有利于节约时间，有利于机械的发明这三个优点，严复认为斯密对于分工优点的论述不充分，另外补充了四点："一曰不异人而事办"，"二曰不异事而效收"，"三曰人得各审其才之所当"，"四曰地得各出其产之所宜"，①其实严复补充的四点与斯密的三点没有本质区别，都在谈分工的益处，严复侧重于分工所引起生产效率的提高，所以他将《国富论》第一章的标题"On the Division of Labour"（论分工），译为"论分功之效"，但斯密这三个优点同样包含了生产效率提高的意思，所以严复的补充难免有多此一举之嫌。严复在部甲篇二、篇三的按语中仅寥寥数语，各简单一句话作罢，而且毫无理论色彩，不值一提，也许是他没有理解斯密对分工的论述之故。

（2）对积贮与分工的误解。《国富论》第二篇是"论资财的性质及其蓄积和用途"，严复在部乙引论的按语中说："人群分功之事，莫先于分治人与治于人者，故积贮既兴，则或禀之以勤事，或用之以督功，不如是则事不举。然则谓有积贮而后有分功可，谓积贮而分功自生不可。"严复在这段话中有两个误解。关于该段的第一句，如果只是说脑力劳动与体力劳动存在分工，不会让人产生误会，但严复把治人者（劳心者）与治于人者（劳力者）的分工看成了人类社会的第一次大分工，这种观点是错误的，人类社会的第一次大分工是畜牧业与农业的分工，这是严复的第一个误解。第二个误解是"谓有积贮而分功自生不可"，此处的"积贮"今译为"资财的蓄积"（accumulation of stock），斯密的本意是"谓有积贮而后有分功可"，即资财蓄积到一定程度时，分工会更自然地发生——"自生"，但严复认为分工不是"自生"的，而是资产者有意识的行动。②

（四）货币论

严复指出货币有两种职能，一是"懋迁易中"（流通手段），二是"物值通量"③（价值尺度）。严复所谓的"物值通量"不是斯密所讲的价值尺度，由于严复不承认价值，他所谓的价值尺度是指用货币来表示物品价格。严复把货币视为一种符号，正如赌博用的筹码那样，他说："筹少者代多，筹多者代少，在乎所名，而非筹之实贵实贱也"。既然货币仅仅是财富的符号，因此

---

① [英]亚当·斯密：《原富》（上册），严复译，商务印书馆1981年版，第10页。
② 胡寄窗：《中国近代经济思想史大纲》，中国社会科学出版社1984年版，第221页。
③ [英]亚当·斯密：《原富》（上册），严复译，商务印书馆1981年版，第22页。

他认为国家的贫富与货币的多寡并无关系,他说"夫泉币所以名财而非真财也",又云:"国虽多金,不必为富"。① 应该说,他没有接受重商主义将金银视为财富的基本形式的观点,这是严复认识的一个进步,但是他又滑向了另一个极端。其实,金银是世界货币,是财富的一部分,金银多了当然有助于富国。他后来看到银价下跌,中国经济受损,于是又强调白银对富国的重要性:"比者中国银值之微,较之三十年之前,几于三而失一矣。凡吾民所前奋三倍之力而为之积累者,乃今仅有二焉。银之所积,损之所在矣。合吾国二十余行省而筹之。则坐银跌而国财受削者,岂其微哉! 岂其微哉!"②可见,严复对于西方货币理论的认识既有正确的一面,又有不当的一面。

(五)资本论

严复对资本的看法有两点,其一,关于资本的定义,他说:"民前施筋力而积其收成之实,斯为积畜,斥此以养后来之力役,则号母财。母财者,前积之力役也。"③严复的意思是,人们把劳动果实的一部分积蓄起来用于维持后来的劳动("养后来之力役"),这个积蓄就是资本("母财"),资本是先前积累的劳动果实("前积之力役")。实际上,"前积之力役"只有在剥削劳动者的剩余价值时才能称为资本,但严复把"前积之力役"说成了"养后来之力役",就是说资本家养活了工人,这掩盖了资本家对工人剩余价值的剥削,明显是对资本的错误理解。其二,关于资本的用途,斯密认为资本有四种用途,可投资于工业、农业、大商业与零售业。严复在此基础上增加了一种:"此外尚有具资习业之事,应为第五。后之计学家谓民巧为国富之一,其始亦斥母积劳,而后能得其事,于斯密氏所列四端又难定何属,固应更列一门。"④即严复重视技术教育培训,这有点类似于我们今天讲的职业培训教育。其三,关于资本与劳动力的关系。严复认识到中国因资本不足,劳动力过剩而输出劳务到国外,而西方列强则因资本过剩才输出资本,前来中国争夺矿路权以谋利,他说:"夫母财溢而出以保人,无异民丁溢而谋庸于外也。前所以救赢息之过微,后所以救庸钱之过薄。今者,中国过庶而不富,而国中可兴之新业最多,此所以浮海华工日以益众,而各国争欲主中国矿路者,亦正为此耳。"⑤

(六)分配论

严复接受了斯密关于社会财富分配的理论,将社会收入分为工资、利

---

① [英]亚当·斯密:《原富》(上册),严复译,商务印书馆1981年版,第22、168页。
② [英]亚当·斯密:《原富》(上册),严复译,商务印书馆1981年版,第213页。
③ [英]亚当·斯密:《原富》(上册),严复译,商务印书馆1981年版,第96页。
④ [英]亚当·斯密:《原富》(上册),严复译,商务印书馆1981年版,第295页。
⑤ [英]亚当·斯密:《原富》(下册),严复译,商务印书馆1981年版,第514页。

润、地租三个部分,现结合按语分别考察他对这三部分的看法。

关于工资(庸),有观点认为,粮食价格决定了工资的变化。严复指出,中国劳动力价格低廉源于粮食价格低廉,这是受了"主护商"(保护主义)影响的结果,他说:"庸不随粮食为贵贱,此乃要例……凡物贵贱,全由供求相剂之所为耳。每闻人言中国人廉,由于食贱,其受病于主护商法正同也。"① 严复认为劳动力供求状况决定了工资水平的高低,他说:"过庶者母财不足以养工,而庸率日减;过富者业场不足以周财,而赢率日微。庸率日减,则小民彫弊,户口萧条;赢率日微,则中产耗亏,间阎愁叹。"②这就是说,人口相对过剩("过庶"),劳动力供过于求,工资自然变低。

关于利润(赢),严复认为它由"本财应得之息利"(资本应得的利息)、"督率之庸"(监督工人劳动而得的工资)、"保险费"(经营风险的费用)三部分组成。这种观点是错误的,斯密否认利润是资本家监督工人劳动所得的工资,经营风险也不是获取利润的原因。严复能够认识到利润率有不断下降的趋势:"盖积畜岁广而母财日多,母财多而商业如故者,其赢率必日趋薄,富国之民往往病此。"他将利润率下降的趋势解释为资本过多("母财过富")所造成的,"赢率之日少,正坐国财日富,而斥以为母者多也,盖亦供求相剂之一事"。资本供应多于资本需求,他以供求律来解释此种现象,未从资本有机构成提高的角度来思考,又是片面的。另外,斯密认为古代的利息率高,因而利润率就高,严复反对并批评了这种观点,他说:"案谓古之赢利必先,以其时息大之故,则须证古之经商皆贷母为之而后可,否则一时息大不足以云赢率与俱优也。息率之大,生于二故:一视贷贷二家之民数相待之多寡,二视其当时民信之何如,与赢率不相涉也。"③严复认为古代的利息率与利润率的大小没有关系,不能用资本主义社会中利息与利润的关系去说明古代社会。

关于地租(租),严复在按语中以较大篇幅论述李嘉图的级差地租、杜尔阁与约翰·穆勒的地租论,在充分了解西方地租理论的基础上对斯密的地租论既有肯定又有否定。他肯定了斯密对前人地租理论的了解与把握,"此例大旨固已为斯密氏所前知",虽然斯密的地租论中有不少矛盾之处,但一些人浅尝辄止,没有深入研究他的优点,在这方面,严复对斯密大加赞赏:"不知斯密精旨,往往为读者所忽。故匡订虽多,出蓝之美盖寡。……英人

---

① [英]亚当·斯密:《原富》(上册),严复译,商务印书馆1981年版,第67页。
② [英]亚当·斯密:《原富》(上册),严复译,商务印书馆1981年版,第96页。
③ [英]亚当·斯密:《原富》(上册),严复译,商务印书馆1981年版,第81—82、83、275页。

即一所之田,考古今征租之异,而信斯密本篇之说为不虚。……后代计学家见闻考据,常较斯密氏为博赡。至于轴绎会通,立例赅尽,则往往逊之。"①由于严复钻研了西方当时主要的地租学说,他认为斯密对地租的论述"颇为后贤所聚讼",比如说:

>《释租》为全书最繁重之篇,其中虽不乏精湛之言,而于田租源委性情,顾均未尽。其论金银二货之消长,物产三类之蕃滋,与租涉者盖寡。……佥谓此篇最为斯密氏绠短汲深之处,其言未尽过也。……斯密氏之言租也,不特不见其所谓道通为一者,且多随事立例,数段之后,或前后违反而不复知。……于一业则云,租者物价之一分,租长则价加,租因而价果也。于他业又谓,租之能进,由价之昂,租果而价因也。即其区物产之有租无租,其说亦非至碻。无他,理未见极,则无以郭众说以归于一宗。即有奥旨名言,间见错出,而单词碎义,固未足以融会贯通也。②

《国富论》包含的经济学范畴非常广泛,除了上述基本理论外,还有价格论、利息论、赋税论、人口论、积累和消费论等,因有不少前贤③做过深入的研究,本书不再赘述。

严复还使用了不少中国的传统经济概念,诸如本末、义利、奢俭等来解说斯密学说,其理解深浅不一,有赞扬,有批评,有误解,有修订,有补充。比如,义利观,中国传统思想认为义利不可兼得,严复通过对《国富论》的翻译,发现了两者符合进化论原理,具有一致性,提出了"义利合"的观点,从而改变了"言利"是罪恶的根源的传统看法;又如,对资本用途的认识,斯密认为资本应该投资于农业、工业、商业和零售业四个领域,而严复认为,除了这四个领域之外,还应该把资本用于"具资习业之事",即资本应投入教育领域,这是因为"民巧为国富之一"。④ 可见,严复的看法是相当有前瞻性的。

三、《原富》的社会影响

从1901—1902年,严复译的《原富》各分册陆续出版后在晚清社会究竟

---

① [英]亚当·斯密:《原富》(上册),严复译,商务印书馆1981年版,第139页。
② [英]亚当·斯密:《原富》(上册),严复译,商务印书馆1981年版,第223—224页。
③ 参见赖建诚:《亚当·斯密与严复:〈国富论〉与中国》,浙江大学出版社2009年版,第80—86页;侯厚吉、吴其敬:《近代经济思想史稿》(第2册),黑龙江人民出版社1983年版,第526、543—552页。
④ [英]亚当·斯密:《原富》(上册),严复译,商务印书馆1981年版,第295页。

有何反响呢？学术界以吴汝纶、梁启超、孙宝瑄等知识分子为例，说明《原富》因其文字古奥，多限于知识阶层，而认为其社会影响十分有限。比较有代表性的看法见于俞政于20世纪90年代发表的《严译〈原富〉的社会反应》一文，他感慨《原富》出版后的社会反应是"生不逢时，曲高和寡"。① 21世纪初期，皮后锋的《严复评传》则极大地拓展了《原富》的影响范围，除考察上述三人之外，书中还列举了南洋公学校长张元济、《大公报》创始人英敛之、外交家黄遵宪、幕僚郑孝胥、朝鲜通政大夫金沧江、湖广总督张之洞、刑部尚书荣庆等知名人士称他们均阅读过《原富》。② 最近还有欧梦越从赞助人的视角分析吴汝纶、张元济对出版、传播《原富》的贡献。③ 上述成果揭示了《原富》社会影响的一些面相，但还不够。从晚清至民国几十年的历史来看，这本书的影响是多方面的，在教育界、出版界、翻译界等均产生了重要影响。本节在综合前人成果的基础上，并结合一些新资料重新探讨《原富》的社会影响。

（一）《原富》在教育界的使用与运用

《原富》的出版正值晚清科举考试进行改制的时期。1901年8月29日，光绪皇帝正式宣布对科举制度进行改革，考生均不准使用八股文作答，考试第二场增加了"各国政治艺学策"的内容，即考核士子对西学（新学）的了解程度。严复是新学的代表人物，《原富》是严复新学代表性著作，该书出版后不久便迅速进入科举考试中，其影响力从下面的四次考试中也能窥见一斑（参见表2-1）。

表2-1 晚清科举考试题目中的斯密学说

序号	考　试　题　目
1	书严几道译斯密亚丹原富甲编后，禁米出口策，变通盐法论。古有酒禁，自桑宏羊榷酒酤，而禁始弛，王应麟非之，然考西人皮酒之税，竟至值百抽六十。所以寓抑末之意，非以厉民，试申其说。④

---

① 俞政：《论孙宝瑄的经济思想》，《苏州大学学报》1997年第3期，第83—89页；俞政：《严译〈原富〉的社会反应》，福建省严复研究会等编：《严复与中国近代化学术研讨会论文集》，海峡文艺出版社1998年版，第508—518页。
② 皮后锋：《严复评传》，南京大学出版社2011年版，第438—441页。
③ 欧梦越：《张元济与商务印书馆：严复〈原富〉等译著的出版赞助人》，《编辑学刊》2020年第1期，第82—87页；欧梦越：《论吴汝纶对严复翻译〈原富〉的"个人赞助"》，《中国图书评论》2020年第4期，第110—117页。
④ 《续绿邑令观风题》，《申报》1902年6月9日，第3页。

(续表)

序号	考 试 题 目
2	今之策富强者,言练兵则侈谈英水军德陆军之制;言理财则首举斯密《原富》之篇。然习洋操制洋炮兵威其果振欤,讲商务劝工艺与矿政修铁路,财源其果濬欤,试探厥本原,应如何实事求是,始收成效,以挽贫弱策。①
3	泰西最重游学,斯密氏为英大儒,所论游学之损,亦最挚切,应如何固其质性,限以年例,以期有益无损策。②
4	斯密氏之论钞,极言其便民,又虑其病民,其筹划最为完备。今欲行钞,其中虚实相抵情形,收发操纵利弊,应如何参核权度,合于计学家言,以期尽善策。③

资料来源:表中四次考试题目源于《申报》《光绪辛丑壬寅恩正并科会试闱墨》的整理。

  表中第一道考题的背景是,1902 年《原富》出版,是年 1 月至 9 月,清政府与英国举行通商修约谈判,谈判的内容之一是关于清政府的"禁米出口"政策,最后双方签订《马凯条约》,此条约细化了"禁米出口"的条款,相当程度地限定了西方列强在中国国内各通商口岸转运米谷的权力,清政府收回了一定的自主权。此次考试时间在当年 6 月份,正值中英商讨米谷出口问题,出题者旨在考察应试士子对清政府贸易政策的看法。考题还提到中国古代国家经营盐法与禁酒的历史以及泰西酒税的征收率为 60%,以此说明清政府的政策不是约束民间自营,从而让应试士子从历史的角度权衡自由贸易与干涉政策的利弊。例如,中国近代关税权掌握在洋人手里,加征酒税,限制出口对清政府而言是利大于弊还是弊大于利。出题者论及《原富》,可理解为提示应试士子可以结合斯密的经济理论来评论清政府的贸易政策、税收政策。

  表中第二题是一道文字叙述很长的材料分析题。此题的相关背景是,由于西方列强的入侵,晚清中国从器物、制度、文化各个层面学习西方,以追求富强,但始终未摆脱落后挨打的局面。该试题从多方面谈到了西方的富强,例如从经济学的角度来看,斯密的《国富论》排在首位,当时的报刊书籍也认为包括英国在内的西方是因为贯彻了《国富论》的原理才变得富强,可见出题者已经认识到了应该从文化源头上深入探讨西方富强之本。总之,此题目旨在要求应试士子分析西方富强的"本原",以便为积贫积弱的中国

---

① 《恩科浙江乡试二场题》,《申报》1903 年 10 月 6 日,第 2 页。
② 1903 年 3 月 12 日癸卯恩正并科会试第二场考试"各国政治艺学策",《光绪辛丑壬寅恩正并科会试录》(1903)。
③ 《松江岁试六志》,《申报》1904 年 5 月 4 日,第 3 页。

献计献策。

表中第三道题的出题思路可做如下推测。甲午中日战争之后清廷在内忧外患的背景下派遣了首批留日学生,并制定了鼓励游学(留学)的相关政策。到1902年时留日学生太多,但留学泰西的学生又太少,清政府于是鼓励学子到泰西留学,在此背景下,癸卯科试卷题名就出现了斯密关于游学弊端的看法,《国富论》中有关国外访学的论述在整本书中的地位微不足道,出题者的意图不是让应试士子重点回答斯密的留学之弊,对晚清中国留学政策之利弊的认识才是答题的重心。该题目实质上反映了试卷出题者"中学为体,西学为用"的思想。

最能直接体现斯密经济理论的是表中的第四题,这是针对斯密的货币理论而设计的。斯密认为,作为交换媒介的货币具有流通手段与价值尺度两种基本职能,但是以金银作为货币既贵又重,纸币重量轻,造价和维护费低,他因此主张用纸币取代金属货币以节省交易成本与流通费用。这是"钞"(纸币)的"便民"之处;另一方面斯密以"南海泡沫事件""密西西比泡沫事件"为例,说明纸币发行过多引起的灾难。这是"钞"的"病民"之处。出题者之所以引用斯密的货币理论,可能基于以下的原因。晚清币制混乱,恶币充斥于市,金贵银贱,外国货币大量流入国内,危害了中国的货币自主权,以上诸种因素导致清政府推行了一系列的币制改革措施,例如自铸银元与铜元,发行纸币、用银元与纸币代替银两、铜元代替制钱,等等,这些改革措施并未取得预期的效果,甚至连1904年初美国货币专家精琪(Jeremiah Jenks)受邀来华提交的货币改革方案也遭到非议。在这种情况下,出题者期待应试士子能够借鉴斯密的货币理论为清廷的币制改革建言献策。

因资料所限,笔者仅查阅到1903年癸卯科的答卷,从中可以大致了解应试士子对亚当·斯密与《原富》的认识。关于前者,试卷出题者将亚当·斯密定位为"大儒",而没有称其为"计学家",可见斯密在中国文人官员中的形象是学问渊博、品德高尚,类似于孟子、朱熹之类的知识分子。浙江嘉兴应试士子高廷梅历数斯密在格拉斯哥大学、牛津大学以及欧洲大陆数十年的游学经历,又说斯密在"计学"(经济学)等学科方面很精通,因而才成为英国的"大儒"。① 斯密在应试士子的答卷中不仅有"大儒"之称,还被誉为"英儒""西儒""计学家"。② 至于应试士子对《原富》的理解,大致分为以

---

① 顾廷龙:《清代朱卷集成》(第89册),成文出版社1992年版,第462页。
② 顾廷龙:《清代朱卷集成》(第88册),成文出版社1992年版,第241—242、318、459—460页;(第89册)第27—30、251、434、464页;(第90册)第24—26、294—295、299页。

下两种情况。第一种情况是完全抄录《原富》原文。由于晚清科举考试允许应试士子携书翻检,应试士子如浙江绍兴周蕴良、江苏江阴祝廷华一字不差地抄录了《原富》的译文,①而没有进行相应的解析,就将答题重点放在了孔孟程朱之学之上。第二种情况最常见,即多数应试士子能够把握斯密游学之弊的要点,结合中国的实际来讨论晚清留学政策的利弊与对策。从答卷来看,他们吃透了试卷出题者的"中学为体"的用意,即出题者借斯密对留学的批评来警示国人应在价值观相对成熟、"中学"根基扎实的基础上再思考出洋留学。

《原富》不仅出现在科举考试中,也出现在其他类型的考试中。比如,1902年,中国民主革命先驱于右任在陕西宏道大学堂求学时的一道考卷题目为:"《周礼·冢宰》以九式节财用,论者所以格君心之私。今欧洲议院亦重监财权。英主维多里亚议增幼子之俸,竟以国人皆曰不可而止,是彼国颇合古法之明证。试博考古今推论其得失。"于右任在答卷中比较了中西财政、经济思想之别,尤其强调西方的经济伦理思想的重要作用。他引用严复所说的"大利所存,必其两益"来赞美斯密的经济思想:"斯密亚丹创此旨,作书数十卷。生计学出版之日,即政治界革命之时,而经济主义遂飞跃于地球。数百年来,蠲保富之法,平进出之税,皆斯密氏此宗旨所振动。"②又比如,京师大学堂译学馆第一场试题的"外史题"是"欧洲名将最著者三人。……皆身死功而名称不废。其故何欤?……亚丹斯密亦云,火器日精,天下强弱之势不可猝反,凡此能详其所以然之故而著之于篇欤。"③这是一道篇幅很长的材料分析题,设有两问。此道外国历史题先是简述了亚历山大、汉尼拔(Hannibal Barca,公元前247—前182)、拿破仑三位欧洲历史上最著名的军事将领的生平与战斗事迹,然后指出他们生命虽然短暂但对世界历史的进程影响深远,这是什么原因呢?此乃一问。出题者接着叙述了古今中外不同时代的战争,指出军队人数的多少不是决定战争失败的关键因素,军事技术的进步才是关键,然后才引出斯密的观点:国家的强弱取决于武器的先进与否,这是一条不可逆转的规律。那么,为何会出现这种情况呢?此乃二问。总之,此题旨在考查学生对世界历史知识的理解与把握程度。

---

① 周蕴良:《光绪辛丑壬寅恩正并科会试闱墨》,河南文明堂刻本1903年版,第9、40页;参见[英]亚当·斯密:《原富》,严复译,商务印书馆1981年版,第632—633页。
② 中国人民政治协商会议陕西省委员会、咸阳市委员会、三原县委员会文史资料委员会编:《于右任先生》,陕西人民出版社1991年版,第282—283页。
③ 《"京师大学堂译学馆第一场试题"的"外史题"》,《大公报》1903年8月25日,第1版。

考试与教材紧密相联。既然《原富》出现在晚清各类考试试题中,那么,这部大部头的著作适合作为教材吗？1901年5月,《原富》部甲、部乙、部丙三分册出版。作为《原富》的最早读者之一,浙江钱塘人孙宝瑄(1874—1924)从1901年5月17日至1904年1月27日有多篇日记记录阅读此书后的感想。例如,他在1903年12月13日的日记中把《原富》视为"蒙学书",①即启蒙国人经济学理论的读物,这一称谓是对《原富》作为启蒙国人经济学理论的一个定位。比如,天津刘子成撰写的《蒙学初级中史白话图说》以白话文并配以插图的方式来介绍儿童蒙学初级读物,其中包括严复的《天演论》《原富》。② 当时也有学校将《原富》视为教材。张元济在主持南洋公学时提倡西学,把严复的《原富》当作教科书,并亲自教授。据他的学生平海澜回忆:"他的教法,读一遍,一遍读了好几页,马上就问答,那么我们小孩子怎么答得上呢——十三、四岁读《原富》!"③结果弄得学生们"头昏脑胀",其教学效果可想而知。除了南洋公学之外,教育家吴汝纶在担任莲池书院院长时并未固守中国传统文化,而是倡导西学,引进西学课程。1901年9月17日,他给陆伯奎学使的信中提出了小学、中学、大学各级学校课程设置与阅读书目的设计,《天演论》《原富》《佐治刍言》等被列为大学阶段的西学课程与西书书目。④ 此外,其他学校很少以《原富》作为教材,这本经济学经典著作不像《富国策》《富国养民策》等简明经济学书籍那样适合作为经济学启蒙教科书。然而《原富》多次出现在科举考试的题目中,更适宜成为学生备考的"时务之书"。比如,戴亮吉是晚清四川长寿县举人彭光远的门生,他回忆在科举制将要废除的前期,四川长寿县私塾北观学堂为适应废八股改试策论经义,要求学生读"时务之书",这类书包括《天演论》《原富》《富强丛书》等,学校"确是为学生应付考试尽了应尽的责任"。⑤

（二）鉴于严复作品的影响力与严复的人际交往圈,《原富》在知识分子以及一些官员中的传播范围十分广泛

众所周知,吴汝纶曾应严复之请对《原富》进行润色、作序,卢靖曾为之

---

① 孙宝瑄:《忘山庐日记》上册,上海古籍出版社1984年版,第805页。
② 《天津刘子成茂才蒙学初级中史白话图说凡例》,《大公报》1904年9月14日,第3版。
③ 中国人民政治协商会议全国委员会文史资料研究委员会编:《南洋公学的1902年罢课风潮和爱国学社——座谈记录》,《辛亥革命回忆录》第4集,文史资料出版社1981年版,第64页。
④ 吴汝纶:《学堂书目》,吴汝纶撰,施培毅、徐寿凯校点:《吴汝纶全集》(第3册),黄山书社2002年版,第378页。
⑤ 戴亮吉:《四川长寿县私塾北观学堂》,马玉田、舒乙主编:《文史资料存稿选编》(第24册),中国文史出版社2002年版,第708页。

刊刻,张元济曾为之出版,梁启超曾为之进行评论,孙保瑄曾为之写过读书笔记。另据笔者粗略统计,英华、黄遵宪、郑孝胥、郑孝柽、金沧江、荣庆、李鸿章、张之洞、张美翊、蔡元培、熊季廉、廉泉、南昌读有用书斋主人、夏曾佑、黄凤岐、戴小泉、张桐、杭辛斋、朱执信、鲁迅、周作人、周越然、陈宝琛、刘绍宽、刘锦藻、孙诒让、蒋贞金、严修、江瀚、宋育仁、吕君止、伍光建、吕碧城、王国维、王劭廉、英敛之、贺麟、林耀华、潘光旦、周振甫、吴虞、李大钊、胡适等40余位知识界以及部分政界人士均是《原富》的读者。现试举几例。晚清诗人江瀚曾经两次被荐举参加晚清的经济特科考试,第一次经济特科考试因戊戌变法而夭折,1901年慈禧下旨重开经济特科考试,考试时间拟定在1903年。江瀚的日记多次记载了经济特科一事,从他阅读的书籍或许可以推测他是为经济特科而备考。据他的日记记载,他在1902年4月24日阅读《原富》。① 又比如,中国近代报刊出版家英敛之的日记中多次提到他与严复的交往,以及对严复的崇敬。英敛之作为严复的朋友,于1903年2月初获得严复的赠书——《原富》。② 英敛之又在内地购买《侯官严氏丛刻》寄给香港学者胡礼垣与何启。③ 胡礼垣读过严复的著作之后评价说:"今论中西学问之尊宿,人必以严先生首屈一指。"④胡礼垣在信中说:"前所付书请以一部代呈严几道先生。未悉此时能交到否?曩蒙以严先生之著作并译本送来,仆读之而喜其有造于世,曾于拙集第一册第三首纪之。今拙集诸篇,仆亦望其品评一二。非欲标榜也……故欲知其见拙集时得勿胡卢否耳。"⑤ 据1903年7月26日,盛宣怀写给张元济的一封信中记载:"《原富》一书,为严几道生平译本最著之作,近来讲理财者必探原于斯密氏,故此书风行最广。"⑥ 总之,《原富》的出版在中国社会引起了很大的反响,正如习近平总书记所说:"《国富论》《天演论》等英国名著则为近代中国思想界打开了全新视野。"⑦

(三)《原富》在出版界的传播与影响

上海是晚清商业大都市,诞生于此的《申报》是一份历史悠久影响巨大

---

① 江瀚著、郑园整理:《中国近现代稀见史料丛刊 第4辑 江瀚日记》,凤凰出版社2017年版,第176页。
② 方豪编录:《英敛之先生日记遗稿》,沈云龙主编:《近代中国史料丛刊续编》(第3辑),文海出版社1974年版,第606页。
③ 《英敛之先生日记遗稿》,光绪辛丑年(1901)十一月十七日。
④ 胡礼垣:《胡翼南先生致英敛之第一函(再续)》,《大公报》1909年9月27日。
⑤ 胡礼垣:《胡翼南先生论〈娱老集〉第二书》,《大公报》1909年9月28日。
⑥ 西安交通大学档案馆馆藏档案,档号:LQ2-21。
⑦ 习近平:《中英双方应把握机遇 携手前行》,央广网,2015年10月21日。

的商业报纸,《申报》在《原富》出版的几年之内登载了国人运用斯密学说分析中国社会面临的经济问题,①例如,米禁政策、②铜元限制问题、③税收政策、④以及对工业、商业、实业的态度与政策。⑤ 试举一例,翰林院侍读学士朱福诜(1841—1919)奏请开设议会,恳请清廷不要与民争利,应该允许商人自由经商。他借斯密的话为商人的合法性正名:"按斯密氏《原富》之言曰:'商人之事,应叫商人自为之'。"⑥此话的背景是日本通过明治维新建立资本主义制度,发展资本主义工商业,清廷于 1903 年首次设立了商部,对提高商人地位、改善官商关系产生了积极影响,随着经济发展的需要与清末新政的推行,商部于 1906 年又改为农工商部,后又设立邮传部管理其中的轮船、铁路、邮政等事务。朱福诜看到了这些部门只顾部门利益,中饱私囊,而不为民兴利、为国理财,因而呼吁政府承认商人经商的自由,建议设立议会,监督各部衙门。从清政府颁布相关政策的效果来看,清末新政期间商人的社会地位确实较以往有明显的提高。

  其实,《申报》自《原富》问世以来,均出版有关该书的信息。1903 年商务印书馆获得了《原富》出版的版权,《申报》从 1904 年开始就一直为《原富》的销售打广告。笔者统计了此方面的信息:1904 年 3 月 5 日、6 日、8 日、9 日、10 日、11 日,5 月 17 日、27 日,6 月 6 日、16 日、26 日、7 月 28 日;1905 年 3 月 8 日、11 日、14 日、18 日、21 日、24 日、28 日、31 日,4 月 3 日、7 日、10 日、13 日、17 日,5 月 3 日、6 日、9 日、12 日、16 日、19 日、22 日、26 日、29 日,6 月 1 日、5 日、8 日、11 日,7 月 15 日、18 日、21 日、25 日、28 日、31 日,8 月 3 日、6 日、9 日、13 日、16 日、19 日、23 日,9 月 24 日、27 日、10 月 1 日、4 日、7 日、11 日、14 日、17 日、21 日、24 日、27 日、30 日、11 月 2 日;1906 年 10 月 15 日、17 日、19 日、21 日、23 日、25 日、27 日、29 日、31 日、11 月 2 日,1907 年 3 月 5 日、5 月 8 日、10 日,1908 年 7 月 5 日、12 月 17 日、19 日、21 日,1909 年 4 月 10 日,1912 年 11 月 11 日,1918 年 1 月 28 日,1922 年 9 月 7 日、8 日、9 日,1923 年 12 月 31 日,1926 年 5 月 25 日,1927 年 10 月 24

---

① 《中国之经济问题》,《申报》1905 年 3 月 1 日。
② 《论禁米出口之无益于民生》,《申报》1905 年 2 月 21 日;《论米禁》,《申报》1905 年 11 月 16 日;《奏请疏通米谷折》,《申报》1906 年 6 月 5 日。
③ 《论铜元急宜限制》,《申报》1905 年 7 月 31 日。
④ 《直督饬学务处妥备堂学生公费自费章程札》,《申报》1905 年 9 月 25 日。
⑤ 《论重工主义》,《申报》1905 年 4 月 25 日;《续留日学生姚明德上张殿撰条陈请注重机械以与实业》,《申报》1906 年 7 月 20 日;《论商业与各种学科之关系》,《申报》1906 年 11 月 1 日;《外国商政之沿革》,《申报》1907 年 11 月 9 日;《敬告苏省咨议局第一次会议当以振兴本省实业为宗旨》,《申报》1909 年 6 月 23 日。
⑥ 《朱福诜奏请开设议会折》,《申报》1908 年 7 月 5 日,第 18 页。

日,1929年11月2日,1930年10月8日,1931年5月28日、6月19日、7月9日、15日、19日,8月13日、9月13日、10月12日、25日、30日、31日,12月8日、22日,一直到1947年为止,《原富》的销售信息常年刊登于《申报》。英敛之作为《大公报》的创始人,对严复译著的宣传也不遗余力。

《大公报》也是与《申报》齐名的著名报刊,1903年《大公报》刊登了京师大学堂仕学馆月考前十名被奖赏《原富》与《群学肄言》二书的消息。① 京师大学堂仕学馆是清廷培养、教育官员的官方教育机构,开设有政治学、法律学、理财学、交涉学等西学课程,官员每月必须参加月考,月考成绩与薪水相关,《原富》作为新书奖赏给优学者,说明统治阶级对于此书的重视。

第三节 《原富》问世后,严复作品中的斯密学说

《原富》问世之后,严复的许多作品涉及斯密学说,这些作品的题材十分广泛,归纳起来,大致可分为以下几种类型。

第一类作品是关于《原富》译本的相关问题。1902年,《原富》出版后,梁启超觉得严复的译本有不足之处,建议严复对所译名词做一个英汉对照表以及撰写一部以斯密为中心的经济学说史,对于梁启超的要求,严复在《新民丛报》第7号上刊登《与〈新民丛报〉论所译〈原富〉书》一文给予了答复,严复指出,张元济制作了英汉对照表,这算是回答了梁氏的第一个问题。但严复并没有按照梁启超提出的建议,撰写一部反映亚当·斯密在西欧经济学说史上的贡献与地位的经济学说史著作。严复认为"非别为一书不能晰也",所以他"仅及斯密氏之本传,又为译例言数十条"。② 也就是说,严复只写了一篇《斯密亚丹传》以及《译斯氏〈计学〉例言》,并没有撰写经济学说史著作。

第二类作品是关于中国货币问题。1906年3月12日,《中外日报》刊发了严复的《论铜元充斥病国病民不可不急筹挽救之法》一文。此文发表的背景是,16世纪中期欧洲殖民者在南美洲的智利与秘鲁发现银矿,开采后源源不断地运往欧洲,导致欧洲的货币市场为之改观,此后,他们以白银为交换媒介与东方国家进行贸易。严复在《原富》一书中描述了这种现象:

---

① 《奖赏新书》,《大公报》1903年4月14日,第2版。
② 严复:《与〈新民丛报〉论所译〈原富〉书》,《新民丛报》1902年第7号,第111页。

"时欧之财市坐是大变,而其与东方诸国贸易,又以银收货为最便(说见《原富》)。"①由于白银生产的速度较快,而铜产量的增长较慢,这种国际背景影响了中国国内市场的变化,19世纪末20世纪初,国内出现银贱铜贵的现象,所以严复才撰文呼吁清政府整顿铜元,防止因滥发铜元引起的种种危害。严复提出的措施是政府应立即停止铸造铜元并对已经发行的铜元实行"法偿之限"的政策,限制其流通数量。此文在当时具有相当的影响力,后来被《广益丛报》《东方杂志》等杂志纷纷转载。

第三类作品是关于中国贫困问题。严复极度关注中国社会的贫困问题,②先后发表了《读新译甄克思〈社会通诠〉》《原贫》《论中国救贫宜重何等之业》《救贫》等文章来讨论此问题。

1904年4月20日至23日,《大公报》刊发了严复的《读新译甄克思〈社会通诠〉》一文,严复在此文的一个观点是主张筑路开矿可以救治中国的贫困,而要使用这一手段,非借助外力不可,为什么呢?他的理论根据是:

> 吾闻计学家之言曰:国之殖财,常资三物:地也,人也,母本也。三者亡一则不行。而亦各有应得之分利:主地者收其租赋,人工禀其庸钱,而出母本者则享其赢利。是三者,中国于前二则得其全,于后一则分其半。使既不能自为者不乐与人共利,是谓靳其一而亡其三,则以为理财长算可乎?③

引文中的"计学家之言"即斯密的三个阶级、三种收入学说。在严复看来,中国的土地和劳动力资源丰富,缺少的是资本(母本),因此要借助外力,即引进外资,让外商得到一部分利润(赢利),地租、工资,以及利润的剩余部分则归中国人,这是直接之利,另外,开路矿之后还可带来往来方便、百货流通、地产增殖等间接之利。

除《读新译甄克思〈社会通诠〉》一文外,严复在《救贫》(刊于1913年4月17日至18日北京的《平报》)一文中同样阐述了斯密的这一理论。他说:

> 虽然,吾尝昧昧以思之,以为救贫之方,本不一术,而亚丹斯密之三

---

① 严复:《论铜元充斥病国病民不可不急筹挽救之法》,《中外日报》1906年3月12日。
② 相关论述参见俞政:《严复在辛亥前后的救贫思想》,《近代中国》2004年第14辑,第100—119页。
③ 严复:《读新译甄克思〈社会通诠〉》,王栻主编:《严复集》(第1册),中华书局1986年版,第150页。

要素,终不可离。以言土地,则中国一日未即鱼烂瓜分,土地吾所有也;以言人功,则所患正在过庶,虽难言于巧智,而勤苦忍诟,固亦所长;独有母财,是吾所少,欲资邻人之富,则弊害孔多。襄所有于国中,则累年以来,事可见矣。①

可见,严复所谓的"斯密之三要素"与"计学家之言"如出一辙。

1912年12月28日,北京《平报》上发表了严复的《原贫》一文,严复称清王朝的灭亡是由于民众贫困,故"今日之国事","救贫为第一义",为此,他认真探讨了中国民贫的原由以及士农工商衰败的现状。② 1913年1月24—25日,北京的《平报》又发表了严复的《论中国救贫宜重何等之业》一文。与上文相比,此文继续解析中国贫困的原因,严复在文中两次提到斯密。一次是解释民国元年(1912)洋货进口比宣统三年(1911)多了6 000余万两白银而民国照旧很贫困这一事实,另一次是分析近代中国人兴办实业失败的原因。关于前者,严复认为,如果按照重商主义的理解,洋货进口增多会导致白银大量外流,国家因而会变得贫困。严复坦言他刚涉足经济学领域时也是这么认为,在钻研了斯密的经济理论之后,他认为财富并不仅仅指金银,各种产业都可以创造财富,各种产业都应该被平等相待,外贸进口多并不是一件坏事,进出口贸易只要大体持平即可。他说:"而吾粗涉计学,初不谓然,此不独从亚丹斯密之成说,于百产当为平等之观,不得独指黄白诸物为国之财富,而通商之道,有所取者,方有所施。补短绝长,往往粗足相抵,未甚病也。"③关于后者,严复总结了国人兴办实业失败的三点原因,其中第三点原因是清廷没有对产业采取保护主义政策,严复借鉴了国际经验来分析这个问题。他把英国的富强归因于采用了斯密的自由贸易政策,如果美国、法国、德国也采取自由贸易则竞争不过英国,所以它们采取贸易保护主义来抗衡英国的自由贸易。他说:"英国制造独盛,而斯密氏独以世界为公,倡为自由贸易之说,国以大富,是则若美,若法,若德知循用自由主义,则国内工商二界,必不能与英争也,而保护之主义大起。"④中国当时是一个半殖民地半封建社会,海关征税权早已丧失,清廷没有采取贸易保护主义,

---

① 严复:《救贫》,王栻主编:《严复集》(第2册),中华书局1986年版,第321页。
② 严复:《原贫》,王栻主编:《严复集》(第2册),中华书局1986年版,第292—295页。
③ 严复:《论中国救贫宜重何等之业》,王栻主编:《严复集》(第2册),中华书局1986年版,第296页。
④ 严复:《论中国救贫宜重何等之业》,王栻主编:《严复集》(第2册),中华书局1986年版,第297页。

中国的产业无法与外商竞争,所以中国产业要发展,主权需独立。

第四类是政治学类作品。严复的政治类作品中首次涉及斯密学说是在其译著《孟德斯鸠法意》的按语中。1904—1909 年,商务印书馆出版了严复翻译的《孟德斯鸠法意》(今译《论法的精神》)。严复在此书中撰写了大约 330 条按语,学术界几乎均从法学的视角进行解读,目前还未见到从经济学的角度来剖析。据笔者统计,这 330 条按语中,仅 4 条论及《原富》,另外,还有 2 条严复的"译者注"涉及《原富》,分析它们有助于探寻严复在政治类作品中对斯密学说的理解和运用程度。

第一条按语见于该书第 2 卷"论治制之形质"第 4 章"君主形质"。此条按语出现的语境是孟德斯鸠批评苏格兰经济学家约翰·罗(John Law,1671—1729)不懂共和政体与专制政体的区别,而顽固地支持专制政体。严复深有同感,他不仅批评约翰·罗在政治上的专制思想,而且还批评其在经济政策上的错误:"造国银号,立密锡西比公司者,其后竟败。事见斯密《原富》。"①约翰·罗曾经担任法国财政大臣,针对金银等货币不足的情况,他提议设立一个特别的银行,设定银行发行的纸币等于全国土地的总价值,用大量发行纸币的方法来弥补货币的欠缺,他成立的"密锡西比"(即密西西比)公司因大量发行纸币与股票,引发通货膨胀而倒闭。约翰·罗的这个做法遭到了斯密的批评,严复说斯密在《国富论》中记载了此事。严复此条按语的目的可能是基于以下的社会现实:清末西方白银大量流入中国,造成中国银价下跌,而清廷的货币政策又不能很好地应对。通过约翰·罗这个案例,我们可以推测严复是反对滥发纸币的,因为严复认为纸币过多就成为"无实之钞币"。②

第二条按语见于该书第 17 卷"论国群奴隶与其风土之关系"第 4 章"推言前因之效果"。孟德斯鸠在这卷主要讨论政治奴役与气候的关系,亚洲炎热的气候使人萎靡不振,欧洲严寒的气候使人更勇敢,因此亚洲在历史上曾经遭受到欧洲的多次侵略。严复称孟氏所说的情况特别适合"火器未兴之前,科学未明之世",而斯密在《国富论》里面已经详细地论述了这个时代,富裕文明的国家很难防御贫穷野蛮国家的入侵,严复因而说:"此例特信于火器未兴之前,科学未明之世,亚丹斯密于《原富》论之详矣。"③

第三条按语在第 19 卷"论关于国民精神、行谊、风俗之法典"第 18 章

---

① [法]孟德斯鸠:《孟德斯鸠法意》(上册),严复译,商务印书馆 1981 年版,第 24 页。
② [法]孟德斯鸠:《孟德斯鸠法意》(上册),严复译,商务印书馆 1981 年版,第 24 页。
③ [法]孟德斯鸠:《孟德斯鸠法意》(上册),严复译,商务印书馆 1981 年版,第 362 页。

"推论前章所言之效果"。孟德斯鸠认为中国即使被征服也不会丧失其法律,征服者常常被被征服者同化。严复认为这些都是中国以前的情况,随着科学技术的进步,这一情况会逐渐改变,中国的法律会随着征服者的改变而改变,他说:"自火器兴,科学进,而舟车大通,若前之事,不复可见。此亚丹斯密曾论之矣。使支那后此而见胜,其法典将变于胜家者,殆可坐而决之也。"①

第四条在第20卷"论通商法律"第2章"贸易之精神"。孟德斯鸠在此节中阐述了关于贸易的一般原理:"商通而天下太平,势必至理固然也。甲乙二国通商,则其利相倚,甲以购货顺利,乙以售之而亦利,盖惟两利而俱存,故常互倚而不争。"严复特地在这段话的下面加了一个注释:"此书出于《原富》之前,而其言如是,可谓明识者矣。"②孟德斯鸠的《论法的精神》于1748年出版,比《原富》的出版早了28年,严复称颂了孟德斯鸠在贸易方面的先见之明。

第五条在第20卷"论通商法律"第23章"不利通商惟何等国为然"。孟德斯鸠在这一节里谈不宜进行贸易的国家,他的观点是:一个国家出口的商品或者货物如果长期少于进口,那么它会越来越贫困,当它不能再进口任何物品的时候,就已经贫困到极点了。孟德斯鸠说:"使国之为交易,其所出之内产物少,而所受之外产物多,则进出之差,负者日甚。其所受者日微,驯至赤贫,极于无所受而后止。"严复以注释的方式表达了对孟氏的批评:"此等谬说,《原富》已驳之矣。"③严复说的"《原富》已驳之"即指斯密在《国富论》第四篇第三章对贸易差额的评论。

第六条在第22卷"论泉币法律"第1章"人类之所以用钱"。孟德斯鸠在本节里面论述了进行贸易需要以货币交换的原由。对一个国家而言,在以货币为交换媒介的场合,贸易越多越好,"泉币用,则为市之权视取物最多之国";在以物换物的场合,贸易越少越好,即"泉币未用,则为市之权视取物最少之国"。对于孟氏的这番认识,严复在按语中写道:"此近世计学之鸣鸡也。盖孟氏为言,且先于亚丹斯密,虽其说往往有拙滞者,顾治斯学,欲溯其本源,而观其萌达之趣,方当有取于斯。且其书为法国学者所大重,不得以其椎轮采椽而薄之也。"④孟氏关于货币在贸易中的作用的认识,虽然有些"拙滞",但毕竟比斯密早,严复形象地使用了"鸣鸡"一语来表达此意。

---

① [法]孟德斯鸠:《孟德斯鸠法意》(上册),严复译,商务印书馆1981年版,第413页。
② [法]孟德斯鸠:《孟德斯鸠法意》(下册),严复译,商务印书馆1981年版,第437页。
③ [法]孟德斯鸠:《孟德斯鸠法意》(下册),严复译,商务印书馆1981年版,第454页。
④ [法]孟德斯鸠:《孟德斯鸠法意》(下册),严复译,商务印书馆1981年版,第511页。

总的来说,严复上述所作的按语与批注主要涉及斯密关于地理环境、法律、贸易、货币方面的学说。《孟德斯鸠法意》虽是一本言法律之书,但书中也有专门的章节论述赋税、贸易、商业、货币、人口、私有财产等经济事务,尤其是贸易占了很大的篇幅。作为资产阶级的代言人,主张商业贸易自由是他书中多次强调的观点。中国当时对贸易的认识并不深刻,同时也需要对外贸易,这就不难理解严复要通过按语和注释的方式来表达他对此方面的见解的原因了。

除《孟德斯鸠法意》外,《政治学讲义》是涉及斯密学说的另一部政治类作品,该书被萧公权称为"中国人自著政治学概论之首先一部"。① 1905年,严复在上海做了八场演讲,演讲的主题是政治学,他在第六场演讲中提及斯密。第六场专论自由这个话题,自由是《政治学讲义》中最重要的问题之一,严复阐述了"以限制政府之治权"的"政界自由"(即政治自由),这类自由包括宗教自由、贸易自由、报章自由、婚姻自由、集会自由等。他指出,近代以来,政府对自由的态度是变化的。斯密的自由贸易政策仅在英国盛行,欧美国家却采取贸易保护政策来抵制自由贸易。严复说:"故于一切政事之中,其说有全胜者,而亦有不全胜者。全胜,如宗教自由是已。乃至自由商法,则虽得亚丹斯密之大力,而所胜者仅在三岛。若夫欧、美二大陆间,至今商务,犹为政府之所保护而维持,则众目所共睹者。甚矣!政之不可以一端论也。"②在这里,严复已经意识到英国经济自由主义不具普适性,而对于中国是采用经济保护主义还是自由主义,严复并没有给出具体详细的答案。

第五类作品是杂文。这方面的作品很杂乱,有书评、书信、诗歌等,如《书〈百科全书〉》(1907)、《送朝鲜通政大夫金沧江泽荣归国》(1909)、《学易笔谈二集序》(1920),这些作品偶尔略提斯密及《原富》一书,根本没有论及书中内容。相对而言,斯密及《原富》一书在严复写给友人的书信中出现的概率较高,共计25次:与梁启超书1次、与吴汝纶书3次、与张元济书12次、与孝明书2次、与熊季廉书2次、与让三③书4次、《沈瑶庆奏稿》批语1次。④ 这些书信主要谈论《原富》译本的翻译、出版、销售、版税以及书中部分内容,其意义不可小觑。比如,严复与出版商张元济签订《原富》出版后可获得版税的合同,由此严复成为近代中国第一位要求出版商支付译著版税

---

① 萧公权:《中国政治思想史》,辽宁教育出版社1998年版,第754页。
② 严复:《政治学讲义》,《教育杂志》1905年第19期,第35页。
③ 让三即张美翊(1857—1924),南洋公学校长。
④ 文中数据系笔者整理王栻主编的《严复集》(中华书局1986年版)与孙应祥和皮后锋主编的《严复补编》(福建人民出版社2004年版)而来。

的人;再比如《原富》出版后,社会上出现盗印情况,其中浙江陈蔚文盗版案的影响尤其恶劣,洋务派代表人物盛宣怀于1903年亲自派人到杭州查办此事。同年4月23日,严复为了《原富》版权问题上书管学大臣张百熙,①强烈呼吁清廷制定著作版权保护制度,这可能是清廷于1910年颁布中国第一部著作权法《大清著作条律》的一个诱因。

第四节 本 章 小 结

从上述作品可以看出,严复对斯密学说的评论与运用主要体现在《原富》中,他在书中不仅仅介绍斯密学说,而是结合中国社会的实际情况,尝试运用斯密学说来解释中国近代的历史与现实问题。与西方传教士、驻外使臣、资产阶级改良派相比,严复对斯密学说的介绍更为完整、系统、深刻、准确,无怪乎被誉为中国传播古典经济学的第一人,他的思想最接近于亚当·斯密,可以说是"中国的亚当·斯密"。

严复生活在中国传统经济思想向近代经济思想转折的年代,他最早将《国富论》完整地、全面地、深入地引介到中国,其贡献是他同时代的人所无法比拟的。概括起来,严复传播《国富论》的贡献有如下几点:

第一,严复成为当时传播《国富论》的主角,由此国人取代了传教士,逐渐成了《国富论》在中国传播的主体。19世纪40—90年代,传教士零散地向国人引介了《国富论》,是传播《国富论》的主体。在这之后,严复通过八种严译名著首次向国人全方位介绍西方政治学、经济学、社会学、法学、逻辑学等社会科学,尤其是通过译述《国富论》,系统完整地介绍了古典政治经济学,开启了中国人传播经济学的新征程。从20世纪初期开始,以严复为代表的留学生成为传播西方经济学的主体。

第二,严复对斯密学说最为笃信的是经济自由主义,他希望借此来发展中国民族资本主义工商业。他认为中国如果实践这种经济思想,就可脱贫致富、富国强兵、摆脱受压迫的地位,作为启蒙思想家,他对传播《国富论》所做的最重要的贡献是在中国社会传播经济自由的思想。这种思想虽然在当时的历史条件下不可能实现,在近现代中国屡屡受挫,但自1978年中国实行改革开放的政策以来,斯密的经济自由主义思想又重新焕发生机,对中国的社会主义市场经济体制建设具有重要的借鉴意义。

---

① 严复:《与张百熙书》,王栻主编:《严复集》(第3册),中华书局1986年版,第577页。

第三,《国富论》在近代中国的传播过程,从某种角度来说,也可以视作西方经济学说中国化的过程,严复则可谓开辟了西方经济学说中国化的道路。《国富论》来自资本主义高度发达的英国,体现了英国的社会生产力水平、市场发育程度与社会制度,英国与中国在政治体制、经济结构、文化思想、社会生活等各方面存在显著差异,因此斯密学说进入中国需要本土化、中国化,这个任务由严复率先完成,他撰写的按语正是这方面的反映。传教士在少数经济学术语与理论方面实现了中国化的表述,因语言文化的隔阂,他们无法深入运用中文表达斯密学说,因此,他们的中国化是一种浅层的中国化。严复学贯中西,突破了传教士传播《国富论》的藩篱,对《国富论》进行了翻译并撰写了按语,运用包括斯密学说在内的世界学术最新理论成果来解释中国的各种现实问题,从而开辟了西方经济学说中国化的道路,为梁启超、孙中山、李大钊、陈独秀、陈豹隐、唐庆增、李权时、马寅初、王亚南、郭大力等吸收、选择、移植、改造西方经济学说提供了历史借鉴。

第三章 梁启超对《国富论》的评介

梁启超(1873—1929)是中国近代维新派代表人物之一,著名的政治活动家、启蒙思想家、资产阶级宣传家、教育家、史学家和文学家。他著述庞杂,研究领域广博,哲学、政治、经济、历史、地理、文学、小说等均有涉猎,单就经济而论,其题材包括工商、货币、债务、外资、财政、土地等问题,其中涉及的经济范畴和经济理论十分丰富。梁启超是继严复之后另一位介绍亚当·斯密学说的重要人物。本章首先从介绍《绍介新著〈原富〉》入手,全面解析梁启超从赞美严复的《原富》转向逐渐淡忘的思想发展轨迹;其次,重点分析他对斯密学说的认识与集中评价之作——《生计学学说沿革小史》,展现梁启超对斯密分工、货币、价值、工资、资本、利息等相关理论的理解和阐释,并进一步探讨梁启超对经济自由主义从接受到否定的经济思想转变,以及形成这种转变的历史原因;最后,总结梁启超对于传播《国富论》的主要贡献。

第一节 《原富》的首个书评及其他

从知识结构来看,梁启超虽博览群书,但由于不懂英文,他对斯密的了解主要来自一些中文译著。他为了介绍西学,编辑了《西学书目表》,《富国策》《富国养民策》《佐治刍言》《泰西新史揽要》等西学译书均收录在内。从《读西学书法》来看,他对西方经济学的了解还有错误之处。例如,他认为《富国策》与《富国养民策》"或言本属一书云,译笔皆劣"。[①] 他在评论这些经济学译著时并没有提到亚当·斯密。

1899年9月15日,梁启超以"任公"为笔名在《清议报》第27期发表了

---

① 梁启超著、夏晓红辑:《读西学书法》,《〈饮冰室合集〉集外文》(下册),北京大学出版社2005年版,第1165页。

《文野三界之别》,文中把斯密视为"资生学之鼻祖",①此处的"资生学"即"经济学"。这是梁启超作品中首次提到亚当·斯密其人,但没有提及《国富论》这部著作。梁启超第一次对《国富论》进行评介是1901年5月严复的《原富》首二部出版后在《新民丛报》上展开的。该报系梁启超于1902年2月8日在日本横滨创办的综合性半月刊杂志,其内容广博,涵盖了政治、经济、时事、学术、军事、历史等诸方面,它的办报宗旨在于传播西学,开启民智,缔造新民。梁氏以《绍介新著〈原富〉》为题在《新民丛报》创刊号上最早发表了书评。

梁启超在文中首先提到了"political economy"的译名问题,他不认同日本人将其译为"经济学",也不认同严复将其译为"计学",而是觉得译为"政术理财学"较为妥当。他承认中国没有"political economy"这一名词,亚当·斯密《国富论》的出版才使之成为一门独立学科,斯密因而成为这门学科的鼻祖,所以严复的译本意义重大。他指出严复的功绩在于:一是凡是从事经济学研究者,必读《国富论》,从这个意义上讲,严复的译本可称得上"诚得其本";二是严复按语弥补了国人对斯密理论理解的困难,起到了"启发学者之思想力别择力,所益实非浅鲜"的效果;三是严复在各种名词的审定上,"按诸古义,达诸今理,往往精当不易",严复的译本因而成为后学者必备之参考书。梁启超由此对严复的评价相当高:"严氏于西学中学,皆为我国第一流人物。此书经数年之心力,屡易其稿,然后出世,其精美更何待言。"②

同时,梁启超也指出了严复译本的三点缺陷:一是严复所用译本陈旧。严复采用罗哲斯编注的牛津大学1880年版,"此书印行后,迄今百有余年。其间学说之变迁,不下数十派。愈辨愈精,愈出愈新。至今此书,几如夏鼎商彝,视为陈迹"。二是严复译本的文字艰涩。"其文笔太务渊雅,刻意摹仿先秦文体,非多读古书之人,一翻殆难索解。夫文界之宜革命久矣!欧美、日本诸国文体之变化,常与其文明程度成比例。况此等学理邃赜之书,非以流畅锐达之笔行之,安能使学僮受其益乎?著译之业,将以播文明思想于国民也,非为藏山不朽之名誉也。文人结习,吾不能为贤者讳矣!"总之,梁启超非常注重文体的改革创新,不喜欢严复的复古文风。其实,黄遵宪也同意梁启超的看法,他在于1902年给严复的信中,抱怨《原富》译本"文笔太高,非多读古书之人,殆难索解",建议严复"以流畅锐达之笔行之,能使人人同

---

① 任公:《文野三界之别》,《清议报》1899年第27期,第2页。
② 梁启超:《绍介新著〈原富〉》,《新民丛报》1902年第1号,第113页。

喻,亦未可定"。① 三是此书无译者自序,读者既不知道斯密何许人也,更不知道《原富》何时出版。② 基于此,梁启超对严复提出了两点建议:其一,对所译名词做一"华英对照表",便于读者参考;其二,以亚当·斯密为界,梳理经济学说史,"著叙论一卷,略述此学之沿革,斯密氏以前之流派若何,斯密氏以后之流派若何。斯密氏在此学中位置、功德若何,综其概而论之,以飨后学"。③ 由此可见,梁启超并不仅仅满足于严复的译本,他对西方经济学的理解比常人更深了一步,即要以历史的眼光来考察以亚当·斯密为始祖的古典经济学说。对于梁启超的建议,严复在《新民丛报》1902年第7号上刊登《与〈新民丛报〉论所译〈原富〉书(壬寅三月)》给予了答复,前文已经提过,严复坚持自己的学术主张,并没有解决好梁启超提出的全部意见。

梁启超在《绍介新著〈原富〉》一文中把经济学译为"平准学"的做法引起了读者对经济学概念的讨论。《新民丛报》设置了"问答"栏目,在《新民丛报》第3号(1902年3月10日)、第8号(1902年5月22日)、第11号(1902年7月5日),不断有读者来信向梁启超咨询"经济学"的译名问题,梁氏每次作答都要陈述自己与日本学者以及严复的观点。梁启超实际上在《新民丛报》上起着为严复的《原富》做广告宣传的作用。

梁启超在接下来的《论中国学术思想变迁之大势》一文中仍然对严复的《原富》持赞美态度。《论中国学术思想变迁之大势》陆续刊发于《新民丛报》1902年3—12月第3—5、7、9、12、16、18、21—22号,1904年9—12月第53—55、58号,此文是梁氏受到西方进化论和新史学的影响开始采用西方的新观点、新方法撰写学术史的一篇7万余言的长文,他在文中对中国古代一直到近代几千年学术思想的演变进行了长时段的、系统的、贯通的分析批判,开创了中国学术史新体系。此文列举了西方学者对世界文明的贡献,他在文章的篇末把希望寄托在中国学者身上,希望中国学者在这方面有所建树。在他看来,中国学术在清季已经衰落了,需要大力引介西学,才能使之复兴,而严复就是一位从传统学术向近代学术转型的杰出代表,他说:

> 海禁既开,译事萌蘖,游学欧、美者,亦以百数,然无分毫影响于学界。惟侯官严几道复,译赫胥黎《天演论》,斯密亚丹《原富》等书,大苏润思想界。十年来思想之丕变,严氏大有力焉。顾日本庆应至明治初

---

① 黄遵宪:《黄遵宪致严复书》,王栻主编:《严复集》(第5册),中华书局1986年版,第1571—1572页。
② 梁启超:《绍介新著〈原富〉》,《新民丛报》1902年第1号,第113、115页。
③ 梁启超:《绍介新著〈原富〉》,《新民丛报》1902年第1号,第115页。

元,仅数年间,泰西新学,披靡全国。我国阅四五十年,而仅得独一无二之严氏,虽曰政府不良,有以窒之,而士之学于海外者,毋亦太负祖国耶?①

在这里,梁启超将严复与其他欧美留学生进行了对比。欧美留学生数量虽多,但对中国学术界的影响甚微,严复的《天演论》和《原富》等译著却"苏润"了中国思想界。可见,梁氏对严复在翻译西学方面的成绩以及对中国思想界的积极贡献方面给予了充分肯定。

后来,梁启超对这部分内容进行了修改,收录于他在1920年撰写的《清代学术概论》一书中。该书对于康有为、梁启超、谭嗣同、严复四人的评价,差别十分明显,梁启超对其师康有为的评介用了3 000余字,对自己用了4 000余字,对谭嗣同用了2 000余字,但对严复的评介仅85字,修改后的《论中国学术思想变迁之大势》云:"时独有侯官严复,先后译赫胥黎《天演论》,斯密亚丹《原富》,穆勒约翰《名学》《群己权界论》,孟德斯鸠《法意》,斯宾塞尔《群学肄言》等数种,皆名著也。虽半属旧籍,去时势颇远,然西洋留学生与本国思想界发生关系者,复其首也。"②将修改前后的《论中国学术思想变迁之大势》作对比,不难发现,《原富》越来越不被梁启超重视,直到后来梁启超连亚当·斯密和《原富》的名字都不再提起。

1922年,梁启超在《五十年中国进化概论》中,把严复视为近50年来中国社会思想界的勇士,他写道:"这一时期学问上最有价值的出品,要推严复翻译的几部书。"③众所周知,严复共翻译了八部书,在这里,梁启超没有指明严复的"几部书"究竟指整个八部书还是其中的某几部书?或者《原富》也是"几部书"里的一部?同年,梁启超还写了一篇考证《大乘起信论》文献真伪的佛学理论文章,他指出,这部佛经不是印度人所作,却被署名为印度作者,而作者所处的时代又不会产生书中所说的思想,这就好比把一本不是亚当·斯密所写的书"嫁名亚丹斯密",而在书中评论"布尔雪维克"(今译布尔什维克)。④1923年,梁启超在撰写《中国近三百年学术史》一书中,最后一次介绍了严复:"他是欧洲留学生出身,本国文学亦优长,专翻译英国功利主义派书籍,成一家之言。"⑤这里的"英国功利主义派书籍"即指英国约

---

① 梁启超:《论中国学术思想变迁之大势》,《新民丛报》1904年第58号,第33页。
② 朱维铮校注:《梁启超论清学二种》,复旦大学出版社1985年版,第80页。
③ 梁启超:《五十年中国进化概论》,《梁启超全集》(第7册),北京出版社1999年版,第4030页。
④ 梁启超:《大乘起信论考证》,《东方杂志》1922年第19卷第23期,第23页。
⑤ 朱维铮校注:《梁启超论清学二种》,复旦大学出版社1985年版,第125页。

翰·穆勒的《群己权界论》和《穆勒名学》,我们可以推断梁启超到晚年时逐渐淡忘了亚当·斯密的《国富论》。

总之,梁启超对严复的四处介绍和评论语言简短,未做系统的阐述,梁启超对《原富》的总体评价呈下降之势,失去了最初的那种溢美之词。郭双林解读了梁启超对包括《原富》在内的严复译著的态度,得出的结论是梁启超对严复的《原富》保持了"沉默",不愿过多评价。①

第二节 《生计学学说沿革小史》对《国富论》的评介

继《绍介新著〈原富〉》之后,梁氏对《国富论》的认识与评价集中体现在《生计学学说沿革小史》一文。此文于1902年5月至12月刊登在《新民丛报》第7号、第9号、第13号、第17号、第19号、第23号,以及1904年8月《新民丛报》第51号上。1903年此文出版单行本,成为第一部由中国学者自行编写的西方经济学说史著作,这在学术界已得到公认。例如,胡寄窗评价说:"此书虽甚简陋,却是我国人所编著的最早的一部西方经济学说史著作。"②因此有必要介绍这本经济学说史专著。

一、《生计学学说沿革小史》内容简介

《生计学学说沿革小史》由"例言七则""发端""本论之界说及其叙目""上古生计学""中古生计学""十六世纪生计学""重商主义""十七世纪生计学""十八世纪上半期生计学""重农主义""斯密亚丹学说""附论"等12个部分构成。梁启超对斯密学说的大量集中评介即在此书,其中重点论述在第九章《斯密亚丹学说》部分。③

第一部分"例言七则"交代写作的七则背景,每则一段。"例言七则"的第一则指出经济学流派多,变化大,研究方法复杂,只有本学科的专家才易

---

① 郭双林:《沉默也是一种言说——论梁启超笔下的严复》,《史学理论研究》2011年第2期,第75—86页。
② 胡寄窗:《中国近代经济思想史大纲》,中国社会科学出版社1984年版,第311页。
③ 关于该书内容的介绍可参见赖建诚:《梁启超的经济面相》,浙江大学出版社2010年版,第260—266页;朱俊瑞:《梁启超经济思想研究》,中国社会科学出版社2004年版,第121—141页;石云艳:《梁启超与日本》,天津人民出版社2004年版,第324—335页;戴金珊:《一部风格独特的经济学说史》,《读书》1984年第2期,第98—99页。与这些研究不同的是,本研究重点解析了该书第九章中的斯密学说。

明白，梁启超曾经进言严复对此进行专门讲解，但严复没有这样做，于是梁启超便决定自己来尝试。在第二则，梁氏谈对全书的总体构想、上古和中古部分简述、斯密学说部分详述。第三则说："兹学译出之书，今只有《原富》一种，（其在前一二无可观）。理深文奥，读者不易。先读本论，可为拥彗之资。"①由于严复的译文"理深文奥"，梁启超决定进一步帮助读者弄清楚严复的《原富》，所以才写了"本论"，"本论"可视为《原富》的导读本。严复精通英文，而梁启超不懂英文，梁启超对西方经济学的认识来源于日本学者的转译，所以他在第四则中坦言《生计学学说沿革小史》主要参考了三位学者的研究成果，即英国人英格廉（John Kells Ingram）、意大利人科莎（Luigi Cossa）、日本人井上辰九郎的经济学说史，而这三位学者受德国历史学派影响较深，对古典经济学派颇有微词，故梁启超试图以历史学派的视角来梳理西方经济学说史。② 第五则说明梁启超对经济学这一概念的认知，梁氏反对严复把经济学叫作"计学"，觉得称其为"平准"不妥当，于是暂定为"生计学"。③ 第六则说明写作"发端"的原因，"发端"本来与经济学学说的沿革没有多大关系，但是国人不知道它的重要性，因此他打算引起学者的关注。第七则指明了文章所用的概念术语多来自《原富》："篇中人名及学理之名词，依严氏者十之八、九，间有异同者，偶失检耳。"④

"例言七则"与第二部分"发端"相当于文章的序言，"发端"旨在阐明研习经济学学说的价值与意义。英、法、德、美等国富强的原因虽多，但"生计学之发明"是其"最要之一端"，故经济学成为左右世界的一种力量，针对国人不但不研究经济学，而且还不知道有经济学这门学科的现状，梁氏将学习经济学提升至国富国强、亡国灭种的高度。他规劝国人"增殖国富为第一要务"，并大段引用斯密关于土地、人口、资本以及相应的地租、工资、利润之间的关系的原理，揭示经济学原理常常与一个国家的兴衰息息相关。他引用亚当·斯密的话写道："一群之盛，与进为期，既止斯忧，退则为病。……夫以少夫而居腴土，然而俄莩之数岁告数十万人者，则母财之日绌，不足以振

---

① 梁启超：《生计学学说沿革小史》，《梁启超全集》（第 2 册第 4 卷），北京出版社 1999 年版，第 982 页。

② ［日］狭间直树：《梁启超·明治日本·西方》，社会科学文献出版社 2001 年版，第 228—232 页。

③ 在 1902 年之前，梁启超曾经使用"理财""理财学""富国学""资生""资生学""商学""平准""平准学""经济""经济科"等来翻译"经济学"，他把斯密称为"资生学之鼻祖"，参见任公：《文野三界之别》，《清议报》1899 年第 27 期，第 2 页。

④ 梁启超：《生计学学说沿革小史》，《梁启超全集》（第 2 册第 4 卷），北京出版社 1999 年版，第 982 页。

穷黎赡功役使然也。"①

梁氏在交代完前两部分之后,才正式进入第一章"本论之界说及其叙目"。该章叙述了经济学说的两种起源,一种观点是把 1776 年出版的《国富论》作为经济学诞生的标志。另一种观点认为人类社会诞生以来就存在经济学,"故叙生计学史,非起笔于古代不为功也"。梁氏则承认两者"各有所偏",经济学诞生的时间比较长,但真正成为一门学科,"则自斯密亚丹以来也"。因此,他以亚当·斯密为中心点,将欧美经济学说史分为斯密以前和斯密以后两大阶段。斯密以前又划分为第一时期和第二时期。第一时期包括上古经济学和中古经济学。第二时期包括 16 世纪生计学、重商主义、17 世纪生计学、18 世纪生计学、重农主义五个部分。斯密以后的经济学说划分为斯密派、非斯密派、新学派三大派。斯密派又分为斯密亚丹学说、斯密派中之厌世主义、斯密派中之乐天主义、门治斯达派和约翰穆勒及其前后之学说五种经济学派,梁氏没有解释非斯密派的含义,只是把新学派划分为历史派和国群主义派。② 梁氏的分类法突出和加强了斯密在整个经济学史上的位置,因而斯密的经济思想贯穿全文,第二章"上古生计学"、第三章"中古生计学"、第四章"十六世纪生计学"、第五章"重商主义"、第六章"十七世纪生计学"、第七章"十八世纪上半期生计学"、第八章"重农主义"、第九章"斯密亚丹学说"全都论及斯密的经济学说。从行文的架构来看,梁氏集中论述了重商主义与重农主义,重点论述了斯密学说,关于斯密以后的经济学说则就此止步。鉴于篇幅,这里暂且不论第二章至第八章中涉及的斯密学说,主要考察梁氏专论斯密学说的第九章。

第九章一开始,梁氏便回顾了欧美学术界盛赞斯密在经济学方面的开山之功,在这种背景下,他也情不自禁地赞叹道:"吾著生计学史,至斯密时代,使吾生一种异感。吾乃始惊学问左右世界之力,如此其宏大。吾乃始惊二百年来欧美各国以富力霸天下,举环球九万里为白种人一大'玛杰',而推其波助其澜者,乃在一眇眇之学士。"③"斯密之学术,开拓万古,推倒一时,为学界建一至高至大之纪念塔。"④他指出,斯密的《国富论》在西方披靡了

---

① 梁启超:《生计学学说沿革小史》,《梁启超全集》(第 2 册第 4 卷),北京出版社 1999 年版,第 983—984 页。
② 梁启超:《生计学学说沿革小史》,《梁启超全集》(第 2 册第 4 卷),北京出版社 1999 年版,第 985 页。
③ 梁启超:《生计学学说沿革小史》,《梁启超全集》(第 2 册第 4 卷),北京出版社 1999 年版,第 997 页。
④ 梁启超:《生计学学说沿革小史》,《梁启超全集》(第 2 册第 4 卷),北京出版社 1999 年版,第 998 页。

一百多年,令人叹息的是,该书在其本人撰写《生计学学说沿革小史》的前一年,才在中国出现了严复的中译本《原富》,并且"乡曲学子,得读之者百无一焉。读之而能解其理者,千无一焉"。鉴于此,梁氏"举其全书十余万言,撷其体要",简述斯密学说,"以此为读〈原富〉者之向导"。①《原富》共分五编,梁氏依次介绍了这五编的要领,兹简述其中包含的主要理论要点。

关于《原富》第一编,梁氏谈到了斯密的分工论、货币论、价值论、工资论,现分述之。

第一,梁氏基本沿袭了斯密的分工论。他认识到劳动是财富的源泉,分工可以提高劳动生产率。他说:"斯密首以国民之劳力为富之大源,以谓劳力者,国民所赖以得日用百物之供给者也。斯密固非谓劳力为生产上独一无二之原质,然于卷旨特提出趋重力作之义,殆所以示别于重商重农之两学派也。而其论劳力之效,以分功为第一要义。……而又言分功学理之适用,农业不如工业。卷首论分功之效一篇,其学识已有复超前古者矣。"②而且,他还认识到分工受到市场交换范围的限制。他说:"斯密又论分功之程度,与市场之广狭相为比例。……因论分功之所始,必在濒海多河之国。以其交通便,故市场广。市场广,故百工兴也。近世欧美诸国,汲汲然求市场于远地,势将合五大洲为一大'玛杰',皆实行斯密分功之政策而已。"③

这是梁氏对分工论认识正确的地方,同时,他对分工论也有认识模糊的一面。在分析分工的原因时,斯密将之归为人类具有"互通有无、物物交换、互相交易"的倾向,斯密说:"这种倾向,是不是一种不能进一步分析的本然的性能,或者更确切地说是不是理性和言语能力的必然结果,这不属于我们现在研究的范围。"④可见,斯密只是把分工简单地归结为人类的倾向,没有进一步分析,梁氏承袭了斯密的观点,他说分工的起源在于"人类有欲交易物品之天性",他与斯密一样,也未深入讨论分工与交换的关系。

第二,货币论。关于货币的起源,在斯密看来,分工确定以后,每个人所需要的物品只有少部分由自己提供,其中绝大部分靠交换获得,而货币是交换发展到一定历史阶段的产物。梁氏也接受了这种观点,他说:"分功局定,

---

① 梁启超:《生计学学说沿革小史》,《梁启超全集》(第 2 册第 4 卷),北京出版社 1999 年版,第 997—998 页。
② 梁启超:《生计学学说沿革小史》,《梁启超全集》(第 2 册第 4 卷),北京出版社 1999 年版,第 998 页。
③ 梁启超:《生计学学说沿革小史》,《梁启超全集》(第 2 册第 4 卷),北京出版社 1999 年版,第 998 页。
④ [英]亚当·斯密:《国民财富的性质和原因的研究》(上卷),郭大力、王亚南译,商务印书馆 2008 年版,第 13 页。

则民之生事,取足于己者日以少,待给于人者日以多。……有智者起,别储一物,使随时随地,出以为易,人皆乐之而不吾拒此物也,名之曰'易中',是即货币之所由起也。"①

第三,价值论。斯密将价值划分为使用价值与交换价值,梁氏则把价值和价格混为一谈,错误地解释了斯密的价值论,他说:"斯密论物之价格,分为二种:一曰利用价格,(物每有利用甚宏,生事所不可无,而不可以相易,空气、水、火是已。)二曰交易价格。(物有利权甚大,而利用盖微,珠玑宝石是已。)夫物苟不可以相易,则其价格盖可勿论,故专论交易价格。"②梁氏把斯密所谓的使用价值当成"利用价格",把交换价值当成"交易价格",这显然是错误的。

在区分了使用价值和交换价值之后,梁氏接着谈到交换价值的真实尺度。他说:"斯密乃论物有直值,与市价异。凡人所有之物,皆自力来。始也以力致物,今也积力于物,及其未毁,斥以与人。或易物焉,或得钱焉。自我观之,其所得者必其与是力相当者也。故功力者,物之所以相为易也。若是者,谓之真值。"市场价格虽有差别,梁氏经过再三思考后得出结论:衡量商品价值尺度的标准是人的劳动(即"人力"),他接着说:"斯密又言:吾欲求得一物,以衡量万物之真值,以审其贵贱之差。吾思之,吾重思之,其可以为诸值之程准者,宜莫如人力矣"。③ 可见,梁氏的论述承袭了斯密的"劳动是衡量一切商品交换价值的真实尺度"这一著名论断。

接下来,梁氏论述了斯密关于价值由三种收入构成的理论。斯密认为,商品价值由工资、利润和地租三种收入构成,梁氏把商品价值称为"物价",他在文中采用了严复《原富》的经济学术语,将工资、利润、地租分别叫作庸、息、租,并在注释中注明了日本的称呼:赁银、利润、地代,他说这三者是"物价之原质也"。

再接下来,梁氏论述斯密关于市场价格围绕自然价格波动的原理。梁氏说:"经价者,即物之真值","即合其所纳于土地之租,所偿于资本之息,所酬于劳力之庸,而所售适足以相抵者是也";"时价者,当市所售之价也",梁启超所谓的"经价"即斯密所说的自然价格,"时价"即斯密所说的市场价

---

① 梁启超:《生计学学说沿革小史》,《梁启超全集》(第2册第4卷),北京出版社1999年版,第999页。
② 梁启超:《生计学学说沿革小史》,《梁启超全集》(第2册第4卷),北京出版社1999年版,第999页。
③ 梁启超:《生计学学说沿革小史》,《梁启超全集》(第2册第4卷),北京出版社1999年版,第999页。

格。经价与时价常常不一致,是因为受到供求关系的影响,他由此大力阐发了"供求相剂"(即供求规律)的原理,并赞同了斯密的理论:"斯氏此论可谓通物情之宽奥,洞天地之大理,言利也而进乎道矣。"①

第四,工资论。梁氏将斯密的工资论理解为"庸率之高下,定于受佣者与雇佣者两家之约","庸之消长,亦视供求相剂何如。国富则母财足,兴业多,需佣众。求过于供,而庸率腾。国贫者反是"。在这里,梁氏将工资高低视为雇工与雇主之间竞争的结果,并再次强调了"供求相剂"(即供求规律)决定着工资的高低水平。那么斯密所揭示的工资规律是否能如实地解释中国当时的工资水平如何呢?梁氏以"案语"的方式做了否定的回答。他看到广东、北京、天津等地的工资比以前翻了几倍,这并不反映中国"国财增进之现象"。原因是"母财"(资本)出自西方资本家之手,他们来中国的目的是"吸吾赢"(赢即利润),而雇工尽是中国人,仅得小部分的"庸",大部分的"赢"尽归西方资本家。② 斯密认为利息是利润的一部分,利息是从利润中"派生"出来的,梁氏则在按语中仅提到"赢即前所言之息,然息之界狭,赢之界广",不过他还指出了工资率与利润率变化的不同趋势,"庸率为正比例,而赢率则为反比例也"。③

值得关注的是,梁氏把工资与利润的不同归结为斯密的"自由政策"造成的,斯密攻击"政府干涉"的政策,主张"苟听民之自己","国助不如民自助"。梁氏为此写了大段按语来评价斯密的"自由政策"。他说斯密是针对欧洲当时的政治体制而言的,当时欧洲各国政府"专以干涉为政策",弊端丛生,而"欧洲民智既大开,民皆知所以争自存之道",然而,中国政府与民业向来互不相关。如果在中国实行经济自由政策,"则中国民之自由极矣!而其敝又若此"。梁氏因此说:"故斯密之言,治当时欧洲之良药,而非治今日中国之良药也。治今日之中国,舍前此所谓哥巴政略、克林威尔政略者,其道无由。"梁氏由此向读者提出建议:"读斯密书者,亦审其时,衡其势,而深知其意可耳。"④

关于《原富》第二编,梁氏谈到了斯密的资本划分论、总收入与纯收入

---

① 梁启超:《生计学学说沿革小史》,《梁启超全集》(第2册第4卷),北京出版社1999年版,第999页。
② 梁启超:《生计学学说沿革小史》,《梁启超全集》(第2册第4卷),北京出版社1999年版,第999页。
③ 梁启超:《生计学学说沿革小史》,《梁启超全集》(第2册第4卷),北京出版社1999年版,第1000页。
④ 梁启超:《生计学学说沿革小史》,《梁启超全集》(第2册第4卷),北京出版社1999年版,第1000页。

论、生产劳动与非生产劳动论、积累消费论、利息论、资本用途论。

第一,资本划分论。梁氏陈述了斯密对资本类型的划分,他说一家的"积贮"常可分为"支费"(消费)和"母财"(资本),"母财"又分为"常住母财"(固定资本)和"循环母财"(流动资本)。"常住母财"包括"器械、行店仓库等建筑物、农产上改良诸事业、人民本身之技能","循环母财"包括"货币、农者牧者之廪食、制造家之原料品、制造已成之物品"①等,梁氏的划分比斯密的固定资本与流动资本的范围广得多,但也包含了不正确的因素。如把"人民本身之技能"当作固定资本。

第二,总收入和纯收入论。斯密将国内全部居民的收入分为总收入和纯收入,总收入包括土地和劳动的全部年产物,总收入中减去维持固定资本和流动资本的费用,其余供居民自由使用的便是纯收入。梁氏在此引用了严复的说法,用"总殖"来代替总收入,用"实殖"来代替纯收入,他把"总殖"解释成"地之所出,民之所登",把"实殖"解释成"国之岁进,以补苴通国常住循环二母之外,而尚有余,得除之为支费即用即享者,夫是之谓实殖"。②梁氏的解释符合斯密的原意。

第三,生产性劳动与非生产性劳动论。梁氏早在《新民说·论生利分利》中论及斯密的生产性劳动与非生产性劳动论,他在几个月之后刊登的《生计学学说沿革小史》中继续坚持己见,关于生产性劳动,他说:"生利云者,致力于物,而物值以增。"这与斯密所谓的"加在物上,能增加物的价值"是相通的;梁氏所谓的非生产性劳动是:"不生利云者,用力虽勤,而无后效,如被便辟使令之人,其劳亦至,而功不被物。"这也与斯密的意思相接近,并且他还引用了斯密的话,说明无论是生产性劳动还是非生产性劳动都要依赖土地和劳动的产物,即"地之所产,民之所出"。③

第四,积累消费论。斯密重视财富的积累,认为资本增加是由于节俭,资本减少是由于奢侈与妄为,这种崇尚节俭的思想与中国传统的"黜奢崇俭"思想不谋而合,深谙传统思想的梁氏因而在表述奢俭问题上显得游刃有余。关于节俭,梁氏说道:"斯密又以为,节俭者,增进国殖之泉源也。盖俭而后母增,母增而后勤者有所藉手而致力。以其有所致力,而勤民乃以日多。一国之产,由生转熟,而产业日赴繁荣。"反之,奢侈则会"蚀者其母,遂

---

① 梁启超:《生计学学说沿革小史》,《梁启超全集》(第2册第4卷),北京出版社1999年版,第1001页。
② [英]亚当·斯密:《原富》(上册),严复译,商务印书馆1981年版,第239页。
③ 梁启超:《生计学学说沿革小史》,《梁启超全集》(第2册第4卷),北京出版社1999年版,第1001页。

并其所生之子而亡之"。因此,"奢也者,国民之仇雠也。俭也者,国民之父母也"。① 梁氏对于传统的"黜奢崇俭"在不同的文章中有几处矛盾的表述,此处只是在转述斯密的观点,他本人并未明确表态。

第五,利息论。梁氏在工资论中已经提到了利息,此处又结合借贷资本,补充了对利息的一些意见。斯密认为增加国民财富,必须要有充足的资本,但并非人人都有足够的资本,于是乎资本的借贷问题显得重要起来。斯密说:"借用人所需要、出借人所供给的实际上不是货币而是货币的价值,换言之,是货币所能购买的货物。……借贷的事情,实际上就是出借人把自己一定部分土地和劳动的年产物的使用权让与借用人,听他随意使用。"②"作为报答这种让与,借用人须在借用期内,每年以较小部分的年生产物,让与出借人,称作付息;在借期满后,又以相等于原来由出借人让给他的那部分年产物,让与出借人,称作还本。"③梁氏的论述基本符合斯密的看法:"斯密之论貣贷也,以为貣者之所取,贷者之所予,其实皆非在钱币,不过在钱币相当之价值而已。故以财贷人者,畀之以御物之权,取已所得役之物力以与人也。故假人以母财,其事与画其岁殖之一分以借人者无以异。其为此也必有期。当期,貣者岁有所纳,是之谓息。及其期尽,貣者之复,如所贷者,是谓还母。"④另外,梁氏还补充了一些关于利息与工资、利息与法律的看法,关于前者,梁氏说:"息日减而庸日增。息减由于庸薄,庸增由于母多。"⑤关于后者,梁氏主要谈论的是禁止利息的法律是否适当这个话题。斯密反对制定法律来禁止利息,因为这样的法律不但制止不了重利盘剥,反而会使其恶化,所以"禁息之令,实反为重息之阶也"。⑥

第六,资本用途论。斯密认为资本有四种不同用途:"第一,用以获取社会上每年所须使用所须消费的原生产物;第二,用以制造原生产物,使适于眼前的使用和消费;第三,用以运输原生产物或制造品,从有余的地方运往缺乏的

---

① 梁启超:《生计学学说沿革小史》,《梁启超全集》(第 2 册第 4 卷),北京出版社 1999 年版,第 1002 页。
② [英]亚当·斯密:《国民财富的性质和原因的研究》(上卷),郭大力、王亚南译,商务印书馆 2008 年版,第 323—324 页。
③ [英]亚当·斯密:《国民财富的性质和原因的研究》(上卷),郭大力、王亚南译,商务印书馆 2008 年版,第 325 页。
④ 梁启超:《生计学学说沿革小史》,《梁启超全集》(第 2 册第 4 卷),北京出版社 1999 年版,第 1002 页。
⑤ 梁启超:《生计学学说沿革小史》,《梁启超全集》(第 2 册第 4 卷),北京出版社 1999 年版,第 1002 页。
⑥ 梁启超:《生计学学说沿革小史》,《梁启超全集》(第 2 册第 4 卷),北京出版社 1999 年版,第 1002 页。

地方;第四,用以分散一定部分的原生产物或制造品,使成为较小的部分,适于需要者的临时需要。"①其中第一种用途是农业家、矿业家、渔业家的用法,第二种是制造者的用法,第三种是批发商人的用法,第四种是零售商人的用法。他还说:"按照事物的自然趋势,进步社会的资本,首先是大部分投在农业上,其次投在工业上,最后投在国外贸易上。这种顺序是极自然的;我相信,在所有拥有多少领土的社会,资本总是在某种程度上按照这种顺序投用。"②

梁氏转述了斯密关于资本用途的"四涂":"一曰登成生货,取之自然者,若农业,若矿业,若渔业是也。二曰制造攻修,转生为熟者,工业是也。三曰转运百产,抱盈注虚者,凡行商之以舟车漕挽大宗货物者是也。四曰贩整售零,周给民用者,市店之贾人是也。"这四者被称为"农工商贾",从顺序上讲,"农利为最,工利次之,商贾之利又次之。"应该说,前面的转述大体符合斯密的原意,但他从"农工商贾"的排序推论出"富国必以农为第一义",则是对斯密的误解。斯密虽然说了"在各种资本用途中,农业投资最有利于社会",③并说了"按照事物的自然趋势",资本首先应该大部分投在农业上,这是在强调农业的基础性地位,斯密并没有说出富国必须以农业为第一之类的表述,而且,他还指出,欧洲的情形并没有"按照事物的自然趋势",而是相反,资本首先大规模投在制造业而不是农业上。

以上所介绍的第一、二编的要点是斯密整个经济学理论体系的主体,梁氏说:"后此所谓英国正宗派,皆祖述之,以为兹学之渊源。而近世诸国之学者,所引申,所论驳,亦皆以此为论理之中心。"④因此他有重点地摘述、简述了前两编的要领,此后的三编则采取略论的方式。关于第三编,梁氏仅提到了斯密是从历史的视野来研究不同国家财富的不同发展这个题目,但未具体展开,而是详细介绍了第四编的重商主义和国际贸易,至于第五编,他只字未提,却在文末附加了一篇与经济学说史无关的附论。梁氏认为第四编的内容是"专排斥重金主义,而发明国际通商真利之所存",斯密学说能够"丕变生一世",影响欧洲产业界,"以此编为最"。⑤ 下面介绍他在第四编中

---

① [英]亚当·斯密:《国民财富的性质和原因的研究》(上卷),郭大力、王亚南译,商务印书馆 2008 年版,第 331 页。
② [英]亚当·斯密:《国民财富的性质和原因的研究》(上卷),郭大力、王亚南译,商务印书馆 2008 年版,第 350 页。
③ [英]亚当·斯密:《国民财富的性质和原因的研究》(上卷),郭大力、王亚南译,商务印书馆 2008 年版,第 335 页。
④ 梁启超:《生计学学说沿革小史》,《梁启超全集》(第 2 册第 4 卷),北京出版社 1999 年版,第 1003 页。
⑤ 梁启超:《生计学学说沿革小史》,《梁启超全集》(第 2 册第 4 卷),北京出版社 1999 年版,第 1003 页。

对斯密学说的评价。

梁氏陈述了斯密对重商主义的批评。首先,针对重商主义将货币等同于财富的观点,梁氏指出斯密正确区分了财富与货币这两个不同的概念:"斯密乃详言财富与货币之为二物,其言曰:物品不转为货币,其用自存。货币不转为物品,其用斯皮。故货币常有求于物品,而物品不必常有求于货币,其理甚明也。"其次,梁氏简述了斯密批驳重商主义的两个偏见。对于第一个偏见"金银无蚀毁之思,宝之累世,则国富无量也"。斯密则以英国铁器与法国葡萄酒交换的例子说明这是一种有利的贸易,而具有耐久性的金银如果不继续输出,以为长期积累闲置起来就会增加国家的财富,那是荒谬的。① 对于第二个偏见,"一旦有事于境外,则军兴所需,全恃金银。积之于平时,夫然后临事乃可以无乏"。斯密反驳说:"海军陆旅之所以为养者,在粮食不在金银。"②即一个国家要对外进行远程战争,维持远程海陆军所需的不是金银而是粮食。

梁氏在叙述完斯密对重商主义的批判之后,把矛头转向了国际贸易这个议题。重商主义认为国际贸易旨在"敛进金银"。这种观点早已遭到斯密的批判。那么斯密认为国际贸易的利益是什么呢?在斯密看来,国际贸易的"大利"有两点:"一曰出有余,二曰济不足。"接着,梁氏用了一大段来解释斯密对国际贸易(国际通商)的定义:"夫一园地方民功之所产而至于有余者,物虽供而莫之求也。故有余则无利。通商者致有余之产于方求之国,而鬻其最贵也。物有其不足者,有求而莫之供也。故不足则生郁,而事或不周,通商者致他所易供之货,以济吾土所不足,而买其最廉也。是故一交易之间,而其利并起。此斯密解释国际通商之定义,而一破数千年之迷梦者也。"③

国际贸易除了梁氏所说的两点"大利"之外,还可以使交易双方互利。梁启超说:"斯密又曰:使两国通商,而其所易者,皆国中之所产,则两国交相利,而所利惟均也。"有感于此,梁氏还在按语中大力提倡国际贸易,他说:"斯氏之说,即合全地球以行大分业,所谓生计无国界者也。""二百年来,世界通商政策生一大革命,皆斯密氏之为之也。"④

---

① [英]亚当·斯密:《国民财富的性质和原因的研究》(下卷),郭大力、王亚南译,商务印书馆 2008 年版,第 12 页。
② 梁启超:《生计学学说沿革小史》,《梁启超全集》(第 2 册第 4 卷),北京出版社 1999 年版,第 1003 页。
③ 梁启超:《生计学学说沿革小史》,《梁启超全集》(第 2 册第 4 卷),北京出版社 1999 年版,第 1004 页。
④ 梁启超:《生计学学说沿革小史》,《梁启超全集》(第 2 册第 4 卷),北京出版社 1999 年版,第 1004 页。

继国际贸易之后,梁氏最后介绍的一个理论是"贸易进出差原理"。梁氏先提出了重商主义的观点:"重商派之所最谨者,谓欲塞金银之出国,道在审进出差。进出差者,总进出口之货相抵之余数也。使出者多而进者少,则为差正,而所赢在我。收价于外而后平,则我之金银增矣。反是则为差负,而所赢在人,出价以偿而后平,则我之金银减矣。"然后梁氏再引出斯密的论述:"斯密乃首言进出之差,无从指其正负之实。次言差正差负,无与于一国总殖之亏盈。"这个论述具体而言则是:"常法稽两国进出之差而得其较大者,不出二途:税关簿录,一也;兑费赢绌,二也。顾税关评定物价,事求简径,固多漏略。故其所综,常非物值之真,而不可以为典要。至兑费之不足依据,亦与税簿正同。盖债逋往来之差,未必即为货物进出之差,而债逋之差之正负,又未必即为货物之差之正负。盖两国债务之交涉,不恒由两国之径以交易,视其地所通之广狭,而牵联常及于数地,一也。各国泉币,精窳互殊。圜法章程不一,以致名实纷淆。银行号称平兑,实乃不平。所谓赢绌者,未必果为赢绌,二也。"①以上所引即斯密的"贸易进出差原理",也就是梁氏所谓的"进出正负差之原理"。梁氏在附论里面即使用此理论分析中国的贸易逆差问题。②

最后,总结一下斯密学说与《生计学学说沿革小史》的关系。笔者以为,《生计学学说沿革小史》是在斯密学说的影响下诞生的。理由在于:其一,梁启超撰写此文的目的是救亡图存,发展经济,使国家富强,这与《国富论》探究增进国民财富的宗旨比较接近。其二,梁启超的经济思想深受严复《原富》译本的影响,梁氏使用的经济学术语大多出自《原富》,而且模仿严复撰写按语的手法在文中不时插入己见。其三,梁启超坚信西方经济学成为一种科学始自亚当·斯密,因而他的这篇长文始终以"以斯密亚丹为中心点",建构了一个庞大的学说史提要,将经济学说史直接划分为斯密以前与斯密以后,而斯密学说几乎遍及全文,在全文中占了一半有余,远远超过重农主义与重商主义两篇篇幅之和,梁启超对其进行批评、赞扬、继承、创新无不显示出斯密学说对他的深刻影响,虽然他指明此文参考了颇受历史学派影响的三位经济学者(英格廉、科莎、井上辰九郎)的著作。

二、《生计学学说沿革小史》与经济自由主义

梁氏的这篇编译之作将斯密学说的大部分理论都论及了,但篇幅并不

---

① 梁启超:《生计学学说沿革小史》,《梁启超全集》(第2册第4卷),北京出版社1999年版,第1004页。
② 相关论述参见朱俊瑞:《梁启超经济思想研究》,中国社会科学出版社2004年版,第378—382页。

长,省略之处较多,一般都是摘录某一理论的要点或部分要点,缺少对斯密理论深入的分析,因而很难判断梁氏是否真正完全弄清楚了斯密理论的内涵与实质。综观他列举的斯密学说当中,诸如分工论、价值论、交换论等高深的经济学理论并不是他感兴趣的地方,他所选择的是斯密经济政策层面的经济学说,比如重商主义政策,即使是经济政策层面的学说,他都是有所取舍的。众所周知,经济自由主义思想贯穿《国富论》全书,但梁氏在此文中并不热衷。下面我们来探讨梁氏在此文中对经济自由主义的态度。

梁氏对重商主义的态度经历了一个从否定到肯定的思想历程。他青年时期阅读过的《富国策》《富国养民策》《佐治刍言》等作品均宣传英国古典学派思想,并受其影响。1897年,他在《〈史记·货殖列传〉今义》一文中,提倡发展资本主义工商业,倡导英国古典学派的自由贸易论,反对重商主义的贸易保护论。① 1898年梁启超在戊戌变法失败后逃亡日本的途中阅读了政治小说《佳人之奇遇》,他从书中了解到土耳其、印度、埃及等国因与英国自由贸易而受到英国统治的惨烈现实,从而对自由贸易论产生警觉与厌倦之情。② 也就是说,梁氏最初信奉的是斯密的经济自由主义思想,流亡日本之后他开始对自由贸易产生怀疑,到1902年撰写《生计学学说沿革小史》时,他对重商主义的态度发生了重要转变。他在该文第五章将重商主义理解为"以保持金币,勿使流出外国,为安国利民之不二法门者也"。③ 他指出,斯密在《原富》第四编对此"论之甚详"。我们知道,斯密在书中大肆抨击重商主义,造成"自斯密以后,此主义大受挞击,几至身无完肤"。梁氏为此鸣不平,比如当时的人们批评重商主义弃农经商是一种舍本图末之举时,他指出了重商主义促进了当时技术的进步与社会的发展,"重商主义于生计界之进步,大有裨补,固历历不可掩矣"。对于重商主义的缺点,梁氏归结为"全由于重视货币太过",并摘引了产生这种缺点的六点原因,虽然他也承认重商主义的缺点,但他认为对于未经过重商主义阶段的中国来说,它"若移植于今日之中国,则诚救时之不二法门也"。④ 在他眼里,中国当时面临的任务是救亡图存,中国只有实行重商主义,国家才能富强。不难看出,梁氏是以中国的国情为坐标对斯密学说进行了一番取舍。

---

① 梁启超:《〈史记·货殖列传〉今义》,《梁启超全集》(第1卷第1册),北京出版社1999年版,第116—121页。
② 东海散士:《佳人之奇遇》,上海中国书局1935年版,第29页。
③ 梁启超:《生计学学说沿革小史》,《梁启超全集》(第2册第4卷),北京出版社1999年版,第991页。
④ 梁启超:《生计学学说沿革小史》,《梁启超全集》(第2册第4卷),北京出版社1999年版,第992—993页。

梁氏对重商主义的肯定,也意味着他对经济自由主义的否定。其实,早在《干涉与放任》(《新民丛报》第17号,1902年10月2日)一文中就出现了这种变化,梁氏把干涉与自由视为古往今来历代统治者交替使用的政策,为此,他回顾了西方经济思想史的历程。十六七世纪重商学派在欧洲流行,各国争先奉行干涉主义,18世纪重农学派兴起,紧接着,"斯密·亚丹出,更取自由政策发挥而光大之",①斯密倡导的经济自由政策在欧洲盛行,造成贫富分化加剧。19世纪下半叶演变为干涉与放任并存的时代,直到20世纪社会主义的诞生,干涉主义才取代了放任主义,达到"全胜时代"。鉴于历史的经验教训,梁启超表达了自己的看法:"今曰中国之弊,在宜干涉者而放任,宜放任者而干涉。窃计治今日之中国,其当操干涉主义者十之七,当操放任主义者十之三。"②由此,我们可以看出梁氏的思想转变过程,即他认识到了自由经济适用的范围和条件,因此放弃了斯密的自由主义学说,转而支持干涉主义。这种态度在随后的文章中更明显。

同年10月31日,《新民丛报》第19号刊登了《生计学学说沿革小史》的第九章《斯密亚丹学说》,梁氏对经济自由主义十分冷淡。归纳起来,他在文中以按语的方式两次介绍过斯密的经济自由主义,并且两次都是否定的态度。第一次是在《原富》第一编中。他在这一编中依次介绍了斯密的分工论、货币论、价值论、工资论,当介绍到工资与利润的关系时,他便从制度层面寻找原因,认为这个原因就是斯密的经济"自由政策",于是提出经济自由主义政策只适合欧洲,不适合中国,他在按语中写道:"斯密之言,治当时欧洲之良药,而非治今日中国之良药也。"读亚当·斯密的书应该"审其时、衡其势"。③ 因此,他在接下来的论述中绝口不提斯密的自由经济思想,直到第四编介绍国家贸易时才迫不得已提到,且看他在按语中的表述,梁氏先是赞扬了国际贸易论:"二百年来,世界通商政策生一大革命,皆斯密氏之为之也。"然后他笔锋一转:"虽然,世运递变,无往不复,近今则保护主义之反动又大起矣。"④可见,梁氏已经认识到当今形势是自由主义早已衰落,保护主义重新崛起的现实。

1903年11月2日—12月2日,《新民丛报》第40—43号刊发了梁启超

---

① 梁启超:《干涉与放任》,《梁启超全集》(第1册),北京出版社1999年版,第384页。
② 梁启超:《干涉与放任》,《梁启超全集》(第1册),北京出版社1999年版,第384页。
③ 梁启超:《生计学学说沿革小史》,《梁启超全集》(第2册第4卷),北京出版社1999年版,第1000页。
④ 梁启超:《生计学学说沿革小史》,《梁启超全集》(第2册第4卷),北京出版社1999年版,第1004页。

访美后的文章《二十世纪之巨灵托辣斯》。此文与《干涉与放任》一文所持的观点类似,干涉与放任在历史上交替进行,在"生计界"(经济界)也是如此。

梁氏在谈论美国垄断组织"托辣斯"(trust,今译托拉斯)发生之原因时提到,无论是重农学派还是斯密的《国富论》均提倡自由,百年以来"自由竞争"这个概念成为经济学家的"金科玉律"。他写道:

> 故于国际之通商,自由也;于国内之交易,自由也;于生产、制造、贩卖种种营业,自由也;劳力以自由而勤动,资本家以自由而放资,上自政府,下及民间,凡一切生计政策,罔不出于自由。斯密氏所谓供求相剂,任物自己,而二者常趋于平,此实自由竞争根本之理论也。①

梁氏认为18世纪中叶斯密自由竞争理论的盛行是由于16至17世纪"厉行干涉"的结果,于是对自由竞争大加赞赏;但是当自由竞争超过一定的限度,资本主义社会便出现了"病国病群"的现象,19世纪末20世纪初,随着资本主义国家对经济干涉的加强,自由竞争资本主义逐渐过渡到垄断的资本主义,其主要标志是托拉斯在经济界大量产生,托拉斯的兴起正是自由竞争之"极弊"所造成,是政府干预经济的后果。

托拉斯在发展的过程中,采用机器节省劳动力,带来了克扣工人工资、减少雇佣工人、降低工资标准等弊端,遭到了一些人的反对。梁启超在谈论托拉斯与工资的关系时引用斯密的工资理论来为托辣斯辩护,梁氏说:"斯密亚丹曰:观一国民生之舒蹙,亦于其庸率之高下而已,此生计学不灭之公例也。"②梁氏把工资称为"庸",斯密的意思是说,人民生活水平的程度可以通过其工资高低来判断。梁启超以14家企业实行托拉斯前后的数据证明,企业实行合并之后,有10家企业的高级职工的工资增加很多,其下级职工的工资也在增加,所以托拉斯能够提高各类雇员的工资。③梁启超通过在美国观察托拉斯这一新型企业组织形式而断定20世纪初的世界经济形势是干涉主义大行其道。他在此后的论著中大多坚持国家干涉经济的政策。

---

① 梁启超:《二十世纪之巨灵托辣斯》,《梁启超全集》(第2册),北京出版社1999年版,第1100页。
② 梁启超:《二十世纪之巨灵托辣斯》,《梁启超全集》(第2册),北京出版社1999年版,第1109—1110页。
③ 梁启超:《二十世纪之巨灵托辣斯》,《梁启超全集》(第2册),北京出版社1999年版,第1111页。

第三节　梁启超的其他相关评介

《绍介新著〈原富〉》与《生计学学说沿革小史》是两篇主要讨论《国富论》的论文,此外,梁启超在论述政治、土地、货币、学术等问题时也提及《国富论》,例如《学术之势力左右世界》《论中国学术思想变迁之大势》《进化论革命者颉德之学说》《新民说》《杂答某报》《再驳某报之土地国有论》《中国货币问题》《外资输入问题》等。下面依照这些论文的主题进行大致归类并解析。

一、对斯密的误解

以上所列论文中,有两篇是梁启超对亚当·斯密的错误理解。一篇是《新民丛报》创刊号上的《学术之势力左右世界》一文。此文列举了哥白尼、培根、孟德斯鸠、卢梭、富兰克林、亚当·斯密、达尔文等 10 位西方著名思想家的学术成就和学术思想,梁启超认为这些人的学术成就可以促进社会经济的发展,推动人类文明的进程。他对亚当·斯密进行了这样的描述:

> 六曰亚丹斯密(Adam Smith 英国人生于一七二三年卒于一七九〇年)之理财学。泰西论者,每谓理财之诞生日何日乎? 即一千五百七十六年是也。何以故? 盖以亚丹斯密氏之《原富》(An Inquiry into the Nature and Causes of the Wealth of Nations 此书侯官严氏译)出版于是年也。此书之出,不徒学问界为之变动而已,其及于人群之交际,及于国家之政治者,不一而足。而一八四六年以后,英国决行自由贸易政策,(Free Trade),尽免关税,以致今日商务之繁盛者,斯密氏《原富》之论为之也。近世所谓人群主义,(Socialism)专务保护劳力者,使同享乐利,其方策渐为自今以后之第一大问题,亦自斯密氏发其端,而其徒马尔沙大倡之。亚丹斯密之关系于世界何如也?①

梁氏所谓的"理财学"即经济学,这门学科诞生的标志是 1776 年出版了亚当·斯密的《国富论》一书,这个常识也出现在同期的《绍介新著〈原富〉》

---

① 梁启超:《学术之势力左右世界》,《梁启超全集》(第 2 册第 3 卷),北京出版社 1999 年版,第 558 页。

一文中。梁氏认为《国富论》所倡导的自由贸易政策（Free Trade）导致了19世纪英国商业贸易的繁荣。然而，他把"Socialism"译为"人群主义"显然是错误的，他不仅译错了"社会主义"这一概念，把社会主义仅仅视为"保护劳力者"的肤浅认识，而且，他对社会主义的来源和影响更是张冠李戴，将社会主义的产生说成是斯密"发起端"，社会主义的发展说成是斯密的徒弟马尔沙（今译马尔萨斯）"大倡之"，反映出梁氏对斯密和马尔萨斯等资产阶级经济学家与社会主义的认识存在模糊性。

另一篇是梁启超于1902年10月16日在《新民丛报》第18号上发表的《进化论革命者颉德之学说》一文，文中"颉德"即英国学者本杰明·基德，他的《社会进化》在传教士一章中已经述及。梁氏此文的目的是介绍基德的社会进化理论，并以此为标准评价法国、英国、德国学者的理论学说。他把基德刻画为进化论的"传钵巨子"与"革命健儿"，声称基德学说旨在展望未来，但今世的政治学家和社会学家均重视现在，轻视未来，让人叹息。"平民主义"提倡重视"最大多数之最大幸福者"也不过是以现在大多数人为标准，照顾不到未来的利益。他说：

> 英国平民主义首倡之者为斯密亚丹，其所著《原富》，发挥民业之精神，建设恒产之制度，破坏过去之习惯，以谋现在之利益，而于未来一问题盖阙如也。斯密所发起之新思想，经边沁、阿士丁、（按日人常译为墺斯陈，法理学大家也。）占士弥勒、（按：约翰弥勒之父也，世人称为大弥勒。）玛儿梭士、理嘉图、（按：二人皆生计学家，斯密派之巨子也。）约翰弥勒诸贤之讲求，益臻完备，皆以现在幸福为本位，以鼓吹平民主义者也。①

此处需要指出梁氏的一个错误，梁氏将麦喀士（今译马克思）视为"社会主义之泰斗"，将"平民主义"视为斯密首倡，认为玛儿梭士（今译马尔萨斯）、理嘉图（今译李嘉图）等人"讲求"的是有别于社会主义的一种学说，这一说法与他在《学术之势力左右世界》一文的表述自相矛盾，他在该文中将社会主义说成是"斯密氏发其端，而其徒马尔沙大倡之"。看来，梁氏对平民主义与社会主义是一知半解的，他将斯密视为平民主义的首倡者是根本错误的。

---

① 梁启超：《进化论革命者颉德之学说》，《梁启超全集》（第2册），北京出版社1999年版，第1029页。

二、《新民说》与斯密学说

1902—1906 年,梁启超以"中国之新民"为笔名,分期在《新民丛报》上发表了《新民说》,全文约 11 万字,共 20 节。这 20 节的篇名分别为:"叙论""论新民为今日中国第一急务""释新民之义""就优胜劣败之理以证新民之结果而论及取法之所宜""论公德""论国家思想""论进取冒险""论权利思想""论自由""论自治""论进步""论自尊""论合群""论生利分利""论毅力""论义务思想""论尚武""论私德""论民气""论政治能力"。梁启超在"论进步""论生利分利""论毅力"这三节中征引了严复的《原富》并运用了斯密学说,现梳理如下。

第十四节"论生利分利"是《新民说》中引用斯密学说最多的一篇文章,其中"斯密"字样出现共 7 次。梁氏的第一次引文如下:

> 斯密亚丹尝言:"吾英今日之民,勤于昔者,缘今日国财,斥之为母以赡劳民者,多于三百年前也。三百年前之民,劳而无获,乃多惰游,其言曰,与其作苦而无获,不若嬉戏无余,大抵工商业广之区,其民皆母财所赡。故其用力极恒勤,而酣戏饮博,自以日销,设其地为都会,养民者不在母财而在支费,则皆呰窳偷生。"①

这段话的大意是指英国富裕,能养活的人口远远超过三百年前,下层社会的人即使不勤劳工作而依靠各种服务行业都能维持基本的生存。梁氏在此处注明了引文源自严译《原富》部乙第三篇,只是没有注明第三篇的篇名"论人功有生利有不生利"以及页数。严复的原译文如下:

> 譬如吾英,今日之民勤于昔者,缘今日国财区之为母以赡劳民者,多于三百年以往也。三百年以往之民,劳而无获,乃多惰游,其言曰,与其作苦而无获,不若嬉戏而无余。大抵工商业广之区,其民皆母财之所赡雇,故其用力恒勤,而志存夫求进,酣戏饮博自以日销。英与荷兰之民,多如此者。设其地为都会,而为王侯甲第之所州处,养小民者不在母财,而在豪族贵人之支费,则其民皆呰窳偷生,美衣丰食而无积聚。②

---

① 梁启超:《新民说·论生利分利》,《梁启超全集》(第 2 册第 3 卷),北京出版社 1999 年版,第 696 页。
② [英]亚当·斯密:《原富》(上册),严复译,商务印书馆 1981 年版,第 276 页。

对比两段译文，不难看出，除了少数地方的缩减、改写之外，梁氏基本上沿袭了严复的译文内容，还算比较忠实于原文，其余6处的引文就相差较远，一则这6处均未注明出处，二则肆意缩减、改写之处颇多，添加的话语较多。由于梁氏不懂英文，他通过《原富》一书了解到斯密关于生产性劳动和非生产性劳动的学说。在这些引文中，他试图运用此学说来解析中国社会当时的人口结构。

先看斯密对生产性劳动和非生产性劳动的解释，斯密认为能使生产对象增加价值的劳动就是生产性劳动，不能使生产对象增加价值的劳动就是非生产性劳动。他说："有一种劳动，加在物上，能增加物的价值，另一种劳动，却不能够。前者因可生产价值，可称为生产性劳动，后者可称为非生产性劳动。制造业工人的劳动，通常会把维持自身生活所需的价值与提供雇主利润的价值，加在所加工的原材料的价值上。反之，家仆的劳动，却不能增加什么价值。"① 由于制造业工人的劳动能生产价值，故被称为生产性劳动。反之，家仆的劳动则不能，故被称为非生产性劳动，同理，斯密将君主、官吏、海陆军、牧师、律师、医师、文人、演员、歌手、舞蹈家等的劳动都视为非生产性劳动。可见，斯密划分的标准是从商品价值生产的角度来衡量的，凡是能够产生利润，与资本直接交换的劳动就是生产性劳动，反之，则是非生产性劳动。

梁启超认同斯密的观点，在梁启超看来，"有所复"与"资母孳子"实现了资本的增殖，剩余价值得以产生，就是"生利"（生产性劳动），而"无所复"与"蚀母亡子"使资本减少，就是"分利"（非生产性劳动）。② 也就是以资本是否能够增殖作为区分生利与分利的标准。在理论原则上，梁启超的标准与斯密的标准是一致的。

再来看梁启超对生产性劳动与非生产性劳动理论具体的展开。梁启超将从事生产性劳动的人称为"生利之人"，这类人分为两种。一种是直接生利的人，即直接从事农业与工业之类的行业，例如农民、工人；另一种是间接生利的人，例如商人、军人、政治家、教育家等。"生利之人"一般从事下列六类事业：一是"发见发明"，指发现新事物或发明创造等；二是"先占"，指采集无主权的天然物产；三是"用于生货的劳力"，指从事农业、林业、畜牧业的劳动者；四是"用于熟货的劳力"，指在加工、制造行业工作的人；五是"用于交通的劳力"，指在交通、运输行业工作的人；六是"用于保助的劳力"，指官吏、军人、医生等。

---

① ［英］亚当·斯密：《国民财富的性质和原因的研究》（上卷），郭大力、王亚南译，商务印书馆2008年版，第304页。
② 梁启超：《新民说·论生利分利》，《梁启超全集》（第2册第3卷），北京出版社1999年版，第696页。

凡是不属于这6种事业的,梁氏称之为"分利",也就是非生产性劳动。分利的人又可分为"不劳力而分利"与"劳力仍分利"两种。前者包括乞丐、盗贼、惯骗、僧道、纨绔子弟、浪子、兵勇及应武试者、大部分官吏、缘附于官以为养者、土豪乡绅、大部分妇女、残疾人和罪犯,另外儿童、老人和地主也属此列;后者包括奴婢、优妓、读书人、教师、小部分官吏、商业中之分利者、农工业之分利者。梁氏的这种分类法并非完全照搬斯密,而是根据中国的具体情况有所改进。例如对于读书人,梁启超说:

> 据斯密之论,则虽泰西之读书人,彼且以为分利矣,顾吾平心论之,则西国之读书人,其分利者虽或十之一二,其生利者犹十之七余,何也?……故斯密之说,施诸彼,吾不敢袒焉,若在我国,则至当无以易矣。①

斯密将西方的读书人视为分利者,然而在梁氏看来,西方读书人大多学有专长,学以致用,学成后可从事律师、法官、医生、教师、传教士、工商业者等职业,所以,分利者大约占 $\frac{1-2}{10}$,生利者占 $\frac{7}{10}$ 以上,因此读书人应是生利的人。反观中国的读书人,学而不专,学而无用,其结果,四体不勤,五谷不分,他们都是分利的人,梁氏由此发出了中国读书人是"坐蚀一国之母财","实一种寄生虫"②的感叹!

再比如,对于官吏的看法,梁启超说:"斯密亚丹以官吏为分利,后人纠之详矣。虽然,若中国之官吏,则无论为劳力者不劳力者,而皆不得不谓之分利。"③斯密将官吏划分为分利者,后人对他的批评已经很详细了。就中国的情况而言,中国的官员数量庞大,大多数人不能恪守职责,也属于分利者。梁氏说:"民有灾而不能恤也,民有枉而不能伸也,饿莩遍道而不能救也,群盗满山而不能监也",他不由得发出了感慨,中国官员实际上是"分利之罪魁"。④ 这种思想具有反封建的进步意义。

由上可知,梁启超的生利分利学说是对斯密的生产性劳动与非生产性劳动学说的继承与发展,绝非简单的模仿,他借鉴斯密的经济理论的目的是

---

① 梁启超:《新民说·论生利分利》,《梁启超全集》(第2册第3卷),北京出版社1999年版,第699页。
② 梁启超:《新民说·论生利分利》,《梁启超全集》(第2册第3卷),北京出版社1999年版,第699页。
③ 梁启超:《新民说·论生利分利》,《梁启超全集》(第2册第3卷),北京出版社1999年版,第699页。
④ 梁启超:《新民说·论生利分利》,《梁启超全集》(第2册第3卷),北京出版社1999年版,第700页。

增加从事生产劳动的人,减少不劳而获的人以及无助于推动社会发展的人,探讨如何增加中国的国民经济总产值,如何发展国民经济等重大问题,这种创造性地将西方经济思想与中国国情相结合的思维模式,在当时具有重要的时代价值。

另外,第十一节"论进步"和第十五节"论毅力"各有一处谈到亚当·斯密。"论进步"中说:"斯密破坏旧生计学而新生计学乃兴,卢梭破坏旧政治学而新政治学乃兴。"①他认为虽然斯密与卢梭的思想是在"破坏"前人的基础上产生的,但他们的意义重大,斯密的经济学与卢梭的政治学是西欧自由主义的两大源流,两者共同推动着西欧社会的进步。"论毅力"赞颂古今伟人取得非凡之成绩均靠长期的毅力,如"斯密亚丹之《原富》,十年始成"。②这两处虽仅仅提到斯密,但都对斯密充满了赞誉之辞。

那么,《新民说》的其他篇章是否受到斯密学说的影响呢?众所周知,1898—1903年梁启超专注于自由问题,他在第九节"论自由"中说:"综观欧美自由发达史,其所争者不出四端,一曰政治上之自由,二曰宗教上之自由,三曰民族上之自由,四曰生计上之自由(即日本所谓经济上自由)……生计上之自由者,资本家与劳力者相互而保其自由也。"③引文中虽然没有直接提及斯密,但与斯密的经济自由主义是一脉相承的,理由在于,此文刊于1902年5月8日—6月6日(见《新民丛报》第7—9号),与此同时,《新民丛报》第7号还刊出了《生计学学说沿革小史》一文,该文的主体部分也于1902年5—12月之内分期连载,9月1日《新民丛报》第17号刊载了《生计学学说沿革小史》的第八章《重农主义》,文中说:"生计学之自由主义,大成于斯密亚丹。"④因此,我们大致可以推测"论自由"受到了斯密经济自由主义的影响。此外,李长莉指出第十八节"论私德"同样受到斯密的国民财富理论的影响,梁启超以"国财"来评判国民生计状况高下的标准,"国财"即国民总财富的多少,此指标反映"国民富力"的程度。⑤ 总之,《新民说》是梁启超在日本接触西方学说的产物,斯密学说的一个主题是探讨如何增加社会财富,这点正是梁启超所希望实现的目标,我们甚至可以这么说,斯密学说是《新民说》的经济理论依据。

---

① 梁启超:《新民说·论进步》,《新民丛报》第10号、第11号,1902年6月20日、7月5日,又见《梁启超全集》(第2册第3卷),北京出版社1999年版,第686页。
② 梁启超:《新民说·论毅力》,《梁启超全集》(第2册第3卷),北京出版社1999年版,第704页。
③ 梁启超:《新民说·论自由》,《新民丛报》第7号,1902年5月8日,第34页。
④ 梁启超:《生计学学说沿革小史》,《新民丛报》第17号,1902年9月1日,第9页。
⑤ 李长莉:《梁启超论新民德与国民生计》,《近代史研究》2004年第3期,第33—59页。

三、批判土地国有论的理论依据

梁启超是资产阶级改良派的宣传家，《新民丛报》的办刊宗旨之一是宣传保皇、立宪等改良派主张。1905 年孙中山在日本东京创办《民报》，宣传资产阶级革命理论。1905—1907 年，以孙中山为代表的革命派与以梁启超为代表的改良派展开了一场论战，双方分别以《民报》和《新民丛报》为舆论阵地进行了激烈的辩论，内容涉及诸多领域，关于土地国有和土地私有的经济论战是这场论战的主要论题之一。孙中山提出的"平均地权"的经济纲领主张土地国有化，旨在发展资本主义。梁氏站在封建地主阶级立场，认为土地国有论不适用于中国，他为此撰文对土地国有论进行批判，反对中国进行社会革命，斯密学说成为他攻击对手的理论工具。

1906 年，《新民丛报》第 84—86 号刊发了梁启超同资产阶级革命派进行论战时所写的攻击革命派土地纲领的文章——《杂答某报》，梁氏不赞同中国进行社会革命，他认为中国的情况与欧洲不同。他首先指出，欧洲的工业革命是一场影响深远的社会革命，经济思想的变革与机械发明则是工业革命的助推力，斯密与瓦特对此做出了重要贡献，梁启超说："及斯密亚丹兴，大攻击政府干涉主义，而以自由竞争为揭橥。……斯密瓦特之二杰，相提携以蹴踏旧社会，如双龙扰海，而工业革命（The Industrial Revolution）之时代以届。"①他在后来的文章中再一次强调了经济思想与机械发明对工业革命的推动作用，1912 年 10 月 30 日，梁启超在北京总商会举行的欢迎会上发表演讲——《莅北京商会欢迎会演说辞》，他将英国工业革命的动机归结为"经济思想之变动"与"机械之发明"，②前者即指斯密《国富论》所带来的经济思想的变化，后者即指瓦特发明的蒸汽机。

梁启超还在文中另一处提到斯密，他认为今日中国之情形应该让大资本家来振兴实业，其理论依据是："经济学公例，租与庸厚，则其赢薄；租与庸薄，则其庸厚。（土地所得曰租，劳力所得曰庸，资本所得曰赢，此严译《原富》所命也。日人译之曰地代，曰劳银，曰利润。）"③他在这里再次肯定了严复对斯密的地租、工资、利润理论的接受，赞成将资本家的利益放在第一位，

---

① 梁启超：《杂答某报》，赵靖、易梦虹主编：《中国近代经济思想资料选辑》（中册），中华书局 1982 年版，第 273 页。
② 梁启超：《莅北京商会欢迎会演说辞》，魏泉：《梁启超：从"承启之志"到"守待之心"》，山东文艺出版社 2006 年版，第 48—49 页。
③ 梁启超：《杂答某报》，赵靖、易梦虹主编：《中国近代经济思想资料选辑》（中册），中华书局 1982 年版，第 279—280 页。

对劳动者实行低地租与低工资,只有这样,才能发展中国经济。

1907年,梁启超的《再驳某报之土地国有论》一文连载于《新民丛报》第90—92号上,《杂答某报》与《再驳某报之土地国有论》均是梁启超同资产阶级革命派进行论战时所写的攻击革命派土地纲领的文章。《再驳某报之土地国有论》从财政、经济、社会问题三方面批判土地国有论的谬误,其第二部分《就经济上正土地国有论之误谬》中提到斯密。梁氏认为经济学应当以国民经济为中心,国民之富是"私人之富之集积",因而国民经济与私人经济息息相关。接着,他批驳被称为"土地国有论最有力之学说"的亨利·乔治学说,他说:"盖经济之最大动机,实起于人类之利己心。"并在这句话后面作注"斯密亚当派以此为唯一之动机"。① 可见,亨利·乔治学说主张土地国有论,成为资产阶级革命派的理论依据,梁启超的理论依据则是斯密学派的利己心,为土地私有制进行辩护。

四、关于货币改革与外资输入问题

梁启超曾经于1914年在袁世凯政府中担任了8个月的币制局总裁,又于1917年在段祺瑞内阁中担任了3个多月的财政总长。那么,这样的从政经历会不会促使梁启超在论述货币问题与财政问题时运用斯密学说呢?经查阅,他在这两方面是写过大量的论文,但只有《中国货币问题》与《外资输入问题》论及《国富论》,而这两篇文章是在他从政前发表的。

《中国货币问题》一文发表的背景是,1902年国际银价大跌,清廷联合墨西哥向美国求助货币改革方案,美国专使精琪受美国国会的派遣于1904年1月来华,向清廷建议采用虚金本位制。他提议中国在国内使用银币,在国际上使用黄金作为流通货币,规定银币与黄金的价格兑换比例是32∶1。针对精琪的货币改革方案,梁启超陆续在《新民丛报》上发表《中国货币问题》一文,表达他反对银本位制,拥护虚金本位制的思想。梁启超认为银本位虽然能够使中国货物的出口增加,但是从长远来看,不利于一国的正常贸易,自由贸易才能使双方得利,"近则公理大明,学者知惟两利乃为真利,而输出超过输入其势万不可久也"。梁氏在按语中对这句话做出了注解:"输出货物多,则外国应偿我之金银必多,然我非能以徒手捆载其金银以归也,果尔,则失货币流通之功用,我何利焉?故势必以所得金银仍购物于彼国,运回以求复利。故输出多而输入亦必随之而多,此不易之原理也。自斯密

---

① 梁启超:《再驳某报之土地国有论》,《新民丛报》第91号,第1、4页。

亚丹以后,此义大明矣。"①梁启超在引文中所谓的"此义大明"是指斯密提倡的自由贸易思想得到了广泛的认同。梁氏在《干涉与放任》《生计学学说沿革小史》《二十世纪之巨灵托辣斯》中均持干涉主义观点,到《中国货币问题》发表时,他又转向支持自由贸易政策,这说明梁氏是以中国具体问题来选择经济政策的。

《外资输入问题》一文的背景是,一方面中国国内缺乏资本,需要资本积累,另一方面西方列强资本过剩,为追求利润向中国输入资本。那么,应该如何利用外资呢?梁启超指出,外资使用得当,则有利于生产的进步,经济的发展;使用不当,则易受到债权国的控制,甚至出现亡国的危险。因此他仔细分析了外资输入的不利影响。他认为其不利影响之一是造成国内通货膨胀,供过于求,物价"必腾",国外商品必定大量输入,形成贸易逆差,之后物价又出现"暴落"。他根据西方经济学原理解释这一经济现象:"一国中之钱币,必不可逾其易中所需之正额。苟币太多,必致通货流出,此理本集《斯密亚丹学说》篇及《中国货币问题》篇屡论及之。"②梁启超所谓的"《斯密亚丹学说》篇"即指《生计学学说沿革小史》第九章关于斯密学说的论述,其中提到中国资本家、地主与工人在引进外资的过程中均受益,外国资本家获取的利益仅是中国的三分之一。因此只要利用外资得当,就可以促进经济的发展。

第四节 本 章 小 结

纵观梁启超的一生,他大力引入西学,斯密学说是其中的一个重要组成部分。在斯密学说的影响下,梁启超对中国经济思想史进行了先驱性的研究,完成了中国的第一部经济学说史著述《生计学学说沿革小史》,从而为中国经济思想史学科的建立迈出了最为基础性的一步。其著述以斯密学说为中心,建立了一个庞大的经济学说史框架,更为广泛地运用斯密学说分析中国的现实问题,但梁启超在论证的过程中最后转向保护主义,而放弃了最初信奉的经济自由主义。因此,斯密学说对梁启超最直接的影响便是《生计学学说沿革小史》的诞生。

概括起来,梁启超对传播斯密学说的主要贡献有三点:

---

① 梁启超:《中国货币问题》,《梁启超全集》(第2册),北京出版社1999年版,第1341页。
② 梁启超:《外资输入问题》,《梁启超全集》(第2册),北京出版社1999年版,第1327页。

一是对《原富》的通俗性解释与宣传。严复的文体风格属于桐城派古文体,他翻译的《原富》在语言措辞上显得渊雅、晦涩。梁启超提倡国语,使用"报章体"语言,因而他的文章语言通俗、浅显易懂。就经济学而言,梁氏大量使用日本经济学术语。1898年9月戊戌变法失败后,他流亡到日本,1912年10月回国,他在这14年中广泛学习日本与欧美的经济学论著。因此,《原富》中的一些精深的理论与严复深奥的译文,经过梁启超的诠释,以一种简洁的语言呈现给世人,这在一定程度上弥补了严复译本的缺陷。

二是运用斯密学说分析中国的现实问题。作为一代鸿儒,梁启超在贸易、外资、货币、土地、学术、政治等方面运用斯密学说分析中国社会各方面的问题,这大大超出了同时代多数学者的眼界,他所提到的经济理论的数量超过了严复。梁氏不仅熟悉《原富》的经济理论,还论及一些《原富》没有提过的理论,比如托拉斯、经济周期论、中央银行等。虽然他在晚年逐渐对斯密学说失去了兴趣,但这并不影响他是继严复之后20世纪初中国第二位对斯密学说有深入了解的杰出代表。但同时也要注意,梁启超对斯密学说的态度是不稳定的,他在《生计学学说沿革小史》表达了反对经济自由主义的态度,但在后来的《新民说》中又拥护经济自由主义。他的这种改变完全以中国实际的问题为导向,而不是一味盲从理论。

三是以报刊新媒介为阵地,广泛、及时地宣传其思想主张。梁启超是一位优秀的编辑出版家,从事编辑出版事业长达27年,创办、主编了《清议报》《时务报》《新民丛报》《中外纪闻》《新小说》《政论》《国风报》《大中华》《解放与改造》等十余种刊物。他论及《国富论》的作品,除《清议报》的《文野三界之别》与《东方杂志》的《大乘起信论考证》这两篇文章之外,其余全部刊登于《新民丛报》。以《新民丛报》为例,此报在刊登严复译本《原富》之后,读者对经济学概念迷惑不解,多次写信咨询,梁启超在该刊上认真答复,这种读者与作者之间的频繁互动,加深了公众对《原富》的理解。《新民丛报》在中国十几个省市以及东南亚、澳洲、北美等地设有销售处,[1]发行量达"十万份",梁启超的言论"风靡一时,举国思想,为之丕变"。[2] 这些报刊读者众多,梁启超在某种程度上成为传播《国富论》的"中介"。[3]

---

[1] 方汉奇:《中国近代报刊史》,山西人民出版社1981年版,第189页。
[2] 伍庄:《梁任公行状》,夏晓虹编:《追忆梁启超》,中国广播电视出版社1997年版,第4页。
[3] Paul B. Trescott, "The diffusion of Western Economics in China", Malcolm Warner ed., *The Diffusion of Western Economics Ideas in East Asia*, London and New York: Routledge, 2017, p.71.

第四章 资产阶级革命派对《国富论》的反响

　　戊戌变法的失败宣告了资产阶级维新派改良道路的夭折，19世纪末20世纪初，稍晚于资产阶级维新派的资产阶级革命派出现在中国的政治舞台上。资产阶级革命派由民族资产阶级中下层与小资产阶级知识分子组成，主张用暴力手段推翻清王朝的封建专制政体，建立资产阶级民主共和国。辛亥革命之后建立的中华民国颁布了《临时约法》，规定人民有"保有财产，及营业之自由"。斯密的《国富论》是一本阐述资本主义基本经济理论与经济政策的著作，资产阶级革命派建立政权后发展资本主义，是否会采纳斯密的经济学说是一个需要澄清的问题，因而审视资产阶级革命派对《国富论》的态度就显得尤为必要。孙中山、朱执信、廖仲恺、章太炎、黄兴、邹容、蔡元培等资产阶级革命派成员中了解《国富论》的人物并不多。其主要代表人物孙中山在海外游学多年，了解《国富论》的可能性很大；朱执信、廖仲恺作为孙中山的支持者和追随者，曾赴日学习经济学；章太炎是著名思想家、国学大师；黄兴与邹容甚少涉及经济学。反清的翰林学士蔡元培曾留学德国，熟悉西方文化。资产阶级革命派对于《国富论》究竟了解多少呢？本节的任务就是考察孙中山、朱执信、蔡元培等资产阶级革命派以及其后的蒋介石①对《国富论》的了解程度。

第一节 孙中山对《国富论》的批判

　　孙中山（1866—1925）是中国近代民主主义革命的先行者、中华民国和中国国民党的创始人。孙中山是"向西方学习真理"的一代伟人，他广泛涉

---

① 蒋介石早年参加革命，但在1927年背叛革命，因而不应该归为资产阶级革命派之列。但鉴于蒋介石自称孙中山遗教的继承人，长期担任国民党政权的领导人，本章侧重于检视政治人物对《国富论》的态度，因而将蒋介石纳入资产阶级革命派的"另类"行列，以便考察继孙中山之后国民党领导人蒋介石对斯密学说的态度。

猎西方各类书籍，力图从西方寻找中国革命的养料。"三民主义"是孙中山先生的理论精髓，是集古今中外学说的结晶，而其中之一的"民生主义"是孙中山经济思想的集中体现，后来又成为国民党政府的官方意识形态。这里要研讨的一个问题是斯密及其《国富论》是否影响了孙中山以及"民生主义"？或者说孙中山的经济思想与英国古典政治经济学存在何种理论渊源关系？

目前国内仅有少数学者探讨过孙中山对欧洲古典经济学的吸收与改造。河北师范大学王宏斌教授曾经撰文探讨过此问题，他从社会分工理论、货币的起源与功能、生产要素论、劳动价值论以及分配论等方面入手，认为孙中山与欧洲古典经济学存在着联系，但王教授所举证据多是间接的，并非直接从孙中山的著述中找到文本依据。① 中山大学汤照连教授也质疑孙中山除了受到亨利·乔治和约翰·穆勒的思想影响，同时还受到了其他经济学家及其著作的影响，比如"马克思的经济著作或有关评价马克思经济学说的著作，亚当·斯密的《国富论》，萨伊的政治经济学著作以及马尔萨斯的《论人口原理》等，他是可能读过的"。② 汤教授苦于没有第一手材料作证，所以才有"他是可能读过的"这一措辞。这里引申出一个问题：孙中山究竟读过斯密的《国富论》没有？

这个问题还得从 1896—1897 年孙中山在英国伦敦的日子说起。1897 年的头 5 个月，孙中山的大部分时间几乎在大英博物馆图书馆的阅览室度过，孙中山的恩师、英国医生康德黎曾这样描述他："孙中山没有浪费一分钟时间去玩乐；他总是不停地工作，阅读一切学科的书籍，如关于政治、外交、法律、军事和造船、采矿、农业、牲畜饲养、工程、政治经济学，等等，都引起了他的注意，并且仔细地、坚持不懈地加以研究。很少有人在追求知识上达到他那样的范围。"③ 目前还未有史料说明他阅读了哪些政治经济学书目。美国学者哈罗德·史扶邻也赞赏孙中山在伦敦的勤奋与好学，史扶邻说："他（指孙中山——引者注）大概还研究了马克思、乔治（他这时在英国特别时髦）、穆勒、孟德斯鸠以及其他人。"④ 史扶邻所谓的"其他人"是否也包括亚

---

① 王宏斌、王琳：《孙中山对于欧洲古典经济学的批判与继承——以亚当·斯密与萨伊为例》，《民国档案》2008 年第 3 期，第 59—63 页。
② 汤照连、冯泽：《孙中山研习与传播西方经济学始末》，《经济研究》1984 年第 7 期，第 53 页。
③ James Cantlie and C. S. Jones, *Sun Yat Sen and the awakening of China*, London: Jarrold & Sons, 1912, p.242.
④ [美]哈罗德·史扶邻：《孙中山与中国革命的起源》，丘权政、符致兴译，中国社会科学出版社 1981 年版，第 119 页。

当·斯密呢？据日本学者中村哲夫对孙中山曾经阅读过的经济学理论书籍的整理,我们没有发现作者提到过《国富论》。① 从国内的情况来看,复旦大学姜义华教授公布的 1914—1915 年孙中山在日本的购书清单,《国富论》这样的大部头经济学书籍竟然不在书目名单之列。② 又据姜义华教授对上海孙中山故居 1911 年之前的藏书书目的研究,《国富论》同样不在孙中山曾经阅读过的多经济学理论书籍之列。③ 总之,现有研究资料无法直接证明孙中山是否读过《国富论》并受其影响,但从孙中山回国后的演讲和文章里面,比如《孙中山全集》第 2 卷的《在上海中国社会党的演说》与《孙中山选集》中的《孙文学说》的记载,我们发现了孙中山对斯密学说的评论。由此可推断,孙中山是有可能直接阅读过《国富论》一书或者从他人著作中间接地获悉了该书的信息。下面解析孙中山著述中关于斯密及其学说的了解。

一、《在上海中国社会党的演说》

孙中山著述中首次提到斯密是在 1912 年的《在上海中国社会党的演说》一文中。1912 年 10 月 14 日至 16 日,应中国社会党之邀,孙中山在上海连续 3 天发表关于社会主义的演讲,他在论述社会主义的过程中,不仅评介了马克思及其经济学说,还 6 次提及"斯密亚丹"及其学说。现逐一考察评述之。

孙中山认识到斯密创立了经济学这一学科,他说:"英国斯密亚丹（Adam Smith）氏出,始著经济学,文极有条理,其主脑以自由竞争为前提。其英人之功利派,遂根据此而倡个人主义,求和于达尔文进化之理。"④知晓斯密经济学的主题是自由竞争,英国的功利学派根据斯密的经济自由理论提倡个人主义,而个人主义又与达尔文的进化论相吻合。从斯密的经济自由论到英国的功利学派再到达尔文的进化论,我们可以看出孙中山深谙西方经济学理论的演变轨迹。在这一过程中,孙中山陈述了他对经济学的认识。例如,他认为经济学不外乎包含生产与分配两个环节,而漏掉了交换与消费这两个环节,可见孙中山的提法不够严谨、全面。孙中山就生产方面的

---

① ［日］中村哲夫:《试论孙文与美国经济学》,《中山大学学报论丛》1992 年第 5 期,又见［日］中村哲夫:《关于上海孙中山故居藏书——1993 年 3 月 10 日在上海中山学社的报告》,《近代中国》1994 年第 4 辑。
② 姜义华:《孙中山思想发展学理上的重要准备——跋新发现的一份孙中山购书清单》,《近代中国》1994 年第 4 辑。
③ 姜义华:《孙中山的革命思想与同盟会——上海孙中山故居西文藏书的一项审视》,《史林》2006 年第 5 期。
④ 孙中山:《在上海中国社会党的演说》,《孙中山全集》（第 2 卷）,中华书局 1982 年版,第 511 页。

看法提出了土地、劳动(人工)、资本"生产三要素"说,认为:"生产之原素有三:一、土地,二、人工,三、资本。……土地、人口、资本之同为生产要素,又缺一面不可也。"①这实际上是亨利·乔治、萨伊(Say,1767—1832)等资产阶级庸俗经济学者观点的翻版。孙中山就分配方面的看法则直指斯密的分配论:"按斯密亚丹经济学生产之分配,地主占一部分,资本家占一部分,工人占一部分,遂谓其深合于经济学之原理。"②斯密生活的时代,英国社会已经形成了地主阶级、资产阶级、工人阶级三个阶级,斯密把地主的地租、资本家的利润、工人的工资当作整个社会的三大基本收入,由于他们在生产过程中的地位和作用的不同,这三个阶级的收入也不同。西方资本主义社会接受了斯密的收入分配论观点,承认斯密的这种观点"深合于"经济学原理。但是孙中山误解了斯密的分配论,误认为地主、资本家、工人各占总收入的⅓,他说:"全额之生产,皆为人工血汗所成,地主与资本家坐享其全额三分之二之利,而工人所享三分之一之利。"③也就是说,整个社会的生产全由工人承担,资产阶级与地主阶级占有⅔的劳动产品,人数远远多于前两者的工人阶级却只占有⅓的劳动产品,社会贫富两极分化极其严重。可见,孙中山对斯密的分配观是持批判态度的,对工人劳动所创造的价值有一种直观朴素的体认。

孙中山对斯密的分配论不满意,接下来继续探索他心目中的公正合理的分配方案,为此他介绍了亨利·乔治与马克思的学说。他说:"亨氏与麦氏二家之说,表面上似稍有不同之点,实则互相发明,当并存者也。……土地本为天造,并非人工所造,故其分配不应如斯密亚丹之说也。故土地之一部分,据社会主义之经济学理,不应为个人所有,当为公有,盖无疑矣。亨氏之说如是。麦氏之说则专论资本,谓资本亦为人造,亦应属于公有。主张虽各不同,而其为社会大多数谋幸福者一也。"④引文中的"亨氏与麦氏"分别指亨利·乔治与马克思。亨氏论土地,麦氏论资本,两人表面上稍有不同,但他们都赞成公有,赞同为社会大多数人谋幸福。此处虽然在对比亨利·乔治和马克思的学说,但孙中山的论述显示出他对亨氏理论的认同,理由是在该引文之前,孙中山用了整整三段的篇幅来介绍亨氏的学说及其代表作

---

① 孙中山:《在上海中国社会党的演说》,《孙中山全集》(第2卷),中华书局1982年版,第510页。
② 孙中山:《在上海中国社会党的演说》,《孙中山全集》(第2卷),中华书局1982年版,第512页。
③ 孙中山:《在上海中国社会党的演说》,《孙中山全集》(第2卷),中华书局1982年版,第512页。
④ 孙中山:《在上海中国社会党的演说》,《孙中山全集》(第2卷),中华书局1982年版,第514页。

《进步与贫困》的内容,亨氏将土地私有与垄断视为阻碍社会进步的根本原因,认为只有实行土地公有化才能消灭贫困,解决土地公有的办法就是采用单一地价税。亨氏的土地公有论"风行一时,为各国学者所赞同。其发阐地税法之理由,尤为精确,遂发生单税社会主义之一说"。① 孙中山认可亨氏的社会主义经济学原理,反对斯密所主张的地主应该占有土地三分之一的分配利益的学说,此处的斯密仅仅是起到一个陪衬的作用,斯密的出现仅仅为了证明亨利·乔治学说的正确性。

接下来孙中山又两次提到斯密,他说:"现之所谓经济学者,恒分二派:一、旧经济学派,如斯密亚丹派是;二、新经济学派,如麦克司派是。各国学校教育多应用旧经济学,故一般学者深受旧经济学之影响,反对社会主义,主张斯密亚丹之分配法,纵资本家之垄断,而压抑工人。实则误信旧经济学说之过当,其对于新经济之真理益未研究之耳。社会主义家则莫不主张亨、麦二氏之学说,而为多数工人谋其生存之幸福也。"②引文中的"麦克司"即马克思,孙中山把经济学划分为新旧经济学,亚当·斯密属于旧经济学派,马克思属于新经济学派,他指出代表旧经济学派的斯密理论曾经广为流传,成为经济学的主流学派,造成一般经济学者迷恋斯密学说,反对社会主义学说。在孙中山看来,这其实是过于迷信斯密学说,而未对体现真理的新经济学说——社会主义进行研究的缘故,所以孙中山要在国人中进行社会主义新思潮的宣传。

《在上海中国社会党的演说》一文最后一次提到斯密是关于他的自由竞争学说。文中说:"实业未革命以前,人皆奉斯密亚丹之说为圭臬,一致主张自由竞争。及机器既出,犹仍旧法演进,其结果卒酿成社会上贫富激战之害。"③在孙中山看来,自由竞争学说是手工业时代的产物,斯密对这种学说进行学理化的阐释与概括,人们把斯密的自由竞争学说视为"圭臬",斯密生活在工场手工业向机器大工业过渡的时期,工业革命发生时机器生产极大地促进了生产力的发展,但自由竞争仍然大行其道。孙中山目睹了欧美资本主义国家的私人资本恶性膨胀,形成垄断,造成贫者愈贫,富者愈富的不公平现象,因此反复强调自由竞争之恶、自由竞争之害,意在表明这种学说在中国也不适应采用,中国应该从中汲取经验教训,因为这种学说与土地公

---

① 孙中山:《在上海中国社会党的演说》,《孙中山全集》(第 2 卷),中华书局 1982 年版,第 514 页。
② 孙中山:《在上海中国社会党的演说》,《孙中山全集》(第 2 卷),中华书局 1982 年版,第 515—516 页。
③ 孙中山:《在上海中国社会党的演说》,《孙中山全集》(第 2 卷),中华书局 1982 年版,第 520 页。

有、资本公有的社会主义学说是相矛盾的,这也就可以理解他之所以采取"节制资本"的原因了。总而言之,孙中山并不认可斯密的自由竞争学说。

二、《孙文学说》

孙中山著述中另一处提到《国富论》的是《孙文学说》,此文乃孙中山在1918年开始撰写,后成为《建国方略》的第一部分。《孙文学说》主要展现了孙中山关于知行的哲学思想,他以饮食、用钱、作文、建屋、造船、筑城、开河、电学、化学、进化等为例,证明"行之非艰,知之惟艰"的道理,由此倡导"行易知难"的学说。他在《孙文学说》第二章《以取钱为证》中引用亨利·乔治《进步与贫困》一书的话,谴责了工业革命以来欧美社会虽物质极端丰富,但贫富两极分化日趋严重的现象,他将欧美社会物质丰富的原因归结为自由竞争的结果,并指出是亚当·斯密"发明"了自由竞争,这种学说随着《国富论》的出版传向全世界。孙中山写道:

> 乃自斯密亚当始发明其理,遂从而鼓吹之。当十八世纪之季,其《富国》一书出世,举世惊倒,奉之为圣经明训。盖其事既为世所通行,又为人所习而不察者,乃忽由斯密氏所道破,是直言人之所欲言,而言人之所不能言者,宜其为世所欢迎,至今犹有奉为神圣者也。不料斯密氏之书出世不满百年,而工业革命作矣。经此革命之后,世界已用机器以生产,而有机器者,其财力足以鞭笞天下,宰制四海矣。是时而犹守自由竞争之训者,是无异以跛足而与自动车竞走也,容有幸乎?①

在这段话里,孙中山三次提及"斯密",引文中的"《富国》一书"即亚当·斯密的《国富论》,《富国》这个译名没有人提到过,是孙中山本人首次翻译出来的。这也表明,他并不是很认同严复所用的"原富"一名。孙中山在此处对斯密的态度是沿袭了亨利·乔治的批评意见以及《在上海中国社会党的演说》的观点。亨利·乔治批评斯密过度强调自由竞争,忽视了社会分配问题,造成了社会财富分配不均。孙中山认为自由竞争仅仅适宜于手工生产阶段,后经斯密的鼓吹成为"圣经明训",但是工业革命发生后,机器生产造就了一批大富豪,足以控制整个世界,自由竞争已经走到了尽头,那些固守自由竞争学说的人士就好比是跛足者,怎么能够超过骑自行车的人

---

① 孙中山:《建国方略·孙文学说》,《孙中山全集》(第6卷),中华书局1985年版,第178—179页。

呢？按孙中山的说法,要想摆脱自由竞争的弊端,需要采用德国俾斯麦的"国家社会主义"政策,国家管理经济的模式更适合中国,孙中山甚至还以汉代桑弘羊为例说明国家干预经济的政策在中国古代社会实行了很长的时间,俾斯麦与桑弘羊采取了类似的以国家为主导的经济管理模式。《孙文学说》若与孙中山于1912年在上海发表的关于社会主义的演讲相比,孙中山对斯密学说的认识并未有多大的改变。

通过上述例证的分析,我们可以得出结论:孙中山是了解斯密的《国富论》的,但对其论述不多,认识有限,他对斯密的经济自由主义基本上是持批评态度的,反对斯密的分配论,他认为中国不能实行经济自由主义政策,而是应该节制私人资本,发展国家资本。

孙中山缔造的中华民国是资产阶级共和国,其国体性质决定了它的经济政策要为资产阶级利益服务。中华民国制定了保护和奖励民族工商实业的法律。实业是民国建国伊始的立国之本,中国民族资产阶级希望政府改变垄断政策,放任工商业者自由经营企业。斯密的自由经济学说虽是资产阶级经济学说,但受到临时大总统孙中山的坚决抵制,自由经济的声音在政府内很微弱。例如,1912年,实业家张謇任中华民国实业总长,主张缩减官办企业,对私人企业实行"提倡保护奖励补助"的政策,试图在中国发展自由资本主义经济,可是他短暂的任期根本改变不了中华民国采取国家主义经济政策的主流意识形态,即便是《中华实业丛报》于1913年为自由经济申辩的著名言论:"国家之于实业,太上扶植,其次任其自由而弗妄加以干涉,最下者与之争",[①]也未触动政界人士。相反,中华民国参政院代行立法院于1914年向袁世凯建议:"今日国家主义盛行时代,非复重农单制制度之可用,亦非斯密亚丹自由学说之足恃",[②]要求袁世凯北京政府实行国家主义的经济政策,袁世凯及其财政总长周学熙也确实采取了此类政策。

孙中山对斯密的态度在社会上影响极大。例如,实业家吴鼎昌认为,18世纪以来经济学说之"流毒"产生的根源是斯密的自由竞争。[③] 国民党财政部长孔祥熙是孙中山的信徒,他于1936年9月27日在中国经济学社第13届上海年会上发表"中国经济复兴与经济学社之使命"的演讲,他声称:"放任自然态度,此为自由主义派应付经济恐慌之唯一方策,数十年来,世界各国奉行不变,且多收得良好之效果。"但是"经济上之自由主义"在20世

---

① 《中华实业丛报》第5期,1913年9月5日。
② 《参政院代行立法院咨请大总统励行经济政策整饬国货文》,《农商公报》1914年第1卷第5期,第3页。
③ 吴鼎昌:《十八世纪以来经济学说之流毒》,《国闻周报》1926年第3卷第9期,第9页。

30年代世界经济大萧条中已经"发生动摇","统制计划经济,则已逐占新时代之重要地位"。① 可见,孔氏也反对中国实行经济自由主义。孔祥熙是民国官僚资产阶级的典型代表,长期把持中国财政大权,他的言论极具影响力,他对斯密学说的态度也表明了经济自由主义政策不会被当政者所采纳。

三、"民生主义"语境中的亚当·斯密

"民生主义"是孙中山的经济学说的集中反映,他在多种场合谈到这一概念。1912年4月16日,他说:"民生主义,则排斥少数资本家,使人民共享生产上之自由。故民生主义者,即国家社会主义也。"②同年4月17日,他发表演讲说:"实行民生主义,而以社会主义为归宿,俾全国之人,无一贫者,同享安乐之幸福,则仆之素志也。"③同年9月4日,他又说:"民生主义,并非均贫富之主义,乃以国家之力,发达天然实利,防资本家之专制。"④同年10月10日,他把"民生主义"定义为"使物产之供给,得按公理而互蒙利益耳"。⑤ 1922年,他在桂林广东同乡会上说:"民生主义,即贫富均等,不能以富者压制贫者也"。⑥ 1924年1月提出"民生主义"最重要的两个原则"平均地权"与"节制资本"。⑦ 同年8月,他专门就"民生主义"举行四次演讲。他说:"民生就是人民的生活——社会的生存、国民的生计、群众的生命便是";……"民生主义就是共产主义";……"我们的民生主义,目的是要打破资本制度。……所以民生主义和资本主义根本上不同的地方,就是资本主义是以赚钱为目的,民生主义是以养民为目的。"⑧由此可见,孙中山对"民生主义"的认识有前后矛盾之处,并且始终没有给"民生主义"下一个准确的定义。他的理论在民国时期影响巨大,民国时期出现了大量关于"民生主义"的论著,有些作品中提及斯密,现对相关史料进行简要梳理,便于从长时段审视"民生主义"经济政策的影响力。

---

① 孔祥熙:《中国经济复兴与经济学社之使命》,《中央周报》1936年第436期,第11页。
② 孙中山:《在上海南京路同盟会机关的演说》,《孙中山全集》(第2卷),中华书局1982年版,第339页。
③ 孙中山:《在上海中华实业联合会欢迎会的演说》,《孙中山全集》(第2卷),中华书局1982年版,第340页。
④ 孙中山:《在北京共和党本部欢迎会的演说》,《孙中山全集》(第2卷),中华书局1982年版,第442页。
⑤ 孙中山:《中国之铁路计划与民生主义》,《孙中山全集》(第2卷),中华书局1982年版,第492页。
⑥ 孙中山:《在桂林广东同乡会欢迎会的演说》,《孙中山全集》(第6卷),中华书局1985年版,第56页。
⑦ 孙中山:《三民主义·民生主义》,《孙中山全集》(第9卷),中华书局1986年版,第120页。
⑧ 孙中山:《三民主义·民生主义》,《孙中山全集》(第9卷),中华书局1986年版,第355、389、410页。

关于"民生主义"的渊源,吕调阳认为源于孙中山对欧美经济学说的改造,具体而言,"保护政策"源自德国与美国,源头是李斯特,生产理论源自欧美,"国营政策"取自德国,"平均地权"来自美国,"节制资本"来自欧洲,就代表人物而论,当推亚当·斯密、李斯特、俾斯麦、亨利·乔治、马克思等。在吕调阳眼里,斯密的"富国论"(即《国富论》)适应了时代需要,一方面揭露了封建社会的生产法则,另一方面阐明了资本主义的生产法则,促进了"实业革命"(即工业革命)的成功,推动了英国国民经济的增长,英国由此出现了"斯密国民经济学",如果没有这种经济学,那么英国的封建束缚就无法解除,资本主义生产方式就不能迅速确立。① 陈豹隐的认识则比吕调阳的视野宽广得多,他认为"民生主义"源于四个方面:"中国固有的经济学说之综合""外来经济学说精英之汲取""中国近百年来历史上事实演变的结果""总理独立的见识和创见"。就"外来经济学说精英之汲取"而言,钱币革命是在货币学说的基础上发展起来的,统制经济受到了第一次世界大战后欧洲采取统制经济事实的影响,计划经济受到了社会主义的影响,正统派只学自由主义经济,轻视统制经济,历史学派只看到对内干涉和对外保护,忘记了根据本国国情采取适当的经济政策,等等。② 孙中山汲取了这些学说的优点,抛弃了其中的糟粕。祝世康③则认为"民生主义"的思想渊源在于中国文化。他解释说,中国文化的一个特点是从整体上看问题,精神与物质兼顾,民生主义经济学就是从整体的思想中产生的,而且中国文化提倡在不变中求变的大同文化,讲究中庸。④

其实,"民生主义"是集古今中外之大成,其来源十分广泛。孙中山说:"民生二字,是中国向来用惯的一个名词。"⑤仅以土地思想的来源而论,周朝的井田制、汉朝王莽的井田制、宋朝王安石的新法,都是"民生主义的事实"⑥,他还指出洪秀全在数十年前已经实行了"民生主义"。⑦ 孙中山本人

---

① 吕调阳:《三民主义之经济学》,《大路》1942年第2—3期,第29页。
② 陈豹隐:《民生主义经济学之特质与体系》,《四川经济季刊》1943年第1卷第1期,第14—15页。
③ 祝世康(1901—1982),美国印第安纳州大学博士,中国经济学社社员。抗战时期,他在重庆建立"民生主义经济学社",成为民生主义经济学的倡导人。
④ 祝世康:《民生主义的思想渊源与经济学说》,《三民主义半月刊》1945年第6卷第2期,第3—4页。
⑤ 孙中山:《三民主义·民生主义》,《孙中山全集》第9卷,中华书局1986年版,第355页。
⑥ 孙中山:《在广州欢宴各军将领会上的演说》,《孙中山全集》第8卷,中华书局1986年版,第472页。
⑦ 孙中山:《在桂林广东同乡会欢迎会的演说》,《孙中山全集》第6卷,中华书局1985年版,第56页。

也承认他的理论还来源于西方。据孙中山自述,他于1896年在伦敦脱险后留欧考察,他说:"两年之中,所见所闻,殊多心得。始知徒致国家富强、民权发达如欧洲列强者,犹未能登斯民于极乐之乡也;是以欧洲志士,犹有社会革命之运动也。予欲为一劳永逸之计,乃采取民生主义,以与民族、民权问题同时解决。此三民主义之主张所由完成也。"①这可以说是包括"民生主义"在内的"三民主义"的雏形渊源。另据冯自由回忆,1898—1899年,孙中山在日本同冯自由、章太炎、梁启超以及留日学生聚谈土地问题时"最服膺美人亨利·佐治(Henry George)之单税论,是为土地公有论之一派。总理以为此种方法最适宜于我国社会经济之改革,故倡导惟恐不力"。② 孙中山的"平均地权"思想正是吸收借鉴了亨利·佐治的理论而形成的。

关于"民生主义"的价值论,姚飘云指出,若将斯密、李嘉图、马克思所主张的"劳力价值论"与杰文斯、门格尔主张的"欲望价值论"相比,都是"各有所偏,皆属残缺不全"。③ 他继续指出,孙中山虽然对价值问题进行专题研究,但他在1924年8月3日"民生主义"第一讲中通过批评马克思的"盈余价值"(即剩余价值)学说表达了他的价值观。孙中山抨击马克思"把一切生产的功劳,完全归之于工人的劳动,而忽略社会上其他各种有用分子的劳动"。他坚持认为"所有工业生产的盈余价值,不专是工厂内工人劳动的结果,凡是社会上各种有用有能力的分子,无论是直接间接,在生产方面或者是在消费方面,都有多少贡献"。④ 有人据此误认为"民生主义"的价值论是"劳力价值论"。姚飘云进行了辩解,他承认"劳力"与"欲望"都是价值的起因,民生主义的价值论在这一点上是相同点,不同的是后者认为在生产与消费过程中,由"劳心"与"劳体"所组成的"劳力"以及"欲望"都有复杂的因果关系,姚飘云使用"社会联立价值论"这一提法来表示这种关系,他得出的结论是:"平均地权"与"节制资本"都是以"民生主义"的价值论为其学理的基础,而"民生主义"价值论就是"社会联立价值论"。⑤

---

① 孙中山:《建国方略》,《孙中山全集》第6卷,中华书局1985年版,第232页;参见黄宇和:《山在虚无缥缈间:孙逸仙民生主义伦敦探源》,《北京论坛(2005)文明的和谐与共同繁荣——全球化视野中亚洲的机遇与发展:"历史变化:实际的、被表现的和想象的"历史分论坛论文或摘要集(下)》,北京大学出版社2005年版,第362—394页。
② 冯自由:《同盟会四大纲领及三民主义溯源》,《革命逸史》(第3集),中华书局1981年版,第206页。
③ 姚飘云:《民生主义之价值论:"平均地权"和"节制资本"的论据》,《新声半月刊》1930年新年号,第15页。
④ 孙中山:《三民主义·民生主义》,《孙中山全集》(第9卷),中华书局1986年版,第369、370页。
⑤ 姚飘云:《民生主义之价值论:"平均地权"和"节制资本"的论据》,《新声半月刊》1930年新年号,第16—18页。

在吴澄华看来,孙中山与斯密均认为劳动是价值的基础,在这个意义上,孙中山是一位劳动价值论者,然而斯密认为在资本蓄积,土地私有的情况下,分配应由资本家、地主、工人各得其中的一部分,价值就不是由劳动所决定了,吴澄华因而认为斯密不是一个彻底的劳动价值论者。李嘉图比斯密前进了一步,承认劳动是一切生产的唯一源泉,吴澄华认为这一点与孙中山的看法"不谋而合"。吴澄华进而指出孙中山对劳动价值论的三点看法:批评了马克思的剩余价值学说,而代以社会上各种有用有能力之广义劳动的"盈余价值"学说;扩大了李嘉图、马克思关于劳动的含义、内容及其效用的论述;调和了劳心与劳力的社会功能,指出两者是互助关系而非对立关系。他大段赞美孙中山,称他是一位"最彻底最完整"的劳动价值论者,是配第、洛克、斯密、李嘉图、马克思等大经济学家以来劳动价值论的集大成者,扩大了"狭义偏激"的劳动价值论,使劳动价值论"登峰造极",使其成为一种"不偏不易的中庸之道"。因此,孙中山的价值论是社会劳动价值论,孙中山与李嘉图、马克思三足鼎立,成为劳动价值论的三大经济思想家。①

孙中山认为经济学的内容主要是生产与分配问题,因此他此后的有关"民生主义"经济学的作品也围绕这两方面进行阐述。关于"民生主义"的生产论,祝世康称"民生主义"经济思想既不像资本主义经济学家以私人利润为出发点,又不像马克思偏重经济的理论,而是以社会公共利益为出发点,物质与精神并重,这就从根本上有别于斯密派的个人主义经济思想。②从生产的主体来看,吴澄华指出,重农主义者认为只有农业才是生产主体,重商主义者重视国外贸易,认为只有出超才是国富的主要源泉,斯密这一派认为只有农业、工业、商业才是生产的主体,从而抹杀了其他一切劳动者的作用。吴氏觉得这些流派都不如孙中山的,因为孙中山曾称凡是社会上各种有用有能力的分子都有贡献,都是生产的主体。③从资本的划分来看,古典学派把资本分为固定资本与流动资本,吴澄华认为孙中山把资本分为私人资本与国家资本,资本主义生产的目的是赚钱,"民生主义"的目的是"养民",从这个意义上讲,资本又可分为生产资本与营利资本。④从分工来看,吴澄华把分工分为社会分工、技术分工、地理分工,他低估与轻视了斯密分

---

① 吴澄华:《民生主义经济思想体系之试探价值论、生产论、分配论》,《华大经济学报》1944年第1期,第8、11、16页。
② 祝世康:《民生主义所创造的经济学说》,《经济论衡》1944年第2卷第7—8期,第24页。
③ 吴澄华:《民生主义经济思想体系之试探价值论、生产论、分配论》,《华大经济学报》1944年第1期,第17页。
④ 吴澄华:《民生主义经济思想体系之试探价值论、生产论、分配论》,《华大经济学报》1944年第1期,第23页。

工的理论意义,他指出斯密所谓的分工是指技术上的分工,而孙中山的分工是社会分工,即"社会上之事业,非一人所能独任,如农业、如工业、如商业等,在乎吾人自审所长,各执其业,此之谓分工"。①

关于"民生主义"的分配论,吴澄华引用了孙中山在"民生主义"第一讲中对斯密的批评,说明资本主义社会存在严重的不平等分配现象。② 祝世康认为《国富论》的论题虽然广泛,可是立论的出发点没有偏重生产,只注意到社会上的价值现象,根本不去注意分配问题,而孙中山则是生产与分配并重,从整个社会利益出发,对社会的进化进行动态的考察。③

上述作品的一个共同点是批评以斯密为代表的正统派经济学,他们认为正统派本质上是个人主义经济学,崇尚自由竞争,这种学说因时间空间的改变不适合中国国情,中国应该采取孙中山倡导的"民生主义"政策。然而祝世康指出,民国时期留学欧美的归国学者大都崇尚正统派经济学,把斯密视为正统派经济学唯一的开山鼻祖,"不假思索的全盘接受"其个人主义思想,甚至一半以上的大学经济学教材都是外国学者的原著或者译著,这严重背离了"民生主义"经济理论。④ 祝世康甚至还从民生主义经济学的角度批判斯密的个人主义。⑤ 陈豹隐指出:"民生主义经济学不是资本主义或共产主义的。从他原来的创造人(指孙中山——引者注)思想来看,绝不是亚当斯密的国民经济学。"⑥ "民生主义"不仅比斯密的经济理论和达尔文的进化理论"较进步",也比马克思的经济思想"更高一筹"。⑦ 当然,民国学者在介绍"民生主义"过程中,也出现了关于斯密的常识性错误或者误解《国富论》的现象。例如,葛豫夫在《民生主义经济政策之进路》一文中把斯密视为"重农派始祖",众所周知,魁奈是重农派的始祖。⑧ 夏威则声称,《国富论》是一本"个人主义的经典的"著作。⑨ 总之,斯密是以负面的现象出现在有关"民生主义"的论著中的。

---

① 吴澄华:《民生主义经济思想体系之试探价值论、生产论、分配论》,《华大经济学报》1944年第1期,第30页。
② 吴澄华:《民生主义经济思想体系之试探价值论、生产论、分配论》,《华大经济学报》1944年第1期,第39页。
③ 祝世康:《民生主义的思想渊源与经济学说》,《三民主义半月刊》1945年第6卷第2期,第6页。
④ 祝世康:《民生主义所创造的经济学说》,《经济论衡》1944年第2卷第7—8期,第23页。
⑤ 祝世康:《从民生主义立场批判资本主义经济学》,《经济论衡》1944年第2卷第2期,第9—13页。
⑥ 陈豹隐:《民生主义经济学之特质与体系》,《四川经济季刊》1943年第1卷第1期,第16页。
⑦ 陈长蘅:《民生主义之综合研究》,正中书局1940年版,第15页。
⑧ 葛豫夫:《民生主义经济政策之进路》,《经济学季刊》1936年第7卷第1期,第163页。
⑨ 夏威:《民生主义经济共管制》,大道书社1943年版,第1页。

第二节　朱执信对斯密与马克思传承性的简介

朱执信(1885—1920)是中国近代资产阶级革命家、思想家。1902年,他在教忠学堂和群智社的两年读书期间就读过严复翻译的《天演论》《原富》等书籍。据他的弟弟朱秩如回忆,朱执信"对于达尔文、亚当斯密、卢梭、孟德斯鸠等西方学者著作钻研甚精"。① 1904年,他留学日本,主攻经济学,兼修数学,通晓英、日两门外语。1905年加入中国同盟会,担任评议部议员兼书记。他主张用革命手段推翻清政府,参加广州起义,参与孙中山领导的革命活动。

作为资产阶级理论宣传家,朱执信不仅了解西方资产阶级经济学说,还接触到马克思主义学说,并受到这两种学说的影响。比如他在一些论文中提及了英国经济学家约翰·穆勒、麦克库洛赫,美国经济学家亨利·乔治、费雪等资产阶级经济学说,还译介过《资本论》《共产党宣言》等马克思、恩格斯著作。他对各种西方资产阶级经济学说的选择是不一样的,这里仅举三例。第一个例子是关于斯密学说。朱执信的文章中没有专论斯密学说的,都是在阐述其他问题时偶尔提及斯密学说,比如,他在谈论近代中国革命是该采用社会革命还是政治革命的问题时提到斯密的自由竞争理论。朱执信对该理论有着正确的认识,一方面,他看到了自由竞争在欧洲历史上的进步作用:"旧学派主张自由竞争,而贵放任者,以当时干涉使不自由,故为有当。"另一方面,他又看到了自由竞争学说的结果是出现"贫富悬隔""资本跋扈"的现象,②该学说在欧美社会早已弊端丛生,不合时宜了,因此,他主张中国应该采取社会革命与政治革命同时进行的策略。第二个例子是朱执信采纳了穆勒的限制遗产继承权和遗产的累进税政策,作为对自由竞争的适度限制。第三个例子是朱执信信奉亨利·乔治的"土地单一税"理论。作为孙中山的忠实信徒,朱执信对于亨利·乔治的"土地单一税"理论颇为青睐,此理论后来成为他"土地国有论"的理论来源。

这里补充一点,朱执信赞成亨利·乔治的"土地单一税",同为孙中山忠实信徒的廖仲恺也更是如此。廖仲恺(1877—1925)是中国近代民主革命

---

① 朱秩如:《朱执信革命事迹述略》,中国人民政治协商会议全国委员会文史资料研究委员会编:《辛亥革命回忆录》(第2集),中华书局1962年版,第422页。
② 朱执信:《论社会革命当与政治革命并行》,《朱执信集》,中华书局1979年版,第57—58页。

家、国民党左派领袖。1902年,他留学日本,先后在早稻田大学经济预科与中央大学政治经济科学习,1905年加入中国同盟会,辛亥革命后任广东都督总参议,1914年担任中华革命党财政部副部长,1921年任广东省财政厅厅长,之后又担任国民党中央执行委员、财政部部长等职务。他的译作有《进步与贫乏》《无政府主义之二派》《社会主义手册》等,经济论文有《孙中山平均地权论释》《消费合作社概论》等,其中仅有译文《进步与贫乏》出现斯密字样。1905年11月26日,译文《进步与贫乏》刊登在《民报》第1号上,作者署名为亨利佐治著,屠富译,屠富是廖仲恺的笔名,亨利佐治即美国经济学家亨利·乔治。该文系亨利·乔治的代表作《进步与贫困》序言的一部分。亨利·乔治在序言中强调通过调查事实来完善政治经济学的体系,并坦言要"将合亚丹斯蜜、利加杜及蒲留罕、拉射尔两学派之真理,一炉而冶之",①也就是说,他要结合斯密、李嘉图学派中的真理和蒲鲁东、拉萨尔学派中的真理。遗憾的是,廖仲恺仅翻译了序言,1919年至1923年之间他才译完了全书。廖氏这篇简短的译文是为了宣传孙中山平均地权的思想而来的。

朱执信不仅对资产经济经济学说比较了解,还对风行于欧美的马克思主义学说颇为关注。1906年初,他部分地译述了《共产党宣言》与《资本论》的内容,然后以"蛰伸"为署名,在《民报》第2、3号连续发表《德意志社会革命家列传》一文,在介绍马克思的生平与学说的过程中,该文两次提及亚当·斯密。

第一处引文如下:"马尔克以为:资本家者,掠夺者也。其行,盗贼也。其所得者,一出于朘削劳者以自肥尔。爰据于斯密理嘉图之说以为论曰:'凡财皆从劳动而出,故真为生产者,劳动之阶极也。然则有享有世间财产之权利者,非劳动者而谁乎。……宁非夺之劳动者而蓄积之者也耶。'"②引文中的"马尔克"指的是马克思,在朱执信看来,资本家依靠剥削劳动者以自肥的学说来自斯密和李嘉图的学说,斯密和李嘉图认为"凡财皆从劳动而出",即劳动创造财富,因此,劳动者理应有权利享有财产。朱执信看到了马克思对斯密、李嘉图劳动价值论的承继,这在资产阶级革命派中是难能可贵的。

第二处引文是"彼挟巨赀者不待约而联,以苦工人。斯密氏所尝太息痛恨者,而近今益甚。贫富离隔,譬云霞之与渊泉,祸乃愈酷,卒使劳动者无所投足,而降心低首以就至残之庸,此亦不可掩之迹矣"。③ 这段话的背景是

---

① 屠富译:《进步与贫乏》,《民报》1905年第1号,第128页。
② 《朱执信集》,中华书局1979年版,第16页。
③ 《朱执信集》,中华书局1979年版,第19—20页。

讲资本家与工人之间订立的不平等契约,造成了社会的贫富悬殊。朱执信由此联想到斯密生活的那个时代,即资本主义发展的初期,当时社会贫富差距不是很大,资本家对工人的剥削还没有那么严酷,即使这样,斯密还是憎恨资本家对工人的残酷剥削,在斯密去世之后进入到马克思生活的时代,资本家对工人的剥削越来越严重,社会财富日益两极分化,社会矛盾也愈加尖锐。

可见,朱执信对马克思关于资本家的资本来源于掠夺、资本家依靠剥削工人的劳动而致富,以及劳动创造价值的观点表示认同,由此朱执信从马克思出发将这些看法溯源自斯密及其所处时代,旨在向世人展示资本家对工人的掠夺与剥削与日俱增。总之,这篇宣传马克思及其《资本论》的文章在陈述资本来源、劳动价值学说、资本家与工人的雇佣关系时不由自主地提及斯密,说明斯密与马克思在经济学理论上具有传承关系。资产阶级在这方面的探索,远远早于中国早期马克思主义者,正如毛泽东对朱执信的评价:"朱执信是国民党员。这样看来,讲马克思主义倒还是国民党在先。"①

第三节 蔡元培对斯密学说的了解

前文提及张元济在南洋公学设立经济特班,亲自教授学生阅读《原富》,当时经济特班的总教习就是蔡元培(1868—1940),他是中国近代著名的教育家、政治家、革命家,曾任翰林学士、中华民国第一任教育总长、北京大学校长、南京国民政府第一任大学院院长、中央研究院首任院长、国民党中央执委、国民政府委员兼监察院院长等诸多职位,他在教育界、学术界、政界的活动与影响在一定程度上可以管窥斯密学说在教育界的命运,蔡元培在资产阶级革命派中的地位虽不及孙中山、朱执信、廖仲恺等人,但却是考察资产阶级革命派对斯密学说的一个独特个案。

从蔡元培的教育经历来看,他中学的根基扎实,又留学德国,接受西方教育,深受西方民主政治的影响。他对西方经济学知识也有一定的了解,然而学术界鲜有论及蔡元培的经济思想。其实,《蔡元培全集》记载了他对经济学的一些认识,收录了一些蔡元培为经济学书籍撰写的序言,如《〈六十五年来中国国际贸易统计专刊〉序》《〈政治经济学〉序》《〈经济史长编〉序》《〈经营银行概论〉序》《〈中国财政史讲义〉序》等以及蔡元培阅读过《二十

---

① 《毛泽东文集》(第3卷),人民出版社1996年版,第290页。

世纪财政学》等经济学书籍,其中有两篇文献提到斯密。

　　第一篇文献是《严复译赫胥黎〈天演论〉读后》。据蔡元培日记的记录,蔡元培于1894—1899年阅读过严复翻译的《支那教案论》①《天演论》《群学肄言》《群己权界论》等著作,其中《天演论》宣传的"物竞天择、适者生存"进化论思想深深地感染了蔡元培。1899年1月28日,蔡元培在阅读了严复译的《天演论》后,撰写了一篇读后感《严复译赫胥黎〈天演论〉读后》,这篇读后感的末尾处出现了"亚丹斯密"四个字,这是蔡元培在论著中首次提到斯密。蔡元培写道:"严氏又言,亚丹斯密氏计学有最大公例,曰:大利所存,比其两益,损人利己非也,损人利人亦非;损下益上非也,损上益下亦非。"②上述引文是严复对斯密利己与利他关系的生动诠释,损人利己不可取,损人利人亦不可取,利人与利己并不矛盾,只有将个人利益与社会利益结合统一起来才能实现"大利"。可以说,斯密的道德伦理思想给蔡元培留下了深刻印象,一年之后(1900)蔡元培所写的"凡事之无益于世者必不能有益于己;有害于世者,必将有害于己。故学当以益己、益世为宗旨",③以及他在《中学修身教科书》中所说的"广公益,开世务,建立功业,不顾一己之利害,而图社会之幸福,则可谓能尽其社会一员之本务者矣",④如此等等,均是这种思想的反映。

　　第二篇文献是《五十年来中国之哲学》。这篇出版于1923年12月的长文介绍了19世纪80年代—20世纪20年代中国哲学的发展情况,蔡元培首先高度赞扬严复译介和传播西学的功绩:"五十年来,介绍西洋哲学的,要推侯官严复为第一。"⑤接下来他点评了严复译著。《天演论》在社会上的影响最大,蔡元培指出,"物竞""优胜劣败"等关键词成了人们的口头禅,但是严复在该书中撰写的按语却未引起重视:"'人各自由,而以他人之自由为界';'大利所在,必其两利。'等格言。又也引了斯宾塞尔最乐观的学说。大家都不很注意。"⑥蔡元培于1899年提出的"大利所存,比其两益"与1923

---

① "支那"一词是近代日本侵略者对中国的蔑称。
② 蔡元培:《严复译赫胥黎〈天演论〉读后》,高平叔编:《蔡元培全集》(第1卷),中华书局1984年版,第84页。
③ 蔡元培:《剡山二戴书院学约》,高平叔编:《蔡元培全集》(第1卷),中华书局1984年版,第94页。
④ 蔡元培:《中学修身教科书》,高平叔编:《蔡元培全集》(第2卷),中华书局1984年版,第207页。
⑤ 蔡元培:《五十年来中国之哲学》,高平叔编:《蔡元培全集》(第4卷),中华书局1984年版,第351页。
⑥ 蔡元培:《五十年来中国之哲学》,高平叔编:《蔡元培全集》(第4卷),中华书局1984年版,第352页。

年提出的"大利所在,必其两利"实质上是同义语,从《严复译赫胥黎〈天演论〉读后》到《剡山二戴书院学约》《中学修身教科书》《五十年来中国之哲学》,不难发现,严复的伦理思想或者说斯密的伦理思想深深地影响了蔡元培。再往下,蔡元培从哲学的角度来定义严复译著的性质,例如,他认为《孟德斯鸠法意》是一本传播"法律哲学"的著作,《原富》是一本传播"经济哲学"的著作。他还特意引用了严复翻译《原富》的四点原因:

> 计学以近代为精密,乃不佞独有取于是书,而以为先事者:盖温故知新之义,一也。其中所指斥当轴之迷谬,多吾国言财政者之所同然,所谓从其后而鞭之,二也。其书于欧亚二洲始通之情势,英法诸国旧日所用之典章,多所纂引,足资考镜,三也。标一公理,则必有事实为之证喻,不若他书,勃窣理窟洁净精微,不便浅学,四也。①

斯密身兼经济学家和哲学家双重头衔,《原富》的哲学基础就源自《道德情操论》,所以,仅从经济学的角度来认识《原富》难免有片面之嫌,必须结合他的哲学著作《道德情操论》来理解才全面。蔡元培把严复翻译的《原富》当作一本"经济哲学"之书,这种提法在当时还比较少见,说明蔡元培对《原富》的理解有其过人之处。

此外,1931年5月5日,蔡元培为北京大学肄业生朱谦之的《历史学派经济学》一书所作的序言也提及斯密。《历史学派经济学》一书分为五章,主要论述了19世纪中叶德国历史学派的经济学的根本观点与国民经济学的理论,评价了马克思、李斯特、格洛士、桑巴德等经济学家的理论。蔡元培在序言中提到斯密的《国富论》属于古典学派的作品,但他对古典学派的评价并不高。也许是蔡元培在留德期间受到德国历史学派的影响,他说:"历史学派的经济学,确比古典学派与马克思学派为进步,是无可疑的。"②

上述三例说明学识渊博的蔡元培对西方经济学是有一定认识的。斯密学说在中国要深入传播,中国需要建立一整套较完整的资产阶级教育体系和教育制度与之相匹配,这种教育体系和教育制度的建立者就是蔡元培。1912年,蔡元培担任中华民国首任教育总长,提出了军国民教育、实利主义教育、公民道德教育、世界观教育和美感教育五育并举的教育方针。他把自

---

① 蔡元培:《五十年来中国之哲学》,高平叔编:《蔡元培全集》(第4卷),中华书局1984年版,第353页。
② 朱谦之:《历史学派经济学》序,《朱谦之文集》(第5卷),福建教育出版社2002年版,第487页。

由的精神融入教育，担任北京大学校长期间主张"对于各家学说，依各国大学通例，循思想自由原则，兼容并包"，开创了学术自由之风气，使北京大学成为五四新文化运动的发源地。蔡元培是资产阶级知识分子，他所谓的"思想自由"实质上是资产阶级的自由民主教育理论，反映资产阶级的文化与思想，他在北京大学的改革实际上是在北大建立资产阶级学制。北京大学首任校长严复因执掌北京大学时间太短而无法实施其西学启蒙教育思想，蔡元培深受严复西学启蒙思想的影响，他的"思想自由，兼容并包"方针可以视为严复在《原强》中提出的"以自由为体，以民主为用"的一种延续。总之，严复的思想影响了蔡元培，反过来，蔡元培的"兼容并包，融合中西"的学术自由思想又有利于包括斯密学说在内的西方文化在中国高校的传播。蔡元培任北大校长时设立了经济系，聘用马寅初、赵迺抟等留学生担任经济系主任，北大经济系的教材多是西方资产阶级经济学在中国的翻版。蔡元培虽不赞成马克思主义，但并不反对进行马克思主义学术研究，例如，他在五四运动期间支持北京大学马克思学说研究会、社会主义研究会的学术活动，允许北京大学图书馆购买社会主义书籍，为李季翻译的《社会主义史》《马克思传》二书写序言。从上可知，蔡元培在北京大学营造了一种有利于包含斯密学说在内的西方文化传播的氛围与条件。

第四节　蒋介石对斯密学说的看法：以《中国经济学说》为例

蒋介石（1887—1975）是中国近代著名政治人物，历任黄埔军校校长、国民革命军总司令、中华民国总统等职位。蒋介石早年追随孙中山领导的资产阶级革命，因而可归入资产阶级革命派之列，孙中山去世后，蒋介石逐渐成为资产阶级革命派的领袖，但由于他于1927年发动了"四一二"政变，背叛革命，同时鉴于他在中国近现代历史上的重要地位，本节单独将他列为考察对象。

作为国民党党、政、军最高领导人，蒋介石一生主要的精力用在军事和政治事务上，但他早年仍旧读过一些经济学书籍，并具有一定的经济思想。据杨天石在《找寻真实的蒋介石——蒋介石日记解读》一书的记载，1919—1925年，蒋介石曾经"用相当多的精力钻研经济学的有关问题"，他的日记记录了他曾经阅读过孟舍路的《经济学原论》、津村秀松的《国民经济学原论》，看过《经济学》《社会主义》《经济思想史》《马克思学说概要》《马克思学说》《共产党宣言》等著作,并在阅读过程中"偶尔"写下自己的感想。①上列经济学书籍既有反映西方资产阶级经济学说的内容,又有来自马克思主义经济学说的内容,两者的共同之处在于斯密学说是这些书中不可或缺的源头。单凭这点,我们可以推知,蒋氏是了解西方古典经济学说的。更为重要的是,他还写过少量的经济类著述,《中国经济学说》(原名《经济的道理》)即他在陶希圣、陈布雷等幕僚的协助下创作的小册子,后来成为蒋介石经济思想的代表作之一。这本小册子诞生于抗日战争的相持阶段,中国经济在抗日战争中遭到严重破坏,无论是共产党还是国民党都很重视经济建设。1940年2月,毛泽东在《新民主主义论》中提出了新民主主义的经济纲领;作为回应,1943年3月,蒋介石先后发表了《中国之命运》《中国经济学说》两书,提出了经济建设是各项建设的重点,尝试寻找"一种中国式的解决经济问题的办法"。②

虽然《中国经济学说》的影响力远不及《中国之命运》,但还是引起了国内外的广泛关注。当时的一些杂志,如《训练与服务》(1943年第1卷第3—6期)、《福建训练月刊》(1943年第2卷第3期)、《中国合作》(1943年第3—4期)、《总裁言论》(1943年第4期)、《财政知识》(1943年第5—6期)、《改进》(1943年第8卷第2期)、《雍言》(1944年第4卷第1—3期)、《王曲》(1944年第12卷第12期)等纷纷转载或者选载了《中国经济学说》。夏炎德对此书评价甚高:"近年经济文献,颇多将理论制度与政策揉合讨论。一般趋势倾向于民生主义经济学之建立。其中最足以代表者,莫若蒋委员长之《中国经济学说》。……此著累万数千言,由侍从室印送若干份,尚未正式发表,中心意旨在宏扬我国先哲之经济学问,黜斥国内流行的自由主义与马克思主义两派学说,以'树立独立自由的经济思想'。"③王亚南在《中国经济原论》一书中说:"由1937年'七七'抗战起到抗战结束后的若干年间……在这同一阶段,以蒋介石的名义发表的'中国之命运'和'中国国家经济学',也无非就是糅杂着这样一些观点写成的货色。"④王亚南所谓的"中国国家经济学"即蒋介石的《中国经济学说》一书。另外,《中国经济学说》在国外受到了批评。1946年,美国共产党创办的《美亚杂志》刊登了《中国经济学说》的英译本,并指明此书具有强烈的专制色彩与排外思想。1947年,美国左翼作家查飞翻译了《中国之命运》与《中国经济学说》,并对《中国

---

① 杨天石:《找寻真实的蒋介石:蒋介石日记解读》,山西人民出版社2008年版,第14—16页。
② [美]布赖恩·克罗泽:《蒋介石传》,封长虹译,国际文化出版公司2011年版,第240页。
③ 夏炎德:《中国近百年经济思想》,商务印书馆1948年版,第192页。
④ 王亚南:《中国经济原论》,广东经济出版社1998年版,第30—34页。

经济学说》进行了评论,认为此书是替蒋介石实行独裁、贬低西方文化、提升中华文化构建了理论基础。① 英国学者林迈可认为《中国经济学说》给外国读者的印象非常糟糕,例如,蒋介石不喜欢西式民主,认为自由主义、个人主义误导了中国人,因而批判自由主义与共产主义均不适合中国。② 那么,该书的主要内容是什么?有哪些内容不受待见呢?

《中国经济学说》是蒋介石经济思想的重要体现,其核心思想是抑制西方正统派经济学和马克思主义经济学在中国的散播,倡导中国的传统经济思想。《中国经济学说》由"中国经济学的定义与范围""中西经济学说的分别""中国古来的经济规模""民生主义的经济的道理""将来的经济理想"五部分构成,共计2万余字。蒋介石在书中对西洋经济各学派的重要代表人物及其观点还是相当了解的。比如,他论及了重商主义、重农主义、正统派经济学说、自由主义经济学说、国家经济学说、全体主义、新古典经济学、福利经济学、马克思主义经济学派、边际效用学派等的理论主张,提到了李斯特、斯密、斯盘、李嘉图、马尔萨斯、霍布斯、马克思、凡勃伦、列宁、考茨基等重要人物。其中,"中西经济学说的分别"一节论及西洋经济学说,"亚丹斯密"共出现了7次,"原富"4次。

现摘引蒋介石对西洋各派经济学说,尤其是斯密学说的论述:

> 至第十八世纪与第十九世纪之间,西欧的工业革命完成,其时英国学者亚丹斯密综合两派而著「原富」,风靡欧洲,个人主义自由主义的经济学说盛极一时。到了第十九世纪中叶,德国的经济思想便自成一个系统,李斯特的「国家经济学」,反对亚丹斯密的个人主义,而主张国家主义;反对亚丹斯密的放任政策,而倾向于保护政策,第二十世纪初期,斯盘的「经济学的基础」等著作,更使德国的经济思想转入全体主义的一路。美国的经济思想与英国同其本源,然而美国经济学说对国际则采取保护政策。对国内则倾向于计划经济。此种倾向至第一次大战以后,更加有力。只有英国还保持亚丹斯密的系统,而其中也有不少的变迁。在十九世纪之内,李嘉图的「经济学与租税原理」影响比「原富」更深。二十世纪初期以来,马尔萨斯数理学派代亚丹斯密与李嘉图的学

---

① Chiang Kai-shek, *China's Destiny & Chinese Economic Theory*, translated by Philip Jaffe, London: Dobson, 1947, pp.295 – 332.
② Michael Lindsay, "Chiang Kai-shek's Way of Thought", *The Virginia Quarterly Review*, Vol.23, No.3, 1947, pp.465 – 467.

说支配英国的思想界。①

由上可知,首先,就书名的译名而言,蒋介石在此不用《国富论》的译名而采用严复的《原富》之名。众所周知,1931 年,郭大力、王亚南翻译的《国富论》已经出版,蒋氏在此文中遏制马克思主义,当然就不认同宣传马克思主义思想的郭、王二人,故在书名上不采用他们的译名,而采用严复的译名。另外,蒋氏把李嘉图的《经济学及赋税之原理》一书说成是《经济学与租税原理》。

其次,蒋氏是从西方经济学史的历史变迁中来定位《国富论》的影响的。他认为斯密的《原富》乃综合重商主义和重农主义而成,书中提倡的个人主义、自由主义经济学说在十七八世纪的西欧曾风靡一时,但在 19 世纪中期遭到李斯特的反对,李斯特力主在德国推行贸易保护主义。蒋氏还从历史的角度来看美国经济学说的演变,他以为美国的经济学说虽然源自英国,但在 20 世纪初,美国在对外贸易上并没有采取英国的自由贸易政策,而是实行贸易保护主义。相比之下,蒋氏认为英国还继承着斯密的学说,只是其中出现了许多变化。例如,李嘉图的《经济学与租税原理》比斯密的《原富》影响"更深",之后又出现马尔萨斯数理学派取代亚丹斯密与李嘉图的学说支配英国的思想界。在蒋介石的这些简要论述中,"马尔萨斯数理学派"是错误的表述,应为"英国马歇尔新古典经济学派"。从 19 世纪西方经济学书籍的影响来看,李嘉图的《经济学与租税原理》(今译《经济学及赋税之原理》)未必就比《国富论》的影响"更深"。

再次,蒋氏反对在中国实行斯密的经济自由主义。自由主义经济学说主张中国的工业化必须仿效西欧的自由放任政策与自由贸易主义方能顺利进行,与孙中山一样,蒋氏认为斯密的自由主义学说已经过时,不适合中国,中国长期处在不平等条约的束缚下,他说:

> 工业落后,不能够与工业发达的各国竞争,故在国际贸易方面必须采取保护政策;在工业的建设方面,必须采取计划经济制度。如果工业建设,付托私人资本去经营,他们便没有充足的资本,树立巨大的规模,以与外国的大托拉斯以及国营企业竞争,这是自由主义经济学说不能适用于中国的最大缺点。②

---

① 蒋中正:《中国经济学说》,连锁书店 1944 年版,第 22—23 页。
② 蒋中正:《中国经济学说》,连锁书店 1944 年版,第 47 页。

与自由主义经济学(又称为正统派经济学)有渊源的马克思主义经济学也一并成为蒋氏攻击的对象:"马克斯经济学自命是由正统派经济学转变而来,然其思想方法乃是德国的思想主义的产物,与英国的经验主义,渊源各自不同。"①他认为马克思主义主张阶级斗争与无产阶级专政,杜绝个人的经济自由,如果从中国的经济情况来看,这两种经济学说都"失之有偏",他坦言孙中山对这两种学说都有"学理的精密批评",建议大家"熟读深思"。②总之,蒋氏反对斯密自由主义经济学说的目的,是要在中国推行孙中山的"民生主义"。

在简述完西洋各派经济学说之后,紧接着,他便论述了西洋经济学说的相同点——价值论,而价值论仍然要追溯到斯密。他说:

> 以亚丹斯密《原富》为开端,西洋的经济学派聚讼的中心问题,就是价值问题。亚丹斯密以为社会是多数个人的集合,此多数的个人各为市场上交换价值而生产,各持其所生产的交换价值而自由交换于市场之中。货币即是市场上各种商品的交换价值的表现,社会经济不外乎无数的交换进程。故经济学乃是价值学说,亦即是多数个人之间的交换关系的学说。马克斯的《资本论》虽为《原富》的反对论,仍然以商品的价值分析为出发点。③

在这一段里,蒋氏对斯密价值论的表述语言不多,他只是说到交换价值,尚未论及价值的本质,忽视了交换价值与价值的关系。换言之,他没有涉及斯密对价值学说的基本观点。正因为他只看到了交换价值,所以才片面得出了"货币即是市场上各种商品的交换价值的表现","经济学乃是价值学说,亦即是多数个人之间的交换关系的学说"的结论。此外,蒋氏说《资本论》是《原富》的"反对论"。这种说法是错误的。正确的表述是《资本论》是对《原富》的批判、继承与发展。

综上所述,蒋氏对斯密学说有一定的正确理解,虽然其中掺杂了不少错误的言论;他对斯密学说的态度是抵制的、批判的。他大力称颂中国古代的经济思想,认为无论是儒家还是法家的思想都是以理性而不是欲望为本源,以人类和社会的全体为本位,不像西方经济学以个人或个体为本位,为此,

---

① 蒋中正:《中国经济学说》,连锁书店 1944 年版,第 23—24 页。
② 蒋中正:《中国经济学说》,连锁书店 1944 年版,第 57 页。
③ 蒋中正:《中国经济学说》,连锁书店 1944 年版,第 24—25 页。

他订立了"经济以养民为本位""经济以计划为必要""民生与国防之合一"三条经济原则。① 这些原则是他对孙中山"三民主义"的继承与发展,通过这些原则,中国最后达到"大同世界"。作为中国近现代史的一位重要人物,蒋介石对中国近现代史的进程有相当影响,他的论调无疑不利于斯密学说在中国的广泛传播。

第五节 本 章 小 结

19世纪末20世纪初期,西方资本主义国家逐渐从自由资本主义过渡到帝国主义阶段,西方资产阶级经济学既出现了资本主义经济学与社会主义经济学的对立,资产阶级经济学本身也分化出各种派别。当形形色色的西方经济学传入中国时,以孙中山为首的资产阶级革命派基于国情与世情广泛吸收西方经济理论,形成了具有中国特色的经济学——民生主义经济学。资产阶级革命派要在中国发展资本主义,建立资产阶级共和制度,斯密曾经被视为资本主义经济的代言人,从经济理论的角度看,革命派对以斯密为代表的正统经济学派是何种态度呢?这是本章力图回答的一个重要问题。

作为资产阶级革命派,孙中山与其追随者朱执信都受到西方资产阶级经济学说和马克思主义学说的影响,孙中山的《在上海中国社会党的演说》与朱执信的《德意志社会革命家列传》均是在专题介绍社会主义、马克思主义的过程中论及斯密学说,很少见其在专门介绍资产阶级经济学时论及斯密学说,这与彼时的国内外形势及他们的认知息息相关。孙中山凭借自身多年在海外的经历,目睹了资本主义社会高度发达的物质文明与种种社会弊端。他博览群书,接触到了西方经济学的各种流派,认为斯密的自由竞争学说、个人主义学说、分配论在19世纪已经过时,因而把以斯密为代表的正统经济学称为旧经济学派。资本主义自由竞争造成贫者愈贫富者愈富的现象,自由竞争与垄断必然产生社会主义,孙中山因此把以马克思为代表的社会主义派称为新经济学派。以分配论为例,孙中山认为旧经济学派纵容资本家对工人的剥削,未对新经济学派的理论进行深入探讨,因而他站在新经济学派(马克思主义)的立场上批判斯密为地主与资本家辩护的分配理论,认为地主与资本家坐享总利润的⅔、工人仅仅分享总利润的⅓的观点是不正确的,对工人来说是不公平的,公平的分配方法是工人应该获得"多数生

---

① 蒋中正:《中国经济学说》,连锁书店1944年版,第44—45页。

产之余利",而地主与资本家"则按其土地、资本生产之应得之利息可矣"。①从中我们可以看出孙中山受社会主义思想的影响,憎恶地主、资本家的剥削制度,同情工人的贫困遭遇,但最终的分配方案还是未能摆脱斯密与萨伊的土地、劳动、资本"生产三要素"的分析框架,这说明孙中山虽然反对斯密的分配论,但还是受到了资产阶级庸俗经济学的影响。

作为孙中山的主要助手,朱执信的经济思想与孙中山有相似之处,他们都肯定了斯密与马克思在经济学史上的地位以及学术上的源渊关系。朱执信同样批判斯密的自由竞争学说,赞同劳动价值论,反对资本家对工人的残酷剥削。革命派虽是粗浅地初步涉及斯密与马克思的关系,但其意义不可小觑。因为斯密与马克思是代表两条不同社会经济发展道路的代表性人物,包含自由竞争学说在内的斯密经济自由主义被"向西方学习真理"的孙中山所否定,对中华民国后来的经济政策产生了重要影响,蒋介石、孔祥熙、吴鼎昌均追随孙中山的步伐,反对在中国采取自由竞争的经济政策。

革命派人物众多,英才辈出,蔡元培与其他革命派仁人志士不同的地方在于,他曾是教育界最高行政长官,任北京大学校长期间,首开"学术"与"自由"之风气,考察中国教育界对《国富论》的态度,蔡元培无疑是一个好的切入点。深受严复译著影响的蔡元培在北京大学推行"思想自由,兼容并包"的办学方针,招聘留学生教授经济学,造成西方资产阶级经济学教科书在北京大学经济系居主导地位,这些措施当然有利于包括斯密学说在内的资产阶级经济学在中国高校的传播。因此,蔡元培对斯密学说的态度与孙中山迥然有别。

以孙中山继承人自居的蒋介石在1927年"四一二"政变后背叛革命,大肆屠杀共产党员与革命群众。孙中山、朱执信、蔡元培曾对社会主义、马克思主义抱有好感,但是蒋介石不仅抵制马克思主义在中国的传播,而且大力批判斯密的自由经济学说。蒋介石认为,自由主义经济学不符合中国国情与时代的需要,已经过时了,蒋介石在这一点上与孙中山持相同的看法。蒋介石认为中国的工业落后,因此在国际贸易中必须采取保护政策,在工业建设方面采用计划经济。由此,国民党最高政治人物的看法决定了斯密学说在中国边缘化的命运,根本无法被政界采纳。

总的来说,资产阶级革命派人物孙中山、朱执信、蔡元培以及蒋介石,这些政治人物对亚当·斯密学说的论述相当有限。作为资产阶级革命派的主

---

① 孙中山:《在上海中国社会党的演说》,《孙中山全集》(第2卷),中华书局1982年版,第517页。

将——孙中山,虽然饱读西方经济学书籍,但却对斯密自由经济学说持否定态度,因此在他组建中华民国之后,其经济政纲平均地权、节制资本均与斯密学说无涉,孙中山在经济发展模式上倾向于国有国营。蒋介石既排斥斯密学说,又排斥马克思主义,提倡中国传统经济思想,更是从意识形态层面抵制斯密学说。在《中国经济学说》英译本出现后,欧美社会才得以见识蒋介石在经济层面反自由、政治层面反民主的真面目,因而对该书呈现一边倒的负面舆论,这是蒋介石始料未及的。

第五章　中国早期马克思主义者对《国富论》的回应

19世纪末、20世纪初,在"向西方学习"寻求救国救民真理的过程中,随着西方资产阶级经济学在中国逐渐传播开来,同为西方的舶来品——社会主义与马克思主义也开始在中国传播,传入的时间大约以1899年《大同学》译本首次出现马克思的名字为肇始。马克思主义经济学在中国的传播晚于包括斯密学说在内的西方资产阶级经济学,1919年五四运动之后,马克思主义经济学不断发展壮大,对占主导地位的资产阶级经济学产生了巨大冲击,"政治经济学领域内的理论斗争也就变成了马克思主义政治经济学与资产阶级经济学之间的斗争"。①

1899年的《万国公报》上,马克思与斯密两人同时出现在《大同学》中。不过,国内学术界在研究马克思在中国的早期传播史中往往忽视马克思与斯密的关系。众所周知,马克思是在批判与继承斯密等人的基础上建立了马克思主义。中国早期马克思主义者是否遵循了马克思对斯密的批判态度呢?作为斯密的代表作,《国富论》是中国早期马克思主义者接受马克思主义不可回避的理论高峰。纵观改革开放以来国内关于马克思主义在近代中国早期传播史与接受史的研究,学术界甚少注意到《国富论》对中国早期马克思主义者的影响。②斯密与马克思分别代表了两种不同经济理论与两条不同的经济发展道路。鉴于此,本章力图探讨李大钊、陈独秀、毛泽东、陈豹隐等中国早期马克思主义者③对《国富论》的态度与评价。

---

① 胡寄窗:《中国经济思想史简编》,中国社会科学出版社1981年版,第473页。
② 目前仅见一篇讨论近代中国学者评价斯密与马克思的文章,参见张登德、刘倩:《近代中国学人视野中的亚当·斯密和马克思》,《安徽史学》2021年第4期,第70—77页。
③ 中国早期马克思主义者人数众多,他们对《国富论》的接受程度大致存在两种类型。第一种类型是稍有对斯密学说的了解,这类人物对斯密学说既有赞赏又有反对,例如李大钊、陈独秀、毛泽东等政治人物。本章侧重政治人物对《国富论》的认知,以对应上一章孙中山、蒋介石等国民党政治人物对《国富论》的看法;第二种类型是经济学家从正面对斯密经济理论的理解,例如陈豹隐、李达、王学文等。本章之所以选取陈豹隐作为早期马〔转下页〕

第一节 李大钊对《国富论》的评介

李大钊(1889—1927),字守常,他的文章有时以守常或者李守常署名。李大钊是中国伟大的马克思主义者、中国共产党创始人之一。李大钊治学领域十分广泛,在历史学、经济学、政治学、哲学、文学、社会学等领域都卓有建树,这与他博采日本、英国、法国、美国、德国、俄国等国家的学术思想之长密不可分。《国富论》作为西方经济学经典著作自然也是他涉猎的对象之一。

一、早年对《国富论》的认同

李大钊对《国富论》的认识,从他童年以及大学教育的相关背景便可窥见一斑。事实上,他在童年时期就接触到了西方资产阶级经济学。据记载,1898年,李大钊9岁时抄录了英国经济学家亨利·法思德著、陈炽翻译的《重译富国策》的序言以及卷一、卷二的部分内容,该书多次论及亚当·斯密、大卫·李嘉图、约翰·穆勒、马尔萨斯等西方古典经济学家的理论。1907年,李大钊进入天津北洋法政专门学校,学习了英文与日文,接触并接受了资产阶级政治、经济、哲学思想。从李大钊早年的教育背景来看,日本是他了解西方经济学的主要渠道。1913年冬季,李大钊留学日本,1914年9月至1916年2月,李大钊入读日本早稻田大学政治经济学科。据日本名古屋大学森正夫教授的统计,李大钊第一学年部分必修课程的考试成绩如下:浮田和民教授讲授的国家学原理77分,美浓部达吉讲师讲授的帝国宪法(政治学)75分,田野为之教授讲授的应用经济学(经济学)85分、盐泽昌贞教授讲授的经济学原理(财政)65分、吉田已之助讲师讲授的政治评论40分、伊藤重治郎教授讲授的经济评论(原著研究)87分、宫井安吉教授讲授的英文练习66分、牧野谦次郎教授讲授的论文(日语作文)56分。① 其中,李大钊的"政治评论(政治经济学原著研究)"的考试分数最低,说明李大钊对包含马克思著作在内的政治经济学原著知之甚少,"经济评论(古典经济学原著研究)"的分数最高,显示了李大钊具备扎实的古典经济学知识。日本自明治维新以来一直仿效欧美资本主义经济学课程体系,大学与中学均

〔接上页〕克思主义经济学专业人士的代表,其原因在于他是《资本论》的首译者,撰写了大量的马克思主义论著,具有深厚的马克思主义经济学理论功底,是新中国成立后全国首次评选的两名经济学一级教授之一。

① [日]森正夫:《李大钊在早稻田大学》,韩一德等译,《齐鲁学刊》1987年第1期,第74页。

开设了政治经济学课程。1888年,《国富论》的第一个日文全译本出版,到1890年时亚当·斯密作为经济学之父与《国富论》的作者在日本已是人尽皆知的事实了。《国富论》在日本经济学课程"古典经济学原著研究"中占了很大的篇幅,必定也会是李大钊研习的对象,只是目前没有留下李大钊留日期间学习《国富论》的资料。

李大钊留学期间正值日本掀起拥护宪政的民主主义思潮,西方学术思想深刻地影响了他,使得他对西方资产阶级的民主与自由十分向往,《民彝与政治》就是他在这一时期的民主主义思想的代表作。他在此文中大力批判孔子的思想,赞同进化论、歌颂自由、倡导代议制的民主政治,这从他在文中多次引用严复译本《群己权界论》《穆勒名学》《天演论》便可看出。他认为代议制政治的集大成者是穆勒,即"论善治标准最精者,莫如弥勒"(弥勒即穆勒),代议制的实行,简而言之,"自由是已"。① 他对穆勒的《群己权界论》一书推崇备至,盛赞该书"于言论自由之理,阐发尤为尽致",②因而他希望在中国建立资产阶级共和国。他心目中的理想社会是"以中级社会为中枢","由中流社会之有恒产者自进而造成新中心势力,以为国本之所托"。③ 这里的"中级社会"指的是资本主义社会,"中流社会之有恒产者"指的是资本主义社会中有财产的人。可见,李大钊在当时是期待中国建立资本主义制度,发展资本主义经济的。

李大钊在政治经济制度方面倾向资本主义,在文化上更是如此。他认真专研中西文明后认为东方文明是静的文明,以农业为主,因农业使其住所长期固定,故家族主义盛行;西方文明是动的文明,以商业为主,因商业使得各种流通与交易频繁,易于形成个人主义。④ 虽然东西文明都有其局限,但西方文明创造了极其发达的物质文明,是世界文明的潮流,包括孔子学说在内的东方文明远远落后于西方文明,应该吸取西方文明的特长。这是他在比较中西文明之后获得的认知。

从以上论述中我们可以看出,李大钊对西方资本主义文化的认同,这也就不难理解他对资本主义经济学经典之作——《国富论》的认同问题。这可从如下两个例子得到证实。一是李大钊运用分工理论辨析政论家与政治家。分工是斯密政治经济学体系的逻辑起点,斯密认为劳动生产率提高的原因在于实行了劳动分工,因而将分工学说置于《国富论》的篇首。斯密在

---

① 李大钊:《民彝与政治》,《李大钊全集》(第1卷),人民出版社2006年版,第149—150页。
② 李大钊:《议会之言论》,《李大钊全集》(第1卷),人民出版社2006年版,第297页。
③ 李大钊:《中心势力创造论》,《李大钊全集》(第2卷),人民出版社2006年版,第121页。
④ 李大钊:《动的生活与静的生活》,《李大钊全集》(第2卷),人民出版社2006年版,第96页。

《国富论》中谈到了国家贫富的差别与社会进步的水平由分工的程度所决定,分工因而成为文明的根基。李大钊认为斯密的分工理论不仅适用于经济学,而且同样适用于政治领域,例如政论家与政治家的职业区别。前者讲理想,重于言论;后者讲事实,重于行动。两者的区分还体现在权威、眼光、主义、责任诸方面。① 二是认同斯密的人口思想。1917 年 4 月 1 日,李大钊发表了《战争与人口》一文。此文旨在揭露帝国主义所谓的人口过剩会引起战争的谬论,这种错误理论植根于马尔萨斯的人口论,李大钊在批判马尔萨斯的过程中回溯了古今中外的人口思想,他认为斯密与重商主义、重农主义一样持有同样的看法:人口增长可实现富国强兵。② 李大钊主张发展生产以便增加社会财富,这样才能从根本上解决人口问题,这与《国富论》的生产力思想是相通的。

然而,随着十月革命的爆发以及第一次世界大战的结束,资本主义制度的弊病越来越明显,李大钊对源于个人主义基础之上的西方文化产生了怀疑。他进而指出,"东方文明衰颓于静止之中,而西洋文明又疲命于物质之下",要挽救世界危机,必须要有"第三新文明"的崛起,③即社会主义文明的兴起,李大钊把创造"第三新文明"的希望完全寄托在俄罗斯的身上。他为此发表了《法俄革命之比较观》《庶民的胜利》《Bolshevism 的胜利》等系列文章,热情歌颂十月革命,欢呼以俄国为代表的社会主义文明。由此他的世界观也开始发生转变,即从民主主义者开始转向马克思主义者,从信仰资本主义文化转向社会主义文化。1919 年 8 月 17 日,李大钊发表的《再论问题与主义》开始体现了这种转变。此文是为了回应胡适《多研究些问题,少谈些"主义"》而作。这篇文章其实是社会主义思潮和改良主义思潮的较量,是李大钊的马克思主义与胡适的自由主义之较量。李大钊以世人赞颂斯密却不读《国富论》为例,批评有的主义存在假冒牌的危险。④ 这是李大钊开始转向马克思主义者所撰写的首篇提及斯密的文章,结合他此前两篇涉及斯密的论文来看,他只是提到斯密与《国富论》而已,没有进行评论。从李大钊的叙述来看,他对《国富论》是持肯定态度的。

二、对个人主义经济学的批判

1919 年 9—11 月,《新青年》的"马克思研究号"上登载了李大钊的《我

---

① 李大钊:《政论家与政治家》(二),《李大钊全集》(第 1 卷),人民出版社 2006 年版,第 305 页。
② 李大钊:《战争与人口》(上),《李大钊全集》(第 2 卷),人民出版社 2006 年版,第 51—52 页。
③ 李大钊:《东西文明根本之异点》,《李大钊全集》(第 2 卷),人民出版社 2006 年版,第 214 页。
④ 李大钊:《再论问题与主义》,《李大钊全集》(第 3 卷),人民出版社 2006 年版,第 4 页。

的马克思主义观》,该文系统介绍了马克思主义的唯物史观、政治经济学和科学社会主义的基本原理,被学术界视为系统介绍和分析马克思主义的开山之作。据日本学者后藤延子的研究,这篇长文的资料参照了日本学者福田德三的《续经济学研究》《续经济学讲义》与河上肇的《马克思主义的理论体系》。① 李大钊正是在这篇文章中分析、鉴别了个人主义经济学与社会主义经济学的区别。

李大钊是五四时期中国最早的马克思主义宣传者之一,与孙中山、朱执信等人相比,李大钊比较全面地介绍和应用了马克思主义经济思想。他在探讨马克思主义在经济思想史上的地位时首先从亚当·斯密谈起,他从经济思想史的角度把经济学分为个人主义经济学、社会主义经济学和人道主义经济学三大派别。个人主义经济学也被称为资本主义经济学,在这三个学派中存在的时间最久,而且长期处于正统地位,因而又被称为正统学派。李大钊认为亚当·斯密是个人主义经济学的鼻祖,之后的马尔萨斯、李嘉图、詹姆斯·穆勒等经济学家都可以归为这一派。个人主义经济学承认现在的经济组织是营利的、利己的、最有效率的组织,李大钊将其概括为两个要点:一是承认现在的经济组织;二是承认每个人的利己行为。② 个人主义经济学要维护资本主义的经济组织,社会主义经济学者认为资本主义组织存在种种弊端,因而反对第一点;人道主义经济学侧重改造人心,反对人的利己活动,因而反对第二点。社会主义包含了人道主义的因素,因此也可以说社会主义经济学同样反对个人的利己行为。《国富论》承认人的本性是利己的,提倡自由贸易与自由竞争,在这个意义上此书堪称是一本宣扬个人主义的著作。显然,这时李大钊开始宣传社会主义鼻祖马克思的《资本论》,对《国富论》转而持批判态度。

从当时的社会背景来看,五四新文化运动时期个人主义、自由主义、社会主义、人道主义、无政府主义等西方文化思潮在近代中国纷繁交织,作为五四新文化运动的弄潮儿,李大钊广泛接触到这些思潮并进行评论。以个人主义为例,时人多从政治思想、社会伦理的角度高谈个人自由、个性解放,其代表性的作品是1915年陈独秀发表的《东西民族根本思想之差异》与1918年胡适发表的《易卜生主义》,而1919年李大钊《我的马克思主义观》一文则从经济学的视角来认识个人主义,这在当时比较少见。例如,《民铎》

---

① [日]后藤延子:《李大钊思想研究》,王青等编译,中国社会出版社1999年版,第70、78、101页。
② 李大钊:《我的马克思主义观》,《李大钊全集》(第3卷),人民出版社2006年版,第16页。

杂志1919年第1卷第7期发表了署名为P.S.K.的文章《经济学的个人主义与社会主义》，此文仅仅介绍了个人主义的由来、重农主义、斯密学派，①惜乎此文乃是一篇未完稿，未见其对社会主义的描述，更不用说讨论个人主义与社会主义的关系。而《我的马克思主义观》一文则明确提出了社会主义经济学对个人主义经济学的取代。1923—1924年，李大钊的《社会主义与社会运动》一文则进一步对此做了阐述，此文把穆勒、英国艺术社会主义者与政论家约翰·罗斯金、英国历史学家与哲学家托马斯·卡莱尔三人视为"打破个人主义之信用最有力之学者"。② 穆勒虽然属于正统经济学派，但倡导集体主义方法论，因此也是强烈要求打破个人主义经济学的三人之一。可见，《社会主义与社会运动》一文比《我的马克思主义观》一文更注重学术思想史的考察，以此科学地论证马克思主义经济学取代个人主义经济学的历史必然性，反映出李大钊对西方经济思想史的认识在逐步加深。

个人主义是以斯密为代表的资本主义经济学的哲学基础与方法论传统，李大钊看到了个人主义思潮在第一次世界大战后在西方的衰落，1917年十月革命后社会主义在俄国由理论变为现实，以及西方学者对个人主义的批判，使他认识到社会主义取代个人主义的必然性，加之他是最早在中国高校开设经济思想史课程的学者，因而能从经济思想史的角度对个人主义经济学展开批判，划清其与社会主义经济学的界限，向国人彰显社会主义经济学鼻祖马克思在经济思想史上的地位，从而坚定对马克思主义新文化的高度自信。

三、对斯密与马克思资本构成学说的比较

《我的马克思主义观》一文不仅批评了以斯密为首的经济学个人主义，还对比了马克思与斯密在资本类型划分上的异同。斯密把资本划分为固定资本与流通资本，马克思把资本划分为不变资本与可变资本。李大钊指出，马克思所说的"不变资本"即"自存"的资本。所谓"不变"，不是说资本的形态不变，而是指它的价值不变。在生产过程中改变其形态的就是流通资本，不改变其形态的就是固定资本。马克思所说的"可变资本"即"增殖"的资本。只有"劳力"（即劳动力）才能增值，因此资本家给予工人的工资或生活必要品是可变资本，生产工具则是不变资本。

在李大钊看来，马克思与斯密关于资本构成的论述有四点相同之处。

---

① P.S.K.：《经济学的个人主义与社会主义》，《民铎》1919年第1卷第7期，第35—40页。
② 李大钊：《社会主义与社会运动》，《李大钊全集》（第4卷），人民出版社2006年版，第231页。

第一，斯密的固定资本相当于马克思所说的不变资本，流通资本相当于马克思所说的可变资本。第二，斯密与马克思均认为，随着产业的种类不断丰富，这两种资本"配合的比例"也不相同。第三，马克思主张只有可变资本才能生产"余值"（即剩余价值），"余值率"（即剩余价值率）与可变资本呈正比。斯密认定固定资本不能自己产生收益，必须依靠流通资本方能产生收益的剩余。第四，马克思说只有用作维持工人生活料的资本才是可变资本，斯密则列举流通资本的内容，同样以维持工人生活的资料为主。①

除了上述四点之外，李大钊还指出了两者的一个不同之处，即斯密所谓的流通资本与马克思所谓的可变资本"也并非全同"。斯密所说的流通资本，实际上包含了"收回自己本来价值"的部分与"生出剩余"的部分。换言之，斯密把马克思的"被消费的不变资本的部分"与"可变资本的全部"两者合称为流通资本。另外，斯密所说的"收益"，包含了自己的"收回"，即除了马克思所说的剩余价值之外，把"生产费"也纳入其中。最后，李大钊做了总结，马克思的"不变可变资本说"是支撑他剩余价值论的"柱子"，剩余价值论是马克思经济学说的"根本观念"。李大钊认为马克思的"不变可变资本说"与斯密的"固定流通资本说"其实"大致相同"，②但后者往往被奉为典型，被视为不能动摇的定理，前者却受到攻击与诋毁，李大钊实在为马克思的学说鸣不平。由此，我们可以看出李大钊对斯密学说的不满，但同时也反映出李大钊对两者在经济学上的地位认识不足。

斯密的"固定流通资本说"只是考察了资本价值周转方式的不同，未能明确指出哪些资本与价值增值无关，哪些资本与价值增值有关。马克思首次将资本划分为不变资本与可变资本，这两个新概念揭示了资本各个部分在价值增值中的不同作用，对于揭示剩余价值产生的来源具有重大意义。可变资本创造出剩余价值，使资本增值，斯密的固定资本流通资本理论遮蔽了剩余价值的来源。可见，"不变可变资本说"是对"固定流通资本说"的超越，不是李大钊所说的"大致相同"。李大钊把马克思发展了的理论，"重新拉回到斯密的经济理论水平，试图以两者的一致性为马克思学说赢得与斯密学说同样的受尊崇地位，忽略两人在经济理论方面的根本差别"。③这是李大钊初步解读《资本论》的表现，而当时国内其他作品还根本没有涉及斯密与马克思资本理论的比较，因此我们不应太苛求李大钊一开始就完全正

---

① 李大钊：《我的马克思主义观》，《李大钊全集》（第3卷），人民出版社2006年版，第47页。
② 李大钊：《我的马克思主义观》，《李大钊全集》（第3卷），人民出版社2006年版，第48页。
③ 谈敏：《1917—1919马克思主义经济学在中国的传播启蒙》（上），上海财经大学出版社2016年版，第788页。

确理解马克思的学说。正如李大钊自我坦诚他对马克思的学说"没有什么研究",只是把各国学者批评介绍的"零碎的资料"①稍加整理,以飨读者。

如果说《我的马克思主义观》对《国富论》的理解还有待提高,那么三年之后已是成熟马克思主义者的李大钊对此的认识又如何呢? 1922年2月19日下午,北京大学马克思学说研究会组织了第一次公开演讲会,李大钊在会上发表了关于马克思经济学说的演讲。《李大钊全集》中收录了两份此次演讲的记录稿,一份记录稿的标题是:"马克思的经济学说——在北京大学马克思学说研究会上的演讲",该演讲由黄绍谷②记录,于1922年2月21—23日刊登在《晨报》上;另一份记录稿以附录的形式出现,其标题是:"马克思经济学说——在北京大学马克思学说研究会上的演讲",该演讲由陈仲瑜③记录,于1922年2月21日刊登在《北京大学日刊》上。两篇演讲稿虽然题目仅有一字之差,但由于记录者不同,这两份记录稿明显存在差异:第一份记录详细,记录下了许多细节,虽内容翔实,但全文无关键词、无层次。第二份记录简洁明了,并归纳出了李氏演讲的四个要点:马克思的剩余价值说、马克思的资本集中说、马克思学说的要点、马克思学说之影响。综观陈仲瑜与黄绍谷的记录稿中有关斯密的记载,其内容大体上比较接近,但仍有两点差异。

第一个差异是陈仲瑜记录李大钊是从正统派的经济学说开始谈马克思的剩余价值,他记录了"正统派的经济学说"④的观点:土地、劳动力、资本是生产的三个要素,相应地,从分配的角度而言,地主收取地租,劳动者获得工资,资本家得到利润。斯密作为正统派的鼻祖,最早在其《国富论》中提到了生产三要素以及三个阶级和三种收入的理论。而黄绍谷说这三要素是"大多数的人"根据"统计学立论",本没有点明这是正统派的观点,当然,我们也无从知道这"大多数的人"具体指谁。虽然"正统派的经济学说"只有8个字,但陈氏更清楚地表达了李大钊演讲的关键点。

第二个差异出现在对马克思与斯密在资本学说的对比上,这是李大钊演讲词中(或者说这两份记录稿中)唯一直接提到斯密学说之处。且看这两份记录稿的原文:

---

① 李大钊:《我的马克思主义观》,《李大钊全集》(第3卷),人民出版社2006年版,第15页。
② 黄绍谷(1896—1933),1918—1925在北京大学学习,是"北京大学马克思学说研究会"发起人之一。
③ 陈仲瑜(1894—1978),北京大学哲学系毕业,曾经参加"北京大学马克思学说研究会"。
④ 李大钊讲、陈仲瑜记:《马克思经济学说——在北京大学马克思学说研究会上的演讲》,《李大钊全集》(第4卷),人民出版社2006年版,第49页。

Adam Smith 称不变资本为固定资本，可变资本为流动资本。马克思同 Adam Smith 的分类差不多完全相同。其不同者，马克思所说的不变，不是资本的形状不变，乃是他的价值不变，Adam Smith 所说的不变，乃是形状不变，如机器。至其所谓流动资本者，包含着两部分。他把他包含进去的这一部分，就是形体虽变，而仅能保持其原有价值者。马克思把这部分归并在不变资本内，此为马克思与 Adam Smith 分类不同之点。①（黄绍谷记录）

　　他这剩余价值说根据于他的《资本论》。他将资本分为两种：一种是不变的，一种是可变的，这样分法，与亚当斯密的固定与流动的分法，似乎相像，但实在是不同的。亚当斯密所谓固定资本是指不变形体的，如机器之类，而马克思所说的不变资本则是指价值不变而言。亚当斯密所谓流动资本，包含两部分：一部分是虽变形体而仍能保持原有价值的；一部分是用以维持劳动者的生活的。其前一部分，马克思将他划归不变资本；后一部分即马克思所说的可变资本。②（陈仲瑜记录）

黄、陈两人记录马克思的不变资本与可变资本、斯密的固定资本与流动资本的表述基本类似。不同之处是陈氏指明了马克思对资本的分类来自《资本论》，而黄氏则未提及；在记录斯密所谓的流动资本方面，陈氏记载得更清楚、更简洁。与这两份记录稿相比，李大钊在《我的马克思主义观》中使用的是"流通资本"一词，黄绍谷和陈仲瑜的记录稿均为"流动资本"。《我的马克思主义观》简述了斯密与马克思在资本构成学说上的四个相同点与一个不同点，李大钊在这次演讲中没有重提这四个相同点而只是提到了一个不同点，这个不同点"似乎相像，但实在是不同的"。③ 这说明李大钊改变了《我的马克思主义观》一文中对资本构成的看法，逐渐认识到了马克思"不变可变资本说"与斯密"固定流通资本说"的根本区别。1923 年 3 月 12 日，李大钊在演讲中还是坚持斯密与马克思在资本学说上的根本区别。④ 这说明李大钊在资本学说这个理论上已经是一位成熟的马克思主义者。

---

① 李大钊讲、黄绍谷记：《马克思的经济学说——在北京大学马克思学说研究会上的演讲》，《李大钊全集》（第 4 卷），人民出版社 2006 年版，第 44 页。
② 李大钊讲、陈仲瑜记：《马克思经济学说——在北京大学马克思学说研究会上的演讲》，《李大钊全集》（第 4 卷），人民出版社 2006 年版，第 50 页。
③ 李大钊：《马克思经济学说——在北京大学马克思学说研究会上的演讲》，《李大钊全集》（第 4 卷），人民出版社 2006 年版，第 50 页。
④ 李大钊讲、孙席珍记：《马克思经济学说——在上海职工俱乐部的演讲》，《李大钊全集》（第 4 卷），人民出版社 2006 年版，第 153 页。

四、唯物史观视域下的《国富论》

《我的马克思主义观》认为唯物论者在观察社会现象时,以经济现象为最重要,以此来宣传生产力决定生产关系、经济基础决定上层建筑的原理。此文是国内第一篇较为系统介绍马克思主义唯物史观的论文,李大钊因而被誉为是近代中国"唯物史观最彻底最先倡导的人"。① 此后他以唯物史观为理论武器来分析社会经济现象与人文社会科学的各种问题。此处仅举与《国富论》有关的两个例子来说明。

一是对斯密殖民政策的分析。1919 年 12 月 1 日,李大钊在《新潮》上发表《物质变动与道德变动》一文,此文是李大钊接受马克思的唯物史观之后并运用其分析物质变动与道德变动的代表作。李大钊以英国与北美、英国与南非的战争为例子,来说明英国采用的政策与主义与当时的物质经济状况关系紧密。18 世纪北美与英国发生独立战争时,英国正处于资本主义的成年时期,奉行和平外交政策,所以北美独立的原因之一是英国对殖民地的贸易垄断对英国自身没有益处,因而不愿意为了殖民地做出很大的牺牲与承担过多的负担。他以北美独立于英国的事实说明,英国人骨子里面都渗透着斯密的殖民政策。李大钊指出,在斯密眼里,母国如果不在其殖民地实行自由贸易,而采取压制的政策,不仅对于殖民地与世界其他地方有害,而且对于母国也不利,因此他主张母国应该让殖民地自由、平等,让它与世界通商。上述论述与《国富论》第四篇第七章斯密对殖民地的看法几乎一致,斯密殖民政策的实质是要在北美推行自由贸易,他的理论深刻地影响了英国政府的殖民政策。除北美独立战争而外,英国在 19 世纪还与南非波亚人发生过两次战争。英国虽然取得第一次战争的胜利,但出于不想增添母国负担的考虑采取和平的政策,南非波亚人才得以组建共和国。李大钊因而把第一次战争时的英国形容为"正统经济学的国,自由贸易的国,满切士特(Manchester)学派的国,亚丹·斯密氏殖民政策的国"。② "满切士特"学派是 19 世纪英国自由主义经济学派,继承了斯密的殖民地自由贸易理论,此时英国政府奉行的正是曼彻斯特学派的主张。可是 15 年以后,英国与南非波亚人爆发了第二次战争,英国的外交政策发生了转变,从和平外交政策转变为新帝国主义政策与新殖民政策,英国打败波亚人之后实行了殖民统

---

① 郭湛波:《近五十年中国思想史》,山东人民出版社 1997 年版,第 117 页。
② 李大钊:《物质变动与道德变动》,《李大钊全集》(第 3 卷),人民出版社 2006 年版,第 114 页。

治。英国所采用的主义和政策之所以发生改变，按照李大钊的分析，其根本的原因在于社会经济的变动，即从织物时代演变为钢铁时代，从自由贸易时代演变为帝国主义时代。李大钊此处对斯密殖民政策的解析体现了他对马克思主义唯物史观的运用，全文以此为分析工具来阐述道德的起源、本质与变化，进而探索新道德的重建。

二是间接认可斯密的历史观。1920 年，李大钊任北京大学教授后，曾在北京大学、朝阳大学、北京师范大学等高校讲授"史学思想史"课程，评价鲍丹、孟德斯鸠、孔多塞、韦柯、圣西门、马克思等众多西方哲人的历史观，未见有斯密历史观的专题，仅仅在孟德斯鸠历史观的讲义中顺带提及斯密。李大钊指出，孟德斯鸠的贡献在于："把经济的原素引入历史科学"，①即把经济与历史这两门科学紧紧地联系起来了。但是他随后又指出孟德斯鸠在论述经济问题的种种缺陷被魁奈和斯密以及他们的弟子所发现，只是李大钊并未具体指出孟德斯鸠缺陷的具体所在以及斯密的看法。通过查阅相关资料，笔者认为可以归纳为三点：一是孟德斯鸠曾认为制造一枚针是艺术的产物，斯密却选择以造针工厂来解释劳动分工理论；二是孟德斯鸠重视以地理环境来解释财富的产生，斯密重视以劳动生产率与市场的力量来说明财富的增长；三是孟德斯鸠认为赋税征收的一般原则是按"国民所享的自由越多，便越可征较重的赋税，国民所受的奴役越重，便越不能不宽减赋税"。②斯密第一次明确而系统地提出了赋税理论的四条原则——公平原则、确定原则、便利原则和经济原则，奠定了近代西方税制理论的基础。

即便如此，这些也难以掩盖孟德斯鸠在历史学与经济学研究中开辟新路径的贡献，他的《论法的精神》体现了一种最有价值的学术创造力，李大钊把孟德斯鸠抬高到与亚里士多德、斯密同等的地位："他实在有亚里士多德与亚丹斯密史的创造力。"③孟德斯鸠以地理环境等物质因素来阐释人类历史发展的规律，尽管没有看到人在社会实践中对自然界进行改造的能动作用，但为历史唯物主义的创立提供了借鉴作用。与孟德斯鸠一样，斯密相信历史是不断进步的，他将每个历史时期物质基础的变动与相应的上层建筑结合起来，提出了人类社会发展的"四阶段说"：狩猎阶段、游牧阶段、农耕

---

① 李大钊：《马克思经济学说——在北京大学马克思学说研究会上的演讲》，《李大钊全集》（第 4 卷），人民出版社 2006 年版，第 299 页。
② 孟德斯鸠：《论法的精神》（上），张雁深译，商务印书馆 1963 年版，第 220 页。
③ 中国李大钊研究会编注：《李大钊全集》（第 4 卷），第 288 页。

阶段和商业阶段,这个学说被视为"马克思历史唯物主义的最初版本"。①《国富论》分析了西方自罗马帝国分裂以来的欧洲经济史,西方一些学者甚至认为斯密是马克思之前对历史进行唯物主义解释的先驱。② 总之,《国富论》是一部将经济与历史深度融合的经典之作。从把经济的因素引入历史科学这一点来看,李大钊充分肯定了孟德斯鸠的独特贡献,并承认孟德斯鸠有斯密那样的创造力,这从反面表明了斯密在西方唯物史观发展史上的地位,从中可推测李大钊对马克思唯物史观产生之前的西方学术源流是有所了解的。

五、《国富论》的两个"要点"与"缺点"

李大钊作品中最后一篇也是唯一简要提及《国富论》内容的一篇文章是前文所提及的《社会主义与社会运动》。此文其实是1923年9月—1924年4月李大钊在北京大学政治系和经济系开设课程"社会主义与社会运动"的课堂笔记。李大钊在该门课程中讲授了众多欧美经济学家的代表作及其学说,这些人物包括:英国经济学家、功利主义哲学的创立者边沁(1748—1832)、英国空想社会主义者(乌托邦经济学家)威廉·葛德文(1756—1836)、英国空想社会主义者(乌托邦经济学家)罗伯特·欧文(1771—1858)、法国空想社会主义者(乌托邦经济学家)圣西门(1760—1825)、法国空想社会主义者(乌托邦经济学家)傅立叶(1772—1873)、法国经济学家无政府主义创始人之一蒲鲁东(1809—1865)、李嘉图、马尔萨斯、詹姆斯·穆勒(1773—1836)、约翰·斯图尔特·穆勒(1806—1873)、美国经济学家亨利·乔治(1839—1897)、蒲鲁东的老师意大利经济学家佩勒格里诺·罗西(1787—1848)、俄国经济学家图干·巴拉诺夫斯基(1865—1919),加上斯密和马克思,经济学家的总数多达15位。李大钊梳理了包括马克思主义在内的欧洲各种社会主义派别,并对其代表人物进行了评介,在评价基督教社会主义者时提到《国富论》一书。李大钊认为"以全世界为单位"与"主张自由放任主义"是该书的两个"要点","在计谋财富之增加,乃经济之使命"与"计量富之价值为人生价值之标准"是该书的两个"缺点"。③ 然而李大钊并未对上述内容展开讨论,下面,笔者尝试解析李大钊的简要断语。

---

① Christopher J. Berry, *Social Theory of The Scottish Enlightenment*, Edinburgh: Edinburgh University Press, 1997, p.114.
② 参见 Roy Pascal, "Property and Society: The Scottish Contribution of the Eighteenth Century", *Modern Quarterly*, Vol.1, 1938, pp.167-179; Ronald L. Meek, "The Scottish Contribution to Marxist Sociology", Ronald L. Meek ed., *Economics and Ideology and Other Essays: Studies in the Development of Economic Thought*, London: Chapman & Hall, 1967, pp.34-50。
③ 李大钊:《社会主义与社会运动》,《李大钊全集》(第4卷),人民出版社2006年版,第230页。

《国富论》共分五篇,第一篇论劳动生产力提高的原因与劳动产品在不同社会阶层的分配,第二篇论资本的性质、构成、积累与用途,第三篇论不同国家财富的不同发展,第四篇论政治经济学体系,第五篇论君主或国家的收入。这五篇涉及经济发展、经济改革、经济理论、自利与合作、"看不见的手"、政治经济学、战争、正义、道德与自由等诸多议题,如此庞杂的内容,显然不是"自由放任"与"以全世界为单位"所能概括的。"自由放任"一词来自18世纪的法国,意指政府完全不干涉国内工商业以及对外贸易的发展,任其放任自流。斯密在《国富论》中根本没有使用该词,而是使用"自然的自由制度"来表示他的自由经济思想,但同时也阐述了政府的三种职能,并且反对商业上的高利息,支持政府颁布的航海法。可见,斯密并不是主张经济的自由放任,然而后世学者常常将斯密的经济自由主义误解为"自由放任"。在这一点上,李大钊可能受到日本、欧美或者国内学术界的影响而使用"自由放任"。另外一个要点"以全世界为单位"显得有些笼统、含混。斯密是一位百科全书式的、具有全球化视野的学者,《国富论》的材料来源主要基于以英国为主的欧洲,同时牵涉美国、中国、印度、日本等国家,该书涉及的范围虽广,但这不是它的要点,斯密首要关心的还是英国经济的发展。

关于该书的第一个缺点"经济之使命在增加财富",这里的"经济"即指"经济学"。经济学这个术语在李大钊的时代还没有统一的称呼,经济与经济学时常混用。从斯密当时的时代背景来看,李大钊所指的第一个缺点并非《国富论》的缺点。这是因为斯密之前的经济学者一致认为经济学的作用就是增加财富,斯密承袭前人的观点,认为研究经济学可以"富国裕民"。李大钊从财富的增加这一点进而推论到"富之价值为人生价值之标准",坚信这是《国富论》的第二个缺点,并且说人道主义者和社会主义经济学家已经指出了此缺点。依笔者之见,这是阶级立场不同导致的结果。斯密代表资产阶级经济学,《国富论》探讨国民财富产生的原因,反映的是资本主义上升时期生产力发展的情况。斯密的确十分注重生产问题,主张通过发展生产来增加财富,而对分配关注较少。在斯密所处的时代,资本家和个人经济的矛盾尚未发展到严重的冲突阶段,之后随着劳资矛盾的不断激化,分配问题才愈发重要。作为道德哲学家的斯密,在《国富论》中很少谈到人生价值,他关注的是如何实现经济持续增长的问题,求富并不是一种利己的行为,他在书中多次论证了自利与利他的一致性。"富之价值为人生价值之标准",这个论断适用于李嘉图、马克思等后来者的时代,用来表示《国富论》的缺点并不恰当。

《国富论》问世后除了获得好评之外,也因其篇幅太长,一些段落杂乱无章而受到批评。这本书的许多理论在不同时代都有不同的批评者,从李嘉图、马克思到熊彼特等对《国富论》的批评来看，均未发现有与这两个缺点类似的观点。李大钊所谓的"缺点"其实是他借用了罗斯金的观点来评论《国富论》。罗斯金并没有系统研读过古典经济学家的著作，常常喜欢从这些作品中寻章摘句，因而会对原著产生误解。他的作品没有直接批评斯密的《国富论》，而是批评穆勒的《政治经济学原理》，他对政治经济学与财富的认识不同于穆勒。罗斯金认为经济的目标是延长人的寿命，政治经济学的目标不是积累金钱或交换财产，也不是满足人的需要，他批评古典政治经济学的财富观总是以牺牲别人为代价，因此认为财富不应该是少数人的权利，而是多数人的社会福利，主张财富必须通过一定的道德条件获取，例如通过诚实和正义的手段。简言之，罗斯金对财富的定义是："There is no wealth, but life"（"只有生命才是财富"）。这里的"生命"包括"所有的爱、欢乐和敬仰的力量"。① 罗斯金将财富的概念回归到人的属性之中，提醒人们经济学不仅仅是研究财富，而且也要研究人。李大钊认为这一点正好可以弥补"富之价值为人生价值之标准"这个缺点，因此引用了罗斯金的这句名言来评论《国富论》。罗斯金是英国维多利亚时代著名的评论家，对资本主义剥削制度进行了深刻的批判，被李大钊归为19世纪英国艺术社会主义的重要代表人物，他介绍罗斯金是为了说明社会主义经济学取代个人主义经济学是历史的必然，但试图以罗斯金的观点来弥补《国富论》的缺点显然是不恰当的。比起之前他在《我的马克思主义观》一文中以马克思的观点来评论《国富论》，李大钊此时对《国富论》的断语反而相形见绌。

李大钊是中国马克思主义学术体系的先驱，他广泛吸收借鉴了各种西方理论。他在研究马克思主义经济学的过程中，重视对资本主义经济学流派的梳理。这种梳理对于分析他的马克思主义经济学思想的形成有着重要的意义，主要表现在：一是李大钊早年学习西方资本主义文化，认同个人主义经济学鼻祖亚当·斯密的经济理论，十月革命之后他转而信仰马克思主义新文化，他早年所受的西方文化教育为他后来转向马克思主义奠定了深厚的知识基础。二是李大钊成为马克思主义者后坚持用马克思主义唯物史观解读包括《国富论》在内的资本主义经济学，对斯密殖民政策的分析即如此。另外，对于将经济分析引入历史研究，从而确定经济因素在整个社会历史发展中的重要作用，孟德斯鸠与斯密均做出了重要贡献，斯密比孟德斯鸠更接近于马克思所谓的唯物史观，只是李大钊尚未明确指出这一点。三是

---

① John Ruskin. *Unto This Last and the Two Paths*, London & Glasgow: Collins Clear-Type Press, 1862, p.147.

斯密的固定资本流通资本说影响了李大钊对马克思不变可变资本说的正确认识。在《资本论》中文版还未问世之前,李大钊虽是中国早期马克思主义者中全面系统介绍《资本论》的第一人,但他对全书的了解仍然有限,因此他在介绍马克思的资本构成理论时未能完全正确地辨析马克思与斯密在这个问题上的区别,这说明继承马克思的理论需要正确理解斯密学说。四是李大钊在吸取社会主义理论营养时还需加强辨识科学社会主义与非科学社会主义本质区别的能力,他在《社会主义与社会运动》一文中没有站在马克思主义立场来评论《国富论》,而是借助艺术社会主义者罗斯金的理论对《国富论》的缺点进行不恰当的概括。以上事实表明,梳理李大钊对《国富论》的评价,对了解李大钊的马克思主义经济思想的形成具有重要的启示作用,有助于深刻认识资产阶级经济学与马克思主义经济学之间的理论斗争。本书不是要揭示李大钊在经济理论上的缺陷,而是要向读者真实地展示中国早期马克思主义者追求马克思主义真理的艰苦理论求索过程。正如鲁迅对李大钊评价的那样:"他的理论,在现在看起来,当然未必精当的",但是"他的遗文却将永住,因为这是先驱者的遗产,革命史上的丰碑"。①

李大钊对马克思主义理论探索的道路充满着艰辛与曲折。也就是说,他既要正确理解马克思的理论,又要客观评价《国富论》。李大钊对《国富论》的认知,既超过了朱执信在《德意志社会革命家列传》的论述,②又超出了陈独秀、杨匏安等其他马克思主义者对《国富论》的认识水平。例如,在《我的马克思主义观》发表的同时,杨匏安发表了《马克思主义》(一称《科学的社会主义》)③一文,对马克思的学说包括剩余价值理论做了介绍,通观全文,杨匏安都没有提到亚当·斯密或其学说。研究李大钊对《国富论》的评价,有助于理解李大钊马克思主义经济学的形成过程,这正是学术界研究李大钊经济思想需要深入的地方。

第二节　陈独秀对《国富论》的简短评论

陈独秀(1879—1942)是新文化运动的倡导者之一,中国共产党创始人之一,中国共产党早期的主要领导人。1897年,陈独秀考入求是书院(今浙

---

① 李大钊:《守常文集》,上海书店出版社1989年版,第2页。
② 广东省哲学社会科学研究所历史研究室编:《朱执信集》,中华书局1979年版,第16—19页。
③ 杨匏安:《马克思主义》(一称《科学的社会主义》),《新中华报》1919年11月、12月刊登。

江大学),开始接受近代西方思想文化,1901—1914年曾先后5次东渡日本,1915年创办《青年杂志》,开始宣传西方文化,《国富论》作为西方文化的经典著作,是否也是陈独秀关注的对象呢? 本章的任务就是考察陈独秀对《国富论》的认识与态度。

严复曾被誉为"近世思想的第一人",他的译著涵盖了西学的精华,陈独秀也像同时代的文人一样深受严复译著的影响,只是陈独秀从文体的角度对严复译著进行了批评。陈独秀提倡白话文,反对文言文,他认为自然科学与社会科学的名词不易理解,但白话文的解说比文言文容易了解,因此听讲比看书更加懂得清楚。例如,陈大齐演讲的心理学、胡适著的哲学史实验哲学、周作人关于文学的译著等都能达到高深的学理,都比"严复译的书易于了解"。[1] 这说明陈独秀阅读过严复译本,觉得该译本古雅、难以理解。严复译本《原富》难以在社会上广泛传播,尤其是对于普通大众,文言文无疑是一个重要原因。因此,作为新文化运动的领袖,陈独秀的论著中虽然对斯密的论述甚少,但是他倡议的白话文运动意义深远,对《国富论》在中国的传播起着推波助澜的作用,为《国富论》白话译本的出现奠定了基础。

陈独秀第一篇提及斯密的论文是1920年3月1日刊登在《新青年》第7卷第4号的《马尔萨斯人口论与中国人口问题》,他在初步运用马克思经济学观点批判马尔萨斯人口论的过程中论及斯密学说。他把斯密的经济思想称为"富底哲学",即说明富裕的性质及原因,把马尔萨斯的经济思想称为"贫底哲学",即说明贫穷的性质及原因。马尔萨斯在阐述贫穷的性质时只看重食物,论证贫穷的原因时只看重人口过剩,而忽略了分配不均、科学欠发达、生产技术不精良、劳动力不充分以及交通不便这五大因素,因此,他的"贫底哲学"还赶不上亚丹的"富底哲学"那样"稍有根据"。[2]《国富论》在19世纪末20世纪初传入中国时,国人通常视之为一本如何致富之书,陈独秀自然免不了也产生类似想法,称斯密的经济思想为"富底哲学"也理所当然。不过,他认为斯密的经济学说比马尔萨斯的经济学说"稍有根据",这恐怕有点低估了斯密学说的重大价值,《国富论》是一本百科全书式的经济学经典名著,斯密在论证他的"富底哲学"时常常运用各种史料,理据十足,这也许是因为陈独秀本人此时并未研究过《国富论》或者说这是他对此书的一种偏见。

---

[1] 陈独秀:《我们为甚么要做白话文?——在武昌文华大学讲演底大纲》,任建树等编:《陈独秀著作选编》(第1卷),上海人民出版社2009年版,第197页。
[2] 陈独秀:《马尔萨斯人口论与中国人口问题》,任建树等编:《陈独秀著作选编》(第2卷),上海人民出版社2009年版,第206页。

《马尔萨斯人口论与中国人口问题》可视为陈独秀通过批判马尔萨斯人口论来批判资本主义私有制的一篇文章,他不认可马尔萨斯的人口论,其实也是在否定古典经济学。他不满意资本主义制度的原由是第一次世界大战乃西方列强之间的角逐与争霸,作为战胜国,中国的国家利益在战后受到极大的损害。1920年的陈独秀处于从资产阶级民主主义向马克思主义过渡的一个阶段,在这之前,即陈独秀从1915年开始用西方资产阶级思想批判中国传统文化,到五四运动后他开始转向马克思主义。1920年春天,共产国际代表维经斯基来华酝酿创建共产党,陈独秀在他的帮助下建立了上海共产党小组。陈独秀开始关注劳资矛盾,揭露资本主义的罪恶。同年9月1日,陈独秀发表《谈政治》一文,主张无产阶级通过革命建立政权,他在文中批评了为资本主义制度辩护的西式"自由":"新兴的资本家利用自由主义,大家自由贸易起来,自由办起实业来,自由虐待劳动者,自由把社会的资本集中到少数私人手里,于是渐渐自由造成了自由的资本阶级。渐渐自由造成了近代资本主义自由的国家。……劳动阶级底枷锁镣铐分明是自由主义将他带上的;……迷信自由主义万能,岂不是睁着眼睛走错路吗?"①

如果说《马尔萨斯人口论与中国人口问题》一文对斯密的论述较少,那么他两年之后的《马克思学说》一文则增添了对斯密学说的论述。这期间发生了开天辟地的大事变,即李大钊、陈独秀等马克思主义者在1921年创建了中国共产党,此后陈独秀更是大力宣传马克思主义。1922年4月23日,陈独秀在吴淞中国公学发表了题为"马克思学说"的演讲,同年7月1日,《新青年》第9卷第6号刊载了此次演讲。陈独秀在文章的开篇即把斯密作为马克思的对立面而提出来论述,他直言马克思与斯密分别代表两类不同的经济学学说,马克思的学说代表社会主义的经济学,斯密的学说代表个人主义的经济学,前者区别于后者之处在于前者阐明了剩余价值是如何产生与实现的,《资本论》也是反复在论证这一点。陈独秀指出,斯密在《原富》一书中也揭示了这一事实,他说:"在土地未私有资本未集聚的最初状态,劳动者所生产的东西全属劳动者自己所有。"他又说:"劳动者自己享有全部生产品的最初状态,土地私有资本集聚之后便不行了。"②这两处引文,陈独秀都明确标明了参考的书目及页数,由此我们可以断言他读过严复译本《原富》。上述引文表明斯密已经认识到:因土地和资本的私有之故,劳动者不

---

① 陈独秀:《谈政治》,任建树等编:《陈独秀著作选编》(第2卷),上海人民出版社2009年版,第253页。
② 参见严复:《原富》(第一卷),第64、66页。转引自陈独秀:《马克思学说》,任建树等编:《陈独秀著作选编》(第2卷),上海人民出版社2009年版,第441页。

能获得生产的全部，而只能得到其中的一部分，这剩余的部分被资本家无偿占有，马克思称之为剩余价值。

要弄清楚剩余价值实非易事，陈独秀坦言研究者必须搞懂马克思所谓的价值与劳动价值究竟是指什么。他首先从与价值密切相关的价格谈起，他指出，斯密把价格分为自然价格与市场价格，这种分类法一直影响到后来的经济学者。他谈了价格的分类之后，就过渡到剩余价值中的价值的定义以及劳动价值的定义，且看原文：

> 斯密亚丹以来的经济学者，对于凡物之价格都分为自然价格（Natural Price）、市场价格（Market Price）两种。剩余价位所指的价值，是自然价格所表现的抽象价值，不是市场价格所表现的具体价值，我们千万不可弄错。劳动价值也分二种：（一）劳动力自身之价值，即是劳动者每月拿若干工钱把劳动力卖给资本家之价值；（二）劳动生产品之价值，即是劳动者每月做出若干生产品之价值。①

值得一提的是，陈独秀论述斯密学说的方式与李大钊非常类似。陈独秀、李大钊两人同属于马克思主义在中国传播的杰出代表人物，他们较同时代的人更早、更深刻地认识到马克思的经济学说，尤其是《资本论》的内容。从学科背景、教育背景以及发表的成果来看，两人均留学日本，深受日本与欧美学术思想的熏陶，李大钊比陈独秀对《资本论》的认识更全面和深刻，如李大钊在1919年、1922年、1923年分别发表过3篇阐述马克思主义经济学说的文章，文章总字数在4万字以上，而陈独秀只在1922年发表过这样一篇只有5千字的文章，而且发表的时间还比李大钊1922年的那篇文章晚了2个月。他们皆未专门写文讨论过斯密学说，均是在阐述、宣传马克思主义经济学的过程中论及斯密学说，即对比马克思经济学说与斯密经济学说，后者往往被指出其不足与缺陷，常常是前者批判的对象。

陈独秀的文章中也有赞许斯密之处。1927年12月5日，他在《布尔塞维克》杂志"寸铁"栏目上发表了一篇短小精悍的文章《数典忘祖》，批评国民党忘记老祖宗孙中山"耕者有其地"的土地政策，这种行为与马寅初攻击马克思的劳动价值论一样糊涂，因为劳动价值论（陈独秀称之为"劳力价值说"）"并不始于马克斯，而是资产阶级的经济学老祖斯密亚丹

---

① 陈独秀：《马克思学说》，任建树等编：《陈独秀著作选编》（第2卷），上海人民出版社2009年版，第441—442页。

和李嘉图的发见"。① 陈独秀借此肯定了斯密是劳动价值论的开创者。

作为革命家与著名学者,陈独秀即使身陷囹圄也坚持学习,他在监狱中委托胡适等人帮他借书,他研读了马克思、恩格斯、斯密、李嘉图等人的著作,借阅的书籍有日文、英文、法文、德文等书籍,以及中国文字学、中国历史学等书籍。现试举几例。他在1932年12月1日给胡适的信中写道:"梦麟先生前曾送来几部小说,惟弟近来对于小说实无丝毫兴趣,先生能找几本书给我一读否? 英文《原富》,亚当斯密的,英文李嘉图的《经济学与赋税之原理》,英文马可·波罗的《东方游记》,崔适先生的《史记探源》。"②1933年4月5日,他写信要求阅读李季翻译的《欧洲经济发展史》中译本与德文原本,"以便对照译文一读,以此作学习德文的教科书,虽稍艰难,而比他书有趣也"。③ 1933年11月2日,胡适给陈独秀的信中提到研读《资本论》一事。④ 1933年11月19日,陈独秀给汪原放的信中提到的书名有日文《古代社会》上下册、《经济学批判》汉译本与英文原著、《工资、价格与利润》汉译本与英文原著。⑤ 上述经济学书目均论及斯密学说,这说明陈独秀对斯密学说还是很了解的,至于他缘何阅读斯密与李嘉图的英文著作,因相关资料的匮乏,实难做出推断。

从以上资料的梳理可大致看出陈独秀对斯密学说的认识,但还不全面,有些细节与背景仍需进一步揭示。在成为马克思主义者之前,陈独秀是一位资产阶级民主主义者,最明显的例子就是他举起民主与科学的旗帜,攻击封建专制思想与迷信盲从思想。国内学术界通常从政治哲学的视角来理解"民主",而已故的哈佛大学中国问题专家史华慈教授则认为陈独秀在新文化运动中所倡导的"民主"本质上"属于曼彻斯特学派提倡的自由主义,讲究经济上的个人主义"。⑥《国富论》的哲学基础是个人主义,因而下文从个人主义的视域来审视陈独秀接受《国富论》的可能性。

作为民主主义者,陈独秀既主张自由主义,又提倡个人主义。陈独秀

---

① 陈独秀:《寸铁:数典忘祖》,任建树等编:《陈独秀著作选编》(第4卷),上海人民出版社2009年版,第343页。
② 陈独秀:《致胡适》,任建树等编:《陈独秀著作选编》(第5卷),上海人民出版社2009年版,第56页。
③ 陈独秀:《致灵均女士信十二封:十》,任建树等编:《陈独秀著作选编》(第5卷),上海人民出版社2009年版,第53页。
④ 奚金芳、伍玲玲主编:《陈独秀南京狱中资料汇编》(下卷),上海人民出版社2016年版,第491页。
⑤ 陈独秀:《致汪原放信四十二封:十八》,任建树等编:《陈独秀著作选编》(第5卷),上海人民出版社2009年版,第87页。
⑥ *Benjamin Schwartz, Chinese Communism and the Rise of Mao*, Harvard: Harvard University Press, p.9.

《敬告青年》一文提出的"自主而非奴隶的""世界的而非锁国的""实利的而非虚文的"等六条标准,实际上是自由主义在中国的宣言。自由主义与个人主义的关系非常密切,个人主义常被视为自由主义的理论基础。在陈独秀看来,西洋民族以"个人为本位",实质上就是"个人主义之民族"。① 自进入现代社会以来,西洋民族的现代生活"以经济为之命脉,而个人独立主义,乃为经济学生产之大则,其影响遂及于伦理学"。② 陈独秀看到了西方现代社会是以经济上的"个人独立主义"为根基的社会,保护个人的私有财产,个人的经济独立与个人伦理上的人格独立是相互关联的,经济独立起着决定性作用,而中国传统文化缺乏对个人财产与个人人格的保护机制,他以西方个人主义的价值观来批判传统儒学。个人主义是资产阶级的意识形态和思想范畴,第一次世界大战、十月革命以及五四运动让陈独秀看到了西方资产阶级的强权政治、西式民主自由的虚伪,以及俄国无产阶级民主与社会主义制度的美好,因而对个人主义逐渐冷淡下来,继而批判个人主义以及自由主义,《马尔萨斯人口论与中国人口问题》《谈政治》《马克思学说》等便是这样的文章。陈独秀在《马克思学说》一文中把斯密视为个人主义经济学的代表,在两年后发表的《答张君劢及梁任公》一文仍然持如是观。③ 转向马克思主义的陈独秀对个人主义及其经济学说持批判的态度,主张用马克思主义经济学取代斯密的个人主义经济学,走社会主义道路。因此,陈独秀从民主主义者转变为马克思主义者的历程,是他逐渐抛弃个人主义价值观的历程,他接受《国富论》的可能性越来越小。因此,作为政治家、思想家的陈独秀,其发表的《告北京劳动界》《马尔萨斯人口论与中国人口问题》《上海厚生纱厂湖南女工问题》《社会主义批评》《关于社会主义问题》《中国农民问题》《中国国民革命与社会各阶级》《资本主义在中国》《我们不害怕资本主义》等经济论文中甚少涉及斯密学说也就容易理解了。

第三节 毛泽东对《国富论》的否定

毛泽东(1893—1976)一生博览群书,作为伟大的马克思主义者,他是否

---

① 陈独秀:《东西民族根本思想之差异》,任建树等编:《陈独秀著作选编》(第1卷),上海人民出版社2009年版,第194页。
② 陈独秀:《孔子之道与现代生活》,任建树等编:《陈独秀著作选编》(第1卷),上海人民出版社2009年版,第266页。
③ 陈独秀:《答张君劢及梁任公》,任建树等编:《陈独秀著作选编》(第3卷),上海人民出版社2009年版,第281页。

也像马克思那样批判继承斯密的理论呢？他是否读过《国富论》并受到斯密学说的影响呢？关于前一个问题，我们可以从河上肇的《经济学大纲》进行推测。该书是马克思主义经济学的读物，据说毛泽东"生前读过多遍，不但写下了许多的批注文字，而且把书中错误的标点符号——改正过来"。① 河上肇在该书序言中提到了斯密的"天然的自由"与劳动价值学说。② 至于毛泽东批注的具体内容是什么，由于资料的欠缺不得而知。

能够证明毛泽东有可能读到过《国富论》的第一个例子是梁启超与《新民丛报》。毛泽东早年喜欢阅读《新民丛报》，如前所述，该报曾经刊登了《国富论》的翻译与传播。毛泽东屡次谈及梁启超，深受其影响，这是学术界公认的事实。梁启超的著述中多次论及斯密学说，毛泽东也许读过梁氏关于斯密的论述，也许没有读过，也许读过之后并没有产生兴趣。总之，目前尚无资料可以说明此点。欲解决这个问题，还得先从他受到严复影响的相关论述中进行查询。毛泽东本人对严复的评价比较高："自从 1840 年鸦片战争失败那时起，先进的中国人，经过千辛万苦，向西方国家寻求真理。洪秀全、康有为、严复和孙中山，代表了在中国共产党出世以前向西方寻求真理的一派人物。"③严复因此被誉为五四运动以前"向西方寻求真理"的四大代表人物之一，毛泽东曾经受到严复思想的影响已成为学术界的共识。那么，毛泽东的著述中有没有关于《国富论》的记载呢？笔者查阅到有两则材料与此相关。

一则材料是毛泽东的早年教育。从毛泽东早年接受的教育来看，1912 年秋至 1913 年春，毛泽东因不满学校教学退出湖南省立第一中学，在湖南省立图书馆自学了半年，他为自己订立了一个"自修计划"，其内容是："在这段自修期间，我读了许多的书，学习了世界地理和世界历史。我在那里第一次看到一幅世界地图，怀着很大的兴趣研究了它。我读了亚当·斯密的《原富》，达尔文的《物种起源》和约翰·穆勒的一部关于伦理学的书。我读了卢梭的著作，斯宾塞的《逻辑》和孟德斯鸠写的一本关于法律的书。"④这些书目中，除了卢梭的著作外，其余均是当时风行的严复译本，达尔文的《物种起源》即严复翻译的《天演论》，"约翰·穆勒的一部关于伦理学的书"即严复翻译的《穆勒名学》，"斯宾塞的《逻辑》"即严复翻译的《群学肄言》，

---

① 《更改〈经济学大纲〉等书中的错误标点符号》，孙宝义、刘春增等编：《毛泽东谈读书学习》，中央文献出版社 2008 年版，第 488 页。
② 《陈豹隐全集》（第二卷），西南财经大学出版社 2013 年版，第 7—8 页。
③ 《毛泽东选集》（第 4 卷），人民出版社 1960 年版，第 1474 页。
④ ［美］埃德加·斯诺：《西行漫记》，董乐山译，解放军文艺出版社 2002 年版，第 106 页。

"孟德斯鸠写的一本关于法律的书"即严复翻译的《孟德斯鸠法意》。以上名著中,对毛泽东影响最大的是《天演论》,这方面的学术成果颇多。① 该书对他的影响表现在两方面:"一是接受了《天演论》中阐述的运动、变化、斗争、发展的自然观,即在斗争中求生存,在变化中求发展。……一是强调对民族素质的提高与改造,以适应世界发展的竞争潮流。……此外,进化论还为毛泽东等人接受马克思主义学说奠定了良好的理论基础。"② 前已述及,《天演论》的按语中出现了2次"亚丹斯密",《孟德斯鸠法意》的按语中也出现了一些有关斯密以及《原富》的话语,加上毛泽东亲口承认读过《原富》一书这一事实,我们可以肯定的一点是:毛泽东读过《原富》,至于《原富》是否影响了毛泽东,我们可以从他回忆1913—1918年就读于湖南省立第一师范学校的话中得到启示。毛泽东说:"在这个时期,我的头脑是自由主义、民主改良主义及空想社会主义的有趣的混合物。"③ 毛泽东所谓的"自由主义"是"旧式的"自由主义,即19世纪的古典自由主义,引文表明青年时代的毛泽东受到了包括古典自由主义思想在内的各种西方文化的影响,《原富》的自由经济思想可能也影响了毛泽东。

　　五四新文化期间,毛泽东亲自创办了文化书社以传播新文化。1920年11月10日,他向读书爱好者推荐了一批新书,在文化书社经营出售的164种图书中,"书之重要者"共计62本,广涉人文社会科学各门类,有《马格斯资本论入门》《社会主义史》《科学的社会主义》等五本社会主义书籍,这些书籍对毛泽东确立马克思主义信仰起着重要的作用。这批书中唯一涉及斯密学说的是《近世经济思想史论》一书。④《近世经济思想史论》由河上肇著、李培天翻译,1920年9月出版。此书讲述了斯密、马尔萨斯、李嘉图、马克思的经济理论,在专门论述斯密的一章中,又以阐述斯密自由放任理论为重点。遗憾的是,毛泽东仅仅是为这批新书打广告,未见其写过关于《近世经济思想史论》的读书笔记。从涉及斯密学说的书籍的数量来看,社会主义书籍高居榜首,这批书籍是文化书社严格挑选的有价值的最新出版物,可以看出,斯密学说在毛泽东的思想中无关紧要,甚至是以被马克思批判的负面

---

① 杜艳华:《严复思想对毛泽东早期文化观形成的影响》,《吉林大学社会科学学报》1998年第4期;谭继东:《近代西方思潮对青年毛泽东价值观念的影响》,《宝鸡文理学院学报》2002年第2期;莫江平:《论毛泽东对严复社会有机体理论的批判与改造》,《学海》2009年第4期。
② 陈晋:《毛泽东读书笔记解析》(上册),广东人民出版社1996年版,第49页。
③ [美]埃德加·斯诺:《毛泽东自传》,汪衡译,中国青年出版社2011年版,第51页。
④ 中共中央文献研究室、中共湖南省委《毛泽东早期文稿》编辑组编:《毛泽东早期文稿》,湖南人民出版社2008年版,第486页。

形象出现,该书严肃地批判了斯密的劳动价值说与自由放任论。①

众所周知,毛泽东后来在参加中国革命斗争的过程中,抛弃了个人主义与自由主义,成为一名坚定的马克思主义信仰者。1929年12月,毛泽东在古田会议上明确提出反对个人主义,他将党内个人主义归纳为报复主义、小团体主义、雇佣思想、享乐主义、消极怠工、离队思想6种表现形式,同时指出:"个人主义的社会来源是小资产阶级和资产阶级的思想在党内的反映。"②他还提到了对自由主义的认识,他说:"经济的发展进步到资本主义制度,它便需要提出自由主义,以发展工农士兵群众的个性,增强他们的劳动能力和打仗能力,以造成资本主义发展之条件。"③即自由主义是资本主义发展史上的特定阶段,自由主义是资产阶级的意识形态。1937年9月7日,毛泽东在《反对自由主义》一文中表明了他对自由主义的态度,某种程度上也可视为他对斯密学说的看法。《反对自由主义》一文中的"自由主义"不是指西方经济学范畴的"自由主义",而是指思想上、政治上、组织上、纪律上的"自由主义",毛泽东说:"自由主义的来源,在于小资产阶级的自私自利性。"④这篇产生于抗日战争时期的文章批判了党内的各种自由主义表现,鞭挞了小资产阶级的自私与自利,提倡集体主义、马克思主义,可以说从思想上根除了自由主义、个人主义在党内的影响,也就是从根本上铲除了斯密经济自由主义在党内产生的可能性。

另一则材料是《新民主主义论》。1940年1月9日,毛泽东在延安发表了题为"新民主主义的政治与新民主主义的文化"的演讲,同年2月15日,在延安出版的《中国文化》创刊号刊登了这篇演讲。毛泽东在文中以五四运动为界,将中国近代的新文化分为五四前与五四后两个时期,他对五四前的中国资产阶级文化的历史作用进行了如下评价:"以严复输入的达尔文的进化论,亚丹斯密的古典经济学,穆勒的形式逻辑与法国启蒙学者孟德斯鸠辈的社会论为代表,加上那时的自然科学,是'五四'以前所谓新学的统治思想。"⑤引文中

---

① [日]河上肇:《近世经济思想史论》,李培天译,上海学术研究会1920年版,第153—250页。
② 中共中央文献研究室中央档案馆编:《建党以来重要文献选编(一九二一——一九四九)》(第6册),中国文献出版社2011年版,第733—734页。
③ 中共中央文献研究室中央档案馆编:《建党以来重要文献选编(一九二一——一九四九)》(第6册),中国文献出版社2011年版,第755页。
④ 毛泽东:《反对自由主义》,《毛泽东选集》(第2卷),人民出版社1993年版,第360页。
⑤ 毛泽东:《新民主主义的政治与新民主主义的文化》,《中国文化》1940年创刊号,第19页,1949年后出版的《毛泽东选集》均删除了这一句:"以严复输入的达尔文的进化论、亚丹斯密的古典经济学,穆勒的形式逻辑与法国启蒙学者孟德斯鸠辈的社会论为代表,加上那时的自然科学,是'五四'以前所谓新学的统治思想。"

所列举的四大名著是严译著作中最重要的作品,涵盖了政治学、法学、经济学、哲学、社会学诸多领域,这个评价是对严复所做贡献的肯定,严复的"新学"即资产阶级文化,曾经对封建文化起到过"革命作用",但是毛泽东又指出:"这种资产阶级思想只能上阵打几个回合,就被外国帝国主义的奴化思想和中国封建主义的复古思想的反动同盟所打退了,被这个思想上的反动同盟军稍稍一反攻,所谓新学就掩旗息鼓,宣告退却,失了灵魂,而只剩下它的躯壳了。"① 资产阶级文化在中国的失败,同时也伴随着资产阶级经济理论在中国的失败,毛泽东阐述了文化与政治、经济的相互关系,他说:"一定的文化(当作观念形态的文化)是一定社会的政治和经济的反映,又给予伟大影响和作用于一定社会的政治和经济。"② 既然文化是一定社会政治经济的反映,资产阶级文化是资本主义经济的体现,由于资产阶级文化在五四后被社会主义文化所取代,资本主义经济在中国已经没有前途,只有走社会主义道路。毛泽东为此提出了无产阶级领导下的新民主主义共和国通过没收大银行、大工业、大商业的办法来建立国营经济,而具有社会主义性质的国营经济是国民经济的领导力量,同时他承诺不没收资本主义私有财产,允许不涉及国计民生的资本主义的发展。③ 上述便是毛泽东新民主主义经济理论的部分内容。

　　毛泽东的《新民主主义的政治与新民主主义的文化》一文在《中国文化》刊登后,同年2月20日《解放》第98、99期合刊登载了此文,题目改为《新民主主义论》,之后此文就不断修订,1949年中华人民共和国成立后出版的《毛泽东选集》均删除了这一句:"以严复输入的达尔文的进化论,亚丹斯密的古典经济学,穆勒的形式逻辑与法国启蒙学者孟德斯鸠辈的社会论为代表,加上那时的自然科学,是'五四'以前所谓新学的统治思想。"在毛泽东看来,斯密的古典经济学在五四之前是新学,是资产阶级文化,被帝国主义与中国封建主义打得"掩旗息鼓""失了灵魂",毛泽东因而在文化方面提出了"民族的科学的大众的"新民主主义文化,以此来取代包括斯密学说在内的资产阶级文化,在经济方面确保国营经济的领导地位,同时对民族资本主义实行保护的政策。

　　这两则直接论及斯密的材料大致可以反映毛泽东对斯密学说的态度。毛泽东早年阅读过《国富论》,憧憬资产阶级文化,后来成为一名马克思主义

---

① 毛泽东:《新民主主义的政治与新民主主义的文化》,《中国文化》1940年创刊号,第19页。
② 毛泽东:《新民主主义的政治与新民主主义的文化》,《中国文化》1940年创刊号,第3页。
③ 毛泽东:《新民主主义的政治与新民主主义的文化》,《中国文化》1940年创刊号,第10页。

者之后，尤其是在抗日战争时期扬弃了自由主义思想，倡导社会主义、集体主义。仅凭这两则史料很难全面综合地判断他对体现资本主义自由经济学说的斯密学说的态度与立场。这里有必要补充他在中国革命不同时期对待资本主义的经济政策。1934年，毛泽东在江西瑞金第二次全国工业代表大会上提出了根据地的经济政策："保证无产阶级对于农民的领导，争取国营经济对私人经济的领导，造成将来发展到社会主义的前提。……我们对于私人经济，只要不出于政府法律范围之外，不但不加阻止，而且加以提倡和奖励，因为目前私人资本主义的发展是国家的利益和人民的利益所需要的。"①这是毛泽东针对红色区域经济落后，利用资本主义经济，打破国民党封锁的一种策略与原则。抗日战争时期，他在《新民主主义论》中提出了将大银行、大工业、大商业收归新民主主义的共和国所有，对民族资本主义进行保护与发展的策略。一年之后随着抗日形势日趋艰难，为了扩大抗日民族统一战线，建立无产阶级与资产阶级的联盟，毛泽东说："是让自由资本主义经济得到发展的机会，用以反对日本帝国主义和半封建制度。这是目前中国最革命的政策，反对和阻碍这个政策的施行，无疑义地是错误的。"②解放战争时期，保护民族工商业是新民主主义革命的三大经济纲领之一，1947年12月25日，毛泽东说："不怕资本主义发展，它的这个积极性我们要利用。要允许自由贸易，但国民经济由我们操纵。"③这里的"资本主义发展"是有一定限制条件的，即发展有益于国计民生的私人资本主义企业，允许这些企业自由贸易，反之则不然。对于官僚资本或者垄断性的大企业，则是采取没收的政策。1949年党的七届二中全会决议进一步指出了对私人资本主义经济的态度："国内的自由竞争和自由贸易，不但是不可避免的，而且是经济上必要的。"④但是私人资本主义不是像资本主义国家那样不受制约，而是在税收、市场价格、劳动条件等方面对其进行必要的、恰如其分的限制、管制和监督。

以上是对毛泽东在新民主主义革命时期经济政策的简要梳理，这有助于分析他对斯密学说的认识。青年时代的毛泽东的头脑中混杂着自由主义、民主改良主义、空想社会主义等西方思想，选择马克思主义之后扬弃自由主义，这容易理解。虽然只有区区两则史料涉及斯密，但不能由此简单地

---

① 王金山主编：《中华苏维埃共和国消费合作社史料选编》，江西省供销合作社2001年版，第46页。
② 毛泽东：《〈农村调查〉的序言和跋》，《毛泽东选集》（第3卷），人民出版社1993年版，第793页。
③ 毛泽东：《目前的形势和党在一九四九年的任务》，《毛泽东文集》（第5卷），人民出版社1993年版，第236页注释⑧。
④ 中央档案馆等编：《中共中央在西柏坡》，海天出版社1998年版，第857页。

认为毛泽东在新民主主义革命时期一概否定体现资本主义性质的自由贸易与自由竞争,这牵涉到我党对于私人资本主义或者说民族资本主义的政策与态度的问题。在土地革命时期,由于国民党对中央苏区的经济封锁,根据地的经济发展异常艰辛,私人资本主义的发展是国家与个人利益的需要,只要是在法律许可的范围内,党都对其进行鼓励与奖励。到《新民主主义论》以及七届二中全会,毛泽东都认可一定时期、一定条件下私人资本主义的存在与发展,但他禁止党内存在自由主义,坚持共产党政权的经济成分是以国营经济为主,私人经济必须在合法的框架内活动。这是毛泽东基于中国近代经济落后的国情,灵活、务实地处理我党与私人资本的关系,反映了毛泽东对私人资本的原则性与灵活性。以上简要分析虽没有直接论及斯密学说,但从毛泽东认可私人资本主义在新民主主义革命中的作用以及它存在的必要性,我们就不能简单地认定毛泽东一概否定自由贸易、自由竞争,这有助于我们正确认识毛泽东对体现自由贸易、自由竞争的斯密学说的态度。

第四节 陈豹隐对劳动价值说的批判

陈豹隐(1886—1960),原名陈启修,是中国早期马克思主义者中杰出的马克思主义经济学家。他于1913—1917年毕业于日本东京帝国大学法科大学政治科,1914年翻译了日本法学博士小林丑三郎的《财政学提要》,1924年出版了《财政学总论》,1929年编写了《经济现象的体系》,1929—1930年翻译出版了河上肇的《经济学大纲》和马克思的《资本论》第一卷第一分册,1931年出版了《经济学原理十讲》,1933年出版了《经济学讲话》等著作。上述著作中均提及斯密以及《国富论》,此处主要探讨陈豹隐对斯密劳动价值说的批判。

陈豹隐对斯密劳动价值说的批判先是从正统派经济学的主要内容入手的,他认为该派产生的时间从1776年《国富论》的出版开始,结束于1817年,斯密是其代表人物。陈豹隐将正统派的理论归纳为五个要点:一是正统派注重"产业"(industry),这与重农学派重视农业,重商主义重视商业截然不同;二是重视商品的研究;三是主张劳动即价值;四是提倡自由贸易;五是正统派具有"革命色彩"。[①] 关于第一个要点,陈豹隐认为斯密所谓的"产

---

① 陈豹隐:《经济学讲话》,《陈豹隐全集》(第一卷),西南财经大学出版社2013年版,第116—122页。

业"包括农业、工业、矿业、交通业等部门,但重点关注的是工业。重商主义注重商业与货币,但商业不具有生产性,不是国富的根本途径,所以才招致重农主义的反对,但重农主义认为农业是唯一的生产部门,这种观点又是错误的。斯密观察到英国工业革命正在发生,工业才是当时社会占主要地位的行业,是国富的主导力量。所以斯密在《国富论》中既反对重农学派,又反对重商主义。正因为工业占主要地位,工业生产品基本上是商品,斯密才把注意力集中到商品身上,着重解释商品的价格、商品价格的组成,以及商品的自然价格与市场价格。关于第三个要点,正统派认为一切商品都有价值的原因在于劳动的作用并对商品的价值进行了深入的剖析,这远远比重商主义重货币与重农主义重农产品进步得多。关于第四个要点,正统派所主张的自由贸易远胜重商主义与重农主义,重商主义只关心商业与输入国外的货币,重农主义虽也赞同自由贸易,但以自然法则为依据,不像正统派那样有价值论为基础,其实际效果远远不及正统派的自由贸易。关于第五个要点"革命色彩",陈豹隐指出重商主义反对封建势力不彻底,而重农主义又偏袒地主阶级,正统派代表产业资本家的利益,坚决反对封建制度,因而带有革命色彩。他进一步分析指出,正统派具有革命性的原因是正统派知道只有推翻重商主义与重农主义,自由贸易才能推行,而且正统派的理论也具有实践的革命精神,像斯密与李嘉图既是经济学家,又是政治学家,他们不仅研究经济,还研究与经济最密切的政治理论,功利主义就是正统派在政治学上的成就。以上是陈豹隐对正统派学说五个要点总体上的评论。

  有了对正统派经济学的总体了解之后,我们再来看陈豹隐对正统派的劳动价值说的看法。陈豹隐首先承认正统派的贡献在于"最初发现价值的本质的一部分"。① 而且,正统派劳动价值说是马克思劳动价值说的来源,有必要研究它的内容,可是这个学派非常庞大,马克思将重农学派都算在正统派之内,除开重农学派,正统派内部各个学者之间的学术观点也有很大的不同,单以某一个人的学说很难代表整个正统派。而且正统派的学说在19世纪初期发生了很大变化,比如英国的穆勒与西尼尔与法国的萨伊将斯密等人的学说"流俗化"(庸俗化)了,丧失了正统派的革命精神,成为"流俗派"(庸俗派)。陈豹隐便以正统派的两位主要代表人物——斯密与李嘉图为例来批判正统派的劳动价值说。这里我们重点讨论他对斯密劳动价值说的批判。

---

① 陈豹隐:《经济学讲话》,《陈豹隐全集》(第一卷),西南财经大学出版社2013年版,第273页。

陈豹隐对斯密劳动价值说的批判主要体现在《经济学讲话》一书中。该书出版于20世纪30年代国民党对共产党进行文化"围剿"的时期，马克思的学说受到国内一些资产阶级经济学学者的批评，陈豹隐坚定地站在马克思主义的立场，批判了正统派的劳动价值说、限界效用说、折衷说、比率说、社会评价说、不要价值论的价值说等形形色色的资产阶级价值学说，并批判了反马克思价值论的8种观点，从而捍卫了马克思的劳动价值论。

具体而言，陈豹隐将斯密的劳动价值说概括为四点：一是价值分为使用价值与交换价值；二是交换价值的决定因素；三是商品的真实价格由工资、利润、地租三者组成；四是市场价格以自然价格为中心，随着自然价格而上下波动。关于第一点，斯密明确了使用价值与交换价值的含义并对两者的关系做出了区分，陈豹隐肯定了斯密对价值分类的贡献，接着就将笔锋转向第二点交换价值的决定因素。商品交换价值的决定因素在原始商品社会与资本主义社会是不一样的，在原始商品社会，陈豹隐概括了《国富论》有关交换价值决定因素的以下几种情况。斯密在《国富论》第五章开篇写着："各财货的交换价值，就等于他所能支配或购买的劳动分量。"①陈豹隐把交换中所能"支配或购买的劳动"称为"支配劳动"，他认为斯密这句话的意思是说"支配劳动"决定交换价值。但斯密接下来又写道："一切物件的真实的价格……就是那种为获得这个物件时所费的劳苦和麻烦。"②陈豹隐把"获得这个物件时所费的劳苦和麻烦"称为主观的"投下劳动"，他认为斯密这句话表明，是"投下劳动"而不是"支配劳动"决定交换价值。《国富论》第六章又提到两天或者两点钟的劳动的劳动生产物的价值通常比一天或者一点钟的劳动的劳动生产物的价值多一倍，陈豹隐认为斯密又将决定交换价值的"投下劳动"转变为"社会平均投下劳动"。③ 除了"支配劳动""投下劳动""社会平均投下劳动"能够决定交换价值之外，陈豹隐还列举了斯密所说的一种情形："商品含有特定分量的劳动的价值，我们拿这个特定分量的劳动的价值，和那种被我们推想着它含有同一分量的劳动的价值的商品相交换。劳动是最初的价格（货币），是最初的，对于一切物品都被支付了的购买货币。"④陈豹隐认为斯密这句话的意思是"价值价值说"，即劳动的价值决定商品的价值的循环。以上四种情形发生在原始商品社会，彼时资本未

---

① 陈豹隐：《经济学讲话》，《陈豹隐全集》（第一卷），西南财经大学出版社2013年版，第274页。陈豹隐没有引用王亚南的《国富论》译本，而是自己翻译了《国富论》，以下引用均是如此。
② 陈豹隐：《经济学讲话》，《陈豹隐全集》（第一卷），西南财经大学出版社2013年版，第275页。
③ 陈豹隐：《经济学讲话》，《陈豹隐全集》（第一卷），西南财经大学出版社2013年版，第275页。
④ 陈豹隐：《经济学讲话》，《陈豹隐全集》（第一卷），西南财经大学出版社2013年版，第275页。

积聚、土地未私有,斯密认为原始商品社会的劳动者是独立的商品生产者,劳动的全部生产物归劳动者自己所有,劳动生产物交换的标准是获得该物品所消耗的劳动,劳动是交换价值的决定因素,因此劳动价值说适用于原始商品社会。但是陈豹隐指出斯密没有清楚说明原始社会中决定商品交换价值的劳动的具体含义。

如果说在原始社会工资是劳动的自然报酬,那么,到了资本积聚和土地私有的资本主义社会,仅仅是工资的话,难以囊括劳动的全部报酬,斯密便使用了真实价格这个概念来说明商品的价格问题,假定真实价格由工资、利润、地租三部分构成,商品的价格则包含了劳动者所得的工资、资本家所得的利润以及地主所得的地租,这三者均是交换价值的源泉。陈豹隐据此而认为斯密劳动价值说是矛盾的,即斯密一方面主张劳动决定价值,另一方面又主张工资、利润、地租决定价值。至于第四点市场价格围绕自然价格波动的问题,陈豹隐承认斯密从商品供求变化的现象中发现了资本主义社会的价值规律,同是他又指出了斯密在这个问题上的缺陷。一方面,陈豹隐认为斯密所说的真实价格由工资、利润、地租而定的理论是一种主观的价值的决定方法;另一方面,陈豹隐又认为斯密的市场价格围绕自然价格波动是一种客观的价值的决定方法,但是斯密对此没有进行充分的解释。①

陈豹隐从抽象劳动价值说的立场对上述斯密劳动价值说的内容提出了6点批评意见。

第一点批评意见是说斯密劳动价值说"不彻底",这种"不彻底"表现在斯密不仅没有充分说明"单纯商品社会"(原始商品社会)与资本主义社会的"价值法则"(价值规律),也没有说明两者的差异。正如陈豹隐指出,斯密没有明确原始社会中决定商品交换价值的劳动究竟是何种劳动,因而斯密对原始社会价值规律的探究"不彻底"。原始社会商品的价格是劳动的自然报酬,而在资本主义社会就转化为真实价格,陈豹隐认为斯密对资本主义价值规律的认识主要表现在斯密提出的真实价格这一概念上。前已提及,工资、利润、地租是商品交换价值的源泉,斯密误认为商品价值的源泉有三种,这与他提倡的劳动价值说相冲突,陈豹隐因而认为斯密对资本主义价值规律的理解也"不彻底",所以把斯密仅仅归为价格学说上的一个"先驱者"而已。②

第二点批评意见是说斯密的"支配劳动说"的根据过于"薄弱"。"薄

---

① 陈豹隐:《经济学讲话》,《陈豹隐全集》(第一卷),西南财经大学出版社2013年版,第277页。
② 陈豹隐:《经济学讲话》,《陈豹隐全集》(第一卷),西南财经大学出版社2013年版,第277页。

弱"的原因有两个：一是商品数量由生产力的大小决定,商品价格由必要的抽象劳动量决定,这两者没有本质联系,不能以支配或者购买的劳动量来决定商品价格的多少；二是支配劳动说原来就是以交换为前提,现在研究商品交换价格的决定原因时又以交换为前提,这是"以问答问",①无助于问题的解决。

第三点批评意见是说斯密的"投下劳动"这个提法不合理,原因是"投下劳动"企图以商品生产者和出售者个人主观的意志来决定商品的一般价格。陈豹隐举例说,对于劳动技巧和熟练程度不同的甲乙而言,甲生产商品 A 需要 12 小时的劳动,生产商品 B 需要 10 小时的劳动。反之,乙生产商品 A 需要 10 小时的劳动,生产商品 B 需要 12 小时的劳动,又假设甲有商品 A,乙有商品 B,现在甲乙交换商品 A 与商品 B,那么衡量商品 A 与商品 B 的价值的尺度是什么呢？依斯密的投下劳动说看来,甲为了生产商品 A 投下的劳苦与麻烦是 12 小时的劳动,乙生产商品 A 投下了 10 小时的劳动,那么商品 A 的价值尺度究竟是 10 小时还是 12 小时呢？这不好断定。如果求 10 小时与 12 小时的平均数,就可以得到平均投下劳动时间,但那不是从个人投下劳动来决定商品价格。如果从社会平均投下劳动来计算商品的价格则是"再生产时的必要劳劲,而不是投下劳动了"。② 因此,陈豹隐指出,由于斯密不懂得劳动的二重性,即创造使用价值的具体劳动与创造价值的抽象劳动,才会陷入这样的矛盾中。这个劳动的二重性是马克思首次提出来的,陈豹隐在这里使用了马克思的劳动二重性学说对斯密的投下劳动概念进行批判。

陈豹隐把斯密的投下劳动决定商品交换价值的理论称为"投下劳动说"。所谓"投下劳动说"也就是指斯密过去的投下劳动价值说,即斯密认为商品的价值取决于过去所投下的劳动,而不是取决于现在或者将来的劳动。陈豹隐指出,斯密"投下劳动说"的错误在于商品的价值会因时间的不同而出现变化,例如过去花费很多劳动的商品因机器改良、技术进步等减少了劳动时间,而商品的价值又不能按照过去耗费的时间来衡量,所以过去的平均劳动不能决定商品现在的价值。而且,投下劳动说也不能解释这样的现象,即同种商品所消耗的不同劳动量如果在市场上出售还具有相同的价值。③

---

① 陈豹隐：《经济学讲话》,《陈豹隐全集》(第一卷),西南财经大学出版社 2013 年版,第 277 页。
② 陈豹隐：《经济学讲话》,《陈豹隐全集》(第一卷),西南财经大学出版社 2013 年版,第 277 页。
③ 陈豹隐：《经济学讲话》,《陈豹隐全集》(第一卷),西南财经大学出版社 2013 年版,第 224 页。

陈豹隐的第四点批判意见是第三点批判意见的继续，即进一步批判斯密的"投下劳动说"。陈豹隐指出，由于斯密不明白具体劳动与抽象劳动的区别，所以没有充分说明不同种类的劳动与异质劳动为什么能够进行比较的缘由，也没有深入研究社会平均必要劳动，因而对价值的决定因素形成了不恰当的认识。例如，斯密曾经说过："通常需要两天或两点钟的劳动的劳动生产物的价值，会比通常需要一天或一点钟的劳动的劳动生产的价值，多过一倍。"①陈豹隐认为斯密的错误在于把劳动生产物的数量变成了所能支配的劳动的数量，从而从"投下劳动说"滑向了"支配劳动说"的深渊。

第五点批评意见是说斯密所谓的"真实价格"实际上就是"生产费说"。依陈豹隐的定义，"生产费说"是指商品生产过程中所消耗的劳力与费用。②马尔萨斯、罗伯特·托伦斯、麦克库洛赫、穆勒等英国许多经济学家都主张"生产费说"。斯密在分析原始商品社会的价值法则时坚持劳动价值论，而在分析资本主义社会的价值法则时没有完全坚持劳动价值说，而是转向"生产费说"，即认为工资、利润、地租三种收入之和所构成的生产费用决定了商品的价值。之所以会出现这种情况，陈豹隐认为这是由于斯密没有认清资本的本质与劳动力的价值，"生产费说"实际上是斯密价值学说的一个缺点。③

第六点批评意见是对前5点批判意见的总结。陈豹隐批评斯密"支配劳动说"的根据的薄弱之处——以支配或者购买的劳动量的多少来决定商品价格的多少，又以《国富论》所提到的"两天或两点钟的劳动生产物的价值比一天或一点钟的劳动生产物的价值多一倍"这一案例批评斯密"投下劳动说"对劳动数量的误解，还批评斯密抛弃劳动价值说转而实行"生产费说"的原因在于斯密没有分析劳动力的价值。

综上，陈豹隐认为斯密没有搞清楚劳动生产物的数量、劳动生产物的价值、劳动力的价值三者的区别，因此斯密时而采用"支配劳动说"，时而采用"投下劳动说"，时而采用"生产费说"。④ 其实，这三种劳动价值说是由斯密在价值概念上的多种定义造成的，如价值由生产商品所消耗的劳动决定、价值由购买的劳动决定、价值由三种收入决定等，马克思揭示出了这种矛盾："我们在亚当·斯密的书中不但看到关于价值概念的'对立见解的痕迹'，不但看到两种，而且看到三种，更确切地说，甚至四种尖锐对立的关于价值

---

① 陈豹隐：《经济学讲话》，《陈豹隐全集》（第一卷），西南财经大学出版社2013年版，第278页。
② 陈豹隐：《经济学讲话》，《陈豹隐全集》（第一卷），西南财经大学出版社2013年版，第200页。
③ 陈豹隐：《经济学讲话》，《陈豹隐全集》（第一卷），西南财经大学出版社2013年版，第279页。
④ 陈豹隐：《经济学讲话》，《陈豹隐全集》（第一卷），西南财经大学出版社2013年版，第279页。

的看法,这些看法在他的书中相安无事地并存和交错着。"①

陈豹隐在批判斯密劳动价值说时提到了"支配劳动说""投下劳动说""生产费说"三种价值决定理论。那么,陈豹隐的价值学说来源于何处呢?陈豹隐是我国翻译《资本论》的第一人,主要翻译了《资本论》一书中有关"商品与货币"的内容,这是理解马克思劳动价值学说的基石。从陈豹隐在《经济学讲话》一书的自述来看,首先,马克思的《资本论》与《剩余价值学说史》无疑是主要的资料来源,他把马克思的劳动价值说称为抽象劳动价值说,即价值的实体是抽象劳动,价值的大小由社会平均必需的抽象劳动来决定。其次,陈豹隐还受到了苏联马克思主义经济学家鲁平(1885—1960)的《新经济思想史》以及日本经济学家波多野鼎(1896—1976)的《价值学说史》等作品的影响。从这些作品的引用来看,陈豹隐主要以马克思的观点来评论斯密的价值理论。

第五节 本章小结

在有关马克思主义理论接受史的研究中,关于马克思主义在中国传播的研究成果极其丰富。尽管古典政治经济学是马克思主义的三大来源之一已是众所皆知,然而这些成果却仍然忽略了这样一个重要史实——亚当·斯密是古典政治经济学的创始人,马克思在《资本论》中虽然对《国富论》进行过猛烈批判,但对斯密学说的批判与继承是马克思主义经济理论形成的一个重要方面。接触过《国富论》的中国早期马克思主义者也是在批判中完成了对马克思主义理论的历史性正确选择。因此,中国早期马克思主义者对于《国富论》的复杂态度,及其相关的思想发展历程,势将成为一个重要论题。

之所以说中国早期马克思主义者对《国富论》的态度是复杂的,是因为他们在早年是资产阶级民主主义者,阅读过严复译著,认同《国富论》的理论,要求在中国发展资本主义经济,而当他们转向马克思主义时,又不得不批判《国富论》,这部经典巨著奠定了资本主义社会经济自由主义与个人主义方法论的理论基础,因此他们在批判该书的理论时,附带还需要面对自由主义、个人主义的价值观。

中国早期马克思主义者对《国富论》的批评意见之一是个人主义及其个

---

① 《马克思恩格斯全集》(第26卷),人民出版社2014年版,第245页。

人主义经济学。个人主义是五四新文化运动时期最重要的社会思潮之一，作为五四运动的总司令，陈独秀是宣传个人主义的代表，他的《东西民族根本思想之差异》一文首次展示了西方"个人本位"与东方"家族本位"的对立观点，他反对儒家的家族本位主义，高扬个性解放与个人自由，提出了"西洋个人独立主义，乃兼伦理经济二者而言。尤以经济上个人独立主义为之根本"。①陈独秀从经济学的视角解释个人主义，加之他此前在《敬告青年》中推崇西方的功利主义思想，从这个意义上说，他有可能偏向斯密的经济个人主义思想。一年之后（1917年），他又从伦理层面进一步解释个人主义，他认为西方道德分"个人主义自利派"与"社会主义利他派"，从长时段的实际效果来看，自利主义者往往"少胜"，他批判极端自利主义者，认为这种极端自私自利的思想会"破坏社会之组织"，②因此将自利主义的范围限定于个人，不希望将其延伸至国家与社会。但是他在信仰马克思主义之后，意识到社会主义取代个人主义是社会潮流，于是就放弃了个人主义，转向整体主义与集体主义。

　　作为五四新文化运动的先驱，李大钊与陈独秀同样重视个人自由与个性解放，肯定个人主义的价值，此处不再赘述。从经济学的视角来批判斯密的个人主义经济学，李大钊要早陈独秀3年，李大钊在《我的马克思主义观》中把亚当·斯密视为个人主义经济学的鼻祖，个人主义经济学又被称资本主义经济学，因此亚当·斯密也可以叫作资本主义经济学的鼻祖。这个学派承认个人的利己活动，"以资本为本位，以资本家为本位。以后的经济学，要以劳动为本位，以劳动者为本位了。这正是个人主义向社会主义、人道主义过渡的时代。"③李大钊通过陈述经济学说史来彰显马克思取代斯密的意义，高扬马克思主义在经济思想史上的重要地位。1922年，陈独秀在《马克思学说》中把亚当·斯密称为个人主义经济学的代表，这个学派的经济学说与马克思的社会主义经济学的不同特点在于"说明剩余价值之如何成立及实现"，④陈独秀阐述了马克思的剩余价值理论，而对斯密的剩余价值理论则甚少提及，更没有介绍斯密的个人主义经济学的内容。

　　中国早期马克思主义者对《国富论》的批评意见之二是自由主义。自由

---

① 陈独秀：《孔子之道与现代生活》，任建树等编：《陈独秀著作选编》（第1卷），上海人民出版社2009年版，第266页。
② 陈独秀：《道德之概念及其学说之派别》，任建树等编：《陈独秀著作选编》（第1卷），上海人民出版社2009年版，第337页。
③ 李大钊：《我的马克思主义观》，《李大钊全集》（第3卷），人民出版社2006年版，第18页。
④ 陈独秀：《马克思学说》，任建树等编：《陈独秀著作选编》（第2卷），上海人民出版社2009年版，第441页。

主义与马克思主义是近代中国两大主要社会思潮,表现在经济思潮上就是自由主义经济学与马克思主义经济学,这一根本对立的思想在中国早期马克思主义者身上同时兼备,十月革命后尤其五四运动后,李大钊、陈独秀、毛泽东、陈豹隐等人开始信仰马克思主义,偏离乃至批判自由主义。自由主义的含义丰富,从类型上大致可分为政治自由主义、经济自由主义、文化自由主义,自由竞争、自由放任、自由贸易是经济自由主义的表现形式。五四新文化运动时期,李大钊、陈独秀、毛泽东谈论的自由主义主要是政治自由主义与文化自由主义,涉及经济自由主义的内容有限,这是由于中国近代救亡图存的时代要求所限,在帝国主义、封建主义、官僚资本主义的压迫下,中国缺乏经济自由主义的生存环境。另外,他们的首要身份是政治家或者革命家,并非专业的经济学家,因此他们对政治自由的关注远胜于经济自由。

从政治人物的角度来看,李大钊对《国富论》的经济自由主义的认识比陈独秀、毛泽东深刻得多。1919年,李大钊在《物质变动与道德变动》一文中运用历史唯物主义分析了政策与主义的经济根源。在李大钊看来,北美能够独立,一个重要原因在于斯密的殖民地政策,该政策产生于自由资本主义时代的英国,在北美实行自由贸易最符合英国的国家利益,因此斯密的自由贸易主义服务于他的殖民地政策。1923年,李大钊在《社会主义与社会运动》一文中对资本主义竞争持否定态度,他说:"至于资本主义的竞争,使人类入于悲惨之境,此种竞争,自不可以。……社会主义亦有相当的竞争,不过禁绝使社会上起极大之竞争。"①也就是说,在资本主义制度下,不管是自由竞争还是垄断性竞争,都不可取,社会主义的竞争规模有限,不会造成"极大的竞争"。李大钊在此文中对《国富论》产生的时代背景进行了正确的刻画:"英国当时情形,正在自由主义流行之时,政治上主张人人平等,经济上主张自由竞争。其《原富论》于一七七六年出版,此时中古之干涉政策,尚未完全消灭,故斯氏于自由竞争资本主义之学说,是超时代者。"②李大钊接着称"自由放任主义"是该书的两个"要点"之一,自由放任不是《国富论》的两个要点之一,这在此前已有说明。

读书广博的毛泽东在青年时期广泛接触西方各种思潮,自由主义只是他早期大杂烩思想中的一种,这种自由是西方在19世纪的自由,是以个人主义为基础的,是资产阶级的哲学与意识形态,毛泽东是从政治、哲学、伦理

---

① 李大钊:《社会主义与社会运动》,《李大钊全集》(第4卷),人民出版社2006年版,第196页。
② 李大钊:《社会主义与社会运动》,《李大钊全集》(第4卷),人民出版社2006年版,第229—230页。

的层面来理解自由与自由主义的。他在接受马克思主义之后，深信"唯物史观是吾党哲学的根据"，①于是与自由主义渐行渐远，似乎难以发现他在新民主主义革命时期对自由主义的看法。《国富论》是资本主义经济学的代表作，毛泽东在新民主主义革命过程中始终要面临如何处理与资本主义的关系这一问题，于是乎，毛泽东对《国富论》的态度，可从他在新民主主义革命不同时期对自由主义以及共产党的经济政策中窥见一斑。土地革命战争时期，毛泽东认识到私人资本或者说民族资本是中国的资本主义力量，对社会经济的发展、人民生活水平的提高、红色政权的巩固等方面具有积极的作用，因而制定了保护、奖励与发展私营工商企业的方针。抗日战争时期，中日民族矛盾上升为主要矛盾，毛泽东在《论反对日本帝国主义的策略》《中国革命与中国共产党》《新民主主义论》《论联合政府》等一系列文章中阐述了我党对待资本主义的理论与政策，认为发展中国的自由资本主义经济是为了"反对日本帝国主义和半封建制度"，这种资本主义是"新民主主义的资本主义"，是新民主主义政权下的资本主义。解放战争时期，毛泽东总结了我党抗战以来关于私人资本的政策，制定了保护民族工商业的经济纲领，在新中国成立前夕他又制定了利用与限制私人资本主义的政策。总之，毛泽东允许根据地与边区存在自由贸易、自由竞争的私人工商业，是基于中国国情做出的决策，是马克思主义与中国实际相结合的产物。然而，毛泽东在新民主主义革命时期自始至终不允许共产党党内存在自由主义，这种思想最典型的表现就是他那篇《反对自由主义》。这是因为自由主义违反了共产党的革命利益，有悖于马克思主义、集体主义。基于此，我们可以大致做如下推断：斯密的经济自由主义在党内没有生存的土壤，在党外由于资本主义生产方式的存在而具有活动的空间。

中国早期马克思主义者对《国富论》的批评意见之三是劳动价值论。在新民主主义革命时期，中国革命的任务是反对帝国主义与封建主义的剥削与压迫，中国早期马克思主义者的理论武器是马克思主义，而马克思主义是在批判、继承斯密、李嘉图等人的劳动价值论与剩余价值论的基础上发展起来的，因此，中国早期马克思主义者在学习、宣传马克思的经济学说时不可避免地会接触到斯密的经济学说。李大钊认为斯密不主张劳动价值论而是主张生产费价值说，认为马克思才是真正主张劳动价值论。他说："马克思主张劳工价值说，亚丹·斯密主张生产费价值说，二人的出发点不同。可是马克思终于依了生产费价值说才能维持他的平均利润率说，又有殊途同归

---

① 《毛泽东文集》(第1卷)，人民出版社1993年版，第2页。

的势子。"①在这里,李大钊可能受了西方学者的观点或者是日译书籍的影响,并没有完全了解西方各种价值学说的联系与区别,因而才降低了马克思劳动价值学说的科学性,把它降低到斯密的水平。这是不正确的一面。陈独秀在《马克思学说》一文中介绍了马克思的价值、劳动价值、剩余价值这三个概念,指出马克思的剩余价值概念是源于解释斯密所说的土地、资本私有后劳动者产品的剩余部分,但是并未进一步说明马克思与斯密在剩余价值问题上的区别,也没有阐述马克思对斯密劳动价值论的批判。另外,毛泽东在新民主主义革命时期没有谈及马克思与斯密的劳动价值论。

1930年3月,陈豹隐翻译的《资本论》第一卷第一分册出版,成为《资本论》在中国的第一个中译本。马克思当年在《资本论》中对斯密的批评,只有陈豹隐做了较为全面的引用,李大钊、陈独秀、毛泽东在1930年之前对该书要么认识不全,要么理解有误,要么没有读完全书,他们对《国富论》的批评不是完全来自《资本论》,例如,李大钊曾经采取了资产阶级学者罗斯金的观点来评论《国富论》。中国早期马克思主义者中陈豹隐是批判斯密劳动价值论的代表人物。这首先得益于他的教育背景,留日期间师从日本马克思主义大家河上肇,回国后在北京大学首次翻译、讲授《资本论》,后又留学苏联、德国、法国,谙熟西方经济学与马克思主义经济学。其次,陈豹隐批评斯密劳动价值论是回应资产阶级经济学者对马克思的攻击。当时资产阶级学者在大学课堂上以及报刊上大肆宣传形形色色的资产阶级价值学说,②攻击马克思的劳动价值论,陈豹隐为了捍卫马克思的劳动价值论,同各种资产阶级价值学说斗争,首先把靶子对准了与马克思劳动价值论有理论源渊的正统派劳动价值学说。

陈豹隐对斯密劳动价值论的批评主要来自马克思的观点。马克思区分了劳动与劳动力这两个概念,把劳动分为具体劳动与抽象劳动。陈豹隐认为斯密没有认识到劳动与劳动力是两个完全不同的东西,没有搞清楚具体劳动与抽象劳动的区别,才会陷入时而认为价值由劳动决定,时而认为价值由工资、利润、地租决定的矛盾之中,才会把劳动价值论中的"劳动"称为"支配劳动""投下劳动"或者"社会平均投下劳动",导致在价值问题上踟蹰

---

① 李大钊:《我的马克思主义观》,《李大钊全集》(第3卷),人民出版社2006年版,第48页。
② 相关讨论参见邹宗儒:《价值学说史要——劳力说与效用说》,《国立劳动大学月刊》1930年第1卷第5期;陈豹隐:《商品的价值》,《国立北平大学学报》1933年第1卷第2期;张志澄:《关于马克思的价值学说之论战》,《中国经济》1933年第1卷第6期;李权时:《劳力价值论答客难》,《经济学季刊》1933年第4卷第1期;祝伯英:《李权时与朱通九的价值论》,《学艺》1933年第12卷第5期;龙国权:《马克思价值学说之批评》,《正风半月刊》1935年第1卷第1—3期,等等。

于"支配劳动说""投下劳动说""生产费说"之间。陈豹隐视马克思的劳动价值说为抽象劳动价值说,他从马克思的抽象劳动价值说的视域来审视斯密的劳动价值说。

本章所论及的中国早期马克思主义者偏重于政治人物,前章也主要涉及资产阶级革命派中的政治人物。那么,民国时期,《国富论》在资产阶级革命派与早期马克思主义者中传播的总体情况如何呢？1944年,民国经济思想史家夏炎德总结了近30年来经济学在中国的发展历程,他说:"以上各家具非专门之经济学者,对于经济问题大多仅偶尔涉及,非有系统之研究也。"①这句评论十分得体,他们均是非经济学专业人士,只是偶尔涉及经济问题,所以没有系统的研究。他们后来成为执政者,并未采纳斯密学说,斯密学说只存在于学术界的学术研究中,这种状况从它传入中国的时候便如此,到1949年中华人民共和国成立前都是如此。在半殖民地半封建社会的中国,西方的经济学说要想在中国扎根,必须深深植根于中国的土壤之中,在中国民族民主革命尚未完成之际,在国家主权尚不独立的情况下,斯密学说不适合中国的国情,因此始终不能为中国的当政者所采用。

---

① 夏炎德:《中国近三十年经济学之进步》,《文化先锋》1944年第3卷第4期,第25页。

第六章 中国经济学社与《国富论》的传播

民国时期，随着经济学的发展和留学生的增多，中国出现了许多经济学术研究组织，例如中国经济学会（1913）、经济研究社（1913）、中国科学社（1914）、北京大学经济学会（1921）、中华学艺社（1923）、经济学社（1923）、中国经济学社（1923）等。中国经济学会和经济研究社的成员多为政客，他们的著述以经济政策为主，很少涉及经济学理论和经济思想史。中国科学社的成员以学习自然科学为主，也有部分学习经济学，他们的著述多以应用经济学为主，较少论述理论经济学。北京大学经济学会的成员是北大学生，其骨干成员赵迺抟、马寅初、俞汝良、凌普、梅恕、成应举等后来参加了中国经济学社（Chinese Economic Society）(1923—1953)，"经济学社"由留日学生组建，其骨干成员赵兰坪、夏维海后来也加入了中国经济学社。中华学艺社人数虽然庞大，但经济学者的人数远远少于中国经济学社。中国经济学社是一个以留美归国的经济学学者为主体的学术机构，该社创办的《经济学季刊》更是经济学权威的核心期刊，其骨干成员刘大钧、马寅初、唐庆增、卫挺生、何廉、顾栩群、潘序伦等人接受过欧美国家正规的经济学教育，其中一些人取得经济学博士学位，如马寅初、陈长衡、卫挺生、赵文锐等。中国经济学社汇集了民国时期绝大多数经济学家，是民国时期主流的经济学派，曾被视为中国经济学界的英美派，夏炎德说："经济学社诸社员，大抵宗古典派与新古典派。"①可见，他们旨在传播资本主义经济学。

中国经济学社是中国近代经济学界的主流经济学术团体，考察《国富论》在中国经济学界的传播，中国经济学社是一个好的视角，这是因为中国经济学社社员是中国经济学界的权威与主流，他们传播资产阶级经济学说，主张在中国发展资本主义。本章主要以唐庆增、李权时、马寅初、张素民、赵迺抟、赵兰坪等骨干社员的作品为例，结合他们的留学背景、学缘结构、政策

---

① 夏炎德：《中国近百年经济思想》，商务印书馆1948年版，第180页。

主张、研究方法等层面，逐一考察他们对《国富论》的劳动价值论、自由贸易、生产力论、自利说等基本理论的辨析、继承、扬弃与批判，并结合国内外形势分析他们排斥自由贸易、自由竞争，力主统制经济的原因。

第一节 民国经济思想史的代表人物：唐庆增

唐庆增（1902—1972）是民国著名经济思想史专家，1920年留学美国，曾获美国密西根大学经济学学士学位，哈佛大学经济学硕士学位，1925年学成归国。他是中国经济学社、中华学艺社社员，曾任吴淞中国公学、上海商科大学、交通大学、国立暨南大学、复旦大学、浙江大学经济学教授以及大夏大学经济系主任。唐庆增的著作主要有：《中国经济思想史》（上卷，商务印书馆1936年版）、《唐庆增经济论文集》（中国经济学社1930年版）、《唐庆增经济演讲集》（世界书局1933年版）、《唐庆增最近经济文集》（民智书局1933年版）、《经济学概论》（世界书局1933年版）、《国际商业政策史》（商务印书馆1930年版）、《国外汇兑》（商务印书馆1930年版）、《西洋五大经济学家》（黎明书局1930年版）、《大学经济课程指导》（民智书局1933年版）、《唐庆增抗日救国言论集》（上海社会科学书店1933年版）等。下面主要介绍他的著述中关于亚当·斯密学说的论述。

一、《中国经济思想史》

唐庆增的代表作《中国经济思想史》上卷是系统研究先秦经济思想史的一部力作，代表了国内20世纪二三十年代研究中国古代经济思想史的最高水平。该书共分为十编，各编标题依次为"绪论""老孔以前之经济思想""儒家""道家""墨家""法家""农家及其他各家""政治家与商人""史书与经济思想""结论"。书中除了第七编"农家及其他各家"、第八编"政治家与商人"、第九编"史书与经济思想"没有论及斯密，其余七编均提及斯密，累计达21次，《原富》在文中出现了4次。兹分析唐氏在这七编中对斯密理论的理解与运用。

第一编第一章谈中国经济思想史的性质。西洋经济思想史以1776年亚当·斯密的《原富》的诞生为分界线，1776年之前是"未成科学"时期，1776年至今是"已成科学"之后。[①] 西洋经济思想史可以分为"未成科学"

---

① 唐庆增：《中国经济思想史》，商务印书馆2010年版，第11页。

与"已成科学"两个时期,但这种划分方法不适合中国,中国经济思想史从上古至今都处于"未成科学"时期。唐庆增将中国经济思想史划分为三个时期:其一,中国上古经济思想史——胚胎时期(时间从原始社会至秦末为止);其二,中国中世经济思想史——实施时期(时间从汉初至明末为止);其三,中国近代经济思想史——发展时期[时间从清初至现在(即20世纪二三十年代)为止]。第二章分析中国经济思想不发达的原因,唐氏列举了10点,其中之一是由于中国历代政府的"失著"。西洋各国重视经济学理论,例如19世纪初,英国政治家皮特对斯密学说身体力行,理查德·科布登宣传斯密的自由贸易学说,英国政府废除贸易保护政策,长期采用此学说,开创了欧洲经济史的新局面。①

第二编是"老孔以前之经济思想"。第一章论述中国经济思想的"原始"时代。唐氏直言《原富》对分工的论述"极为精到",但那已是公元前一千多年的事情,中国的古籍中也论及此点,只是常常被人忽略。例如,《易经》论述了诸如"节欲主张""崇俭戒贪""分工理论""理财要义"等经济思想,对于"分工理论",履卦中说:"象曰,上天下泽,履,君子以辩上下,定民志。"唐庆增将其解释为职业的划分,"在上者"的责任是让人民"就其所能执一业",安守本分,没有"非分越级"的想法。②

第二编第二章论述《周礼》的价值。唐庆增指出,无论研究中西经济思想或经济史的学者,《周礼》的价值都不可轻易放过。他为此引用了清代孙诒让在《周礼政要》序言中的话:"中国开化四千年,而文明之盛,莫尚于周,故《周礼》一经,政治之精详,与今泰西各国所以致富强者,若合符契;然则华盛顿、拿破仑、卢梭、亚丹·斯密斯之伦,所经营而讲贯,今人所指为西政之最新者,吾二千余年之旧政,已发其端;吾政教不修,失其故多,而荐绅先生咸茫昧而莫知其源,是亦缀学之耻也。"③比如,《周礼》中关于财政政策的论述,着重在一个"均"字。这正如斯密以均平为四大税纲之首。④

第三编是"儒家"。第一章谈研究孔子经济思想应有的态度,"不能期望太过,当以孔子与苏格拉底、亚里士多德诸人,等量齐观,不能以批评亚丹·斯密斯或马尔塞斯之眼光,批判孔子之经济思想"。⑤ 第三编第三章谈论孟子分工理论。分工原有两种含义。一是指职业的分工,如医生、律师、

---

① 唐庆增:《中国经济思想史》,商务印书馆2010年版,第25页。
② 唐庆增:《中国经济思想史》,商务印书馆2010年版,第56—57页。
③ 唐庆增:《中国经济思想史》,商务印书馆2010年版,第61—62页。
④ 唐庆增:《中国经济思想史》,商务印书馆2010年版,第64页。
⑤ 唐庆增:《中国经济思想史》,商务印书馆2010年版,第76页。

会计师等。二是指工作的分工,即将一种工作分为无数部分,由不同人分别承担,例如斯密著名的造针例子。孟子的分工属于第一种。①

第四编是"道家"。第一章第三节"老子经济思想的哲学依据",老子经济思想哲学依据之一是静寂态度(Quietism),以无为为主,老子认为人类没有创造才能,教人保守,而斯密与施莫勒教人进取、奋斗,两者的态度截然相反。② 第五节总评老子的经济思想,唐氏比较了老子与法国重农学派,重农学派虽然笃信自然规律,但是对于土地、利息、租税等经济制度有较为客观的认识,既有批评,又有建议,所以法国当时并不缺乏"精审"的经济学说,"开后来亚丹·斯密斯思想的先河"。老子只注重过去,从消极悲观的角度看问题,使人处于停顿保守的状态,法国重农学派在这些方面胜过老子。③

第五编是"墨家"。第一章第四节剖析墨子的经济思想,如分工理论,墨子在"节用""公孟""公输""耕种""鲁问"等五篇中论述了分工原理,此处原文从略,唐氏指出,墨子经济思想的可贵之处在于,墨子不但能够像柏拉图那样注意分业,还能了解"分工一名词之真意义,如亚丹·斯密斯所云者"。他进而断言:"我国周秦思想家中,对于分工问题,有澈底精密之研究者,当推墨子为第一人。"④

第六编是"法家"。第一章第七节"货币学说"谈管子对中国货币历史的论述,中国最早使用的货币是贝壳之类的东西,其次是刀、布、铜,最后才以金银为交换的媒介物。欧洲货币演变的情形与中国比较相似,唐氏说:"亚丹·斯密斯(Adam Smith)谓欧洲各国以金银用为货币之先,皆用马牛羊盐象贝千鱼烟草以为交易之执中物,惟金银卒以具有:(一)有公认价值,(二)易于搬运,(三)分割甚便,(四)铸造无困难等优点,故余物虽归淘汰,而金银犹存,证以管子及斯密斯所云,以我国货币历史与西洋各国所有者相较,其进化痕迹,如出一辙也。"⑤第六编第一章第九节是"财政学说",其中说道,管子虽然注重法治,主张干涉政策,但也关心人民的生活状况,与儒家思想一样关注人民的贫富与政府财政的关系等。孔子说:"百姓足,君孰与不足,百姓不足,君孰与足。"法国重农学派受到孔子的影响,"亚丹·斯密斯亦有相同之主张",管子的财政思想也以此为据。⑥

---

① 唐庆增:《中国经济思想史》,商务印书馆 2010 年版,第 126—127 页。
② 唐庆增:《中国经济思想史》,商务印书馆 2010 年版,第 161 页。
③ 唐庆增:《中国经济思想史》,商务印书馆 2010 年版,第 171 页。
④ 唐庆增:《中国经济思想史》,商务印书馆 2010 年版,第 219—220 页。
⑤ 唐庆增:《中国经济思想史》,商务印书馆 2010 年版,第 264 页。
⑥ 唐庆增:《中国经济思想史》,商务印书馆 2010 年版,第 279 页。

第六编第三章第二节谈商鞅的经济思想。商鞅反对放任主义，主张干涉政策。重商主义与斯密均称政府不能干涉个人的经济活动，个人利益与社会利益并无冲突，个人利益"惟己身最能了解"。干涉主义则认为个人未必有鉴别是非与利害的能力，政府不得不干涉个人的活动；①第三章第三节谈商鞅的重农政策。商鞅主张以农为本，制订了16条重农计划，他的农业政策与管子的商业政策遥相辉映。斯密的四大租税要纲（canons of taxation）一时脍炙人口，商鞅的农业政策也可称为农业要纲。② 第四章"韩非子之经济思想"谈韩非子的利己观。韩非子认为人都是自私自利的，个人的动机不为名则为利，个人利益与社会利益并不和谐，这是他与斯密的利己说的不同之处。③

第十编是结论。第一章"中国上古经济思想在西洋各国所发生之影响"论及斯密。唐氏强调研究本国经济思想，既要注意本国经济思想所受他国经济思想的影响，又要注意他国经济思想所受本国经济思想的影响。例如研究英国经济思想，就应该知道"亚丹·斯密斯（Adam Smith）曾受法国重农经济家（Physiocrats）之影响"。然后他详细论证了中国传统经济思想对法国重农学派及其代表人物魁奈的影响，进而声称，中国传统经济思想通过影响重农学派又牵涉到亚当·斯密。他说："重农派以外，继之而阐发西洋经济思想者为亚丹·斯密斯（Adam Smith），彼受重农派之影响，故其学说间接的与中国的经济思想，亦不无关系。"亚当·斯密的《原富》一书"屡屡论及"中国的农业、工艺、国外贸易、货币、利息、劳工、土地税等经济状况，斯密不懂中文，生前也未到过中国，他旅法期间曾与魁奈、杜尔阁有学术交往，唐庆增由此推断斯密对中国的认识来自法国重农学派。④ 简言之，唐氏的逻辑思路是，斯密的《原富》深受法国重农学派的影响，而中国经济思想又深深影响了法国的重农学派，因此，中国经济思想间接地影响了亚当·斯密。唐庆增是国内较早提出中国古代传统经济思想对亚当·斯密产生过影响的学者。

二、《西洋五大经济学家》

《西洋五大经济学家》一书分六章，第一章阐述经济思想的性质、研究方法、五大经济学派别及其主要作家，第二至第六章依次介绍亚当·斯密、施

---

① 唐庆增：《中国经济思想史》，商务印书馆2010年版，第316页。
② 唐庆增：《中国经济思想史》，商务印书馆2010年版，第322页。
③ 唐庆增：《中国经济思想史》，商务印书馆2010年版，第339页。
④ 唐庆增：《中国经济思想史》，商务印书馆2010年版，第435—440页。

莫勒、马克思、庞巴维克、杰文斯五位经济学家的生平、主要著作、经济思想等内容。该书第二章从"传略与环境""分工论""价值及分配论""财政理论""斯密斯学说之影响"五个方面介绍了西洋经济思想史贡献最大的经济学家——亚当·斯密。《西洋五大经济学家》将斯密的经济理论放在五大经济学家之首,对其进行介绍的篇幅远超对施莫勒、马克思、庞巴维克、杰文斯的介绍,可见,唐庆增对斯密的重视与倾慕。下面简述唐庆增关于斯密经济理论的介绍。

其一,关于分工。对于生产三大要素,斯密最重视分工,《原富》第一篇至第三篇专论分工。在西洋经济思想史中,最早论述分工的是柏拉图,他在《共和国》(又译《理想国》《国家篇》)一书中声称,每个人如果能根据本人"之所近,专治一事",把其他事情交给别人,那么生产就会很容易,而且精美。柏拉图认为每人应当选择一终生的事业,发挥其长处,实际上就是中国墨子所说的"各从事其所能"的意思。这种学说与斯密完全建立在工业基础上的学说是有差别的。学者不可不辨。斯密所说的"分工",指将一种生产工作分为若干小部分,每部分由多人承担,分工的结果是产品的数量增加,出现剩余,质量也比以前进步。而分工的利益则具体体现在以下三方面:工人改进生产技术,节省时间,利用各种新机器。除了上述的利益之外,分工还要受到市场大小与一国人口数量的限制。①

其二,关于价值。斯密将价值分为使用价值与交换价值,唐氏指出,使用价值以"利用"(utility,今译"效用")为根据,"利用"即指一物件满足人类欲望的能力而言,交换价值视该物能交换他物若干而定。斯密承认,有些商品具有使用价值而没有交换价值,具有交换价值的商品,它的使用价值也许很小。例如,水对于人而言用途最广,但水没有交换价值,无人愿意接受。宝石对于人而言没有什么用处,没有使用价值,但是交换价值大。所以这两种价值"并非相连"。在这两种价值中,斯密侧重交换价值,他认为交换价值由劳动产生,斯密不仅承认劳动是价值的来源,而且认为它还是测量价值的一种标准。但唐氏又误解了斯密关于劳动是商品价值源泉的观点,唐氏说:"劳力成本是商品价值的渊源",唐氏把劳动与劳力成本混为一谈。唐氏还简单提及了斯密的价格论,商品价格分为自然价格和市场价格。但他又把市场价格等同于市场价值,斯密的意思是,供求关系决定了市场价格围绕自然价格上下波动,唐氏却说成"市场价值或在自然价格之上,或是其下,并无

---

① 唐庆增:《西洋五大经济学家》,黎明书局1930年版,第13—14页。

一定,须视该物供求两方面之多少定夺"。①

其三,关于工资。斯密用供求规律来解释工资水平的高低,从供的一方来看,工资起码能够维持最低生活限度,从求的一方来看,社会上资本的多少决定工资的高低,总之,工资不能过低也不能过高。唐氏明确指出,斯密的工资理论叫作"工资准备金理论"(wages-fund theory),该理论是指资本家在雇佣工人之前,事先有一笔准备金,工人完成工作之后就可以领取工资,依照工人的数目来平均分配这笔准备金,工资率的高低由准备金的大小与工人的多少而定。另外,唐氏还提到了斯密对工人阶级的同情、对资本和中国工人情况的论述等方面,而且斯密还称中国是一个"社会停顿"的国家,国家财富历年来虽然没有增加,但也没有减少。唐氏从斯密那里得到的启发是,中国应该发展生产来解决劳资问题。②

其四,关于赢利与利息。对于赢利与利息,唐氏没有直接进行解释,而是一开始就大段翻译《国富论》一书中的相关论述,唐氏译文的大意是,资本的增加足以增加工资,减少企业家的赢利。企业家的竞争也能够减少赢利,并且说,在一个进步的国家,财富增加得越快,赢利率就越小,赢利率与工资的大小成反比。至于利息,实际上是赢利的一部分,两者都与资本发生关系。工资与赢利之间的关系是,工资大,则赢利小。反之,工资小,则赢利大。当然,其中也有例外的情况出现,比如在一个新成立的国家,工资与赢利都有上升的趋势,而对于一个发展缓慢甚至停顿的国家而言,工资与赢利也许非常低微。此外,唐氏还提到,世人认为斯密对利息问题的论述较少,奥地利经济学家庞巴维克在《资本与利息》一书中指出,斯密并非忽略利息问题,只是还没有建立"完全之学说"。③

其五,关于地租。唐氏对地租的认识如下:地租是"使用土地后所付的价格",地租是地主应该享受的权力,而且是垄断的权力。地租的大小由土地的生产能力与地点决定,土地肥沃且又交通便利,那么地租就很高,土地的等级不一样,地租的高低就不一样。这些认识基本符合斯密的原意。唐氏的地租论述也就寥寥数语,之后把注意力转向土地经营的问题,从欧洲政府重视土地经营转向中国的管子对农业的重视,其意也在说明斯密重视农业。④

其六,财政理论。《原富》最后一卷占全书的¼,该卷谈及国王或者国家

---

① 唐庆增:《西洋五大经济学家》,黎明书局1930年版,第15—16页。
② 唐庆增:《西洋五大经济学家》,黎明书局1930年版,第17页。
③ 唐庆增:《西洋五大经济学家》,黎明书局1930年版,第18页。
④ 唐庆增:《西洋五大经济学家》,黎明书局1930年版,第18—19页。

的收入,也就是财政问题,该卷分3章,分别谈论了政府的支出、公共收入的来源、公债。关于政府的支出,斯密将之分为四部分:一是防御的支出,如海陆军军费;二是治安的支出,如司法费;三是公共事业及公家制度上的支出,如修路架桥费;四是维持国王威严的支出,如衣食住行的费用。政府的上述四种支出均取自租税收入,收入问题于是变得至关重要,斯密接着就论述了租税的四大原则:平等、稳固、便利、经济。唐氏另有专文论述这租税四大原则,所以,他在此处对这四大原则的介绍并不多。斯密的租税四大原则后来成为一般财政学的"口头禅",如今的租税书籍也多用斯密的此理论。斯密的财政理论是基于欧洲的历史事实写作而成,很具有说服力,《国富论》因而成为欧美各大学财政学科使用的教材。①

其七,斯密学说的影响。唐氏从两个层面来论述《国富论》一书的影响。一是从事实的层面。英国的经济政策受其影响最大,如政治家皮特采纳斯密学说并付诸实践,又如1825—1850年英国成立反谷物法同盟,科布登宣布取消谷物进口的禁令,主张减轻进口税。至此,英国长期沿用的贸易保护政策被推翻,自由贸易开始盛行,英国人民的生活水平逐步提高。二是从学理的层面。斯密将经济学建成一门科学,创立了古典经济学派,之后马尔萨斯、穆勒父子、凯因斯(Cairnes, 1823—1875)、麦考洛(即麦克库洛赫)、萨伊、马休尔(Marshall, 1842—1924)、叨雪格[即陶西格(Taussig), 1859—1940]等继承和发展了斯密学说。当然,斯密学说的反对者也不少,如德国历史学派对斯密学说的批评最为公允,而历史学派的最重要人物施莫勒对于古典经济学派的批评尤其值得关注。②

三、唐庆增其他论著所涉及的斯密学说

唐庆增著作中除了上述两部之外,其他多部著述也涉及斯密学说。

例如《大学经济课程指导》一书。该书详细列举了大学经济系课程,唐氏将之分为31门课程:经济学原理、西洋经济史、中国经济史、西洋经济思想史、中国经济思想史、财政学、货币与银行、劳工问题、价值与分配论、经济名著选读、农业经济、会计学、经济统计学、经济循环、社会主义史、人口论、中国经济问题、世界经济趋势、劳工运动史、国际贸易、关税问题、租税论、所得税及遗产税、田赋研究、中国财政问题、中国及欧美各国币制、中国及欧美各国银行、近代经济思潮、高等经济、经济地理、经济学之范围及方法。对于

---

① 唐庆增:《西洋五大经济学家》,黎明书局1930年版,第20—22页。
② 唐庆增:《西洋五大经济学家》,黎明书局1930年版,第22—24页。

这些经济学课程，唐氏提出了如下建议。学习西洋经济思想史时应该对各派的经济思想史追根溯源并指出其优缺点，例如对于斯密就该如此；研究各种经济问题必须阅读名家名著的原文，如斯密的财政学；选读经济名著必须阅读经济学原著，如斯密的《国富论》。① 可见，唐氏高度重视《国富论》对经济学学习的价值。

又如《唐庆增经济演讲集》一书，其收录了1926—1931年间唐庆增的28篇经济学演讲稿，内容包含经济学的基本概念、经济学方法论、经济思想史、财政问题等专题。其中，论述斯密学说的论文共计13篇：《经济学之基本观念》《研究经济学之方法》《中国经济思想四大潮流》《中国经济思想之过去现在与将来》《中国经济思想之改造》《中西经济思想历史之比较》《中国儒家经济思想与希腊经济学说》《重农学派》《经济学中之经典学派》《亚丹斯密斯与李嘉图之价值学说》《拔休脱与吐能》《近代经济思潮》《中国财政问题》。

再如《唐庆增经济论文集》一书，此乃唐庆增的论文集，收录了他于1930年以前在报刊上发表的30篇经济学论文，这些论文内容涉及经济学理论、经济学的方法、大中学经济学课程的教学、欧美经济思想等方面。马寅初曾经为此书作序，赞誉它是研究经济学的"指南"。该论文集论及斯密学说的论文共计23篇。②

《唐庆增经济演讲集》与《唐庆增经济论文集》共有36篇论文涉及斯密学说，其中的30篇论文刊登在各类杂志上，《经济学季刊》刊登了14篇，其余16篇则刊登在其他杂志上，现将上述论文归类进行分析。

（一）关于经济思想史

唐庆增的研究思路是先从西洋经济学入手，探索其来源、内容、特点等因素，然后以西洋经济思想史为参照，来分析如何研究中国经济思想史。

1. 唐庆增重视西洋经济思想

这在《研究西洋经济思想史之方法》《希腊经济思想之特点》《柏拉图之

---

① 唐庆增：《大学经济课程指导》，民智书局1933年版，第63—64、71—72页。
② 这23篇论文如下：《今日国中经济学家之责任》《为国中研究商学者进一言》《商人与经济理论》《中西经济思想家心目中之商人》《经济学原理教法管窥》《中学生研究经济学之方法》《释经济学中之相对名词》《柏拉图之经济思想》《亚丹斯密斯〈原富〉与马尔塞斯〈人口论〉版本考证》《马尔萨斯以前之人口学说》《美国经济思想溯源》《经济学中之历史学派》《经济学中之算术学派》《近三十年来之欧美经济思想》《马休尔对于经济学之贡献》《论斯密斯大税纲》《租税制度及格式之研究》《近代各国政府支出之解剖》《资本之种类》《美国各大学经济科之设施》《英美经济图书馆发达之概况》《购买经济书籍之一得》《经济学用书概要》。

经济思想》《休穆勒之经济思想》《西洋经济思想最近之趋势》《三千年来西洋经济思想之总观察》几篇论文中有所体现,现分析如下。

第一,唐庆增重视有关西洋经济思想来源的研究。西洋经济思想的源头在古希腊,唐庆增列举了古希腊经济思想的六大特点:简单、私人经济与公共经济混淆、经济思想与伦理学及政治学混合、禁欲的主张、社会主义色彩、学说影响远大,其中第六点"学说影响远大",谈到了托马斯·阿奎那、重农学派、斯密、托马斯·莫尔、卢梭等人的思想中都有希腊经济思想的痕迹。① 但是,今日研究经济学的学者经常以斯密为经济学鼻祖,以《原富》出版之年(1776)为经济学诞生之期,断言"斯密以前无经济学说",唐氏认为此语"近于武断",与事实相悖。他直言我们不能数典忘祖,于是打算将希腊大哲学家柏拉图的经济学说介绍给国人,以此证明"斯密以前无经济学说"一语的荒诞。柏拉图的经济思想散见于他的著作《理想国》与《法律篇》两书中,他的经济思想要点有:财富与人生关系、生产(职业的分类、农业与资本、工业与分工)、交换、货币及利息论、杂论。② 从这些标题即可看出"斯密以前无经济学说"一语是站不住脚的。

第二,唐庆增重视有关西洋经济思想整体史的研究。西洋的经济思想从古希腊至今已有三千年的历史。在《三千年来西洋经济思想之总观察》一文中,从总体上来看,唐庆增考察了西洋的经济思想史,总结出西洋经济思想的若干特点:

(1)西洋经济思想数千年来具有"写实性"特点。比如斯密的理论诞生于英国工业革命发生之际,斯密由此特别注意分工理论,而且对于资本的论述也远胜于以前的作家。

(2)西洋经济思想往往由简单到复杂、由简陋到完善,具有"连续性"的特点,不像中国经济思想不时出现停顿和间隔。比如"工资准备金理论",杜尔阁在《关于财富的形成和分配的考察》(1767)一书中有零星的记载,对于资本的定义比较准确,斯密对此理论也有贡献,李嘉图也同意这种理论,只是不承认准备金是固定的而已。再比如斯密着手写《国富论》之前,会参阅配第、洛克、休谟、曼德维尔等人的著述,斯密是在继承前人研究成果的基础上才有了辉煌的成就。③

(3)西洋经济思想除极少数理论外,都是为了一般的民众而不是为了

---

① 唐庆增:《希腊经济思想之特点》,《商学期刊》1929年第3期,第4页。
② 唐庆增:《柏拉图之经济思想》,《民铎杂志》1926年第7卷第5期,第1—7页。
③ 唐庆增:《三千年来西洋经济思想之总观察》,《经济学季刊》1932年第3卷第3期,第2、4页。

少数人谋幸福,因而具有"一般性"的特点。比如历史学派批评古典学派以财富为主体,甚少关心人与人之间的关系。不可否认,斯密、马尔萨斯等人的理论重视增加财富,但是他们是以消除社会上大多数人的经济压迫,解除民众的痛苦为前提才研究各种经济原理,制定政府政策的。再例如,西洋经济思想在古代与近代有阶级的成见,柏拉图不承认社会上存在"商人"阶级,德国官房学派(kameralists)重视官僚阶级,重商学派重视商人阶级,重农学派重视农民阶级,直到斯密才摆脱了经济思想专为某一阶级服务的局面,研究"一般的"经济思想,自此以后,经济思想才避免了畸形的发展,而走上"一般的"发展之路。西洋经济思想的"一般性"乃是西洋学术的一种进步。自从阶级社会诞生以来,阶级的出现就不可避免,阶级的划分也在所难免,社会上各阶级的利益彼此存在着冲突,若能平衡、协调其利益,则幸福的指数就会增加,否则,社会会出现动荡,自斯密以后,西洋学者的眼界开阔多了。

(4)西洋经济思想存在"依附性",即西洋经济思想在未成为一门科学以前和之后都与其他科学"相互辅助,各成表里"。比如,重农派经济学家与斯密所处时代并不遥远,两者都以自然哲学为依据,承认个人利益与社会利益都是一致的。斯密对哲学的兴趣尤浓,其哲学名著《道德情操论》与经济学名著《国富论》同为学术界经典巨著,可见西洋经济思想曾经"依附"于哲学。①

唐庆增在总结了特点之后,又从8个方面对三千年来西洋经济学说的发展历史进行概括,具体内容如下:(1)从西洋经济思想资料的来源来看,经济学者的著作非常重要,同时政治家的作用也不可忽视。如英国首相小威廉·皮特(1759—1806)信奉斯密的自由经济学说,他在任期内采取了减低关税税率、筹还国债等经济政策,取得了良好的效果。此后,推行自由放任主义政策的英国首相罗伯特·皮尔(1788—1850)与推行自由贸易政策的政治家理查德·科布登(1804—1865)都可以算作是斯密经济思想的执行者。(2)以1776年为界,经济学说可划分为"已成科学"与"未成科学"两个时期。1776年之前,经济思想比较凌乱,未成体系,还未脱离哲学、政治学等学科的藩篱,1776年《国富论》的出版使经济学说系统化、科学化,斯密的贡献无与伦比。(3)从经济学学说派别来划分,西洋经济思想大体可分为五大派别:经典学派、算术学派、历史学派、社会主义派、奥国学派。经典学派最早诞生,又被称为古典学派、正统派或正宗派,斯密是该派的鼻祖,该

---

① 唐庆增:《三千年来西洋经济思想之总观察》,《经济学季刊》1932年第3卷第3期,第5—8页。

派在西洋经济思想史中占有相当重要的地位,经典学派后又分为旧经典学派与新经典学派,旧经典学派以斯密为代表,新经典学派以马歇尔为代表,后者大体继承了前者的经济思想,并对前者有所修正和补充。(4) 从采用的方法而论,主要是演绎法与归纳法,斯密、李嘉图、穆勒等主张演绎法,德国学者多采用归纳法。(5) 从西洋各国经济学者或政治家的国别来看,英国、德国最多,法国、美国次之,奥地利、意大利又次之。(6) 从作家或政治家个人方面考察,具有经济思想的人不下千人,最重要的也不下数十人。1776 年之前的有 18 人,1776 年之后的有 25 人。(7) 从西洋经济思想史中讨论的问题来看,论述较多的是消费问题、欲望问题、价值问题、分工问题、分配问题、交易问题、放任与干涉等。其中,分工论与放任主义是斯密的重要贡献。(8) 从各派经济思想的影响来说,经典学派的影响最大,历史学派次之,奥地利学派、算术学派、社会主义派再次之。① 从全文来看,三千年来西洋经济思想的每个特点、西洋经济学说的八个层面,均涉及了斯密的贡献与影响,足见这位经济学鼻祖在西洋三千年来经济思想史的地位与作用。

第三,唐庆增关注西洋经济思想史研究的新动向。唐庆增注意到历史上曾经有这样的现象,经济制度与经济思想随时代的变化而变化,这样的例子不胜枚举。如斯密发现了重商主义干涉政策的弊端,于是写了《国富论》,倡导放任主义。既然经济思想处于变化之中,那么经济思想研究者就应该随时了解近代或目前的新经济思想,新经济思想是为解决目前或最近的问题而生的,斯密、李嘉图等人如果生在今日,必有一番新观点。那么西洋当时的经济思想有哪些新趋势呢? 唐庆增指出,其中的趋势之一是社会上兴起一股编订旧书的风气。对于历代经济学名著,由于其时代久远或早已散失或原文难读等,所以翻印与编订这些名著十分必要,西洋经济学家以编订旧书而出名的人物中,大家熟知的例子就有埃德温·坎南(Edwin Cannan, 1861—1935) 修订斯密的著作,德国经济思想史学家奥古斯特·翁肯(August Oncken, 1844—1911) 编订魁奈的著作等。②

第四,唐庆增重视西洋经济思想方法论的研究。他在经济思想方法论的学术史回顾中指出,研究经济思想史的对象通常有三种方法。第一种是以个人为研究单位,例如坎南专门研究斯密的经济思想便取得了丰硕的成绩,这已是脍炙人口的佳话。第二种是以时期为研究对象。以时期来划分

---

① 唐庆增:《三千年来西洋经济思想之总观察》,《经济学季刊》1932 年第 3 卷第 3 期,第 10、11、13、21—22 页。
② 唐庆增:《西洋经济思想最近之趋势》,《经济学季刊》1931 年第 2 卷第 3 期,第 1—2 页。

又可以分为以下三种情况。例如,西洋经济思想可分为上古、中古、近代三类,当然,也有以某一世纪来划分的,如18世纪经济思想、19世纪经济思想,而比较普遍的分期方法是以经济学是否成为一门科学的时间来划分,如将斯密以前的经济思想史视为一种,斯密及其以后的经济思想史视为另一种。第三种是以派别为研究单位。斯密以前的理论可以分出许多派别,但因其学说简单,既不系统,也不完善,所以不能称为科学上的派别,以派别为研究对象,线索清楚,但也有弊端,比如在某作家所属某派之前,不容易断定。斯密属于正统派,马克思属于社会主义派,这是常识,但是,英国经济学家杰文斯属于数理学派,他的价值学说又接近奥地利学派。① 唐氏还提议,研究西洋经济思想史之前,需要作一些准备,即阅读经济学原理、经济学概论之类的书籍,然后选修或者自修一些经济学科目,如财政学,西洋财政思想历史悠久,在斯密之前已有德国官房学派展开了对财政思想的研究,那么研习财政学的时候就应该注意学习整个西洋财政思想史。准备充分之后,可进行下列步骤:勤读书,勤查字典,在读了几页或者几章之后不能走马观花,要思索,要细心揣摩,注意细节。如斯密与穆勒都主张生产成本决定价值,他们两人的学说似乎相同,实际上却大相径庭,他们对成本这一概念所包括的内容的理解大不相同。②

第五,唐庆增重视西洋经济思想个案的研究。唐氏不仅注重从整体上把握西洋经济思想,还注意从个案上认识西洋经济思想,例如《休穆勒之经济思想》一文。休穆勒即德国历史学派代表人物古斯塔夫·施莫勒(Gustav Von Schmoller,1838—1917)。此文旨在比较休穆勒经济思想与经典学派学说的不同点。其一,从方法论而论,两派的不同点体现在演绎法与归纳法上。演绎法是一种从普遍性结论或一般性事理推导出个别性结论的论证方法,演绎法往往需要一个或者几个前提,与此相反,归纳论证是一种由个别到一般的论证方法,归纳法偏重于经验。经典学派常用前者,历史学派常用后者。历史学派主张以研究历史作为研究人类知识和经济的主要来源,休穆勒采用历史方法,认为经济原理是从观察过去的历史中得来,反对经典学派的演绎法。历史是人类过去行为的记录,历史方法是研究过去事实的一种方法,在某种程度上来说,历史方法也是一种归纳法,因此休穆勒的历史方法只不过是归纳法的别名。其实经典学派学者也不全采用演绎法,斯密既采用了演绎法,又采用了归纳法,只是归纳法用得不多,李嘉图、萨伊、西

---

① 唐庆增:《研究西洋经济思想史之方法》,《学术界》1943年第1卷第3期,第40—41、43页。
② 唐庆增:《研究西洋经济思想史之方法》,《学术界》1943年第1卷第4期,第34页。

尼尔等才是采用纯粹演绎方法,如今的经典学派是两者兼用。① 其二,绝对观念(absolutism)与相对观念(relativism)的区别。"absolutism"一词,现多译为"绝对主义","relativism"一词,现多译为"相对主义"。经典学派认为经济规律是绝对的,例如李嘉图的地租律、穆勒的工资渐低律,休穆勒反对经典学派的绝对观念,赞同相对观念。实际上,斯密论工资与利息的关系时采用的是相对观念。② 其三,世界主义(internationalism)与国家主义(nationalism)的区别。由于时代背景的差异,斯密及其早期经典学派经济学家提倡世界主义,对国家之间的界限不甚关注,比如斯密的《国富论》没有说明是哪一个国家的财富,斯密提倡自由贸易政策也没有指明针对哪一国家不宜采用此项政策。休穆勒的经济思想是根据德国的国情而论的,即使未提到德国,也是以其他国家为前提的。其四,经济学的范围及与其他科学的关系。斯密、李嘉图、马尔萨斯等把经济学视为研究财富的科学,个人不过是财富的创造者。休穆勒则将经济学视为"就人立论,财富为副"的一门科学,同时还要注意国家的自然环境、心理学、人种学、法律、道德等。③

2. 唐庆增从西洋经济思想转向中国经济思想史的研究,或者专论中国经济思想,或者对比中西经济思想

这体现在《中国经济思想之特点》《中国经济思想之改造》《近代经济思潮》《中国儒家经济思想与希腊经济学说》《中国经济思想之过去现在与将来》等文章中,可大致归纳如下。

第一,唐庆增关注中西经济思想的对比。唐庆增从 8 个方面对比分析了中国儒家经济思想与希腊经济思想的相似之处。其中相似之一是分工理论,一说到该理论,世人便会盛赞斯密的分工论,然而在斯密之前的两千年前,古人已经知道分工了,古人所谓的分工是"职业"上的分工,斯密所谓的分工是指"工业"上的分工,我们必须要明确这一点。孔子除了说"不在其位,不谋其政"之外,没有提到过分工一事,孟子和荀子对分工有较多论述。④ 孟子的分工学说体现在他责问陈相的话中:"或劳心,或劳力,劳心者治人,劳力者治于人,治于人者食人,治人者食于人。"⑤孟子将人分为治人者与被治者,把劳动分为精神与肉体两种,这样的分类简单明了。荀子的分

---

① 唐庆增:《休穆勒之经济思想》,《社会科学杂志》1930 年第 2 卷第 2 期,第 4 页。
② 唐庆增:《休穆勒之经济思想》,《社会科学杂志》1930 年第 2 卷第 2 期,第 6 页。
③ 唐庆增:《休穆勒之经济思想》,《社会科学杂志》1930 年第 2 卷第 2 期,第 6 页。
④ 唐庆增:《中国儒家经济思想与希腊经济学说》,《经济学季刊》1933 年第 4 卷第 1 期,第 7 页。
⑤ 朱熹注:《四书集注》,王浩整理,南京凤凰出版社 2008 年版,第 248 页。

工思想则比孟子更进了一步,荀子阐明了分工以后从业者必须"精"的道理,他在《解蔽篇》中说:"好稼者众矣,而后稷独传者,壹也;好乐者众矣,而夔独传者,壹也;好义者众矣,而舜独传者,壹也。倕作弓,浮游作矢,而羿精于射;奚仲作车,乘杜作乘马,而造父精于御。自古及今,未尝有两而能精者也。"①荀子的这段话是中国古代经济思想史中非常重要的资料,是中国古代关于分工思想的精辟论述。

第二,唐庆增关注近代中国经济思想的改造问题。唐庆增以为,按照西洋经济思想史的分期法,中国经济思想的历史很长,可以分为上古、中世、近代三个时期,近代时期,西洋经济思想开始流入中国,以严复翻译斯密的《国富论》为开端,其他经济学著作开始引入中国。一些人认为中国固有的经济思想不切实际而放弃研究中国已有的经济思想,还有一些人拼命引进外国的思想,不管它是什么样的经济思想,唐氏指出,中国目前的经济思想处于青黄不接的时期,因此,中国经济思想很有改造的必要,如何改造呢?方法之一便是研究外国的学理,选择其可以应用的东西介绍到中国,比如英国经济发达的原因在于斯密等人引用了法国经济思想的有用成分。② 唐氏参照西洋经济思想的特点,总结出中国经济思想的 8 个特点。其中的一个特点是中国经济思想尚未科学化。伯兰赫第(Beranhardi)说科学的成立要满足两个条件:一是以全社会为单位进行观察,二是要有方法、有系统。斯密的《国富论》满足这两个条件,因而是"科学的"著作,1776 年之后西洋的经济思想科学化了。中国经济思想出现的时间很早,可是进步迟缓,以货币数量说为例,管子早有研究,西洋各国却"茫然无绪",但中国多年来经济思想都没有科学化,更无"科学的"经济著作。③

(二)关于经济学基本理论

唐庆增撰写了大量关于经济理论方面的论文,此处选取他在论述赋税、价值、人口、货币、利润、资本等问题时对《国富论》的引证与解释。

第一,关于赋税。关于赋税问题,前面已经介绍过周佛海的文章《亚丹斯密之租税四大原则》(刊于《学艺》1923 年第 5 卷第 7 号),唐庆增的《论斯密斯四大税纲》的内容当然比周佛海的内容少,周佛海的内容由四部分组成:四原则之总论、斯密以前的租税原则、四原则的分论及批评、斯密以后的租税原则,而唐庆增的只谈四原则的内容。两者不同之处是,除开四条赋

---

① 张觉:《荀子校注》,长沙岳麓书社 2006 年版,第 271 页。
② 唐庆增演讲,何廷元、张忠亮合记:《中国经济思想之改造》,《商学期刊》1929 年第 4 期,第 2、5 页。
③ 唐庆增:《中国经济思想之特点》,《经济学月刊》1933 年第 1 卷第 1 期,第 103 页。

税原则,唐庆增的补充了两条。

斯密在《国富论》中论公共财政学时有所谓四大税纲,这引起学术界关注,今日欧美学者研究税收都经常引用斯密的税收观点。四大税纲(四大税收原理)内容为:其一,敛税宜均平;其二,敛税宜明确;其三,敛税宜便利;其四,敛税宜经济。除了众所周知的四条税收原理之外,还有两条,在其他篇章中偶有论及,并没有详细说明,后人在研究财政理论时尚未注意到这两条,现在补充如下:其五,敛税宜适当。什么是适当呢? 政府如果没有必要,不应该任意征税,敛收无谓租税。是国民财力受损。孟子说:"取诸民有制。"如果滥用权力,横征暴敛,天下会大乱。其六,租税可作为调理之具。从经济原理来讲,租税是分配财物的工具。敛税可以消除工业或商界中的不正当行业。考察各国财政史,凡是社会上的组织行业、国家出产的物品等,有害于人民,而政府志在取缔的,那么税收必定很重,实则此法至拙,使用的范围狭小。

综而论之,斯密税收原理的第一条原则与其余几条有差别,第一条是敛税的"箴言",其余几条是租税的"规例"。前者指税制全体而言,后三者仅指分类的税法。第二条有类似于国家宪法之上的规定。其他三条都是行政上的问题。第一条是伦理的,是为公平起见。进一步说,敛税不均,且伤害工业上的生产力。此条又是经济上的"要律",其余三条则完全是经济规律而不是伦理的。总之,都是构成完善税制的要素。①

另外,唐氏还在《租税制度及格式之研究》一文中建议,一国的税制应该复杂,不应该单一,宜兼用直接税和间接税,不可偏于一种。斯密的税收四原则是税收制定者应该奉行的圭臬。② 作为制定税制的政府,应该在生产上多投资,理由是,斯密曾经将政府支出分为生产性和非生产性支出两种,所增加的支出如果属于生产性的支出,非但无害,而且有益处。③

第二,关于货币。古典经济学大师李嘉图一生著述甚丰,其代表作《政治经济学及赋税原理》广为流传,他的读书笔记、论文、信札等短小类作品却并不为20世纪30年代中国经济学界所熟知,谙熟古典经济学的唐庆增于是向中国读者介绍李嘉图的通信集④。李氏生前曾写过的笔记《读马尔萨斯〈政治经济学原理〉笔记》由于年代久远早已散失,后来有人在欧洲发现

---

① 唐庆增:《论斯密斯四大税纲》,《甲寅周刊》1927年第1卷第38号,第11—15页。
② 唐庆增:《租税制度及格式之研究》,《钱业月报》1927年第7卷第7号,第11页。
③ 唐庆增:《近代各国政府支出之解剖》,《银行周报》1928年第12卷第6号,第28页。
④ 《李嘉图著作和通信集》共11卷,1951年出版了第1—4卷,1973年第11卷出版,20世纪60年代商务印书馆才陆续出版这套全集,至90年代才出版第11卷。

了该笔记,1928 年,J. H. 霍兰德与 T. E. 格雷戈里编订该笔记,并交由约翰·霍普金斯大学出版,此书在欧美经济学界引起了巨大的轰动效应,这与《亚当·斯密演讲稿》的发现一样,同为学术界的佳话。《介绍李嘉图之货币问题杂著》一书也属于李氏的短小类作品,该书仍由 J. H. 霍兰德编著,约翰·霍普金斯大学于 1932 年出版。该书包括李氏的读书笔记、信件、杂文,共计 19 篇,包括读书笔记 10 篇,其中有一篇是李氏读斯密《国富论》后写的读书笔记,文字高度凝练,常常是一个短语或者一个简单句,现摘录部分笔记,以此彰显《国富论》的精神以及李氏的货币观:劳动是购买一切物品的原始价格;金价涨落的原因;一定数量的金币维持银价跌落的价值;增加黄金的数量并没有好处;货币并不产生收入;货币的出口无法禁止;货币并非财富;发现新矿产并不增加财富。①

第三,关于利润。中国的传统习惯是人与人之间耻于言利,而且中国的工商业不发达,资本主义在近代举步维艰,所以国人心中很少有利润的观念,学术界对利润问题也研究甚少。与之不同的是,西方的资本主义工商业发达,近代西方经济学家重视对利润问题的研究。唐庆增列举了斯密、穆勒以及美国经济学家 F. A. 沃尔克(1840—1897)对该问题的观点。斯密对于利润的定义很简单,认为利润是一种"特殊之劳工工资";在穆勒看来,利润是资本家的全部所得,是由于自身供给资本与担负风险而得的报酬;沃尔克则认为,扣除利息后,(不论资本为本人供给或借得者)剩余的部分就是利润。可见,三人对利润的观点颇有不同,唐氏进一步指出了他们对利润的不同解释。"公司组织之获得,司管理之责者,得固定薪金为报酬"(斯密的解释);企业家与资本家的任务由一人担当,自行管理,使用自有的资本,获得的收入(穆勒的解释);企业家使用他人资本所得的纯收入(沃尔克的解释)。②

第四,关于奢侈与节俭。唐氏回顾了英法历史上统治者颁布的节俭律,在他看来,斯密"深不以节俭为然",斯密对英国统治阶级颁布的节俭法令非常不满,他在《国富论》第二篇第三章中写道:"由此可见,英格兰王公大臣不自反省,而颁布节俭法令,甚至禁止外国奢侈品的输入,倡言要监督私人经济,节制铺张浪费,实是最放肆、最专横的行为。他们不知道,他们自己始终无例外地是社会上最浪费的阶级。他们好好注意自己的费用就行了,人

---

① 唐庆增:《介绍李嘉图之货币问题杂著》,《经济学季刊》1935 年第 6 卷第 1 期,第 192—194 页。
② 唐庆增:《利润问题》,《经济学季刊》1935 年第 6 卷第 2 期,第 167 页。

民的费用,可以任凭人民自己去管。如果他们的浪费,不会使国家灭亡,人民的浪费,哪里谈得上呢。"①在斯密看来,政府名义上倡导节俭,实际上是铺张浪费,因此,政府应该克制自身的不端行为,勤俭节约,而个人的消费由个人负责,政府不应该去横加要求与干涉。

第五,关于中国的经济政策。1936年中国农村经济凋敝,财政窘迫,同时世界经济不景气,在此情况下,采取适当的经济政策十分必要,唐氏从历史的角度提出了我国今后应采取的6条政策:均富、自足、放任、重农轻商、量入为出、注重预算。唐氏在讨论预算时才提到斯密。中国古代财政制度中本来没有"预算"一说,皇室一直实行秘密的财政制度,预算一词与预算制度起源于英国,19世纪末20世纪初预算制度传入中国,唐氏回顾了中国古代至民国初年政府不注重预算的历史,指出民国十七年(1928)后,政府才开始注意到这个问题,唐氏因而建议我国今后的财政政策更应注意此问题。具体建议是制定预算后,各级部门的经费支出由主管机构按月支付,由财政部审核,符合者才发给证书,费用由国库支付。尤其要注意的是,如果没有特别原因,预算之外不能追加款项,不得私自挪用经费,只有这样才能避免浪费的发生,这样才符合斯密所谓"固定"之意。②《国富论》一书的财政思想主要包括税收、公债、经费、预算等内容,斯密反对赋税过重,主张税收应与国民收入保持平衡,认为财政赤字与举借公债对经济发展有害,因此,他谋求财政预算平衡。此处的"固定"之意就体现在预算平衡之中。

第六,关于本能与经济。本能是指人类天赋的一种本性,不需要练习与经验,在心理方面,它是支配人的行动的一种潜在力量。本能的种类很多,与经济行为有关的本能有自养与发展、思想、友爱、荣誉、权力、好奇、夸耀虚荣等16种。唐氏在分析友爱、荣誉、夸耀虚荣这三种本能时引用了斯密的观点。关于友爱,斯密在《国富论》第三篇第二章中早有论述:"自然在创造人类时,即赋给以同情他人之本性,教导人类对于他人之情感及判断,须珍重之,使个人为地球之代理人,以督查他人之行为。"关于荣誉,斯密认为人有追求荣誉的本能,这是经济活动的主要源泉,唐庆增引用《道德情操论》第一卷第二章中的话:"地位、荣誉、名望,无人不愿追求,除非此人超过或低落于人类本性之寻常标准。"关于夸耀虚荣,人类本性有夸耀虚荣的一面,而且还为此相互争斗,这种本能虽有弊端,但也有好处。美国心理学家威廉·詹

---

① [英]亚当·斯密:《国民财富的性质和原因的研究》(上卷),郭大力、王亚南译,商务印书馆2008年版,第319—320页。
② 唐庆增:《从历史上以观察我国今后应采之经济政策》,《经济学季刊》1936年第7卷第1期,第178页。

姆斯(William James,1842—1910)认为人类的工作,十之八九是竞争引起的,工作最本能的表现则是为了衣食住行等方面。斯密认为人的衣食住行等欲望,"以相互竞赛之故,直无穷尽"。①

第七,关于经济学与现代文明。经济学对现代文明有何贡献呢？唐庆增在文中谈到了8点。

(1) 经济学的目标是满足人类的欲望,而现代文明也能够满足人类的欲望,可是人类欲望的种类总是在不断增加,范围在不断扩大,因此要完全满足人类的欲望是不可能的。斯密曾经说过:"各个人食欲,都受胃的狭小容量的支配,而对于仆宅、衣服、家具及应用物品的欲求,似乎却无止境。所以对自己所消费不了的剩余食物有支配权的人,一定愿意用剩余食物或其代价来交换足以满足其他欲望的东西。用满足有限欲望以后的剩余物品,来换取无限欲望的满足。"②

(2) 经济学不但研究财富,也研究人与人的关系,即人与财富并重。斯密重在研究国富,这从他的书名中就可以看出,但是书中同样论述"匡济民生"的道理,而且见识非比寻常,经济学就是在这样的基础上产生的,后人在斯密的基础上更注重人与人之间关系的阐释,更关注个人在社会组织中的位置。

(3) 经济学的基本观念是个人主义。个人主义是近代文明的特点,是斯密学说的出发点。

(4) 经济学重视分工,斯密在《国富论》开篇即谈分工理论,该理论对近代文明产生了重要的推动作用,今日的世界更是一个分工愈加细密的世界。

(5) 经济学的价值论以企业家与消费者的自由竞争为先决条件。斯密说:"就一般经济情形,欲使技业之任何种类或任何分工,于公众有利者,更自由及更普遍之竞争,常常能有较佳效果。"③

(6) 关于经济学中的分配论,斯密陈述了社会上四个阶级对财富的分配情况:工人得工资,资本家得利息,企业家得赢利,地主得地租,这种分类法在很长一段时期被后人采用。

(7) 经济学中的自由贸易学说影响至今。大家知道,斯密批评重商主义,提倡自由贸易,自由贸易成为商业社会的原动力。

(8) 经济学中研究社会进步原理也是造成现今局面的因素,如杜尔阁和

---

① 唐庆增:《本能与经济》,《经济学季刊》1936年第7卷第2期,第292、293、295页。
② [英]亚当·斯密:《国民财富的性质和原因的研究》(上卷),郭大力、王亚南译,商务印书馆2008年版,第158页。
③ 转引自唐庆增:《经济学与现代文明》,《经济学季刊》1932年第3卷第3期,第248页。

穆勒等人的研究。① 唐氏在论述经济学对人类文明的八大贡献中,有七项直接与斯密有关,由此不难看出,斯密的确对经济学以及人类文明做出了巨大贡献。

第八,关于资本的种类。唐庆增在文中讨论了资本的两种分类,一种把资本分为消费资本(Consumption Capital)、收获资本(Acquisitive Capital)、生产资本,其中生产资本最重要,生产资本又可分为固定资本与流通资本,斯密在《国富论》中说:"凡资本之由一人入于他人之手。而藉此得利者,谓之流通资本。凡不能移动,然亦有所收入者如房屋等谓之固定资本。故严格言之,只金钱可属于第一类。"②依照资本的用途而言,第二种分类法把资本分为农业资本、商业及工业资本、财务资本三种。

(三) 关于经济学教学

唐庆增长期执教于中国多所大学,有着丰富的教学经验,发表了不少与经济学教学相关的文章,这是他与其他民国经济学家的一个显著区别。

《经济学自修指导》一文是谈论经济学自学的指导问题。研究经济学不外乎两种途径,一是在大学中学习经济学课程,二是自修或者叫自学。青年学子看重前者,轻视后者,这不是学术界的好现象,唐氏以为自修比大学教育更重要,但自修并非易事,若不得其法,便会劳而无功。为此,唐氏谆谆善诱,为经济学自学者提出了16点建议。其中的一点建议是自修经济学时,最好能时时向本专业人士多请教,多切磋,这样才能增进学识,才不至于误入歧途。比如,斯密于1759年写完《道德情操论》后便去法国与重农学派人物杜尔阁、魁奈等人讨论切磋,后完成《原富》③一书,斯密的学说后来居上,比重农学派的思想更完善,成为"万流所宗"。④

《大学经济学系论文之作法》一文是为中国大学经济学系毕业论文而作。为了端正青年学子对撰写毕业论文的态度,在美国接受过正规学术训练的唐庆增列举了一些范文。例如,斯密博学多才,治学领域除经济学外,还涉及哲学领域,撰写了不少哲学论文,他去世后,他的挚友苏格兰哲学家杜格尔德·斯图尔特(Dugald Stewart, 1753—1828)收集斯密生前的6篇哲学论文,编著成《哲学论文集》(Essays on Philosophical Subjects)一卷,这是短篇论文成为经济学名著的例子。再比如,美国经济学家门罗(Arthur Eli

---

① 唐庆增:《经济学与现代文明》,《经济学季刊》1932年第3卷第3期,第244—250页。
② 唐庆增:《资本之种类》,《申报》1925年11月2日,唐庆增编:《唐庆增经济论文集》,中国经济学社1930年版,第212页。
③ 唐庆增经常使用严复的译本,而不用郭大力、王亚南的译本,唐庆增与严复均推崇资本主义自由经济,而郭大力、王亚南主张马克思主义经济学,阶级立场的差异也许是唐庆增不愿使用郭大力、王亚南译本的原因。
④ 唐庆增:《经济学自修指导》,《经济学季刊》1931年第2卷第4期,第110页。

Monroe，1885—？）苦心收集各种资料撰写商务毕业论文《亚当·斯密以前的货币理论》，后出版成书，在学术界引起了巨大反响。哥伦比亚大学麦克斯·韦斯特的毕业论文《遗产税》是早年财政学中的佳作。① 这些论文经过精心修改后都很有名，中国大学经济系设立的时间不长，各大学出台文件规定学生完成毕业论文的时间也很晚，列举西方大学中毕业论文的成功范例有助于中国大学生正确认识毕业论文的重要性与必要性。

《国富论》对于经济学读者的重要性不言而喻，如何甄别《国富论》的各类版本却是一个问题。在所有经济学著作中，名为《原富》的版本最多，一则因它是名著，读者众多，二则该书出版时间太久，各种校订本比较多。唐庆增考证此书版本的学术意义重大。斯密在1775年写完《原富》一书，1776年春出版该书，因该书书名太长，后人常简称为 Wealth of Nations，该书初版（1776年版）共2卷；第二版（1778年版）略有更改；第三版（1784年版）增加了一些材料，篇幅由以前的2卷变为3卷；第四版（1786年版）增加的材料最多；第五版（1789年版）刊出后，后人修订的版本大多以此为蓝本。唐氏列出了《原富》的英文版、法文版、德文版、丹麦文版、意大利文版、荷兰文版、中文版，孙德修列出了《原富》的英文版、法文版、德文版、日文版、中文版，②如果纯粹从版本而言，唐氏列举的版本数量远远不及孙德修，孙氏在《亚丹斯密先生的著作》一文中共列举了《原富》原著的12版，其英文翻刻版共计24个。③ 1904年，坎南修订的《国富论》是所有版本中最好的版本，改版2卷，内有坎南写的斯密传记及编者本人的批评，该版本最大特色是坎南对原文进行了详细的分析，每页留白处写了简明的注释。

到书店买书也是研习经济学的一种重要途径，《记欧美各国出售经济学珍本之旧书坊》一文记录了欧美国家出售经济学珍本最著名的旧书店。英国最著名的旧书店是伦敦博物馆街45号的"博物馆书店"，该店以出售经济学书籍为主，收藏异常完备，所售书籍中半是珍本，定价昂贵。例如，斯密的《哲学论文集》单行本并不多见，该书店亦有收藏，并可出售，该店还藏有斯密的《国富论》初版一部，售价5英镑。专售古本经济学书籍的"巴纳德书店"位于教会路17号，该书店的古本非常多，其中的一些书籍为其他书店所未藏，例如曾对休谟和斯密有重要影响的贝克莱大主教的经济学著作《询问者》[今译《问难》](The Querist)。荷兰虽是小国，书市也挺发达，马蒂纳

---

① 唐庆增：《大学经济学系论文之作法》，《经济学季刊》1934年第5卷第3期，第167页。
② 唐庆增：《亚丹斯密斯〈原富〉与马尔塞斯〈人口论〉版本考证》，《民铎杂志》1927年第8卷第5期，第1—3页。
③ 孙德修：《亚丹斯密先生的著作》，《学艺》1923年第5卷第7号，第3—4页。

斯·尼伊霍夫(Martinus Nijhoff)书店的珍本也不少,例如法国经济学家勃郎基、罗西、萨伊合编的《经济学名著总集》囊括了魁奈、斯密、李嘉图等20位经济学大师的著作。另外,法文版《国富论》首推格尼阿(Garnier, 1754—1821)的译本,书末附有《研究〈国富论〉的方法》一文,价值非常珍贵,该书店有《国富论》初版(1802年版)出售。①

综上可知,唐庆增对斯密学说的了解是比较深入的,他是新中国成立前我国经济思想史的主要代表人物,这个评价不仅来自与他同时代的学者,也得到当今学术界的肯定。夏炎德在《中国近百年经济思想》一书中认为经济学社社员大多为古典派与新古典派,他对唐庆增的评价是:"唐庆增先生为一纯正之学者,于理论经济学研究甚精。历年主持光华与大夏诸大学经济学系,著述甚多,并主编《经济学季刊》。唐氏之思想趋向英国古典派,于亚当斯密尤所心折,对马克思则抨击不遗余力,言论文章多主合理之个人主义,颂扬自由精神,认为政府经济之职务仅限于若干有限的方面,即于统制经济高唱入云之际,彼仍持自由经济如故。"②从唐庆增的留美教育背景与其译著来看,夏氏之评论比较符合实际,唐氏推崇亚当·斯密等古典经济学派,他赞成经济自由主义,反对马克思主义,认为马克思主义不适合中国。当今学者叶坦评价说:"唐庆增是民国时期从事中国经济思想史教学和科研为时最长、最为系统深入、成果最多的学者。"唐著《中国经济思想史》是当时中国经济思想史最为全面系统的著作,是当时本学科的最高成就,成为中国经济思想史系统研究的重要标志。③

第二节 李权时著述中的斯密学说

李权时(1895—1982)是民国著名经济学家,留美经济学博士,著述丰富,仅在1927年至1944年之间就出版了35部经济学著作。他的著作中涉

---

① 唐庆增:《记欧美各国出售经济学珍本之旧书坊》,《经济学季刊》1937年第7卷第4期,第208、210、219页。
② 夏炎德:《中国近百年经济思想》,《民国丛书》(第1编36册),上海书店1989年版,第178—179页。
③ 叶坦:《"欲创造适合我国之经济科学"的唐庆增其人其书》,唐庆增:《中国经济思想史》附录,商务印书馆2010年版,第480页。相关论述参见叶坦:《1920—30年代中国经济思想史研究之分析》,《中国研究》1995年12月号、1996年1月号;余开祥:《唐庆增:中国经济思想史领域的辛勤耕耘者》,复旦大学《校史通讯》2005年第32期;马涛:《唐庆增与其〈中国经济思想史〉》,《经济思想史评论》2006年第1辑;孙大权:《唐庆增经济思想研究》,中国经济思想史学会第十四届年会论文(2010年8月,武汉)。

及亚当·斯密经济学说的有:《中国经济思想小史》(世界书局 1927 年版)、《生产论》(东南书店 1928 年版)、《消费论》(上海东南书店 1928 年版)、《经济学 ABC》(上海世界书局 1928 年版)、《经济学原理》(上海东南书店 1928 年版,修改后扩充成《经济学新论》商务印书馆 1940 年版)、《自由贸易与保护关税》(南京书店 1929 年版)、《分配论》(上海东南书店 1929 年版)、《交易论》(东南书店 1929 年版)、《中国税制论》(世界书局 1929 年版)、《遗产税问题》(世界书局 1929 年版)、《李权时经济论文集》(世界书局 1929 年版)、《货币价值论》(上海世界书局 1930 年版)、《财政学原理》(1931 年版)、《经济概论》(1932 年版)、《李权时经济财政论文集》(商务印书馆 1933 年版)、《现代中国经济思想》(中华书局 1934 年版)等。从其中的一些书名以及著作的内容,我们可以看出,李氏对亚当·斯密的分工论、生产论、分配论、消费论、贸易论等非常熟悉,他模仿了亚当·斯密《国富论》一书的框架,从生产、分配、消费、交易、租税等方面撰写了不少经济学著作。李权时虽然著作繁多,但许多著作重复论述斯密学说,如论经济学基本理论的《经济学原理》《生产论》《消费论》《分配论》《交易论》《经济学新论》等著作,如论财政税收方面的《中国税制论》《遗产税问题》《李权时经济财政论文集》《财政学原理》等著作。这里省略了多次重复引用斯密学说的著作,选取了一部分较重要的著作。

一、《经济学新论》

1928 年,李权时的《经济学原理》一书出版,与此同时,他又将该书分成《生产论》《消费论》《分配论》《交易论》4 本小册子,当作复旦大学丛书的一种,交由上海东南书店出版,1928—1929 年这 4 本小册子相继出版。此后,李氏又在这 5 本书的基础上修订成《经济学新论》一书,该书分为上、下册,上册于 1937 年,下册于 1939 年由商务印书馆出版。《经济学原理》《生产论》《消费论》《分配论》《交易论》这 5 本书涵盖了经济学全部基本理论,斯密学说也包含在这些基本理论之中,《经济学新论》与《经济学原理》一样,共分绪论、消费论、生产论、分配论、交易论 5 编,《经济学新论》囊括了这 5 本书的内容,故此处选择介绍《经济学新论》一书。该书的每一编都论及斯密及其经济理论,这里选取其中三点进行介绍。

第一,李权时在书中批评了斯密的生产性劳动学说,他指出斯密调和了重商学派与重农学派的学说,承认农民的劳动和工人的劳动都是生产性劳动,只是农民的劳动比工人更具体、更大,斯密的偏重农工劳动都是生产之说,实际上并未脱离重农学派的窠臼,斯密认为官吏、自由职业者的劳动为非生产性劳动,这与近代经济思想格格不入。李权时进而认为斯密的农工并重论和物质生产偏重论是一种偏见,因为近代经济学者认为凡是能创造效用的劳动都是生产性劳动。①

第二,李权时承认了斯密的分工论的重要性。他说:斯密在《国富论》第一篇第一章开宗明义就讨论分工,可见,分工在经济学上的重要意义,他在论述分工问题时不忘引用斯密的经典制针业案例。可是李权时对分工的种类与斯密的分类法是不同的,李权时将分工分为家务的分工、职业的分工、专业的分工、生产的分工、工作的再分工五类,这五类重复之处不少,李权时的分工并不科学。②

第三,李权时认为经济学上的价值论有成本论与效用论两种,这两种价值论实际上是"一物之两面,一而二,二而一"。③ 因此,他反对这两种价值论,而主张劳力价值论,李权时又将劳力价值论分为激烈派与温和派,马克思属于激烈派的代表,斯密与李嘉图是温和派的代表,温和派认为体力劳动者与脑力劳动者均能创造价值,脑力劳动者所下的功夫较大,故应享受更多的价值报酬,总之,该派主张资本主义私有制、劳资合作以及公平分配。④ 李权时赞成温和派的观点,但李权时的劳力价值论又与斯密的劳动价值论不是一回事,他把劳动、效用、供求数量等均视为价值的决定因素,李权时的劳力价值论实际上包含了劳动价值论与供求价值论两个不同的价值学说,如他说"工资就是劳力的价值或价格",但同时又说"工资是决定于劳力供需均衡说"。⑤ 从李权时对消费、生产、交换、分配的论述来看,他实际上是供求价值论者。

二、《财政学原理》

商务印书馆出版的《财政学原理》一书分上、下卷,上卷于1931年出版,下卷于1935年出版。全书共分5编:绪论、岁出论、预决算论、岁入论、公债论。现择要简述此书中涉及的斯密学说。

其一,李权时在讨论财政学与经济学的关系时提及斯密。李氏把财政学定义为"研究任何政府的欲望及其满足此欲望的方法的一种社会科学"。对于经济学与财政学的关系,在李权时看来,财政学是介于政治学与经济学

---

① 李权时:《经济学新论》(上册),商务印书馆1937年版,第143页。
② 李权时:《经济学新论》(上册),商务印书馆1937年版,第156—160页。
③ 李权时:《经济学新论》(下册),商务印书馆1939年版,第375页。
④ 李权时:《经济学新论》(下册),商务印书馆1939年版,第378页。
⑤ 李权时:《经济学新论》(下册),商务印书馆1939年版,第241、246页。

之间的一种"独立"的社会科学,财政学是经济学的"父亲",比如《原富》得以完成归功于斯密早年在格拉斯哥大学的讲义稿——《亚当·斯密关于法律、警察、岁入及军备的演讲》,所以先有财政学,然后才有经济学,不过经济学是后来居上罢了。① 但杜俊东不同意李权时所谓的财政学是一门"独立"的社会科学这一提法,他也同样以斯密的《国富论》为证据,指出该书从诞生到现在的150余年里,财政学始终没有从经济学中独立出来。②

其二,李权时在梳理近代西方财政学学术史的过程中提到斯密财政学说的要点。李氏指出,斯密不仅是经济学的鼻祖,恐怕也是财政学的鼻祖,以后的经济学教材均把财政学作为经济学的一部分或最后的一章,均是受了斯密的影响。为此,李氏简述了斯密财政学说的要点:主张节用;反对重农学派的单一地租税,主张抽取地租税、利润税、利息税、工资税等;反对举借公债,认为公债害多利少;主张变卖官产;提出租税征收的四原则。③

其三,李权时在论述岁出论、预决算论、岁入论、公债论时均提到斯密的理论。如关于"岁出"(public expenditure),李氏提到了斯密论政府的3种职能:巩固国防、维持公道及治安、建设并维持公共事业;④关于公共收入,斯密把公共收入分为官产收入和从人民所得中抽取出来的收入两种。⑤关于租税的分类,斯密以租税的源泉为标准,把租税分为田租税、薪资税、利息税、利润税。⑥ 关于租税原则,近代各国财政学者多以斯密的租税四大原则为主,这四大原则实际上只有一个或者两个原则,即行政原则与伦理原则。⑦

李权时撰写《财政学原理》的目的是提倡"国货教科书",他在书的序言中坦陈,他的财政学思想受他的导师塞利格曼、陈豹隐以及达尔顿的影响,而没有提及斯密,然而,从书中实际引用的经济学家来看,斯密学说被引用率非常之高。

三、李权时论文中的斯密学说

除了上述代表作之外,李权时发表的一些论文也论及斯密学说。现选介6篇论文。

---

① 李权时:《经济学原理》(上卷),商务印书馆1931年版,第28页。
② 杜俊东:《李权时著财政学原理上卷》,《图书评论》1933年第1卷第10期,第53页。
③ 李权时:《经济学原理》(上卷),商务印书馆1931年版,第49页。
④ 李权时:《经济学原理》(上卷),商务印书馆1931年版,第79页。
⑤ 李权时:《经济学原理》(下卷),商务印书馆1935年版,第379—380页。
⑥ 李权时:《经济学原理》(下卷),商务印书馆1935年版,第394页。
⑦ 李权时:《经济学原理》(下卷),商务印书馆1935年版,第413页。

第一篇是《生产力之研究》。此文阐述了三位经济学家的生产力学说。李氏列举的第一位经济学家是德国经济学家亚当·海因里希·米勒（Adam Heinrich Muller, 1779—1829），米勒是欧洲最早注意到生产力学说者，他提出"精神资本"（Geistiges kapital），"精神资本"指过去的法律制度、管理制度、民族传统、道德习惯等。第二位是德国历史学派的代表李斯特，他是最赞同生产力的经济学家。第三位是日本经济学家福田德三，他也注重生产力，提出"资本与非资本，在人不在物"的观点。李氏在介绍米勒和福田德三时没有提及斯密，而是主要介绍李斯特的生产力学说，李斯特的生产力学说集中体现在其代表作《国家经济学》的第 12 章"生产力说与价值说"中，他在书中直接把批判的矛头对准了亚当·斯密。李权时从中摘抄了数段李斯特关于生产力学说的论述，并将之概括为三点："生产财富之力较财富本身更为重要"；"生产力不仅仅是劳动"；"生产力说与价值说的区别"。①

关于第一点"生产财富之力较财富本身更为重要"，李斯特首先提出这样的观点："财富之原因与财富之本身绝然不同"，"生产财富之力较生产财富更为重要"，这意在批评斯密偏重财富本身，轻视财富形成的原因，偏重生产财富，忽略生产财富之力，李斯特认为经济学的研究应该关注财富形成的原因和生产财富之力，他提供的证据是斯密在《国富论》序论中对于财富的看法。《国富论》序论中谈到劳动是形成一国财富的源泉，财富的增进取决于两点：其一取决于劳动之生产力，即一国国民的劳动是如何熟练、如何有技巧、如何有判断力的；其二，从事有用劳动的人数和不从事有用劳动的人数之间的比例。由此，李斯特的结论是：斯密重视生产力的总量。②

关于第二点"生产力不仅仅是劳动"，李斯特盛赞了斯密的分工理论，但笔锋一转，指出斯密太"热心"于分工理论，以至于存在如下的不足与缺点。其一，李斯特指出，斯密在《国富论》序论中虽然提出了生产力概念，之后的章节也提到过生产力，但没有深入阐述，这致使斯密的生产力论并不完美；其二，在李斯特看来，斯密主张劳动是国家一切财富的源泉的论断是错误的，而且斯密坚持劳动为致富的原因，懒惰为致贫的原因，其实，古代所罗门王早就提出这样的观点，并经常发出这样的疑问：究竟什么是劳动的原因？什么是懒惰的原因？其三，斯密对于劳心（mental labor）之人，例如维持法律秩序，提倡教育，培养宗教、科学、艺术者，均不认其有生产性质，斯密把这些

---

① ［德］李斯特：《国家经济学》，王开化译，商务印书馆 1927 年版，第 126—132 页。
② 李权时：《生产力之研究》，《经济学季刊》1932 年第 3 卷第 2 期，第 18—19 页，又见［德］李斯特：《国家经济学》，王开化译，商务印书馆 1927 年版，第 122—123 页。

人的劳动称为"非生产性劳动",这些人都是消费者。与之相反,李斯特赞同"非生产力性劳动"是"精神资本",是生产"生产力"的,具有生产财富的作用;其四,斯密承认劳动之生产力取决于"精巧与明断"(skill and judgment),但斯密对于"精巧与明断"的原因,则又没有超出分工学说,斯密使用的证据也没有超出交易、没有超出物质资本的增加,没有超出市场的推广。综上四点,斯密的学说沦为"物质主义、偏狭主义(particularism)、个人主义"。如果斯密能够根据生产力学说,而不受到价值与交换价值观念的支配,那么斯密一定知道生产力学说应该被视为"独立学说",与交换价值相提并论,但斯密已经陷入以"物质事件"而说明"精神势力"的错误,所以一切悖论与矛盾都因此而发生。总之,李斯特坚持斯密的学说不过是价值说而已,他为此引证法国经济学家萨伊对斯密的评论,萨伊指出,斯密学说是一种教人认识到财富或交换价值是如何生产、分配、消费的研究,不是教人认识生产力是如何被激发、如何发展的一门科学,也不是教人懂得生产力是如何因受压迫而被破坏的科学。①

第三点是关于生产力说与价值说的区别。李斯特将自己创造的学说称为生产力学说,而把斯密的学说称为价值说或者交换价值理论,在李斯特看来,李斯特学说与斯密学说的区别就是生产力说与价值说的区别,"以私人经济譬晓之,为最恰当明白"。斯密学说是以私人经济或者说个人经济为基础,李斯特的生产力学说是以国家经济为基础,李斯特以一个私人经济的例子为例,试图证明生产力学说注重将来,注重生产物质财富的能力,价值说注重现在,关注物质财富本身。紧接着,李斯特从私人经济的例子上升到国家层面,以英国、法国、西班牙、葡萄牙、意大利、德国等国家的历史经验教训为例,揭示斯密派的错误与矛盾,指出这些错误与矛盾可以通过生产力学说加以纠正和解决。②

李权时节录《国家经济学》一书中的生产力学说,列举李斯特对斯密学说的种种责难。由此,我们可以看出李权时赞同李斯特的观点,推销自己的生产力学说,排斥斯密的生产力理论。

第二篇是《劳力价值论答客难》。1928年,李权时的著作《经济学原理》出版,李氏在书中主张"劳力价值论",在经济学界引起了轰动,出现了一些关于此书的书评文章,最具代表性的评论文章是朱通九的《批评李权时著经

---

① 李权时:《生产力之研究》,《经济学季刊》1932年第3卷第2期,第19—21页,又见[德]李斯特:《国家经济学》,王开化译,商务印书馆1927年版,第124—126页。
② 李权时:《生产力之研究》,《经济学季刊》1932年第3卷第2期,第21—24页,又见[德]李斯特:《国家经济学》,王开化译,商务印书馆1927年版,第126—132页。

济学原理》一文,朱通九在文末提出了与李权时的几点商榷意见,其中之一是质疑李权时对资本的理解,李权时认为"资本为过去与现在劳力的结晶",朱通九对此表示怀疑,他将这个疑问又分解为多个疑问,其中一个小疑问是:资本是否完全是过去劳力的结晶?朱通九在提出了这个小疑问后立即引用斯密的话进行分析论证,斯密说:"在文化未开化的时代,价值悉以劳力的数量为标准,一至文明时代,生产必须以劳力、资本和土地三者合作而成。"①李权时当时并未马上作答,而是到了1933年,他才在《经济学季刊》第4卷第1期发表文章《劳力价值论答客难》以回应朱通九的疑问,李氏认为朱氏对他的观点"有所忽略",李权时的本意是说,土地或者自然界虽为生产要素之一,但如果没有人的劳力去加以利用,就不会有经济价值或交换价值,也就不会存在生产剩余或者资本了,无论是生产剩余,还是资本,它的唯一主因必是过去的劳力,所以,李权时仍旧坚持己见:"资本为过去或现在劳力的结晶",对于朱通九引用斯密的言论,他根本没有回应。②

祝伯英指出,曾经不主张劳动价值论的李权时博士在《经济学原理》一书中主张"劳力价值论",遭到著有《劳动经济学》的朱通九的反对,结果,李权时在《劳力价值论答客难》一文中予以回应,其间很有些"高论",祝伯英于是著文来讨论其中的"高论",借以评析李朱二人的价值论。他认为,在深入研究劳动价值论之前,有必要把劳动与劳动力(或劳力)两个概念的范围界定清楚。他说:"劳力是劳动的能力。一个人为要获得或恢复劳动的能力即劳力,自然需要一定的营养。营养必需的商品,有一定的价值。换言之,劳力本身,有一定的价值。人们将这劳力使用的时候,就发生劳动,劳动本身又产生价值。亚当斯密氏,并没有能够将这两个范畴区别清楚,后来德国经济学者,已经把它划分清楚。"而李权时博士的"劳力价值论"显然是抄袭"古"说,弄不清其中的区别,但是这种区别在价值的意义上特别重要。③祝伯英对李权时的指责是有一定道理的。早在1927年中国经济学社第四届年会上,李权时就提交了《价值论之研究》一文,李氏认为工资、薪水、原料费、运输费、保险费、机器费、原动力费、房租、劳动资本利息、租税、推销费、其余一切管理费之分摊数等12项的成本与劳动有关,因而得出成本价值论就是劳力价值论的结论。④显然,李权时将劳动价值论庸俗化了。

---

① 朱通九:《批评李权时著经济学原理》,《经济学季刊》1930年第1卷第1期,第241页。
② 李权时:《劳力价值论答客难》,《经济学季刊》1933年第4卷第1期,第212页。
③ 祝伯英:《李权时与朱通九的价值论》,《学艺》1933年第12卷第5期,第99—100页。
④ 李权时:《价值论之研究》,中国经济学社编:《中国经济问题》,商务印书馆1929年版,第310页。

第三篇是《评杨著民生主义经济学》。1930年,中华书局出版了著名会计学教授杨汝梅(1899—1985)编著的《民生主义经济学》一书,杨氏留学美国,1926年获得密执安大学博士学位,归国后在北京法政大学及其他大学任教,该书系他编写的经济学教科书,李权时阅读后写了书评,他对该书的参考书目颇为不满,因为书目列举了众多日本经济学家、美国经济学家以及亚当·斯密在内的欧洲经济学家的作品,而对于中国近年来的经济学家的著述"一字也不提",李权时由此觉得杨汝梅作为留学界的老前辈太轻视"国货",太崇洋媚外了。①

第四篇是《纯粹经济学上的几个重要问题》。此文由李权时在上海沪江大学商学会的一篇演讲词修改而成,李权时所谓的"纯粹经济学"即今天我们所讲的理论经济学,文章标题所涉及的重要问题有10个:经济学的定义、经济学的分类、经济理论与经济事实孰重、研究经济学的方法、经济学在科学上的地位、国民经济与世界经济、保护农业与保护工业、私产经济与共产经济、劳力价值论与效用价值论、物质经济学与精神经济学。第7个问题与第9个问题提到了亚当·斯密。第7个问题谈农业与工业孰重孰轻,重农主义者主张保护农业,比如英国的谷物法,重商主义者力主工业为重,斯密、马尔萨斯、李嘉图主张保护工业。其实,农业与工业孰轻孰重首先得看一国的经济状况而定,并且保护政策也不是绝对的,而是相对的。② 第9个问题谈价值,近代关于经济价值由什么决定的学说有两派,一派主张成本或者劳力决定价值,即劳力价值论,斯密属于这一派人物,另一派主张价值的产生和决定是由效用而定的,即效用价值论。李权时在这个问题上的看法是价值的起因在劳力,而价值的决定则在效用或者需要。③

第五篇是《介绍斯本著经济理论的派别》。此文是引介奥地利经济学家和社会学家阿脱马斯本[今译奥斯马·斯盘(Othmar Spann,1878—1950)]的学说,斯盘于1912年撰写了《经济理论的派别》一书,该书十分畅销,被翻译成多种文字出版,1930年出版了该书的第19版,李权时向国内读者介绍了此书的大致内容。该书第7章介绍个人主义时专门用一节的篇幅来陈述斯密的"劳力或工业制度",即包括斯密的"经济制度、斯密的经济制度的盛行、斯密学说的批评及其治学方法"3个方面。④ 该书在评判各派学说的基础上得出结论,未来经济学的发展趋势是"全体主义",这表明李氏与斯盘一

---

① 李权时:《评杨著民生主义经济学》,《经济学季刊》1930年第1卷第4期,第265页。
② 李权时:《纯粹经济学上的几个重要问题》,《经济学季刊》1931年第2卷第1期,第40页。
③ 李权时:《纯粹经济学上的几个重要问题》,《经济学季刊》1931年第2卷第1期,第41页。
④ 李权时:《介绍斯本著经济理论的派别》,《经济学季刊》,1931年第2卷第1期,第176页。

样是反对斯密学说的。

第六篇是《评马著中国经济改造》。此文是一篇关于马寅初的《中国经济改造》（商务印书馆1935年版）一书的书评，李氏列举了该书的6个优点。其优点之三是处处以中国的事实为依据，兼顾事实与理论，而且事实多于理论，让人读后有如"读斯密亚丹的《原富论》之美感"；优点之四在于马氏虽主张保护关税，但仍同意中国经济达到美国今日的程度时，中国应采取自由贸易政策，不放弃斯密的理论。该书优点颇多，但缺点也在所难免，其中一个缺点是关于外国人名有前后不一致的地方，如第1章第6节使用"亚当斯密"这个人名，在第37章第5节又被改为"斯密亚丹"。①

综合李权时的论著，可以看出，李权时试图在经济理论上进行创新，他的生产力学说与劳力价值论都是这方面的表现，他的理论并没有超过斯密，甚至还扭曲了斯密的分工论。从当时的社会反响来看，批评之声超过赞扬之声，在西方经济学理论独霸学术界的环境下，要对经济学基础理论进行理论创新是一件非常困难的事情，国人能做的更多是对经济学理论的引介工作。

第三节　马寅初著述中的斯密学说

马寅初（1882—1982），著名经济学家、人口学家、教育学家。他早年留学美国，师从哥伦比亚大学经济学家E. R. A. 塞利格曼（E. R. A. Seligman, 1861—1939），于1914年获得美国哥伦比亚大学经济学博士，1915年回国后在北京大学任教，曾任中国经济学社社长，南京国民政府立法院经济委员会委员长、财政委员会委员长，1949年之前著有《纽约市的财政》《中国经济改造》《经济学概论》《通货新论》《资本主义发展史》《马寅初演讲集》《经济思想》等著作。其中《中国经济改造》系马寅初在民国时期应用经济学的代表作，《经济学概论》是他理论经济学的代表作。

一、《中国经济改造》

商务印书馆于1935年出版的《中国经济改造》，是一部采用全体主义经济学理论阐述中国经济问题的作品，全书共分10篇37章，关于斯密学说的论述集中出现在第1章《今日在我国通行之经济学说》、第2章《个人主义与全体主义》、第3章《全体主义之实现——重商主义》、第37章《从世界主义

---

① 李权时：《评马著中国经济改造》，《经济学季刊》1935年第5卷第4期，第179、181页。

方面观察本书之主张》。在此书中,马寅初首先指出:斯密学说在20世纪30年代仍然流行。民国时期中国大学的经济学系所使用的教科书或者参考书几乎全部来自英美国家。从经济学原理来讲,以自由主义派的著作最流行,原因有三点:一是英美国家的经济学著作"说理明浅,系统整齐",比较适合充当教科书;二是教师多数留学英美国家;三是学生崇尚欧美文化,平时接触的外国文字以英文居多。近代世界经济思想分为自由主义派和社会主义派,斯密是自由主义派的鼻祖,所以斯密学说在经济学教材占有举足轻重的位置。从民国当时流行的经济学说来看,奥地利学派及其边际价值效用学说盛极一时,奥地利学派提倡的个人主义与自由竞争和正统派相同,因此,马寅初指出,民国时期流行的经济学说间接来自正统派,正统派以亚当·斯密为鼻祖,斯密学说便成为衡量正统派的标准,斯密学说的主要内容是主张个人主义、自由竞争、自由放任等经济理论。①

马寅初还列举了斯密的三个主要学术观点:私利与公利并行不背;主张自由竞争;主张保护私有财产,并认为这三点是自由主义派经济思想的精髓,资本主义经济组织正是在此基础上发展起来的。马寅初对自由主义派的总体评价是"功过各半",即自由主义派的功绩有三点:发现了人的利己心、自由竞争和私有财产制;其过失也有三点:公利与私利并非并行不悖、自由竞争说不可靠、政府对于若干事业有干涉的必要。②"功过各半",这是马寅初根据世界经济形势与历史经验对自由主义派的贡献做出的比较客观的评价。

同时,马寅初反对个人主义,力主全体主义。从马寅初对斯密学术观点的评价来看,他虽然承认斯密的贡献在于发现了人的利己心,但他并不认为个人利益与集体利益可以相互促进,个人主义在当今世界是行不通的。马寅初的论证如下,社会是个人的集合,个人是构成国家或社会的"原素",这种观念被叫作个人主义。与个人主义相对立的是全体主义,马寅初对奥地利经济学家斯班(奥斯马·斯盘)倡导的全体主义下了定义:"以为在个人之间,有一种智力的或精神的结合。此种结合,乃存在于社会中独立之实体,超越乎个人之上。个人不过为其附属,不能离社会而独存。"之后,马寅初比较了以个人主义为基础的政策与以全体主义为基础的政策,这两者的区别可概括为三点:一是自由政策与保护政策,二是竞争与协作,三是交换与生产。具体而言,自由政策与竞争均以个人主义为基础,保护政策与协作

---

① 马寅初:《中国经济改造》,上海商务印书馆1935年版,第1—3页。
② 马寅初:《中国经济改造》,上海商务印书馆1935年版,第9—19页。

均以全体主义为基础,中国外受帝国主义侵略之苦,内受国民经济凋敝之难,工业处于起步阶段,不能与外国商品同步竞争,需要采取保护政策,工业需要提倡协作而非竞争。斯密的经济学说是以个人为出发点,在分工制度下人人为了自己的利益,彼此互不关心,斯密强调以市场价值或价格来确定生产与分配的关系,中国是一个经济、文化落后的大国,中国必须要以生产为中心。马寅初指出,斯密以交换为中心,以生产为附庸,实际上"倒因为果,倒果为因",他甚至把《原富》视为"商店经济学"。① 可见,个人主义的弊端十分明显,马寅初提倡用全体主义来代替个人主义。总之,马寅初是通过反对个人主义来批评斯密的经济理论。

马寅初还比较了斯密学说与李斯特学说及对中国的适用性。在马寅初看来,两者具有四个"共通"之处:一是李斯特虽然主张贸易保护政策,以国家经济为重,但是并不主张废除私人企业,斯密以利己心为出发点,赞成私人企业自由竞争,谋取私利;二是斯密认为政治制度与经济制度应该分开,李斯特同意这种观点,他们都支持政府可以稍加干涉经济制度;三是斯密讲求扩张财富的总额,李斯特也认为财富的总额越大越好;四是斯密与李斯特都主张自由贸易,李斯特只是觉得后进国家的工业应该与先进国处于同一地位,然后才可以实行自由贸易。马寅初从这四点得出斯密学说与李斯特学说实际上是"殊途同归",两者没有根本区别。②

那么,斯密学说与李斯特学说,哪一个更适合于中国呢?

马寅初指出,今日中国已成为外国商品倾销的场所,与自由贸易相距甚远,如果再主张自由贸易,那是自愿成为外国商品的"尾闾"。从国内情况来看,他总结了中国不能实行自由贸易的两条原因。其一,中国年年入超,且入超的数量与年俱增。从进出口货物来看,进口多是制造品,出口多为食物、原料。其二,从前中国在对外贸易中大都处于被动地位。如铁路均是外资修建,西方列强进一步瓜分世界,急欲把中国纳入他们的势力范围之内。从国际情况来看,德国经济在李斯特时代虽然逊色于英国,但比今日中国所处的地位不知要高出多少倍,在那样的情况下,李斯特主张德国实行贸易保护主义,而中国当前虽然倍加保护对外贸易,但还是赶不上德国当时的水平,在此情况下,中国根本不敢再提倡自由贸易。因此,马寅初主张保护政策,以此保护处于萌芽状态的中国工业,挣脱帝国主义经济镣铐。就理论而言,马寅初认同李斯特学说,将来中国经济地位达到先进国家的水平,是否

---

① 马寅初:《中国经济改造》,上海商务印书馆 1935 年版,第 23—24 页。
② 马寅初:《中国经济改造》,上海商务印书馆 1935 年版,第 692—693 页。

再实行自由贸易,则要看将来的情形而定。① 不过就实践层面而言,马寅初并不主张中国实行李斯特的关税政策,原因在于,中国今日的关税政策实行了进口许可证、输入定份制(Quota System)、汇兑统制(Exchange Control)、若干货品禁止进口令等措施,这些措施都不是李斯特所谓的关税政策所能解决的,贸易保护政策对中国已经"不足用"了。② 因此,马寅初主张另寻他法。

二、《经济学概论》

1943年,上海书店出版了马寅初的《经济学概论》一书。该书模仿了古典经济学派的四分法,依次论述了价值论、消费论、生产论、分配论。书中集中论述斯密学说之处在第四篇第一章第一节第二项"亚当斯密氏的经济思想跳出自然之束缚"与第三项"亚当斯密与李嘉图的思想之比较"之中。现分别简述这两点。

第一,从西洋经济思想史的演变历程来看,继重农学派之后,斯密的经济思想在欧洲经济思想界占据主导地位,两者的关系紧密。重农学派的基本理念是"自然秩序",它是自然的、客观的、永恒的,如人类具有追求自身自由和私有财产权的权利。斯密虽然继承了这种思想,但又跳出了"自然"的束缚,致力于改善人类的生存环境,于是创立了"自利说、分工论、商业有生产能力"三种理论。斯密认为人都是自利的,自利是社会进步的动力;斯密认为分工之后可以使工业达到极点,马寅初列举了斯密关于分工的三点益处,进而认为斯密的分工论也是出自人的自利观念;重农学派称商业没有生产能力,斯密否定了这种说法,斯密举例说,某物效用小,从一地移到另一地之后,效用增大,这个增加的效用不是从生产中得来的,而是"地位上之生产"。因此,商业也有生产能力。③ 马寅初概括和解释的这三个理论观点并非没有漏洞,斯密在解释分工论时并没有说分工是出自人的自利之心,从商业有生产能力这个观点可以看出马寅初在否定斯密的劳动价值论,他坚信的是效用论。

第二,《中国经济改造》一书中比较了斯密与李斯特在自由贸易论上的观点,此书比较的是两人经济思想中的其他方面:斯密的自利说影响了李嘉图的自利说,李嘉图也认为人人都在追求个人利益,寻求快乐;斯密主张

---

① 马寅初:《资本主义国家经济思想之两大派》,《银行周报》1934年第18卷46期,第6页。
② 马寅初:《中国经济改造》,上海商务印书馆1935年版,第696—697页。
③ 马寅初:《经济学概论》,重庆商务印书馆1943年版,第87—88页。

生产成本说，李嘉图也重视此说，但也有例外，稀缺品就不属于此说的范围。李嘉图认为价值的来源除了成本之外，还有"稀少"的因素。稀缺品的价值"不定于成本而在成本之上"；在分配方面，李嘉图持悲观的态度，笃信人类受制于自然，认为大部分物质利益掌握在少数地主手中，斯密则持乐观的态度，相信人的努力与改革可以增进财富，财富越多，每人分配的东西就越多，消费者从中获益也较大。① 总而言之，马寅初把斯密描述成一个乐观主义者，把李嘉图描述成一个悲观主义者。

马寅初在《中国经济改造》与《经济学概论》两书中都谈到了贸易自由论与贸易保护主义，这两本书都表达了他对斯密自由贸易论的抵制，原因是他觉得20世纪20—40年代的中国不适合采用自由贸易政策，中国当时的工业化程度还落后于19世纪的德国，德国当时正是由于工业化程度低于英国才采用贸易保护主义，并且取得了成功，鉴于德国的经验，马寅初力主中国也应该实行贸易保护主义，而且应该实行适合中国实际情况的保护主义政策。他在这两本书中都透露出他对斯密学说在内的西洋经济学说的态度与立场：不盲目照搬照抄西方理论，以中国问题为导向，选择适合中国国情的理论，提倡本土化的经济应用研究。总之，他在经济政策上主张政府对经济的管控，在国际贸易上推崇保护主义。

三、马寅初文章中所涉及的斯密学说

作为学社的领军人物，马寅初发表了大量的经济学论文，但是他偏重于经济现实问题的研究，专门论述经济理论的文章较少，论述斯密经济理论的文章更少。关于马寅初文章中涉及的斯密学说，可大致归纳如下：

其一是关于价值论。《经济学概论》一书中有关于价值的论述，该书关于价值的观点与内容是吸收了马寅初早年发表的一些关于价值方面的论文。这里介绍马寅初的三篇论文。

一是1924年《东方杂志》刊登的《价值论》一文。马寅初在文章中对价值、交换价值、有用价值进行了界定。他指出，价值一词的含义较广，经济学中的价值，多为交换价值（exchange value），"有用"在经济学中称为"效用"（utility），也称为有用价值（use value）。交换价值即交换的比例，一切生产都是以交换为目的，因此，交换价值比有用价值重要。但交换价值不是价值的源泉，那么价值从何而起呢？经济学中大致有5种观点：劳力说（Labor Theory）、生产费说（Cost of Production Theory）、效用说（Marginal Utility

---

① 马寅初：《经济学概论》，重庆商务印书馆1943年版，第88—90页。

Theory)、社会价值说(Social Value)。1933 年,《政治季刊》第 1 期刊登了赵兰坪的《论价值》一文其中也谈到价值,他也把价值分为 5 种:供给需要说、生产费说、劳动说、限界效用说、折中派。① 赵兰坪的划分与马寅初的分类略有不同。此处仅列举马氏对劳力说的论述要点。

马寅初所谓的劳力说也就是劳动价值说,斯密、李嘉图、马克思等持有这种观点。斯密的论据是"用两日功夫,所成之物,比较用一日功夫,所成之物,终大一倍"。李嘉图说:"各种物品之比较的价值,都由比较上所作的工作而定。"即工作越多,价值越大。马克思的价值学说也与此类似,三人均认识到劳力与价值的关系。马寅初列举斯密的"疑谜"时说:"铁之用处虽大,然价值小,而钻石之用处虽小,然价值反大。""疑谜"即斯密关于水和钻石的价值悖论。马寅初此处犯了个错误,他用铁与钻石进行比较,应该是水与钻石的比较。总之,马寅初对古典学派的劳力说是持批评态度的,这从他对劳力价值论的 5 点疑难也可看出:(1)劳力专指手工劳力或是精神劳力,或是这两者;(2)手工劳动中的熟练劳动与非熟练劳动区别为何大;(3)劳力是指现在直接劳力或是过去总共的劳力;(4)同一汽车,对于富人有价值,对于贫人则无价值,劳动虽同,价值为何不同;同一劳动,绍兴酒愈陈愈有价值,其劳力则没有差别;公园的大柏树,锯去则价值小,不锯则价值大,为何虽费劳力,而价值反小;(5)俄国革命后,推翻了旧制度,包括以前的货币制度,实行物物交换,以每小时的劳动计算物品价值,引起纠纷,归于失败。②

二是《马克思价值论之批评》一文。在《价值论》一文中,马寅初指责了斯密与李嘉图的古典学派之后,又把矛头对准了马克思。1927 年 10 月 10 日,马寅初做了一场题目是《马克思价值论之批评》的演讲,他指出,马克思认为价值的发生是由于劳工改造了物品的原来形状,如一堆用处不大,甚至没有用的木头,一旦加工成桌子后,价值就产生了,马克思便"一口咬定":"价值之生由于劳力"(labor put into it),这便是马克思的"劳力价值说"(labor theory of value)。③ 之后,马寅初简单地介绍了斯密的价值分类:"亚当·斯密将价值分为享用价值(value in use)和交换价值(value in exchange)两种:那种由改造其原形而生出来的生产价值,普通就可分为这两种,因为第一种是直接供作者的享用,所以叫做享用价值,也可说是对内的价值,其用较少,其值也较低。倘若将桌子与酒相交换,那末交换价值就生出来了,

---

① 赵兰坪:《论价值》,《政治季刊》1933 年第 1 期,第 53—82 页。
② 马寅初:《价值论》,《东方杂志》1924 年第 21 卷第 11 期,第 20 页。
③ 马寅初:《马克思价值论之批评》,《马寅初全集》(第 4 卷),第 110 页。

其值较享用价值大得多。"①

马寅初并没有对斯密的价值分类再做解析,而是笔锋一转,从常识入手,把精力全放在指明马克思价值论的错误上,他列举了如下例子:

(1) 整以零成的东西,能用马克思的"Value Put into It"解释,如马500匹,每匹100元,合起来是50 000元,但由零件组装的自行车,它的价值大于单独的零件,马克思"Value Put into It"的说法则解释不通。

(2) 双轮马车的一对白马,比一匹白马与一匹黑马价值大;大老板在监狱中要过烟瘾,得花数倍价钱购买。

(3) 转运公司的价值不在劳力,乃在组织与经营。整个公司价值大,零售不值钱。

(4) 商务印书馆的资本没有商务印书馆自身的价值大,原因是它每年赚钱多,是活的东西。一个亏本书局的价值比它的资本小,原因是它是死的东西,将来没有希望。

(5) 俄国的卢布与英国的金镑交换,俄国求英国金镑心急,所以金镑涨价,卢布跌价。卢布与金镑的比价,系一种心理作用,并非劳力的表现。

(6) 汉口自来水厂的价值,不在于机器的里面,也不在于水管的本身,而在于机器与水管连接的一个"连"字,与自行车拆开后就不值一钱是一样的道理。

(7) 奴婢与鸦片在法律禁止前,价值大,法律禁止后,价值大跌甚至一文不值,与劳力毫不相干。

(8) 鸦片烟枪,愈旧价值愈大,同样,绍兴老酒愈陈价值愈高,价值的高低与时间有密切的关系,与劳力无关。②

马寅初对斯密、李嘉图、马克思等信奉的劳力说的质疑,在经济学界引发了争议。1926年,王秋心在《学艺》第8卷第4期上发表《马寅初博士的劳动价值说批评》一文批驳马寅初博士的价值论。其一,王秋心认为马寅初低估了斯密、李嘉图、马克思在价值学说史上的地位。斯密的价值论在个人的著作中有一定的意义,在经济学说史上占有一定的地位。单是《国富论》中与价值有关的章节就有四五章,更不说《资本论》关于价值的论述多达百

---

① 马寅初:《马克思价值论之批评》,《马寅初全集》(第4卷),第110页。
② 马寅初:《马克思价值论之批评》,《马寅初全集》(第4卷),第111—116页。

余页,马寅初对劳动价值说的介绍才仅仅2页,而且有一页以上的篇幅还在批评他们三人,马寅初介绍他们的学说不过一二句,这种研究态度似乎"太轻视"他们的学说了!其二,王氏不赞同马氏对待三人的方法。马寅初介绍斯密的学说时说:"用两日功夫,所成之物,比较用一日功夫,所成之物,终大一倍。"王秋心质疑此话,仅仅一句话能把斯密学说的精髓表达出来吗?或者说这句话是斯密学说的精髓吗?另外,马寅初还说:"是三人皆知劳力与价值有关系,其故正因当时无大规模之生产,一切生产皆由手工去作,故彼等只能想到工作(劳力)与价值之关系。"王秋心指出了马寅初连经济史上的事实都不顾及,斯密生活在工场手工业向机器大工业过渡的时代,斯密在"论分工"一章中提到有的手工工场用简单机械的言语,证明了马寅初之言"一切生产全由手工去作"违背事实。李嘉图、斯密生活在工业革命完成之后,资本主义处于发展的黄金时期,马寅初之言"当时无大规模之生产"更是令人费解。①

三是《制度学派康孟氏之价值论》一文。马寅初在《经济学季刊》上发表的11篇文章中,没有专文研究斯密,仅在一篇介绍制度学派重要代表人物约翰·R.康芒斯(John R. Commons,1862—1944)的文章中提到斯密,即《制度学派康孟氏之价值论》(《经济学季刊》1934年第5卷第1、2期)。马寅初比较了康芒斯的学说与古典派的理论,认为斯密以自利为出发点,以自由放任为政策,其结果造成优胜劣败、贫富悬殊的社会现象。在斯密看来,社会利益可以协调,随着时间的推移,他的观点落伍了,如今资本家为了个人利益加大剥削力度,导致劳资冲突激烈,社会利益难以调和,政府于是放弃了自由放任主义政策而采取干涉的政策,同时工人组织工会捍卫自身利益,以此对抗资本家。康芒斯的观点与斯密相反,康芒斯认识到古典学派自由主义的缺陷,因此主张经济活动归社会"统制",他认为社会利益本质上是冲突的、不可协调的。② 马寅初支持康芒斯的学说,主张在中国实行"统制"经济。

总之,这三篇文章均反映马寅初在价值问题上批评斯密劳动价值论的共同立场,马寅初信奉的是奥地利学派的边际效用价值论。

其二是关于贸易论。《中国经济改造》一书中已经提到了自由贸易论,马寅初还在《资本主义国家经济思想之两大派》《中国国外贸易如何失去权利与古典派学说应如何更正》两篇文章中提及。

---

① 王秋心:《马寅初博士的劳动价值说批评》,《学艺》第8卷第4期,第1—3页。
② 马寅初:《制度学派康孟氏之价值论》,《经济学季刊》1934年第5卷第1、2期。

在《资本主义国家经济思想之两大派》一文中,资本主义国家经济思想的两大派是指自由贸易论派与保护贸易论,前者又叫作国际主义派,斯密、马尔萨斯、李嘉图等古典学派都属于此类;后者又叫作国家主义派,德国历史学派属于此类。关于前者,马寅初在文中列举了世人把自由贸易论误解为世界主义,把斯密误解为世界主义者的诸多例证。如英国经济学家柯尔(Cole,1889—1959)将自由贸易论者误解为世界主义派,其实,国际主义与世界主义性质不同,不能混为一谈,国际主义有国界,而世界主义无国界。柯尔的误解系因李斯特而起,李斯特在《国家政治经济学》一书第11章批判古典学派,将之称为世界主义,但李斯特并没有指明究竟是斯密本人的学说还是斯密的学派是世界主义。又如英国经济学教授纳克逊(Nicholson,1850—1927)为李氏的《国家政治经济学》写了一篇序言,申明斯密并不是世界主义者。原因在于斯密学说的信徒"每多增加其辞",于是逐渐推演出斯密学说是世界主义,可见,世界主义之名也许可以加在他学派的头上,如果加在斯密学说之上,那就是诬陷了。再如《国富论》书名中的"国"字在英文中是多数,于是有人认为斯密注重的是世界经济,而不是国家经济,于是把斯密学说推演成世界主义,斯密被诬陷为世界主义者也许就是这个原因。①

关于两者的关系,学术界多认为两派是完全不同的,马寅初认为二者还是有一些共同点。表现在:其一,李斯特主张保护贸易,重视国家经济,但仍然没有主张废除私人企业,这与今天所谓的统制经济"相去尚远"。其二,斯密认为政治制度与经济制度是完全分开的,李斯特也同意此种看法,但认为政府可以稍微干涉经济制度。其三,斯密主张增加财富的总量,李斯特认为财富总量越大越好。其四,斯密主张自由贸易,李斯特同样承认自由贸易在理论上的正确性,但又认为后进国家的工业先必须与先进国处于同一地位,然后才能谈自由贸易。如果后进国的工业已经很发达,与先进国处于同一程度,那么限制贸易的关税就应该废除,否则将养成本国生产者的依赖性。以上四点说明,斯密和李斯特在理论上是"殊途同归"。也就是说,两人同时主张经营个人企业,同时承认自由贸易是经济的最高原则。斯密重视世界财富,李斯特重视国家财富,两者的目的都是要谋求全人类的利益,使世界繁荣昌盛,所以,他们的途径虽然不同但目的是相同的。关于两者哪一个更适合中国。前文已指出,中国不能实行自由贸易,也不能采用李斯特的

---

① 马寅初:《资本主义国家经济思想之两大派》,《银行周报》1934年第18卷46期,第2—3页。

关税政策。中国只有走自己的路。

与《资本主义国家经济思想之两大派》一样,《中国国外贸易如何失去权利与古典派学说应如何更正》一文继续谈论自由贸易问题。马氏在考察了中国国内实际情况与国际经济的变动情况之后,仍然得出古典经济学说不适用于中国的结论。古典经济学派的斯密、李嘉图在谈论国际经济事务时,均认为黄金与商品自由流动到一定程度就会达到均衡,新古典经济学派的马歇尔、陶毕克等也持有同样的看法。① 马寅初的观点是,就中国的情况而论,两派学说都不能适用于中国。他为此从三个方面进行了论证,最后他评论道:"读古典学派的书籍,不能尽信,读今日俄国人的书,也需要怀疑。"②

此外,马寅初的《经济思想随社会环境变迁之程序》一文也颇有价值。此文分 11 个问题进行探讨:斯密经济思想的渊源、斯密经济思想的概要及与重农学派思想的异同、边沁的个人自由思想与斯密思想的巧合、工业进步与最大利益观念内容的转变、社会关系日趋复杂与自由观念的转变、现代国际干涉经济的方式、物价决定的自由与干涉、消费者决定物价力量的削弱、消费者决定物价力量的丧失与政府干涉的必要、现社会上三种人最需要政府干涉生产者、中国与经济干涉观念。现解析其中与斯密学说相关的前两点。

关于斯密经济思想的渊源。纵观世界各国经济史与经济思想史的研究,我们不难发现经济思想受社会环境变迁的影响。以斯密的《国富论》为例,在斯密生活的年代,重农学派是当时思想界的权威,重农思想在西方各国盛行。虽然影响斯密的思想家很多,但斯密受重农学派的影响较深,要通晓斯密思想的渊源,就应该了解重农学派思想的概要。马氏叙述完重农学派后指出,东方古国中国的重农思想渊源"尤古",他列举了中国老子、孟子的思想,然后点明中国重农思想早于欧洲,他推测欧洲重农思想的渊源也受到中国上古经济学说的影响。他为此引用了唐庆增在《中国经济思想史》中的一大段文字:

> 重农派经济学家与中国学术界关系极深,盖在十六世纪时中欧已有交通,双方文化互受影响,且其时耶稣会教士竭力称道中国文化之盛,故外邦人士对中国印象甚佳。殆十八世纪初叶,清乾隆帝常与法皇

---

① 马寅初:《中国国外贸易如何失去权利与古典派学说应如何更正》,《银行生活》1937 年第 1 卷第 5 期,第 183 页。
② 马寅初:《中国国外贸易如何失去权利与古典派学说应如何更正》,《银行生活》1937 年第 1 卷第 5 期,第 184 页。

路易十四交换礼物,至路易十五,其宠姬为庞巴多氏(Pompadour),甚爱好中国器物,时与当时中国文人学士研究中国文物。当时庞氏之御医即为重农派巨子凯奈氏(Quesnay),凯氏因此亦喜研究中国之学术事理,故其经济思想受中国上古经济学说之影响特深。

重农派中凯奈而外,透葛(Turgot)亦甚崇拜中国之学术思想,其时有华人二,从之讨论经济学,其一死于法邦,此事颠末,在杜邦所辑之《透葛全集》(Oeuvres de Turgot)一书内,论之甚详[又法国经济学家赛氏(Say)曾著《透葛》(Turgot)亦记此事,据该书言,则二人先后皆返华土],故透葛之学说,亦略受中国经济思想之影响。凡此种种,皆重农派与华人及中国学术接触之机会也。①

由此观之,中国重农学派与欧洲重农学派可谓交相辉映,斯密受欧洲重农学派的不少影响,因此间接与中国经济思想有关。1774—1775年斯密在法国期间,斯密、魁奈、杜尔阁曾进行学术讨论,因此,斯密虽然没有读过中国书籍,生平也没有来过中国,斯密对中国的了解大概来自法国重农学派。②

关于斯密经济思想的概要及与重农学派思想的异同。就斯密经济思想而论,马寅初是这样简述的:斯密主张社会分工与经济"放任自由",反对干涉,主张个人利益的最大化,这些经济思想都源自每个人都在追求自己的利益,要使个人利益最大化,只有实行"放任自由"制度,抵制政府的过多干涉,分工也是由于人人都在寻求生产利益最大化而自然出现的,斯密因此而提出了个人主义、自由贸易、放任自然等经济学说。就斯密经济思想与重农学派的经济思想而论,马寅初是这样简述的,斯密继承了重农学派的自然放任主义,斯密学说虽然源自重农学派,但又比重农学派前进了一步,而且整个学说"有系统",斯密消除了重农学派将工商业视为不生产者的谬误,认为劳力(labor)是生产的根源,认为生产费(cost of production)是价值的源泉。重农学派对于个人能力办不到或者不愿意办的教育、司法等事业置之不理,斯密不像重农学派那样眼界狭隘,力主政府对这些事业进行干涉,斯密的放任观念不像重农派那样的极端。因此,斯密吸取了重农学派的主要观念而加以学理论证,使之别开生面,这是斯密学说盛行的一个原因。③

---

① 唐庆增:《中国经济思想史》,商务印书馆2010年版,第438页。
② 马寅初:《经济思想随社会环境变迁之程序》,《东方杂志》1937年第34卷第1号,第56页。
③ 马寅初:《经济思想随社会环境变迁之程序》,《东方杂志》1937年第34卷第1号,第57页。

总的来说,上述马寅初的 5 篇文章中,除开《经济思想随社会环境变迁之程序》一文,其余 4 篇明显批评和否定斯密学说及斯密学派。其实,《经济思想随社会环境变迁之程序》一文开始对斯密学说的介绍还算中立,不过越往后,马寅初便把目光转向干涉,大谈政府干预经济之道,由此,我们可以推断出马寅初最终还是反对斯密的自由放任主义理论的。所以,这 5 篇文章,再加上马寅初在《经济学季刊》上的一篇文章都不同程度地反映了他内心对斯密学说的抗拒,对奥地利学派边际效用说的向往。马氏作为学术界权威、政界要员、商界参谋,对斯密的否定态度影响了斯密学说进入中国政界、商界的门槛,为斯密学说在学术界的传播设置了障碍。

第四节　张素民、赵迺抟、赵兰坪与《国富论》

中国经济学社汇集了民国众多的经济学家,除去唐庆增、李权时、马寅初之外,张素民、赵迺抟、赵兰坪等经济学家早年都有留学背景,他们的论著也涉及对《国富论》的论述,本节的目标是考察他们对《国富论》的认识与评价。

一、张素民对《国富论》的批评

张素民(1895—?)是宾夕文尼亚大学经济学博士,曾担任汪伪财政部关务署署长。著有《价值论》《抗战与经济统制》《白银问题与中国币制》等。张素民的导师是美国的制度学派经济学家康芒斯。美国的制度学派产生于 19 世纪末 20 世纪初期,该派吸收了德国历史学派的观点,运用制度分析与历史主义的方法来研究现实经济问题。张素民在美国留学期间深受制度学派的影响,对于制度学派的代表人物凡勃伦、康芒斯颇有研究,写就了《韦卜伦论经济学中之成见》和《经济学家康门斯之学行》两篇文章。他不仅赞成制度学派,也支持奥地利学派,对于古典经济学派持批评的态度,发表了《奥国派之价值论》《古典派及其批评派之价值论》《统制经济之意义》。现简述如下:

其一,关于《韦卜伦论经济学中之成见》一文。张素民所说的"韦卜伦"即托斯丹·B. 凡勃伦(Thorstein B. Veblen, 1857—1929),美国制度经济学家鼻祖。《韦卜伦论经济学中之成见》系凡勃伦在美国《经济学季刊》发表的论文,在中国各家图书馆很难找到,张氏遂将此文译介给中国读者。

凡勃伦在文中评介了重农学派、休谟、斯密、马尔萨斯、李嘉图的观点或成见。由于斯密受休谟的影响较大,凡勃伦在评价斯密之前,先简要介绍了休谟关于"实事"(matter-of-fact)的观点之后才开始讨论斯密。凡勃伦认为斯密的观点或者成见是以灵魂论的成见为主,"实事"的成见为附。灵魂论是研究"有目的的顺序与联系","实事"是研究"有原因的顺序与联系",这两者在重农学派与斯密理论中都存在,只是斯密对前者的论述少,对后者赋予了宽泛的意义,这不仅是重农学派与斯密的差别,也是英法经济学家的差别,英国人继承了斯密重"实事"的观点。①

斯密在撰写《国富论》的前3篇中提到了人性的两面,一是生产的效能,二是交易中的利益。凡勃伦进而将斯密的人性论描述为:在机械的生产程序上,用其力量与技能,在竞争的分配程序上,用其谋利的敏捷,追求物质享受是为了满足人的自然需要,满足人的消费欲望。② 斯密的人性论具有快乐主义的色彩,这种人性"经常化"(normalization)就产生了"经济人"(economic man)。凡勃伦的理论深奥,文字艰涩,张氏大量省略了凡勃伦对斯密的论述。

其二,关于《经济学家康门斯之学行》一文。作为康芒斯(旧译"康门斯")的学生,张素民详细介绍了老师的生平与学说。文中两次提及斯密。一次是在给美国联邦政府劳工部的提案中。康芒斯根据调查移民和参观工会的结果拟订了一份"劳资双方限制或规定出口"的大纲,呈送给联邦政府的劳工部,劳工部因执行罗斯福总统的"限制出口"政策而拒绝了他的建议,美国政府此举与斯密、李嘉图、罗雪尔及民主党的自由经济主张背道而驰。③ 另一次是关于1904年康芒斯在威斯康辛大学教授有关劳工方面的课程。康芒斯发现,从洛克到斯密、李嘉图、普鲁东,再到马克思,都把整个经济学建立在劳力的基础上,他发现的理由是大家对"劳力"一词的解释不同,有些资本家使用"资本劳力"一词,康芒斯后来使用"经理交易"代替劳力,"议价交易"代替工资,"分派交易"代替"联合劳力"。④

其三,关于《奥国派之价值论》一文。奥国派也称效用派,即现在所谓的奥地利学派。此派指出,物品的价值由需要者欲望的满足程度(即效用)而定,从奥国派开始,"效用"一词由客观的意义变为主观的意义,客观的效用为物理的,主观的效用为心理的,所以奥国派又叫心理派。张氏以奥国派的

---

① 张素民:《韦卜伦论经济学中之成见》,《经济学季刊》1935年第6卷第2期,第55—56页。
② Thorstein Veblen, "The Preconception of Economic Science", *The Quarterly Journal of Economics*, Vol.13, No.4, 1899, p.409.
③ 张素民:《经济学家康门斯之学行》,《经济学季刊》1936年第6卷第4期,第119页。
④ 张素民:《经济学家康门斯之学行》,《经济学季刊》1937年第7卷第4期,第31—32页。

效用论来解读斯密关于水与金刚钻的经典案例,斯密在《国富论》第一卷第四章说:"水的用途最大,但我们不能以水购买任何物品,也不会拿东西与水交换。反之,金刚钻虽几乎无使用价值可言,但须有大量其他货物才能与之交换。"①斯密说水的效用大于金刚钻,因为水是一种对人很重要的物质,水的物理用途大。金刚钻的交换价值大于水,因为金刚钻产量稀少,故对人的心理满足多,换言之,水的客观效用大于金刚钻,金刚钻的主观效用大于水,客观的效用是价值必备的条件,价值低的大小多由主观效用而定,张素民因而声称斯密不知道这个道理,他还声称,正是由于奥国派的主观效用说的诞生,斯密的这个难题方才迎刃而解。当今的学者多根据英国经济学家杰文斯的全部效用与部分效用或者边际效用来说明这个问题,张氏觉得杰文斯的做法不妥。杰文斯的效用说是主观的,与斯密的客观效用说"不符",杰文斯先自行改变斯密原来关于效用的解释,然后再说明。杰文斯把斯密的使用价值曲解为全部效用,是为了阐明他的主观效用论,但是当今的学者盲从杰文斯的学说,忘记了效用有主观与客观的区别,实乃遗憾!②

其四,关于《古典派及其批评派之价值论》一文。价值论是经济学的中心话题,也是经济学历来的难题,《奥国派之价值论》一文论述奥地利学派的价值论,《古典派及其批评派之价值论》则叙述古典派与批评派的价值论。古典派的价值论是经济学成为一门科学以来最早的价值论,古典派将价值分为使用价值与交换价值,该派尤为注重交换价值,又将交换价值划分为自然价值与市场价值。张氏在上文已经列举过斯密关于水与金刚钻的例子,此处再次举出斯密的例子,以此说明,物品的价值不在于本身的效用,而是"别有所在",效用是交换价值的一个前提,任何一个物品必须具备两个条件才能有交换价值:一是稀少(scarcity),二是生产成本。这种观点也为其他的古典派人物所接受。相对于稀少而言,古典学派更注重研究生产成本,因此,古典学派的价值论又被称为生产成本价值论,那么什么是生产成本呢?古典学派的学者各执一词,形成大约3种观点:劳力说、用费说、牺牲说。斯密首倡劳力说,他把劳力视为成本,将劳力分为生产劳力和交换劳力,张氏对这两个概念进行了解释,生产劳力是指物品的价值为生产时所用的劳力时间,因此价值不过是包含在物品身上的劳力。交换劳力指一物之价值为此物所能交换或博取之劳力时间,前者是价值的原因,后者是价值的衡

---

① [英]亚当·斯密:《国民财富的性质和原因的研究》(上卷),郭大力、王亚南译,商务印书馆2008年版,第25页。
② 张素民:《奥国派之价值论》,《经济学季刊》1933年第4卷第2期,第41—42页。

量,斯密似乎偏重后者,可是他又把地租、利润都视为成本,因此,张氏得出结论,斯密的劳力成本说既不"明了",又很"自破"。①

张素民在介绍古典派之后,又把目光转向批评派。张素民所谓的"批评派"是指"有动摇或改变古典派学说系统之趋势"的学者。此派学者可分为国家主义派、历史派、乐观派、社会主义派,他们散见于古典派发展的各个时期,攻击的对象或者只是斯密,或者是斯密与李嘉图,或者还包括约翰·穆勒。国家主义派和历史派对古典派的批评没有牵涉到价值问题,乐观派与社会主义派对古典派的批评涉及价值问题,因而批评派的价值论就体现在乐观派与社会主义派的价值论中。张氏在叙述乐观派的价值论时并未提到乐观派对斯密的批评,在叙述社会主义派的价值论时提到斯密,也提到了社会主义派代表人物马克思,其价值论是在斯密及李嘉图的劳力说的基础上修改而成的。②

其五,关于《统制经济之意义》一文。此文系张素民针对当时的社会热点问题——统制经济而在大夏大学的演讲稿。张氏指出,"统制经济"是日本名词,英文有"economic control""controlled economic system""controlled economy""planning or planned economy"等。统制经济有广义狭义之分。从广义而言,它是指政府或者社会团体对于人的经济活动的干涉、限制或管理。换言之,即政府干涉,它的反面是个人主义的经济,是自由放任主义政策。狭义的统制经济是指政府对于人民的经济活动进行较有计划、较有系统的干涉、限制或者管理。张氏在解释广义的统制经济时提到了斯密,他指出,人类越进步,经济生活就越复杂,阶级冲突就越来越多,政府的职责也越来越复杂,90%都与经济有关,而斯密当年才列举出政府的三项职责,③即:一是保护社会,使其不受其他独立社会的侵犯;二是尽可能保护社会上各个人,使其不受社会上任何其他人的侵害或压迫,即设立严正的司法机关;三是建设并维护某些公共事业及某些公共设施。④

上述五篇文章均刊于《经济学季刊》,另外,张素民还在其他刊物上发表了关于斯密的文章。兹分述如下:

其一,关于《经济学中之生产论》一文。此文简述了古典经济学派的生

---

① 张素民:《古典派及其批评派之价值论》,《经济学季刊》1933 年第 4 卷第 4 期,第 181—183 页。
② 张素民:《古典派及其批评派之价值论》,《经济学季刊》1933 年第 4 卷第 4 期,第 191 页。
③ 张素民:《统制经济之意义》,《经济学季刊》1934 年第 5 卷第 2 期,第 54 页。
④ [英]亚当·斯密:《国民财富的性质和原因的研究》(下卷),郭大力、王亚南译,商务印书馆 2008 年版,第 253 页。

产论,例如斯密,他的生产论体现在《原富》一书中。该书从三方面对生产进行了论述:一是分工。斯密在分工之中又论述了"分工之效""分工交易相因为用""分工交易相为广狭"三个层面;第二,"生产的劳工与不生产的劳工"。斯密所谓的"生产"是指狭义的物质生产,重农学派只认定农业是生产的行业,斯密受到重农学派的影响才有"生产的劳工与不生产的劳工"的分类法,并且将其范围扩大,斯密认为农民是"最生产的劳力",工业次之,商业更次之。另外,自由职业者都是不生产的劳工。第三,虽然斯密没有提出"生产要素之说",但他承认劳动是财富的源泉,从他对于资本的定义中更能清楚地看到这一点。斯密说:"Capital sets labor in motion",推测斯密的意思是劳动虽然是财富的源泉,但是得有资本的帮助,才能"益彰"。①

其二,关于《论现代经济思想》一文。此文系张素民读了马寅初的《中国经济改造》一书后的读后感,张氏不敢苟同该书的第一篇与最后一篇,所以撰文讨论了现代经济思想。张素民在文中表达的观点是,既对马寅初将现代世界经济思想大致分为自由主义派与社会主义派的分法表示怀疑,又对马氏的"全体主义"、自由贸易派与保护贸易派的真义、统制经济、合理化、自由贸易主义等提出了批评。张素民的文末注释也值得重视,他的注解比较详细。如对人名的翻译,马寅初将"Adam Smith"翻译为"亚当斯密",张氏主张外国人名译为中国字,应把姓放在前,所以称"斯密亚当"。②

其三,关于《我的读书经验谈》一文。1935 年,《文化建设》第 1 卷第 7 期刊登了多篇学术界名人的读书经验,张素民也应邀谈了自己的读书经验。他坦言,世界上任何一位大学者著书阐述一种新学说都是经过若干年刻苦的钻研才换来的,例如,创立制度经济学的大师康芒斯花了 30 年的功夫才出版了《资本主义的法律基础》一书。张素民又指出,任何创造家的思想源泉均离不开他所读过的书籍,例如,马克思创立的学说就是受到了黑格尔哲学、18 世纪法国唯物主义、斯密、李嘉图的影响。张氏还向经济学的读者推荐古典经济学的代表作,也就是说,要想了解古典经济学,必读斯密的《原富》,而斯密的《原富》,以坎南版的最好,所以读古典经济学的代表作必须读坎南版《原富》。③

其四,关于《利息学说之鸟瞰》一文。张素民在文中将利息分为残余利息说、生产力说、使用说、忍耐说、劳力说、剥削说六种。残余利息说以斯密、

---

① 张素民讲、陆钦棠记:《经济学中之生产论》,《商兑》1933 年第 1 卷第 3 期,第 4 页。
② 张素民:《论现代经济思想》,《银行期刊》1934 年第 3 期,第 5—15 页。
③ 张素民:《我的读书经验》,《文化建设》1935 年第 1 卷第 7 期,第 11—13 页。

李嘉图为代表,他们将利息包括在利润之中,统称为"profits",即为支付工资和地租之外所剩余的利益。残余利息说把资本家视为企业者,没有明确区分利润与利息,而是将利润与利息都看成是残余的利益。斯密把利润分为二部分,一部分为借款者运用资本所担负危险与困难的报酬,一部分为贷款者贷放资本所负担危险的报酬。张氏对残余利息学说的评价是:"此说之不当,利息并非残余利益,其高低与工资无必然的连带关系。"①

二、赵迺抟论著中的斯密理论

赵迺抟(1897—1986),著名的经济学家、教育家。1922 年毕业于北京大学法科经济门,获文学学士学位。1923 年赴美国哥伦比亚大学政治科学院攻读经济理论,在经济学家 W. C. 密契尔(W. C. Mitchell,1874—1948)的指导下,完成硕士论文《重商主义与重农主义的比较研究》,1924 年获哥伦比亚大学经济学硕士学位,在哥伦比亚大学经济学家塞利格曼指导下研究经济思想史,1929 年获得哥伦比亚大学哲学博士学位,博士论文题目是《理查德·琼斯:一位早期英国的制度学家》。

赵迺抟介绍斯密学说的著作主要体现在 1948 年出版的《欧美经济学史》一书中。书中在介绍英国经济思想时专辟一章三节的篇幅来介绍亚当·斯密。第一节介绍斯密的生平,第二节介绍斯密思想的背景,第三节是关于《国富论》的分析。赵迺抟主要探讨了《国富论》的版本、内容、中心思想、渊源。除了《国富论》的中心思想之外,其余内容早在 1936 年就刊登在《食货》②与《国立北京大学社会科学季刊》③杂志上,该书只是稍微修改了这些成果,基本内容未变,此处不再赘述。下面来看他对《国富论》的中心思想的评介。④

赵迺抟将《国富论》的中心思想概括为 9 个理论要点:分工理论、资本论、自私自利学说、价值论、工资论、地租学说、盈利学说、赋税原则、经济自由学说,并从原文中摘录多个理论要点的英文翻译。现择要简述两点理论。

其一,关于分工理论。斯密主张劳动是财富之源,为此,赵迺抟翻译了《国富论》序言开头的一句话,证明斯密的理论与重农学派重土地的理论正

---

① 张素民:《利息学说之鸟瞰》,《暨南学报》1936 年第 1 卷第 2 期,第 218 页。
② 赵迺抟:《斯密亚当〈国富论〉撰述经过与学说渊源:纪念〈国富论〉的一百六十周年》,《食货》1936 年第 3 卷。
③ 赵迺抟:《〈国富论〉学说述原:纪念〈国富论〉的一百六十周年》,《国立北京大学社会科学季刊》1936 年第 6 卷第 1 期。
④ 赵迺抟:《欧美经济学史》,南京正中书局 1948 年版,第 111—120 页。

好相反。接下来赵迺抟陈述了斯密关于分工三点益处的论述,针对有人质疑斯密只谈分工的益处而不提分工的弊端这一现象,赵迺抟指出,斯密在该书第 5 卷中曾经指出其弊端:"在分工制度进行中,大部分人民之作业,均限于极简单之工作。凡人毕生均消费于简单之动作者,绝无机会对事物求深切之瞭解。其流于愚鲁无知,乃自然应得之结果。"①

其二,自私自利学说。赵迺抟认为斯密在论述货币起源时提到了自私自利学说,他抄录《国富论》中的一段英文原文并做了翻译:"分工制度成立以后,在各时代中,社会中有远虑之人,为避免不方便起见,均欲随时在手头有一种物品,可以和他人交换其他物品,而不致遭人拒绝。所以货币的流行,实根据人类之自私自利心。"②对照英文原文,我们并没有发现"自私自利心"的表达,这是赵氏自己编撰的,只要看一下王亚南的翻译便一目了然:"自分工确立以来,各时代各社会中有思虑的人,为了避免这种不便,除自己的劳动生产物外,随时身边带有一定数量的某种物品,这种物品,在他想来,拿去和任何人的生产物交换,都不会被拒绝。"③用"自私自利学说"来概括斯密的理论未免武断,物品交换既利己又利他,对双方均有好处,这种学说只看见斯密所揭示的每个人都有自私(利己)的本能,而忽视了每个人在产品交换中都有利他的一面。

其三,赵迺抟将斯密理论的中心思想概括为三点:"1. 根据自然法则,推求自然的权利与自由,从而提倡个人主义的自由经济,反对国家干涉主义。2. 深信个人的自利,能与社会的利益相调和;主张自私心的启发,乃社会组织的基础,开和谐经济学的先河。3. 承认劳动为财富的源泉,分工制度乃促进生产、增加国富的唯一途径,寓有社会主义的微意。"④笔者以为,斯密经济理论的中心思想可以概括为经济自由主义,也就是赵迺抟所说的前两点。斯密认为劳资矛盾可以调和,赵迺抟的"和谐经济学"的提法比较新颖,也符合斯密的原意,值得肯定。赵迺抟对斯密经济理论的描述简明扼要,概括能力极强,他的这本著作曾在 20 世纪四五十年代比较流行。

赵迺抟对古典经济学派的人物与理论均很熟悉,除斯密之外,他还论及穆勒。如 1948 年《经济评论》第 3 卷第 7 期刊登了赵迺抟的《古典经济学的盛衰——为约翰·弥尔的〈政治经济学〉百年纪念而作》一文。该文描述了

---

① 赵迺抟:《欧美经济学史》,南京正中书局 1948 年版,第 112 页。
② 赵迺抟:《欧美经济学史》,南京正中书局 1948 年版,第 113 页。
③ [英]亚当·斯密:《国民财富的性质和原因的研究》(上卷),郭大力、王亚南译,商务印书馆 2008 年版,第 21 页。
④ 赵迺抟:《欧美经济学史》,南京正中书局 1948 年版,第 117 页。

英国古典学派繁荣时期(1776—1848)的穆勒的贡献。所谓古典学派的繁荣时期是指自开创者亚当·斯密到集大成者约翰·弥尔(约翰·穆勒)这一段时期,当时英国正值工业革命,分工论、生产论受到世人推崇,在政治上,法国大革命、美国独立战争所倡导的民主、自由、人权等口号深入人心,因此提倡自由竞争的个人主义的古典经济学大受资产阶级的欢迎。自1850年以后,古典经济学渐呈衰微之势,难以适应社会经济发展的需要,赵氏总结了古典经济学衰落的两点原因:一是社会经济的转变,二是"智识环境"的开展。由此作者联想到穆勒在经济思想史上的地位。穆勒的代表作《政治经济学原理》于1848年出版,同年马克思的《共产党宣言》也问世了。赵迺抟认为穆勒的生产理论是"反动"的,分配理论是"革命"的,他陈述穆勒的生产理论时参照的对象是斯密。在斯密看来,生产的多少视劳动数量而变动,因此生产的进步与工人境遇的改善有密切的关联。穆勒的生产理论对资本的关注胜过了对劳动的关注,因此,穆勒在观察社会的进步时没有偏重于工人阶级,而是大谈财富的增值,也就是从劳动的标准转移到了资本的标准,这是穆勒经济理论"反动"的一面。①

三、赵兰坪与《国富论》

赵兰坪(1898—1989),日本庆应大学经济学学士,国立中央大学及中央政治学校经济学教授,著有《经济学》《经济学大纲》《近代欧洲经济学说》《现代币制论》等。他的著作中比较集中论述斯密学说的是1928年商务印书馆出版的《近代欧洲经济学说》一书。该书第一章用了59页的篇幅介绍亚当·斯密的经济学说,各节标题依次是:传略、著述、史密斯之先驱、史密斯之根本思想及其研究法、经济学之意义及其目的、分工、生产劳动与不生产劳动、资本、货币、价值、工资、地租、利润、财政支出、租税、重商派及其批评、重农派及其批评。从标题的数量可以看出,作者力图全面展示斯密本人及其学说。② 赵兰坪认为,斯密将经济学视为研究财富之学,替经济学确立了两个目标:"一为增进人民之收入,二为增加国家之岁入,简言之,不外裕国裕民而已。研究之对象,在一国之消费财,生产财不与焉。"③在赵兰坪看来,亚当·斯密实际上是一位劳动价值论者。他说:"史密斯之价值论似为生产费用说,而实劳动价值论也。劳动为价值之源,今与古同。在古代,土

---

① 赵迺抟:《古典经济学的盛衰——为约翰·弥尔的〈政治经济学〉百年纪念而作》,《经济评论》1948年第3卷第7期,第3—4页。
② 赵兰坪:《近代欧洲经济学说》,商务印书馆1928年版,第1—59页。
③ 赵兰坪:《近代欧洲经济学说》,商务印书馆1928年版,第11页。

地资本尚未私有,价值之分配限于劳动者一人。近代则土地资本已归私有,地主资本家,恃其私有制特权,分享劳动生产物之一部,而为地租、利润与工资鼎足而三。故其表面似生产费用说,而其骨子,实为劳动价值论也。"①

《经济学》与《经济学大纲》的内容多有重复,书中论述地租、价值和自由主义派时简单提到斯密。《经济学大纲》一书初版于民国二十三年(1934)1月,时隔十年之后,民国三十三年(1944)8月,赵氏在重庆对此书进行了修改,同年11月出版了增订第一版,并由商务印书馆发行。赵兰坪在书中认为亚当·斯密有二种价值学说。例如,斯密"常云物质价值,有二种意义。一示物之效用,一示物之购买力。前者名之曰使用价值(use value),后者名之曰交换价值(exchange value)"。②

另外,赵兰坪还在部分刊物上发表了关于斯密及其学说的文章。1922年11月3日、4日、5日、6日、8日、9日,《晨报副刊》连续6版刊载了赵兰坪的《史密斯的经济学说》一文,介绍了有关斯密的小传、斯密经济学说的总体概论、分工论及其自然主义。赵兰坪先叙述斯密的生平简历之后,再介绍关于斯密的传记,其中,首推杜格尔德·斯图尔特为斯密写的传记,该传记经加工后于1810年出版成书,被西方学者公认为"经典名著"。继斯图尔特之后,为斯密作传的人非常多,赵氏列举了29人。③

1923年,《经济》第1期刊发了赵兰坪的《经济学之定义考》一文,涉及《国富论》的翻译问题。赵兰坪认为《国富论》应该翻译成《诸国民之富的本原及其本质之研究》,简单译为《诸国民之富》,若再简单些,则可译为《国富论》,他说:"吾以为译《诸国民之富》最为妥当,译《国富论》也可以。"接着他阐述了如此翻译的理由。一方面,该书如果译为《原富》则未免"欠妥",理由是:"史密斯的《国富论》尚远没有脱却国家臭味。他虽以为'富'是经济学的对象,然仍说'The great object of political economy of every country, is to increase the riches and power of that country'。"(《国富论》第一卷第五章)所以若不把"国"字译出来,单译《原富》二字,"简单果然是简单的了,可惜没有达全书的本意"。④ 另一方面,该书如果译为《富国论》便是"大误",理由是:"以为(一)倘若意译,那么这本书中所研究的是'富'(wealth),并不是'致富'(to make rich)。如重商派讨论'怎样使国家富裕'的一样。何况这本书是反对重商派的,若译《富国论》岂不把全书的精神完全没缺,与重商派

---

① 赵兰坪:《近代欧洲经济学说》,商务印书馆1928年版,第35页。
② 赵兰坪:《经济学大纲》,商务印书馆1944年版,第96页。
③ 赵兰坪:《史密斯的经济学说》,《晨报副刊》1922年11月3日。
④ 赵兰坪:《经济学之定义考》,《经济》1923年第1期,第9页。

还有什么差别呢。(二)倘若直译,那么 Wealth of Nations 更不该译作《富国论》(How to make nations rich)。"①

赵兰坪的《论价值》一文也颇值得关注。价值的含义极其广泛,在经济学中专指经济价值,即"有限之物财,对于需要者之价值"。经济学中关于价值的学派较多,各派分歧较大,对价值的意义、来源、大小、理解不同,至今尚无定论。仅就英国而言,价值学说可划分为以下五种:一是供给需要说,即认为财货的交换价值决定于财货的供求关系,詹姆斯·郎特兰(James Landerdale)、威廉·特克森(William Atkinson)、马尔萨斯、亨利·邓宁·麦克劳德(Henry Dunning Macleod)等英国学者持有此种观点。二是生产费说,即认为财货的交换价值决定于财货的生产费用。持有此种观点的学者有:史德华(即詹姆斯·斯图亚特)、罗伯特·陶伦斯(Robert Torrens)、西尼尔、斯密等。三是劳动说,即认为财货的交换价值决定于生产此财货所投入的劳动量。史德华、斯密、李嘉图、老穆勒等学者持有这种观点。四是限界效用说,即认为财货的交换价值决定于人对财货的评价。财货的评价由"财货效用的最后点"决定。持有这种观点的学者有杰文斯。五是折衷派,即一种调和古典派的生产费说与新兴的限界效用说的学派。该派认为财货的价值由供给与需要两方面决定。持有这种观点的学者有马歇尔。赵氏介绍完各派价值说观点之后,便展开对各学说及其缺点的论述。②

最后值得说的是《自由主义派与当前之经济问题》一文。此文的写作背景是,20世纪40年代初期,中国处于"统制经济"时代,人民的一切经济生活由政府管理。任何一种经济学说或者经济政策的成立都与当时的经济背景息息相关,鉴于中国的国情与世情,赵氏批评了以斯密为代表的自由主义派,指出了该派存在的"重大错误":其一,忽视经济科学的空间性与时间性,重视个人利益,不顾及国家民族存在;其二,忽视经济现象的构成,研究对象仅限于"货财",排斥政治、社会、文化等非物质条件。今天研究经济问题的学者也存在这样的错误,因而要避免重蹈自由主义的错误。③

第五节 本 章 小 结

中国经济学社集聚了民国时期中国大多数经济学者,除上述6位经济

---

① 赵兰坪:《经济学之定义考》,《经济》1923年第1期,第9—10页。
② 赵兰坪:《论价值》,《政治季刊》1933年第1期,第53—82页。
③ 赵兰坪:《自由主义派与当前之经济问题》,《中农月刊》1943年第4卷第5期,第96页。

学家之外,当时还有很多经济学者对斯密学说颇有研究,如前述提及的民国经济学家刘秉麟。如果与资产阶级维新派、资产阶级革命派以及早期马克思主义者以及其他学术团体和个人相比,中国经济学社社员的著述中涉及《国富论》的研究成果最多,无论是出版的著作还是在核心期刊上发表的论文都如此。那么他们凭借何种优势能够取得如此成绩呢？或者说,他们的学术特色是什么呢？

第一,从留学背景来看,中国经济学社社员绝大多数曾经留学过欧美国家,接受过正规的经济学学术训练。就论及《国富论》的社员而言,其中留美人士共8人,马寅初、李权时、赵迺抟是哥伦比亚大学经济学博士,张素民是宾夕文尼亚大学（即宾夕法尼亚大学,此处仍采用旧译）经济学博士,唐庆增是哈佛大学经济学硕士,朱通九和胡继瑗是华盛顿大学经济学硕士,顾翊群是俄亥俄州立大学会计学硕士、纽约大学商业管理学硕士。留欧生共6人,留法生有陈振鹭、姚庆三、张毓珊三人,其中陈振鹭取得巴黎大学经济学博士学位,留英人士有刘秉麟、王烈望;刘絜敖先留学日本,后又留学德国。还有在国内接受大学教育的,如北京大学的王永新,等等。与之相比,资产阶级维新派、资产阶级革命派、早期马克思主义者大多数都是非经济学专业出身,从教育背景而言,中国经济学社社员明显占有优势。

第二,从学术宗旨来看,中国经济学社在1923年成立时确立了四项目的:（1）研究中国经济问题,（2）输入外国经济学说,（3）刊印经济书籍及论文,（4）社员间交换经济智识。① 1925年学社宗旨修订为以下四条:提倡经济学精深之研究；讨论现代经济问题；编译各种经济书籍；赞助中国经济界之发展与改进。② 学社此后一直以此宗旨为目标,编译书籍,出版丛书,创办《经济学季刊》,举办学术演讲,成立中国经济统计研究所,这些活动使得学社在中国经济学界的地位举足轻重。

第三,从学术思想来源的角度看,中国经济学社社员大多留学美国,自然师承美国经济学界的思想。20世纪20年代前后美国经济学界对中国经济学界具有影响,从经济思想来看,哥伦比亚大学J. B. 克拉克（J. B. Clark, 1847—1938）的边际生产力分配论与动态经济学曾影响过马寅初,哥伦比亚大学财政学泰斗塞利格曼曾接受了德国历史学派的观点,他的思想影响了多位留美学人,比如,他的财政思想曾影响过马寅初与李权时,他的经济思

---

① 刘大钧:《中国经济学社略史》,中国经济学社编:《中国经济问题》,商务印书馆1929年版,第353页。
② 刘大钧:《中国经济学社略史》,中国经济学社编:《中国经济问题》,商务印书馆1929年版,第358页。

想史研究方法曾影响过赵迺抟。古典学派在哈佛大学占有一席之地,哈佛大学的陶西格坚持古典经济学派的学术思想,唐庆增受到了他的影响,威斯康辛大学制度经济学派的代表 J. R. 康芒斯擅长劳动问题的研究,他的制度经济思想深深地感染了他的学生张素民。

严复与梁启超学习过西方文化,大力介绍西方经济学说,但他们学术思想的重要源头还是中国传统思想,而且他们越到晚年越趋向于中国传统文化。孙中山的平均地权思想是受到亨利·乔治土地单一税的影响,节制资本的思想是受到德国俾斯麦"国家社会主义"的影响,这两种思想都是否定斯密学说的。

第四,从经济学研究方法来看,斯密擅长将经济学理论与经验材料有机地结合起来,这在《国富论》中尤为明显,他因而使用了演绎法与归纳法来处理理论与材料。英国经济学家罗杰·巴克豪斯说:"《国富论》方法之所以重要,在于它说明了为什么各类经济学家(古典时期从李嘉图到琼斯,后来从维克塞尔到坎宁安)会把斯密当作先驱者。具有历史倾向的经济学家可能把他的方法看作归纳的,而其他人则可能把他的方法看作主要是演绎的。"① 斯密在《国富论》中对世界历史上不同区域、不同时期的各类资料进行系统详尽的总结,因而可以认为历史法也是斯密在《国富论》中的一种研究方法,这种方法非常接近归纳法。

《国富论》的研究方法对中国经济学社有一定的影响。中国经济学社社员接受过正规的经济学学术训练,他们采用西方近代经济学的研究方法与分析工具。就研究方法而论,马寅初、李权时是演绎法的代表,刘大钧、何廉、盛俊、蔡正雅、陈达、孙拯、金国宝、姚庆三、卜克、乔启明、方显庭为统计法的代表,陶希圣、唐庆增、金天锡为历史法的代表。可见,中国经济学社社员中,统计法的代表最多,达 11 人,演绎法 2 人,历史法 3 人。这 16 位学者是中国经济学社社员中的精英,他们的研究的方法论特点在于注重实证研究和统计方法。就分析工具而论,他们使用西方近代资产阶级经济学的话语体系,运用边际、效用、欲望、供求、均衡、弹性等概念以及数学模型,对价值、利润、资本、生产、消费、分配、交换等经济范畴都有系统的研究。李权时的《经济学原理》《经济学新论》、刘秉麟的《经济学》、马寅初的《经济学概论》等著作借鉴了古典经济学派生产、分配、交换、消费的研究范式,提升了国人经济学著作的逻辑体例与学术规范。

第五,中国经济学社能取得如此的成绩也与他们的职业生涯有关。他

---

① [英]罗杰·巴克豪斯:《现代经济分析史》,晏智杰译,四川人民出版社 1992 年版,第 31 页。

们或在大学、或在经济研究机构,专门从事经济学研究,如唐庆增、李权时、马寅初、刘秉麟、赵迺抟、赵兰坪等长期在大学任教,并依托中国经济学社从事经济学研究,他们具有丰富的教学经验和雄厚的科研实力。他们不仅从事教学科研,也具有参政议政的愿望与实践经验,许多骨干社员参加了全国财政会议,进入国民党经济立法与决策机关担任要职,对国民政府经济政策产生了重要影响,这些社员包括刘大钧、马寅初、卫挺生、陈长蘅、顾翊群、潘序伦、王云五、何廉、杨瑞六、杨汝梅、史维焕,等等。① 需要指出的是,唐庆增长期在大学任教,没有进入国民党政府机关任职;顾翊群在国民党经济部门工作,他的金融政策被当局采纳,但他的经济自由主义思想并未引起当局的重视。

最后,概述一下中国经济学社社员对《国富论》的认知与传播《国富论》的贡献。唐庆增、李权时、顾翊群是该社提倡经济自由主义的知识分子,唐庆增是继严复、梁启超之后传播《国富论》的代表人物之一,是国内较早提出中国古代传统经济思想对亚当·斯密产生过影响的经济思想史学者,马寅初在20世纪20年代推崇自由经济,但是在20世纪30年代随着经济大萧条以及苏联经济的成绩等因素的影响又转向计划经济。中国经济学社的社员作为民国经济学界的主流,其社员大多数信奉新古典经济学。他们在对待《国富论》的理论观点时便采用新古典经济学的观点进行评判,例如马寅初、张素民等运用边际效用价值论攻击斯密的劳动价值论,李权时却认为斯密的劳动价值论是成本价值论,从而又将斯密的劳动价值论庸俗化了。从经济政策的角度而言,他们认为斯密的自由贸易、自由竞争原则不适用于中国,主张在中国实行贸易保护主义、统制经济,并直接影响了当时国民政府所推行的经济政策。这里需要强调的是,他们虽然主张统制经济,但不主张废除自由竞争机制,也就是不主张废除资本主义制度。"统制经济不过限制自由竞争而已,计划经济则废除自由竞争,此为二者最不相同之点。"②即统制经济与计划经济最不相同的地方在于前者"限制"自由竞争,后者"废除"自由竞争。

斯密的理论是西方各种理论流派的源头,中国经济学社社员不管师承西方何种流派,他们的理论底色都与斯密学说存在千丝万缕的联系,这从他们的著述中可以显现出来。以从古典学派分离出来的奥地利学派为例,王

---

① 孙大权:《中国经济学的成长:中国经济学社研究(1923—1953)》,上海三联书店2006年版,第359—381页。
② 诸青来:《统制经济与中国》,《经济学季刊》1935年第5卷第4期,第74页。

亚南认为中国经济学界弥漫着奥地利学派的氛围,他说:"涉猎一下各大书局出版的关于经济学部分的大学教本,我可保证百分之九十是依据美国各大学的经济学教本抄述过来的。"①也就是说,这些教本均是奥地利学派的产物。无论是唐庆增、顾翊群、赵迺抟等赞同斯密学说,还是马寅初、李权时、赵兰坪等反对斯密学说,斯密始终是绕不开的一座丰碑。由此可见,中国经济学社社员是民国时期传播《国富论》的一支重要力量。

---

① 王亚南:《中国经济学界的奥大利学派经济学》,《中山文化季刊》1943 年第 1 卷第 3 期,第 345 页。

第七章 从报刊看《国富论》在中国近代的传播

报刊是报纸与期刊的总称,是信息传播的物质载体。晚清民国报刊数量很多,这些报刊蕴藏着巨大的信息,西方的新知识、新思潮、新文化等均是通过这些媒介传到中国,报刊是研究西学传播的重要平台与视角,前已指出,《国富论》最早就出现在传教士创办的《万国公报》上,并且阐述了《国富论》在1902年之前的报刊的传播情况。那么,1949年新中国成立之前,这本世界经典名著是如何在近代中国的报刊上进行传播的?它的哪些理论受到关注,对当时的社会产生了何种影响?有哪些代表性刊物进行过介绍?本章就是研究、回答上述问题。

第一节 《国富论》在近代报刊的分布概述

关于《国富论》在中国近代报刊的传播,笔者利用晚清期刊全文数据库、民国时期期刊全文数据库、大成老旧期刊全文数据库、抗日战争与近代中日关系文献数据平台进行了搜索。统计结果显示,《国富论》首次出现于《万国公报》1892年第43期,从1892—1949年的58年里,除去1895年、1897年、1898年、1900年这四年没有查到《国富论》传播的相关资料,剩余的54年中,大约有336种报刊上刊载了大约854篇关于亚当·斯密及其《国富论》的论文。[①] 如果把报刊划分为经济类报刊与非经济类报刊,则上述论文的分布情况是,经济类报刊大约78种,论文约为242篇;非经济类报刊大约258种,论文篇数约为612篇。撰文最多的作者是唐庆增,共68篇。单以年份计,1923年是纪念斯密诞辰二百周年,共计36篇,这是自1892年以来发

---

① 详情参见文末的附录,该附录大致统计了1892年至1949年间报刊上关于亚当·斯密及《国富论》的论文。

文最多的一年,是《国富论》在中国传播的第一个高峰,从1924年开始,刊发的相关文章数量几乎下跌至一半,几年之后才略有增加。自1930年开始,每年发表的相关论文至少在30篇以上,1934年刊发的文章最多,共58篇,可视为《国富论》在近代中国传播的第二个高峰。1937年抗日战争全面爆发后,刊文数量急剧暴跌,1938年跌至4篇,此后一蹶不振,在抗日战争后期的1944年才升至28篇文章,解放战争时期又下降至10余篇,1949年仅发表4篇文章。

欲了解《国富论》在中国近代报刊传播的整体面貌,可对上述文章的题名进行大致分类(参见图7-1),这个分类是以亚当·斯密与《国富论》的基本理论为关键词,关于统计结果,可作如下分析:

第一,以"斯密"为题名共计92篇,包括斯密的传记,斯密与古典经济学家的比较,斯密与中国思想家的比较,斯密的中国观,《国富论》的价值、工资、货币、地租等基本理论。这些文章是《国富论》在近代中国报刊上传播的主体部分,对它们的解析将在后面的章节中展开。

第二,在斯密的所有理论中,价值论在中国所受关注度最高。任何理论都是时代的产物,斯密的价值论既有科学的成分,也有其局限与不足,后者常常受到多方面的批判,既有来自新古典经济学的责难,又有马克思主义经济学的批评,传入中国后这种状况继续存在,①甚至还要遭受中国本土经济思想,例如居于官方意识形态的孙中山的民生主义思想的排挤。②

第三,关于"税",这里的"税"包括租税、关税、所得税等,斯密的租税四条原则引用得最多,总的来说,这四条原则在中国通常受到正面评价,即使有不同意见,也是翻译国外学者的著作。③ 关于"租",因严复把地租称为"租",所以图中的"租"即指地租,民国时人多用"租税"来指代地租与赋税,为研究的方便,这里将"租"与"税"分开来统计。

第四,关于斯密对资本的看法,未见有专文论述,而是散布在与资本主义有关的论题中,或者是在讨论资本的分类才提及。这也表明时人不太重视斯密的资本理论。其实,斯密对资本的内涵、构成、性质、积累和用途都做了系统而深刻的论述,例如,他把资本划分为固定资本和流动资本,认识到

---

① 相关论述参见陶因:《价值论》,《国立武汉大学社会科学季刊》1935年第5卷第2、3期;王清彬:《经济价值论略史》,《北大经济学会半月刊》1924年第18、19期。
② 相关论述参见姚飘云:《民生主义之价值论:"平均地权"和"节制资本"的论据》,《新声半月刊》1930年新年号,第16—18页;吴澄华:《民生主义经济思想体系之试探价值论、生产论》,《华大经济学报》1944年第1期,第7—16页。
③ [日]博松崎藏之助:《亚丹斯密租税四大原则之批评》,张汝喆译,《政治会刊》1932年第1卷第2期,第148—153页。

资本积累的增加以及投入生产是增加国民财富的基本条件和重要动力,揭示了资本各种用途中的相互联系与区别,等等,这些理论对于提高劳动生产力、增加工资、解决就业具有重要作用,中国近代处于封建主义、帝国主义、官僚资本主义三座大山的压迫之下,资本主义很难正常发展,这或许是国人不重视斯密资本学说的重要原因。

第五,《原富》出现的频率高于《国富论》,主要是因为前者比后者早出版30年,也与严复的影响力远胜于郭大力、王亚南有关,还与当时的社会主流意识形态有关联。以《原富》的社会影响为例,它的出版代表了西方的新学在中国的传播,并为推行"清末新政"的清政府所重视,1902年至1904年,《原富》每年都出现于全国科举考试以及地方各类考试试题中,国人开始运用斯密学说来分析中国的社会经济问题,以便寻富求强。郭大力、王亚南为了宣传马克思主义而翻译《国富论》,其出版正值国民党对共产党实行文化"围剿"的时期,蒋介石既反对马克思主义,又反对斯密的自由经济学说,从他在《中国经济学说》一书中采用"原富"这一书名而不采用"国富论",就可推知郭、王译本《国富论》在近代中国的命运。

第六,斯密常被视为自由贸易、自由放任、自由主义、自由竞争的代言人,这些理论政策在19世纪中晚期的中国还得到推崇,但在1901年《原富》与李斯特的《政治经济学的国民体系》几乎同时出版,自由贸易、自由竞争受到来自德国历史学派的挑战,自由贸易与保护贸易于是在中国开始引起争论,梁启超的《干涉与放任》、留日学生刊物《湖北学生界》1903年刊载的《国际商业政策》、钱永铭的《自由贸易主义与保护贸易主义》以及一位无名氏所作的《论自由贸易与保护贸易之比较》(《广益丛报》1911年第272期)等文章都是这方面的反映,国家干预经济的理念始终占上风。由于国内战争不断,国家经济主权不独立,以及资本帝国主义的影响等因素的综合作用,自20世纪以降,无论在学术界、商界还是政界,国人基于历史与现实的考量,选择了贸易保护主义以及后来的统制经济模式,即使这样,每当保护主义出现危机,或者政府对民营经济管制太严,报刊上仍不时可见自由贸易与保护贸易的论争。

第七,斯密将工资、利润、地租视为价值的组成部分,同时又将这三个组成部分当作价值的源泉,造成了民国学者对他的分配论持否定态度。[①] 由于资本主义在近代中国发展迟缓,封建地主土地所有制的长期存在,斯密的

---

① 李定中:《亚丹斯密底分配论研究》,《国立河南大学学术丛刊》1943年第1期,第1—21页。

工资理论与利润理论未能受到重视,反而是地租理论引起人们的兴趣,而且国人更倾向于把斯密的地租论与影响更大的李嘉图的地租论进行对比阐述。

上述关于斯密学说的统计与分析,只是对报刊的一个粗略式整理。其实,报刊对斯密著作与理论的介绍也存在有偏颇的情况,劳动分工与资本积累是国民财富增长的两个基本条件与途径,在斯密学说中占有重要地位,而这方面的研究成果比较少见。又比如斯密在市场经济理论方面做出了开创性的贡献,但民国报刊上关于市场经济的论文很少提及斯密,忽略了斯密对市场经济的理论贡献,更不用说20世纪八九十年代在中国社会耳熟能详的"看不见的手"的理论在民国时期并未引起关注。再比如,《道德情操论》在近代中国未能引起重视,人们往往关注斯密的经济理论,而非他的道德伦理思想,而且对《国富论》与《道德情操论》的内在联系鲜有深入的探讨。

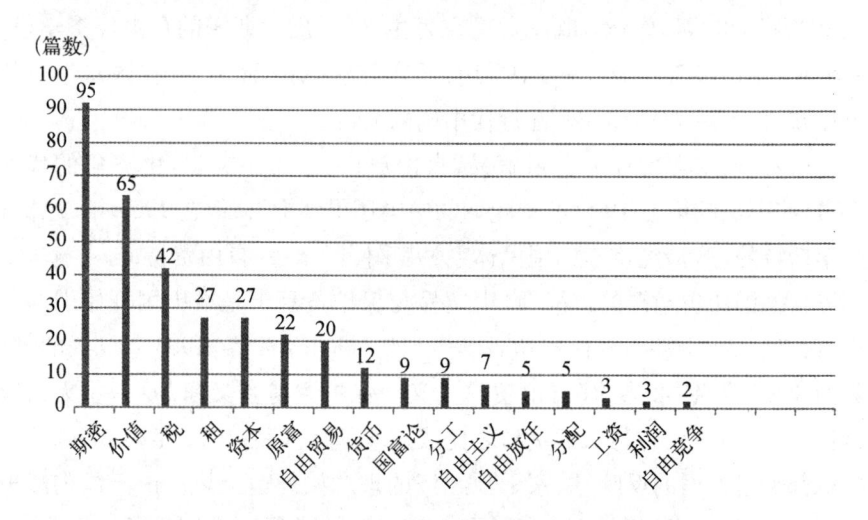

(篇数)
类别	篇数
斯密	95
价值	65
税	42
租	27
资本	27
原富	22
自由贸易	20
货币	12
国富论	9
分工	9
自由主义	7
自由放任	5
分配	5
工资	3
利润	3
自由竞争	2

图7-1 关于亚当·斯密及《国富论》的论文题名分类统计
数据来源:根据1892—1949年的相关报刊统计整理。

晚清、民国时期的报刊种类庞杂,办刊时间长短不一,而且许多报刊是综合类刊物,涵盖了政治、经济、文化、社会生活的方方面面,欲从中筛选出与《国富论》相关的文章,其难度颇大,所以上述统计数据只是一个相对数字。下面从经济类报刊与非经济类报刊两方面来探讨《国富论》的流传情况。

一、从经济类报刊考察《国富论》的流布

在前已提及的70多种经济类报刊中,刊登与《国富论》有关的刊物统计如下:《经济学季刊》47篇,《中国经济》27篇,《经济学期刊》10篇,《商学期刊》9篇,《钱业月报》8篇,《财政评论》7篇,《经济科学》6篇,《银行周报》《经济周报》《商业杂志》各5篇,《食货》《经济学月刊》《上海总商会月报》《经济评论》《经济学报》《北大经济学会半月刊》各4篇,《商学》《商务官报》《经济论评》《经济商业期刊》《之江经济期刊》《广东省银行季刊》各3篇,《财政知识》《商职月刊》《商学季刊》《商学研究》《华大经济学报》《信托季刊》《新经济》《经济论衡》《商兑》《经济》《国立中央大学农业经济集刊》《政治经济学报》《银行月刊》《中国商业研究会月刊》《商务报》各2篇,其余40种期刊各1篇。这些报刊均是当时经济学的重要经济期刊。

上述报刊中,题名中含有"报"字的刊物有14种,其中报纸有《湖北商务报》《商务报》《商务官报》《商报》①四种。《湖北商务报》由汉口商务局于1899年4月在武昌创刊,1904年12月停刊;《商务报》由江南商务沪局于1900年3月1日在上海创刊,1901年2月停刊,这两种官报均旨在介绍中外商业经济信息。1906年4月28日,《商务官报》由北京农工商部商务官报局在北京创刊,停刊于1911年7月,该刊的作者有不少曾经留学日本、欧美,其刊物的学理性强于《湖北商务报》与《商务报》。早期的报纸与期刊常混杂在一起,后来报纸与期刊的界限越来越分明,其余10种刊物,如《农报》《华大经济学报》《金融导报》《政治经济学报》《经济学报》《经济周报》《银行周报》《经济研究季报》《上海总商会月报》《钱业月报》虽然冠以"报"之名,却并非报纸,而是期刊。剩下的63种报刊全部为期刊,所以期刊才是登载《国富论》的主体。兹就考察刊文数量名列前两位的经济期刊。

(一)《经济学季刊》对《国富论》的评介

《经济学季刊》于1930年4月创刊,1937年5月停刊,共刊出8卷29期,作者158位,共计350篇文章,其中有金融55篇、经济理论54篇、财政49篇、经济政策46篇、书评41篇、经济思想史15篇。② 该刊的作者群体遍及学术界、政界、商界,《经济学季刊》的作者集中了当时中国经济学界众多知名学者,撰文最多的前6位作者分别是:李权时44篇、唐庆增21篇、马寅初11篇、张素民11篇、朱通九8篇、贾士毅7篇,李权时、唐庆增分别是《经济学季刊》第一任、第二任总编辑,他们的文章最多。据笔者统计,《经济学季刊》中涉及亚当·斯密及其《国富论》的文章共47篇,作者共20位,分别

---

① 唐庆增在《商报》增刊上刊发过一篇文章,笔者未查出《商报》增刊的创刊时间。
② 统计数据参考了孙大权:《中国经济学的成长:中国经济学社研究(1923—1953)》,上海三联书店2006年版,第176—177页。国内关于《经济学季刊》的研究可参见方小玉:《民国〈经济学季刊〉(1930—1937)研究》,武汉大学2009年博士论文。

是：唐庆增 14 篇、李权时 6 篇、张素民 5 篇、朱通九 3 篇、夏炎德 3 篇、戈宝权 2 篇、马寅初 1 篇、姚庆三 1 篇、王永新 1 篇、张毓珊 1 篇、黄造新 1 篇、胡继瑗 1 篇、葛豫夫 1 篇、刘絜敖 1 篇、王烈望 1 篇、陈振鹭 1 篇、顾翊群 1 篇、刘秉麟 1 篇、章植 1 篇、章湘伯 1 篇。上述作者在《经济学季刊》共发表了 125 篇论文,具体如下：唐庆增 21 篇、李权时 44 篇、张素民 11 篇、朱通九 8 篇、夏炎德 3 篇、戈宝权 2 篇、马寅初 11 篇、姚庆三 5 篇、王永新 1 篇、张毓珊 1 篇、黄造新 1 篇、胡继瑗 1 篇、葛豫夫 2 篇、刘絜敖 1 篇、王烈望 3 篇、陈振鹭 3 篇、顾翊群 2 篇、刘秉麟 1 篇、章植 3 篇、章湘伯 1 篇。这 20 位作者约占了全部作者的 13%,他们的文章总数约占了该刊全部文章的 35.7%,如果以他们文章中提到亚当·斯密《国富论》的比例来计算,则他们的文章大约占了《经济学季刊》全部文章的 13.4%。如果考察单个作者的文章,此题材所占的比例为：唐庆增 66.6%、李权时 13.6%、张素民 45.4%、朱通九 37.5%、夏炎德 100%、戈宝权 100%、马寅初 9%、姚庆三 20%、王永新 100%、张毓珊 100%、黄造新 100%、胡继瑗 100%、葛豫夫 50%、刘絜敖 100%、王烈望 33.3%、陈振鹭 33.3%、顾翊群 50%、刘秉麟 100%、章植 33.3%、章湘伯 100%。其中,戈宝权、夏炎德、黄造新、章湘伯不是中国经济学社社员,其余 16 位均为该社社员。

在各种经济期刊刊登涉及《国富论》的论文中,《经济学季刊》发表的论文数量最多,这成为考察它的首要原因。其次,该刊的社会影响力较大。国民党的党报《中央日报》曾评论该刊道"已为全国学人公推为经济界之权威读物",① 夏炎德认为该刊"性质与形式有如哈佛大学所出之《经济学季刊》(The Quarterly Journal of Economics),所载皆经济专门论文,内容精审,洵为国内经济刊物之代表"。② 研究斯密学说的传播程度便可从该刊窥见一斑。唐庆增、李权时、马寅初、张素民、刘秉麟等人发表有关《国富论》的论文占了该刊的一半多,但已经在前文讨论过,兹不赘述,下面选择其他作者的论文进行梳理、归纳。

1. 戈宝权

戈宝权(1913—2000)是中国著名的外国文学研究家、翻译家、外交家。1932 年毕业于大夏大学经济系。大夏大学是当时国内最早推行导师制的大学,戈宝权的导师是经济思想史大家唐庆增。据戈氏后来的回忆,因自己对经济思想史兴趣浓厚,成绩优秀,深得系主任唐庆增的喜爱,遂让他担任

---

① 《中国经济学社年会开会》：《中央日报》1936 年 9 月 27 日。
② 夏炎德：《中国近百年经济思想》,商务印书馆 1948 年版,第 175 页。

助教。他还坦承,他的第一篇学术论文《经济学一名词之溯源及其意义之变迁》也是由唐庆增推荐发表的,而且他的本科毕业论文《亚当斯密经济思想之研究》很有可能是国内最早关于亚当·斯密的学位论文,①可惜该文现已遗失。戈氏虽然在大学的专业是经济学,但他一生的兴趣与成就主要在文学翻译方面,他早年的经济学作品很少留传于世,目前仅见三篇论文:《亚丹斯密斯与李嘉图之价值学说》②《经济学一名词之溯源及其意义之变迁》《亚丹斯密生平著作一览》。《亚丹斯密斯与李嘉图之价值学说》是唐庆增的一篇演讲稿,由戈氏记录,他清晰而又简洁地记载了斯密的价值学说与李嘉图的价值学说各自的内容与两者的区别,全文多处引用外文资料,这些内容是唐庆增本人所讲,还是戈氏自行添加而成,笔者不便妄加猜测。总之,透过这篇长达十多页的演讲稿,我们可以推知戈氏对于斯密与李嘉图的价值理论还是比较熟悉的。下面介绍后两篇论文。

《经济学一名词之溯源及其意义之变迁》一文旨在梳理经济学概念的渊源与变迁,全文由"经济学一名词的字源""希腊时代的所谓经济学""最初出现于近代著作中的经济学一名词""初见于英法意德著作中的经济学一名词""亚丹·斯密以后""经济学传入我国的情形"六部分组成。从此文前五部分的标题可以看出,此文需要掌握经济学这一概念在西方学术界的发展史,对外语的要求极高,此文的一个特点就是外文资料丰富。例如,他介绍了"经济"和"经济学"在英语、法语、意大利语等拉丁文中的词源以及在条顿语系中的德语的词源,同时指出这两个词汇在希腊文中的含义是指"家事管理",亚里士多德与色诺芬的著作也持类似的观点,到了近代,其词义转变,含有"公经济""国家的经济"的意思,因而被称为"政治经济学",这从法国重商主义者孟克莱田的《献给国王和王太后的政治经济学》一书中即可看出。他接着分析了英国的威廉·配第与杜格尔德·斯图尔特、法国重农派人物魁奈与米拉波侯爵(1715—1789)、意大利的威内伯爵(1728—1797)与泽洛威西(1712—1769)、德国官房学派第特马(1677—1727)与尤士惕(1741—1791)等人对"经济学"的认识,然后再过渡到论述亚当·斯密的开创性作用。③

---

① 戈宝权讲、包子衍等整理记录:《戈宝权漫谈他的生活经历》,《新文学史料》1986年第4期,第121页。
② 唐庆增讲、戈宝权记:《亚丹斯密斯与李嘉图之价值学说》,《天南》1933年第1期,第179—196页。
③ 戈宝权:《经济学一名词之溯源及其意义之变迁》,《经济学季刊》1934年第5卷第3期,第77—89页。

1776年《国富论》的出版标志着"经济学"正式成为一门科学,斯密因而被后人誉为"经济学之父"。戈氏指出,《国富论》的全称是"关于诸国民之富的性质及其原因之研究",这个题目本身就是对经济学的一个很好的注解,经济学是研究"关于诸国民之富的性质及其原因"的学问。他引用了《国富论》开篇的话进行解释:"一国每年土地和劳动的产物,是这一国居民们的真实的财富的收入。"而"一国国民每年的劳动,原本就是供给这国民每年消费一切生活必需品方便品的资源",也就是说,"劳动"是"国富"的原因,而"必需品和方便品"是"国富"的"性质"。他进而引用了斯密对经济学的解释:"政治经济学若被视为是政治家或立法家的科学之一部门,那就要提示两个不同的目标。其一,是供人民以丰富的收入或生计,更确当的说,是使人民能自给以如此的收入或生计;其二,是供国家或共同社会以充分的收入,使公务得以进行。总之,其目的在于富人民而又富君主。"①这几处引文均来自郭大力、王亚南翻译的《国富论》版本。

戈氏在文章的最后一部分介绍了经济学这一概念传入中国的情况,提到了《富国策》《富国养民策》《原富》的翻译出版,重点论及严复对经济学的理解,并附带提及梁启超、马君武的"经济学"译名。其实,对于"经济学"译名的起源与演变,经晚清入华传教士、日本学者、严复、梁启超、孙中山等前贤的探索,这个词汇的译名已经在20世纪初期确立起来了。戈氏此文的可贵之处是从西文文献中直接梳理经济学概念的演变,对国人认识"经济学"起到了正本清源的作用。

《经济学季刊》上以斯密为题目的文章只有一篇,即戈宝权于1934年12月写的《亚丹斯密生平著作一览》一文,全文分为斯密的生平、著作、后人的编著三个部分。关于斯密的生平与著作,报刊上已刊载了严复的《计学大家斯密亚丹传》、雪震的《斯密亚丹传》、周佛海的《亚丹斯密先生年谱》《亚丹斯密先生传》(河上肇著、林骙译)、孙德修的《亚丹斯密先生的著作》、黄惟志的《斯密亚丹评传》等文章,无疑,要超越这些文章异常艰难。戈宝权在文后交代,此文的资料收集耗时几个月,因太专注外文资料的堆砌而忽视了文字表达,《道德情操论》与《亚丹斯密讲义》是从唐庆增处借阅的,《帕尔格雷夫经济学大辞典》与坎南版《国富论》是从朋友处借阅的,《国富论》的资料非常丰富,作者为此另外写了一篇文章,只是未曾发现这篇文章是否

---

① 戈宝权:《经济学一名词之溯源及其意义之变迁》,《经济学季刊》1934年第5卷第3期,第77—90、94页。

刊登。①

《亚丹斯密生平著作一览》长达25页,在叙述斯密的生平著作方面与此前的同类文章有雷同,但也有些差异,这主要体现在此文提供了更多的细节。一是他提到了斯密在格拉斯哥大学的希腊语教授亚历山大·丹禄普与数学教授罗伯特·西姆生,以及斯密用拉丁文写的小册子《道德哲学入门》,这或许与戈氏学过世界语有关;二是提及斯密在文学诗歌方面的成就,比如斯密在爱丁堡大学谈论文学与修辞法,又如斯密编辑出版了《威廉·汉密尔顿诗集》;三是介绍了斯密在《爱丁堡评论》上发表的论文;四是介绍了日本小泉信三关于斯密的传记;五是列举了《道德情操论》各章的标题与内容以及该书的法译本与德译本,简述了1931年郭大力、王亚南翻译的《国富论》的内容,而对《国富论》版本的介绍不及孙德修的论文;六是介绍了《亚丹斯密全集》《亚丹斯密藏书目录》。② 总之,此文与《经济学一名词之溯源及其意义之变迁》一样,其显著特点是外文文献扎实,而且文末注释十分规范,这是此前同类论文所缺少的。上述两篇文章也许就是戈氏本科毕业论文《亚当斯密经济思想之研究》的一部分。

2. 朱通九

朱通九对《国富论》的论述主要见于他的两篇文章。

一篇是《经济学的科学方法》一文。此文的背景是,西洋经济学输入中国以后,经济学的方法并没有引起国内学者的注意,青年学子热衷于舶来的各种主义,而对于国内具体的经济现象的分析往往显得束手无策,朱通九于是介绍了研究经济学的各种方法,以便为青年学子分析中国经济现象提供理论武器。该文两次提到斯密。一次是在朱氏介绍行为心理学的科学方法中。他指出,古典经济学派重视经济行为的研究,例如斯密致力于研究生产状态,李嘉图则注重研究地主与佃农的关系。③ 另一次是关于经济学的历史研究法。朱氏认为,经济学说的来源基于历史事实,例如李斯特的国家经济学说提倡保护关税,其背景是由于当时德国工业不发达,不足以与英国工业品相竞争,而英国的斯密和李嘉图主张自由贸易,其背景是英国工业革命已经完成,具有自由竞争的能力。④

朱通九对《国富论》的认识主要体现在他的另一篇论文《经济学家的四大派别》。朱氏在长达86页的篇幅中,全面、详细地考察了经济学的四大派

---

① 戈宝权:《亚丹斯密生平著作一览》,《经济学季刊》1935年第6卷第2期,第49页。
② 戈宝权:《亚丹斯密生平著作一览》,《经济学季刊》1935年第6卷第2期,第26—47页。
③ 朱通九:《经济学的科学方法》,《经济学季刊》1930年第1卷第1期,第112页。
④ 朱通九:《经济学的科学方法》,《经济学季刊》1930年第1卷第1期,第128页。

别——古典学派、社会主义派、历史学派、新演绎学派(界限效用学派),这四大派别构成了论文的四章。第一章"古典学派",详尽论述了11位著名古典学派经济学家,简略介绍了8位名声稍逊的古典学派经济学家。其第一节关于亚当·斯密的论述在所有古典学派人物中占的篇幅最多,此节先介绍斯密的生平,指出哈奇森、休谟、曼德维尔是最直接影响斯密的三位学者,然后着重介绍斯密的《国富论》。朱氏把斯密的《国富论》翻译为"国富",并对该书的内容做了一番言简意赅的说明。朱氏指出,斯密学说的中心是利己心,即个人的利己行为最终有益于社会,这一思想源自曼德维尔的《蜜蜂的寓言》。他还指出,"分业"(分工)论是斯密"最有名"的理论,并且引用了《国富论》关于制针过程的描述与分工的三点益处,同时提醒读者,分工不是人类为了社会的幸福才凭空想象出来的,而是每个人追逐个人利益的结果。此外,朱氏还简述了斯密有关价值、劳动、工资的论述。最后,他还提到《国富论》的产生正逢其时,深受统治者欢迎,在19世纪初期大行其道。①

朱氏介绍其他古典学派经济学家时仍免不了提到斯密与他们的学术渊源,现逐一列出这8位古典学派经济学家与斯密的关系。马尔萨斯的《人口论》在斯密去世8年后发表,他是斯密自由放任论的继承者,斯密是乐观派,马尔萨斯是悲观派。②李嘉图早年对斯密的《国富论》感兴趣并认真专研过此书;斯密的研究以生产为中心,李嘉图改为以分配为中心;斯密视工资、利益、地租为价格构成的要素,李嘉图则认为地租不是价格构成的原因,而是结果;李嘉图继承了斯密的劳动价值论并加以修正。③ 斯密和李嘉图均以为价值决定于劳力,西尼尔则说价值是"生产费"造成的,"生产费"等于生产所费的劳力加上资本家的忍欲(abstinence)④。法国古典经济学家萨伊是介绍斯密学说到法国最早且最有力的人,他承认斯密是他的老师,对《国富论》赞不绝口,认为在斯密以前并没有出现像政治经济学这样的东西;萨伊将资本家和企业家区别开来,这是斯密所不知道的;萨伊反对斯密的劳动生产说,他认为除劳力之外,还有地租和利益,这三者决定价值;萨伊把斯密的自由放任说发挥到极致,力主国家的活动必须降低到最小范围。⑤ 美国古典经济学家亨利·查尔斯·凯里(Henry Charles Carey,1793—1879)虽然是

---

① 朱通九:《经济学家的四大派别》,《经济学季刊》1931年第2卷第1期,第53—55页。
② 朱通九:《经济学家的四大派别》,《经济学季刊》1931年第2卷第1期,第56页。
③ 朱通九:《经济学家的四大派别》,《经济学季刊》1931年第2卷第1期,第58—59页。
④ 朱通九:《经济学家的四大派别》,《经济学季刊》1931年第2卷第1期,第60页。
⑤ 朱通九:《经济学家的四大派别》,《经济学季刊》1931年第2卷第1期,第63—64页。

斯密学说的继承者,但是反对李嘉图的地租理论。① 1778 年德文版《国富论》出版,促成了德国古典学派的形成和繁荣,约翰·海因里希·冯·杜能(Johann Heinrich von Thünen,1783—1850)便是其中最著名的代表人物,除此之外,德国另一位古典经济学家 K. H. 劳伊(K. H. Rau,1792—1840)的经济思想则融合了德国官房学派与斯密的经济学说。② 阿尔弗雷德·马歇尔(Alfred Marshall,1842—1924)拥护斯密,重振衰落的古典学派,被称为新正统学派。③ 可见,作为古典学派的鼻祖,斯密对后来欧洲各国的古典学派经济学家影响之大,朱通九还是客观阐述了这一事实。

3. 夏炎德

夏炎德第一篇关于斯密的文章是《凯塞尔之分配论》。此文标题中的"凯塞尔"即瑞典经济学家古斯塔夫·卡塞尔(Gustav Cassel,1866—1945)。农业地租在土地价格中占主要地位,对于农业地租,学者历来意见不一。夏炎德列举了重农学派、斯密、李嘉图、约翰·穆勒、亨利·乔治、马歇尔对地租本质的认识。

重农学派认为"自然之富腴,为生产物减去必要成本获得剩余之唯一理由"。斯密对此做了进一步的发挥,认为"农业中自然与人合作,使农民于生产其自身消费之价值以及资本之利润外,尚有付地租与地主之能力,故彼谓地租乃地主将自然富源佃与种户所得之产物,而欲增加地租不外用自然或人工之法改良土地使增加富力"。④ 夏氏还特别强调斯密在书中没有区分"利润"与"利息",认为斯密此处所谓的"利润"实指"利息"。从夏氏对重农学派与斯密的引文中可以看出,夏氏对斯密的地租论也一知半解。

斯密的地租理论有三点。其一,地租是地主阶级对劳动者的劳动生产物的一种扣除。斯密写道:"一国土地,一旦完全成为私有财产,有土地的地主,像一切其他人一样,都想不劳而获,甚至对土地的自然生产物,也要求地租。……他必须把他所生产或采集的产物的一部分交给地主。这一部分,或者说,这一部分的代价,便构成土地的地租。"他又说:"土地一旦成为私有财产,地主就要求劳动者从土地生产出来或采集到的几乎所有物品中分给他一定份额。因此,地主的地租,便成为要从用在土地上的劳动的生产物中

---

① 朱通九:《经济学家的四大派别》,《经济学季刊》1931 年第 2 卷第 1 期,第 66 页。
② 朱通九:《经济学家的四大派别》,《经济学季刊》1931 年第 2 卷第 1 期,第 68、73 页。
③ 朱通九:《经济学家的四大派别》,《经济学季刊》1931 年第 2 卷第 1 期,第 70 页。
④ 夏炎德:《凯塞尔之分配论》,《经济学季刊》1935 年第 6 卷第 2 期,第 72 页。

扣除的第一个项目。"①其二,地租是使用土地的代价,是一种垄断价格。斯密写道:"这样看来,作为使用土地的代价的地租,当然是一种垄断价格。它完全不和地主改良土地所支出的费用或地主所能收取的数额成比例,而和租地人所能缴纳的数额成比例。"他又说:"所以应当注意,地租成为商品价格构成部分的方式是和工资与利润不同的。工资和利润的高低,是价格高低的原因,而地租的高低,却是价格高低的结果。"②其三,地租是自然力的产物。斯密说:"在农业上,自然也和人一起劳动;自然的劳动,虽无须代价,它的生产物却和最昂贵的工人生产物一样,有它的价值。……所以,农业上雇用的工人与牲畜,不仅像制造工人一样,再生产他们消费掉的价值(或者说,再生产雇用他们的资本)及资本家的利润,而且生产更大的价值。他们除了再生产农业资本家的资本及利润外,通常还要再生产地主地租。这种地租,可以说是地主借给农业家使用的自然力的产物。地租的大小取决于想像上的自然力的大小,换言之,取决于想像上的土地的自然产出力或土地的改进产出力的大小。"③对照夏氏的引文,我们发现他的论述比较接近于斯密地租理论的第三点。

古典经济学家中对地租理论研究最充分的是李嘉图,他极力反对斯密的说法,李氏的观点有:"地租是使用土壤固有不减之力而付与地主之报酬","地租之起由于自然之吝啬,非由于自然之宽厚","价格之高低影响地租之贵贱,地租之贵贱不能影响物价之高低"。④夏氏引用李氏的这三个观点,均是李氏级差地租理论,这是李氏比斯密高明之处。夏氏在简述了重农学派、斯密、李嘉图、约翰·穆勒、亨利·乔治、马歇尔对地租的看法之后,亮出了凯塞尔的观点,凯塞尔根据稀少原理,反对上述各家观点,认为地租不能列入成本之外,他把地租解释为"使用一种耐久货物之价格,消费货物以至所谓天产消费货物之价格,皆不得算为地租"。⑤

第二篇是《阚能教授在经济学上之贡献》。此文是夏炎德于1936年11月5日在伦敦大学经济学院进行演讲的讲稿。夏氏指出,当代英国经济学权威有两位,一位是剑桥的马歇尔,另一位是伦敦的阚能。阚能即埃德温·

---

① [英]亚当·斯密:《国民财富的性质和原因的研究》(上卷),郭大力、王亚南译,商务印书馆2008年版,第44、80页。
② [英]亚当·斯密:《国民财富的性质和原因的研究》(上卷),郭大力、王亚南译,商务印书馆2008年版,第138—139页。
③ [英]亚当·斯密:《国民财富的性质和原因的研究》(上卷),郭大力、王亚南译,商务印书馆2008年版,第334—335页。
④ 夏炎德:《凯塞尔之分配论》,《经济学季刊》1935年第6卷第2期,第72页。
⑤ 夏炎德:《凯塞尔之分配论》,《经济学季刊》1935年第6卷第2期,第72页。

坎南，前面的文章中屡次提到坎南，这里有必要进一步了解坎南的学术贡献。坎南是伦敦学派的创立者，著名经济学家，他的主要著作有 12 本：《初级政治经济学》(1880)、《1776—1848 年英国政治经济学中生产和分配学说史》(1893)、《英国地方税史》(1896)、《亚当·斯密关于法律、警察、岁入及军备的演讲》(1896)、《国富论》(坎南版,1904)、《经济展望》(1912)、《财富论》(1914)、《货币：与价格升降的联系》(1918)、《经济一家言》(1927)、《经济理论述评》(1929)、《现代通货及其价值的调节》(1931)、《经济大恐慌》(1933)。众所周知，他编著的《亚当·斯密关于法律、警察、岁入及军备的演讲》和《国富论》是研究斯密及其《国富论》的必备书籍，他本人也因校订、编辑这两本书而名闻天下。①

第三篇是《最近经济思潮的哲学渊源》。此文选译自匈牙利经济学家舒朗易·恩格(1898—1973)的名著《二十世纪的经济学说》，夏炎德选译了该书第一章"最近各派经济学说的哲学渊源"，所谓的"最近"即指 1911—1936 年，这期间的经济学说的重大变化都可从哲学中找到源头。于是乎，近来不少人想把边际效用说与德国哲学家汉斯·费英格(Hans Vaihinger, 1852—1933)的唯心论结合起来。边际效用说强调使用抽象、演绎方法，费英格在其代表作《仿佛哲学》中提倡"假想"与"虚构"，他认为经济学也需要"假想"，并指出亚当·斯密把人的纯粹利己主义作为假想的对象，试图说明近代一切经济学说无不从这个假想出发。基于此，他们打算使两者联姻，以促成"科学与实物的联合"，②但这是一个重大的错误。事实上，斯密的利己主义假想绝没有这么简单，从费英格的哲学中为经济学提供理论源头绝非易事，"假想"（假设）与"虚构"的意思比较接近，容易混淆，费英格的"假想"与"虚构"是一种假象，不可证实，经济学上的"假想"（常常叫假设）则直接指向现实，而且从原则上可以被证实。

4. 顾翊群

顾翊群(1900—1992)于 1921 年赴美留学，1924 年获美国纽约大学工商管理硕士学位，曾任国民政府实业部物价银价讨论委员会委员，1935 年参与法币政策的制定，1936 年担任国民政府行政院参事，1941 年任代理财政部常务次长。顾翊群是 20 世纪 30 年代中国经济自由派的代表人物之一，这在他发表的《经济思想与社会改造》与《中国新货币政策与国际经济

---

① 夏炎德：《阚能教授在经济学上之贡献》，《经济学季刊》1937 年第 7 卷第 4 期，第 43—44 页。
② [匈] 舒朗易·恩格：《最近经济思潮的哲学渊源》，夏炎德译，《经济学季刊》1936 年第 7 卷第 2 期，第 170 页。

均衡》这两篇文章中得到了体现。

1935年8月,顾翊群在《经济思想与社会改造》一文中批评了苏联式的计划经济观点,阐述了经济自由主义的立场,他批判了几种最流行的错误经济见解。比如有一种见解认为入超对中国是有害的,顾氏在《社会经济月报》第2卷第5期撰文批评过此种观点,而且他还指出,此问题在18世纪中期,经休谟、亚当·斯密等相继讨论之后早已告一段落。① 顾氏以斯密为例,阐述正统派对经济统制的观点。一方面正统派主张个人自由,另一方面又主张当个人或团体利益受到侵犯时,政府应该出来干涉。斯密目睹个人利用政府的干涉享受特殊权利,因此他力主削减特权阶级的权力,维护大多数人的自由与权利。同时,斯密认为国家会使用"超经济的"的手段牺牲人民的经济利益,比如他主张对英国进口的硝石征税,以便英国能够自行生产火药;主张维持航海条例,以便增强英国航海业的实力。②

顾翊群的另一篇论文《中国新货币政策与国际经济均衡》提到了自由主义经济理论。其引文是这样的:"盖经济社会,表面似甚复杂,其实建基于数条简单原则之上,即(一) 分工,(二) 私有财产,(三) 自由交换是也。苟此数条原则,得以严格实现,则由县而省,由省而国,由国家而推及世界,经济社会将日益扩大,一处新发明之生产技术,聚集充裕之资本,他处均蒙受其益,所有参加此社会分子日益繁荣。为后进之国家着想,欲发展经济,最扼要之举,莫过于参加此世界经济者也。"③基于此,他赞同正统派关于经济均衡的理论,并指出正统派的经济均衡调节理论,不是演绎之空谈,而是事实归纳的结果,比如,斯密仔细研究制针,于是发明了分工原理。④ 中国经济学社社员中赞同市场经济的毕竟是少数,而能够把斯密与市场经济相提并论的更是少之又少,从这个角度来说,顾翊群算是斯密学说的一个信徒。

5. 其他

《经济学季刊》上的作者众多,除了上述所列之外,还有一些作者只在此刊上发表过一篇论文。现举例简述部分论文。

比如王烈望的《货币数量说之两大派别》一文。王氏在《货币数量说之两大派别》一文中,提到以英国剑桥学者为代表与以美国的欧文·费雪为代表的两大货币数量说派别,他指出,欲知晓这两派的学术渊源,有必要梳理货币数量说的学术史,斯密的货币论无疑是其中的一环。王氏在这里谈到

---

① 顾翊群:《经济思想与社会改造》,《民族》1935年第3卷第8期,第1316页。
② 顾翊群:《经济思想与社会改造》,《民族》1935年第3卷第8期,第1329页。
③ 顾翊群:《中国新货币政策与国际经济均衡》,《经济学季刊》1936年第7卷第1期,第39页。
④ 顾翊群:《中国新货币政策与国际经济均衡》,《经济学季刊》1936年第7卷第1期,第43页。

了斯密对于一国流通需要多少货币和货币与货物的比率这两个问题的认识。就第一个问题而言,为避免直接交换的困难,人人都需要拥有一定数量的货币以购买所需的物品。"一国的流通货币究竟占每年产品价值的几成,似乎没有决定的可能。不过每年所买卖的物品价值,必需以一定量的货币去流通,那是没有疑问的。就第二个问题而论,政府减轻货币含量,对于各种物价有普遍的影响。货币含量减轻若干成,物价即高涨若干成。至于贵金属的增加有两种来源:第一,金银矿的发现,大批贵金属流入市场,结果同量贵金属所能购买的物品,必较从前为少。第二,由于人民富力的增加,需要更多的货币去流通增加的财货。于是一国的贵金属就会从别国流进来。在第一种情形之下,物价必涨,在第二种情形下,物价未必涨。以上所说,是货币的相对价值,货币或金银的绝对价值乃决定于其所生产的劳动量。但金银的价值何以与其数量成正比?这是因为生产金银所费劳动量的多少,完全要看矿苗的丰脊而定。矿苗丰,则少量之劳力,可获多量之金;反之,则否。故货币的相对价值与其绝对价值的变动还是一致的。"①此处引文是王氏参照坎南版《国富论》(第四版)的相关内容而写,其相关页码依次为24—25页、279页、194页、239页、188页、407页、336页。坎南版《国富论》没有中文版,王烈望的译文与郭大力、王亚南的译文有相近之处,例如,王烈望翻译贵金属的两种来源一节,可在《国富论》(郭大力、王亚南翻译)上卷第11章第181页至182页找到类似的语句,但王氏的译文毕竟又与郭大力、王亚南译文有差距,下面我们来看下郭大力、王亚南版《国富论》是怎样表达斯密的意思的。

货币的主要职能是作为流通工具,一国流通中究竟需要多少货币量呢?流通中的货币量由什么决定呢?斯密说:"一国每年所能通用的货币量,取决于每年在国内流通的消费品的价值。……国内生产物的价值减少了,每年在国内流通的消费品的价值亦必减少,因而,国内每年所能通用的货币量,亦必减少。""反过来说,一国年产物的价值增加了,货币量亦必自然增加。每年在国内流通的消费品的价值增加了,当然需要更多的货币量来流通。"②他又说:"无论在哪一个国家,每年买卖的货物的价值要求有一定数量的货币来把货物流通和分配给真正的消费者,但不能使用超过必要的数量。流通的渠道必然吸引充足的货币额,但不能使用超过必要的数量。"③

---

① 王烈望:《货币数量说之两大派别》,《经济学季刊》1937年第7卷第4期,第69页。
② [英]亚当·斯密:《国民财富的性质和原因的研究》(上卷),郭大力、王亚南译,商务印书馆2008年版,第313—314页。
③ [英]亚当·斯密:《国民财富的性质和原因的研究》(下卷),郭大力、王亚南译,商务印书馆2008年版,第13页。

上述论述表明,一国的商品要流通,就必需有一定量的货币,流通中的商品量与货币量成正比,一国每年的货币流通量取决于商品的价值。

又如张毓珊的《重商主义之真谛》一文。此文是这些文章中唯一专论重商主义之作。16—18世纪中叶的重商主义曾经一度在欧洲盛行,而对于威廉·配第来说,他的思想中所包含的重商主义色彩较平淡,自由主义的经济思想反而在增加,他在商业方面主张经济自由主义,有时甚至比斯密的主张还要极端。从重农学派到斯密学说的兴起,重商主义的理论逐渐淡出人们的视野,但是重商制度的政策即使在自由主义最流行的时候仍为大多数国家采用,在第一次世界大战之后还有加强的趋势,由此,张氏基于历史的事实,将16世纪至20世纪划为重商制度时代。①

综上所述,中国经济学社的社员是研究《经济学季刊》上关于斯密学说的主力军。那么斯密是以何种方式或者说何种原因出现在《经济学季刊》上呢?这里有两点需要补充说明。

一是研究《经济学季刊》中关于斯密的文章不能仅仅只注意斯密,其他古典学者如大卫·李嘉图、约翰·穆勒、马尔萨斯等也不可忽视。诚然,作为英国古典学派祖师爷的斯密在《经济学季刊》上出现的次数远远大于其他古典学者,学者们在研究其他古典学者时不可避免地提到了斯密,比如唐庆增的《介绍李嘉图之货币问题杂著》、赵洒抟的《古典经济学的盛衰——为约翰·弥尔的〈政治经济学〉百年纪念而作》、胡继瑗的《马尔塞斯百年纪念典礼中之演词》就是如此。

二是研究近代经济学方法论时总要提到斯密。斯密作为经济学学科的开创者,他的研究方法与前人相比更具科学性,他的演绎法、归纳法一直为后世经济学者所沿袭,凡是提到近代经济学方法论,斯密都是一座绕不开的丰碑。《经济学季刊》专门谈经济学方法的文章仅有朱通九的《经济学的科学方法》与刘絜敖的《现代各家经济学说方法论之分析》这两篇,而这两篇论文都脱离不了对斯密的描述。

（二）《中国经济》对《国富论》的评介

《中国经济》是中国经济研究会于1933年4月在南京创办的月刊,1937年8月停刊,总共发行了5卷52期600余篇论文。该刊登载工商业、农业、金融业、经济理论、经济思想等方面的文章,同时译介国外经济学著述。《中国经济》的办刊宗旨是"阐明现在中国与世界的一切经济现象,分析中国经

---

① 张毓珊:《重商主义之真谛》,《经济学季刊》1937年第7卷第4期,第27、30页。

济发展的过程,并企图对于中国之新经济制度,有所讨论与贡献"。①《中国经济》的创刊人有邓飞黄、朱子帆、范苑声、谢劲键等,总编辑邓飞黄毕业于北京大学经济系,曾留学德国、英国,朱子帆毕业于日本明治大学政治经济系,范苑声留学日本早稻田大学,谢劲键留学日本。

《中国经济》共刊发27篇谈及斯密的论文,其中仅有一篇论文直接以斯密为标题,即郭垣的《斯密亚丹与重农学派经济思想之比较研究》,此前介绍斯密或者重农学派时提到了这两者的关系,多是泛泛而论,未见有重农学派与斯密学说对比的专题论文。比如《评重商派重农派亚当斯密派三者之得失》②一文,从标题来看貌似在比较这三派学说,实际上作者只是简述了这三派各自的特点,根本没有进行比较,况且此文仅一页的篇幅。因此,有必要介绍《斯密亚丹与重农学派经济思想之比较研究》一文。从内容来看,此文对比了斯密学说与重农学派思想产生的背景、社会哲学、财富、价值论、分配论、资本、剩余价值、经济政策等方面。

斯密学说与重农学派的相同点在于均重视农业与土地的作用以及崇尚自然,在郭垣看来,这两点虽同实异,都是很肤浅的看法,其理由在于,重农学派认为只有农业才是国家与个人财富的源泉,农业是生产阶级,工商业阶级不是生产阶级。斯密虽然也强调农业的基础地位,认为农业不同于工商业,但没有说工商业阶级不是生产阶级,斯密抛弃了重农学派的狭隘看法,扩大了生产领域,认为财富是各阶级创造的。这是斯密学说优于重农学派的地方。这两种学说的社会哲学均来源于自然法,在郭垣看来,斯密认为自然是一种"现实",重农学派则认为自然是一种"理念",魁奈把自然法则的实现看作是国家经济发展的必需条件,即经济的发展必须在永久的自然法则内才能实现,而斯密认为国家立法对于社会经济的影响很少,经济的发展是"经济人",即人的自私自利作用的结果,斯密把自然法则与经济思想割裂开来,使经济学成为一门独立的科学,斯密"最大的一个贡献"正在于此。③

斯密学说优于重农学派之处还表现在价值论、分配论、资本、剩余价值、经济政策诸方面。郭垣简述了重农学派在这些方面的不足:不重视价值问题,将分配论与价值论搅混在一起,把收入当作地租与工资,忽视了利润,将资本局限于农业领域,视剩余价值为地租,在经济政策方面主张发展大规模农业,征收地主的单一税。与此相对,他指出了斯密超越重农学派之处:斯

---

① 邓飞黄:《卷头语》,《中国经济》1935年第3卷第1期,第2页。
② 杨定铣:《评重商派重农派亚当斯密派三者之得失》,《商学》1924年第37期,第3页。
③ 郭垣:《斯密亚丹与重农学派经济思想之比较研究》,《中国经济》1937年第5卷第7期,第77—80页。

密把价值论摆在斯密理论体系的一个"中心地位",吸取了重农学派的教训,把价值论与分配论分开,把社会阶级划分为地主、资本家、工人,消除了农业与工商业的对立状态,把收入视为利润、工资、地租之和,把资本从农业领域扩张至工业领域,解释了剩余价值与利润的概念,反对大规模农业与土地单一税。①

从整篇文章来看,郭垣承认重农学派影响了斯密,但是他的观点缺少证据的支撑,全文没有参考文献。此前的一些文章也提到斯密受到了重农学派的影响,同样缺乏相关的证据资料,这是民国时期中国学者研究斯密学说普遍面临的问题。

此外,涉及斯密的文章还有张忆的《孔子的经济思想》,张觉人的《恐慌事实与恐慌理论的发展》,石径斜的《重农思想之历史性与阶级性——中国经济思想史研究之一》,石决明的《中国经济思想史方法论商榷:兼评唐庆增博士的中国经济思想史研究法蠡测》《外国学者关于中国经济史之研究与其主要文献》与《清末经济学之输入:附清末出版经济学书目》,谢劲健的《世界经济思想之史的发展》,郭垣的《重农学派经济思想解说》与《租税转嫁论之史的发展与平均分散说》,傅筑夫的《研究中国经济史的意义及方法》,彭迪先的《地租理论之史的发展》,邢世同的《近代租税制度的新趋势》,余精一的《社会劳动价值论——经济名著研究之一》,秦璋的《劳动价值说之基本原理》,健伯的《穆勒之生涯》,范苑声的《经济学中的自然法则学派之解剖——资本主义经济学与自然法则》,郭大力的《晚近经济思潮之转变》,晓帆的《Mehrwert 学说》与《剩余价值学说》,周咸堂的《生活标准之学理的研究》。这些文章的主题绝大多数是经济思想史,斯密因在经济思想史上的崇高地位而成为这些文章绕不过去的高峰。

《中国经济》同时重视国外经济界学术动态,译介国外学者的学术成果,其中有 6 篇译文涉及斯密。这些论文分别是日本学者田中忠夫著、何健民译的《马尔萨斯的中国人口论》(《中国经济》1934 年第 2 卷第 10 期),俄国学者乌拉德米尔著、李立中译的《城市与农村之对立的消减》(《中国经济》1936 年第 4 卷第 8 期),日本"劳农派"理论家向坂逸郎著、谭辅之译的《农民之历史的性质》(《中国经济》1936 年第 4 卷第 10 期),日本经济学者谷口彦吉著、张觉人译的《恐慌事实与恐慌理论的发展》(《中国经济》1937 年第 5 卷第 2 期),日本经济学者谷口彦吉著、张觉人译的《过渡的恐慌的发展》

---

① 郭垣:《斯密亚丹与重农学派经济思想之比较研究》,《中国经济》1937 年第 5 卷第 7 期,第 81—83 页。

(《中国经济》1937年第5卷第3、4期),①瑞典经济学者卡塞尔著、邓飞黄译的《经济体系概论》(《中国经济》1936年第5卷第5期)。

二、从非经济类报刊考察《国富论》的流布

经济类报刊创刊的时间晚于非经济类报刊,《国富论》的相关信息最初并不是刊载于经济类报刊而是非经济类报刊,后者的种类繁多,刊物存在的时间一般比经济类刊物长,且刊发的文章数量极其庞大。前已粗略统计,非经济类报刊的种类与刊文总数远大于经济类报刊,下面介绍刊文数量位居前两位的刊物的传播情况。

(一)《国富论》在《东方杂志》的传播概貌

《东方杂志》于1904年3月11日在上海创刊,于1948年12月停刊,由商务印书馆负责印行,一共出版了44卷819号,30 000多篇文章。《东方杂志》是一份大型民间综合性刊物,其发行量巨大,社会影响力深远,被著名报人戈公振誉为"杂志中时期最长久而最努力者"②。杂志主编先后由张元济、徐珂、孟森、杜亚泉、钱智修、胡愈之、李圣五、郑允恭担任,其办刊宗旨历经了从创刊初期的"启迪国民、联络东亚",到20世纪20年代前期的"舆论的顾问者",再到20年代后期的"国人公有的读物",再到30年代的"以文字作为民族斗争的武器",直到抗日战争时期的"发扬文化、传播学术"五次演变。刊物秉持自由主义的办刊理念,对来稿作者的身份派别、稿件的政治立场不加限制,自由主义、个人主义、社会主义、法西斯主义、无政府主义等各种思潮都有介绍,开辟了"太平洋会议号""对于西洋文明态度的讨论""爱因斯坦号""国际现势号""英国研究专号""赫胥黎百年纪念""斯密亚丹二百年纪念"等各种专题专号,甚至还引发了一场中西文化大论战。因此,本部分的任务是探讨《国富论》在《东方杂志》的整体传播情况以及一些相关研究。

第一,关于《国富论》在《东方杂志》的传播,其相关作者数量相当庞杂。《东方杂志》办刊历史悠久,断断续续存在了45年,见证了中国从晚清到民国的社会变迁,商务印书馆现已建成了《东方杂志》全文检索数据库,这十分有利于对《国富论》进行长时段的考察。据不完全统计,约有118位作者在147篇文章中论及亚当·斯密或《国富论》,相关情况参见表7-1,表中显示作者来自学术界和政界,例如《国富论》的译者严复、王渔村(王亚南)、周宪

---

① 《恐慌事实与恐慌理论的发展》与《过渡的恐慌的发展》译自谷口彦吉《关于恐慌的各种学说》的不同章节。
② 戈公振:《中国报学史》(插图整理本),上海古籍出版社2003年版,第161页。

文,民国经济学家唐庆增、马寅初、李权时、刘秉麟、杨端六、刘大钧、陈振汉、叶元龙、夏炎德、胡善恒、朱偰等,《东方杂志》编辑杜亚泉与钱智修,中国民主主义先行者孙中山,无产阶级革命家瞿秋白,国民党人士史维焕、周佛海、邓飞黄,思想家梁启超,哲学家兼翻译家贺麟,哲学家李石岑,作家徐中玉,以及河上肇、塞利格曼等15位日本和欧美学者。这些职业、身份、学科都不同的人士都提到斯密,这反映出斯密对中国近代社会的影响力已经波及社会各阶层,尤其是知识分子。

表7-1 《东方杂志》作者著文统计表

作者	篇数	作者	篇数	作者	篇数
叶元龙	5	塞格利曼(Seligman)	1	贺麟	1
朱偰	4	巴特勒(N. M. Butler)	1	楼桐孙	1
唐庆增	3			宋慈裒	1
周宪文	3	端木铸秋	1	李璜	1
作者不详	3	堀江归一	1	沈星若	1
欧阳溥存	2	田中义夫	1	俞颂华	1
李权时	2	北昑吉原	1	寿勉成	1
于树德	3	蓝德莱等	1	董修甲	1
王绍成	2	波多野鼎	1	陶父	1
杨端六	2	端木蕻良	1	从予	1
陈灿	2	都介涅甫	1	安世	1
胡善恒	2	威尔斯	1	章渊若	1
马寅初	2	河上肇	1	李石岑	1
张白衣	2	刘不同	1	潘公展	1
哈珀(J. W. Harpur)	1	潘力山	1	崔晓岑	1
欧文(J. Ervine)	1	朱文叔	1	龙大均	1
斯图尔特(C. L. Stewart)	1	胡梦华	1	周以仕	1

(续表)

作　者	篇数	作　者	篇数	作　者	篇数
杨及玄	1	陶羡敏	1	海　期	1
叶作舟	1	浦薛凤	1	孟　森	1
徐柏园	1	振　甫	1	君　实	1
王渔村	1	徐中玉	1	稚　晖	1
孙本文	1	朱　朴	1	刘大钧	1
张梁任	1	黄惟志	1	刘叔雅	1
黄廷英	1	瞿秋白	1	甘乃光	1
龚家麟	1	周佛海	1	何思源	1
沈来秋	1	甘蛰仙	1	邵振青	1
梁启超	1	刘秉麟	1	说　难	1
杨幼炯	1	李恭律	1	孙中山	1
符滁尘	1	鲁学瀛	1	三　无	1
黄霖生	1	楼桐孙	1	胡文楝	1
夏炎德	1	连士升	1	邓飞黄	1
陈振汉	1	王平陵	1	史维焕	1
曾纪桐	1	陈钟浩	1	侯厚培	1
朱有瓛	1	勇　立	1	朴　之	1
王璧岑	1	严　复	1	孙倬章	1
何贯衡	1	前　刘	1	赵自强	1
吴泽炎	1	伧　父	1	顾季高	1
周子亚	1	棠　公	1	钟兆璿	1
彭瑞夫	1	黄炳坤	1	钱智修	1
章育才	1	如　如	1		

资料来源：根据商务印书馆《东方杂志》全文检索数据库整理而成。

第二，从时间纵向来看，1923年"斯密亚丹二百年纪念"掀起了《国富论》在《东方杂志》传播的第一次高潮，其后由于战争与停刊，此方面的文章呈现下降趋势，仅在1935年出现过大幅度增长的局面。图7－2显示了《国富论》在《东方杂志》的学术分布情况。据统计，该刊第一篇论及《国富论》的文章是《论中国宜保护商务》，此文系转载报纸《时报》，①未署作者姓名。此文认为西方商业发达的原因是实行了放任政策，例如斯密的《国富论》也主张"商业之进步，不应抑制，而贵放任"。② 文章表达的观点是，中国的情况与西方不同，中国商业不发达的原因是没有采取相关的保护政策。《东方杂志》第二篇论及《国富论》的文章是勇立的《王船山学说多与斯密暗合说》。此文的王船山即明末清初思想家王夫之（1619—1692），勇立认为王船山是我国最大的"计学家"（经济学家），他的"民自利"说与亚当·斯密的"生计自由之说"（经济自由学说）多有"暗合"之处：国家的富裕在于"岁殖"而不在于金银的数量；"任物自己则物价常趋于平"；勤劳节俭不如"母财"（资本）以生利；通商互市；用民众的智力以增加农业产出。作者最后得出结论，《国富论》在各国流传，英国统治者践行了该书的理论，而王船山的著作却遭受这样的命运："读之者百无一焉，读之而解其理者千无一焉，读之而能措诸政事者万无一焉。"③从这篇文章可以看出，作者并非对西方经济

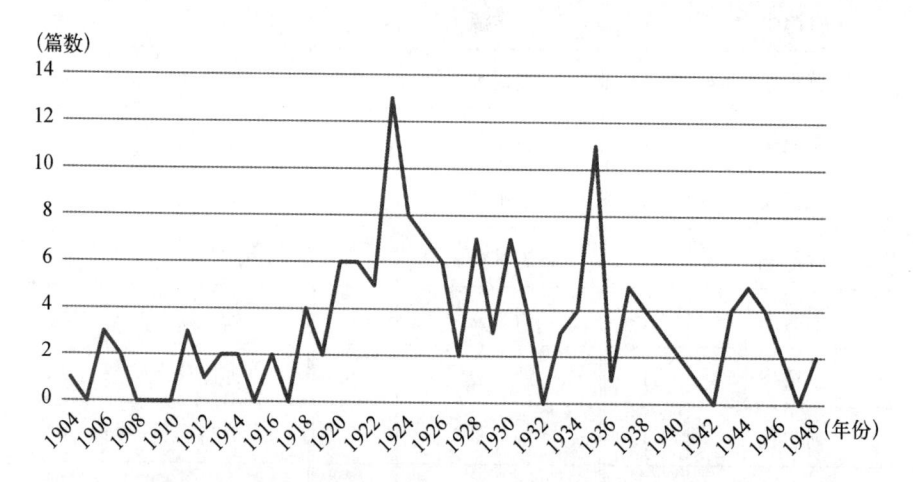

图7－2 亚当·斯密《国富论》在《东方杂志》的学术趋势图

资料来源：根据商务印书馆《东方杂志》全文检索数据库整理绘制而成，此图表示"亚当·斯密《国富论》"在所在年份内有多少篇文章出现于《东方杂志》。

---

① 1904年6月13日，狄葆贤在上海创办《时报》，该报初期受到康有为、梁启超等人的赞助。
② 作者不详：《论中国宜保护商务》，《东方杂志》1904年第9期，第89页。
③ 勇立：《王船山学说多与斯密暗合说》，《东方杂志》1906年第3卷第10号，第197—200页。

思想一味盲从，而是试图挖掘中国传统文化中的经济思想资源。而且，此文发表后，随即就被《北洋官报》1906年第1217期、1219期与《四川学报》1907年第3期转录，这说明该文具有一定的学术影响力。

《王船山学说多与斯密暗合说》发表之后，一直到1923年"斯密亚丹二百年纪念"之前，《东方杂志》都未见有论及斯密的专题文章。1920年，钱智修担任杂志主编，极为关注西方最新学术思潮与动向，大力提倡传播西学，所以才出现了1923年的井喷现象，《东方杂志》共刊发了13篇文章，达到了刊发此类文章的顶峰，之后呈现下降趋势。1932年未见此方面的文章，原因是"一·二八"事变后，《东方杂志》停刊约8个半月，直到1935年达到了第二个高峰，共有11篇文章提到了《国富论》，之后再也没有突破10篇文章，1937年"八·一三"事变后又有短暂的停刊经历，但仍出版了与《国富论》有关的文章，1941年底太平洋战争爆发后，《东方杂志》停刊1年又4个月，1943年3月才复刊，其后刊发的相关文章在5篇以下，1947年未见相关文章的发表，直到1948年刊登了两篇相关文章，分别是周子亚的《政治理想与政治实验》与黄炳坤的《自由主义是否没落》。尤其是《自由主义是否没落》一文意味深长。1948年，中国共产党在战场上不断取得胜利，国民党节节败退，一些自由主义者感到自由主义的末路来临，在心理上开始向共产党靠拢，而昔日秉持自由主义办刊立场的《东方杂志》也开始徐徐落幕。

第三，中国学者运用斯密理论解释中国古代经济思想。蛤笑是《东方杂志》第一位运用斯密理论对中国传统文化进行批判的作者，他指出，儒家思想的弊端之一是不"言利"，而西方学者崇尚"利己之道"，斯密与边沁的著作在这方面的论述尤其详尽。① 这两种不同的思想造成了不同的结局，西方的"言利"与"利己"思想造就了国家富强，而中国耻于言利使得国家贫穷。蛤笑在这篇文章中只是提到斯密的书籍，而没有提到斯密的理论，也没有提到边沁的理论，也许他并不真正了解这两位西方思想家的理论，只是听说而已。二十年后，一位名叫陈灿的作者在这方面则远远胜过蛤笑。陈灿撰写的是关于唐朝政治家陆贽（754—805）的财政学说，陆贽向唐德宗奏议征税的原则——均平原则、便民原则、正确原则，这三条原则分别对应斯密赋税原则中的平等原则、便利原则、确定原则，这些原则在当时具有一定的价值与现实意义，只是未被采纳。②

中国古代的经济思想历史悠久，常与政治、伦理等混杂在一起。随着以

---

① 蛤笑：《论中国儒学之误点》，《东方杂志》1907第4卷第6号，第102页。
② 陈灿：《陆宣公之财政学说》，《东方杂志》1926年第23卷第16号，第73、74、78页。

《国富论》为首的西方经济学在中国的传播,西方经济学的概念术语、分析方法、分类体系逐渐进入并占领了中国的学术界,中国传统的经济思想经历了剧烈的变革,西方经济学不断排挤并最终取代中国传统经济思想而居于支配地位。不少学者常常用亚当·斯密的学说来解释、附会、类比中国古代学者的经济思想。

第四,斯密理论在传播社会主义思潮中的作用。《东方杂志》是国内较早传播与宣传社会主义的杂志,以"社会主义"为标题的文章有84篇,这些文章中有6篇论及《国富论》,其中欧阳溥存①与煮尘②关于社会主义的论辩十分引人注目。下面,我们来看一下他们在对社会主义的论争中对待斯密学说的态度。

1911年,欧阳溥存在《东方杂志》第8卷第12号上撰文《社会主义》,从"社会主义之名称及其由来""社会主义之流别""社会主义与共产主义、无政府主义之区别"三方面回答了什么是社会主义及为什么会产生社会主义的问题。在谈及社会主义流派时,作者介绍了马克思及其《资本论》,同时指出,马克思的学说"大抵推本亚丹斯密李嘉图之前绪",③即作者认识到马克思的剩余价值学说来源于亚当·斯密和李嘉图的劳动价值论。

《社会主义》一文仅是作者对社会主义的一个大致介绍,尚未深入评价。1912年8月1日,欧阳溥存在《东方杂志》第9卷第2号上发表《社会主义商兑》一文,对社会主义进行了攻击。攻击的论据之一就是亚当·斯密以制造钉子的例子来说明制鞋的原理,并以此非难马克思的"经济学物产关系之理",进而否认天下生产之物悉出于劳动之结果。他由此得出结论:"今夫漫然以天下生产之物,为悉出于劳动之结果者,乃谓'靴'之结果悉出于靴工之类也,因而主张一切财产宜归劳动家者,无异于主张靴值悉为靴工之享乐财,而革商、牧夫乃至农樵诸家,均无得取偿于靴工,致分其利也。"④攻击的论据之二是"社会主义者,反对自由主义个人主义者也。夫自由主义个人主义之胜处,严生所译亚丹斯密氏书已具其概略"。⑤ 从欧阳溥存的话中可以推断出他读过严复的《原富》,他说斯密在《原富》中阐述了自由主义与个人主义是人的本性使然,人人皆有利己心,社会主义反对自由主义与个人主义违背了人的利己心,也即违背了人性,阻碍了社会的竞争、发明与进步。

---

① 欧阳溥存是民国著名文学家,著有《中国文学史纲》《中华大字典》等作品。
② 煮尘系王缁尘笔名,中国社会党成员,信仰社会主义。
③ 欧阳溥存:《社会主义》,《东方杂志》1911年第8卷第12号,第3页。
④ 欧阳溥存:《社会主义商兑》,《东方杂志》1912年第9卷第2号,第5页。
⑤ 欧阳溥存:《社会主义商兑》,《东方杂志》1912年第9卷第2号,第6页。

煮尘在看了欧阳溥存的文章《社会主义商兑》后,立即撰文予以驳斥,1912 年 8 月 26 日,《新世界》第 8 期刊登了煮尘的《驳社会主义商兑》一文,回应了欧阳氏对马克思学说的诘难:"彼难马氏引经济学物产关系之理,絮絮数百言,用斯密氏论针之语以说'靴'。"①煮尘反驳了欧阳氏的观点,证明了天下生产之物悉出于劳动之结果乃"固定论也",从而捍卫了马克思的劳动价值论。

煮尘与欧阳溥存之间关于社会主义的辩论把注意力集中在马克思的经济学说,尤其是《资本论》中的剩余价值学说。双方都认识到马克思的剩余价值论系继承亚当·斯密与李嘉图的劳动价值论,但都对劳动价值论与剩余价值的内涵与实质没有深入探讨。这从一个侧面反映出 20 世纪初期的一个社会现实,欲正确理解社会主义,必须同时深入理解与社会主义相关的各种经济学说。6 年之后,刘大钧的《社会主义》一文则弥补了此种缺陷。②

(二)《学艺》对《国富论》的评介

1916 年 12 月 3 日,留日学生陈启修、周昌寿、吴永权、王兆荣、郑贞文、杨栋林等 47 人在日本东京成立丙辰学社,学社以"昌明学术,灌输文明"为宗旨。③ 1917 年 4 月学社创办社刊《学艺》,1920 年学社总部迁到上海,1923 年 6 月 11 日,丙辰学社改名为中华学艺社,1958 年 8 月中华学艺社宣布解散。从 1917 年 4 月至 1949 年 11 月,《学艺》共出刊 19 卷 186 期,文章数量巨大,内容涵盖自然科学、人文社科各领域。

《学艺》刊登有关《国富论》的论文始于 1922 年,终于 1935 年,共计 29 篇,包括 1923 年纪念亚当·斯密诞辰二百年的 14 篇纪念论文,以及如下其他文章:王秋心的《马寅初博士的劳动价值说批评》(1926 年第 8 卷第 4 期),那须皓著、周宪文译的《经济政策学原理》(1931 年第 11 卷第 5、第 7 期),周宪文的《统制经济之研究》(1932 年第 11 卷第 9 期)、《生产政策在经济政策中所占的地位》(1933 年第 12 卷第 2 期)、《生产之社会的意义及生产政策的分类》(1934 年第 13 卷第 4 期),王亚南的《亚丹斯密马尔萨斯及里嘉图之经济学说的比较研究》(1932 年第 11 卷第 9 期,1933 年第 12 卷第 1、3、8 期),唐庆增的《美国经济思想溯源》(1927 年第 8 卷第 6 期)、《经济学中之经典学派》(1933 年第 1 期),张觉人的《墨子的经济思想》(1935 年第 14 卷第 2 期),张素民的《重商主义之研究》(1933 年第 12 卷第 4 期),祝

---

① 林代昭、潘国华编:《马克思主义在中国——从影响的传入到传播》(上册),清华大学出版社 1983 年版,第 358 页。
② 刘大钧:《社会主义》,《东方杂志》1918 年第 15 卷第 11 号,第 191—198 页。
③ 君毅:《发刊词》,《学艺》1917 年第 1 卷第 1 号,第 1 页。

伯英的《李权时与朱通九的价值论》(1933年第12卷第5期),等等。由于20世纪30年代日本侵略中国,《学艺》刊登的论文数量明显减少,与《国富论》相关的论文也逐渐减少,1935年之后直到1958年停刊,该刊几乎没有一篇论文涉及此方面。

上述所列文章中,王秋心、祝伯英的论文前已述及,唐庆增与张素民的论文与此前的认识没有多大变化,1923年的纪念文章与王亚南的论文将在下文论及。其余的两位作者中,首先值得一提的是周宪文(1907—1989)。他是著名经济史学家,1928—1931年毕业于日本京都帝国大学经济系,曾经担任上海中华书局编辑,主编杂志《学艺》《新中华》,担任暨南大学经济学教授、商学院院长等职。他的著述丰富,达三千万言之多,涉及斯密及其学说的译著颇多,例如《经济政策纲要》(中华书局1930年版)、《资本主义与统制经济》(中华书局1933年版)、《经济思想史》(中华书局1935年版)、《经济本质论》(商务印书馆1937年版)、《经济学辞典》(上海中华书局1937年版)、《世界经济学说要义》(中华书局1939年版)、《中国不能以农立国论争》(中华书局1941年版)、《经济学术论纲》(中华书局1945年版)、《国富论》(上卷,台湾银行经济研究室1964年版),等等。①

周宪文在《学艺》上发表了17篇文章,其中有2篇提及亚当·斯密。第一篇是翻译日本经济学家那须皓的著作《经济政策学原理》。那须皓在讨论经济政策学的本质时,不可避免地谈到经济政策学与经济学的关系,他指出,经济学的起源,本来是一种经济政策学或财政学,他引用了斯密在《国富论》中的论述:"经济学是讨论使人民获得充分的收入,并研究使国家获得为营公共事业所必需的收入方法的学问。"②他此处定义的"经济学"即政治经济学,王亚南的译文为:"被看作政治家或立法家的一门科学的政治经济学,提出两个不同的目标。第一,给人民提供充足的收入或生计,或者更确切地说,使人民能给自己提供这样的收入或生计。第二,给国家或社会提供充分的收入,使公务得以进行。总之,其目的在于富国裕民。"③对比周宪文与王亚南的译文,王亚南的译文无疑更完整。

第二篇是《统制经济之研究》。该文发表的背景是20世纪30年代初的资本主义经济危机引起各国恐慌,统制经济成为时髦的话题,周氏把统制经

---

① 周宪文的著作目录可参见周幅员编:《周宪文先生著作目录》,三民书局1993年版,其中有关斯密的作品有《国富论·译序》《政治经济国防讲义·译序》等。
② [日]那须皓:《经济政策学原理》,周宪文译,《学艺》1931年第11卷第5号,第9页。
③ [英]亚当·斯密:《国民财富的性质和原因的研究》(下卷),郭大力、王亚南译,商务印书馆2008年版,第1页。

济称为计划经济。那么资本主义经济组织是否存在计划呢？根据自由主义理论，个人自由经济活动的自动适应性包含了计划性在内。斯密说："个人利己心的自由发露，乃被一双看不见的手所引导，而使全体社会得到最幸福的状态。"①周氏将之解释为，追求个人自由，就能完成全体的计划，如果能够很好地发挥自动适应性，那么，资本主义本身就具有计划的作用。周氏后来修改了该文，《资本主义与统制经济》一书的第 1 章《资本主义与统制经济》便是在该文的基础上扩充而成，该书第 1 章第 3 节谈资本主义的计划性，其对斯密的引文与《学艺》上的引文完全相同。②

周宪文除了在《学艺》上发表文章之外，还发表了如下涉及斯密的文章：《商品本质论》（《暨南学报》1936 年第 1 卷第 1 期）；《斯密斯之分工论》（《学生时代》1938 年第 1 卷第 1 期）；《经济学讲些什么：比较经济学试论之一》（《新中华》复刊第 4 卷第 14 期）；《经济、经济问题、经济思想、经济学说与经济学》（《改进》1945 年第 11 卷第 56 期）；等等。

此外，《学艺》还有一篇关于把中国古代思想家墨子的经济思想比附斯密的文章。此文的作者是张觉人。在张氏看来，斯密以"自爱心（self-love）、利己心（private interest and passions）作为社会繁荣的根本动力"，遭到了凯拉尔（今译卡莱尔）和康达（今译孔德）的反对，他们坚信社会的繁荣在于利他心的发动。③ 而张氏称墨子的思想还要比卡莱尔与孔德的见解早两千多年，因为墨子视"利己"为天下大乱的唯一原因，他在《墨子·兼爱上》说：

> 圣人以治天下为事者也，不可不察乱之所自起，当察乱何自起？起不相爱。臣子之不孝君父，所谓乱也。子自爱不爱父，故亏父而自利。弟自爱不爱兄，故亏兄而自利。臣自爱不爱君，故亏君而自利。……父自爱也不爱子，故亏子而自利。兄自爱也不爱弟，故亏弟而自利。……盗爱其室不爱异室，故窃异室以利其室。贼爱其身不爱人，故贼人以利其身。大夫各爱其家，故乱异家以利其家。诸侯各爱其国不爱异国，故攻异国以利异国。④

在这里，墨子先用君臣、父子、兄弟之间的利己和亏人为例证明了人与人"不相爱"是天下大乱的原因，接着以盗贼爱其身不爱人身，大夫各爱其家

---

① 周宪文：《统制经济之研究》，《学艺》1932 年第 11 卷第 9 期，第 3 页。
② 周宪文：《资本主义与统制经济》，中华书局 1933 年版，第 9 页。
③ 张觉人：《墨子的经济思想》，学艺 1935 年第 14 卷第 2 期，第 166 页。
④ 司马哲编：《墨子全书》，中国长安出版社 2008 年版，第 69—70 页。

不爱异家，诸侯各爱其国不爱异国的事实强化其论证。墨子所谓的"不相爱"就是"不爱人"，也就是"利己"。为了消除人与人"不相爱"的状况，墨子主张"兼相爱，交相利"，简言之，就是人与人之间要"兼爱"。"兼爱"的真实含义是既利己又利人，从这个角度讲，墨子的"兼爱"与斯密的利己心有共通之处。

第二节 纪念亚当·斯密的期刊文章

综观各类报刊，最直接涉及此主题的是纪念亚当·斯密诞辰及《国富论》诞生的论文，这类论文比较集中，而且主题鲜明。1923年6月5日是亚当·斯密诞辰二百周年纪念日，世界各国尤其是欧美国家的经济学界举行了盛大的纪念活动，在这种氛围下，经济学才处于起步阶段的中国学术界破天荒地进行了响应，《东方杂志》《学艺》《太平洋》《青年进步》《顺天时报》等报刊纷纷刊登了关于斯密的纪念论文。

一、《东方杂志》刊载的亚当·斯密纪念文章

1923年9月10日，《东方杂志》第20卷17号首次刊出了纪念亚当·斯密诞辰二百周年的纪念专集，共计6篇悼念文章，现分述如下。

第一篇，朴之的《斯密亚丹二百年纪念》。朴之在此文中道出了中国学术界纪念斯密的两个目的：一是"景仰他的宏大的学问"，斯密不仅经济学造诣极深，而且在文学和哲学方面也很著名，他的代表作除了《国富论》以外还有《道德感情论》，这是他以前和以后的经济学者无法企及的；二是"服膺他的高尚的人格"，斯密临终前将遗稿全部付之一炬，直到1896年才被嘉纳（即坎南）收集编著成书——《关于法律、警察、岁入及军备的演讲》。所以，"我们觉得斯氏的学问和人格不仅可为后世经济学者的师表，就是其他学问家亦可奉为模范，所以我们以为纪念他的人不必限于研究经济学的，无论何人都应该在这位经济学始祖的二百年诞辰表示一种相当的敬意"。[①]

第二、三篇，叶元龙的《斯密亚丹经济学说概观》《自斯密亚丹至二十世纪之经济学说》。美国威斯康辛大学硕士叶元龙在《斯密亚丹经济学说概观》一文中从七个方面概述了斯密的经济学说：哲学与方法、经济系统、价值论、工资论、利息论、地租论、公家财政学。叶元龙在同一期上发表的另一

---

① 朴之：《斯密亚丹二百年纪念》，《东方杂志》1923年第20卷17号，第1页。

篇文章《自斯密亚丹至二十世纪之经济学说》,介绍了自斯密以来经济学说的三大派。斯密派被公认为经济学的正宗,人们常常称之为经典派。之后出现了一个专门抨击经典派,但又采纳斯密学说的派别,被世人称为抨击派。还有一些人试图重建"一新经济学",结果只是对经典派的补充,此派可谓经济学的复兴,叫作奥国学派。除了这三大派外,还有新经典派、新历史派、法律派,叶氏重点评论了前述三大派。

第四篇,李权时的《斯密亚丹学说之批评》。《东方杂志》出专号纪念斯密,并非仅仅为斯密歌功颂德,同时希望读者对斯密学说有一个全面的评价,在此情况下,《东方杂志》邀请经济学界著名学者撰文点评,哥伦比亚大学经济学博士李权时便是其中一位,李氏应《东方杂志》主编钱智修之邀,发表《斯密亚丹学说之批评》一文评介斯密学说的优缺点。

李权时以为斯密学说的优点在于,一是斯密认为经济学的根本观念是"自然论"。自然论反对重商主义的干涉,这样做的结果是赞成"放任论"。二是斯密将人类的经济活动解释为"自利心"或者叫"自私心"。李权时称赞斯密在这点上具有"科学的精神",反观儒家畏言利的传统,实则"好高骛远",缺乏"科学的精神"。三是斯密把人类交往性看作分工的"总因",分工是增加国家富裕的"主因",所以在《国富论》的第一章就论述分工如何有益,如何增强国家的财富。四是斯密以"劳力为价值之总原因",主张"劳力价值论"。李权时把劳动翻译为"劳力","劳力价值论"即我们今天常说的劳动价值论。五是斯密的工资论,虽然带有一点供求论的色彩,但是符合"公平原理"。六是斯密把消费视为人类经济活动的终点,乃"千古不磨"的名言。七是斯密以消费为经济活动的目的,所以主张把"国内消费财富"(Consumable Wealth)的多少视为衡量一国财富多少的标准。八是斯密主张人类生殖率与食物成比例的观点,突破了马尔萨斯悲观的人口论。九是斯密的"田租"论揭示了"地主之利害实与社会一般之利害成正比例",具有"平易近人"的特点。①

李权时指出了斯密学说的9个优点之后,似乎觉得意犹未尽,"耿耿于怀",又补充了斯密治学的方法,在他看来,斯密同时采用了演绎法和归纳法,而且有时还兼有写实法和历史法,这样既避免了归纳法"劳而无功"的弊端,又避免了演绎法"空洞无物"的缺点。因此斯密在研究方法上是"最善者"。②

---

① 李权时:《斯密亚丹学说之批评》,《东方杂志》1923年第20卷第17号,第64—67页。
② 李权时:《斯密亚丹学说之批评》,《东方杂志》1923年第20卷第17号,第67页。

李权时列举了斯密学说的九个优点及研究方法,同时也指出了斯密学说的 5 个缺点。一是斯密的生产论虽然没有重农学派那么狭窄,但也没有完全脱离重农学派的影响。二是斯密的价值论有时以劳力为价值的原因,有时以劳力为价值的标准度量,让人混淆不清。三是斯密的"商情循环"(Business Cycle)论,把物价低廉视为"兴旺时代",物价昂贵视为"凋敝时代"。物价低廉时,地主与劳工受益,商人受损;物价昂贵时商人获利,地主与劳工受损。后来的经济学家与斯密的"商情循环"论正相反,从实际情况来看,斯密的"商情循环"论没有后者那么"圆满"。四是斯密的股份公司论痛斥董事长和办事员徇私舞弊,不为公众利益着想,赞同个体经营,斯密未料到,如今的股份公司的董事长与经理投入的资本多且是长期投资,如果真的徇私舞弊,会有公司倒闭、血本无归的风险,所以斯密的言论并不尽然。五是质疑斯密《国富论》的租税四原则,认为租税四原则实际只有伦理原则和行政原则两个,伦理原则立足于伦理,注重公平,是租税政策中最重要的一点。行政原则包含了租税四原则的其余三个原则,即财政上和经济上的原则,可是斯密根本没有提及。

第五篇,黄惟志的《斯密亚丹评传》。叶元龙和李权时的文章重在介绍《国富论》的内容,理论色彩较浓,对于《国富论》这样一本世界名著,了解作者的生平对于理解作品同样具有一定的价值。为此,《东方杂志》刊发了黄惟志的《斯密亚丹评传》一文,此文节译自英国传记作者约翰·雷的《亚当·斯密传》。该文各小节的标题依次为:企图之宏大、入牛津大学、研究哲学之机遇、为演讲家、为葛脑斯哥(今译格拉斯哥)大学教授、道德感情论、漫游欧洲、原富、为税务司、斯密亚丹与宗教、斯密亚丹之恋爱、总评。与严复的《斯密亚丹传》相比,黄氏的这篇评传涉及的范围更广、更全面。如第一小节《企图之宏大》说明斯密研究的不仅仅是经济学。斯密涉及的范围非常广泛,包含了科学、法律、政治等,在他未完成和已完成的译著中,《国富论》只是其中经济学的"一小部分"而已,《道德感情论》(今译《道德情操论》)是伦理学方面的作品,《天文学沿革史》一书未完成,《古代物理学沿革史》写得残缺不全,论文共两篇,一篇是《关于古代论理学及性理学》,另一篇《关于美术之性质及其发达》是斯密欲撰写的著作《美术沿革史》的一部分,还有他临死前烧毁的《裁判论讲义》,①从黄氏列举的译著中,我们不得不佩服斯密学术志向之宏大。

值得一提的是,黄惟志的《斯密亚丹评传》一文还以《斯密亚丹》为题名

---

① 黄惟志:《斯密亚丹评传》,《东方杂志》1923 年第 20 卷第 17 号,第 70—77 页。

被《顺天时报》于同年 11 月 17、18、20、21、22、23、24 日分期转载。① 《顺天时报》是日本人中岛真雄在中国创办的中文报纸,这或许是唯一刊登纪念斯密诞辰论文的报纸。

第六篇,朱朴的《斯密亚丹以前之经济思想》。朱朴在该文的序言中说明叶元龙和李权时已经介绍了斯密及其之后的经济学家的经济学说,他的这篇文章旨在略述斯密以前的经济思想。经济思想史分为"上世纪、中世纪、近世纪"三大时期,"上世纪"和"中世纪"经济思想往往是"略而不述",研究起来比较困难。斯密的学说属于"近世纪",斯密之前的经济"漫无系统",不成为一种"科学",到斯密时,"经济学"才正式成立。"上世纪"经济思想分为东方希腊和罗马。自 16 世纪已降,经济思想进入"近世纪",出现重商主义与重农主义,叙述了这些经济思想之后,人类才迎来斯密经济学大放光明的时代。

二、《学艺》:留日生的纪念平台

1923 年 11 月 1 日,《学艺》第 5 卷第 7 号精心组织了亚当·斯密诞辰二百年的纪念专号。杂志封面刊登特别启事,声明纪念亚当·斯密的活动由日本京都帝国大学的中国留学生发起,孙德修负责组稿,何崧龄负责校阅。留日学生对此次活动如此热心与当时日本学术界的动向密不可分。

1923 年,日本的大学与研究机构纷纷举行亚当·斯密诞辰二百年纪念活动。京都帝国大学经济学会主办的《经济论丛》,庆应义塾大学经济学会主办的《三田学会杂志》,大阪高等商业学校主办的《商业及经济研究》,东京帝国大学商学研究所编辑的《经济学论集》,东京商科大学商学研究所编辑的《商学研究》,法政大学大原社会问题研究所编辑的《大原社会问题研究所杂志》,长崎高等商业学校主办的《研究馆饭报》,东京帝国大学经济学攻究会(研究会——引者注)主办的《国家学会杂志》,东京经济学协会主办的《东京经济杂志》等在 1923—1924 年出版了"纪念亚当·斯密诞辰两百周年"的专题文章,内容涵盖了《国富论》的许多主题:分工论、价值论、分配论、货币理论、经济政策、殖民政策、自由放任、自由竞争、垄断、重农主义、重商主义,以及斯密的生平、传记和其他书目。还有一些用英文与日文撰写的纪念著作。② 1923 年 9 月 1 日,英国《经济杂志》刊登了日本记者的报道:

---

① 黄惟志:《斯密亚丹》;《顺天时报》1923 年第 7076、7077、7079、7081、7083 号。
② 参见关西大学经济学会资料室编辑:《アダム·スミス文献目録》(Adam Smith Bibliography),《关西大学经济论集》,1960 年版,第 62—112 页。

纪念亚当·斯密诞辰两百周年的活动在东京帝国大学举行，由一个名为"Keizaigaku Kokyukai"的经济协会承办，该协会成员囊括了东京各大学几乎所有经济学教授以及许多政府官员和商人。此次活动展览了《国富论》初版与其他几个版本，日文版三种（1885年版、1921—1922年版以及即将出版的版本），还展示了斯密曾经使用过的大约300本书，这些藏书是日本学者新渡户稻造（1862—1933）于1920年在伦敦购买后捐赠给东京帝国大学经济系的，东京帝国大学经济系为此组建了亚当·斯密图书馆。当天上午的展览吸引了2 000多人，下午是日本各大学知名学者举办的学术讲座，演讲时间从下午一点半开始，一直持续到六点，讲座大厅座无虚席。讲座结束之后举行了晚宴，大约有一百位来自日本学界、政界、商界的人士出席了晚宴，与会人士继续缅怀这位伟大的经济学家。①

日本对亚当·斯密的热情在亚洲学术界甚至欧美学术界都是少见的。有此背景介绍，便不难理解留日生缘何会在中国发起纪念活动。《学艺》共刊发14篇纪念论文，其论文目录还于同年12月31日被《申报》转载。②《学艺》封面共附有5张插图，分别是64岁的亚当·斯密的半身像、《国富论》初版的封面、斯密的笔记、斯密全身塑像、斯密油绘半身像，可见，《学艺》高度重视宣传斯密的学说和学术贡献，现择要介绍这批成果。

第一篇，阮湘的《亚丹斯密之根本思想》。学术界有种看法认为，《国富论》立论的基础是利己，《道德情操论》立论的基础是同情，利己与同情水火不容，故斯密的这两本书没有一致性。曾获日本东京帝国大学经济学硕士学位的阮湘（1888—1947）在此文中接受了日本学者藤井健治郎的观点：《国富论》虽以利己为根基，但仍然高举正义之旗，《道德情操论》虽以同情为根基，但仍然坚持利己的主张，因而这两本书立论的共同基础在于人的利己心，同时，同情与正义在这两本书中也得到了完美的结合，这是斯密的"乐天的幸福观"，也就是他人生观的体现。③ 然后，阮湘结合这两本书的例子证明了这个观点。该文的可取之处是将斯密的两本著作联系起来考虑，追寻两者的一致性，这在20世纪20年代的中国学术界比较少见，这恐怕要归功于作者熟悉日本经济学界对斯密研究的缘故。

---

① Anonymity, "Current Topics", *The Economic Journal*, Vol.33, No.131, 1923, pp.434–436.
② 《学艺杂志亚丹斯密》，《申报》1923年第18266号，第2页。
③ 阮湘：《亚丹斯密之根本思想》，《学艺》1923年第5卷第7号，第1—2页。

第二篇,黄典元的《亚丹斯密非资本主义者说》。日本东京帝国大学经济系留学生黄典元(1889—1960)的这篇文章旨在引导读者正确认识和对待斯密的经济学说。一种观点是提倡社会主义学说的学者,他们歌颂马克思的功绩,大肆攻击斯密的经济学说,认为斯密主张个人主义或者资本主义不适合现在社会的潮流,就把他的价值一概抹杀。另一种观点是赞同斯密学说,他们认为斯密以前的经济学说不过是斯密经济学说的"准备",斯密之后的经济学说不过是弥补斯密经济学说的"不足"。黄氏认为这两种观点都有失公正,均没有正确对待斯密经济学说的价值与地位。在此情况下,黄氏重新简述了斯密学说的概要,也就是简述《国富论》五部分的内容。他在简述的过程中提出一个观点:斯密不是为资本主义辩护的学者,也就是文章的标题"亚丹斯密非资本主义者说",其理由如下:通观《国富论》,也没有看见为资本家辩护的句子;就是日本河上肇的《近世经济思想史》一书中也找不出"确证";斯密认为资本家的利益常常与社会一般的利益相反。总之,斯密的经济学说不像马尔萨斯、李嘉图等后继者那样维护资本家的利益,虽然他的理论也有不彻底之处,但大体上"于其学说全体无伤",因此,斯密学说很有研究的价值。①

第三篇,萨孟武的《亚丹斯密之经济思想与儒家之经济思想之差异》。《学艺》杂志在选择斯密纪念文章时,中国因素是一个重要的参照点。从历史上看,中国古代先哲对经济的重视并不逊色于西洋经济学者,然而西洋经济日渐发达,中国经济日趋萎缩,原因在于中西学者对经济根本思想的出发点不同,结论也不同,自然导致中西社会的经济政策也迥异,比较中西经济思想显得尤为必要。1923年10月18日,日本京都帝国大学政治学系留学生萨孟武(1897—1984)在京都帝国大学静修馆撰写的《亚丹斯密之经济思想与儒家之经济思想之差异》就是这样一篇文稿。该文谈了斯密的经济思想与儒家经济思想的两点差异:一是对于经济的根本思想差异,二是对于经济政策的差异。

斯密的经济思想与儒家的经济思想的根本差异体现在人性观、伦理观和欲望观上。就人性观而言,斯密的人性观是利己主义,他把这种人性叫作"self love"或者"private interests and passions"或者"the natural effort of every individual to better his own condition",斯密在《国富论》一书中多次使用这些词汇,其中比较典型的一处是:"人类无时,不待他人之我助,然此欲俟他人恩惠,而得之者,事之至难,故惟诉诸他人利己之心,使他人知吾有求于彼,

---

① 黄典元:《亚丹斯密非资本主义者说》,《学艺》1923年第5卷第7号,第9—18页。

而彼肯代吾人执行之者,即为其人自己之利益,而后吾人求助目的,始得达成也。吾人与他人交易物品之际,无不如是。……吾人三欢之奉,非恃屠户酒肆面包店之仁惠,乃恃三者之各恤其利。即吾人非诉于其人之仁惠,乃诉于其人之利己也。吾人之告彼辈,亦惟曰此非出于吾身之必要,乃出于君辈之有赢耳。"①上述译文来自《国富论》第二章,萨孟武的译文是根据英文自己翻译的,并未采用严复的翻译。

萨氏引用斯密对人性和利己的论述后并未马上与儒家思想进行对比,而是比附墨子的思想,他说斯密的利己之心"不若墨子之抱悲观状态,且谓社会幸福惟恃各人利己之心"。② 他只淡淡一句提到墨子,并没有展开阐述墨子的思想就转向儒家思想。儒家在人性论上主张"理性"之说,《中庸》上说的"天命谓之性"一言,指明了"理"是人的本性,儒家称之为人性,也可称为"良心""浩然之气""夜气""天理",其结果是赞成利他,反对利己。孔子虽然没有利他的言论,但孔子多次反复提出的"仁"表达了类似的思想,他把"仁"解释为"爱人","爱人"即利他。之后的孟子继承了孔子的思想,《孟子·梁惠王上》曰:"王何必曰利,亦有仁义而已矣,王曰何以利吾国,大夫曰何以利吾家,士庶人曰何以利吾身,上下交征利,而国危矣。"③孟子所谓的利即私利,孟子提倡仁义,反对利,可见,孔孟在人性论上均反对人的自利心。儒家与斯密不仅在人性论上不同,其伦理思想也有区别,斯密在《道德情操论》里阐发了功利主义思想,儒家主张"合理主义"。两者在经济思想上的差异导致了两者在经济政策上也不同,简而言之,在萨氏看来,自由放任主义是斯密经济政策的原则,干涉主义是儒家经济政策的原则。

第四篇,史维焕的《亚丹斯密之价值论》。史维焕(1864—1945)毕业于日本东京帝国大学经济学院,获法学学士学位,他的这篇文章颇具理论色彩。④ 他首先回顾了价值论的历史。价值论分为两派:一派叫客观主义之学说,即价值由生产财物所需的费用决定,故又名费用说;另一派叫主观主义之学说,即价值由财物对于人生的效用如何而定,又名为效用说。客观主义的费用说因决定费用的标准不一样,又分为劳动价值说与生产费用说,前者主张劳动是价值的源泉,价值的尺度由"劳动之分量以测定",

---

① 萨孟武:《亚丹斯密之经济思想与儒家之经济思想之差异》,《学艺》1923年第5卷第7号,第23—24页。
② 萨孟武:《亚丹斯密之经济思想与儒家之经济思想之差异》,《学艺》1923年第5卷第7号,第24页。关于斯密与墨子思想的比较将在下文展开,这里不详细论述。
③ 朱熹注:《四书集注》,王浩整理,南京凤凰出版社2008年版,第129页。
④ 史维焕:《亚丹斯密之价值论》,《学艺》1923年第5卷第7号,第39—60页。

后者视生产费为价值的标准。然后他指出,斯密的价值论属于客观主义之费用说。

史维焕花了较长篇幅介绍斯密价值学说,他介绍的方式是选译加解释,即选译其中主要的理论要点并加以说明。比如关于价值的含义,史氏说:"价值二字,通常有二义;即使用价值与交换价值是也。使用价值者,财物之效用也……交换价值者,财物之购买力也……此一物与他物(或一般各物)交换之比例,是为交换价值。"他在做了此番解释之后又翻译了斯密的论述:"价值一语,可发见有相异之二意义,时而用以表示某物之效用,时而用以表示某物对于他物之购买力,前者称之曰效用上之价值(Value in use)后者称之曰交换上之价值(Value in exchange)。"①就使用价值与交换价值而言,严复译为"有以利用言者,有以交易言者",②梁启超译为"利用价格与交易价格",③史氏译文与解释当然比严复、梁启超的译文准确易懂,严和梁均混淆了价值和价格,而且史氏还接受了日文的译法(使用价值与交换价值)。

再比如,史氏认为斯密的价值论是二元的,在原始社会坚持劳动价值论,在资本主义社会就抛开了劳动价值论,转而坚持生产费用价值论。他把斯密关于原始社会条件下的论述译为:"在资本尚未蓄积土地犹未私有之原始社会,彼此交换购物之际,其可分为交换标准之唯一事情,乃为得其财物所要之劳力之分量。"原始社会没有阶级划分,劳动成果全归劳动者所有,然而,土地一经私有,资本一旦蓄积,情况就变为:"工人所附加于原料之价值,当然别为二部,一为工人自身之工银,一为资本家之利益……此利益之分量若不比例于资本之多少,将无人乐于投大资本矣。"④史氏的译文基本上符合斯密的原意。

这批纪念论文在文末注明参考文献的很少,而史维焕在文末附上了参考书目,如马克思的《资本论》、斯密的《国富论》、李嘉图的《经济学及赋税之原理》、马尔萨斯的《政治经济学原理》、因格拉姆的《政治经济学史》、河上肇的《近代经济思想史论》、福田德三的《经济学研究》、小泉信三的《价值论及社会主义》、大野信三的《赫勒氏经济思想史》等,可见,作者立论的文献基础非常扎实,日文的参考文献偏多。

第五篇,周佛海的《亚丹斯密之租税四大原则》。周佛海(1897—1948)

---

① 史维焕:《亚丹斯密之价值论》,《学艺》1923年第5卷第7号,第40页。
② [英]亚当·斯密:《原富》(上册),严复译,商务印书馆1981年版,第22页。
③ 梁启超:《生计学学说沿革小史》,《梁启超全集》(第2册第4卷),北京出版社1999年版,第999页。
④ 史维焕:《亚丹斯密之价值论》,《学艺》1923年第5卷第7号,第44、45页。

系日本京都帝国大学经济系毕业。周氏所谓的斯密租税之原则也就是《国富论》第五篇第二章第二节中的赋税原则,《富国策》《富国养民策》等译著已经提及,但这是西方学者的认识,民国初期的财政学教材已经涉及斯密的租税原则,只是比较零散,周佛海的文章算是国内期刊上较早集中介绍此问题的一篇。20世纪最初的十多年里国人对斯密经济理论的理解并不深刻,多数还是以翻译为主,史维焕介绍斯密的价值论在很大程度上采取了节译的办法,周氏也不例外。

首先,周佛海将斯密的租税四原则翻译为:平等的原则;确实的原则;便利的原则;最少征税费之原则。他把斯密的租税四原则当做一个体系来研究,第一原则(即平等的原则)是根本原则,它在四原则中最重要,后三者是税务行政的原则,要使第一原则得以实现需要实施一定的行政手段,后三者则充当了行政手段。然后,他分别具体阐述这四项原则并做出了相应的评论。①

为了更好地理解斯密的租税四原则,周佛海做了一番学术史的梳理工作。他从经济思想史的角度证明这些原则并非斯密首创,而是继承前人的结果,比如法国经济学家沃邦(Vauban,1633—1707)、德国官房学派经济学家约翰·海因里希·冯·尤斯蒂(Johann Heinrich Gottlob Justi,1717—1771)、意大利经济学家彼得罗·韦里(Pietro Verri,1728—1797)。周氏还谈到对斯密的租税原则进行改造的德国财政学家阿道夫·瓦格纳(Adolph Wagner,1835—1917),瓦格纳将税收原则概括为"四项九端原则",具体内容是:第一项,财政政策原则,包括收入充分和税收弹性原则;第二项,国民经济原则,包括税源和税种选择的原则;第三项,正义原则,包括普遍和平等原则;第四项,税务行政原则,包括确实、便利和最少征收税费原则。由上可知,周佛海对世界租税史相当的熟悉。

第六篇,郭心崧的《亚丹斯密之自由放任政策论》。1923年8月23日,日本京都帝国大学郭心崧②撰写了该文,郭氏开篇就点题,称斯密的经济政策即自由放任主义,对内主张自由竞争,对外主张自由贸易,"《国富论》之中,虽不见自由放任(Laissez Faire,Laissez Passer)之标语,但其学说之所归,政策之要领,自由放任主义,为其当然之结语"。③ 这句话表明,20世纪20年代,留学日本的中国人已经知道了日本人将斯密的经济学著作翻译为

---

① 周佛海:《亚丹斯密之租税四大原则》,《学艺》1923年第5卷第7号,第61—74页。
② 郭心崧(1897—1979),1924年毕业于日本京都帝国大学经济学系,回国后任中山大学经济学教授。
③ 郭心崧:《亚丹斯密之自由放任政策论》,《学艺》1923年第5卷第7号,第91页。

《国富论》,后来王亚南的译本就是采用了日本人的译名;同时,这句话还说明了郭氏对《国富论》的理解不够准确,斯密的经济政策是倡导经济自由主义,但不是"自由放任",经济自由主义与"自由放任"还是存在差别的。

郭氏认为《国富论》以人的利己心为前提,所以先选译了书中关于利己心的论述,然后才开始选译该书第四篇中关于自由放任主义的言论。例如,他把斯密"看不见的手"翻译为"不可见之手"(an invisible hand);再比如,"如斯种种之特典束缚,全然一扫,则简单明白之自然的自由制度(the obvious and simple system of natural liberty)自能实现。……则主权者,能尽以下三个重要而明瞭之责务足矣。……第三,创设维持公益且无私人利润之土木公事及公共事业之任务。"①王亚南版的译文是:"一切特惠或限制的制度,一经完全废除,最明白最单纯的自然自由制度就会树立起来。……君主只有三个应尽的义务。……第三,建设并维持某些公共事业及某些公共设施。"②两相对照,郭心崧虽然没有改变斯密的原意,但其译文显然逊色于王亚南的译文。此类例子在文中较多,此处不再列举。

在译介完自由放任主义的言论之后,郭氏谈到了斯密去世后该政策的命运。他着重陈述了德国历史学派经济学者李斯特对斯密自由贸易论的反对,李斯特主张贸易保护政策,此后资本主义国家基本上放弃了自由放任主义。郭氏指出,虽然自由放任主义不适应现在的情形,但它是时代的产物,适应了当时社会的需要,我们不能"以今律古"。

第七篇,戴时熙的《亚丹斯密之工资论》。斯密对工资的论述详见于《国富论》第一篇第八章至第十章,内容庞杂,日本京都帝国大学经济学士戴时熙觉得其中有不少地方分析得不够透彻,存在着不少矛盾,遂于11月15日在京都帝国大学撰写了《亚丹斯密之工资论》一文,对斯密的工资学说进行述评。戴氏首先解释了工资(wages)的概念,工资有广义和狭义之分,前者专指契约上的工资,即被人雇佣,为人劳动所取得的报酬,后者范围广,无论是被人雇佣还是自主营业,任何劳动的报酬都可称为工资。斯密对工资的解释,有时解释为契约上的工资,即狭义上的概念,有时指一般劳动的报酬,即广义上的概念。③ 鉴定了工资的定义之后,戴氏开始评价斯密的工资学说。

斯密工资学说的主要部分在于"工资决定之原因论",后来学者在解释

---

① 郭心崧:《亚丹斯密之自由放任政策论》,第93—94页。
② [英]亚当·斯密:《国民财富的性质和原因的研究》(下卷),郭大力、王亚南译,商务印书馆2008年版,第253页。
③ 戴时熙:《亚丹斯密之工资论》,《学艺》1923年第5卷第7号,第79页。

原因时形成了许多理论,据英国经济学家坎南的概括,主要有三种理论:其一,生产力说,即工资是生产的一部分,工资的多少由生产力决定;其二,最低生活费说,即工资的多少由劳动者的最低生活费而定;其三,需要供给说,即工资由劳动者的需要及其供给关系而定。斯密对工资原因的解释也采用了上述三种理论。戴氏肯定了斯密的生产力说,但他认为斯密的最低生活费说"理由颇不充分",有其缺点,故又采用需要供给说来补充。

第八篇,孙倬章的《亚丹斯密经济学之渊源》。在孙氏14篇文章中共有四篇译文,即《亚丹斯密经济学之渊源》《亚丹斯密之中国经济观》《亚丹斯密先生传》《最近公表的亚丹斯密的一封信》。先看孙倬章的《亚丹斯密经济学之渊源》一文,该文系曾留学法国巴黎大学的孙倬章(1885—1932)节译法国学者基德[今译夏尔·季德(Charles Gide)]的《经济学说史》(A History of Economic Doctrines)中第一编第二章《亚丹斯密》的前言部分。斯密学说的来源可谓旁征博引,蔚为大观,他引述了100位以上的作者,有些并未注明出处,文中提及的比较重要的学者有道德哲学讲师哈奇森、哲学家兼历史学家大卫·休谟、医生兼哲学家曼德维尔、重农学派代表人物魁奈和杜尔阁。此外,孙倬章还粗略提到斯密关于中国的论述。《国富论》全书大约74万字,共有5篇32章,其中关于中国经济的论述共14章27处,大概7 000多字。① 在中国缅怀斯密,斯密对中国的评论自然引起国人的兴趣与研究。

第九篇,李超桓的《亚丹斯密之中国经济观》一文。1923年10月15日,经济学学人李超桓②在日本京都选择性地翻译了斯密在《国富论》中关于中国经济五个方面的看法:中国的富裕、重农主义思想、贱商主义思想与对外贸易、农业劳动与工业劳动的比较、工资低廉与劳动者贫困。他在文末附言,斯密对于中国的论述远不止以上五个方面,比如还有利息、银价等,因自己在病中,故未能全部介绍斯密对中国的认识。

第一方面关于中国富裕的描述。坎南版沿袭了斯密的看法,认为中国比欧洲任何一个国家都富裕,然而,中欧的生活资料价格差别极大,中国的大米价格比欧洲的小麦价格便宜很多。英国经济学家马加洛克(即麦克库洛赫)与斯密持相反的观点,他说斯密的认识来源于旅行家与传教士的报告,据最近的说法,中国不仅不富,而且还是一个贫穷的国家,人口稠密,其

---

① 孙倬章:《亚丹斯密经济学之渊源》,《学艺》1923年第5卷第7号,第113—118页。
② 李超桓(1898—1973),日本东京帝国大学学生,师从日本著名"左派"经济学家河上肇,后随河上肇转学到京都帝国大学经济系。

贫困程度与遭受灾难的程度,除了爱尔兰之外,在欧洲都是罕见的。① 斯密本人从未涉足中国,他对中国的了解来自马可·波罗之类的旅行家、传教士、文人以及商人等人的记载,一些欧洲人把中国描述为富人的天堂,欧洲在17世纪、18世纪还掀起了一股"中国热"。麦克库洛赫生活在19世纪,欧洲经过工业革命与殖民掠夺后已经变得异常强大,他对中国的认识是基于19世纪欧洲的现状,两相对比,一贫一富,十分鲜明。

第二方面关于重农主义思想。《国富论》第四篇第九章提到中国的重农思想:"中国的政策,就特别爱护农业。在欧洲,大部分地方的工匠的境遇优于农业劳动者,而在中国,据说农业劳动者的境遇却优于技工。在中国,每个人都很想占有若干土地,或是拥有所有权,或是租地。"②李超桓只翻译了坎南的译文:"中国之政策,偏重于农,而轻于其他各业。中国劳动者地位之胜于手工业者(Artificer),则犹欧洲手工业者地位之胜于劳动者。而华人之大志皆在其所有之一小块土地。……"③从引文中可知,中国对于农业、农业劳动者、土地高度重视,故斯密视中国为重农主义之国。

第三方面是贱商主义思想与对外贸易。李超桓所谓的"贱商主义"是指中国轻视商业的行为,他选译了《国富论》第四篇第三章关于贸易差额限制的内容。坎南版《国富论》陈述中国是农耕文明,只重视国内商业流通,轻视国外贸易,也没有从法律上保护国外贸易。而麦克库洛赫版《国富论》则认为中国人不但不藐视对外贸易,反而是非常重视贸易,中国人自造船舶,与菲律宾、日本、暹罗(今泰国)、新加坡、巴达维亚等国进行大规模贸易,许多华人移民至南洋,以勤劳、聪明、事业有成而出名。总之,斯密认为中国轻视对外贸易,麦克库洛赫不认可斯密的观点,而是认为中国乃"贸易之国民"。④ 麦克库洛赫的看法后来也得到了日本学者田中忠夫的认同。⑤

第四方面是以中国和印度为例来比较农业劳动与工业劳动。坎南版《国富论》提及中印两国的农业劳动者的地位与工资都比手工业者高,而且没有"职业法律(Corporation Law)与职业精神(Corporation Spirit)"的约束。李超桓把"Corporation"译为"职业"显然有误,"Corporation"是"公司"之义。⑥

---

① 李超桓:《亚丹斯密之中国经济观》,《学艺》1923年第5卷第7号,第105页。
② [英]亚当·斯密:《国富论》(下卷),郭大力、王亚南译,商务印书馆2008年版,第246页。
③ 李超桓:《亚丹斯密之中国经济观》,《学艺》1923年第5卷第7号,第106页。
④ 李超桓:《亚丹斯密之中国经济观》,《学艺》1923年第5卷第7号,第107页。
⑤ [日]田中忠夫:《亚丹斯密的中国经济论》,何健民译,《时事类编》1937年第5卷第1期,第123页。
⑥ 李超桓《亚丹斯密之中国经济观》,《学艺》1923年第5卷第7号,第111页。

第五方面是关于工资低廉与劳动者贫困的。坎南版把中国工资与劳动者描述为:"后来中国为富国之一,换言之,即为世界上,土地肥沃,耕种周密,人民勤勉,人口最多诸国中之一也。然中国似久已在停滞之状态。……故最下等之劳动者,虽其衣食颇乏,亦得维持其常数之人口,而永保其种族也。"①从上述引文可以看出,斯密把中国劳动阶级的贫困归结为工资低廉,因而增加工资尤为必要,促进国富和限制人口可以增加工资,但往往收效甚微。就中国实际的经济情况而言,中国的劳动力严重过剩,相关产业并未扩大规模,因此,劳动力的供给与需要之间失衡,解决的办法就是大兴产业,中国如果进行一场产业革命,那么当时的社会问题就会得到解决。

从整篇文章来看,李超桓主要翻译的是中国劳动者报酬低的问题。也许在他看来,这个问题的现实意义更大,他主张通过增加国家财富和限制人口这两种途径来提高中国劳动者的劳动报酬。他这篇译文主要使用了1904年坎南版《国富论》,有时也采用1828年麦克库洛赫版《国富论》进行对比。对于不熟悉《国富论》的读者来说,此篇译文显得格外粗糙与疏漏,例如中国给斯密的一个印象是中国之富,《国富论》一书中多次论及中国的富裕,李超桓只选译了其中的一处:"中国比较欧洲各部更为富裕。中国与欧洲之间,日用物价相差甚大,如中国之米价,较之欧洲各地之小麦更为低廉",②仅仅是这一处对中国富有的叙述,还不能完全体现斯密对中国富有的赞美之情,《国富论》对中国富有的描述还有:"中国一向是世界上最富的国家,就是说,土地最肥沃,耕作最精细,人民最多而且最勤勉的国家。"这才是斯密对中国之富的最主要的定位。类似的表述还有"一国繁荣最明确的标识,就是居民人数的增加";"中国比欧洲任何国家都富得多,但贵金属价值在中国,却比欧洲各国高得多"。当然,此文毕竟是留日大学生的一篇习作,对其译文质量不应苛刻要求。

第十篇,资耀华的《亚丹斯密与马克思之关系》。留日学生资耀华③的《亚丹斯密与马克思之关系》一文,从理论与政策两方面介绍个人主义经济学鼻祖亚当·斯密和社会主义经济学鼻祖马克思的关系。在理论方面,有两点需要注意。第一点,两人对于资本主义经济组织成立的观察出现差异。马克思生活在资本主义鼎盛期,然而资本主义的各种弊端不断滋生。有鉴于此,马克思以唯物史观来考察资本主义经济组织,认为资本主义经济组织

---

① 李超桓:《亚丹斯密之中国经济观》,《学艺》1923年第5卷第7号,第112—113页。
② 李超桓:《亚丹斯密之中国经济观》,《学艺》1923年第5卷第7号,第105页。
③ 资耀华(1900—1996),留学日本10年,日本京都帝国大学经济学学士,师从日本经济学家河上肇,1933—1934年赴美国宾夕法尼亚大学沃顿工商管理学院进修,1947年赴哈佛大学工商管理学院进修,是《银行月刊》的总编辑。

迟早要被社会主义经济组织所取代,这是一种"自然的因果法则",具有必然性。在斯密生活的年代,资本主义正处于上升期,他还没有看到其缺点,所以不想改造资本主义,而是把资本主义经济组织的成立看作"历史发达的自然结果",从人性的视角去考察资本主义经济组织。他认为人人都具有利己的本性,《国富论》一书反复阐明了这一思想,他将具有利己心的人放在资本主义经济组织这一框架中来考察,发现正是这样的人才会促进社会生产力的发展。斯密因此说:"我们每天所需的食料和饮料,不是出自屠户、酿酒家或烙面师的恩惠,而是出于他们自利的打算。我们不说唤起他们利他心的话,而说唤起他们利己心的话。我们不说自己有需要,而说对他们有利。"①第二点,两人对于资本主义经济组织的批评。在资本主义制度下,关于生产和分配的问题,斯密持乐观主义态度。②

此外,还有4篇文章介绍了亚当·斯密的生平与著作。分别为:① 周佛海的《亚丹斯密先生年谱》,该文是关于斯密从1723年6月5日出生至1790年7月17日逝世的大事记,读者可以从中清楚了解这位经济学鼻祖的整个人生。② 林骙③的《亚丹斯密先生传》,此传系林骙翻译日本学者河上肇所著《资本主义经济学之史的发展》一书中的第二章《亚丹·斯密》,从文后林氏的注释中,我们可以一窥日本翻译《国富论》的简况。林氏之所以翻译河上肇的《资本主义经济学之史的发展》中关于亚丹斯密生平的内容,原因在于前人关于斯密的传记太多,河上肇的书就是最新之作,又是依据对于斯密的叙述极其详细的约翰·雷的《亚当·斯密传》一书而写就的。④ ③ 淑清的《最近公表的亚丹斯密的一封信》,此信系淑清翻译斯密生前未曾公开的一封信,日本京都帝国大学经济学会举办的亚当·斯密纪念展览会陈列了格拉斯哥大学图书馆馆藏的这封信,信件大意是讲述斯密在去世的前一年修订《道德情操论》一事。④ 孙德修的《亚丹斯密先生的著作》,该文简述了斯密的四部著作。第一部是《道德情操论》,第二部是严复翻译斯密的《原富》,第三部是斯密去世后于1795年出版的《哲学论文集》,第四部是1895年坎南整理的《关于法律、警察、岁入及军备的演讲》。关于斯密的著作,早有前人论述,孙氏此文值得称道的地方在于他在附录里详细列举了斯密著作的各种版本,这是20世纪20年代中国人关于斯密著作的各种版本

---

① [英]亚当·斯密:《国富论》(上卷),郭大力、王亚南译,商务印书馆2008年版,第14页。
② 资耀华:《亚丹斯密与马克思之关系》,《学艺》1923年第5卷第7号,第119—130页。
③ 林骙(1891—1965),又名林植夫,1920年毕业于东京帝国大学农学部林学科,中华学艺社社员。
④ 林骙:《亚丹斯密先生传》,《学艺》1923年第5卷第7号,第158—160页。

最翔实的记录,现引述如下。从斯密原著出版的版次而言,《国富论》达 12 次(1776 年、1778 年、1784 年、1786 年、1789 年、1791 年、1793 年、1796 年、1799 年、1802 年、1805 年、1812 年),《道德情操论》7 版(1759 年、1761 年、1767 年、1774 年、1781 年、1790 年、1804 年),《哲学论文集》1 版(1795 年),《关于法律、警察、岁入及军备的演讲》1 版(1896 年);从斯密原著的版本而言,《国富论》的英文版本最多,共 24 个版本,《道德情操论》的英文版版本有 3 个,《哲学论文集》的英文版版本有 4 个。再看其他语言的版本,《国富论》的法文版有 4 个,德文版有 6 个,日文版有 3 个,孙氏列举了《国富论》在中国的两个版本,一个是 1902 年的严复版,另一个是刘光华版,①只是正在翻译中,1931 年才出版。②

从内容来看,这 14 篇文章介绍了斯密的生平、著作、斯密的根本思想、斯密的经济思想与儒家经济思想的关系、斯密学说的渊源、斯密的中国观、斯密的价值论、斯密的工资论、斯密的租税论、斯密的自由放任论、斯密与马克思的关系、斯密与资本主义的关系等内容。这些内容比较全面,具有相当的理论深度,上述作者中除了孙倬章之外,其余作者均有留学日本的背景,在早期移植西方经济理论的过程中,近代留日群体对中国近代经济学的产生与发展起了重要的中介和先锋作用,他们的学术成就同时也反映了日本在这一时期对斯密学说的研究程度。

三、《太平洋》《青年进步》刊登的亚当·斯密纪念文章

除了《学艺》《东方杂志》密集地纪念斯密之处,另外还有《太平洋》《青年进步》两家杂志③各刊登了一篇纪念文章。《太平洋》是上海泰东书局于 1917 年在上海创立的双月刊,1925 年 6 月停刊,出版共计 4 卷 42 期,其核心成员李剑农④、杨瑞六⑤、周鲠生⑥等曾在英国学习政治经济学,其刊发的

---

① 日本京都帝国大学经济系刘光华(1891—1976)翻译的《国富论》于 1932 年由上海民智书店出版。
② 孙德修:《亚丹斯密先生的著作》,《学艺》1923 年第 5 卷第 7 号,第 172—175 页。
③ 北大图书馆藏有赵兰坪的一篇纪念论文,笔者未曾前往查阅。参见赵兰坪:《史密斯的二百周年诞辰纪念》,《经济》1923 年第 2 卷。
④ 李剑农(1880—1963),湖南邵阳人。1910 年在日本早稻田大学学习政治经济学,1913—1916 年就读于英国伦敦政治经济学院,是《太平洋》杂志的主编。
⑤ 杨瑞六(1885—1966),湖南长沙人,曾留学日本。1913—1920 年在英国伦敦大学政治经济学院学习。他是中国著名经济学家,被誉为"中国货币银行学开拓者和奠基人""中国商业会计学的奠基人"。
⑥ 周鲠生(1889—1971),湖南长沙人。1913—1921 年毕业于英国爱丁堡大学,获经济学硕士学位,后又在法国巴黎大学获得法学博士学位。

文章多为留英学人所撰写。《青年进步》于 1917 年 3 月在上海创刊,1932 年停刊,每年 10 期,共出版 150 期,是基督教青年会主办的综合性月刊,该刊的主旨是"提倡德智体群四育,以建造青年完全人格",宣传基督教教义,译介日本、欧美文化,关注中国社会现实问题。

1923 年 12 月 5 日,《太平洋》杂志第 4 卷 4 号刊登了杨瑞六撰写的《二百周年纪念:斯密亚丹小传》一文,共 17 页。杨瑞六先是罗列出撰写此文所参阅的 6 本著作:帕尔格雷夫《经济学词典》的"亚当·斯密"词条、约翰·雷的《亚当·斯密传》(1895 年版)、普莱斯的《英国政治经济学简史》(1903 年版)、詹姆斯·鲍纳尔的《哲学和政治经济学》(1893 年版)、尼柯尔森校注的《国富论》(1895 年版)、坎南校注的《国富论》(1904 年版)。然后,他指出约翰·雷所写的斯密传记,叙述较详细,而《经济学词典》对于斯密的生平介绍太简略,对于《国富论》的介绍太详细,《哲学和政治经济学》除了论述斯密的经济学之外,还详细论述了他的伦理学见解,并指出他在经济学方面的声誉远远胜于伦理学,尼柯尔森校注的《国富论》从内容上来说较为空洞,相比之下,坎南的校注本比较翔实,前言对于斯密思想来源的述评比较得当,故该书是英文《国富论》的最佳版本,值得向世人推荐,不足之处在于前言部分没有论述斯密的生平与在哲学方面的成就。也许英国学者对斯密的传记偏重于《国富论》一书的叙述,难免让一般读者误以为斯密仅仅是位经济学家而已。杨氏在阐述了英国学者的写作思维之后,就马上提及 1901 年严复翻译《原富》的同时便撰写了《斯密亚丹传》以及《国富论》的序言——《译事例言》。杨瑞六认为严复的译文"典雅",但是对于原著而言,"原意多失其真,不足为研究经济学之模范"。① 可是这二十多年来,《国富论》没有出现新译本,而且无人能超过严复的译文水平。言下之意,杨氏肯定了严复译本的优点。

稍晚于《二百周年纪念:斯密亚丹小传》,《青年进步》第 66 期刊载了日本经济学家出井盛之撰写、善哉翻译的 7 页译文《二百岁亚丹斯密的不朽》。出井盛之的作品有《经济思想史》《经济学说史》等。《二百岁亚丹斯密的不朽》的篇幅长于孙德修的《亚丹斯密先生的著作》,远远少于长达 29 页的林骙译文《亚丹斯密先生传》。善哉译文与林骙译文的一个共同点是,两者均提到斯密是一位道德哲学教授,而且把"Theory of Moral Sentiments"译为"道德情操论",这个译名一直沿用至 21 世纪初的中国。两篇译文一个明显的区别是对斯密评价的问题,换言之,河上肇与出井盛之对斯密的评价存在差

---

① 杨瑞六:《二百周年纪念:斯密亚丹小传》,《太平洋》1923 年第 4 卷 4 期,第 1—2 页。

异。河上肇对斯密生平、人品、学术成就的介绍洋溢着赞美之词,出井盛之说斯密是"很平凡的学者",他说过的话前辈学者已经说过,只是他善于综合各家之长写就了《国富论》;出井盛之还说《国富论》有"一大半是模仿法国重农学派",①这些问题在西方学术界长期存在争议,出井盛之对此没有做出具体论证,或许仅是介绍这个情况,可见,西方学术界对斯密研究传到日本,中国学术界通过翻译日文来了解西方的研究情况。

就上述几个期刊的纪念活动而言,从期刊出版关于斯密纪念论文的时间来看,《东方杂志》当年9月出刊,是最早刊登亚当·斯密纪念文章的刊物;从刊登的相关论文的数量来看,《学艺》刊登的文章最多,共计14篇。从文章的质量来说,《学艺》刊登的文章涉及范围最广,论文质量也最高,这与其作者群体留学日本的学术背景密不可分,或者我们可以这样评论,20世纪20年代中国留学生对斯密的研究反映了日本研究斯密的水平。中国学术界除了纪念斯密其人之外,还专门纪念了《国富论》的诞生,从《原富》问世到1949年之前,《东方杂志》和《食货》杂志登载了此方面的纪念论文。

第三节　纪念《国富论》的期刊文章

20世纪二三十年代,新古典经济学、奥地利学派、马克思主义经济学、历史学派、凯恩斯主义经济学等诸多西方经济学流派在中国拥有不少的信奉者与支持者,即便如此,古典经济学派在中国仍占有一定的市场,学术界仍然关注着古典经济学派的代表人物与代表作。不过,与纪念亚当·斯密的诞辰相比,中国学术界对《国富论》诞生的关注要逊色得多。目前仅见《东方杂志》《食货》《国立北京大学社会科学季刊》这三份刊物刊登了少量的纪念论文。

一、《东方杂志》刊载的《国富论》纪念文章

1926年是《国富论》诞生150周年,中国学术界对此冷冷清清,未见相关纪念活动的记载。1926年3月25日,《东方杂志》第23卷第6号刊登了《原富一百五十岁寿言》一文,该文系胡善恒②在伦敦大学专攻财政学期间

---

① ［日］出井盛之:《二百岁亚丹斯密的不朽》,善哉译,《青年进步》1923年第66期,第73—79页。
② 胡善恒(1887—1964),财政学家,会计学家。1918年在日本庆应大学学习财政学,后因参与爱国运动被驱逐回国,1924—1927年在英国伦敦大学学习财政学,是英国政治学家拉斯基(1893—1950)的学生。

所写的一篇文章,论文的写作时间是 1925 年 2 月 2 日。此文是《东方杂志》刊发的海外来稿,是国内唯一纪念《国富论》诞生 150 周年的文章,因此这篇文章就显得格外耀眼,值得关注。

胡善恒在引言中介绍说,《原富》在 1902 年诞生后,社会上流传少,"坊间亦无售本",作者本人虽有严复译本,但未阅读,此文乃作者阅读英文版后所作。① 全文大致介绍了斯密的生平、古典学派、《国富论》的相关介绍(包括其版本、译本、原书大意)、《国富论》的中心思想——自然的自由、《国富论》的中国观等内容,前四者与前述文章论述的内容不相上下,值得注意的有两条:其一,胡善恒提到了"经济人"假说,斯密生活在工商业发达的英国资本主义社会,他根据英国富裕的事实,在《国富论》一书中使用"经济人"这一假设作为立论之基;其二,胡善恒将《国富论》的经济思想概括为"自然的自由",斯密以此为武器批判了重农学派,阐述了国家的职能。

不过,令胡善恒感兴趣的还是斯密的中国观。1923 年,《学艺》第 5 卷第 7 期刊登了李超桓的文章《亚丹斯密之中国经济观》,他从五个方面节译了斯密的中国观,这在前面已经介绍过,胡善恒在本篇中同样介绍了斯密在《国富论》中对于中国的五点论述:文化之发达、国富、劳动状况、经济发展、中国的通商情形。胡善恒希望通过审视这些内容来比较中国 150 年来是否取得了进步。

第一,关于中国的"文化之发达",《国富论》中并没有专门讨论这个议题,胡善恒的这个不准确的命名很容易让人产生误解,细看他摘译的内容,其实是来自《国富论》关于世界地理、历史的描述。胡善恒简要摘译的内容有两点:一是中国东部各省的农业与工业自古以来都很发达,只是因为年代久远,没有很好地记载而无从考证;二是河流是文化形成的最重要因素,中国东部各省有许多大江大河,形成了许多纵横交错的支流与水道,航运十分便捷。虽然中国的水运便利,但政府不鼓励对外贸易,商业发展不起来,胡善恒由此感慨水运发达与国家富强没有必然联系。

第二,关于国富。斯密"观察"到中国存在一个奇怪的现象——国富民穷,他列举了这样一些事实:中国比欧洲富,中欧生活品价格相差大,中国的大米比欧洲便宜,金银宝石比欧洲贵。从土地、物产、人口等指标来看,斯密认为中国是世界上最富裕的国家,原因在于中国产业的发达依赖于中国丰富的自然资源、众多廉价的劳动力以及中国是产米大国。国富并没有带来民富,农民终日劳作,只能达到勉强糊口的水平,工匠自备劳动工具,到处

---

① 胡善恒:《原富一百五十岁寿言》,《东方杂志》1926 年第 23 卷第 6 号,第 16 页。

"乞求"工作。斯密尤为关注中国下层民众的生活水平。他举例说,广州的数千户家庭在陆地上没有居所,被迫栖身于小渔船上,有时以打捞外国船舶遗弃的废弃食品和动物尸体为生。

第三,关于劳动状况,胡善恒翻译了长长的一大段:"中国自古为富邦,土地膏腴,又多开垦,民俗甚勤,而人口之多为各国冠,惟社会状况甚沈静,久无进步。……竟有专司此种惨无人道之行业以谋生者。"①胡善恒的译文并不准确,比如他对于中国富裕的翻译:"中国自古为富邦,土地膏腴,又多开垦,民俗甚勤,而人口之多为各国冠",前面已有关于中国之富裕的译文:"中国一向是世界上最富的国家,就是说,土地最肥沃,耕作最精细,人民最多而且最勤勉的国家。"胡善恒把这一段概括为"劳动状况"并不完全准确,斯密在这一段先是赞扬中国的富足,然后冷静地指出中国社会已经处于停滞静止状态了,他为此描述了中国劳动工资微薄,劳动者生活贫穷,难以赡养家属,以及社会上出现的溺婴现象。接下来斯密对中国社会的停滞进行了解释。所以这一节的标题修改为"中国社会停滞论"可能更准确。斯密在提出中国社会停滞这个观点时对比了中欧的劳动报酬,列举了中国劳动工资微薄的现象,建议提高中国劳动者的报酬。对此,胡善恒是表示赞同的。

第四,关于经济发展。斯密在《国富论》第四篇第九章中有一段关于中国经济发展的叙述,胡善恒把这段译为:"重农过于百业,农夫地位贵于工匠。一人所希望者,在得数亩土地而耕种之,或归自有,或租自别人皆可。……中国人不喜对外贸易……外国人来中国经商者限于一二海港。"②引文中斯密关于中国人经济思想的描述可简化为:中国以农业为本业,农民的地位高于工匠,有地之人或耕种或出租,中国人不喜欢对外贸易,这些经济思想阻碍了中国经济的发展,除此而外,中国的社会制度也对经济发展设置了障碍。斯密注意到了中国以农为本所形成的富裕已经达到极点,中国处于停滞不前的状态之中,欲改变此种劣境最好发展工商业,所以斯密说:"必须记住,制造业的完善,全然依赖分工,而制造业所能实行的分工程度,又必然受市场范围的支配,这是我们曾经说过的。……但在今日中国的情况下,他们除了模仿他们的邻国日本以外,却几乎没有机会模仿其他外国的先例,来改良他们自己。"③胡善恒节译了此段话:"工业之发达,在乎分工,分工制度之能推行至于何种程度,则视销场之大小如何。……然至今效

---

① 胡善恒:《原富一百五十岁寿言》,《东方杂志》1926年第23卷第6号,第23—24页。
② 胡善恒:《原富一百五十岁寿言》,《东方杂志》1926年第23卷第6号,第25页。
③ [英]亚当·斯密:《国民财富的性质和原因的研究》(下卷),郭大力、王亚南译,商务印书馆2008年版,第247页。

法欧洲各国者盖鲜。"①这可以看作胡善恒对斯密经济发展模式的一种认同,唯其如此,才能改变中国的贫穷落后状态。

第五,关于中国通商的情形。斯密认为欧洲人与中国人通商,欧洲人会获得"特殊利益",欧洲的工业品一般是价格与劳动者的工资成正比,中国则不然,中国工业品的质量比欧洲生产的产品要差得多,但价格比欧洲低廉。这一是因为劳动者的"真正价值"在中国比在欧洲低;二是欧洲的陆路运输费用高劳动力的价格也贵,导致工业品的价格偏高。中国内地航运便利,中国的物品成本比欧洲低,出售中国产品比他国产品更易获利。在这种情况下,欲与中国通商的良法,斯密的建议是最好携带金银,因为金银在中国昂贵,纯金与纯银的比率是 10∶1,向中国输入银块比金块更有利可图。② 胡善恒的此番简述源自《国富论》第一篇第十一章第 198—199 页。胡善恒在文末向国人提出了警告,正是由于斯密视中国是世界上最富有的国家之一,凡是来中国经商的欧美人士无不从中牟利,西方殖民者用商业来侵略中国的历史由来已久,可是中国的王公士大夫对此茫然无知,实在是令人感叹!

二、《食货》刊载的《国富论》纪念文章

1936 年是《国富论》发表 160 周年,《食货》杂志刊载了纪念论文专辑,共 3 篇论文。《食货》杂志于 1934 年 12 月 1 日创刊,1937 年 7 月 1 日停刊,该刊是半月刊,刊登中国社会经济史的文章,食货派的创始人陶希圣(1899—1988)担任主编。1935 年 12 月 1 日,《食货》第 3 卷第 1 期刊登的《原富出版一百六十周年纪念征文启事》中说:"斯密·亚丹的《原富》是经济学的基础,同时也是经济史学的先锋。因为他娴熟历史,所以能够产生彻底的理论,有了理论,更能进一步解释历史。而第三、四卷的几篇文章,就是一部简明扼要的经济史大纲。明年(1936 年)是《原富》出版一百六十周年纪念。我们为纪念经济史学的斯密·亚丹起见,拟于明年一月发行特刊,请国内同好惠赐关于此项的稿件。"③

1936 年 1 月 1 日,《食货》第 3 卷第 3 期刊登了《斯密亚丹论中国》一文,文章作者署名:连士升原作、陶希圣改写。连士升(1907—1972),1931 年毕业于燕京大学,获得经济学学士学位。陶希圣在文末注释说明了原因,论文原稿是连士升所写,他用的《国富论》版本是坎南版,在论文发表的前两

---

① 胡善恒:《原富一百五十岁寿言》,《东方杂志》1926 年第 23 卷第 6 号,第 25—26 页。
② 胡善恒:《原富一百五十岁寿言》,《东方杂志》1926 年第 23 卷第 6 号,第 26 页。
③ 《原富出版一百六十周年纪念征文启事》,《食货》1935 年第 3 卷第 1 期,第 8 页。

天,陶希圣查阅了《国富论》的另一个英文版本——劳特列吉版,忍不住对连士升的原稿进行改写,并在文末亲自撰写了两节评论,同时又在同期杂志的封面附言"编辑的话",对文章发表的背景进行进一步的说明。他指出,现在不是斯密的时代,而是"国家独占资本主义与社会主义对立"的时代,即新重商主义战胜了自由主义,社会主义正在代替资本主义的时代。在工业革命正在以特殊形式进行的中国,作为经济学的奠基人,斯密的经济学说对于中国仍有价值。关于斯密的中国观,前已论述了李超桓于1923年写的《亚丹斯密之中国经济观》一文与胡善恒于1926年写的《原富一百五十岁寿言》一文,此二文皆未参照严复译本,1931年郭大力、王亚南版《国富论》出版后,连士升、陶希圣亦未参照严复版和郭大力、王亚南版。与前两篇相比较,此文有无创见呢?

《斯密亚丹论中国》全文共11节,各节的标题依次是:中国之富、国内市场的大与富、农工业的进步之早、可是后来停滞了、工业的不重视、国外贸易的不重视、农民与工匠的困苦、富力与贵金属、进步的潜在、评论之一、评论之二。前九节的内容可视为连士升、陶希圣将斯密的中国观概括为了九个要点,这比李超桓、胡善恒对斯密中国观的归纳丰富得多。连士升、陶希圣对中国之富的翻译,在内容上没有超过李超桓、胡善恒两人的译文。关于国内市场的大与富。连士升翻译了中国国内市场的广阔:"在本加尔(印度的一部),恒河及别的几条构成了很多可以航行的水道,和尼罗河在埃及一样。在中国东部各省,也是有几条大河,他们的支流构成多数的水道,彼此相通,使内地航行比尼罗河或恒河都要远阔些,或许比这两个河合起来还要远阔些。"①此小段可在《国富论》第一篇第三章中找到:"印度的恒河及其他大河,都分出许多可通航的支流,与埃及的尼罗河无异。中国东部各省也有若干大江大河,分成许许多多支流和水道,相互交通着,扩大了内地航行的范围。"②李超桓与胡善恒没有翻译此小段。在涉及国内市场之大这点上,三人共同翻译之处是:"中国幅员是那么广大,居民是那么多,气候是各种各样,因此各地方有各种各样的产物,各省间的水运交通,大部分又是极其便利,所以单单这个广大国内市场,就够支持很大的制造业,并且容许很可观的分工程度。"③胡善恒的译文如下:"中国地大物博,人民众多,气候寒热皆备,各省生产品物皆极丰富,水陆交通又便,销场之佳,莫之与京,其能维持

---

① 连士升原作、陶希圣改写:《斯密亚丹论中国》,《食货》1936年第3卷第3期,第1页。
② [英]亚当·斯密:《国富论》(上卷),郭大力、王亚南译,商务印书馆2008年版,第19页。
③ [英]亚当·斯密:《国富论》(下卷),郭大力、王亚南译,商务印书馆2008年版,第247页。

大工业便于分工制度无疑。"①李超桓的译文最长,整段全部翻译,其中较明显的不妥之处是,他把"国内市场"（Home Market）翻译为"内国市场",其余地方的翻译质量尚可。② 连氏的译文是:"但是中华帝国的广大幅员,人民众多,气候繁复,因而各省的物产繁复,以及大部分地方水路上便利的交通,使国土以内的内地市场有广大的幅员,足以自给的维持很大的工业,容许很细的分工。"③总之,他们三人的译文与郭大力、王亚南的译本相差无几。

连士升接着以产米国为例谈到国内市场的富有,《国富论》第一篇第十一章写到"此种差别,是因前者多为产米国,其稻田大抵每年能收获两次甚或三次,而每次收获的产量,又比小麦普通的收获多。所以,产米国与产麦国比较,即使面积相同,产米国的粮食,亦必较更为丰富。这些国家的人口,因此多得多"。④ 撇开上述翻译的层面,斯密对中国国内市场的认识不乏真知灼见。他指出,中国各省水运航道的广阔超过了尼罗河或者恒河,即便是这两条河加起来也望尘莫及,中国水运交通的便利拓宽了国内市场。斯密看到了中国地大物博、物产丰富、人口众多、人民勤劳的国情,才觉得中国应该立足于开发国内市场,仅仅这个市场就足以支持很大的制造业。

接下来,连士升、陶希圣介绍了中国农业、工业进步很早这个事实。对于这一点,斯密是有全球意识的,他先是把目光投向地中海沿岸的国家,在他看来,古代埃及的农业或制造业的改良最早,也最发达,这与尼罗河发达的水运航道密不可分,欧洲的莱茵河、麦斯河的水运现在才便利起来。然后斯密又把目光延伸至东方,东印度孟加拉各省与中国东部的几个省份的农业和制造业的改良在古代很早就发生了,至于古老到何种程度,斯密坦言,欧洲权威的历史学家都没有确凿的证据,他自己也不便多言。

再往下,连士升、陶希圣在译介了中国的富裕、国内市场的广阔以及古代的农工业进步得早这三个现象之后便转向了中国停滞这个问题。光辉灿烂的中国古代文明在后来落后、落伍了,他们选译了斯密对中国社会停滞的相关论述,批判了中国士大夫们陶醉于中国天然丰富的自然资源禀赋而不思进取的精神状态。中国缘何从一个斯密所认为的富有之国沦为社会经济停滞的大国? 这不仅是斯密思考的问题,也是连士升、陶希圣思考的问题,于是连士升、陶希圣从《国富论》中摘译了有关中国停滞的原因的观点。

第一个原因是对工业的不重视。斯密认为中国古代只重视农业,不重

---

① 胡善恒:《原富一百五十岁寿言》,《东方杂志》1926年第23卷第6号,第25页。
② 李超桓:《亚丹斯密之中国经济观》,《学艺》1923年第5卷第7号,第107—108页。
③ 连士升原作、陶希圣改写:《斯密亚丹论中国》,《食货》1936年第3卷第3期,第1页。
④ ［英］亚当·斯密:《国富论》（上卷）,郭大力、王亚南译,商务印书馆2008年版,第198页。

视工业,这是古代亚非国家的惯常做法。据他的观察,中国、埃及以及印度各割据政权君主收入的全部或者绝大部分来自地租或者地税,所以他们特别重视农业的收成。农业的繁荣与衰退直接影响到他们收入的增减。中国的君主是如此,社会亦是如此。斯密说:"中国的政策,就特别爱护农业。"①中国农民的生活境遇比工匠好得多,欧洲的情形与中国正好相反,工匠的待遇优于农民。斯密观察到,在中国,人人都想要占有一块土地,无论是对土地的拥有还是租佃,社会都有一套成熟的土地租赁制度,可以保护佃户的权利。连士升、陶希圣将中国停滞的一个原因总结为中国不重视工业,从他们的引文内容来看,中国对农业的重视比对工业的不重视更贴切。

第二个原因是对国外贸易的不重视。斯密对中国人不重视国外贸易所列举的例子是俄国公使兰杰来北京请求发展两国的商贸往来一事,连士升、陶希圣把北京的官员回答俄国公使的话翻译为:"你那要饭的商业",②中国官员对商业的藐视可见一斑。斯密还提到,中国除了与邻国日本通商之外,很少或根本没有进行对外贸易,只在一两个海港允许外国船只出入。结果,中国的国外贸易被限制在非常狭小的空间。那么,中国为什么不进行海外贸易呢?斯密认为工业制造品比大部分原料的体积要小得多,而且价值又大,运送到国外的运费又少,制造业因而是国外贸易的主要支柱,对于国土面积小于中国而国内贸易又没有中国那样有利的国家来说,尤其应该发展对外贸易,这样制造业才能发展。斯密以经济学家的眼光提出了自己的观点:制造业的完善依靠分工,分工又受市场范围的制约。中国幅员辽阔、人口多、各地气候差别大、物产丰富、水运交通便捷,这本身就是一个庞大的市场,这个市场足以支持制造业,并且容许细微的分工。中国国内的市场,从面积来讲,可能大于欧洲各国市场的总和。以上是连士升、陶希圣翻译斯密阐述中国不发展国外贸易的大致要点,基本符合斯密的原意。此外,连士升、陶希圣还注意到斯密在分工与市场范围一章中也论及中国,即古代埃及、印度、中国均不奖励国外贸易,这些国家的繁华似乎全靠国内航道的发展。其实,连士升、陶希圣还忽略了斯密对中国何以停滞的其他因素的分析,例如中国政府不从法律上来保护国外贸易,反而制定诸如"海禁"之类的政策来禁止对外贸易。

从行文来看,连士升、陶希圣认可斯密所说的中国不重视对外贸易的观点,其实,斯密的观点也招来质疑。前已提及日本学者田中忠夫不认可斯密

---

① [英]亚当·斯密:《国富论》(下卷),郭大力、王亚南译,商务印书馆2008年版,第246页。
② 连士升原作、陶希圣改写:《斯密亚丹论中国》,《食货》1936年第3卷第3期,第2页。

的看法,邹幼臣、黄开禄等中国学者认为斯密的说法是不正确的。邹幼臣认为中国自秦、汉以来开始实行对外贸易,唐、宋、元时期的航海技术已经很优良,航行至红海、太平洋的船只多数来自中国,明代时中国人仍然在南洋进行贸易,郑和下西洋是政府积极推行的结果,清代康熙皇帝在1684年开放"海禁",凡此种种,足以说明中国朝廷对海外贸易的重视。①

连士升、陶希圣接下来列举了中国社会经济停滞的表现。其中的一个表现是农民和工匠困苦的生活境遇,例如工资低、劳动者养家困难,前文已经描述过相关具体细节,例如工匠自带工具四处寻找工作,广州的几百户人家在岸上没有住所,只能住在小渔船上,靠打捞动物尸体生活,城市人为了谋生而溺婴等,连士升、陶希圣的译文基本也提到这些例子。同时,这两位作者还提到欧洲工人的劳动报酬远远高于中国工匠,由此说明欧洲的进步与中国的停滞。

中国的劳动报酬低下,穷人又多,自然引发斯密对中国富裕原因的探讨。斯密说:"古代的埃及人和近代的中国人似乎就是靠耕作本国的土地、经营国内商业而致富的。"②他认为中国的生活资料丰饶,因此贵金属(金银)比欧洲更贵,而且富人的收入超过其消费的限度。连士升、陶希圣大段翻译了斯密对中国贵金属的相关论述,具体的相关内容见于斯密的论银价变动这一节。斯密认为中国与印度的情形相似,因此把两者合起来讨论,其中有关中国的论述要点如下:中国的贵金属的价值比欧洲高;中国是产米国,粮食多,人口因而也就多;中国富人拥有比欧洲富人多得多的奴仆;中国的劳动的真实价格低于欧洲,加之国内水运发达,成本低,制造品的货币价格也低于欧洲;中国的纯银与纯金的比率比欧洲高。连士升、陶希圣指出,上述关于中国的富裕,是中国富人收藏金银贵金属的富,金银虽然是富,但不具有生产性,不是社会进步繁荣的动力。因此中国富人虽富,社会却停滞了。这个解释是对斯密财富观的正确理解,在斯密看来,金银、土地等都是固定的财富,他所关心的是社会能够创造的财富,也就是社会劳动所创造的财富。所以他进一步指出,中国社会虽然"停滞"了,但没有"向后倒退"。连士升、陶希圣翻译了斯密所说的话:"城市从来没有被市民离弃的,曾经开垦过的土地没有被人忽视的。每年照常(或差不多是照常)的劳力是必继续实施的,维持土地的成本是不会有意减少的。"③下层人民的生活资料虽然

---

① 邹幼臣:《论亚当斯密氏对中国经济言论之不正确》,《经济商业期刊》1941年第1期,第128页。
② [英]亚当·斯密:《国富论》(下卷),郭大力、王亚南译,商务印书馆2008年版,第67页。
③ 连士升原作、陶希圣改写:《斯密亚丹论中国》,《食货》1936年第3卷第3期,第5页。

很少,但还能糊口,因此,中国人民辛勤的劳动是中国社会没有"向后倒退"的原因所在,这是连士升、陶希圣从斯密的论述中提炼出中国社会没有"向后倒退"的一个原因。

接着,他们又指出中国社会没有"向后倒退"的另外一个原因:国外贸易的发达促使中国学会利用机器。斯密曾经提到中国不鼓励国外贸易是由于巨大的国内市场,但是斯密接着又说:

> 更加广大的国外贸易,对于这个巨大国内市场,添上了世界上所有的别处的市场[如果国外贸易的大部分是中国船来运送,那就是更法的了(原文如此)],这也不是不能促进中国的工业,增进他的工业的生产力。依于较为广大的航路,中国人自然会学得别国利用的各种机器的使用和制造,以及世界上别处实用的技术的改良。①

斯密的意思是说,中国首先立足于自己广大的国内市场,如果再能利用世界其他国家和地区的市场,为此,连士升、陶希圣专门在上述引文中的"市场"一词后面添加了一句话"如果国外贸易的大部分是中国船来运送",那么,中国人自然就会学会别国的机器的使用与制造,吸收其先进的技术以及产业上的改良方法,这样必能促进中国工业的生产力。这是斯密自由贸易思想的体现,中国本来是要学习这种思想,但由于资本主义已经从自由资本主义过渡到"独占主义"(垄断资本主义),阻碍了中国的进步,这是斯密没有预见到的。总之,对于中国社会没有"向后倒退"的原因,连士升、陶希圣归纳了两点,以"进步的潜在"为标题来解读斯密的观点。

《斯密亚丹论中国》一文的前九节原本是连士升所作,后经陶希圣润色,文章最后两节由陶希圣独立完成,这两节的内容是他的评论。与以往同类文章相比,陶希圣的两点评论格外突出。他的第一点评论是针对斯密的自由主义方案,斯密针对中国社会的停滞状态,提出的对策是自由主义方案,即利用广大而廉价的劳动力、广阔的国内市场与国外先进的机器设备、资金与技术,发展资本主义经济。他的对策是基于英国的经验,英国实行了自由主义经济政策,所以完成了工业革命,因而成为资本主义最发达的国家。英国的经验完全不适用于中国,18世纪后半期的中国正处于"康乾盛世"阶段,清政府仍旧采取重农抑商、大兴文字狱、八股取士、闭关锁国的政策,工业革命根本不能发生,因此,中国社会经济在当时不是处于停滞状态,而是

---

① 连士升原作、陶希圣改写:《斯密亚丹论中国》,《食货》1936年第3卷第3期,第5页。

统治阶级采取了"反向"的社会经济政策,因而自由主义在中国根本行不通。到了20世纪初,自由主义同样不能照搬于中国,在半殖民地半封建社会的中国,自由资本主义是没有出路的,陶希圣说:"只有社会主义是唯一的道路。"①

第二点评论是批评斯密的"停滞论"不够全面。陶希圣指出,中国社会的停滞是大多数人生活的要求受到遏制而造成的,表面的停滞下面潜伏着动荡和矛盾,这是斯密没有看出来的。另外,斯密还没有看出来中国工商业发展的艰难,中国人不是不重视工商业,而是说,工业家不是进行扩大的再生产活动,商人也不愿改进技术,扩大规模,进行生产,而且工商业又遭遇地主官僚的盘剥,不能良性发展,国家又实行闭关锁国政策,凡此种种严重阻碍了中国工商业的发展,中国因而陷入停滞状态。那么,斯密为何认为文明古国——中国虽然曾经繁荣富裕却又数年落入停滞的怪圈呢?

斯密把世界各国的经济发展状况划分为进步繁荣状态、停滞不前状态、退步贫困状态三种类型。他认为北美的商业欣欣向荣,国民财富的生产不断增加,因而处于进步繁荣状态,而中国却陷入停滞不前状态,其具体表现是:劳动、耕作以及人口长期以来没有多大变化,劳动者工资低廉难以养家糊口,以及利息率高等社会问题。斯密考察中国的时间范围大致从13世纪马可·波罗来华至18世纪的中西文化交流,他对中国社会经济的批评意见,可概括为中国社会经济"停滞论",即小农经济的中国社会处于不进步也不退步的内卷化(involution)状态。斯密在分析中国社会经济停滞的原因时,除了提到前面所说的重农抑商、轻视制造业与国外贸易之外,还提及法律制度以及垄断等因素。以法律制度为例,斯密认为也许在马可·波罗以前很久的某个时期,"中国的财富就已完全达到了该国法律制度所允许的发展程度"。② 他后来又强调:

> 中国似乎长期处于静止状态,其财富也许在许久以前已完全达到该国法律制度所允许有的限度,但若易以其他法制,那末该国土壤、气候和位置所可允许的限度,可能比上述限度大得多。③

斯密所谓的"法律制度"就是封建的法律制度,重农抑商、抑制对外贸易等都是中国的封建专制政权从法律上制定的政策,也就是说,中国的财富已

---

① 连士升原作、陶希圣改写:《斯密亚丹论中国》,《食货》1936年第3卷第3期,第6页。
② [英]亚当·斯密:《国富论》(下卷),郭大力、王亚南译,商务印书馆2008年版,第66页。
③ [英]亚当·斯密:《国富论》(下卷),郭大力、王亚南译,商务印书馆2008年版,第87—88页。

经达到封建法律制度所能承受的极限,已经阻碍了经济的进一步发展,必须采用其他"法制",才能促进经济的发展。

总而言之,斯密的中国观主要是针对中国农业社会的封建经济而论的,他对中国经济有两个最基本的判断:一是中国是当时世界上最富裕的国家之一,二是当时的中国处于长期的停滞状态。尤其是后一种看法对后世影响深远,马克思也认为,小农业与家庭手工业相结合的中国闭关自守、与文明世界隔绝,中国社会长期处于停滞落后的状态中。

继连士升、陶希圣的《斯密亚丹论中国》一文之后,同年1月16日,《食货》第3卷第4期刊登了连士升的一篇译文《论原富》,连士升在前言中指出文章的原作者费[今译查尔斯·赖尔·费伊(Charles Ryle Fay),1884—1961]是剑桥大学经济史讲师,该文系他于1928年撰写的名作《近代不列颠经济社会史》一书的导言,作者在导言中"先述斯密的生平和环境,次论他的造诣,然后分析《原富》的优点和缺点,最后又论述《原富》对于经济政策的影响。引证详确,段落分明,读之令人洞悉《原富》的伟大"。①

1936年3月1日,《食货》第3卷第7期登载了赵迺抟的纪念文章《斯密亚当〈国富论〉撰述经过与学说渊源:纪念〈国富论〉的一百六十周年》。在赵迺抟看来,被称为"正统经济学之圣经"②的《国富论》在20世纪30年代的中国遭受了挫折。原因是自由主义在中国早已衰微,民族统制经济盛行,《国富论》似乎不再重要了,然而我们要知道该书的伟大,不仅仅在"自由主义之鼓吹,其他经济思想之足以供吾人参考者正多"。赵迺抟为此提出了两点来说明。第一点是《国富论》在撰述过程中的经过和出版后的评论,第二点是《国富论》中各种学说的探源。③ 前者在其他一些文章中已有介绍,这里不再赘述,故在此探讨后者。

关于斯密学说的源头,历来有两种观点。一是《国富论》完全受法国重农学派的影响;二是《国富论》的原理承袭英国传统,不是"舶来品"。赵迺抟指出,斯密受到这两种观点的影响,《国富论》中的资本学说与分配学说受到重农学派的影响,人性论、功利主义、自然的法则则是英国的"家学渊源"。赵迺抟采取两个步骤来分析,第一步是探讨对于《国富论》有重大影响的经济典籍,第二步是对照斯密的经济学讲演稿与《国富论》。

---

① [英]费:《论原富》,连士升译,《食货》1936年第3卷第4期,第1页。
② 赵迺抟:《斯密亚当〈国富论〉撰述经过与学说渊源:纪念〈国富论〉的一百六十周年》,《食货》1936年第3卷第7期,第4页。
③ 赵迺抟:《斯密亚当〈国富论〉撰述经过与学说渊源:纪念〈国富论〉的一百六十周年》,《食货》1936年第3卷第7期,第1页。

关于第一步,赵迺抟列举了对于《国富论》有重大影响的经济典籍。据说,斯密私人收藏的经济学书籍超过3 000多部,内容涉及多门学科,赵迺抟从哲学家和经济学家的典籍来探究斯密思想的轨迹(详见表7-2)。

表7-2 对《国富论》有重大影响的哲学与经济学典籍

序号	代表人物	代表作	对斯密的影响
1	伯纳德·曼德维尔(1670—1733)	《蜜蜂的寓言》	1. 自私自利学说;2. 自由放任学说;3. 奢侈的学说;4. 分工的利益
2	弗兰西斯·哈奇森(1694—1746)	《道德哲学体系》	1. 功利主义哲学;2. 分工制度;3. 自私自利的学说与私有财产的基础;4. 租税的原则
3	乔治·勃格雷(今译乔治·贝克莱,1685—1753)	《问难》	1. 不生产的消费应加以统制;2 国家银行的设立;3. 人口问题;4. 货币学说
4	雅各布·樊特林(?—1740)	《钱神》	1. 货币数量说;2. 工资理论;3. 消费、生产与土地单税;4. 自由贸易主义;5. 社会主义的主张
5	大卫·休谟(1711—1776)	《人性论》《政论》	1. 人性的学说与劳动的重要性;2. 货币学说与利息问题;3. 国际贸易;4. 租税与公债

资料来源:根据赵迺抟《斯密亚当〈国富论〉撰述经过与学说渊源:纪念〈国富论〉的一百六十周年》整理。

第二步是对照斯密的经济学讲演稿与《国富论》。斯密的演讲稿是他在格拉斯哥大学的讲义,被他的学生记录下来,坎南于1896年编校并出版,题名为《亚当·斯密关于法律、警察、岁入及军备的演讲》。此书包含自然神学、伦理学、法理学、政治经济学四门学科,赵迺抟将此与《国富论》的目录进行对比,发现《国富论》的经济理论大多数以演讲稿为蓝本,得出了斯密继承英国经济思想的遗产的结论。[1]

另外,赵迺抟还在《国立北京大学社会科学季刊》上发表了《国富论学说述原:纪念国富论的一百六十周年》一文,内容与此文雷同,此处不再介绍。[2]

---

[1] 赵迺抟:《斯密亚当〈国富论〉撰述经过与学说渊源:纪念〈国富论〉的一百六十周年》,《食货》1936年第3卷第7期,第8—9页。
[2] 赵迺抟:《国富论学说述原:纪念国富论的一百六十周年》,《国立北京大学社会科学季刊》1936年第6卷第1期,第227—241页。

从上述杂志的纪念论文中,不难发现,中国学术界对斯密及其《国富论》的研究已达到了相当的深度与广度。北京大学陈孟熙教授评价说:"由此可以看出,研究与传播亚当·斯密的《国富论》已在当时学术界启动,学者们企图借鉴《国富论》的思想来复兴中国,这也在一定程度上深化了对亚当·斯密思想的传播、运用和发展。"①

第四节 本章小结

本章以经济类期刊《经济学季刊》、非经济类期刊《东方杂志》为重要研究对象,以纪念亚当·斯密和《国富论》的文章为重要个案,从中考察《国富论》在近代中国的接受群体、相关文章数量、流传范围和深度。由此得出了如下结论:

第一,从时间纵向看,《国富论》的传入,从最早的零星端倪到斯密诞辰二百周年纪念,1923年是其第一个高峰,国内首次出现了一批研究《国富论》的学术成果,不过,从这之后学术界对《国富论》的研究出现了回落,这种局面直到20世纪30年代才得到改善,到1934年达到第二个高峰。此后由于抗日战争、解放战争等战争因素的影响,此方面的文章长期处于下降趋势。

第二,从内容上看,《国富论》中最受关注的理论依次为价值、赋税、自由贸易。价值是经济学最复杂的理论,斯密的价值论既受到新古典经济学、美国的制度学派的批评,也受到马克思主义经济学的批评,这是经济学界最新思潮的反映,是资产阶级经济学与马克思主义经济学之间的理论斗争。20世纪30年代,中国经济学界发生了统制经济与自由经济之间的热烈争论,斯密最饱受批评的理论是自由贸易与自由竞争。中国知识分子根据20世纪30年代全球经济大萧条、中国自由资本主义的没落、经济学理论的演变历程等国内外因素的考虑,反对中国实行自由贸易,提倡统制经济。

另外,《国富论》的开创性经济理论并未引起中国学术界与政界的注意。以斯密的市场经济理论为例,国人的评论呈现一边倒的批判意见,孙中山"节制资本"就是对市场经济条件下资本的野蛮生长的一种规训。章士钊认为中国是农业国,欧美国家是工业国,市场经济适宜工业国,不适合农业国。

---

① 宋涛主编:《20世纪中国学术大典》(经济学卷上册),福建教育出版社2005年版,第74页。

1922年，章士钊考察欧洲回国后，认为市场经济有两大恶果，一是造成城乡对立，二是贫富矛盾尖锐，他得出了"竞争市场，推广殖民地，因此血战，前后相继"的结论，①因而主张以农立国。

中国近代报刊数量异常多，要整理归纳其中有关《国富论》的信息是一个艰巨的过程，除了《经济学季刊》《中国经济》《东方杂志》《学艺》等刊物之外，还有一些报刊刊登了一些有关斯密学说的重要信息，下面再补充两点。

第一点是关于自由放任主义的动向。斯密的经济自由主义在20世纪30年代经历了大转折，其中的导火索就是从美国开始，然后蔓延至整个资本主义世界的经济大萧条。在中国，斯密往往被当作资本主义经济放任主义的形象，1929年资本主义世界的经济大萧条宣告了古典政治经济学所宣扬的自由放任主义的终结，国内也出现了此方面的研究，英国凯恩斯著、杭立武翻译的《放任主义告终论》（《建国月刊》1930年第3卷第5期）、止戈的《自由放任学说之史的发展》（《进展月刊》1933年第2卷第5—6期）、张凤阁的《正统派经济理论中的自由放任主义》（《清华周刊》1934年第42卷第1期、第7期）、沈逸的《罗斯福与美国自由放任主义》（《平话》1935年创刊号）等文章均是这方面的反映。下面择其要者进行说明。

比如，1930年，《建国月刊》出版了伦敦大学政治学博士杭立武翻译的《放任主义告终论》一文，②此文乃凯恩斯于1926年出版的一本小册子，该册子回顾了自由放任主义的历史，批判了自由放任的理论基础与缺陷，力主国家干预经济。可以说，这本小册子是对自由放任主义的"革命"。斯密所代表的自由放任主义与凯恩斯所代表的国家干预主义是资本主义在不同阶段的两种不同的经济理论政策，均是为资产阶级服务的，后者利用政府经济政策来弥补私人资本的不足。凯恩斯主义经济学在经济大萧条中登上历史舞台，提出了一系列有关国家干预与调节社会经济生活的政策与措施，这与1928年国民党南京政府初掌政权时采取国家主义的经济政策相吻合。《建国月刊》刊发凯恩斯的著作实际上也是在为国民党实行国家干预经济寻求理论支撑。

又比如，美国总统罗斯福由于实行救济、复兴、改革等一系列政策度过了经济危机，罗斯福新政因而在中国广受好评，国人将其解释成罗斯福放弃

---

① 章士钊：《在上海暨南大学商科演讲欧游之感想》，《章士钊全集》（第4卷），文汇出版社2000年版，第159页。
② 坎恩斯：《放任主义告终论》，杭立武译，《建国月刊（上海）》1930年第3卷第5期，第79—96页。

自由放任主义政策的结果,把放任主义的源头归结为"经济学鼻祖亚当斯密的原富",还将自由放任主义定义为"国家对于国内企业,企业形式及劳动条件不加干涉,任其自由竞争与发展的一种主张"。① 该文作者沈逸认为美国从建国之初一直到1929年经济危机爆发之前都采用自由放任主义,这种政策造就了美国的繁荣,1929年开始的经济大萧条迫使罗斯福总统放弃此种政策,采用国家干预的"统制经济"模式来管理企业。这篇文章可以说加深了国人对斯密自由经济学说在经济大萧条面前束手无策、在经济实践中无能为力的印象。

第二点是关于新自由主义的出场与流布,这与第一点自由放任主义的动向密不可分。经济自由主义是自由主义在经济领域的体现,19世纪晚期,随着自由竞争资本主义向垄断资本主义的过渡,资本主义社会的经济危机与两极分化愈加频繁,自由主义自身发生分化,分化为社会民主主义、新自由主义(或称之为"新的自由主义")、政治自由主义等派别。新自由主义的代表人物有霍布豪斯、霍布森、托马斯·格林等人。脱胎于自由主义的新自由主义同样主张经济自由,但同时力主政府对经济、政治、文化、社会生活进行适度的干预,强化政府对市场的管理与调节,以及确保政府对社会福利的保障等方面,因此新自由主义是对古典自由主义的自由放任政策的一种纠正。

新自由主义作为一种全球性的社会思潮在20世纪初期就传入中国,这从当时的一些报刊中可检索到相关讯息。1910年12月3日,《申报》转发了伦敦的一则新闻:"罗斯培莱君在孟哲斯脱大会演说,谓新自由主义实将剥削吾民个人之自由,加以祖宗从来未受之检察,且日吾人今将迷行雾中,至国家分裂而后已然,仍望国人能有同意之答覆。"② 英国议员罗斯培莱认为"新自由主义"剥削个人自由,"检查"严格,等等,这则新闻是对新自由主义的负面报道,因罗斯培莱生平不详,故未能进一步解读此则新闻。这可能是新自由主义在中文报纸的首次出现。此后新自由主义鲜有出现在中国的报刊上,直到1928年才有相关报道,据称1928年日本政局的动荡与新自由主义思潮有关,日本鹤见祐辅等新自由主义者进入政坛,保守党田中内阁败于具有新自由主义倾向的民政党。③ 日本人对新自由主义是怎样认识的

---

① 沈逸:《罗斯福与美国自由放任主义》,《平话》1935年创刊号,第8页。
② 《英员对于新自由主义之演说》,《申报》1910年12月3日,第27页。
③ 《日政局恐有大纷扰》,《申报》1928年2月26日,第7页;《日议会中之自由主义团以中立派六人组织之》,《大公报》1928年4月10日,第2版;《日本政局之大变动》,《申报》1929年7月8日,第8页。

呢？1929年，《申报》刊登了日本学者泽田谦著、罗超彦翻译的《自由主义》一书，声称"现代自由主义以与社会主义相提并论，而对于新自由主义之本质则详为阐发，凡研究社会思想者不可不人手一编"。① 此书总结了新自由主义的三个要点：一是不仅具有个人性、功利性，还有社会性、正当性；二是不承认自由竞争的绝对性；三是不仅获得生命与财产的自由，还有"协同"（合作——引者注）的自由。此书还提到新自由主义在建设中，还没有定型。②

胡适可被视为中国的新自由主义的代表。杜威是美国新自由主义的杰出代表，作为杜威的高足，胡适对新自由主义的定义是："近世的历史指出两个不同的方法：一是苏俄今日的方法，由无产阶级专政不容有产阶级的存在。二是避免阶级斗争的方法，采用三百年来'社会化'（socializing）的方向，逐渐扩充享受自由享受幸福的社会。这方法，我想叫他做'新自由主义'（New Liberalism）或'自由的社会主义'（Liberal Socialism）。"③他认为自由主义中添加一些社会主义元素就变成了新自由主义。傅斯年认为罗斯福新政包含"温和而有效的社会主义成分"，赋予了自由主义新动向、新生命，即新自由主义，这个主义具备"领导世界和平与人类进步的资格"。④ 胡秋原的新自由主义是"思想改革之途径"，是"将运动·进化·创造三者合而为一，从历史的演变，自然界的活动，而发挥本来的性能"。⑤ 胡适、傅斯年、胡秋原等新自由主义者均不关注经济自由，而是重视政治自由、思想言论自由、文化自由等。

当然，也有涉及新自由主义的经济层面的文章。比如，《观察》是解放战争时期的一份自由主义时政刊物，主编是自由主义报人储安平，该刊聚集了众多自由主义知识分子，在经济学领域就有马寅初、顾翎群、夏炎德、吴元黎等经济学人，前三位已有论述，吴元黎是国民党实业部部长吴鼎昌的儿子，1946年在伦敦政治经济学院获经济学博士学位，其导师是大名鼎鼎的经济学家弗里德里希·奥古斯特·冯·哈耶克（Friedrich August von Hayek）。1947年，吴元黎在《观察》上发表了《现代经济思潮的趋势》一文，向中国介绍了哈耶克的"新自由主义"理论。文中提到亚当·斯密"看不见的手"的

---

① 《民众文库自由主义》，《申报》1929年12月7日，第1页。
② [日]泽田谦：《自由主义》，罗超彦译，华通书局1929年版，第58—61页。
③ 胡适：《致徐志摩》，《胡适全集》（第23卷），安徽教育出版社2003年版，第506页。
④ 胡适：《致徐志摩》，《胡适全集》（第23卷），安徽教育出版社2003年版，第506页。
⑤ 《从思想改造到政治革新读"思想·道德·政治"》，《申报》1948年5月27日，第7页。

理论已经被"'有意识的设计'(Conscious control)和'经济法治'(Rule of law)"①取代了,在吴元黎看来,斯密的经济理论被国家"有意识的设计"与法治所取代,但是自由经济制度仍然可以保持,在这种情况下,他向国人介绍了当时的经济新思潮,即"新自由主义"的经济思想:

> "竞争式社会"必须保持竞争,才可以达到目的。所以生产垄断与其他方式的经济势力集中(Concentration of economic power),必需在法治轮廓之中,妥为防范与抑制。大规模失业和生活威胁,亦必须设法避免;经济上之不平等,亦应逐渐使之减少。但是,无论如何,社会组织的目的是自由;自由的两大部门——政治自由和经济自由——又是不能分离的。至于达到经济上完全平等,乃根本不可能。反之,亦惟有减少不平等,自由式的基础才能巩固。②

以上新自由主义经济思想并不是对斯密经济自由主义的根本否定,而是一种修正与调适,因为它强调了自由竞争的必要性,只是这种自由竞争需与"有意识的设计"和法治相结合,并对垄断加以"防范与抑制"。至于何谓新自由主义呢?他继续解释说:"所谓新自由主义,实际上与英国工党已行的政策,极其相近。但是与其说它是一种变态的社会主义,毋宁说它是改善了的新资本主义。"③20世纪40年代之前一些国人以为英国工党打着工人阶级的旗号,实行的政策是社会主义,其实根本不是这样,工党还是维护私有制,对资本主义进行改革,实质上还是资本主义性质的改革,是"改善了的新资本主义"。

除吴元黎外,受到哈耶克自由主义经济思想影响的民国知识分子还有周德伟、蒋硕杰、任凯南、皮宗石、顾翊群、施建生、夏道平等经济学人。他们意识到国家干涉经济的弊端,反对居于主流地位的统制经济,因而除了在自己的书中及报刊上发声之外,在国民党政权的经济决策中并没有得到应有的重视。

---

① 吴元黎:《现代经济思潮的趋势》,《观察》1947年第2卷第9期,第8页。
② 吴元黎:《现代经济思潮的趋势》,《观察》1947年第2卷第9期,第8页。
③ 吴元黎:《现代经济思潮的趋势》,《观察》1947年第2卷第9期,第8页。

第八章　从经济学著作看《国富论》在中国近代的传播

经济学在晚清的传播主要以翻译为主。随着海外留学生归国人数的不断增长，国人开始探索自己编撰经济学著作，但大多是照搬照抄外国经济理论，缺乏理论创新，经济学著作"述而不作"的情况较为常见。这种现实反映在《国富论》上也是如此。1902年《原富》出版后，中国的一些大学逐渐开始开设外国经济思想史与经济学说史课程，最初使用的教材多为外国经济学著作，国人自编的教材很少，随着西方经济学在中国的不断深入传播，一些原著被翻译成中文，同时国人也逐渐自编教材。从时间的先后顺序看，日本经济学著作与欧美经济学著作传入中国的时间早且长，中国人编撰的著作在后，从内容来看，国外学者对斯密经济理论的研究时间长，成果丰富，所编撰著作的理论性很强，不易为国人理解。与之相对的是，中国人中除少数的留学生与经济学专业人士对斯密学说有所了解外，中国人的经济学理论造诣不深，对斯密经济理论的理解参差不齐，误解、一知半解在所难免，他们自编的著作往往比较浅显。在此情况下，欲正确掌握斯密经济理论及其研究现状，经济学原理、经济史、经济思想史、经济学说史等方面的域外著作无疑是中国人接近《国富论》的可靠路径。对于斯密及其《国富论》的研究，无论是日本学者，还是欧美学者的著作都比中国人的论文或者著作更全面、更深入，理论性更强，这些译著的传入加深了中国人对斯密学说的理解水平。

第一节　经济学译著对《国富论》的译介：日本渠道

幕府末年至明治初期，日本从一个落后的封建国家逐渐蜕变为资本主义国家，需要从欧美资本主义国家引入资本主义经济理论来指导发展资本主义经济，《国富论》就是在这样的背景下传播到日本的。据日本学者的研究,荷兰商人最早将德文版《国富论》(1846)输入日本,1870 年,小幡笃次郎译述的《生产道案内》介绍了斯密的分工理论,他的老师福泽谕吉在《国富论》的传播上扮演着重要角色。福泽谕吉在《劝学篇》《文明论概略》《西洋事情》等著作中大力宣传斯密学说,并且在庆应义塾大学开设政治经济学课程,他的学生毕业后在日本中小学教授政治经济学课程,1882—1888 年,他的两位学生石川暎作与嵯峨正作完成了《国富论》的第一个日文全译本,可以说到 1890 年时,斯密作为经济学之父与《国富论》的作者已是众所周知的事实了。① 日本知识界对《国富论》的认识程度在 19 世纪末期通过中日文化交流而为中国知识界所知晓。

一、日本经济学译著输入中国之简述

日本经过明治维新之后成为最早融入资本主义体系的亚洲国家,它在西学东渐中充当了东亚各国接受西方先进文明的急先锋。国势日衰的清政府于 1896 年首派 13 名学子东渡扶桑,开中国留日运动之先河,以后逐渐增加留日人数,1904 年大约 8 000—10 000 人,1906 年高达 1 万—2 万人。② 由于中国近代经济学不是内生的,而是从欧美移植过来的,日本又是欧美新思想传入中国的一座带有中介意义的"桥梁",留日生则充当了真正的架桥铺路人,他们引进了大量的经济学名词,译介了大量的社会科学著作。据统计,1896—1911 年,中国译自日文书籍至少 1 014 种,社会科学至少 778 种,这个数字远远超过此前半个世纪中国翻译西文书籍的总和,也大大超过同时期中国翻译的西文书籍。以 1902—1904 年全国翻译西文书籍为例,译自英文、德文、法文的共 130 种,占全国译书总数的 23%,译自日文的共 321 种,占全国译书总数的 60%。③ 又据北京图书馆编《民国时期总书目——经济(1911—1949)》与谈敏主编《中国经济学图书目录(1900—1949)》的统计数据显示,1912—1949 年中国经济学著作为 19 017 种,其中翻译大约 1 725 种,从日本翻译的译著有 472 种,美国的 299 种,苏联的 246 种,英国的 239 种,德国的 100 种,法国的 64 种。④ 可见日本对中国经济学的影响最大。

19 世纪末 20 世纪初,国人对于经济学的了解主要通过日本这个中转

---

① Hiroshi Mizuta, "Adam Smith in Japan", in Tatsuya Sakamoto and Hideo Tanaka ed., *The Rise of Political Economy in the Scottish Enlightenment*, London and New York: Routledge, 2003, pp.194–196.
② [日] 实藤惠秀:《中国人留学日本史》,谭汝谦、林启彦译,生活·读书·新知三联书店 1983 年版,第 34、36 页。
③ 熊月之:《西学东渐与晚清社会》,上海人民出版社 1994 年版,第 640 页。
④ 叶世昌:《近代中国经济思想史》,上海财经大学出版社 2017 年版,第 6 页。

站,在当时,西方经济学传播的路径一般先是传到日本,然后再由日本传入中国。日本书籍传入中国的途径主要通过翻译来实现,正是有了这种需求,译书出版机构不断涌现,出现了商务印书馆(1897)、东文学社(1898)、广智书店(1901)、译书汇编社(1900)、作新社(1901)、教育世界出版社(1901)、会文学社(1903)等出版机构。据熊月之的统计,1896—1911年,翻译出版日文书籍的机构至少有95个,①这些新成立的翻译出版机构为日文书籍翻译成中文做出了重要的贡献。

从1902年起,京师大学堂辞退了以西学总教习丁韪良为首的西文教习,聘请了一些日本学者担任教习,其课程设置与教材也由仿效西方模式转为模仿日本模式。日本的教育机构常设有理财学或经济学科目,而经济学的名称在《钦定京师大学堂章程》(1902)与《大清光绪新法令》(1908)等官方文件中均使用"理财学",日本模式的"理财学"(即经济学)课程取代了西方模式的"富国策"课程。日本法学士杉荣三郎(1873—1965)被聘为京师大学堂"理财学"教习,他自编了《经济学讲义》作为教科书,这意味着自1880年以来西方的《富国策》教科书被日本人编写的经济学教科书所取代。

杉荣三郎并非个案,据实藤惠秀介绍,日本人在中国当教习开始流行于1897—1907年,1906年到中国任教的日本人最多时竟达600名,1909年中国聘用的外籍教师有356人,其中日本人311人,日本人教授的课程有日语、工业、政治、经济、教育等。② 日本对中国的影响还表现在日本人自建的一些学校上,例如,杭州的日文学堂(1898)、泉州的彰化学堂(1899)、漳州的中正学堂(1899)、天津的东文学堂(1899)、厦门的东亚学院(1900)、南京的同文书院(1900)与本愿寺东文学堂(1901)、北京的东文学社(1901)、汉口的江汉中学(1902)、上海的留学高等预备学堂(1905),等等。

清末民初日本人不仅在中国办学、任教,还撰写了许多经济学教科书,主要有:添田寿一撰写、桥本海关翻译的《经济教科书》(光绪年间江楚编译官书局出版),和田垣谦三编写的《经济教科书》(广智书局1902年版),田尻稻次郎著、吉见谨三郎翻译的《经济学大意》(东京专修学校1903年版),持地六三郎撰写的《经济通论》(商务印书馆1903年版),普通教育研究会编写的《经济纲要》(时中书局1903年版),天野为之著、嵇镜翻译的《理财学纲要》(文明书局1903年版),田尻稻次郎著、王季点翻译的《理财学精

---

① 熊月之:《西学东渐与晚清社会》,上海人民出版社1994年版,第641页。
② [日]实藤惠秀:《中国人留学日本史》,谭汝谦、林启彦译,生活·读书·新知三联书店1983年版,第70、73页。

义》(商务印书馆1904年版),冈实著、叶开琼编译的《财政学》(东京湖北法政编辑社1905年版),松崎藏之助著、铃木虎雄翻译的《经济学要义》(东京东亚公司1906年版),松崎藏之助、神户正雄著,黄可权编译的《财政学》(丙午社1907年版),小林丑三郎著、李佐廷编译的《经济学》(丙午社1911年版),津村秀松著、欧阳溥存编译的《中华中学经济教科书》(中华书局1912年版)。

日本经济学教科书在中国大行其道,从一开始就影响了中国学术界,中国的报社与出版社竞相刊登。例如,日本经济学家田岛锦治的《最新经济学》是早期传入中国的经济学著作中一部较为完整的、以新式经济学名词术语写作的经济学教科书,该书连载于《翻译世界》1902年第1期、1903年第2、3、4期,之后未见有续译。这四期译文仅翻译了该书的绪论部分,其中"经济学之历史"一章中提到了斯密及其学派。文中把斯密的经济学著作译为《富国论》,称斯密是经济学的集大成者,经济学者称他的学派为"英国学派"或者"斯密学派",该派认为自由放任政策、个人利己心是支配经济的"最大理法"。文中提到,斯密学派与重农学派的相似点在于都反对国家干涉,认为国家的职能是保护个人竞争。① 工商业与农业孰为生产之本是这两派的不同点。斯密认为劳动是"价额"(价格)的标准,是富裕的源泉,他赞美分业(日本经济学界经常用分业来表示分工——引者注)的好处,认为工商业是生产之本,而重农学派认为农业才是生产之本,分工制度最适合工商业;斯密也不是绝对不承认国家干涉,由于当时形势需要,国家干涉有时也很必要,如斯密支持航海法。后世学者认为斯密是绝对放任主义者,那是一种误解。作者在介绍了斯密本人及其学派之后,接着便介绍《国富论》一书的特色。斯密以抽象演绎法为主,同时在分析大量经济事实的基础上又采用了历史归纳法。斯密改变了过去学术界不区分"经济学"与"经济术",把"经济学"误认为"经济术"的不足,并认为个人利己心是支配经济现象的唯一理法。除开这些特点之外,作者又列举了斯密学说的不足之处,比如,斯密大肆畅谈分工的好处,却不说分工的坏处,仅注重生产的多少,轻视分配是否公平的问题;斯密仅仅把有形之物视为富,把生产有形之物的劳动称为生产性劳动,把僧侣、官吏、奴婢等的劳动视为非生产性劳动,这些都是斯密学说的缺点。接下来,作者叙述了斯密学派的后继者李嘉图、马尔萨斯、美国经济学家凯里、曼彻斯特学派(英国自由贸易派)、弥勒(穆勒)、法国经济学家萨氏(萨伊)等,19世纪初期当斯密学说如日中天时,斯

---

① 《最新经济学》,上海作新社1903年版,第43页。

密学派的反对者——"非斯密派"在欧洲出现了,这个学派包括"复古派""保护贸易派""共产主义派"与"社会主义派"。从这些介绍可以看出,日本学术界对斯密学说是相当了解的,正如作者指出的那样,日本在明治维新之后盛行英国学派。①《翻译世界》连载的内容仅是《最新经济学》的绪论部分,总共才99页,几乎与此同时,上海作新社于1903年编译出版了全书的内容,即增加了正文的"生产论""交易论""分配论"三编,篇幅达到230多页,9万余字。

日本经济学输入中国,作品数量庞杂,质量良莠不齐,除上述列举的著作之外,还有笹川洁的《理财学》、出井盛之的《经济思想史》与《经济学说史》、北泽新次郎的《经济学史概论》与《经济思想史的展开》、阿部贤一的《财政学史》、波多野鼎的《正统学派的价值学说》,等等,这些译著均涉及《国富论》。从整个民国时期来看,对中国影响最大的日本学者也许是河上肇,这是因为陈溥贤、李大钊、李汉俊、李达、毛泽东、周恩来、陈望道、陈豹隐、郭沫若、王学文、施复亮、范寿康、杜国庠、朱执信、胡汉民、徐苏中、戴季陶、萨孟武、周佛海、施存统、林植夫、何公敢、周宪文、漆树芬、资耀华②等近现代中国各党派与知识界名流均受其影响。因此,很有必要介绍河上肇对斯密学说的认识。

二、经济学译著案例:河上肇对《国富论》的评介

河上肇(1879—1946)是日本经济学家、日本研究马克思主义的先驱。河上肇著述丰硕,从论文来看,1914年6月《东方杂志》第10卷第20号刊登的《共同生活与寄生生活》是他首部登陆中国的作品,之后《晨报》《学艺》《新青年》《建设》《法政学报》等报刊登载了他的多篇论文。从著作来看,1949年之前河上肇的中译单行本著作大约有38种,居民国时期社会科学类中译日书的首位。③ 作为资产阶级经济学家,河上肇早年对《国富论》深有研究,其著作中论及斯密学说的有:《经济学的根本概念》(1910)、《近世经济思想史论》(1920)、《经济原论》(1923)、《资本主义经济学之史的发展》(1923)、《资本论入门》(1928)、《马克思主义经济学》(1928)等,比较集中

---

① 《最新经济学》,《翻译世界》1903年第4期,第80—99页。
② 上述所列人物中有些是河上肇的学生,有些早年曾经是共产党人,后来叛党或脱党后加入国民党、民主党派或成为无党派人士,故未明确对上述人物的派别进行归类。
③ 谭汝谦:《中国译日本书综合目录》,香港中文大学出版社1980年版,第800页。又见刘庆霖:《民国时期河上肇的论著在中国的译介及译书版本之比较研究》,《第八届北京大学史学论坛论文集》,北京大学出版社2012年版。

的论述体现在《经济学的根本概念》《近世经济思想史论》《资本主义经济学之史的发展》《经济原论》诸书中。

（一）《近世经济思想史论》

1920年，河上肇著、李培天译的《近世经济思想史论》一书由上海泰东图书局出版，上海学术研究会于1922年再次出版。全书辑集河上肇的3篇讲演稿：《亚丹·斯密士》《马尔萨士与黎加多》《加尔·马克思》，这三篇演讲稿反映出河上肇逐渐从信奉资产阶级经济思想转向服膺马克思主义经济思想的过渡历程。演讲稿《亚丹·斯密士》涉及斯密与近代经济学的成立、斯密与资本主义经济组织的关系、斯密的自由放任主义三个问题，关于斯密是近代经济学的开创者这个问题已是公认的事实，作者只是简单描述，而把笔墨放在后两个问题上，河上肇在阐述斯密的观点时不自觉地将斯密与马克思进行比较。资本主义经济组织是如何成立的呢？在斯密看来，资本主义经济组织是历史长期演化的结果，不是任何一位政治家、思想家所能预定的，社会的整体利益是自然发达的结果，马克思后来也赞同此点。在资本主义经济组织之下，各人具有利己心，各个利己的行为会促进社会全体的利益，因此，资本主义的经济思想被称为个人主义经济学。斯密生活在资本主义发展初期，资本主义矛盾还没有充分暴露出来，资产阶级尚处于上升时期，故斯密赞美资本主义，奉行个人主义经济学。与斯密所处的时代背景不同，马克思生在资本主义已经充分发展，资本主义矛盾和缺点已经充分暴露的年代，马氏依据历史唯物主义观点，论证资本主义经济组织将被社会主义经济组织取代的命运。这是马氏与斯密的不同之处。

河上肇谈资本主义经济组织，主要从生产和分配两方面入手。关于资本主义经济组织的生产问题，也就是"富的生产"，斯密肯定了资本家在其中的作用，他不否认"资本家左右一国之产业"，甚至坚信资本家是发展社会全体生产力的"最大原因"。斯密说："合计各资本家所生产之货物的价格，及一国全体之富也。故各个人所生产之货物价格，果合计之而得最多数。……若更放任——自由竞争——各资本家而为利己之活动。则社会全体之富的增加至于极点者，盖不期然而然也。"①关于"富的分配"即财富的分配问题，河上肇说："今日社会中一国之富，不过劳资、利息、地代三者集合而成故也。换言之，亚氏以为各国人之间果能完全自由竞争，则资本主义的经济组织下之富的分配最为公平矣。"就生产而言，"各资本家各得自由实行其利己之行动，结果必至得最多数之生产。即分配亦同，若自由竞争能完全

---

① ［日］河上肇：《近世经济思想史论》，李培天译，上海学术研究会1920年版，第14页。

实行,则社会全体之富亦未有不能公平分配于各个人之间者也"。① 以上是河上肇转述斯密的观点,为了让读者了解斯密的原话,他明确指出了读者应该查阅《国富论》第一篇第十章中斯密关于自由竞争的论述:"自由竞争益盛行,则得金钱报酬之较优者,必有相当之不利。得金钱报酬之较劣者,反有相偿之利,故就全体之利益而概思之,各个人间所受之报酬,斯得平均矣。"河上肇认为斯密此言欠妥,如果真如斯密这句话所言,那富人为何不稍稍花点钱去接济穷人呢?

关于自由竞争,斯密的看法是:"自由竞争能完全行于社会则社会之富斯得公平矣。"河上肇特别注意斯密的"完全"两字。也就是说,他怀疑斯密假定的"完全的自由竞争"是否会实现,同时怀疑斯密所谓的自由竞争后分配会更加公平的论调。河上肇的分析是资本主义社会分为资本家阶级和无产阶级,这两个阶级之间不可能完全自由竞争,即便能,无产阶级也竞争不过资本家阶级。斯密的自由竞争论反对"独占"的思想,这是一种理想的主张,其实,今日的情形是资本家"独占"财富,个人根本不能自由竞争,那么社会的"富的分配"是不公平的。②

河上肇在书中大量引用坎南版《国富论》的原话,要把河上肇的日语转化为中文,难度不小。译者李培天(1895—?)早年毕业于日本早稻田大学政治经济系,李氏的译文在处理河上肇的引文中有一些不尽如人意的地方,如果对照王亚南版《国富论》,可能看得更清楚。从经济学术语来讲,李氏将斯密的《国富论》翻译为《诸国民之富》,把"分工"译为"分业",把"垄断"译为"独占"。从译文的长短来说,河上肇经常是大段、几大段,甚至几页引用《国富论》。例如,由于职业本身的性质不同,劳动工资会产生差别,斯密归纳了5种情况,第一章论述传教士时已经说明了这5种情况:职业本身有愉快的、有不愉快的;职业学习有难有易,学费有多有少;工作有安定的、有不安定的;职业所须担负的责任有重有轻;成功的可能性有大有小。河上肇几乎全部抄译了这些内容。③ 再比如整大段全译的情况,第四篇第九章的结论,被视为斯密自由主义的纲领,历来受到经济学界重视。④ 此外,引文很难辨别是来自《国富论》第几编第几章第几页,一类情况是译者注释了第几

---

① [日]河上肇:《近世经济思想史论》,李培天译,上海学术研究会1920年版,第20—21页。
② [日]河上肇:《近世经济思想史论》,李培天译,上海学术研究会1920年版,第30—33页。
③ [英]亚当·斯密:《国民财富的性质和原因的研究》(上卷),郭大力、王亚南译,商务印书馆2008年版,第92—99页。
④ [英]亚当·斯密:《国民财富的性质和原因的研究》(下卷),郭大力、王亚南译,商务印书馆2008年版,第253页。

编第几章,但没有明确标明是引自何页,所以很难找到出处,另外一类是只说是斯密的话,根本没有注明出自该书第几编第几章第几页,这更加增添了查找的难度以及理解的难度。此类情况比较普遍。①

河上肇是日本马克思主义者,《近世经济思想史论》被国人当作宣传马克思主义而非斯密个人主义经济学的著作。据陈望道回忆,《近世经济思想史论》的中译本出版不到一个月就再版了3次,他为了宣传马克思的唯物史观,将《近世经济思想史论》有关马克思的部分内容翻译成《马克思的唯物史观》,连载于《民国日报》副刊《觉悟》1920 年 6 月 17 日、18 日、19 日。②毛泽东的文化书社、上海泰东书局、共学社、《武汉商报》等均推荐过《近世经济思想史论》。

(二)《资本主义经济学之史的发展》

《资本主义经济学之史的发展》一书系河上肇多年研究经济思想史的成果的结晶,日本弘文堂于 1923 年出版。这本经济思想史著作在中国颇为流行,商务印书馆于 1928 年出版了林植夫译述的中文本。该书分为 5 章,分别介绍亚当·斯密、马尔萨斯、李嘉图、边沁、詹姆斯·穆勒、约翰·斯图尔特·穆勒等古典经济学家的学说与代表的流派,书末附录了个人主义(资本主义)及社会主义的简介。其中,第一章讲斯密的学术前辈,包括魁奈、孟德斯鸠、配第、洛克、曼德维尔、休谟等;第二章分两节来介绍斯密,第一节是斯密的生平及论著,第二节谈斯密的根本思想。

关于第一节斯密的生平,早在 1923 年,林骙就将之译出,取名为《亚丹斯密先生传》,刊登在《学艺》第 5 卷第 7 号上,前面已经简单介绍过林骙的译文,此处从略。关于斯密的论著,书中介绍了斯密的四部著作:《道德情操论》《原富》《哲学论文集》《关于法律、警察、岁入及军备的演讲》,前面的文章也多次论述过,而且河上肇交代《新帕尔格雷夫经济学大辞典》第 3 卷第 422—423 页已有简介,他只是对此进行补充说明。

说明之一是有关 An Inquiry Into the Nature and Causes of the Wealth of Nations 这一书名的翻译问题。河上肇指出,《国富论》最初的日译本是石川暎作的译本,题名为《富国论》,明治十七年至十八年(1884—1885)出版,三上正毅的译本是英国经济史学家阿什利(1860—1927)的抄录本,明治四十三年(1910)出版,译名也是《富国论》,大正十年(1921)以来,竹内法学士也

---

① [日]河上肇:《近世经济思想史论》,李培天译,上海学术研究会 1920 年版,第 29—30 页。
② 陈望道:《马克思的唯物史观》,于焦扬主编:《陈望道文存全编》(第 9 卷),复旦大学出版社 2021 年版,第 2—3 页。

采用《富国论》为译名，计划将其书全部翻译，但未完成。河上肇把 *An Inquiry Into the Nature and Causes of the Wealth of Nations* 翻译为《关于诸国民之富的性质及其原因之研究》，英文全称常常被简称为 *Wealth of Nations*，他将其译为《诸国民的富》或者简称为《富》，而日本学者却一直翻译为《富国论》，如果强行使用这个名字，《富国论》这个译名还不如《国富论》。另外，他还指出，《国富论》的汉译本《原富》，由严复于光绪二十八年（1902年）出版，河上肇认为严复译本只是"译的大意。"①这个评论虽然很简短，但反映了《原富》的影响力已波及日本。其实，上述关于《国富论》书名的翻译，河上肇早在1922年撰写的《竹内法学士译〈富国论〉》一文中就进行了简单的批评，他在文中还对比分析了石川氏、三上氏、竹内氏三个译本在翻译《国富论》序论与第一篇的优劣。②

需要指出的是，《国富论》的日译本《富国论》在中国也有少数读者。1925年1月《京报副刊》向社会名流学者发出"青年爱读书"和"青年必读书"各十部的问卷活动，以便为青年读书提供指导与建议。虽然开列书单以中国传统文化为主，但外国著作毕竟也占有一席之地，邓皋生先生与黄积之先生均推荐亚当·斯密的《富国论》。③ 这表明继严复的《原富》之后，郭大力、王亚南的《国富论》诞生之前，日本学术界对斯密的译介成果在中国具有一定的影响力。

说明之二是有关《关于法律、警察、岁入及军备的演讲》一书对于从事研究斯密思想的学者的价值。河上肇建议研究斯密思想的学者去读坎南的序言，因为序言有两点值得注意。第一，从斯密的讲义可以知道斯密在格拉斯哥大学任教时对于经济问题的了解程度。特别值得注意的是，某些学者认为《原富》"有益的部分"都是"根据"杜尔阁的著作《关于财富的形成和分配的考察》，从斯密的讲义可以判断此种观点是错误的。河上肇是这样论证的，斯密辞去格拉斯哥大学教职是在1763年底，杜尔阁的著作是在1766年写成的，1770年才公开发表，所以，斯密在格拉斯哥大学期间是无从知道杜尔阁的著作，对比《关于法律、警察、岁入及军备的演讲》与《原富》，可以看出斯密这两本书的关系密切，河上肇从而进一步指出，"斯密所负于堵哥之处"，绝没有后来学者说的那么大。第二，从斯密的讲义可以知道斯密的经

---

① ［日］河上肇：《资本主义经济学之史的发展》，林植夫译述，商务印书馆1928年出版，第68—70页。
② ［日］河上肇：《竹内法学士译〈富国论〉》，《经济论丛》1922年第14卷第4号，第749—753页。
③ 王世家编：《青年必读书》，河南大学出版社2006年版，第49、91页。

济学在他的道德哲学中所占的地位。①

关于斯密的根本思想,作者用了37页(原书第83—120页)的篇幅来介绍。作者以马克思为比较的对象来介绍斯密的学说,突出马克思与斯密研究态度的差异,这种差异表现在:第一,斯密注重各国国民所使用的生活必需品及便利品,即"消费财"或"享乐财",也就是马克思所说的用于个人消费之财,这成为斯密研究的"主眼目"。斯密的"生产财"即马克思所说的用于社会消费的财物,而马克思是以商品为对象来研究生产各类财物的,所以,马克思的研究范围比斯密广。第二,斯密把研究对象作为"漠然的富",忽视历史和社会的特性,马克思则限定在商品上,资本家以利润为目的而"生产的富",从这点来看,马克思的研究范围又比斯密的狭窄。②

那么,中国读者对此书有何反应呢? 国内学者对此写了两篇书评,一篇是王央的《资本主义经济学之史的发展评价》。此文指出,由于河上肇是马克思主义者,他常将马克思与其他经济学家相比较,比如马克思与斯密研究态度的比较,斯密、李嘉图、马克思三人在劳动价值论上的差异。③ 这篇书评仅仅提到斯密,远远不及陈晖的《资本主义经济学之史的发展》书评那么具体。陈晖认为河上肇是"完全非批判"地处置了斯密的经济理论。第一,就分工而言,斯密虽然有精辟的论述,但犯了一个严重的错误(古典学派的共同点之一),即他们注意分工的"物质的技术的"利益,把社会的一般业务分工和特定制造业的分工(社会分工与工厂内的技术分工)混为一谈。第二,关于再生产问题。陈晖指出了河上肇的一个错误,河上肇说:"斯密是着眼在各国民所使用于其消费的生活必要品及便利品的……所以资本复生产的问题,在斯密及其以下继承其衣钵的历代的学者,差不多忽视过去。"陈晖说斯密在《原富》中虽然没有专门章节讨论再生产问题,但散见于他的经济学说中。斯密是从生产、流通、分配、消费的循环运动中来考察再生产问题,这在资本主义经济学说史上占有重要位置。④

(三)《经济原论》

《经济原论》系河上肇在京都帝国大学的讲义稿,由京都经济学研究会于1923年出版。1925年,《学艺》第7卷第3期刊发了该书的第2章第2

---

① [日]河上肇:《资本主义经济学之史的发展》,林植夫译述,商务印书馆1928年出版,第80—81页。
② [日]河上肇:《资本主义经济学之史的发展》,林植夫译述,商务印书馆1928年出版,第84—85页。
③ 王央:《资本主义经济学之史的发展评价》,《中国新书月报》1932年第2卷第4—5期,第8页。
④ 陈晖:《资本主义经济学之史的发展》,《图书评论》1933年第1卷第11期,第59—60页。

节,译者是王首春,文章标题为《分功的发展》,在此之前的一年(1924),《学艺》第5卷第9期刊发了王首春的《分功论》一文。《经济原论》一书在中国没有中译本,此处仅介绍王首春的译文。

《分功的发展》一文中的"分功"现译为分工,河上肇在论述分工时首先提到斯密和英国经济学家爱德华·吉本·韦克菲尔德(Edward Gibbon Wakefield,1796—1862)。河上肇指出,《原富》第一篇第二章《论分工的原由》在说明分工的利益(即好处)后,有这样的话语:"致这样多大利益的分功,决不是本来由甚么人类的智力预想且希望其一般的繁荣以至实行的。"韦克菲尔德在《原富》的注释中提到简单协作和复杂协作的区别,即前者常是有意识的,后者常是无意识的。河上肇承认斯密和韦克菲尔德的话有正确的一面,但又坚持分工未必是无计划、无意识的进行,他认为,分工有两种:"起初不意识其利益自然行起来的"与"起初意识其利益用一定计划实行的"。后者随着社会经济的发展逐渐明显起来,这像是分工的一个历史的法则。之后,作者开始叙述分工的历史,在此过程中,文章出现不少德语,我们知道,河上肇于1914年留学德国,他的作品受到德国历史学派的影响,因而采用德国经济学界关于分工的认识来证明斯密分工论的不足。①

第二节 经济学译著对《国富论》的译介:欧美渠道

日本对《国富论》十分重视,研究成果丰硕,但日本的许多经济学著作植根于欧美学术界,欧美学术界才是研究《国富论》的正宗。《国富论》的内容常常出现在经济思想史或经济学原理之类的书籍中,20世纪二三十年代以《经济学史》《经济思想史》《经济学说史》命名的经济学著作非常多,翻译欧美学者撰写的此类著作,可以掌握国外学术界在不同时期对《国富论》的研究动态与趋势,加深国人对斯密学说的理解。民国时期到欧美留学的人数众多,欧美经济思想史译著十分常见,国内大学的经济思想史教材或经济学说史教材常见有以下几种,爱尔兰经济学家因格拉门(Lngram,1823—1907)的《经济学史》、法国经济学家查尔斯·基特(Charles Gide,1847—1932)与查尔斯·里斯脱(Charles Rist,1874—1955)的《经济学说史》、美国

---

① [日]河上肇:《分功的发展》,王首春译,《学艺》1925年第7卷第3期,第1—12页。

经济学家刘易斯·韩讷（Louis Haney，1882—1969）的《经济思想史》、奥地利经济学家斯班的《经济学说史》等。现择其要者进行介绍。

一、因格拉门的《经济学史》

爱尔兰经济学家因格拉门的《经济学史》最初于 1885 年刊登在大英百科全书上，经修订后以书刊的形式于 1888 年出版，19 世纪 90 年代被译为欧洲多国文字，成为经济学教材。美国大学的经济学教材早在 19 世纪 80 年代就开始使用此书，1915 年，美国制度经济学学派创始人之一、威斯康辛大学经济学教授理查德·T. 伊利（Richard T. Ely，1854—1943）为该书撰写了一篇很长的序言，介绍因格拉门在经济思想史上的位置，伊利的学生威斯康辛大学经济学教授司各特（Scott，1862—1944）也为该书增加了"奥地利学派与经济学的最新进展"一章，可见该书在美国高校的影响力。1920 年甘乃光①也在《南风》杂志上简要介绍该书，②此书的中译本由胡泽与许炳汉翻译，商务印书馆于 1932 年出版，之后国内一些大学将其当作经济学说史教材。

因格拉门师从实证主义大师孔德，并受历史学派经济学家的影响，他在《经济学史》一书中综合了德国历史学派经济学家希尔德布兰德（Hildebrand，1812—1878）与其他反对者的观点，对斯密学说提出了六点批评意见：一是斯密的社会经济观主要是个人的；二是斯密的利己心；三是斯密几乎把各种问题都归纳到"个人利益"这一个问题上，因而认为交换价值与财富的本来意义有差别；四是斯密痛斥当时的实业政策，却过分赞美经济生活的无政府状态和不受一切社会干涉；五是斯密没有注意到我们民族的道德目标，也未认识到财富是实现高品质生活的手段，因而有人指责他是广义上的物质主义者；六是斯密的整个体系太绝对，用希尔德布兰德的话来解释就是，这个体系没有充分认识到经济条件的变化与社会发展的不同阶段。③ 上述六点批评意见还载入了日本学者神田丰穗的《春秋社思想大辞典》一书中，后又被译为中文。④

因格拉门不仅攻击斯密，还批判马尔萨斯、李嘉图等其他英国正统学派

---

① 甘乃光(1897—1956)是民国经济思想史家。1922 年毕业于岭南大学经济系，1928 年赴芝加哥大学研究生院留学，著有《先秦经济思想史》《孙文主义大纲》等。
② 甘乃光：《讨论和介绍几种经济思想史的书》，《南风》1920 年第 1 卷第 1 期，第 93—97 页。
③ [英]因格拉门：《经济学史》，胡泽、许炳汉译，商务印书馆 1932 年版，第 29—31 页。
④ [日]神田丰穗：《世界名著解题：因格拉门的〈经济学史〉》，志政译，《出版周刊》1936 年新第 202 期，第 13—14 页。

的学者,因而被称为"新经济学派"创始人之一。伊利认为因格拉门的"新经济学派"具有四个特点。一是经济学是研究财富的科学,在研究财富时须联系其他社会现象。二是旧经济学自认为其理论可以适用于一切事实,解决一切问题,这是不对的,经济学是演化的,孔德称之为动态的,所以研究经济学应该重视经济学演进的规律。三是在研究方法上,演绎法并不可取,例如不能依赖"经济人"假设来推演一切经济现象,必须首先确定社会事实是什么,然后采用归纳法,归纳法是最有价值的研究方法,比较法是归纳法的特殊方式,最适合研究历史的因果关系;四是经济学出现了研究情感与道德的新趋势,法国"新经济学派"最优秀的代表查尔斯·基特(Charles Gide,1847—1932)将之描述为经济学上的"大冰解",即以前冷酷的社会问题,如研究无产阶级的问题,现在对这类问题的研究变得更真挚、更富有同情心了。① 伊利曾经留学德国,德国当时正兴起历史主义经济学,他无疑受到了历史学派的影响,他在序言中力挺因格拉门的"新经济学派",其原因是他认为以斯密为代表的英国正统学派经济学已经过时了,因格拉门挑战正统学派,成为美国产生"新经济学派"的动力之一,美国经济学学会于 1885 年成立,并于 1891 年吸纳因格拉门为荣誉会员。

二、基特的《经济学史》

法国经济学家查尔斯·基特与查尔斯·里斯脱联合执笔的 *Histoirde des doctrines économiques des Physiocrates à nos jours* 初版于 1903 年,这是法国经济思想史上流传甚广的一部名著,其英文版于 1915 年诞生。该书传入中国后,王建祖②于 1923 年将英文版翻译为《经济学史》,中译本是一个简译本,原著共五卷,中译本仅译出了前三卷。篇目分别是第一卷"创始者",包括重农学派、亚当·斯密、悲观派三章;第二卷"批评及反对者",包括西斯蒙第、圣西门、欧文、傅立叶、李斯特、普鲁东五章;第三卷"自由说之继续者",包括巴斯夏、穆勒二章。第四卷"反对派"与第五卷"近代学说"这两卷未译。

《经济学史》体现了法国经济思想在世界经济思想史中的地位。该书第一卷"创始者"指的是政治经济学的奠基人,基特把法国重农学派放在第一章,亚当·斯密放在第二章,以此突出重农学派在创建政治经济学这门新科学的重要性方面超过斯密,他在书中旗帜鲜明地指出魁奈与他的门徒是政

---

① [英]因格拉门:《经济学史》,胡泽、许炳汉译,商务印书馆 1932 年版,第 14—16 页。
② 王建祖(1879—1935)是美国加利福尼亚大学经济学硕士,北京大学教授兼法科学长,译著有《基特经济学》(商务印书馆 1928 年版)。

治经济学的"真正奠基人",但须同时承认斯密"观察更细致,讲解更清晰,并且对于这门科学的贡献更显著"。① 这表明作者对斯密的评价还是比较公允的。《经济学史》一书考察了斯密学说中的分工、自然观以及经济自由主义三个方面,该书作者认为斯密把经济世界比喻为通过分工建立起来的"大工场",列举了分工的益处、效率、限度以及制针案例这些老生常谈的内容,作者始终不忘把斯密的分工与法国重农学派进行比较,比如,重农学派认为国家与个人的富裕皆源自农业,斯密却认为"人工"(今译劳动)是"万富之源"。② 关于自然观,斯密认为经济制度源自"自然",是自发产生的,这一点也为重农学派所认可,"自然秩序"是重农学派经济思想的基础,经济自由主义则是在"自然秩序"的基础上引申出来的,政府不应该干涉人们的经济活动,无论是重农学派还是斯密都主张经济自由与国际贸易。总的来说,作者以为斯密学说与重农学派有许多相似之处,甚至受惠于重农学派,而对斯密学说持赞赏态度。

《经济学史》论述斯密思想的影响与传播时主要以斯密在法国的信徒萨伊为个例分析。书中提到,《国富论》在欧洲的传播速度并不快,其中的一个原因是《国富论》体系庞杂,结构有些凌乱,比如货币问题散见于全书,有的段落杂乱无章,阅读时需要深入思考才能看懂。1776 年 4 月 1 日,休谟曾向斯密表示过他对《国富论》的大众化持有疑虑,因为此书需要专注才能读懂。《国富论》的法版译者格尼阿为帮助读者理解该书还专门撰写了一个摘要。甚至连萨伊都称该书"随意混乱",需要"删削其冗言",③方能彰显其要义。将斯密的思想通俗化与系统化的任务最后落在了萨伊肩上。1803 年萨伊发表了《政治经济学概论》,宣传斯密的经济思想,成为斯密学说在法国的第一个传播者。里斯脱总结了萨伊在经济学说史上的四点贡献。一是推翻了"农家"(重农学派),二是发展并超越了斯密的思想,三是受工业革命的影响,重视企业家的作用,四是他的"销场说"(市场经济理论)广受好评。④ 斯密学说在法国的传播,既有萨伊等人的鼎力支持,也遇上了反对派,西斯蒙第(Sismondi,1773—1842)就是其中之一。起初,西斯蒙第也是斯密学说的追随者,这表现在他于 1803 年出版的《商业财富论》一书中。之后他到欧洲许多国家的工厂进行考察,他目睹到的贫困与经济危机,这使他开始对经济

---

① 王建祖的译本没有翻译上述内容。参见 Charles Gide and Charles Rist, *A History of Economic Doctrines from the Time of the Physiocrats to the Present Day*, Boston: D. C. Heath, 1913, p.2.
② [法]基特、[法]里斯脱:《经济学史》,王建祖译述,商务印书馆 1923 年版,第 31 页。
③ [法]基特、[法]里斯脱:《经济学史》,王建祖译述,商务印书馆 1923 年版,第 62 页。
④ [法]基特、[法]里斯脱:《经济学史》,王建祖译述,商务印书馆 1923 年版,第 64—70 页。

自由主义产生怀疑。1819年,他发表《政治经济学新原理》,批判英国古典政治经济学,此书标志着他从斯密学说的追随者转向反对者。

三、韩讷的《经济思想史》

美国经济学家刘易斯·韩讷著的《经济思想史》一书于1911年由麦克米伦出版公司出版。全书分四部分,共34章。第一部分简述经济思想史的性质与经济思想的起源;第二部分论述重商学派之前的经济学史;第三部分论述从重农学派至奥地利学派,其中第十章专论亚当·斯密;第四部分论述19世纪下半期欧美各主要经济学流派。此书内容完备,对待各经济学派比较客观,指出基特的《经济学史》忽略了重农学派之前的经济思想,仅侧重李斯特一人而忽视了德国其他经济思想家,而用了三分之一的篇幅论述社会主义。

《经济思想史》序言提到,韩讷是美国制度经济学学派理查德·伊利的学生,这本书有很多地方是伊利的大学课堂讲义,伊利撰写了加雷、巴师夏、李斯特各章以及穆勒一章的部分内容,这是伊利熟悉德国历史学派的缘故。韩讷在《经济思想史》一书中对斯密《国富论》的解析比较全面,他陈述了斯密的学术渊源以及斯密与重农学派的关系,关于前者,他提到了洛克、曼德维尔、哈奇森等十来位与斯密学说存在联系的学术前辈,关于后者,他指出了斯密受到重农学派自然哲学思想的影响颇深。他评述了《国富论》中的分工、价值、工资、利润、利息、地租、财政学、国家干涉等主题,指出了斯密在价值、工资、地租等问题上存在的不足,概括了学术界对斯密的批评,即斯密身上存在三个缺点。一是斯密的哲学过于注重个人主义,二是斯密是一个完全的唯物主义者,三是斯密思想中的绝对主义是其学说的瑕疵。① 韩讷的《经济思想史》一书的全称是《经济思想史:对主要国家主要思想家的经济理论的起源与发展的批评》,书名的关键词是批评,作者从经济学说史的视野梳理了个人主义派雷依(今译约翰·雷)与国家主义派穆勒对斯密的批评,以及德国历史学派、社会主义派、奥大利(今译奥地利)学派对古典经济学派的批判,但这种批判只是局部的改造、调整与修缮,未曾动摇其根基,这是古典经济学在19世纪衰微后随着时代的发展自身不断演进的结果。该书不仅批判古典经济学派,更是大力批判马克思经济学说。

韩讷的《经济思想史》是美国大学高年级经济思想史教科书,尚在美国伊利诺州立大学留学的臧启芳深感国内缺少这方面的教材,便于1922年译

---

① [美]韩讷:《经济思想史》,臧启芳译述,商务印书馆1925年版,第248页。

述了该书，商务印书馆于1925年1月首次出版了该书的中译本，这个译本后来成为民国许多大学的经济思想史教材。韩讷在中国学术界名声很大，在臧启芳的译本出版之前，施督辉①也翻译了韩讷的《经济思想史》，刊载于《钱业月报》，时间从1923年第3卷第5号一直连载到1933年第13卷第2号，施督辉的译文比臧启芳的版本简略得多。

臧启芳译本值得称道的地方有两点。第一，译者在正文之前列举了22个可供学术界商榷的名辞（即名词，"辞"为当时的用法——引者注），第二，译者在书尾附有索引。这两点是当时同类译著中的创举，其中第一点"名辞商榷"尤为值得关注。当时的同类译著均存在名词不统一、各行其是的现象。《经济思想史》原著五百多页，经济学术语繁多，每一个术语需要统一的译名，臧启芳因此提出了这个问题。"名辞商榷"问题其实就是译名统一问题，从傅兰雅、狄考文、林乐知等传教士倡议统一译名到严复为统一译名所做的工作来看，中国翻译界在这方面取得了很大的成绩，但是另外一方面，中国始终抵挡不住来自日语的学术词汇的冲击，20世纪初期日译词汇大量出现在经济学译著中。例如，中国人多沿袭日语的用法，把"price"译为"价格"，"value"译为"价值"，臧启芳反对这种译法，反对的理由是"价格"这个词语在中国"最不通用"，"价值"又是价与值的并用，很容易混淆。他因而赞同严复的做法，译"price"为"价"，"value"为"值"。又比如，日本译"profit"为"利润"，国内经济学著作也吸纳了日语词汇，臧启芳以利润与利息（interest）容易混淆为由，将"profit"译为"赢益"。他还指出了严复的《原富》没有对书名中的重要名词进行解释说明，也没有保留其英文原名，增加了阅读的难度。② 为此他力图按照严复的信、达、雅的翻译标准来推进名词翻译，即便如此，他的译本还是出现了批评之声。③ 这些例子说明了当时中国翻译界、经济学界仍然需要大力推进经济学术语的统一工作。

上述所举三本译著的其中两本都是对斯密学说的批评。斯密学说在19世纪下半期至20世纪初期先后遭到了边际主义、历史学派、制度经济学学派、社会主义学派（马克思主义学派）的批判。上述三本译著可以说体现了历史学派、制度经济学学派的思想。除了这三本译著之外，对斯密学说进行批评的译著还有法国经济学家道图门兹著、卫惠林译，上海民智书局于1930

---

① 施督辉（1899—1977），南京高等师范商科商学士，历任国立东南大学助教、上海商科大学副教授、商务印书馆编辑、上海《钱业月报》编辑等。
② ［美］韩讷：《经济思想史》，臧启芳译，商务印书馆1925年版，第1—3、8—10页。
③ 杨劼弦：《书评：对于Haney经济思想史译本的指谬》，《现代评论》1926年第4卷第98期，第15—18页。

年出版的《经济思想史》,①苏联经济学家鲁平著、季陶达译,北京好望书店于1932年出版的《新经济思想史》,②美国经济学家斯科特著、李炳焕等译,上海黎明书局于1936年出版的《经济思想史》,③等等。这些译本对斯密及《国富论》的评论,其内容大同小异,故笔者并未一一列举或对比各译本中的斯密学说。

第三节 中国人自编的经济学著作对《国富论》的介绍

在晚清民国,国人对《国富论》的研究多为译介,发表成果的形式是论文与译著,开设专章讨论斯密学说的经济学著作并不多见。梁启超于1902年发表的《生计学学说沿革小史》被视为国人最早编著的西方经济学说著作,这本小册子的后半部分主要介绍斯密学说。此后论及斯密学说的著作有刘秉麟的《亚丹斯密》(商务印书馆1924年版)、赵兰坪的《近代欧洲经济学说》(商务印书馆1928年版)、邹敬芳的《西洋经济思想史》(上海法学社1929年版)、区克宣的《近代经济思想史纲》(乐群书店1929年版)、朱通九的《劳动经济》(黎明书局1931年版)、王亚南的《经济学史》(民智书局1932年版)、朱通九与金天锡合著的《经济思想史》(黎明书局1932年版)、蔡庆宪的《经济思想小史》(大东书局1932年版)、郑毅生的《经济思想史》(世界书局1935年版)、唐庆增的《中国经济思想史》(商务印书馆1936年版)、金天锡的《经济思想发展史》(正中书局1937年版)、沈志远的《近代经济学说史》(生活书店1937年版)、文公直的《泰西经济思想史》(上海教育书店1937年版)、张毓珊的《经济思想史》(商务印书馆1940年版)、赵迺抟的《欧美经济思想史》(正中书局1948年版),等等。其中,《亚丹斯密》是1949年之前国内唯一一本研究亚当·斯密的著作。

《亚丹斯密》一书的作者系民国著名经济学家刘秉麟(1891—1956)。他于1917年毕业于北京大学经济系,1920年赴英国留学,获得爱丁堡大学商学学士学位,1922年毕业于英国伦敦大学经济学院研究生班,后又转入德国柏林大学经济系研究员班学习并于1925年回国,著作有《经济学原理》

---

① [法]道图门兹:《经济思想史》,卫惠林译,上海民智书局1930年版,第83—91页。
② [苏]鲁平:《新经济思想史》,季陶达译,北京好望书店1932年版,第133—195页。
③ [美]斯科特:《经济思想史》,李炳焕等译,上海黎明书局1936年版,第61—89页。

（商务印书馆 1919 年版）、《亚丹斯密》（商务印书馆 1924 年版）、《李士特经济学说与传记》（商务印书馆 1925 年版）、《李士特》（商务印书馆 1925 年版）、《经济学》（商务印书馆 1925 年版）、《理嘉图》（商务印书馆 1926 年版）、《中国古代财政小史》（商务印书馆 1931 年版）等，译著有《财政学大纲》（商务印书馆 1921 年版）、《分配论》（商务印书馆 1922 年版）等。他是中国经济学社理事，曾参加南京国民政府全国财政会议，他的经济思想具有很高的研究价值。

《亚丹斯密》系上海商务印书馆于 1924 年出版的一套百科小丛书中的一种，此书创作于刘秉麟留学英德期间，当时学术界举行了纪念亚当·斯密诞辰两百周年的系列活动。刘氏在书的导言中提到了研究斯密学说及斯密生平的外文著作大约二十种，就中国而言，《原富》是《国富论》在中国最早的译本，1923 年《学艺》《东方杂志》等杂志也刊登了亚当·斯密诞辰两百周年的纪念论文，这些研究成果中分析斯密学说的占主体，阐述斯密生活情形的也有一些，不足之处是从斯密所处的环境和影响进行研究的成果很少。鉴于此，刘氏从英国当时的经济状况、对斯密有影响的思潮、斯密学说的内容与批评三个方面来研究亚当·斯密，从而将全书划分为四章。前两章论述了 1760 年前后英国的经济状况以及当时在哲学、经济学上的思潮，揭示亚当·斯密学说诞生的时代背景与学说渊源，后两章介绍亚当·斯密的生平、著作与学说。

第一章的标题是"一七六〇年前后之英伦经济状况与亚丹斯密"。《国富论》发表于 1776 年，刘氏选取 1760 年前后为研究起点，旨在考察这个著作产生的时代背景。曾经促使英国走向繁荣的重商主义此时不能适应资本主义发展的需要，反而成为资本主义发展的绊脚石，针对重商主义奉行国家对经济的干预政策，斯密大力批判重商主义的关税保护政策与特许贸易制度等方面，提倡自由贸易，美国独立战争更是严重冲击了重商主义，《国富论》就是在这样的情况下出现的。但这本书刚出版时却被人认为是"杂乱无章"，例如有人指责斯密的"无国界主义"。其实，斯密认为商业贸易不应该限定在一国之内，而是应该以全世界各国为活动范围，这与旧的经济制度以国家为前提的理念大相径庭，斯密因而被人认为是世界主义者。此外，斯密的个人主义、"放任说"、"自利说"也与当时的学者迥然不同。刘氏指出《国富论》出现于工业革命来临之前，斯密创立了正统派经济学，是英国经济学发展史上的第一个路标。马尔萨斯、李嘉图、穆勒分别是正统派经济学的第二个、第三个、第四个路标，他们均生活在工业革命的时代。斯密所主张的自由竞争推动了工业革命的深入，而工业革命又造成了社会财富急剧增加，社会矛盾异常尖锐,19世纪的英国出现"如火如荼"的现象,这不能不归功于斯密学说的影响。①

第二章的标题是"十七世纪和十八世纪哲学上经济学上之思潮与亚丹斯密"。刘氏认为,斯密学说的来源由英国经济学说、苏格兰哲学、法国重农学派三部分组成。关于英国经济学说,刘氏又细分为生产、分配、租税、价值、自由贸易五方面。威廉·配第与洛克是斯密生产理论的先驱,配第率先提出了"土地为财富之母,劳动为财富之父",他把人分为生产者与不生产者,洛克重视生产,强调劳动对商品产量的影响,这两人以及孟德斯鸠在分配理论对斯密也有影响。在斯密之前研究租税与价值的学者有洛克、意大利学者哲密尼安诺·蒙塔纳里(1633—1687)、尼古拉斯·巴本(1640—1698)、雅各布·范德林特(?—1740)。在斯密之前的自由贸易思想人士有英国经济学家达德利·诺思(1641—1691)以及意大利、德国学者。关于苏格兰哲学,哈奇森与弗格森直接影响了斯密的哲学思想。关于法国重农学派,斯密曾经去瑞士与法国旅行时见过克随(魁奈)、狄观(杜尔阁)、笛德鲁(狄德罗,1713—1784)、阿冷伯(达朗贝尔,1717—1783)等,在这些人物中,斯密只与杜尔阁的思想相互产生过影响,杜尔阁影响了斯密的经济学思想,斯密影响了杜尔阁的哲学思想。斯密与重农学派的相似点在于两者均主张自然权利说、神惠(神学)、放任说。此外,斯密的"自利"思想来源于海日卫狄(爱尔维修,1715—1771)的"自爱"思想。第二章的最后一部分叙述了康替冷(坎蒂隆,1680—1734)的著作《商业性质概论》对斯密的影响以及休谟写信与斯密商榷《国富论》的内容。②

第三章的标题是"亚丹斯密的行状及著作"。行状即生平事迹,斯密的生平最详细记载于杜格尔德·斯图尔特撰写的《亚当·斯密的生平与著作》,刊发于1793年爱丁堡皇家学院丛刊第三卷,此外,麦克库洛赫于1853年发表的《经济政策论著集(附魁奈、斯密、李嘉图生平)》与德国经济史学家莱塞(Leser,1849—1914)于1881年发表的《经济学史研究》对斯密生平的介绍也较为详细。关于斯密的著作,刘氏列举了《诗集序文》《杂志论文》《短文》《哲学文集》《德性原理》《原富》《休谟自作之行状》《各处信件》《关于正谊警察国有收入军备之讲义》9种,③其中《德性原理》即《道德情操论》,《原富》即《国富论》的中译本。关于斯密研究的论文,书中提到的论文

---

① 刘秉麟:《亚丹斯密》,商务印书馆1924年版,第1—30页。
② 刘秉麟:《亚丹斯密》,商务印书馆1924年版,第31—46页。
③ 刘秉麟:《亚丹斯密》,商务印书馆1924年版,第52—60页。

发表时间均为 19 世纪,但作者信息残缺不全,而民国时期其他相关作品鲜有提及,因此有待日后考证,弄清楚作者的名字与论文的名称。

关于斯密研究的著作,书中列举了 19 本代表作品,分别是荷兰经济学家巴尔(Baert, 1833—1909)的《亚当·斯密与〈国富论〉》(1858 年版)、德国经济学家罗瑟勒(Roesler, 1834—1894)的《亚当·斯密经济理论的基本教义》(1868 年版)、德国经济史学家莱塞的《亚当·斯密的财富概念》(1874 年版)、翁肯的《亚当·斯密与康德》(1877 年版)、德国政治家斯卡尔津斯基(Skarzynski, 1850—1910)的《作为哲学家与经济学创始人的亚当·斯密》(1878 年版)、法国政治学家德拉库尔(Delacour, 1825—1890)的《亚当·斯密的生平、作品与学说》(1887 年版)、苏格兰政治家霍尔丹(Haldane, 1856—1928)的《亚当·斯密的生活》(1887 年版)、德国经济学家蔡司(Zeyss,生平不详)的《亚当·斯密与自私》(1889 年版)、德国经济学家哈斯巴赫(Hasbach, 1849—1920)的《魁奈与斯密政治经济学的哲学基础》(1890 年版)与《亚当·斯密对经济学理论与历史的研究》(1891 年版)、奥地利经济学家菲尔博根(Feilbogen, 1858—1928)的《斯密与杜尔阁》(1893 年版)、苏格兰记者约翰·雷(John Rae, 1845—1915)的《亚当·斯密传》(1892 年版)、《国家人物传字典(亚当·斯密)》、英国经济学家博纳(Bonar, 1852—1941)的《哲学与政治经济学》(1893 年版)与《亚当·斯密书目索引》(1894 年版)、法国经济学家布洛克(Block, 1816—1901)的《亚当·斯密以来经济学说的修正》(1890 年版)、英国经济学家普莱斯(Price, 1862—1950)的《英国政治经济学简史》(1891 年版)、英国作家乔伊斯(Joyce, 1763—1816)的《亚当·斯密〈国富论〉缩略本解读》(1797 年版)、英国经济学家坎南的《生产与分配的理论史》(1893 年版)。

第四章是"亚丹斯密之经济学说"。刘氏先考察了《国富论》的结构。斯图尔特的《经济学原理》一书的出版时间比《国富论》早 9 年,该书分为五个部分,斯密虽然不赞成此书的观点,但他的著作也是由五个部分组成,《国富论》出版后学术界竞相仿效其结构,例如 1810 年出版的第四版《大英百科全书》的经济学词条也按照这种结构来编写。1817 年李嘉图的《经济学及赋税之原理》出版时,该书共 32 章,章节之间结构混乱,"毫无次序",直到 1821 年穆勒的著作依照生产、分配、交换、消费四部分来分类才奠定了经济学的分类基础,穆勒的分类法沿袭至今,《国富论》的分类法起着承前启后的作用。然后,刘氏依次介绍了《国富论》的五个组成部分:生产与分配、资本、欧洲经济发展史、政治经济学体系、公共财政,他承认书中有价值的观点很多,但也有斯密完全没有叙述清楚的地方,例如人口、工资、利润等问题。

对于这五个组成部分在斯密学说中的地位,因格拉门认为《国富论》的前两个组成部分是斯密学说的"根基",但遭到了比利时布鲁塞尔大学丹里诗(Denis,1842—1913)教授的反对,他认为《国富论》前两个部分是斯密"静的经济学说",后两个部分是"动的经济学说",刘氏认同丹里诗的观点,把斯密学说分为"斯密之静的经济观"与"斯密之动的经济观",前者包括生产、分工、价值、资本、价格、分配等经济学基本理论,后者包括西欧自罗马帝国衰落以降经济发展的历史与经济政策的变化,这些演变属于"动的经济观"。①

第四章的最后一节谈的是斯密学说的"修正者"与"批评者"。《国富论》出版后,拥护斯密学说并对其进行修正的学者有法国的萨伊一派,以及德国的克劳斯(Kraus,1753—1807)、赛多利斯(Sartorius,1765—1828)、勒德(Luder,1760—1819)、佐登(Soden,1754—1831)、胡弗兰德(Hufeland,1760—1817)、洛茨(Lotz,1771—1838),英国的李嘉图、穆勒。这个名单中以德国学者居多,可见留学德国的刘氏对德国学术界比较熟悉。刘氏仅仅列举这些修正者的名字,没有解释他们是如何对斯密学说进行修正的,而是重点考察了斯密学说的批评者。反对斯密学说的有英国重商派、法国重商派、德国浪漫派三派。

英国重商派的代表人物有政治家波纳尔(Pownall,1722—1805)、律师格雷(Gray,1724—1811)、政治经济学家韦克菲尔德、经济学家科特里尔(Cotterill,1790—1856)、历史学家艾莉森(Alison,1792—1867)等。例如,1776年3月9日《国富论》出版;同年9月25日,波纳尔总督就写信给斯密,批评他关于价格、贸易结构、进口限制与殖民地贸易的垄断政策。② 1797年,格雷匿名发表了《国富论的基本原则:对斯密及其追随者的批评》,③批评斯密关于生产力与农业的看法,坚信"一个国家繁荣的最主要原因在于其居民在土壤上所具备的创造力与劳动力",他攻击斯密混淆了生产性劳动与非生产性劳动的区别,认为斯密忽略了重农主义的"基本原则",而只注意到其"表面现象",没有深入事物的"内核"。④

---

① 刘秉麟:《亚丹斯密》,商务印书馆1924年版,第61—103页。
② E. C. Mossner and I. S. Ross, ed., *Correspondence of Adam Smith*, Indianapolis: Liberty Fund, 1987, pp.296-318.
③ 刘秉麟将格雷的著作 *The Essential Principles of the Wealth of Nations: Illustrated, in Opposition to Some False Notions of Dr. Adam Smith and Others* 误译为《财富上主要原则》,应译为《国富论的基本原则:对斯密及其追随者的批评》。
④ John Gray, *The Essential Principles of the Wealth of Nations: Illustrated, in Opposition to Some False Notions of Dr. Adam Smith and Others*, London: T. Becket, 1797, p.4, p.15.

法国重商派的代表人物首推政治家弗里尔（Ferrier，1777—1861），他曾经当过海关检查官，这段行政经历使他不满斯密把政府官员划为"非生产性"劳动者之列，他认为政府、官吏以及直接经营的人在生产上同样重要，斯密的"生产性劳动"与"非生产性劳动"的划分是错误的，他还批评斯密在资本积累问题上的混乱认识。① 经济学家甘尼尔（Ganilh，1758—1836）也对斯密的"非生产性劳动"进行了批驳，他认为"非生产性劳动"满足了社会的需求，具有很大的价值，它所产生的消费是生产的源泉，也会创造社会物质财富。② 此外，批评斯密学说的法国重农派人物还有经济学家路易斯·萨伊与夏曼（Chamans，1777—1860）。

德国浪漫派诞生于18世纪，它的经济思想源自西欧重商主义与德国官房学派，该派反对英国古典经济学，其主要代表人物是亚当·密勒（Adam Müller，1779—1829），其著作有《国家学》（1809年版）、《新货币说》（1816年版）、《政治学重要原理》（1819年版）。他早年曾赞同斯密学说，甚至称斯密为"伟大的政治经济学创始人"，他后来站在贵族阶级立场，支持普鲁士"自上而下"的政治改革，对斯密的态度发生了转变，他在1816年出版的《新货币说》一书中提出了如下的反对意见：反对斯密的分工理论，反对斯密的经济自由主义原则，提倡保护主义，强调国家管理经济的绝对权威；斯密认为竞争可以提高生产效率与成本效益，而密勒将其视为造成人类冲突与不和谐的缘由；斯密认为私有财产是完善经济理论的基石，国家的职能主要是保护私有财产，密勒却认为私有财产是激发人类利己主义的邪恶制度，并会削弱国家的功能；斯密提倡使用金属货币，密勒是一位货币名目主义者，倡导纸币。③ 密勒的经济思想开辟了李斯特学说的先河，他在德国浪漫派中的影响力犹如亚当·斯密之于古典经济学派。④

《亚丹斯密》一书的一个明显特点是列举了欧美关于斯密研究的各种论文、书籍以及最新研究现状，无论是此前还是，此后国内关于斯密研究的参考文献均望尘莫及。与民国时期研究斯密的成果全是论文或是译作的情况相比，这本107页的人物传记是民国时期唯一研究亚当·斯密的著作，反映了留学生在经历过大量翻译西方经济学著作后独立评价西方经济学家的学

---

① François Ferrier, *Du Gouvernement Considéré dans ses Rapports avec le Commerce*, Paris：Perlet, 1805, pp.141 – 143.
② Charles Ganilh, *Des Systémes D'économie Politique*, Paris：Xhrouet, 1821, pp.123 – 124.
③ Adam Müller, Versuche einer neuen Theorie des Geldes, Jena：Gustav Fischer, 1922, p.7, p.10, p.29, p.35, p.144, p.226.
④ 刘秉麟：《亚丹斯密》，商务印书馆1924年版，第106页。

术实力。

从《亚丹斯密》的全部内容来看,刘秉麟对斯密学说产生的背景与学说的内容都进行了深入的考察,他对斯密学说的评价比较客观,既有赞美,又有批评,他引用德国学者,尤其是历史学派经济学的观点较多,这似乎又体现了他对斯密的批评多于赞美。据他的学生武汉大学经济系的万典武回忆:"老师十分推崇英国古典经济学家亚当·斯密斯、李嘉图,新古典学派的马歇尔以及当时名噪世界的凯恩斯等。"①那么刘秉麟的经济思想是倾向于德国历史学派还是古典学派?因此有必要再考察他在其他作品中提到的斯密学说。

1919 年,商务印书馆出版了刘秉麟的《经济学原理》一书。书中提到,斯密、李嘉图建立的学派有多个称呼,可称之为正统派或古典派或放任派或旧派经济学,该书按照旧派经济学的思路阐述了生产三要素,论及了斯密的分工说、价值的分类、自由竞争、自由贸易与李嘉图的地租理论。② 1925 年,他又在此书基础上扩展出《经济学》一书,《经济学》后被用作高中经济学教材,多次再版。他在定义经济学概念时提到严复的《原富》,严复把经济学视为"制治经国之学",刘秉麟解释了严复在翻译中用计学而不用经济学与理财的原因。由此他得出斯密的旧派经济学是以财富为主,而今日的经济学是以人为中心。他还在书中简述了经济学成立之后经济思想上的三大派别:以斯密为首的正统派、以李斯特为首的历史学派与以马克思为首的社会主义派。正统派的观点体现在《国富论》中,刘秉麟将该书的思想概括为三点:分工与工人在经济上的重要性,经济社会的组织根据个人的自利性而设立,经济上的自由与自由贸易。与正宗派不同的是,以李斯特为代表的历史学派提出了"国家经济观念",指责斯密完全忽略了国家在经济中的地位,正统派的学说只能叫作个人的"私经济"理论。其实,李斯特的批评没有注意到斯密对于国家在经济中的作用的论述。此外,李斯特还提出了"生产力说",内容包括道德与学术上的进步、言论自由、宗教自由、基础设施的完备等,③这个概念的范围比斯密的生产力学说要大得多。李斯特的生产力学说远远超出了经济学的范畴,与斯密的生产力学说不在同一个层次上。

刘秉麟对斯密学说的论述还体现在他撰写的经济学家传记上。《亚丹斯密》一书其实是他所写的关于斯密的传记,写于民国十三年 7 月 21 日,

---

① 万典武:《我在武汉大学是怎样学习经济学的》,万典武:《情系当年》,中国商业出版社 2001 年版,第 31 页。
② 刘秉麟:《经济学原理》,商务印书馆 1929 年版,第 5、10、62、99、103、155—160 页。
③ 刘秉麟:《经济学》,商务印书馆 1929 年版,第 7—9、37—43 页。

《理嘉图》一书是他关于李嘉图的传记,完稿于同年 8 月 12 日,《李士特》与《李士特经济学说与传记》这两本书是他所写的关于李斯特的传记,写于民国十四年 8 月 24 日。从内容来看,《理嘉图》谈到李嘉图对斯密哲学与自由主义原则的继承并发扬光大,①之后,刘秉麟转向撰写李斯特与马克思,他声称自己研读了《资本论》3 个月,但该书内容艰深,不像《国富论》的文字那么"清晰"和李斯特的著作那么"流畅",故没有脱稿②,只完成了书稿《李士特经济学说与传记》。这本书稿有一节专门涉及斯密,这一节译自李斯特《政治经济学的国民体系》的"交换价值理论",李斯特在此节中批评斯密不重视国家观念与政府权力,认为斯密学说只能被称为"一国内各个人之私经济,或全人类内各个人之私经济"。③ 对于如何研究李斯特学说,刘秉麟向国人做了三点提醒,其中一点是国内经济学界的同仁"常受英人著作之毒,谓经济事业无国界。……斯密自由交易之抽象说,实非可语于今日之普通政治家者"。④ 这里的英人著作,指的就是包括斯密在内的经典学派的著作,刘秉麟认为斯密的自由贸易理论不适合中国的政治家,中国应该实行"统制贸易"。⑤

综上,刘秉麟的西方经济学知识十分丰富,他对斯密学说的态度不能用简单的赞成与反对来评判。除了著作之外,他一生大约撰写了 45 篇论文,其中有 12 篇论文提到斯密,这些文章如下:《经济思想的发展》(《时事新报》1919 年 9 月 20 日)、《分配问题发端》(《新潮》1919 年第 1 卷第 4 期)、《经济思想之变迁》(《新群》1920 年第 1 卷第 3—4 期)、《劳动问题是些什么》(《新青年》1920 年第 7 卷第 6 期)、《历史学派之研究方法》(《大夏周刊》1925 年第 24 期)、《研究经济学的新趋势》(《劳大周刊》1929 年第 2 卷第 35 期)、《新刊介绍与批评: A Review of Economic Theory. By Edwin Cannan》(《国立武汉大学社会科学季刊》1930 年第 1 卷第 3 期)、《研究经济学的步骤》(《商学期刊》1930 年第 3 期)、《中国税制之研究》(《经济学季刊》1930 年第 1 卷第 3 期)、《经济学之最近趋势》(《国立武汉大学社会科学季刊》1930 年第 1 卷第 4 期)、《劳动力之研究》(《国立劳动大学劳动季刊》1931 年创刊号)、《史学派之经济学研究方法及其要点》(《知言》1947 年第

---

① 刘秉麟:《理嘉图》,上海商务印书馆 1926 年版,第 18—30 页。
② 刘秉麟对马克思有研究的基础,参见刘秉麟:《马克思传略》,《新青年》1919 年第 6 卷第 5 期,第 74—77 页。笔者认为刘秉麟将未脱稿的成果出版在了《各国社会运动史》一书中,参见刘秉麟:《各国社会运动史》,商务印书馆 1927 年版,第 1—20 页。
③ 刘秉麟:《李士特经济学说与传记》,上海商务印书馆 1925 年版,第 101 页。
④ 刘秉麟:《李士特经济学说与传记》,上海商务印书馆 1925 年版,第 4—5 页。
⑤ 刘秉麟:《发展中国经济之路线》,《正论周刊》1937 年第 5 期,第 6 页。

10期)。可见,他在学理层面上是尊崇斯密学说的,只是在政策的实用层面,他认为自由贸易不能用于中国。

第四节 本章小结

本章从日本与欧美两个渠道入手,展现经济学译著在近代中国的译介情况,前者着重介绍河上肇关于斯密与资本主义经济组织、自由竞争、分工论的看法,以及斯密理论与马克思理论的差异,后者侧重叙述约翰·因格拉门、查尔斯·基特、刘易斯·韩讷等欧美经济学家的著作在中国的译介,借以探讨当时国外学术界有关《国富论》的研究动态与发展趋势,及其对中国的影响。

关于《国富论》的翻译与研究,日本在亚洲首屈一指,达到国际领先水平。东京大学建有"亚当·斯密文库",日本不仅翻译、研究《国富论》的时间比中国早,而且研究内容、研究成果也远胜于中国。1923年中国学人发表的亚当·斯密纪念论文,其作者几乎全是留日生,《国富论》的译者王亚南也曾留日学习经济学。由于《国富论》的日译本没有翻译成中文,而且日本研究《国富论》的专家往往用日文发表论著,所以国人需要通过翻译才能了解《国富论》在日本的传播情况。河上肇的作品在民国时期被译为中文,在中国广为传播。由于河上肇是马克思主义者,他的《近世经济思想史论》被国人视为宣传马克思主义的书籍,书中的主体部分——斯密、马尔萨斯、李嘉图的理论反而被淡化了,他深刻解剖古典派经济学说史的书籍《资本主义经济学之史的发展》在中国的影响力也不及《近世经济思想史论》,即便是国人写的书评,也提到河上肇习惯性地比较斯密与马克思在劳动价值论上的区别。总的来说,河上肇批判斯密的个人主义经济学、利己心、自由竞争、分工论,以便彰显他所推崇的社会主义经济学。鉴于河上肇在民国知识界的巨大影响力,河上肇对斯密学说的态度也会影响国人对斯密学说的看法。

日本学术界对《国富论》的研究在很大程度上直接译自或抄录欧美学术界的观点,欧美学术界是研究经济学的正宗,它对《国富论》的评论代表了国际学术界对《国富论》的评价潮流。基特的《经济学史》反映了法国学术界对《国富论》的接受,该书用大量篇幅描述了萨伊在法国对斯密学说的继承与发展,认为斯密的经济自由主义受惠于法国重农学派,因而对斯密学说持肯定态度。这种看法在19世纪初期就存在,一直延续到20世纪初期。基特的《经济学史》是法国大学的教材,被王建祖翻译后成为北京大学经济系的教材,王建祖后又翻译了基特的《政治经济学教程》,并让学生翻译其中部分内容作为作业,①他选择基特著作的一个原因是基特提倡"连带责任主义"(solidarity),类似于墨子的"兼相爱,交相利"思想,不是正统派的自由放任,也不是社会主义政策。② 因格拉门的《经济学史》、韩讷的《经济思想史》都对《国富论》持批判态度。因格拉门是历史学派的人物,认为以斯密为主的英国正统学派已经陈旧不合时宜了,力图创建一门"新经济学派"以取代正统学派,韩讷是美国制度经济学学派的人物,制度经济学学派综合了美国的历史、法律以及新古典经济学的观点,与历史学派观点相近,这两派都重视政府职责,反对古典学派的自由放任主义,这两派以"国家主义"的名义批评斯密的"个人主义经济学";他们都反对斯密的劳动价值论,接受奥地利学派的效用价值论。其实,西方学术著作以批评见长,欧美学术界对《国富论》的批判是资产阶级经济学内部的批判,是资产阶级经济学的修正、调整与完善,《国富论》始终是"经济学成为科学化"③的标志。欧美学术界不是要完全推翻《国富论》,而是要通过对《国富论》的修正,筑起一道"防火墙",以防范马克思主义的"反动影响",河上肇对《国富论》的批评才是要推翻资产阶级经济学及其资本主义制度,建立马克思主义经济学。

　　翻译西方原著,可以加深国人对西方经济学知识的理解,这固然是西方经济学在中国传播初期的一个事实。但是,随着留学生出国学习经济学的人数的增加,以及国内经济学水平的不断提升,国人已不满足仅仅翻译西方学者的作品,20世纪初期,国人开始自编经济学教材或者著作,到1949年为止,国人自编的经济学著作中涉及《国富论》内容的,以中国经济学社社员的作品最多。这些著作中关于《国富论》的见解基本上是欧美、日本学术界的翻版。也就是说,这一时期国内学术界对斯密的研究基本上追随国外学术界,1949年之前国内没有一本研究《国富论》的专著,只有刘秉麟的那本研究亚当·斯密的小册子,这本小册子是刘秉麟留学英国、德国的一个学术成果,主要梳理了欧美学术界研究斯密的各类文献与研究现状,仍然没有摆脱"述而不作"的状态。

---

① 钟甲:《基特经济学札记》,《铁路专科学校月刊》1937年第8—9期。
② [法]基特:《基特经济学》,王建祖译,商务印书馆1928年版,王建祖所序。
③ [美]韩讷:《经济思想史》,臧启芳译述,商务印书馆1925年版,第168页。

第九章　郭大力、王亚南《国富论》译本及相关著述中的斯密学说

严复的《原富》使用的文体是文言文,在社会上流传并不广泛。20世纪30年代初期,郭大力、王亚南首次用白话文翻译了《国富论》,方便了读者的阅读,此译本在社会上流传甚广,影响颇深。不仅如此,作为译者的王亚南与郭大力还曾经深度钻研过斯密的经济理论,《国富论》也成了具有中国特色的马克思主义政治经济学思想的重要源头。为此,本章主要探讨以下三个问题:一是通过比较《原富》与《国富论》,以展现严复与王亚南对于斯密学说理解的异同;二是研究王亚南对《国富论》的翻译与诠释,以及他如何运用斯密学说来分析中国社会的实际问题与构建"中国经济学"所做出的探索;三是探讨郭大力著译作中的斯密学说。

第一节　《原富》与《国富论》之比较

在比较《原富》与《国富论》之前,有必要梳理一下1949年之前《国富论》在近代中国的主要版本。众所周知,1902年严复翻译的《原富》是《国富论》在中国的第一个中译本,1929年一些期刊上又出现了有关《国富论》的两篇译文。一篇是1929年黄菩生翻译的坎南版《国富论导言》,该译文分两部分刊发在《社会科学论丛》上,前一部分刊登在第1卷第5期,共21页,后一部分刊登在第6期,共33页。① 另一篇是1929年素无的译文《亚丹斯密的国富论》,该文其实是摘译日本学者安倍浩的《经济思想十二讲》一书的第3讲"亚丹·斯密士的《国富论》",也就是说,素无根本没有翻译斯密的《国富论》,仅仅转译了日本人的著作。② 1930年,《中国新书月报》刊登了

---

① [英]坎南:《国富论导言》,黄菩生译,《社会科学论丛》1929年第1卷第5期、第6期。
② [日]安倍浩:《亚丹斯密的国富论》,素无译,《国立大学联合会月刊》1929年第2卷第4期,第21—58页。

君良编译的《亚丹·斯密之原富》一文,共 6 页,此文摘述了《国富论》的主要学说——分业论(分工论)、价值论、分配论、政策论、财政论的概要。① 这三篇短小的译文从文本内容、译文质量、字数等方面根本无法与郭大力、王亚南的译本相提并论,它们只是介于严复译本与郭、王译本之间的国人对《国富论》的翻译尝试。1931 年,郭大力、王亚南合作翻译的《国富论》诞生了,这是《国富论》的第二个中译本。1932 年,上海民智书店出版了日本京都帝国大学经济系刘光华(1891—1976)翻译的《国富论》,但该书并无影响。这是 1949 年之前《国富论》译本在近代中国的大致发展线索,其中真正在中国产生影响的版本是严复译本与郭、王译本。

下面拟从五个方面比较《原富》与《国富论》,以展现严复译本与郭、王译本对于斯密学说理解的异同。

第一,关于版本的问题。1902 年,《原富》全书第一次由上海南洋公学译书院出版,该译本分 8 册,共有 589 页,大约 45 万字,其中严复撰写了按语 6 万多字,而且严复对原著内容进行了大篇幅增删,可见,严复译本是节译本。之后,严复曾对译本进行过修订,从 1902 年至 1949 年之间,上海商务印书馆于 1903 年、1929 年、1930 年 3 次再版了《原富》,其内容基本上来自 1902 年版,这些版本并没有将严复的修订内容补充上去。与之相对,郭、王译本《国富论》是全译本,分上下两卷,共有 1 077 页,大约 60 万字,上海神州国光社于 1931 年 8 月首次出版了该书,1936 年 9 月,上海中华书局再版了郭、王译本,内容未变。这两个版本在 1949 年之前都未有修订版出版。这两个版本都是使用同一母本:亚当·斯密著、罗哲斯编注,牛津大学克莱兰登出版社于 1880 年出版的版本。

第二,译书的目的。严复在《译事例言》中阐述了翻译此书的四个目的(前已述及)。换而言之,严复翻译的目的是反对封建主义,在中国推行斯密的经济自由主义,发展资本主义,以便国富民强。郭大力、王亚南则是为了进一步宣传马克思主义,帮助国人理解和区分西方古典经济学与马克思主义经济学,1965 年 5 月,王亚南在《改订译本序言》中写道:

> 十九世纪末年,中国维新派人物严复,就曾将这部书以效法亚当·斯密把他的"富其君又富其民"当作国策,献给英王的精神,来献策于光绪皇帝的,冀有助于清末的维新"大业"。但他这个以《原富》为名的译本,在 1902 年出版以后却不曾引起任何值得重视的反响。这当然不仅

---

① 君良编译:《亚丹·斯密之原富》,《中国新书月报》1930 年第 1 卷第 1 期,第 15—21 页。

是由于译文过于艰深典雅,又多所删节,主要是由于清末当时的现实社会经济文化等条件,和它的要求相距太远了。到 1931 年,我和郭大力同志,又把它重译成中文出版,改题为《国富论》,我们当时重新翻译这部书的动机,主要是鉴于在十月社会主义革命以后,在中国已经没有什么资本主义前途可言。我们当时有计划地翻译这部书以及其它资产阶级古典经济学译著,只是要作为翻译《资本论》的准备,为宣传马克思主义政治经济学作准备。我们知道《资本论》就是在批判资产阶级经济学,特别是在批判亚当·斯密、李嘉图等经济学著作的基础上建立起来的马克思主义经济学。对于亚当·斯密、李嘉图的经济学著作有一些熟悉和认识,是会大大增进我们对于《资本论》的理解的。事实上,我们在翻译《资本论》的过程中,也确实深切感到翻译亚当·斯密、李嘉图著作对我们的帮助。《资本论》翻译出版以后,对于我们来说,翻译斯密的《国富论》的历史任务已算完成了。①

由上可以看出,王亚南把《国富论》当作马克思主义来源之一,当作翻译《资本论》的准备材料,而不是像严复那样将之视为反对封建压迫,发展资本主义的思想武器。

第三,关于文体的差异。严复的译本是采用文言文书写,郭大力与王亚南的则是用白话文翻译。严复用文言文翻译西方经济学的术语,中文读者很难理解这些陌生抽象的术语。如他把报酬递增与报酬递减译为"大还"与"小还",把归纳译为"内籀",把银行译为"版克",②诸如此类,举不胜举,看后让人不知所云。严复译文深奥难懂,郭大力也有同感。1931 年 1 月 27 日,他在《国富论》的"译序"中这样评价《原富》:"文字过于深奥,删节过于其分,已经不易从此窥知原著的真面目,但终不失为中国翻译界的一颗奇星。"③《国富论》是白话文译本,20 世纪 30 年代,白话文已广为社会接受,国人尤其是留学生对西方经济学的了解逐渐深化,经济学著作的中译本一般都用白话文书写,因此《国富论》比《原富》容易理解得多。

第四,对原著中经济学理论的理解。这两个版本的译者的知识背景存

---

① [英]亚当·斯密:《国民财富的性质和原因的研究》(上卷),郭大力、王亚南译,商务印书馆 2008 年版,第 7—8 页。
② 更多例子参见赖建诚:《亚当史密斯与严复:国富论与中国》,《汉学研究》1989 第 7 卷第 2 期,第 320 页。
③ [英]亚当·斯密:《国富论·译序》(上卷),郭大力、王亚南译,神州国光社 1931 年版,第 1 页。

在较大差异。科举出身的严复在英国接受过专业的海军军事训练,没有经济学的专业背景,也许严复是利用业余时间阅读了斯密、孟德斯鸠等人的著作。与严复不同的是,王亚南与郭大力在翻译前做了大量的理论准备工作。1928年,王亚南与郭大力制订了一个翻译《资本论》的宏伟计划,计划在6—8年内翻译一批世界经济名著,预译的书籍是斯密的《国富论》、李嘉图的《经济学及赋税之原理》等。他们在翻译过程中遇到了许多理论困惑,为了弄清楚《资本论》中的地租思想,王亚南在日本东京学习马克思主义经济学与古典经济学,翻译了日本高畠素之的《地租思想史》(该书写于1928年),神州国光社于1931年6月出版了该书。全书介绍了重农学派、斯密、李嘉图、屠能、罗贝尔图、马克思等的地租理论,王亚南对地租思想史的了解无疑有助于理解斯密的地租论,有助于《国富论》的翻译。王亚南与郭大力在翻译《国富论》的同时,还翻译了李嘉图的《经济学及赋税之原理》,他们对英国古典政治经济学非常了解。

  通观这两个译本,可以看出王亚南与郭大力的经济学理论知识与素养远胜于严复。例如,在价值论上,严复反对劳动价值论,迷恋于供求价值论,而王亚南、郭大力则坚持劳动价值论;在货币论上,严复将货币视为一种计算符号,王亚南、郭大力则认为货币是商品交换中自发分离的一种商品;在利润论上,严复认为利润由"本财应得之息利""督率之庸""保险费"三部分构成,王亚南、郭大力则坚持马克思的剩余价值论,认为利润是剩余价值的转换形式,资本家监督工人的劳动不应包括在利润之中,保险费也不应算在利润之中;郭、王译本如实翻译了斯密的一些著名理论,如"钻石与水的悖论""自利说""看不见的手"等,而严复的《原富》中找不到这些经济学概念,也许是严复根本就不懂这些概念,才干脆不译,也许是严复的关注点不在此,所以才故意回避。这类例子在书中还有很多。

  第五,出版后的社会反响。《原富》出版后,吴汝纶、梁启超、孙宝瑄以及《新民丛报》《申报》等均做出了回应,前已述及梁启超在《新民丛报》的书评曾经引起了读者对《原富》中经济学概念的热烈讨论,以及该书在教育界的影响。以后者为例,郭大力在《国富论》的"译序"中提到,在科举制度即将被废除的前几年,晚清的秀才与举人"只要从《原富》运用一句两句,就会得自命维新的主考人的青眼,而高高的挂名于金榜"。① 这个评论,并非如王亚南在1965年《国富论》修订本序言中所说,《原富》在出版后"却不曾引起任何值得重视的反响"。恰恰相反,《国富论》出版后,只见有零星的报道。

---

  ① [英]亚当·斯密:《国富论》(上卷),郭大力、王亚南译,神州国光社1931年版,第1页。

1931年11月20日，旬刊《十日》第3卷第41期简单介绍了"白沙社丛书"之一——郭大力、王亚南《国富论》译本的信息。文中称严复译本"择要而译，且任意增修，将西方学者之言，易以孔孟韩非之说，大失原书面目，亦不合现代要求"。文中称赞郭、王译的《国富论》是"世界经济学第一书"，是世界古典经济学的"金字塔"，是研习近代经济学的必读书。① 1932年7月29日，一位名叫张觃余的读者在读过《国富论》《经济学及赋税之原理》等书后致信王亚南，咨询初学经济学的人应当必读哪几本书以及如何读的问题。王亚南批判了中国某位学者的经济学入门书籍，建议学习经济名著还是要从《国富论》与《经济学及赋税之原理》入手。② 1936年4月，中华书局出版了《国富论》一书，同年9月10日，《农报》的"书报介绍"栏目发布了《国富论》书讯，详细介绍了该书各章节的标题和内容，称赞该书"理论透辟，为经济学中之杰作"。③ 这是《国富论》出版后目前所能见到的三则书讯，文字极其简略，不能称之为书评。当时的学术界名流似乎冷眼旁观，充耳不闻，就连普通读者也未见其写过书评。作为该书译者之一的王亚南这才以王渔邨为笔名，专门为《国富论》写了书评，概述了此书的主要内容。④ 可见严复译本的社会反响要明显高于郭、王译本。

第二节 《国富论》与"中国经济学"：以王亚南为例

王亚南（1901—1969）是现代中国著名的经济学家和教育家。1929—1931年，王亚南在日本东京研究马克思主义经济学，并翻译古典政治经济学。学术界长期关注王亚南在传播马克思主义经济学上的贡献，尽管都了解他用白话文翻译了亚当·斯密的《国富论》，但对于他在传播资产阶级经济学说，尤其是斯密学说方面的贡献，却明显缺乏重视。王亚南一生著述和翻译了41部书，仅在1949年之前出版的专著就达23部，⑤其中10多部著作论及斯密及其学说。王亚南一生共发表论文334篇，他早期的作品曾用

---

① 《国富论》，《十日》1931年第3卷第41期，第155页。
② 张觃余、王亚南：《几个关于经济学的初学的问题》，《读书杂志》1932年第2卷第11—12期，第1—14页。
③ 张佑周：《书报介绍：国富论（上下两卷）》，《农报》1936年第3卷第25期，第1339页。
④ 王渔邨：《亚丹斯密〈国富论〉述评（世界名著提要）》，《自修大学》1937年第1卷第3期，第223—226页。
⑤ 朱立文：《王亚南著译系年目录》，《中国经济问题》1981年第5期，第69—81页。

笔名"王渔邨""王渔村"发表。据笔者统计，1931—1949年，王亚南撰写的文章大约119篇，其中有28①篇论文直接涉及斯密及其学说，中华人民共和国成立后，他又撰写了不少有关斯密学说的论著。

从王亚南著述发表的时间而言，我们大致可以把他的作品分为两个阶段来认识。第一阶段从1931年始，至1941年止；第二阶段从1941年至1949年新中国建立前夕为止。划分的主要依据在于，王亚南在《留给中大经济学系同学一封公开信》（此篇收录时改题为《如何发挥自学的精神》）中坦言：

> 我到中大以前，虽然也出版了一些有关经济学方面的东西，但用我自己的思想，自己的文句，自己的写作方法，建立起我自己的经济理论体系，并依据这个体系，把它伸展延拓到一切社会科学的领域，特别是展拓到社会史领域——这个企图和尝试不论达到了什么程度，却显然是到了中大以后开始的。而我自己分明记得，是在发表"政治经济学在中国"那篇文章开始的。②

这段引文的相关背景是，1940年9月，王亚南到中山大学执教，据他回忆，他选用李嘉图《经济学及赋税之原理》作为高等经济学课程的教学底本，但是许多学生对这门课并不感兴趣，相反他们感兴趣的是他教授的中国经济史课程，③这促使他开始思考如何让经济学及经济学教材更适合中国的实际情况。1941年10月，他尝试提出了构建"中国经济学"这一命题：

> "中国经济学"这个语辞的提出，是为了要在经济学的研究方面，做一个新的尝试，开辟一个新的门径，是希望中国经济学界，不再是一味"消纳"所谓英美学派，德奥学派，乃至苏联学派的经济学说的"市场"，而能自己加工制作一点适于国人消费且满足国家需求的国产货色。④

---

① 这28篇没有包括王亚南部分著作中的论文，例如《经济科学论丛》中的《经济科学论》《政治经济学上的法则》等，因这些文章难以查阅出处，故未统计。可见，他在新中国成立前发表的文章远不止28篇。
② 王亚南：《如何发挥自学的精神》，《王亚南文集》（第5卷），福建教育出版社1989年版，第226页。
③ 王亚南：《中国经济原论》，广东经济出版社1998年版，第1页。
④ 王亚南：《政治经济学在中国——当作中国经济学研究的发端》，《新建设》1941年第2卷第10期，第14页。

王亚南主张不能一味盲目追随"英美学派""德奥学派"与"苏联学派",要尝试构建以研究中国经济为主题的经济学,使经济学"中国化"。笔者以为,1941年之前,王亚南是在学习和摸索包括斯密学说在内的资产阶级经济学以及马克思主义经济学,他在这一阶段的一个成就是翻译了《国富论》,所发表的论著侧重论述、表达他本人对斯密学说的理解与阐释。1941年之后,他逐渐转向运用马克思主义经济学与资产阶级经济学来分析、研究中国经济问题,他的代表作《中国经济原论》以及《中国官僚政治研究》都是在这之后才诞生的,都可以看作他以"中国人的立场""中国人的资格"来对政治经济学研究所做出的新的尝试。因此本节拟先概括王亚南著述中的斯密学说,然后探讨斯密学说对"中国经济学"可能产生的影响。

一、王亚南著述中关于斯密学说的概述：1928—1941

《国富论》译本问世后,王亚南开始宣讲该书。从1931年至1932年,《读书杂志》连续刊登了王亚南关于世界经济学名著讲座的5篇文章,世界经济名著讲座共分五讲,第一讲是导论,第二、三、四讲是介绍正统派经济学名著,第五讲是介绍历史学派经济学名著。王亚南的第一篇论文《世界经济名著讲座》于1931年4月1日刊登在《读书杂志》第1卷第1期上,《读书杂志》第2期刊发了世界经济名著讲座第二讲的内容,该讲座共讲授7部经济学名著,斯密的《国富论》名列首位,王亚南在文中介绍了《国富论》的写作背景、基本观点以及《国富论》五篇的大意。除开斯密的《国富论》之外,在这些讲座中,重农派、正统派、历史派三派的主要代表人物的代表作均不同程度地或被提及、或被对比于斯密及其学说,从中我们也可以看出王亚南对近现代西方经济学说掌握得比较充分。

继他的五次世界经济名著讲座之后,1932年9月20日,王亚南在上海写完了《经济学史》一书,该书分为上下卷,上海民智书局出版了上卷,下卷因故未出版。该书是一部经济思想史,叙述了重农学派、正统学派、历史学派、马克思主义学派、奥大利学派等派别的经济思想,其中关于斯密的论述在全书中所占比例较大,书中多处整段抄录了《国富论》译文。同年9月,王亚南翻译了英国克赖士[即约翰·内维尔·凯恩斯(John Neville Keynes,1852—1949)]的著作《经济学绪论》,1933年3月,上海民智书局出版了该书,该书不是按照生产、分配、交换、消费的四分法书写,而是以经济学本身为研究对象,阐述经济学的本质、方法、功能、经济学与其他学科的关系,以及经济学能成为科学所具备的条件等。该书再次丰富了王亚南对经济学基本理论的认识。

与此同时,王亚南继续深入研究斯密学说,在1932年至1933年之间一连发表了五篇文章:《略论经济学之基础并答辛茹君》《关于经济学之几个别号的诠释——政治经济学,资本主义经济学,国民经济学》《法西主义运动与浪漫主义经济学》《亚丹斯密马尔萨斯及里嘉图之经济学说的比较研究》《介绍与批判:〈经济学史〉序论》《现代思想危机论》。1934—1935年,他在德国、英国期间,一边考察资本主义制度,一边坚持经济学的写作与翻译。1935年3月上海世界书局出版了德国人乃特等著、王亚南翻译的《欧洲经济史》一书。1935年冬,王亚南回国,直到1937年王亚南才以王渔邨为笔名撰文介绍了《国富论》一书中的五个中心观点:分工论、劳动价值说、自然分配论、自由主义经济政策、赋税论。① 1938年8月,上海读书生活出版社出版了郭大力与王亚南用了10年时间才翻译完成的《资本论》一书。

总的来说,王亚南第一阶段的论著集中发表在1931—1933年,主要是关于《国富论》的研究,偏重于对斯密经济理论本身的理解,很少运用它来分析中国的经济问题。

一是关于分工论。斯密认为一个国家财富要增加,应该想方设法提高劳动生产力,那么如何才能实现这一点呢？斯密认为是分工使然:"劳动生产力上最大的改良,以及劳动运用劳动指导上的熟练,技巧和判断力,大部分都不外是分工的结果。"②然而分工是一件复杂的事情,斯密认为分工源于交换,分工的范围又受到交换范围的限制,资本与劳动力的自由竞争也影响到分工发展的程度。王亚南在分工问题上基本赞同斯密的观点,认为分工是《国富论》"最精到的"部分,他甚至还认为分工不但是决定一个国家"贫富的要键",而且是第一个决定国家"文明程度的指标"。③ 他在之后的《经济学史》一书中也没有改变对斯密分工论的高度评价,认为分工是"斯密整个经济学说中的独创部分",最能体现"近代工业资本主义的神髓的部分",④并且为斯密的自由竞争学说打下了坚实的基础。

二是关于价值论。斯密的价值论体现在《国富论》第一篇第五、六、七章中。王亚南指出,斯密将价值分为使用价值与交换价值,而侧重于后者。斯密认为在原始社会,交换价值由产生时所投下的劳动量决定,在资本主义私

---

① 王渔邨:《亚丹斯密〈国富论〉述评(世界名著提要)》,《自修大学》1937年第1卷第3期,第223—226页。
② 王亚南:《经济学史》,上海民智书局1933年版,第247页。
③ 王亚南:《正统派经济学名著:世界经济名著讲座第二讲上》,《读书杂志》1931年第1卷第2期,第9页。
④ 王亚南:《经济学史》,上海民智书局1933年版,第245—246页。

有制社会,土地私有,劳动生产物不全属于劳动者自身,因而生产商品所费的劳动量,就不是决定商品价值的唯一标准,他转而坚持供求价值论。王亚南指出了斯密价值学说的矛盾:"就商品价值中于生产时所投下之劳动量一点讲,他是劳动价值论者;就商品价值决于交换时所能支配的劳动量一点讲,他又是非劳动价值论者。他以劳动价值说始,以需要供给说终,这种彷徨无定的主张,遂开拓了其后继者分道扬镳的歧径。"①由此,王亚南认定斯密坚持二元价值论,他在四年之后的《亚丹斯密〈国富论〉述评》一文中持同样的看法。在王亚南看来,斯密对于原始社会坚持了劳动价值论,而对于资本主义社会则坚持供求价值论,王亚南因而这样评价斯密的价值论:"这种价值二元论,即无异对于他所标榜的劳动价值说的否定。"②其实,王亚南对斯密的看法是承继了马克思的观点。马克思说:"从单纯商品观点上在他看来似乎是真实的东西,到资本、雇佣劳动、地租等等比较高级和比较复杂的形式代替了商品的时候,在他看来就模糊了。"③

王亚南接着指出,李嘉图继承了斯密的劳动价值论并将之发扬光大,李嘉图反对斯密的供求价值论,认为无论是原始社会,还是农业社会或者工业社会,"商品的交换价值,通通是受支配于其生产时所投下的劳动量"。④ 马尔萨斯的价值论恰与李嘉图相反,马尔萨斯支持斯密的供求价值论,反对劳动价值论,也就是说,李嘉图主张"商品价值决于其生产时所投下的劳动量",马尔萨斯主张"商品价值决于其交换时所能支配的劳动量"。⑤ 看来,正是由于斯密在价值论上采用了两种标准,才让他的后继者李嘉图和马尔萨斯在价值问题上产生争执。

三是关于分配论。斯密将社会划分为工人、资本家、地主三个阶级,这三个阶级的收入分别来源于劳动、资本与土地,其所得分别称为工资、利润与地租。斯密认为,劳动产品在社会各个阶级之间的分配是自然的,王亚南将斯密的分配论称为自然分配论,将《国富论》第一篇的标题翻译为"论劳动生产力改良的原因,并论劳动生产物分配给各阶级人民的自然顺序",从

---

① 王亚南:《亚丹斯密马尔萨斯及里嘉图之经济学说的比较研究》,《学艺》1933年第12卷第1期,第17页。
② 王渔邨:《亚丹斯密〈国富论〉述评》,《自修大学》1937年第1卷第3期,第225页。
③ 马克思:《政治经济学批判》(郭译),第28—29页,转引自王亚南:《王亚南文选》(第3卷),中国社会科学出版社2007年版,第314页。
④ 王亚南:《亚丹斯密马尔萨斯及里嘉图之经济学说的比较研究》,《学艺》1933年第12卷第1期,第18页。
⑤ 王亚南:《亚丹斯密马尔萨斯及里嘉图之经济学说的比较研究》,《学艺》1933年第12卷第1期,第20页。

两个方面来考察斯密的自然分配论,一是三个阶级之间的自然分配,二是每个阶级内部各成员之间的自然分配。这三个阶级的收入分配"自然会趋于公平"。例如,就劳资关系而言,资本家虽然在法律保障上处于有利地位,但劳动者的工资水平绝对不能低于最低生活水平;当劳动力需求量大,资本家会提高劳动者的工资,但上涨的工资又是有一定限度的,其上涨的幅度又会随着劳动者之间的竞争而降低;利润的大小与工资成反比,由于受到供求规律的制约,这两者的差距不会太大,也不会太小;斯密所谓的地租是"土地劳动生产物普通价格中超过相当的劳动工资和资本利润的部分",地主阶级的收入不会侵犯到资本家与劳动者的利益。总之,三个阶级之间的分配是自然而然的,是公平的。而且,针对每个阶级内部各个成员之间的收入分配,斯密也根据职业本身的性质与欧洲各国限制资本与劳动的政策来论证其自然会趋于公平。①

  斯密的分配论涵盖了地租论、工资论、利润论。限于篇幅,这里仅举前两者。关于地租论,王亚南的看法是,斯密的地租论是"混合而包容"的。具体而言,斯密的地租论包括:其一,"食物常生地租说",斯密认为地租是"使用土地的价格",地租的大小,取决于土地生产物价格的大小,而价格的大小,又取决于需要状况如何,而人类社会的繁衍需要大量的食物为基础,因此食物常能提供地租,王亚南将之概括为"食物常生地租说";其二,地租的大小取决于价值的高低,斯密说:"地租与工资利润,同为商品价格的构成部分,但其构成的方法不同。工资及利润之高低,为价格高低的原因,地租的高低,则为价值高低的结果。"②其实除了上述两种地租论之外,斯密还规定了两种地租论:地租是一种垄断价格,地租是工人劳动价值的一部分,所以王亚南才会说斯密的地租论"混合而包容"。关于工资论,斯密对工资的论述有其一,工资应是工人维持其本人及家属最起码的生活费用。"凡依劳动而生活的人,其工资至少须足维持其生活。在许多场合,工资还得多少超过此种限度,否则,他将无从赡养家室,无从延续劳动者族类至一代以上。"其二,工资基金论。工资基金指预定用来支付工资的资金,斯密说:"对工资劳动者需要的增加,正与维持劳动支付工资的基金之增加成比例。这种基金,有两个来源:一、维持生活必要程度以上的收入;二、雇主必要用费以上的

---

① 王亚南:《正统派经济学名著:世界经济名著讲座第二讲上》,《读书杂志》1931 年第 1 卷第 2 期,第 16—18 页;王渔邨:《亚丹斯密〈国富论〉述评》,《自修大学》1937 年第 1 卷第 3 期,第 225 页。
② 王亚南:《亚丹斯密马尔萨斯及里嘉图之经济学说的比较研究》,《学艺》1933 年第 12 卷第 3 期,第 30—31 页。

资本。"其三,工资水平取决于市场对劳动的需求状况。斯密说:"劳动需要继续增加,人口亦须继续加大,以为供应。……在前一场合,市场上的劳动供给,如此不足,在后一场合,市场上的劳动供给,又如此过剩,结局,都将强制劳动价格,使复归于目前社会所必要的适当程度。"①王亚南基本上同意斯密的工资论。

四是关于自由主义经济政策。自由主义经济政策或者说经济自由主义学说是《国富论》的核心,自由主义经济政策反对国家干预经济生活,要求尊重和保护私有财产,实行自由贸易、自由竞争。王亚南认为斯密在《国富论》第四篇中批评重商主义与重农主义时对自由主义的经济政策的强调尤为突出,英国的通商条例、谷物法、学徒制、行业垄断、济贫法等都存在着对经济发展的多种束缚,斯密主张无论是农业、商业、工业,都应该采用自由主义的经济政策,让其自由发展。王亚南是以阶级分析法来看待斯密的自由主义,在他看来,作为资产阶级利益的代表,斯密反对封建主义的束缚,呼吁工商业资产阶级的自由,然而资产阶级的资本自由必须以劳动阶级的劳动自由为前提,如果劳动力不能自由买卖,资本主义的发展无疑会受到遏制。因此,王亚南将"资本与资本所要求的劳动的自由"视为斯密自由主义经济政策的"骨干"。②

五是关于赋税论。王亚南论述斯密的赋税理论是从政府职能开始谈起的,在斯密看来,个人并不能完全自由活动,仍然有三点职责需要依靠政府来完成。一是巩固国防,免遭他国的侵略;二是设立司法机关保护社会上每一个成员;三是建立并维持公共设施与公共事业。政府承担了这三种职责,人民就需要替政府分担国防开支、司法开支与公共建设的费用。王亚南将政府征收的赋税四大原则译为:"(一)一国国民各应按照自己的财力,或按照自己在国家保护下享得收入,依相当正确的比例,提供国赋,维持政府;(二)各国国民应当完纳的赋税,须得明白确定;(三)赋税完纳的方法及完纳的日期,皆当从完纳者的便利着想;(四)一切赋税的征收,须设法使国民所支出的,等于国家所收入的,即须铲除一切中饱舞弊,或多余的税收机关。"③换而言之,斯密的赋税原则可简化为平等原则、确定原则、便利原则、经济原则。王亚南对斯密赋税理论的理解是正确的。

---

① 王亚南:《亚丹斯密马尔萨斯及里嘉图之经济学说的比较研究》,《学艺》1933年第12卷第8期,第21—22页。
② 王亚南:《正统派经济学名著:世界经济名著讲座第二讲上》,《读书杂志》1931年第1卷第2期,第22—23页。
③ 王渔邨:《亚丹斯密〈国富论〉述评》,《自修大学》1937年第1卷第3期,第226页。

二、王亚南著述中关于斯密学说的概述：1941—1949

　　王亚南对斯密学说理解的第二阶段，始于 1941 年发表的《政治经济学在中国——当作中国经济学研究的发端》一文，至于 1949 年刊登的《政治经济学史与新史学》(《新中华半月刊》1949 年第 12 卷第 7 期) 一文。这期间王亚南还发表了如下论文：《政治经济学及其应用》《论东西文化与东西经济》《政治经济学上的人——经济学笔记之一》《哲学与经济学》《现代经济思想演变之迹象》《政治经济学上的自然》《经济学之研究对象与研究方法的问题》《论文化与经济》《中国当前经济改造上的社会劳动生产力与社会生产关系的问题》《中国经济研究之路》《我们需要怎样一种新的经济学说体系》《论国家资本主义经济形态与国家社会主义经济形态》《论中国国家经济与国民经济的关系》《晚近流俗经济学上的诸研究倾向》。与第一阶段相比，第二阶段的文章数量明显增多，但未有一篇是单独研究斯密学说的，这些文章侧重于"中国经济学"这个主题，作为马克思主义理论家，王亚南主要运用马克思主义经济学来研究中国经济问题，斯密学说只是其中一种分析中国的经济问题的理论工具，其在文章中所占的比重远远低于马克思主义经济学。从实际效果来看，我们可以看出王亚南并非机械地接受斯密理论，而是十分娴熟地运用斯密理论来分析中国问题。

　　虽然这一阶段的论文涉及斯密经济理论的成分不如第一阶段多，但这一阶段的著作中却出现了不少关于斯密的经济理论，如《中国经济原论》《中国社会经济改造问题研究》《经济科学论丛》《政治经济学史大纲》等。《经济科学论丛》是一本论文集，收录了《经济科学论》《政治经济学上的人》《政治经济学上的自然》《政治经济学上的法则》《哲学与经济学》《政治经济学及其应用》《经济学之历史发展的迹象》《政治经济学对于现代战争的说明》《政治经济学在中国》《中国经济学界的奥地利派经济学》10 篇论文。除了《政治经济学对于现代战争的说明》与《中国经济学界的奥地利派经济学》2 篇之外，其余 8 篇都涉及斯密理论。《政治经济学史大纲》系王亚南运用历史唯物主义研究政治经济学发展历史的优秀经济学说史著作，该书也分专章介绍了斯密的经济学说，其中关于斯密经济学说的介绍与《经济学史》一书几乎雷同。《中国经济原论》是王亚南的代表作，拟作重点介绍，《中国社会经济改造问题研究》是其续篇，下面主要介绍《中国经济原论》一书，附带提及其续篇。

　　《中国经济原论》一书于 1946 年 1 月由中国经济科学出版社在福建出版，新中国成立后由人民出版社出版，改名为《中国半封建半殖民地经济形态研究》。《中国经济原论》是王亚南的代表作,是一部用马克思主义理论研究中国经济问题的杰作,1949年前的学术界认为该书具有"中国的、实践的、批判的三大特色",该书因而被称为"中国式的资本论",新中国成立后的好评也不断,1998年被评为"影响新中国经济建设的10本经济学著作"中的唯一于新中国成立前出版的著作。王亚南因而被称为"主张中国经济学的先驱者和实践家""建立中国经济学的开拓者"。①

全书包括正文九篇、附论五篇。第一篇"导论"探讨中国半殖民地半封建经济的形成发展过程及其研究上的两条战线,第二篇至第八篇依次探讨了各种经济范畴和经济规律:商品与价值形态、货币形态、资本形态、利息形态与利润形态、工资形态、地租形态以及经济恐慌形态。全书以商品开始的论述程序说明,王亚南是按照商品经济或者说《资本论》的体系与范畴来分析中国半殖民地半封建经济,采用马克思主义的经济观点和方法无疑是该书的亮点,但他并不拘泥于此,他同时也吸收、批判、借鉴了不少资产阶级经济学说的观点,亚当·斯密的经济理论也在其列,他于1955年在该书《增订版序言》中也承认了这点:"全书的基本论点,是运用《资本论》中有关资本主义经济和前资本主义经济的原理和规律来展开说明的,但在解放以前,为了回避反动统治检查的麻烦,多半是分别用经济科学或伟大的经济科学家指示我们一类语法,来表明它们是出自《资本论》或卡尔·马克思的教导。"②

斯密的经济理论在全书的分布情况是,第一篇、第三篇、第四篇、第五篇、第六篇、第七篇、第八篇中,每一篇至少有一次提到斯密,其中第六篇有五处曾提到斯密的名字。换言之,王亚南用斯密学说渐次分析了近代中国的商品、货币、资本、利息利润、工资、地租、经济恐慌等问题,兹分述如下。

其一,关于政治经济学。王亚南在"导论"中指出,研究中国半殖民地半封建经济,必须透彻地了解三种科学:政治经济学、经济史学、中国经济史。政治经济学是对具体经济现象的抽象概括,既反映经济现实,又指导经济现实。王亚南认为我们应该根据政治经济学的一般经济原则及其结论来研究中国经济形态,从而间接获取对经济现象的理解,他举例说,研究亚当·斯密或李嘉图的经济理论,也就是研究这些经济理论所体现的英国18世纪、19世纪之交的经济现实。③ 斯密通过研究英国经济现实,首次创立了政治

---

① 陈永志、郭其友:《纪念王亚南诞辰100周年学术研讨会综述》,《经济研究》2001年第12期,第88页。
② 王亚南:《王亚南文选》(第3卷),中国社会科学出版社2007年版,第837页。
③ 王亚南:《中国经济原论》,广东经济出版社1998年版,第44—45页。

经济学体系,王亚南以斯密为榜样,试图将政治经济学中国化,创建中国经济学。

其二,关于货币的起源。在货币的起源问题上,王亚南指出,货币之所以能够充当一般等价物,是因为它具有"特别宜于用作交换媒介物的诸种特殊功能,如它有不易磨损的硬度,有易于熔解的属性,有获得的困难,因而在小量中包含着较大价值的特质等等"。他在"特质"一词下用注释指出,斯密大体也是这种观点。也就是说,斯密承认货币作为金属,具有这样一些"特质",王亚南认为斯密的"特质"大部分属于"自然的""特质",而马克思"更独特地"指出了货币的"社会的""特质",马克思说:"一般金属在直接的生产过程中的重大意义,与它们当作生产工具的作用有关。"① 在这里,王亚南一方面承认了斯密把货币的起源视为一个自然过程的正确性,另一方面又表扬了马克思比斯密进步的一面——从社会属性来认识货币的起源。

其三,关于资本。王亚南说到中国社会的资本,首先对这一名词进行了学术回顾。对于"资本"这个概念,几乎每位经济学家都会做出解释,王亚南列举了斯密、罗贝尔图②、庞巴卫克③三位经济学家的解释。斯密"把一般资财中,用以获取利得的那一部分,定义为资本",罗贝尔图认为资本是帮助再生产的生产品,庞巴卫克则认为资本是各种以生利为目的的财货。王亚南认为这三种定义似乎都给人一种"不够充分,不够明确的感觉",于是,王亚南把资本定义为"资本是在一定的社会关系之下,使其价值增殖的物质手段"。④ 在这里,王亚南抛弃了斯密的定义,采用了马克思的观点。

其四,关于利息与利润。王亚南认为,利息和利润要联系起来讨论才更能明白其含义,而要了解中国的利息利润,首先得从它们的演变史中寻找答案。为了给中国的利息利润问题找到理论依据,王亚南回顾了魁奈、斯图亚特、杜尔阁、马希、斯密等近代经济学家对利息利润的学术观点,并指出,斯密以前的经济学家都没有认清利息和利润的关系,直到斯密才明确揭示了两者的关系。在斯密看来,利息是借贷资本家出让货币使用权的回报,利润是资本家占用工人新创造的价值的一部分,利息是从利润中派生出来的,利息是利润的一部分。斯密在《国富论》中说:"使用货币一般所能支付的利

---

① 王亚南:《中国经济原论》,广东经济出版社 1998 年版,第 84—85 页。又见[英]亚当·斯密:《国民财富的性质和原因的研究》(上卷),郭大力、王亚南译,商务印书馆 2008 年版,第 21 页。
② 罗贝尔图即约翰·卡尔·洛贝尔图斯(Johann Karl Rodbertus,1805—1875),德国经济学家。
③ 庞巴卫克即欧根·庞巴维克(Eugen von Böhm Bawerk,1851—1914),奥地利经济学家。
④ 王亚南:《中国经济原论》,广东经济出版社 1998 年版,第 110 页。

息,必须受支配于使用货币一般所能取得的利润。"①

其五,关于雇佣劳动。第六篇是谈中国社会的工资问题,王亚南在该篇第二章"中国社会的传统的雇佣劳动关系"中提到斯密学说,斯密的名字出现五次之多,远远超过其他篇章的使用频率,同时王亚南大段引述《国富论》译文,并直接以页下注的方式标明《国富论》源自中华书局1936年版上卷,整本书直接注明《国富论》文献出处的仅出现在第六篇,这大概是他在序言中所指明的那样,是为了避免反动统治检查的麻烦。下面解读一下王亚南对斯密的论述。

王亚南指出,斯密在18世纪就认识到中国很早就是世界上最富裕的国家之一,但是中国劳动者的工资水平极其低下的现象。《国富论》中有大段描述中国劳动者的生活状况:"在马哥·孛罗(Marcopollo)前后游历中国的许多旅行家,在其游记中,一般公认中国劳动工资的低落和劳动者不能维持一家老小的困难情形。雇农辛辛苦苦耕作,能挣得些微买米的货币,就心满意足了。工匠的境况,则坏到了不能更坏的程度。……国富而下层人民竟是那么穷的究竟,他的解释是:一国财富虽说很大,但如它静止好久了,它的国民的劳动工资,必不能希望很高,尤其是不能希望有所增加。"②斯密从未到过中国,他对中国劳动状况的了解是通过"马哥·孛罗"(马可·波罗)等传教士的游记和报告而得知的,他试图用中国的工资水平来论证他的"工资变异论",所谓"工资变异论"是指一个国家的富有程度不能证明其工资水平就高,国民财富只有不断增长,工资才会不断增高,国民财富如果越来越低,工资也会跟着越来越低。这个理论是他考察世界经济得出的结论,他把世界各国的经济发展水平分为迅速发展、停滞不前、退步三种类型,其工资水平相应表现为较高、维持较低水平、减少三种类型。美洲的经济发展迅速,其工资水平较高,东印度与英国其他殖民地的经济处于退步状态,其工资水平在不断减少,而中国经济处于停滞不前的状态,其工资水平"一直保留在使一般靠劳动生活的人,不能维持生活的境地"。也就是维持在一个较低水平上。斯密从而得出了这样的结论:"劳动的优厚报酬,是国富进步的自然象征,贫困劳动者的微薄生活资料,是万事停滞的自然象征,而其饥饿状态,则是万事往后退步的自然象征。"③进而,王亚南做出了点评:斯密认

---

① 王亚南:《中国经济原论》,广东经济出版社1998年版,参见[英]亚当·斯密:《国民财富的性质和原因的研究》(上卷),郭大力、王亚南译,商务印书馆2008年版,第328页。
② 王亚南:《中国经济原论》,广东经济出版社1998年版,第189—190页。参见[英]亚当·斯密:《国富论》(上卷),郭大力、王亚南译,中华书局1936年版,第85页。
③ [英]亚当·斯密:《国富论》(上卷),郭大力、王亚南译,中华书局1936年版,第87页。

为中国工资水平低到无法维持生存的地步,他表示赞同;斯密认为中国工资水平的低下是中国社会长期处于停滞不前的状态所造成的,他表示异议,因为中国和西欧的雇佣劳动关系大相径庭,因此王亚南觉得斯密的解释"太笼统,太不够了"。①

中国的雇佣劳动关系非常复杂,王亚南在列举了"自宅工资作业""外出工资作业"等多种工农雇佣劳动关系之外,还提到了官业。官业是一种中国历代传承的雇佣劳动行业,可分为两种类型:一类是制盐、采矿、烧瓷等官办的规模较大的行业,另一类是涉及为封建帝王、贵族官僚以及一部分僧道制造享受品的行业。从事后者的劳动者数量有限,因其服务的对象是官方,故工资待遇总体较高,不能被斯密归类在中国贫困的工资劳动者的行列中。②

其六,关于地租。土地问题在中国通常是最基本的问题,地租又是土地的核心,那么如何认识这一概念呢?王亚南在文章中提到,地租在经济学上是一个比较难理解的概念,尤其是在封建制地租向资本制地租的过渡时期,作为封建制的劳动地租与实物地租和作为资本制的货币地租同时存在,要正确理解地租显得更难,斯密恰好生活在那个时代,所以,王亚南说地租曾经把斯密、李嘉图等一流经济学家"弄昏了头",斯密对于地租的概念"格外表现得含糊"。③ 既然如此,王亚南就此止步,没有阐述斯密的地租观。斯密在《国富论》中阐述了4种相互矛盾的地租论,他认为,地租是对土地上的劳动生产物中扣除的第一个项目,地租是使用土地的价格,地租是一种垄断价格,地租是自然力的产物。所以作为译者的王亚南才说,斯密被地租理论"弄昏了头"。

其七,关于经济恐慌。王亚南所说的"经济恐慌"就是我们今天所说的经济危机,无论是封建经济还是资本主义经济在一定的历史阶段都会发生经济危机或者经济恐慌。综观中国古代历史,汉朝末年、唐朝末年、宋朝末年、明朝末年均发生过战乱,均处于高度的经济恐慌(经济危机)之中,其结果通常是,王朝衰落,农业生产力受到极大摧残,工商业遭到极大破坏,商人阶级也随之没落,旧社会的母体内很难孕育出新的生产关系,而新生社会仍然是旧的生产力支配着旧的生产关系。对于此种境况,斯密、黑格尔等许多欧洲知名学者把中国的这种情况称为"所谓永劫不变的中国社会"。④ 这里

---

① 王亚南:《中国经济原论》,广东经济出版社1998年版,第190页。
② 王亚南:《中国经济原论》,广东经济出版社1998年版,第195页。
③ 王亚南:《中国经济原论》,广东经济出版社1998年版,第219页。
④ 王亚南:《中国经济原论》,广东经济出版社1998年版,第266页。

的"永劫不变"与斯密所谓中国社会是停滞不前的社会这一说法是一脉相承的,王亚南不同意斯密的观点,认为从长时期的历史演变来看,中国社会也存在不变中的变动,停滞中的发展。

此外,该书收录的附论《政治经济学在中国》一文也论及斯密学说,此文内容前已述及。至此,《中国经济原论》一书中有关斯密的理论基本介绍完毕,归纳起来,王亚南对斯密的论点的理解如下:(1)关于货币的起源,王亚南承认了斯密对货币自然属性的论述,但又指出斯密忽视了货币的社会属性,马克思纠正了斯密理论中的缺陷;(2)关于资本的定义,王亚南未采纳斯密的观点,而是采用了马克思的观点;(3)关于利息与利润,斯密把利息视为利润的一部分,王亚南肯定了斯密对利息利润论的贡献,但是他并未采用斯密的利息利润论来解析中国的利息与利润问题;(4)关于雇佣劳动,王亚南同意斯密关于中国劳动者工资极其低下的观点,反对斯密将中国劳动者工资低下归结为中国社会长期处于停滞不前的观点;(5)关于地租,斯密对地租有4种矛盾的说法,导致王亚南没有采用斯密的地租见解;(6)关于经济恐慌,王亚南反对斯密把中国说成是"永劫不变"的社会,这与王亚南反对斯密把中国社会说成是停滞不前是如出一辙的。总体而言,王亚南对斯密学说的否定多于肯定,他在理论观点上还是以马克思主义为主。

不过,《中国经济原论》一书中有关斯密的理论虽然都已介绍完毕,但王亚南并未就此止步,《中国经济原论》侧重于理论建构,光有理论建构还不够,还须回到实践中去检验。所以,1949年4月15日,王亚南撰写了《中国经济原论》的续篇——《中国社会经济改造问题研究》,旨在通过"化验室方法"研究所得的经济理论再回到现实中去。王亚南在谈论生产力与生产关系时提到了斯密的生产力理论。王亚南指出,斯密在《国富论》第一章阐述了生产力思想,把劳动分工程度视为社会生产力发展的一个重要指标,这是他的贡献,但他忽视了社会分工本身也是社会生产力发展的产物,斯密虽然提出了社会生产力这一概念,但并未对其内涵做进一步的说明,直到马克思在《资本论》一书中才清楚表达:社会生产力的大小取决于劳动工具的发展程度、劳动熟练程度、生产组织规模、自然条件利用范围、科学及技术应用水准。[①] 可见,王亚南还是坚持马克思的生产力理论。

三、《国富论》对构建"中国经济学"的影响

"中国经济学"这一概念的提出是20世纪30年代"学术中国化"思潮

---

① 王亚南:《中国社会经济改造问题研究》,中华书局1949年版,第81页。

的反映。"学术中国化"是近代中国学人在民族危机日益深重的情况下对西方文化以及中国传统文化的一种反思。1931年,经济学人顾寿恩发表《中国经济学的时代背景及其特征》一文,但作者并未解释何谓"中国经济学",只是呼吁创造"一种新的经济学"。① 1933年,陈豹隐在《经济学讲话》中说:"我们应当以中国人的资格,站在中国人的立场,来研究中国经济学与外国学问间的区别和关联,并指出现今中国的经济学的发达程度及以后的发展趋向。"②遗憾的是,陈豹隐坦陈自己因时间有限和研究不足只得省略了对"中国经济学"的撰写。其实,他后来还是对"中国经济学"展开了一定的研究。例如,民生主义经济学可谓民国时期具有中国特色的"中国经济学"。陈豹隐不同意民生主义经济学只有三个基本概念的说法,将其扩大为九个基本概念,并指出孙中山的民生主义经济学是以中国传统经济思想为基础,荟萃了中外经济思想的精华,但不是斯密的"国民经济学"。③ 1938年,教育家柳湜在抗战的时代背景下提出政治学、经济学、历史学、文学等学术领域要"中国化"的主张。在经济学领域,他认为中国应该:

  接受世界上最进步的经济学说、正确的研究方法,来研究中国社会经济,尤其是研究抗战过程中中国经济的运动法则,研究中国国民经济发展的诸法则。我们要建设中国经济学,它是解决中国经济问题的原理。④

  柳湜虽然提到了建设"中国经济学",但并未将之视为一个理论概念,也未对其展开具体研究。王亚南虽不是提出"中国经济学"的第一人,但他明确提出了"中国经济学"这个概念并以此为研究的重心,取得了一系列的丰硕成果,成为20世纪三四十年代中国研究"中国经济学"最杰出的代表,这一点已是近年来中国学术界的共识。⑤ "中国经济学"是王亚南长期学习、研究经济学的理论结晶,其中斯密学说对"中国经济学"的形成与发展起着

---

① 顾寿恩:《中国经济学的时代背景及其特征》,《国立中央大学半月刊》1931年第2卷第7期,第98页。
② 陈豹隐:《经济学讲话》,《陈豹隐全集》(第一卷),西南财经大学出版社2013年版,第182页。
③ 陈豹隐:《民生主义经济学之特质与体系》,《四川经济季刊》1943年第1卷第1期,第8—16页。
④ 柳湜:《论中国化》,《读书月报》1939第1卷第3期,第120页。
⑤ 参见卢江、钱书法:《王亚南对中国经济学研究的理论与实践贡献》,《经济学家》2012年第8期;陈克俭:《王亚南对创建中国经济学的历史性贡献及其启示——纪念王亚南诞辰100周年》,《东南学术》2002年第1期;谈敏:《中国经济学的过去与未来——从王亚南先生的"中国经济学"主张所想到的》,《经济研究》2000年第4期。

第九章　郭大力、王亚南《国富论》译本及相关著述中的斯密学说

重要的作用,而这一点往往为学术界所忽视。

为了说明"中国经济学"建立的可能性,王亚南解释了"中国经济学"的国别问题。本来,经济学在理论上是不分国界的,但从经济学史的角度看,经济学理论却被经济学史家冠以不同的国名,例如意大利经济学史家柯沙与英国经济学史家因格拉门的著作中会出现"英国经济学""法国经济学""德国经济学"等字样,而且正统派的经济理论被称为英国经济学、重农学派经济理论被称为法国经济学、历史学派经济理论被称为德国经济学、限界(边际)效用学派经济理论被称为奥国经济学、美国经济理论被称为美国经济学,这些被冠以不同国名的经济学派别肢解了经济学的整体性与一般性,其弊端是明显的。王亚南认识到了经济学"国别化"的弊端,但是他同时注意到经济学在不同国家的应用是不一样的,这是他敢于提出"中国经济学"的前提,而经济学在中国被"误用",是他提出这个概念"最有力的动机"。①

虽然王亚南提出了"中国经济学"这个命题,但他坚持主张经济学的一般性,认为建立"中国经济学"不是要放弃经济学的基本原理,而是要依据或者应用经济学的基本原理原则去"发现中国经济的特质,及作用于中国经济中的基本运动法则和其必然的演变趋势"。② 亚当·斯密作为经济学的集大成者,对经济学基本原理或法则的确立与发展做出了重要贡献,王亚南对此毫不隐晦。例如,他把斯密当作价值法则的"创立者",③价值法则是经济学的"总钥匙",如果价值法则没有确立,那么工资、利润、地租等法则"是不能希望有所成就的"。④ 另一方面,斯密、李嘉图、奥地利学派对价值法则、工资法则、利润法则等经济学原理的阐述差别很大,即使奥地利学派曾经歪曲过上述经济学原理,但是这些原理始终不以人的意志为转移,客观长期地在资本主义社会"存在着作用着"。⑤ 虽然中西经济学存在研究对象的时空范围的限制,但"中国经济学"不是要破坏经济学的基本法则,而是要充分利用它们为中国的社会经济服务,在王亚南看来,这恰好是中国人研究中国经济应该引以为鉴之处。

王亚南倡导"中国经济学"的目的,就是打算通过研究政治经济学,彻底

---

① 王亚南:《中国经济学界的奥大利学派经济学》,《中山文化季刊》1943年第1卷第3期,第338页。
② 王亚南:《关于中国经济学建立之可能与必要的问题》,《王亚南文选》(第1卷),中国社会科学出版社2007年版,第97页。
③ 王亚南:《政治经济学上的人——经济学笔记之一》,《经济科学》1942年第2期,第1页。
④ 王亚南:《政治经济学上的法则》,《文化杂志》1943年第3卷第4期,第48页。
⑤ 王亚南:《关于中国经济学之研究对象与研究方法的问题》,《改进》1944年第10卷第4期,第130页。

了解资本主义经济运行的规律、扫除阻碍中国社会经济改造在观念上的"尘雾",①减少政治经济学在中国被"误用"的概率,《国富论》成为他建构"中国经济学"的参照物或者例证。王亚南指出,从严复的《原富》出版以来,政治经济学在中国一直处于"述而不作"的状态,其原因在于国人对于政治经济学的性质理解得并不透彻。政治经济学刚传入中国时,被视为一门如何使个人发财致富,或者是个人致富导致国家富裕的学问,正如《国富论》所说,政治经济学的目的是"富其人民而又富其君主"。但是《国富论》出版后,政治经济学成了一门科学,不仅研究致富,还研究致贫,这就教育了那些企图通过研究政治经济学来发财致富的国人。当国人受了教训,把政治经济学当作一门科学时,他们又很机械教条地理解它。例如,斯密学说深刻地影响了许多经济学读物的叙述框架,即这些著述常常把《国富论》中的收入分配理论固化为"三位一体说"(土地—地租、资本—利润、劳动—工资)而长期原封不动地保留下来。王亚南对此非常反感,他认为斯密学说是资本主义社会的产物,但中国不是资本主义社会,资本主义经济学不适合中国,因此特别强调"以中国人的资格",结合中国的具体情况来研究政治经济学。可以说,斯密学说占据中国的经济学读物这个现实,是诱使王亚南萌生"中国经济学"学术理念的原因之一。

下面笔者从王亚南刊发的文章来梳理他构思"中国经济学"的逻辑线索,以便探讨他在多大程度上运用了《国富论》的观点。

"中国经济学"这一概念首次出现在王亚南于1941年发表的《政治经济学在中国》一文中。此文全称是《政治经济学在中国——当作中国经济学研究的发端》,其副标题已经揭示了作者把"中国经济学"当作研究的原由。此文由"当作舶来品输入的政治经济学""我们是在怎样研究政治经济学""我们一向在研究怎样的政治经济学""我们应以中国人的资格来研究政治经济学"四部分构成,前三部分论及斯密学说。

第一部分介绍中国没有产生政治经济学的环境。作为舶来品的政治经济学,最先是从日本转输而来的,翻译《原富》的严复把政治经济学或者经济学译为计学,从严复到王亚南,中国学术界对政治经济学没有任何理论建树,长期处于"述而不作"的阶段。即便如此,仍有论者硬说法国重农学派的思想可溯源自中国,而斯密又从重农学派那里吸收了不少经济理论,因而得出经济学源自中国的结论。王亚南对此持批评态度,他不否认斯密

---

① 王亚南:《政治经济学在中国——当作中国经济学研究的发端》,《新建设》1941年第2卷第10期,第25页。

写《国富论》之前曾"问道"过重农学派,只是该派的经济理论"与中国古代重农思想无涉"。① 至于为什么法国重农学派与中国古代重农思想没有关系("无涉"),王亚南并未说明。

第二部分述说对待政治经济学的两种观点。一种是形而下学的观点。政治经济学才传入中国时被视为发财致富的学问,即被视为个人发财、国家致富的一门学问。比如,严复之所以选译该书,并在译本中加入大量按语,其动机就是要使中国富强。王亚南翻译的《国富论》,其全称是《国民财富的性质和原因的研究》,书名之义也是在探寻富国之路,斯密在书中把政治经济学当作一门"富其人民而又富其君主"的学问。然而斯密逝世之后,经济学已不再是一门发财致富的宝典,而是一门科学。另一种是形而上学的观点。这种观点又可细分为三种类型:当作纯粹与现实无关的学问、当作与资本主义各国经济变动无关的学问、当作与中国社会经济问题无关的学问。这三种类型中的第一种涉及斯密。政治经济学原本来自英国,由英国的经济学者制定的经济法则却被当作了"教义"与"真理"而大肆宣扬,例如,斯密由人是自利的这一观念引申出了自由主义政策,因而断定它可以在一切时间、一切地方付诸实践,所以他在《国富论》中惯于使用"一切时间一切地方"(all the times and all the places)的话语,中国人在输入这类话语时无法鉴别也无力鉴别,只好全盘照搬。形而下学与形而上学是两种极端的观点,不利于形成对政治经济学的正确认识,因此王亚南在文中一一进行了批评。

第三部分叙述了经济学上的"四分主义说"与"三位一体说"现象。所谓"四分主义说"即指经济学著作大多惯常从生产、分配、交换、消费四大部分进行研究。经济学上的"四分主义说"是经济学庸俗化的结果。其实,在这之前的古典经济学派的著述中看不到这种写作方式,如斯密的《国富论》从分工论开始谈起,李嘉图的《政治经济学及赋税原理》从价值论开始说起,随着理论的展开,他们把生产、分配、交换、消费的事实,"不拘形式地"加以说明。然而,自从1821年詹姆斯·穆勒的《经济学要义》将全书分为生产、分配、交换、消费四章之后,经济学上才由此出现了"四分主义说"。经济学上的"三位一体说"虽然是由萨伊创立的,但其萌芽仍在斯密的《国富论》一书中。斯密说:"不论是谁,只要自己的收入,出自他的源泉,他的收入,就一定出自这三个源泉:劳动,资本,或土地。出自劳动的收入,称为工资,出自资本的收入,称为利润;……专由土地生出的收入,通常称为地

---

① 王亚南:《政治经济学在中国》,《中国经济原论》,广东经济出版社1998年版,第298页。

租。"与之相应,"一国每年土地劳动生产物的全价格,自然分为劳动工资,资本利润,土地地租这三部分。对于三个不同阶级的人民——依地租为生,依利润为生及依工资为生的人民——构成各各不同的收入"。① 庸俗经济学家把斯密的收入分配论用公式表述为:土地—地租;资本—利润;劳动—工资,这就是"三位一体说",这个公式把资本混在作为自然物的土地与人的劳动之中,掩盖了资本剥削的实质,马克思对这种现象进行了严厉的批评。② 但民国时期中国经济学者的著作普遍照搬照抄西方的"四分主义说""三位一体说",这种理论模式不利于改造中国的社会经济问题,那怎么办呢? 王亚南在文章的第四部分提出了"以中国人的资格"来研究政治经济学的主张。

对于国人而言,要理解作为舶来品的政治经济学,需要从最简单易行的方面着手,"人"与"自然"在经济学研究中最容易被人理解,为了认清楚经济学上的"人"与"自然"这两个因素,王亚南撰写了《政治经济学上的人》和《政治经济学上的自然》两篇文章。前者离不开对经济活动中人性问题的解释,王亚南引用了《国富论》关于屠夫、酿酒师、面包师的著名格言,以此说明斯密把个人的自私自利本性作为其研究的出发点,但他在经济活动的人性问题上并不认为斯密提出了"经济人"这个概念。他指出,由人的自利本性发展到"经济人"肇始于李嘉图。③ 这是王亚南与众不同的地方,因为不仅是在民国时期,时至今日仍有不少中国人认为斯密发明了"经济人"概念。至于经济学上的"自然",王亚南指出,重农学派经济活动的中心在农业领域,它的自然秩序就来自农业,但斯密不仅关注农业,更注重社会劳动生产物、产品在社会各阶层的自然分配顺序、自然价格、自然财产等工业范围内的"自然"因素,因此斯密的自然观比重农学派的自然观进步得多。王亚南认为《国富论》中"自然的"概念应理解为"合理的"概念与"为反对过去种种封建体制与规定的'现代化的'"概念。④

有了对政治经济学上的"人"与"自然"的正确把握之后,王亚南接下来陈述经济法则在社会现实中的"应用"问题,《政治经济学及其应用》一文由此而产生,此文以斯密为例,说明英国经济学者将经济政策与经济学混合起

---

① [英]亚当·斯密:《国富论》(上卷),郭大力、王亚南译,神州国光社1934年版,第60—61页。
② 《马克思恩格斯全集》第46卷,人民出版社2003年版,第714、715、921、930、932、929页;[德]马克思:《剩余价值学说史〈资本论〉》(第4卷),郭大力译,上海三联出版社2008年版,第425页。
③ 王亚南:《政治经济学上的人》,《经济科学》1942年第2期,第2页。
④ 王亚南:《政治经济学上的自然》,《时代中国》1943年第8卷第1—2期,第18页。

来进行研究,"他的分工论,价值价格论,分配论,都贯彻了自由主义个人主义的要求,同时,又像是把自由主义个人主义经济现实,作为其诸般经济理论的基础。理想与现实,理论与实践,学说与政策,都被混同了",①总之,经济自由主义既是理论,又是政策,而且斯密对重农主义、重商主义的批判,既可以视为学说,又可以视为政策。另外,《政治经济学对于现代战争的说明》一文则提供了经济法则"应用"的又一个旁证,但经济法则的"应用"不是凭空出现的,而是要经历一个历史的演变过程,《政治经济学之历史发展的迹象》一文正好做了"历史"的诠释,斯密是批判封建残余思想与重商主义的理论代表者。② 王亚南不仅从政治经济学历史的角度陈述了斯密的地位,还从哲学的高度来思考哲学与经济学的关系,王亚南于是着手撰写了《哲学与经济学》一文,斯密最初就是一位哲学家,他的《国富论》把经济学从哲学中分离出来,使经济学成为一门社会科学,斯密的人性论、个人主义思想、自由经济制度等,"都是市民的哲学的经济学的构成和体系化的过程"。③ 在这之后,王亚南把目光投向了中国经济学界的现实环境,此时奥地利学派在中国经济学界非常流行,这个学派在学理上与古典经济学派有源渊关系,王亚南于是在《中国经济学界的奥地利派经济学》一文中批判奥地利学派,详细揭示了该派使中国经济学界处于"昏迷"状态以及这种状态对于中国经济改造的不良影响。④ 在讨论政治经济学经济法则的历史与应用的基础上,王亚南开始总结政治经济学的法则,由此撰写了《政治经济学上的法则》一文,他高度赞赏斯密作为经济法则"创立者"的贡献,斯密将经济学的研究从重农学派强调的流通过程转移到生产过程,开创了现代经济科学,马克思说:"真正的现代的经济科学,是在对于由流通过程移到生产过程的理论考察上才开始的。"⑤斯密建立了一个庞大的经济法则的体系,但是他的经济法则很粗糙,王亚南指出了斯密价值法则的不足之处:

> 他硬把最常识的工资,利润,地租三者,当作了价值构成的要素,连重农诸子已经体认到了的原垫资本(固定资本)与年垫资本(流动资本)加地租(纯收入——或剩余价值),构成价值的素朴理解,也被退步

---

① 王亚南:《政治经济学及其应用》,《新建设》1942年第3卷第2—3期,第129页。
② 王亚南:《政治经济学之历史发展的迹象》,《中山学报》1942年第4期,第115页。
③ 王亚南:《哲学与经济学》,《时代中国》1942年第6期,第46页。
④ 王亚南:《中国经济学界的奥大利学派经济学》,《中山文化季刊》1943年第1卷第3期,第337—347页。
⑤ [德]马克思:《资本论》(第3卷),郭大力、王亚南译,读书生活出版社1938年版,第264页。

了。惟其他对价值的法则不能更本质地建立起来,利润地租等法则,遂都相应地失之表面化。这事实,正好说明了斯密时代的客观经济现实,还残杂了一些掩蔽他明确把握本质的因素。①

王亚南从斯密的例子上看到了经济法则不是永恒的,而是需要不断发展的。

上述文章是王亚南提出"中国经济学"的原委与过程的反映,这些文章后来集结成册,以《社会科学论纲》为名在1945年出版,王亚南在这本论文集中强调自己近年来偏重政治经济学的应用研究,"并进而主张中国经济学",②从上可知,《国富论》的理论始终是王亚南借鉴、批判的理论来源,为他建构"中国经济学"提供了充足的理论素材与理论方法。

综上所述,王亚南对作为西方舶来品的斯密学说进行了一番翻译、阐释、批判、扬弃、选择性的运用,他在这个过程中努力尝试构建"中国经济学",这种理论探索为发展和完善中国特色社会主义政治经济学提供了历史镜鉴。他的理论自觉意识与理论创新精神永远值得我们学习。

从传教士引入西方经济学,到严复、梁启超、孙中山、李大钊、陈独秀、中国经济学社社员探索经济学"中国化"的道路,再到王亚南首次提出建立"中国经济学",斯密学说为西方经济学"中国化"提供了很好的历史参照与素材。斯密学说是具有中国特色的马克思主义政治经济学的重要源头之一。

第三节 郭大力著译作中的斯密学说

郭大力(1905—1976)是现代中国著名的马克思主义经济学家和教育家。他一生译著颇多,曾与王亚南合译了斯密的《国民财富的性质和原因的研究》、李嘉图的《政治经济学及赋税原理》、马克思的《资本论》等3本经典巨著。他独自翻译的经济学著作有《剩余价值学说史》《人口原理》《经济学大纲》《穆勒经济学原理》《生产过剩与恐慌》《经济学理论》等。此外,他还自撰了《生产建设论》《西洋经济思想》《凯恩斯批判》《〈帝国主义论〉讲解》和《关于马克思的〈资本论〉》等著作。除了译作与自撰的著作之外,郭大力于1929年至1948年撰写了41篇文章,虽然没有关于斯密学说的专文,但

---

① 王亚南:《政治经济学上的法则》,《文化杂志》1943年第3卷第4期,第49页。
② 王亚南:《社会科学论纲》,东南出版社1945年版,第43页。

其中有 14 篇文章不同程度地提及斯密。从作品数量与作品的影响力来看，郭大力论著中涉及的斯密学说少于王亚南，因而本章在写作顺序上先介绍王亚南，再论及郭大力。本节便以郭大力撰写的《译序》《西洋经济思想》以及《经济学上的阶级观》为研究对象，考察他对《国富论》的理解与评价。

一、从《译序》看郭大力对《国富论》的理解

与王亚南一样，郭大力对《国富论》的了解是通过翻译一系列古典政治经济学著作来实现的。郭大力每译完一部经济学著作，都会为其撰写"译者序"来说明译介的缘由以及相关背景，因此解读他为每部经济学著作撰写的"译者序"便可窥测他对《国富论》的认识与理解。

李嘉图的代表作《经济学及赋税之原理》是郭大力与王亚南首次合译的经济学著作。据郭大力在该书的《译序》中解释，全书共 32 章，王亚南负责翻译了第 2 章至第 15 章，剩下的章节由他本人完成，由于王亚南当时在日本东京，他便独自撰写了《译序》，其落款时间是 1930 年 4 月 24 日。① 郭大力在《译序》中关于斯密的论述可大致分为两点。一是分配论。郭大力陈述了斯密所处的时代背景，即斯密生活在工业革命还没有充分发展的时期，贵族与地主把持政权，他们制定的政策限制了资本与劳动力的自由流动，从而阻碍了经济的发展，因此斯密倡导经济上的自由。郭大力认为斯密提倡的经济自由意义重大，不亚于卢梭在《社会契约论》中倡导的政治自由。郭大力进而认为经济自由成了《国富论》的中心思想，可是该书的题目全称是《诸国民之富的性质及其原因之研究》，斯密认为资本家把资本投资于对自己最有益的事业，这种行为对社会也是最有益的。由于斯密生活在 18 世纪中期，资产阶级与劳动阶级的矛盾尚未激化，斯密关注的重心是生产问题，他没有料到工业越发展，因生产引起的分配问题越突出，劳资矛盾越尖锐，阶级斗争亦日趋激烈，他的后继者马尔萨斯与李嘉图优于斯密的地方在于他们认识到分配问题的重要性。郭大力指出，斯密研究的对象是国民之富的性质和原因，对社会下层获取财富与得到幸福的原因的揭示还远远不够，马尔萨斯的贡献就在于从抑制人口增长的角度来解决社会下层的贫困问题。作为马尔萨斯的挚友，李嘉图非常重视分配问题，而地租论又是他分配论中最重要的学说，斯密以及其他经济学家对地租原理的认识与理解远远不及李嘉图，所以李嘉图的分配论被郭大力称为李嘉图学说中"最重要最创

---

① ［英］李嘉图：《经济学及赋税之原理》，郭大力、王亚南译，上海三联书店 2008 年版，第 15 页。

造"的部分。① 二是劳动价值说。郭大力认为李嘉图的劳动价值说全部来自斯密,之后又被马克思继承下来,这是经济学说史极为有趣的演变史。斯密与李嘉图既承认劳动是价值的源泉,但又坚持一部分价值以地租的名义归地主所有,一部分以利润的形式归资本家所有,剩给劳动者的部分却仅仅够维持劳动者最基本的生存需要。②

《经济学及赋税之原理》出版之后引起了中国学术界的较大反响。1931年,《国立北平图书馆读书月刊》第1卷第3期盛赞该译本中对"分配论"的论述弥补了斯密《原富》的不足,阐述了劳资对立的现象,实为"后学之先河"。③ 同时,该译本也遭到读者的批评,如1931年4月1日,凯丽在《书报评论》第1卷第4期发表了《评〈经济学及赋税之原理〉译本》一文,攻击该译本"不仅译得有不少错误",而且"极不忠实,任意删节"。同年6月1日,郭大力则在《读书杂志》第1卷第3期撰文《关于"经济学及赋税之原理"译本》,以此答复了凯丽的批评。现对比两者的一问一答之处。

凯丽列举了译本中的10处不当之处,其中,与亚当·斯密有关的例子有两处。第一处是关于斯密对价值的两种含义的翻译,郭大力、王亚南将"Value in use"译为"使用上的价值"和"使用价值",将"Value in exchange"译为"交换上的价值"和"交换价值"。④ 郭大力的解释是,斯密在使用名词时有时就没有统一,例如关于价值,有时叫"Value in exchange",有时又叫"exchangeable value";有时叫"value in use",有时又叫"use-value"。⑤ 第二处是关于斯密对工资的论述。《国富论》译文是:"那原因当然不能像亚当斯密、马尔萨斯所说,是工资的真实价值提高,只能说所购各物价值已经跌落。这真是全然不同的两回事。……直可说是全不合理。"凯丽批评译者把原文"things perfectly distinct"译为"这真是全然不同的两回事"是大错而特错。他指出,原文中的单词"thing"不是指"两回事",而是指"所购各物"。⑥ 郭大力回应指出,译文参照了两个日译本,一个是堀经夫的节译本,另一个是小泉信三的全译本,这两个版本译文不同。堀经夫的译文如凯丽之言,小

---

① [英]李嘉图:《经济学及赋税之原理》,郭大力、王亚南译,上海三联书店2008年版,第6页。
② [英]李嘉图:《经济学及赋税之原理》,郭大力、王亚南译,上海三联书店2008年版,第1—10页。
③ 进:《书报介绍:〈经济学及赋税之原理〉》,《国立北平图书馆读书月刊》,1931年第1卷第3期,第6页。
④ 凯丽:《评〈经济学及赋税之原理〉译本》,《书报评论》1931年第1卷第4期,第73—74页。
⑤ 郭大力:《关于"经济学及赋税之原理"译本》,《读书杂志》1931年第1卷第3期,第3页。
⑥ 凯丽:《评〈经济学及赋税之原理〉译本》,《书报评论》1931年第1卷第4期,第78—79页。

泉信三的译文如郭大力所说。郭大力经过考虑最后否定了堀经夫的译文，理由是他认为李嘉图是为了在文中"加重语气"，引起读者注意罢了。①

与《经济学及赋税之原理》不同的是，《国富论》的《译序》未署名，仅注明了落款时间为1931年1月27日，从行文的口吻来看，应是郭大力与王亚南两人共同撰写。《译序》提到该书的第一篇、第五篇由王亚南翻译，第二篇、第三篇、第四篇由郭大力翻译，他们在翻译的过程中相互协商，译完之后又交换检查。这篇《译序》突出了斯密在经济学中的位置，指出了严复译本的缺陷，道出了重译的原委，介绍了斯密的生平，强调了斯密的功利主义与自由主义经济思想，最后列举了翻译过程中所遭遇的一些名词的一词多义现象。

《经济学及赋税之原理》和《国富论》译毕之后，1932年9月，郭大力开始翻译马尔萨斯的《人口论》，1933年5月2日完稿，同年世界书局出版该书。郭大力在《译序》中指出马尔萨斯是斯密的"大弟子"，这个看法可从马尔萨斯本人的自述中得到证明，马尔萨斯自称《人口论》最重要的观点不是新的，其原因在于，休谟部分解释了它所依据的原理，斯密则在更大程度上进行了详细的阐释与说明。② 马尔萨斯后来在《人口论》的第二版（1803年版）中又写道："我的人口原理的主要观点只是从休谟、华莱士、亚当·斯密和普莱斯博士的著作中推论出来的。"③ 这两个引文都表明马尔萨斯的人口原理受惠于亚当·斯密。其实，斯密的人口思想主要来自他的《国富论》。他是从财富增长、经济发展的视角来看待人口问题，为此他倡导发展生产，增加社会财富，增加生产性劳动的人数，用工资吸引更多的人参与生产性的劳动。同时他也认识到人口的增长受许多因素的制约，诸如包括食物在内的生活资料的影响、工资的高低、资本的积累等。以生活资料为例，由于人的生存总是依赖于一定的生活资料，但生活资料的供给总是有限的，人口增长自然会受到限制。那么，郭大力在《人口论》的《译序》中是如何看待斯密与马尔萨斯的人口理论的呢？

郭大力在阐述马尔萨斯关于人口理论的两个结论时均提及斯密。马尔萨斯关于人口原理的第一个结论是——"人口须不断引下到生活资料的水准"，④即人口必须控制在生活资料增长的范围之内；马尔萨斯关于人口原

---

① 郭大力：《关于"经济学及赋税之原理"译本》，《读书杂志》1931年第1卷第3期，第8页。
② Thomas Malthus, *An Essay on the Principle of Population*, London: Printed for J. Johnson, in St. Paul's Church-Yard, 1798 (Electronic Scholarly Publishing Project, 1998), p.3.
③ Thomas Malthus, *An Essay on the Principle of Population*, London: Ward, Lock, 1890, p.xxxv.
④ ［英］马尔萨斯：《人口论》，郭大力译，北京大学出版社2008年版，第3页。

理的第二个结论是,人口的增多必然导致贫穷或者罪恶。郭大力指出,关于人口的第一个结论,即人口必须与生活资料相平衡的道理,是一个显而易见的真理,休谟、斯密以及华莱士已经认识到这一点。关于人口原理的第二个结论,马尔萨斯把贫困当作一种严重的社会问题而提出来,把资本主义的生产方式看作贫穷的原因,因为在这种制度下,生活资料经常缺乏,使人痛苦不堪。郭大力指出,斯密认为资本主义社会财富的增加是一种自然而然的过程,不过,斯密也承认,在资本主义社会农业与制造业不能平衡发展,遂造成生活资料不足的局面,贫穷依然是资本主义社会不可避免的一种现象。可见,斯密的观点与马尔萨斯不相上下。因此,郭大力在陈述马尔萨斯的理论时始终没有忘记对比马尔萨斯与斯密的理论,以便凸显他们的嫡传关系。

  两年之后,即 1935 年 7 月,郭大力翻译了英国古典经济学家约翰·穆勒的《穆勒经济学原理》。郭大力在该书的《译序》中称亚当·斯密为经济学的"创祖",穆勒继承了斯密的思想,主张经济上的"放任主义"。① 斯密对资本主义的前途持乐观的态度,但穆勒认为资本主义的将来并不乐观,只是对资本主义在应对危机时的自我修复能力持积极的心态。总之,郭大力视穆勒为正统派的嫡系,并转述了穆勒自传中的一个故事来说明穆勒思想的源头。原来穆勒的父亲詹姆斯·穆勒也是古典经济学后期的一位代表人物,穆勒的思想来源之一便是他父亲的教导,他父亲让他研读斯密与李嘉图的著作,目的在于"把李嘉图更高超的见解应用于斯密的更浅显的经济见解上",并且教他"侦查斯密立论中或其结论中的误谬"。② 穆勒正是在这样严格的学术训练下成为古典经济学后期的主要代表人物的。

  总而言之,郭大力翻译正统派经济学家的系列经典著作并为之作序,既有助于他从整体上理解这个学派的学术渊源与传承,更是加深了他对《国富论》的地位的认识。他在翻译完李嘉图、斯密、马尔萨斯、穆勒等正统派经济学家的著作以及马克思的《资本论》《剩余价值学说史》之后,对西方的资本主义经济学与马克思主义经济学有了更深入的理解,于是从译介西方经济学名著转向了自撰经济学著作。

二、从《西洋经济思想》看郭大力对《国富论》的评价

  郭大力对《国富论》的理解主要体现在他自撰的《西洋经济思想》一书中,该书于 1948 年在厦门完稿,1949 年 9 月由中华书局出版。全书分 9 章,

---

 ① [英] 穆勒:《穆勒经济学原理》,郭大力译,上海社会科学出版社 2016 年版,第 1 页。
 ② [英] 穆勒:《穆勒经济学原理》,郭大力译,上海社会科学出版社 2016 年版,第 2 页。

主要介绍了亚里士多德、重商主义、重农主义、亚当·斯密、李嘉图、马尔萨斯、主观学派、历史学派、马克思的经济思想，该书第四章专门讨论亚当·斯密的经济思想。郭大力认为斯密作为经济学之父，他的影响力除开马克思之外，无人能与之相提并论，他的经济思想值得用一本专著来表达。在郭大力看来，分工论、自由放任主张、价值论是斯密在经济学上最大的贡献。

（一）分工论

在郭大力看来，斯密经济思想最重要的部分是分工论，这是斯密在经济学上最大的贡献。郭大力指出，《国富论》的理论逻辑是从分工开始的，该书开篇说："劳动生产力上最大的改良，以及劳动运用和劳动指导上的熟练技巧和判断力，大部分都不外是分工的结果。"[①]可见，斯密一开始就道出了分工的重要性。那么，分工是怎样促进劳动生产力的改进的呢？斯密以他那古典的制针案例来证明，关于这个经典案例的细节本书已多次提及，兹不赘述。郭大力特别提醒读者，斯密所说的分工是制造业内部的分工，而不是农业的分工，因为农业这一行业本身的特性不允许存在精密的分工，例如除草、犁地、播种、施肥、收获常常由农民一个人完成。富裕国家的工业品因分工而出现大规模的生产，工业品价格因而很便宜，农产品却因劳动力成本高而价格昂贵。然后斯密阐述了劳动生产力改进的三点理由，郭大力对每一点理由都进行了分析说明，尤其以蒸汽机为例，说明了在资本主义制造业时期分工是提高劳动生产力的主要方法，而非一般人所认为是使用了机械的结果。

接着，郭大力转述《国富论》关于分工的效果、利弊、原因、市场范围的限制等内容，这些内容前面已经多次论及，他的认识也与前贤相差无几。他对斯密的分工理论基本持认同态度，比如他赞美分工给人民带来的幸福，承认分工的主要弊端是造成劳动者变成"部分劳动者"，即只从事一种职业或工作的劳动者；认可哲学家与挑夫的职业差异源于教育、习惯、风俗等因素。但与此同时，他批评斯密关于分工形成的原因是"主观主义的见解"，[②]斯密认为分工的产生源于人的天性，人天生就具有与他人相互交换产品、互通有无的本能与倾向。斯密从人性的视角出发，解析分工与交换的内在关系，恰好是斯密长期客观观察社会各种分工现象的结果，并非"主观主义的见解"。

虽然郭大力承认分工论是斯密经济思想的最重要的组成部分，但他并没有深入发掘分工在斯密整个政治经济学体系中的作用与意义。例如，郭

[①] 王亚南：《经济学史》，上海民智书局1933年版，第247页。
[②] 郭大力：《西洋经济思想》，中华书局1950年版，第61页。

大力虽然提及了分工可以提高劳动生产力、可以给人民带来幸福,但不像王亚南那样,将分工提升为决定国家贫富的"要键",区分野蛮与文明的"指标"。郭大力武断地认为斯密在讨论分工形成的原因时持一种主观的态度,没有揭示商品交换对形成分工的重要作用与分工的程度取决于市场大小的密切关系,更没有认识到分工是斯密阐发价值、剩余价值理论的逻辑基础。这说明,郭大力尽管意识到了分工在斯密经济思想中的至关重要的地位,但他尚未将这种重要性彰显出来。不过,郭大力在阐述斯密在经济学上的三大理论贡献时,对每个理论贡献之间的联系还是很清晰的。他指出,分工的程度取决于市场大小的程度,而市场范围的大小又与经济自由的程度密切相关。这样,郭大力便转向讨论斯密在经济学上的第二大贡献——自由放任。

(二) 自由放任

《国富论》第一篇第十章开篇有这样一段译文:"这样看来,即令完全自由放任,但若缺少上述三要件之一二,各种用途利害大体均等的趋势已就无从发生了。"①这是郭大力、王亚南的《国富论》中译本首次出现"自由放任"一语之处,对照其英文原著,"the most perfect liberty"被译为"自由放任"。郭大力指出,斯密的"自由放任"主张"是从工资和利润将因自由受着限制而发生一种人为的不均等这件事的论述开始的"。② 所谓"人为的不均等这件事"是指欧洲政策的不均等,即欧洲中世纪学徒制、基尔特同业公会以及济贫法阻碍了资本与劳动力的自由流动,其中学徒制与基尔特同业公会被斯密批判为封建残余。郭大力认为世人在论述斯密自由主义时只注意到斯密对重商主义与干涉政策的批判,忽略了斯密对封建残余的批判。可见,郭大力是从历史的维度来阐述斯密"自由放任"主张的背景,以便让读者更全面认识斯密的经济自由主义政策。

斯密在《国富论》中根本没有使用过"自由放任"(Laissez Faire),《国富论》中"the most perfect liberty"的字面意思是"完全的自由",被郭大力、王亚南意译为"自由放任"有失准确,王亚南后来在 1965 年《国富论》修订本中又将之修改为"完全自由",而郭、王两人在各自的著作中对"自由放任"的措辞极为不同。王亚南在《经济学史》一书中称之为"自由主义经济政策",郭大力在《西洋经济思想》一书中则称之为"自由放任主张"。在王亚南看来:"斯密所主张的,是个人主义,是自由放任主义,即是,要求个人的经济活

---

① [英]亚当·斯密:《国民财富的性质和原因的研究》(上卷),郭大力、王亚南译,神州国光社 1931 年版,第 141 页。
② 郭大力:《西洋经济思想》,中华书局 1950 年版,第 63 页。

动,完全脱去一切政令干涉,因而,他的'献策'的意向,反而叫政府当局不要干涉经济活动"。① 王亚南认为政府除了履行国防、司法、公共事务三件职责之外,其余"完全听人民自动。这就是所谓个人主义的自由放任政策"。② 资本主义经济是个人经济、私有制经济,王亚南是从斯密经济政策的资本主义性质上得出斯密是自由放任的主张者。不过,王亚南也看到了斯密对自由边界的限定,即斯密虽然主张一切产业自由,但这种自由是不能危害社会公共利益和公共安全的,例如,银行发行由信用券构成的纸币就是如此。③

笔者以为郭大力之所以采用"自由放任",可能是因为他在翻译《资本论》与《剩余价值学说史》之后受到马克思与法国重农学派影响的缘故。据查阅,马克思在撰写《剩余价值学说史》时参考了法国重商主义学者加尼尔(Garnier)的《国富论》法译本,并没有研读与采用《国富论》的英文原版。另外"自由放任"这个词汇来自法语,法国重农学派在经济上主张"自由放任"政策,法国学术界亦认为斯密采用的经济政策是"自由放任",郭大力很可能受到了法国重农学派与马克思的影响才使用"自由放任"一词。而且,二十世纪二三十年代的中文报刊著作往往称斯密的经济政策为"自由放任",前已指出李大钊、萨孟武、郭心崧、马寅初、朱通九、顾季高、赵迺抟等众多学者在他们的论著中使用的也是"自由放任"这个词语。有此语境就不难理解郭大力缘何采用"自由放任"一语了。

与上述其他学者不同的是,郭大力指出,斯密的"自由放任"主张既有哲学基础又有经济理论基础。郭大力认为这个哲学基础的内容如下所述:

> 当然,他们通例没有促进社会利益的心思。他们也不知道,他们自己会怎样利害的,促进社会的利益。……他们会如此指导产业,使其生产物能有最大的价值,也只是为了他们自己的利益。在这场合,像在其他许多场合一样,他们是受着一只看不见的手的指导,来促进他们全不放在心上的目的。他不把这个目的放在心上,那并无害处。各自追求各自的利益,比他真正要促进社会的利益时,还往往更能有效的,促进社会的利益。④

这段引文大意是指每个人在研究自身利益、追求自身利益时受到一只

---

① 王亚南:《经济学史》,上海民智书局1933年版,第282页。
② 王亚南:《中国公经济研究》,《研究汇报》1945年第1期,第2页。
③ 王亚南:《经济学史》,民智书局1933年版,第277—278页。
④ 郭大力:《西洋经济思想》,中华书局1950年版,第67页。

"看不见的手"的控制,将资本用于最有利于社会的用途中,从而最终促进了社会利益。以上引文源自《国富论》中关于"看不见的手"的经典表述。原来郭大力所说的哲学基础就是"看不见的手",这个术语仅仅在《国富论》中出现过一次,遗憾的是,郭大力在引用了这段原文之后并未进行解析,而是直接过渡到"自由放任"所赖以建立的经济理论基础。在郭大力看来,斯密"自由放任"的经济理论基础可概括为两个要点:

(一)只为自己的利益而经营产业的资本家的利益,是与产业生产物的价值相比例。所以资本家为自己的利益而经营产业时,他一定会尽可能增大生产物的价值。(二)社会的年所得与全部产业年生产物的价值是相等的。所以,在资本家要尽可能增大生产物的价值时,就增进了社会的年所得,那就是,增进了社会的利益。①

上述这两点以及"看不见的手"均出自《国富论》第四篇第二章关于商人为了规避远程贸易的投资风险而投资国内产业的内容。郭大力认为上述两点均是错误的命题。关于前者,郭大力认为资本家的利益并不一定与产业生产物的价值成比例,这是因为在资本主义社会,资本的唯一目的是牟利,单个资本家总会竭尽全力使他的生产物具有最大的价值,而他的生产物的价值只有在劳动生产力不变的前提下才能增加社会的"总所得"(即总收入),但无论总收入如何增加,只要社会的纯收入尚未增多,就不会促进整个社会的利益。郭大力认为造成这种错误的原因是斯密一方面将价值定义为"一种商品所能支配的别种商品",②另一方面又把价值理解成商品所包含的劳动。另外,关于社会的"年所得"(即年收入)与全部产业年生产物的价值是相等的也是一个错误的命题。在郭大力看来,全部产业年生产物中仅仅只有一部分生产物的价值变成了社会的年收入,其余的年生产物则为了"生产手段或资本"③而预留下来。总之,郭大力认为上述这两个理论要点是斯密在错误的价值学说的前提下产生的。其实,郭大力的引文与评论是针对斯密关于个人投资国内产业的相关内容,斯密在这一部分重点阐述的理论是"看不见的手",而不是价值或者交换价值。

《国富论》中没有出现"放任"一词,郭大力所列举的证据中很难体现

---

① 郭大力:《西洋经济思想》,中华书局1950年版,第68—69页。
② 郭大力:《西洋经济思想》,中华书局1950年版,第69页。
③ 郭大力:《西洋经济思想》,中华书局1950年版,第70页。

"自由放任"的特点,即便他提到了斯密关于政府的三种职能,但也没有意识到政府介入经济事务的必要性。斯密的自由经济主张用《国富论》中的原话来概括就是"自然的自由制度",它产生的理论基础是"看不见的手",郭大力应该把重心放在"看不见的手"的原理的阐释上,而不是批判斯密的二元价值论错误。既然郭大力把矛头指向了斯密的价值学说,循着他的思路,下面我们一起来看看他是如何评价斯密在经济学上的第三个理论贡献的。

(三)价值论

郭大力是从西方价值学说史的视域来点评斯密的价值理论的。首先,他提到了曾被马克思誉为"政治经济学之父"的威廉·配第,配第在《赋税论》中第一次提出了"价值由劳动时间决定的理论",因而被视为劳动价值论的先驱。配第是这样来解释商品的价值的:

> 假设有一个人,他从秘鲁地里取得一盎斯银带到伦敦来所费的时间,恰好和他生产一蒲式耳谷物的时间相等,前者便成了后者的自然价格。现在,有新的更丰饶的矿坑发现了,以致二盎斯银的获得,和以前一盎斯银的获得,是同样便易,则在其他情形相等的情形下,现在小麦一蒲式耳10先令的价格,和以前一蒲式耳5先令的价格,是一样便宜。①

上面这段话引自郭大力翻译的《剩余价值学说史》,郭大力借用马克思的观点来指出配第在劳动价值论上的错误:

> 我们假设一百个人在十年间生产谷物,另一百个人在同样长的时间内,从事银的生产,这样银的纯收益,将成为谷物的纯收益全部的价格。前者一个相等的部分,将成为后者一个相等的部分的价格。②

后100人生产银的"纯收益"成为前100人生产谷物的全部价格,说明配第没有搞清楚商品的价值形式与自然形式的差别,未能区别交换价值、价值与价格。郭大力进而强调配第尚未真正完全创建劳动价值理论,同时他举例说明洛克、斯杜亚(即詹姆斯·斯图亚特)等学者对配第的超越,但他们仍然没有完成劳动价值学说的创建,直到亚当·斯密的出现,价值由劳动时

---

① 郭大力:《西洋经济思想》,中华书局1950年版,第71页;[德]马克思:《剩余价值学说史〈资本论〉第4卷》,郭大力译,上海三联出版社2008年版,第5—6页。
② 郭大力:《西洋经济思想》,中华书局1950年版,第71页;[德]马克思:《剩余价值学说史〈资本论〉第4卷》,郭大力译,上海三联出版社2008年版,第6页。

间决定的理论才最终确定下来,并且与经济学其他理论产生联系。

接下来,为了突出斯密的贡献,郭大力对比了斯密与斯图亚特的价值论。斯图亚特认为商品的真实价值取决于以下三个要素:一是该国一个劳动者平均在一天、一周、一月内的商品生产的数量;二是劳动者生活资料的价值与各种必要开支;三是原料的价值。① 郭大力认同斯图亚特关于价值决定的第一个要素,即商品价值由劳动者在生产过程中所消耗的平均劳动量决定,但他批判了其他两个要素。在郭大力看来,真实价值取决于生活资料的价值与原料的价值无异于是在说"价值决定价值",斯图亚特价值理论最大的缺点是认为劳动者的生活资料是构成商品真实价值的一部分。②

正是由于斯图亚特在价值理论上的缺点,郭大力才引出了对劳动价值论有进一步拓展与建树的亚当·斯密,将斯密视为"在形式上确认劳动和商品价值的关系的第一个人",并列举了他在劳动价值理论上的建树之处:"劳动是一切商品的交换价值之真实尺度。""每一物的真实价格,每一物对于要获得此物的人的真实费用,就是获得此物的劳苦和麻烦。""劳动是第一价格,是为一切物支付的原始的购买价格。""劳动,很明白,是价值的唯一普遍并且唯一标准的尺度,是唯一的标准,由此,我们能够比较一切时间一切地方不同诸种商品的价值。"③如此等等。但与此同时,郭大力指出了斯密在劳动价值论上的缺点:

> 等量的劳动,在一切时间,一切地方,可以说对于劳动者有相等的价值。……但变动的是它们的价值,而不是购买它们的劳动的价值。在一切时间,一切地点,难于获得或要费许多劳动去获得的东西,是昂贵的,易于获得或只要用少许劳动去获得的东西,是便宜的。劳动,是本身价值不变的唯一的东西,只有劳动是最后的真实的尺度,由此一切商品的价值能在一切时间一切地点被估计,被比较。这就是它们的真实价格。④

以上引文表明斯密将劳动视为一种商品,具有价值。斯密的错误在于

---

① James Steuart, *An Inquiry into the Principles of Political Economy*, London: Printed for A. Millar and T. Cadell, 1767 (Digitized by the Internet Archive in 2010), pp.181－182;[德]马克思:《剩余价值学说史〈资本论〉第 4 卷》,郭大力译,上海三联出版社 2008 年版,第 28 页。
② 郭大力:《西洋经济思想》,中华书局 1950 年版,第 72 页。
③ 郭大力:《西洋经济思想》,中华书局 1950 年版,第 73—75 页。
④ 郭大力:《西洋经济思想》,中华书局 1950 年版,第 75—76 页。

他没有理解劳动的性质,当作价值尺度的劳动仅仅表现商品的价值,并不能构成商品的价值,也不能决定商品的价值。

接下来,郭大力指出斯密在讨论商品价格的组成部分时又步入了正确的轨道。例如,二日或者二小时劳动的劳动生产物的价值通常二倍于一日或者一小时劳动的价值,生产一个商品所必要的劳动量等于一个商品所支配的劳动量,斯密还承认利润是劳动所创造价值的一部分,而斯图亚特否认利润是价值的一部分,认为利润只是资本家的"让渡利润"。可是再往下,斯密又有了不正确的认识,他把利润当作商品价值的"追加部分"。斯密在价值理论上的摇摆不定的态度,使他的表述相互矛盾。比如他断定价值是由工资、利润、地租三种收入构成,但是在阐述自然价格与市场价格时又坚持工资、利润、地租是已经给定的条件,这三者又重新"合成"价值,成为一切收入与一切交换价值的三个根本源泉。郭大力指出,斯密的错误转向是以用自然价格取代价值为标志的。自然价格是指商品按照当时当地的普遍的、平均的报酬所计算的价格。据斯密的观察,无论是工资、利润,还是地租在当时都会形成一种普通率或者平均率,而这些普通率或者平均率就是工资、利润、地租的自然率。如果一个商品的价格正好等于按自然率支付的地租、利润、工资,那么斯密就认为这个商品是按照自然价格出售。但是斯密又认为自然价格本身要因它的各个构成部分(即地租、工资、利润)的自然率的变化而变化,这点遭到了郭大力的批判。在郭大力看来,劳动可以创造价值,但土地与资本这两个要素却不能创造价值,斯密的错误在于把土地与资本这两个要素与劳动等量齐观,均可创造价值。价值本来由社会各阶级的"所得"(即收入)所构成,而不是价值分解为社会各阶级的收入。①

最后,郭大力指出,斯密未能区分"年劳动的生产物"与"劳动的年生产物"这两个不同概念。前者是指当年生产的 v+m,即当年新创造的价值,后者是指除 v+m 之外,还包括机械工具与机械转移的价值。马克思指出,斯密不懂劳动的二重性,才把"年劳动的生产物"(年价值生产物)与"劳动的年生产物"(年生产物价值)混同起来,他说:"亚当·斯密的第一个错误,是把年生产物价值(Jahrlichen Produktenwert)视为与年价值生产物(Jahrlichen Wertprodukt)相同。后者只是当年劳动的生产物。"②正因为如此,斯密才形成了下列不恰当的认识:"商品的价值只分解为工资、利润和地租,只分解为诸阶级的所得,好像全部生产物或其价值,都是要用在个人的消费上的。"

---

① 郭大力:《西洋经济思想》,中华书局 1950 年版,第 76—80 页。
② 马克思:《资本论》(第 1 卷),郭大力、王亚南译,上海三联书店 2009 年版,第 267 页。

"各个社会的年所得,与其产业全部年生产物的交换价值,常常恰好是相等的,或不如说恰好是同一的事物。"①事实上,"劳动的年生产物"所包括的工具与机械转移的价值不能用于个人消费,商品的价值不仅仅是分解为工资、利润与地租。斯密好像意识到这个缺点,因而以代劳家畜(比如代劳的马)为例,说明谷物的全部价格除了工资、利润、地租之外,还有对代劳家畜磨损的赔偿。其实,代劳家畜的赔偿费用是以直接或间接的方式包含在这三者之中的。

总之,郭大力指出斯密在价值论上的两种混乱:一是混淆了商品生产上所需的必要的劳动量与商品交换上所支配的劳动量;二是混淆了年劳动的生产物与劳动的年生产物。郭大力继而指出,李嘉图批评了前一种混淆,马克思批评了后一种混淆。可见,郭大力是从价值学说史的视角对斯密价值论进行了客观的评价。郭大力批评斯密在价值论的两种混乱,王亚南则指出斯密对于原始社会坚持了劳动价值论,而对于资本主义社会坚持供求价值论,这种二元价值论实际上在否定他的劳动价值论。

另外,郭大力对斯密价值论的理解还体现在《价值由劳动时间决定的理论》与《使用价值与交换价值的矛盾》二文中。价值是经济学的基本概念,郭大力在译介古典经济学著作与马克思主义经济学著作中牵涉到各种价值理论,这势必引起他对价值理论的思考与研究。1933年4月12日,郭大力发表了第一篇关于价值理论的习作——《使用价值与交换价值的矛盾》。他指出,斯密通过"钻石与水的价值悖论"这个现象认识到商品的使用价值与交换价值不一致,从而定义了价值的两种不同含义,一种是使用价值,另一种是交换价值。他进一步指出,斯密"最根本的创见"之一在于将使用价值与交换价值区分开,并由此创造了劳动价值论,李嘉图继承了斯密的劳动价值论并揭示出其中的缺陷,将劳动价值论向前推进了一步。李嘉图虽然曾经指出了斯密在价值论上的缺陷,但他在《经济学及赋税之原理》一书的开头还是引用了斯密的定义来说明使用价值与交换价值的区别,仅仅就这一点来讲,李嘉图并没有超过斯密。郭大力接着指出,资本主义社会初期的经济学家不能充分说明使用价值与交换价值的矛盾,其原因在于,当时还没有完全的商品生产。斯密所谓的商品是"自己消费不了的"和别人消费不了的剩余劳动生产物。斯密分析的社会不是纯粹资本主义商品生产的社会,因此他还发现不了两者的矛盾。②《使用价值与交换价值的矛盾》一文写于20

---

① 郭大力:《西洋经济思想》,中华书局1950年版,第80—81页。
② 郭大力:《使用价值与交换价值的矛盾》,《前途》1933年第1卷第6期,第1—2页。

世纪 30 年代全球经济大萧条时期,郭大力的结论是资本主义自身根本解决不了使用价值与交换价值的矛盾。

继《使用价值与交换价值的矛盾》之后,郭大力十来年没有发表过关于价值理论的文章,这期间他与王亚南翻译出版了《资本论》。郭大力从1940—1943 年翻译完《剩余价值学说史》,并于 1947 年 5 月 1 日在广州《论坛杂志》创刊号上发表了他关于价值理论的第二篇文章《价值由劳动时间决定的理论》,此文从经济思想史的角度爬梳了配第、斯图亚特、斯密、李嘉图、马尔萨斯等经济学家对"价值由劳动时间决定的理论"的认识。郭大力在文章开头便指出,价值由劳动时间决定的理论,既不是斯密首创,也不是李嘉图首创,而是配第首创。① 需要注意的是,《资本论》中有些内容是关于"价值由劳动时间决定的理论",②郭大力写这篇文章时已经翻译完《剩余价值学说史》,只是该书尚未出版,笔者发现该文引用了《剩余价值学说史》的一些译文,③也就是说,郭大力是运用马克思的观点来审视英国古典经济学家。1948 年,郭大力在《社会科学》上发表《论价值存在》,宣传马克思的劳动价值论。④ 最后,他将先前关于价值的研究心得糅合进《西洋经济思想》一书,可以说,价值理论一直是他关注的重点。

三、从《经济学上的阶级观》看郭大力对《国富论》的评价

在郭大力撰写的经济学类文章中,他并无专文讨论《国富论》,而在他所有涉及《国富论》的文章中,以价值理论为主题者居多,他关于价值的观点后来总结在《西洋经济思想》一书中。除了价值理论之外,这里仅列举一篇他解析亚当·斯密阶级观的文章,以便认识他是如何以阶级分析的视角来评论《国富论》的。

从经济学诞生的时代来看,经济学是研究资本主义社会的生产关系与阶级关系的一门科学,资产阶级是整个资本主义社会占统治地位的阶级,经济学自然代表资产阶级利益。那么资本主义社会不同时代的经济学家是否都是资产阶级的代言人呢?他们对于资本主义社会各阶级的态度又是如何的呢? 1932 年 6 月 1 日,《读书杂志》第 2 卷第 6 期发表了郭大力的《经济学上的阶级观》一文,他的挚友王亚南在 1932 年至 1933 年期间发表的《亚

---

① 郭大力:《价值由劳动时间决定的理论》,《论坛杂志》1947 年第 1 卷第 1 期,第 11 页。
② [德]马克思:《资本论》(第 3 卷),郭大力、王亚南译,上海三联书店 2009 年版,第 22 页。
③ [德]马克思:《剩余价值学说史〈资本论〉第 4 卷》,郭大力译,上海三联出版社 2008 年版,第 134—140 页。
④ 郭大力:《论价值存在》,《社会科学》1948 年第 4 卷第 2 期,第 1—4 页。

丹斯密马尔萨斯李嘉图比较研究》也提到阶级观,郭大力的这篇文章不仅发表的时间要早些,而且视野也较为开阔,此文是他译完并出版《经济学及赋税之原理》与《国富论》,以及正在翻译《资本论》的过程中累积了丰厚的古典政治经济学理论知识,才写出的学理较强的经济学论文。

  此文主要阐述了魁奈、亚当·斯密、李嘉图、马克思四位经济学家的阶级学说。魁奈生活在资本主义社会的最初阶段,资本家与劳动者不存在明显的差距,因此,魁奈不知道资本家与劳动者之间有阶级的划分,因而这一时期资本主义社会各阶级之间的关系处于"混沌"期。斯密出生在资本主义成长期中,近代各阶级处于"成立"期,资本家没有与劳动者出现明显的冲突,因而斯密的阶级观是乐观的,他主张阶级调和论。以斯密为代表的古典经济学是阶级斗争不发展时期的英国资产阶级经济学理论,就是马克思所说的:"英国古典经济学,是属于阶级斗争未发展时期的。"① 正是在这种情况下,斯密才提倡社会各阶级调和的论调。当资本主义进入发达时期,社会各阶级处于"对立"状态,劳资关系已经不可调和时,李嘉图得出了阶级冲突不可调和的悲观结论。再往后,马克思的阶级斗争学说反映了劳资矛盾不断激化的现实,可以说马克思的理论反映了近代各阶级的"斗争"历史。② 总之,经济学随着经济关系的变化而变化,经济学理论是当时社会现实的反映,资本主义不同阶段的经济学家都是根据当时的阶级状况创立各自的阶级学说。郭大力在论述魁奈、李嘉图、马克思的阶级观时总要拿斯密的阶级观进行比较,鉴于篇幅过长,此处主要考察他对斯密阶级学说的论述。

  郭大力首先指出斯密在经济学上对社会阶级划分的贡献,斯密最先把社会阶级分为地主阶级、劳动阶级、资本阶级三个阶级。第一个阶级是地主阶级,以地租为生;第二个阶级是劳动阶级,以工资为生;第三个阶级是"资本阶级",③以利润为生。这三个阶级是"构成文明社会的三大主要基础阶级"。④ 郭大力接着指出,在斯密关于资本的四种用途中,资本最应该投资在农业上,因为农业所涉及的生产性劳动量最大,郭大力因而认为斯密的阶级理论受到重农学派的影响,而且,他质疑斯密关于地主阶级的利益与社会一般利益密切相关,资本家的利益与社会一般利益相反的观点。⑤ 这里有

---

① 马克思:《资本论》(第1卷),郭大力、王亚南译,上海三联书店2009年版,第5页。
② 郭大力:《经济学上的阶级观》,《读书杂志》1932年第2卷第6期,第4页。
③ 郭大力:《经济学上的阶级观》,《读书杂志》1932年第2卷第6期,第17页。
④ [英]亚当·斯密:《国民财富的性质和原因的研究》(上卷),郭大力、王亚南译,神州国光社1931年版,第288页。
⑤ 郭大力:《经济学上的阶级观》,《读书杂志》1932年第2卷第6期,第20页。

三点需要对郭大力的评论进行说明。

一是斯密的阶级划分比魁奈对社会成员的划分进步得多、准确得多。魁奈把社会成员分为土地所有者阶级、耕作者阶级以及由工匠、制造家、商人组成的阶级。魁奈认为农业是唯一的生产部门,地租是唯一的纯生产物,利润只是投资人维持生活费的一种补偿,按照此逻辑,与地租直接相关的耕作者阶级就是生产阶级,而工匠、制造家、商人均是不生产阶级。工匠与制造家、商人划分在同一个阶级显然是错误的,魁奈没有预见到工匠与农业耕作者后来发展为劳动阶级或者工人阶级,制造家与商人后来演变为资产阶级,而资产阶级与劳动阶级的形成是资本主义社会的特有现象。可见,魁奈没有正确揭示资本主义社会的阶级结构。斯密根据社会成员对生产资料的占有状况与收入状况,较为正确地划分了资本主义社会的基本阶级构成,他把生产阶级的范围从农业扩大至工业,揭示了魁奈的错误,即农业耕作者与制造业工人不是两个相互对立的阶级,他们都是工资劳动者,同属于劳动阶级,同时也是生产阶级。对于斯密关于三个阶级的正确划分,郭大力肯定了斯密在阶级划分上的理论贡献。

二是郭大力认为斯密所谓的第三个阶级是指"资本阶级"。《国富论》中提到,劳动者的雇主以利润为生,雇主构成了第三个阶级,至于第三个阶级或者说雇主具体包含哪些人,斯密并没有明确界定,只是强调在第三个阶级中,商人与"制造业者"①是使用资本最大的两个阶层。② 斯密在其他一些场合还列举了一些以利润为生的阶层,如租地农场主、从事冒险行业的企业家,但《国富论》全书始终没有出现"资本家"或者"资产阶级"这样的称呼,这说明工场手工业在向大机器工业过渡的时期,一个靠资本利润为生的庞大的阶级正在形成,这个阶级的成分极其复杂,斯密意识到了商人、农场主、工厂主、企业家因以资本雇佣劳动阶级而同属一个阶级,但又没有找到一个适当的词语来概括,因而才使用"雇主""以利润为生的阶级"或"资本所有者"。总之,从本质来看,郭大力称这个靠利润生活的阶层为"资本阶级"是合适的。

三是郭大力对斯密所处的 18 世纪英国地主阶级的认识并不深入。英国的工商业虽然在 18 世纪发展很快,取得了长足的进展,但仍然处于农业社会阶段,甚至在 19 世纪上半期英国都还被认为是"土地社会",③农业是

---

① 郭大力把"master manufacturers"译为"制造业者",其实译为"工厂主"更准确。
② [英]亚当·斯密:《国民财富的性质和原因的研究》(上卷),郭大力、王亚南译,商务印书馆 2008 年版,第 243 页。
③ F. M. L. Thompson, *English Landed Society in the Nineteenth Century*, London: Routledge & Kegan Paul, 1963, p.1.

国民经济中"占主导地位的产业",①以贵族为首的地主阶级始终是英国社会的统治阶级,占据了英国的大部分土地。他们发起圈地运动,采用资本主义方式经营农业,掀起了对农业的改良和投资之风,提高了农业劳动生产率;他们在自家地产的基础上开发矿产,投资工业企业,为工业革命做出了重要贡献;他们为了农业和矿业利益支持运河和铁路修建计划,开创了英国的"运河时代",引发了"交通革命";他们开发城市地产,推动了英国城市化的进程。所以,即便斯密批判地主阶级作为特殊阶级具有懒惰、不劳而获的寄生性,但仍然把地主阶级称为第一阶级,认为地主阶级的利益与社会的整体利益密不可分。譬如,地主阶级进行农业改良会提高地租,增加社会财富,从而促进整个社会利益;反之,如果妨碍了地主的农业改良,地主会降低地租,不仅地主阶级的利益会受损,整个社会利益势必也会跟着受损。正是由于英国彼时的"土地社会"性质以及农业在18世纪英国国民经济中的主导地位,斯密认为资本投向的自然顺序应该是"首先是大部分投在农业上,次之,投在制造业上,最后,投在外国贸易上"。② 农业投资能够带动最大多数的生产性劳动,对土地和劳动的年产物增加的价值以及国民真实财富增加的价值都要胜过制造业,所以斯密得出结论:"在各种资本用途中,农业投资,最有利于社会。"③可见,斯密看到了农业在整个国民经济中的基础性地位,并非如郭大力所谓的斯密的阶级理论受到重农学派的影响,这是斯密考察英国社会获得的认识。

第四节 本章小结

为宣传马克思主义政治经济学,郭大力、王亚南共同翻译了《国富论》,这个版本是《国富论》在中国的第一个白话文中译本,就这一点而论,他们在《国富论》的世界传播史上做出了巨大的贡献。他们不仅翻译《国富论》,还阐释、运用《国富论》的理论于中国的社会经济现实。那么,他们是如何理解《国富论》的基本理论的呢？作为马克思主义者,他们在多大程度上遵循了

---

① Phyllis Deane, *The First Industrial Revolution*, Cambridge: Cambridge University Press, 1979, p.246.
② [英] 亚当·斯密:《国民财富的性质和原因的研究》(上卷),郭大力、王亚南译,神州国光社1931年版,第425页。
③ [英] 亚当·斯密:《国民财富的性质和原因的研究》(上卷),郭大力、王亚南译,神州国光社1931年版,第408页。

马克思对《国富论》的批判？他们对《国富论》的理论的运用带给我们何种启示？对这些问题的思考与回答构成了本章的结语部分。

第一，关于《国富论》的基本理论，郭大力、王亚南在翻译《国富论》的过程中常常相互交流意见并交换审查，因此，他们对该书基本理论的理解基本趋于一致。郭大力对《国富论》基本理论的理解主要体现在《西洋经济思想》一书中，认为分工论、自由放任主张、价值论是斯密在经济学上的三大理论贡献。关于斯密分工论在经济学上的地位，郭大力与王亚南均给予充分肯定，接受斯密关于劳动是国富的源泉，劳动生产力的改进在于分工的观点。至于自由放任，郭大力、王亚南虽然对这个词的解释不一致，但最终都认定斯密在经济事务上主张自由放任。斯密的价值论是郭大力、王亚南首要关切的理论。价值理论是经济学的核心问题，马克思继承斯密经济理论的合理成分首先表现在对劳动价值论的继承与发展上，因此郭大力、王亚南高度重视价值问题，均肯定了斯密的劳动决定商品价值的观点，并指出斯密没有辨别劳动与劳动力、具体劳动与抽象劳动，即没有从本质上阐明何谓劳动，指出斯密混淆了价值与交换价值，没有了解价值的本质，最终导致斯密在劳动价值论上的二元性，郭大力、王亚南是从马克思的劳动二重性原理来揭示斯密劳动价值论的缺陷的。王亚南、郭大力秉承了马列主义的观点来对待《国富论》，把斯密学说当成马克思主义的三大来源之一，以马克思的观点来评论和批判斯密的理论。就他们生活的时代背景而言，这是可以理解的，20世纪三四十年代，中国共产党领导的新民主主义革命以马克思主义为指导，马克思主义政治经济学又是建立在批判性的继承斯密等古典经济学家的劳动价值论的基础上的，所以他们关注斯密的劳动价值论。

王亚南对《国富论》基本理论的认识则是从整体上进行评估的。《国富论》由五篇组成，王亚南认为每篇都有一个中心观点，进而认为《国富论》共有五个中心观点，分别是分工论、劳动价值说、自然分配观、自由主义经济政策、赋税论。王亚南对《国富论》的五个中心观点是有所取舍的，他没有将斯密在《国富论》第二章中关于资本的论述当作中心观点，我们可以从《经济学史》中推测出王亚南对斯密资本理论的态度。在王亚南看来，相对于魁奈与杜尔阁，斯密对资本概念进行了"科学的确定"，斯密认为资本的范围比资财（stock）的范围狭窄，"资本是资财中用以获取利得的一部分",[①]即能够获得利润（利得）或收入的那部分资财才能够被称为资本。然后，王亚南简述

[①] 王亚南：《经济学史》，上海民智书局1933年版，第267页。

了资财的划分、生产性劳动与非生产性劳动、资本的四种用途,并未对这些理论做出任何评论。王亚南对斯密资本论的叙述篇幅远远低于他对斯密其他理论的阐述,或许他觉得斯密的资本理论不能算作《国富论》的中心观点。我们甚至还可以猜测,王亚南在翻译《资本论》的过程中接受了马克思的资本理论,觉得马克思在资本理论上的贡献远胜于斯密,故才忽视斯密的资本理论。《国富论》体系庞大,不仅仅包含王亚南所说的五个中心观点,事实上,这五个中心观点中的每一项又可分解出多个理论观点,如分配论包括地租论、工资论、利润论,我们应该以一种整体性的眼光来研究《国富论》,因为这五个中心观点是为同一个主题服务的,这个主题就是《国富论》书名所揭示的——探究"国民财富的性质与原因",如果离开了这个主题,孤立地看待分工论、价值论、分配论等理论观点,难免会曲解与贬低斯密学说的基本精神,难以从整体上把握《国富论》的主题。至于王亚南对《国富论》基本理论的具体理解,前已述及,兹不赘述。

  第二,郭大力、王亚南因重视马克思主义的阶级斗争理论而关注斯密的阶级观。20世纪30年代,由于国内阶级矛盾尖锐,马克思主义的阶级斗争学说在中国很有影响,郭大力、王亚南站在无产阶级的阶级立场,运用马克思主义阶级分析法,分别在《经济学上的阶级观》《亚丹斯密马尔萨斯李嘉图比较研究》两文中论述斯密的阶级划分理论。斯密根据工资、利润、地租这三种基本收入把社会各阶级划分为三大阶级,从经济利益的角度分析各阶级的利益与社会整体利益的关系。他将地主阶级列为第一阶级,认为地主阶级的利益与社会一般利益紧密相连,因而不能损害地主的利益;他对于第二阶级,即劳动阶级是充满同情的;对于第三阶级——资产阶级虽有不满甚至大肆攻击,但从根本上而言,他是支持资本家的,比如,他为资本家提供经济自由主义的理论武器。在斯密生活的时代,社会财富还没有出现两极分化,分配还没有成为一个问题,关注生产问题的斯密寄希望于各阶级和谐相处,从而使全社会都受益,因此斯密主张阶级调和论。对斯密阶级理论的分析,是郭大力、王亚南初次运用马克思阶级分析法的一次尝试。对于斯密的三大阶级的划分,马克思在《资本论》中也有类似的表达:"劳动力的所有者(他的所得源泉是工资),资本的所有者(他的所得源泉是利润),土地的所有者(他的所得源泉是地租),换言之,工资劳动者,资本家,土地所有者,是以资本主义生产方法为基础的近代社会的三大阶级。"[①]马克思不同意斯密以收入的多少来决定阶级的划分,而是主张以收入的源泉,即人们对生产

---

  ① [德]马克思:《资本论》(第3卷),郭大力、王亚南译,上海三联书店2009年版,第665页。

资料的占有关系为标准来划分阶级。

第三,王亚南、郭大力对待以斯密为代表的古典经济学的科学态度与精神具有重要的时代价值与现实意义。18世纪末19世纪初的古典经济学发生演变,分化出庸俗经济学,马克思把资产阶级经济学中正确的部分称为古典经济学,把资产阶级经济学中错误的部分称为庸俗经济学,马克思指出:"我所说的古典经济学,是指配第(W. Petty)以来的经济学,它曾研究资产阶级生产关系的内部的关联,是与庸俗经济学相对称的。庸俗经济学,却埋头研究它的外部的关联。"①王亚南、郭大力受到马克思的影响,也把资产阶级经济学分为古典经济学与庸俗经济学,并区分了马克思主义经济学与资产阶级经济学。

一是对待《国富论》要防止形而下学与形而上学的倾向。王亚南在《政治经济学在中国》一文中提出研究政治经济学既要反对形而下学又要反对形而上学,此研究方法同样适用于《国富论》,该书的目标是"富其人民而又富其君主",斯密去世后,政治经济学不仅仅研究富裕,也研究贫穷,将该书当作"发财致富的宝典"就是一种形而下学的研究态度。然而,晚清国人仍然将《国富论》视为致富之书,传教士视之为英国富强的象征,严复翻译此书是为了国家富强,凡此种种,均是形而上学的表现。要想通过研究经济学来发财致富,想当资本家,王亚南力荐研读《资本论》第一卷《资本的积累过程》。如何正确看待《国富论》,形而下学的态度固然不对,形而上学的看法亦不可取。英国经济学者把斯密的经济自由主义当作超越时空的普世真理就是形而上学的表现,经济自由主义在中国屡屡失败,就有力地证明了我们看待《国富论》不能采取形而上学的方法。

二是对待《国富论》要注意区分古典经济学与奥地利学派、庸俗经济学。20世纪30年代,奥地利学派、庸俗经济学在中国学术界很盛行,王亚南、郭大力对其进行了批判与否定。以"经济人"为例,时至今日,学术界仍然有人认为亚当·斯密发明了"经济人"这一术语,王亚南明确指出"经济人"不是斯密的首创,而是源自李嘉图的发明。奥地利学派把英国古典经济学派关于人生而自私的观点作为其研究的出发点,承继了英国古典经济学派的"经济人"术语,并赋予其超时代化、自然化的特点。王亚南指出,门格尔等奥地利学派的人物所描述的"经济人"几乎是李嘉图"经济人"的再版。郭大力也指出,"纯粹经济人"本来是指资本主义制度下的人性,有人却视为永恒不

---

① 马克思:《资本论》(第1卷),郭大力、王亚南译,上海三联书店2009年版,第36页。

变的人性，一种学说经过一个人的解释之后便失去了原来的面目。① 又比如，民国大学的经济学著作中有很多机械照搬庸俗经济学的"四分主义说""三位一体说"，这种学说实际上把斯密的分配论"庸俗化"了，王亚南对此进行了严厉的批判。再比如，资本主义制度下的生产与消费是一对矛盾。消费增加，往往牺牲生产，生产增加，往往牺牲消费。这个矛盾在资本主义不同阶段的表现形式有所不同。在资本主义初期阶段，经济学家偏重生产，他们主张缩减消费来增加生产，例如，亚当·斯密即属此类人物，斯密认为财富增加，幸福也跟着增加，要增加财富，就要靠生产来解决。生产力进步，商品大量囤积，资本蓄积，人民的消费力下降，于是，少数经济学家提出抑制生产，鼓励消费，以此平衡两者的矛盾，这就出现了反斯密主义的代表人物——庸俗经济学家西斯曼第（今译西斯蒙第）与西尼耳以及边际效用价值论的创始人耶方斯（今译杰文斯），郭大力批评了西斯蒙第的消费优先于生产的观点、西尼耳的"忍欲说"以及杰文斯的消费促动生产的理论，②生产与消费的不平衡是资本主义的内在矛盾，西斯蒙第、西尼耳、杰文斯的理论根本解决不了这个矛盾。郭大力同时指出斯密忽视了财富与幸福之间的关系，他的学说只适合于资本主义初期的情形。可见，郭大力对斯密的批评与对庸俗经济学的批评是有区别的。

三是对待《国富论》要注意区分与马克思主义经济学的关系。由于国民党的"文化围剿"，为了避免反动统治检查的麻烦，王亚南、郭大力在各自的著述中有时省略了马克思的名字，这给我们带来了阅读与理解上的障碍，但只要认真仔细研读文本，我们还是可以看出他们坚持马克思主义的立场、观点与方法。其实，前面所列举的论著很多已经提到了马克思，例如《中国经济原论》《政治经济学在中国》《政治经济学上的人》《政治经济学上的自然》《政治经济学及其应用》《经济学上的阶级观》等。下面简单梳理王亚南、郭大力对《国富论》与马克思主义经济学的认识。

其一，阶级性。郭大力、王亚南在多个场合申明《国富论》是资产阶级经济学的经典著作，从根本上是为资产阶级利益服务的，虽然斯密也考虑到工资劳动者与土地所有者的利益。斯密所主张的"是个人主义，是自由放任主义"，自由放任是为了"资本家的利益"，③斯密的"自然的自由制度"是"只有少数人享有自由，大多数人皆失却自由的不自然的制度"。④ 斯密是"资

---

① 郭大力：《论偏见——仅仅为了学问的原故》，《学生杂志》1931年第18卷第7期，第2页。
② 郭大力：《生产与消费的不平衡》，《前途》1933年第1卷第2期，第1—7页。
③ 郭大力：《西洋经济思想》，中华书局1950年版，第68页。
④ 王亚南：《我们需要怎样一种新的经济学说体系》，《社会科学》1948年第4卷第1期，第4页。

本主义经济学建立者",①是"代表产业资本家的利益"。②郭大力指出,马克思理论的二大要素是唯物史观和剩余价值学说。③王亚南在回答一位名叫张觋余的经济学初学者的来信时区分了资本主义经济学与马克思主义经济学,他认为资本主义经济学是"关于资本家生产样式之特殊法则的科学",马克思主义经济学则是"发现资本主义没落法则",并"暴露资本家社会之经济运动法则"的科学。④

其二,科学性。《国富论》是反映资本主义上升时期的一部经济学名著,具有相当的合理性与科学性。王亚南与郭大力称颂斯密以及《国富论》在经济思想史上的独特贡献。他们称斯密为"经济学之父",高度肯定斯密分工论的价值与意义,认可经济自由主义对封建残余与重商主义的批判,承认马克思主义经济学吸收了《国富论》关于劳动价值论、分配论、阶级理论等理论的合理成分。对待《国富论》应该有一个科学的态度,王亚南做出了表率,他曾经批判"以唯物的经济史观相标榜的所谓马克思主义经济学者":"'固步自封',贪图便利,不肯进一步或深一层地从历史的方法论上,去把握经济学的本质,去探寻亚当斯密经济学,发展转化到马克思经济学的演化过程。"⑤这是王亚南研究《国富论》的真实写照,是他的科学态度与科学精神的体现。

郭大力的《价值由劳动时间决定的理论》《使用价值与交换价值的矛盾》这两篇文章的标题本来就来自《资本论》的理论观点,郭大力对这两个理论进行了正本清源的工作。斯密虽然提出了价值由劳动时间决定的理论,但没有正确分析劳动的性质,将劳动也看成了一种商品,具有价值。马克思说:"经济学家们毫无例外地都忽视了这样一个简单的事实。既然商品具有二重性——使用价值和交换价值,那么体现在商品中的劳动也必须具有二重性,而像斯密和李嘉图等人那样只是单纯地分析劳动,就必然处处都碰到不能解释的现象。"⑥马克思提出价值的实体是抽象劳动,他创立的劳动二重性使斯密的劳动价值论成为科学的价值理论。马克思在政治经济学史上首次提出了社会必要劳动时间的概念,并指出社会必要劳动时间决定商品的价值量。另外,郭大力指出,斯密"最根本的创见"之一是把使用价值

---

① 郭大力:《西洋经济思想》,中华书局1950年版,第193页。
② 王亚南:《经济学史》,上海民智书局1933年版,第272页。
③ 郭大力:《西洋经济思想》,中华书局1950年版,第65页。
④ 张觋余、王亚南:《几个关于经济学的初学的问题》,《读书杂志》1932年第2卷第11—12期,第4—5页。
⑤ 张觋余、王亚南:《几个关于经济学的初学的问题》,《读书杂志》1932年第2卷第11—12期,第8页。
⑥ 《马克思恩格斯选集》(第4卷),人民出版社1995年版,第577页。

与交换价值区分开了,但由于在斯密生活的时代,资本主义商品生产尚不发达,他重视商品的交换价值而忽略使用价值,因此发现不了使用价值与交换价值的矛盾。马克思批判了斯密孤立研究交换价值的缺陷,指出交换价值是价值的表现形式,商品是使用价值与价值的对立统一体。

其三,自主性。当下,中国经济学界热烈讨论建构中国经济学的自主知识体系,从中国立场出发探寻经济学在中国的"自主"地位成为学术界的共识,用这一概念去审视王亚南当年的境况,我们可以发现,王亚南在20世纪40年代就尝试构建中国自主的政治经济学知识体系,打造出"中国经济学"这样的标识性概念。

结 语 与 余 论

1840年鸦片战争后,随着中西文化交流的不断发展,西方经济学逐渐传入中国,而作为其开山之作的亚当·斯密的《国富论》也随之传播到中国,引起了中国思想界与中国社会的反响。回顾《国富论》在近代中国的百年传播史,有助于厘清它的传播轨迹、传播特点、对中国近代经济思想形成发展的影响以及对中国的启示。

一、《国富论》在近代中国传播的历史轨迹

中国人最初对《国富论》的了解主要通过来华传教士与驻外使臣等渠道。对于传教士而言,《国富论》内容繁杂,理论性强,不适宜普及推广,于是他们选译了一些简明的政治经济学教科书。作为政治经济学的开山之作,《国富论》的内容不可避免地出现在这些教科书中。最早介绍《国富论》理论的传教士译著是1847年出版的《致富新书》,但该书面世后不久,鲍留云就离开中国返回美国,此后《致富新书》的流传情况就不得而知了。加上该书并未直接提到斯密与《国富论》的名字,缺乏英文背景或者经济学理论的读者很难体会到该书对《国富论》内容的介绍。1870年《富国策》出版,无论是当时的知识界还是现今的中国学术界,都普遍认为这部书既是第一本政治经济学中文译著,又是第一次提及斯密与《国富论》内容的政治经济学著作。继《富国策》之后,《佐治刍言》《富国养民策》《泰西新史揽要》等传教士译著也开始提及《国富论》的理论,但是对斯密学说的介绍均是片面的、零散的。同时,郭嵩焘、宋育仁等驻外使臣在日记中也留下了关于《国富论》的零星记录,再联系资产阶级改良派代表王韬、郑观应、陈炽等人对斯密的描述,不难看到这三类人物对亚当·斯密及其《国富论》的了解都是零碎的、一知半解的,这是19世纪下半期《国富论》在中国传播的大致概貌。因《国富论》不是以单行本的形式传入中国,而是夹杂在其他西方书籍中进入中国,难以发现对《国富论》的单独介绍,有关内容被湮没在各种报刊、书籍、日记中,故将这段时间称为《国富论》在中国的传播前史。

《国富论》在中国真正开始传播的标志是 1902 年严复的译本《原富》的出版,严复改变了此前传教士传播西方经济学一枝独秀的局面,打破了国人对西方经济学不求甚解的窘境。向西方寻找真理的严复,为了在中国发展资本主义,反对封建束缚,寻求富强才翻译《国富论》。该书对他影响最深的是经济自由主义,其次是供求论,这体现在《原富》的《译事例言》与 310 条按语中,解读按语可发现严复对斯密学说的批评、表扬、误解、修订之处。此外,《孟德斯鸠法意》《天演论》《政治讲义》《救贫》《原强修改稿》等著述还包含了严复对斯密学说的理解和运用,这往往为学术界所忽略。纵观严复的著述,可以看出他不愧为中国传播古典经济学的第一人。

梁启超与严复同为资产阶级维新派人士,他们是 20 世纪前十余年传播《国富论》的杰出代表。梁启超对《国富论》的理解与运用集中体现在他的《生计学学说沿革小史》一文,他在文中向国人推荐《原富》一书,但在阐述斯密理论观点的过程中发现斯密的经济自由主义不太适合中国的国情,中国在当时只有实行重商主义,才能实现国富民强。而且,《新民丛报》上所刊登的其他文章也逐渐显示出,梁启超虽然在大量引用斯密学说,可是对其认同感却在降低,不再把自由竞争视为"金科玉律",而是倾向于主张均富、平等的社会主义。

与严复、梁启超等资产阶级维新派不同的是,《国富论》对资产阶级革命派与中国早期马克思主义者的影响较小,这与他们的政治立场、价值取向密不可分。在中国长期遭受外国侵略,以及国内纷争不息、外来新思想不断涌入的背景下,建立在个人主义方法论基础上的斯密学说不能使中国摆脱外国压迫,实现经济的快速发展。虽然这两派的领袖政见相左,但他们都对斯密学说持批判态度,这是两派对待斯密学说的共同点。他们都批判斯密的自由贸易、自由竞争、个人主义等学说,希望采纳代表整体主义或者说集体主义的经济模式。

从 20 世纪 20 年代开始,《东方杂志》《学艺》《太平洋》等中国近代学术期刊开始刊登有关亚当·斯密及其《国富论》的纪念文章,学术界希望借助斯密的学说来振兴中华。这一时期传播《国富论》的学术重镇是中国经济学社,他们大多是留学归国的经济学专业人士,接受了西方正规的经济学训练,这改变了之前的资产阶级维新派、资产阶级革命派以及早期马克思主义者非经济学专业背景的局面。他们大力引介西方各种经济学说,虽然此时流行的经济学说早已不是古典学派,但该派却与众多经济学流派有着不可割舍的血脉关系。中国经济学社社员唐庆增、李权时、马寅初、赵兰坪等多为民国主流经济学家,尽管他们信奉不同派别的资产阶级学说,但是他们的著述中都留下了大量的关于斯密学说的论述,尤其是经济思想史学家唐庆增醉心于古典经济学派的研究,成为20世纪30年代中国经济学社乃至全国的传播《国富论》的主力干将之一。

与唐庆增有着不同价值立场的马克思主义者王亚南是中国传播《国富论》的另一位主力干将。他一改严复文言译文晦涩难懂的弊端,采用白话文重新完整地翻译了《国富论》,不过他译书的目的却是在中国传播马克思主义。即便如此,王亚南的著述中仍然出现了大量的斯密学说,国内学术界开始接受王亚南的观点,将《国富论》视为研究《资本论》的来源之一加以批判,这在一定程度上模糊了《国富论》的本来面目。总之,《国富论》在近代中国的传播过程是曲折漫长的,长期没有得到应有的重视,直到中国实行改革开放后,人们对《国富论》的研究才热起来。

二、《国富论》在近代中国传播的重要特点

通过上述对《国富论》在近代中国传播轨迹的大致梳理,我们可以归纳出如下特点。

第一,从传播人群来说,传教士是19世纪晚期《国富论》在中国传播的先锋。鸦片战争之后,来华西人、基督教、西学书籍、西式教育等涌入中国,《国富论》在近代中国的传播首先是西学东渐的产物,其中,晚清传教士充当了传播的主角。传教士入华的主要任务是传播基督教,他们在传教初期遇到很多困难,直接布道难以奏效,于是转而采取翻译、办学校、办报、行医等方式进行间接传教。他们致力于改造中国社会,改变中国人对现世生活的态度,与中国知识分子与官员都有直接或间接的联系。例如,艾约瑟与洪秀全、洪仁玕、李秀成等太平天国的领袖有交往,他编译的《西学启蒙十六种》丛书受到李鸿章、曾纪泽的赏识,李鸿章、曾纪泽为之作序。李提摩太与李鸿章、张之洞、翁同龢、奕䜣、孙家鼎、康有为、梁启超、谭嗣同等有交往,他亲自参与了戊戌变法,曾向康有为与光绪皇帝提出改革建议。丁韪良、傅兰雅、艾约瑟、李提摩太等参与了中国的政治、经济、教育改革,被清政府授予了官职。这些均为他们传播西学创造了良好的条件。

从《国富论》的内容来看,传教士论著涉及分工、交易、资本分类、赋税、关税、贸易、货币等理论,分工学说被引用得最多。传教士们在中国助手的帮助下,运用中国传统文化中的术语来译介西方经济学概念,首次开启了西方经济学理论的中国化。但另一方面,传教士赋予了中国古典词汇过重的负担,例如"富国策",既表示经济学,又表示法思德的《政治经济学指南》与斯密的《国富论》,从而造成了表达上的混乱。传教士译著翻译质量并不高,曾受到陈炽、严复的批评，甚至还有对斯密学说的误解与曲解，等等。这个时期《国富论》的传播主体出现了从来华传教士到欧美留学生的转变趋势。

第二，《国富论》对中国的资产阶级维新派所产生的影响最大。严复是将英国古典政治经济学介绍到中国的代表性人物，斯密对严复最大的影响是经济自由主义，严复认为中国如果实践这种经济思想，就可富国强兵、摆脱受压迫的地位。他结合中国实际，运用斯密的经济理论分析中国历史和现实问题，指出了中国经济的弊端，开辟了西方经济学说中国化的道路；他根据后期的资产阶级学说对斯密学说进行修订或补充，但他对斯密学说产生了误解，将中国传统经济观点不恰当地附会在斯密学说中。总而言之，严复就是斯密在中国的信徒，他不仅首译了斯密的《国富论》，还坚持了斯密学说，并从中找寻实现维新变法、国家富强的思想理论武器。从社会影响来看，《原富》出版后，旋即连续几年出现在科举考试试题中，浙江、湖南、上海、广东等地出现了《原富》的盗版书，《申报》《大公报》等报刊则刊登了国人运用《国富论》的观点来分析中国的社会经济情况的文章，可以说《原富》在当时的知识界、教育界、出版界均有较大影响。

维新派人士陈炽于 1896 年发表了《续富国策》，期望该书成为《国富论》的接续之作，能够帮助中国实现富强。《续富国策》被称为"国人自撰的专门探索经济问题而又旨在仿效西方经济学的第一部著作"①，甚至被赵靖称为"中国的《国富论》"。康有为则认为英国的富强在于贯彻了《国富论》的主张，他将《国富论》视为"生利分利"之书，因此力主中国学习西方，在经济上发展资本主义工商业。梁启超在戊戌变法之前笃信斯密学说，虽然他在戊戌变法失败后抛弃了斯密学说，但其撰写的中国第一部经济学说史著作——《生计学学说沿革小史》却是受了《国富论》的影响。此外，他以《新民丛报》《时务报》等新媒体为阵地，推动了读者对于《原富》的理解和接受；以读者问答的频繁互动，有力地推动了《国富论》在近代中国的传播。

第三，《国富论》作为资产阶级经济学的代表作，在中国的传播过程中与马克思主义有密切的交集。中国的早期马克思主义者在接触《国富论》的过程中，逐渐从民主主义者转变为马克思主义者，《国富论》的传播有利于民国青年知识分子在接受马克思主义的同时，加深对斯密资本、价值理论的了解。中国早期马克思主义者对《国富论》反映冷淡，一个重要原因是中国知识分子对第一次世界大战之后西方列强肆意侵占中国利益的不满，他们看到了西式民主与自由的虚伪，因而对反映自由主义经济学说的《国富论》持

---

① 胡寄窗：《中国近代经济思想史大纲》，中国社会科学出版社 1984 年版，第 160 页。

排斥态度,转而寻求体现公平正义的马克思主义学说。陈豹隐运用马克思的观点批判了斯密的劳动价值学说,是中国早期马克思主义者批判《国富论》的理论典范。

第四,中国经济学人是在反对、批判《国富论》的过程中,确立了自己的经济学观点,从而推动了现代意义上的中国经济学学科的发展。唐庆增是继严复、梁启超之后传播《国富论》的代表人物,他推崇古典经济学,倡导自由经济,较早指出中国古代传统经济思想对亚当·斯密产生过影响。提倡"国货"(中国经济学)代替"洋货"(外国经济学)的李权时仿效《国富论》的架构,从生产、分配、消费、交易、租税等方面撰写了大量经济学著作。马寅初、李权时、张素民、赵兰坪等中国经济学社骨干社员主要信奉新古典经济学,均使用新古典经济学派的观点对斯密的劳动价值论与自由贸易论进行批判,倡导在中国实行统制经济,并直接影响了当时国民政府所推行的经济政策。

第五,在《国富论》整个传播过程中,价值论在中国所受关注度最高。根据1892—1949年《经济学季刊》《中国经济》等77种经济学报刊,《东方杂志》《学艺》等254种非经济学报刊上发表的关于《国富论》各种理论的研究论文统计,以"价值"为名的文章数量最多,占到了所有论文的25%。这在某种程度上反映了资产阶级经济学与马克思主义经济学之间的理论斗争。1921年,中国共产党成立之后,《国富论》在中国的传播发生了新的变化,知识界关注的重点不再是经济自由主义。从我们的统计显示,中国共产党成立前后一直到1937年抗日战争全面爆发之前,是关于斯密价值论讨论最为集中的时期。当时,中国的马克思主义者意识到中国需要马克思主义的理论指导,而众所周知,马克思主义政治经济学又是在批判地继承斯密的劳动价值论和剩余价值理论的基础上发展起来的,因此,相关论文以"价值"为研究的高频关键词就不足为奇了。

三、《国富论》对中国近代经济思想形成发展的影响

中国有几千年的文明史,儒家、道家、墨家、法家、农家等传统文化蕴含着丰富的经济思想,只是这些中国古代经济思想(中国传统经济思想)常与政治、哲学、道德伦理等混杂在一起,未能形成一门独立的现代意义上的"科学",当然就未产生系统的经济理论与专门化的经济学家。中国传统经济思想是农业文明的产物,中国在鸦片战争后被强制纳入资本主义世界体系中,中国封建社会的自然经济(小农经济)在西方列强的侵略下逐渐解体。西方经济学是西方资本主义与西方工商业文明的产物,晚清传入的西方经济学

是以英国经济学说为主，是一种追求自由贸易的资本主义经济学。而崇尚"崇本抑末""重义轻利"的中国传统经济思想在半殖民地半封建社会受到了帝国主义、封建主义、官僚资本主义的三重打压，再也不能维持原状，在外来经济思想的冲击下开始向近代艰难地转型，这是西方经济学不断排挤、最终取代中国传统经济思想而居于支配地位的过程。故此我们就把1840—1949年中国的经济思想称为中国近代经济思想。中国人主动引进西方经济学肇始于《国富论》，那么这部西方资本主义经济学的经典名著究竟对中国近代经济思想的形成与发展产生了何种影响呢？

（一）《国富论》在近代的不同译名反映了从中国传统经济思想到中国近代经济思想的演进

《邦国财用论》是《国富论》在中国最早的中文译名，从《贸易通志》《致富新书》到《富国策》，《国富论》这一译名历经了40年左右的时间才正式在中国确定下来。几年之后，该书又以《万国财用》为名出现在《佐治刍言》中，"nations"在书中被译作"万国"，体现了多个国家的含义，而《富国策》将其译为"邦国"，汉语中的"邦国"是同义词，数量上表示一个国家。"wealth"在罗布存德的《英华字典》上被译为"财帛，钱财，货财，财，钱，财货"，①康迪特的《英华字典》译为"财，帛，富"。② 这两部译著将"The Wealth of Nations"中的"wealth"翻译成"财用"，而将其余地方出现的"wealth"译为"财"，《富国养民策》也将"财"对应"wealth"③。需要注意的是，傅兰雅将"political economy"翻译为"财用"，这样看来，在他的眼中，"财用"与"财"几乎是同义语，这两个概念的确在中国传统文化中常被视为同义。"邦国财用论"与"万国财用"这两个名称的不足之处在于均未能体现出"inquiry""nature""causes"的含义。

《富国养民策》与《泰西新史揽要》在翻译《国富论》时的共同点是均使用了"富国"一词。1884年石川正作翻译出版的《富国论》是《国富论》在日本的最早全译本，这说明"富国"在同为汉字文化圈的中日之间有很强的影响力。"富国探源"的字面意思是探究国家富裕的源头、根源、缘由，"富国"可以说将"wealth"与"nations"这两个词语的意思都表达出来了，"探源"就是寻找事物的源头，探求本源，可以说传达了"An Inquiry into the Nature and Causes"的意思，因此，艾约瑟的"富国探源"比较吻合《国富论》全名的意涵。

---

① W. Lobscheid, *An English and Chinese Dictionary*, Tokokyo: Fujimoto, 1884, p.1180.
② I. M. Condit, *English and Chinese Dictionary*, New York: American Tract Society, 1882, p.130.
③ 李丹：《晚清西方经济学财富学说在华传播研究——以在华西人著述活动为中心的考察》，《中国经济史研究》2015年第3期，第48页。

李提摩太用清末知识界一个非常流行的经济学译名"富国策"来翻译《国富论》,这是一种当时知识风尚的体现,反映了中国知识分子追求国家富强的强烈愿望。根据上文已列举的多个以"富国策"为名的作品来看,该译名最大的弊端就是容易造成同名异书的情况,例如,陈炽将《国富论》误认为《富国策》。① 另外,《泰西新史揽要》是这四本书中唯一注明《国富论》出版时间的译著。李提摩太、蔡尔康采用中西历对照法,在西历之后辅以中国历法,《国富论》出版于西历1776年,译者同时注明乾隆四十一年,并且以小一号字体标注出来,②便于中国读者对比中西历法。

　　上述四本译著的共同点是将"nations"译为"国"或"邦"。"nation"是一个源自古法语的单词,表示"出生""等级""族类""国家",这样一个多义词在汉语中找不到与之相匹配的词语。这从当时的字典也可以看出,例如,卫三畏的《英华韵府历阶》将其译为"国",③康迪特的《英华字典》译为"国""邦",④罗布存德的《英华字典》译为"民""国""邦""邦国"⑤,邝其照的《英华字典集成》译为"民""国""邦"⑥。后两本字典中的"民"指"民族""国民",黄兴涛认为"民族"出现于1837年,⑦但只是偶尔使用,甲午战争之后,中国的民族危机意识空前严重,该词开始广泛流行起来。"国民"今指已取得过国籍的人,晚清时国人还未产生近代国家的概念,这个词语虽然在中国古籍中就存在,到了近代国家民族概念盛行时,才开始普遍使用。可见,抛开"民"这一层面,"国"或"邦"在当时是一种社会共识,这四本译著的译者均有参与或出版过以"国"命名的作品。例如《万国公报》副主编是李提摩太与丁韪良,丁韪良发表过《中国古世公法论略》《法国律例》《万国公法》《中国的传说与诗歌》《中国觉醒》,李提摩太发表过《七国新学备要》《天下五洲各大国志要》《列国变通兴盛记》《大国次第考》《英国议事章程》,傅兰雅发表过《俄国新志》《法国新志》《美国铁路汇考》《英国水师考》《美国水师考》《俄国水师考》,艾约瑟发表过《中国的佛教》《中国口语入门》《中国的建筑》《中国的宗教》《中国的货币》《中国的财政与税收》《中国的银行与

---

① 赵树贵、曾丽雅编:《陈炽集》,中华书局1997年版,第149页。
② [英]罗伯特·麦肯齐:《泰西新史揽要》,李提摩太译、蔡尔康述,上海书店出版社2002年版,第94页。
③ S. Wells Williams, *An English and Chinese Vocabulary*, in the Court Dialect, Macao: Office of the Chinese Repository, 1844, p.187.
④ I. M. Condit, *English and Chinese Dictionary*, New York: American Tract Society, 1882, p.78.
⑤ W. Lobscheid, *An English and Chinese Dictionary*, Tokokyo: Fujimoto, 1884, p.740.
⑥ Kwong Ki-chiu, *An English and Chinese Dictionary*, Shanghai: Wah Cheung, 1887, p.218.
⑦ 黄兴涛:《"民族"一词究竟何时在中文里出现》,《浙江学刊》2002年第1期,第169页。

价格》《中国见闻录》《中国语言学》,等等。

《国富论》在19世纪晚期出现了《邦国财用论》《富国探源》《富国策》《万国财用》《万国富贵法》等译名,上述译名体现出中国传统经济思想的特色。"富国""富国策""财用"均是中国传统经济思想的基本概念,这些词汇从宏观的角度揭示出中国古代关于国家财富的生产、交换、分配、积累和消费的问题,反映了中国古代是以国家为中心来调节经济的。

继传教士之后,1902年严复翻译出版了《原富》,这是《国富论》在中国的第一个中译本,这个书名言简意赅、寓意深刻,其突出特点在"原"字。该字一词多义,作名词时,意为"起源""根本",作动词时,意为"推究""考察",可以说,一个"原"字涵盖了"inquiry""nature""causes"三个英语单词之义。严复在翻译"wealth"时,将其译为"富",只是他没有说明是国富还是民富,当然这也给人留下想象的空间,这个"富"既可指国富,亦可指民富,或两者兼而有之,或被人指责说不忠实于原著,遗漏了"nations"的译名。笔者以为,"原富"在意思上接近"富国探源",但比上述四个名称简练得多,这体现出汉字极强的表达力与概括力。然而,《原富》毕竟是用文言文翻译的,始终未能直接译出原文"nations"的含义。1919年五四运动之后,白话文逐渐取代了文言文,《国富论》的中文文体也需要与时俱进。1931年,郭大力、王亚南首次用白话文翻译了《国富论》,这是《国富论》的第二个中译本,这个译名包含了"nations"与"wealth"的含义,但没有体现出"inquiry""nature""causes"三个英文单词的含义,即便如此,这个译名还是更符合现代汉语的表达习惯。从内容来看,白话文的《国富论》比文言文的《原富》容易理解得多,而且20世纪30年代,白话文已广为社会接受,因此该译本在社会上流传甚广,影响颇深,这个译名在汉语中至今最为人熟知。

对于1931年版《国富论》的译名,在这里需要指出的是,王亚南受了日本学术界影响。从石川正作、三上正毅、永雄策郎、竹内谦二到神永文三,《国富论》在日本的早期译名均为《富国论》,但这一名称被1926年气贺勘重的《国富论》译名所取代,此后一直到1976年大河内一郎的译本,日本学术界几乎都采用"国富论"作为书名,其间仅仅只有大内兵卫的重译本将其书名修改为"诸国民之富"。① 日本的《国富论》的译名从20世纪20年代末

---

① 关于《国富论》日译本的统计,参见赖建诚:《亚当史密斯与严复:国富论与中国》,《汉学研究》1989年第7卷第2期,第316页。Lai Cheng-chung, "Adam Smith and Yen Fu: the Wealth of Nations and China", *Chinese Studies*, Vol.7, No.2, 1989, p.316.

期开始影响到中国知识界。例如,1929 年素无摘译了日本学者安倍浩关于斯密《国富论》的介绍,上海神州国光社于 1931 年 8 月出版了郭大力、王亚南翻译的《国富论》,该书名与王亚南于 1928 年至 1931 年期间在日本东京学习马克思主义经济学与古典经济学有关,其原因是 1931 年 6 月神州国光社出版了日本学者高畠素之的《地租思想史》一书,译者是王亚南,郭大力对此书进行了校订,书中采用了"国富论"①的名称。1932 年上海民智书店出版的日本京都帝国大学经济系刘光华(1891—1976)翻译的《国富论》,以及周宪文、张汉裕于 1964 年翻译的《国富论》都受到了日本学术界的影响,从这些译作的前言以及书中所采用的术语均可以看出。而且,中国大陆近二三十年来的诸多译本也不约而同地将书名定为《国富论》,这表明该名称已经深入人心。

需要指出的是,王亚南在 1965 年修订《国富论》时,将其英文书名全称重新译为《国民财富的性质和原因的研究》,这个译名与此前各译本的不同之处在于王亚南将"nations"译为"国民",将其中的人的含义翻译出来了,这改变了中国学术界之前译为"国"的惯常译法。笔者认为,"国民"可以理解为"国家"与"人民"的并列结构或者单独指称"人民"。然而,这个全译名遭到了谢祖钧的批评,他认为应该译为《国富论:国家财富的性质和起因的研究》。② 笔者认为谢祖钧的译名从汉语语法上讲存在一个错误,即我们可以说国民财富的性质,不能说国民财富的原因,笔者建议可以将书名全称翻译为"国民财富的性质和产生原因的研究"。但谢文把"国民财富"译为"国家财富"的做法也招致了批评,③谢祖钧后来在他的译本中还是采用了"国民财富"这一表达。笔者认为,斯密在书中不仅讨论了国家的财富,也讨论了国民的财富,而且尤为强调后者,他在全书开篇就提到国民的生活必需品与便利品,该书第一篇讨论三个阶级的收入与分配,第四篇论述政治经济学的目的等,这些章节均是在讨论民富。从口头表达上,以及近年论著的使用来看,郭大力、王亚南的《国富论》译名使用的频率远远高于《国民财富的性质和原因的研究》。传教士的"富国"是一种文言的表达方式,具有丰富的传统文化意蕴,郭大力、王亚南的"国富"是一种现代白话文的表达方式,究其实质,这两者的差异体现在文体的不同选择上,反映了语言的社会历史变迁。

---

① [日]高畠素之:《地租思想史》,王亚南译,神州国光社 1931 年版,第 19、50 页。
② 谢祖钧:《我是怎样翻译〈国富论〉的》,《中国科技翻译》2010 年第 1 期,第 48—49 页。
③ 包振宇、曹斌:《"国民财富"不可改作"国家财富"——就〈国富论〉译名与谢祖钧先生商榷》,《中国翻译》2012 年第 1 期,第 64—66 页。

（二）《国富论》在近代中国的传播，促使国人以中国传统文化中的经济思想来解释、附会、类比斯密学说，从而加强了对中国传统经济思想的研究

这里，以如下几个关键词来加以说明。

一是赋税。中国古代以农业为主，土地是最基本、最重要的生产资料，赋税是建立在土地基础上的派生物，对于国家政权的巩固与古代社会经济的发展至关重要。斯密的赋税原则奠定了西方税收制度的基础，中国古代的赋税思想也源远流长。比如，有人认为孔子"节用薄敛""量入为出"的征税原理延续了数千年，但没有斯密的四大赋税原则那么严密。① 再比如，孔子针对社会贫富悬殊过大的现实，提出了"不患寡而患不均"的均平思想，那么，孔子的这种思想是否就接近斯密的赋税理论呢？唐庆增指出，孔子所谓的"均"不是斯密赋税原则中的"平均"原则，而是含有差等与不均的意味。又比如，与斯密相比，管子早就在中国提倡减税，政府不必征收直接税，只是从盐铁等生活必需品中抽取间接税，而且管子提倡稳定物价，这些做法与斯密不相上下。② 王夫之③、方苞之④、孙鼎臣⑤等的赋税思想都与斯密的赋税原则非常接近。

二是重农思想。学界通常以为法国重农学派代表人物魁奈与杜尔阁受到中国重农思想的影响，⑥而斯密又在法国与他们有过学术交往，因而斯密可能间接地受到中国重农思想的影响。日本学者泷本诚一曾经指出法国重农学派的思想根源于中国的"四书""五经"，声称："现在一般人，都认为近代的经济学，是发祥于法国或苏格兰，竟把其重要的母家中国完全置之不顾，这实在是我们东洋人的一大憾事呵！"⑦王亚南批判了这一说法，认为法国重农学派所谓的农业是大农业，是资本主义农业，与中国封建社会的小农经济没有关系，中国古代经济思想没有发展出"经济学"。唐庆增是国内较早提出中国古代经济思想对斯密产生过"影响"的学者，他所说的"影响"也仅是指"间接"的影响。据赵迺抟的考证，《国富论》的经济理论大多数以斯密的演讲稿为蓝本，这些理论在斯密赴法之前就出现了，因而斯密的经济理

---

① 华立：《孔孟之经济思想》，《南洋季刊》1926年第1卷第3期，第363页。
② 章相伯：《管子的经济思想：为蕙兰高中周会讲》，《蕙兰》1930年春季刊，第19页。
③ 郑行巽：《王船山之经济思想研究》，《民铎杂志》1929年第10卷第3、4期，第1—2页。
④ 郭声宏：《方苞之经济思想》，《银行周报》1944年第28卷第15—16期，第12页。
⑤ 唐庆增：《孙鼎臣之经济思想》，《东方杂志》1928年第25卷第12期，第82页。
⑥ 李肇义：《重农学派受中国古代政治经济思想影响之考证》，《社会研究》1937年第1卷第3期，第10—16页；李光忠：《法国重农学派与中国政治经济思想之关系》，《北大学生》1931年第1卷第3期，第1—15页。
⑦ ［日］泷本诚一：《重农学派之根本思想的探源：西洋近代经济学的渊源在于中国的学说》，健伯译述，《读书杂志》1931年第1卷第6期，第39页。

论来源于英国经济思想,而非法国重农学派。① 这些观点都表明斯密是否受到中国古代经济思想影响至少在中国近代仍是一个悬案。

三是分工。国人普遍认为早在两千年前中国就产生了分工思想。唐庆增指出,孟子、荀子等先贤所谓的"分工"是指职业上的分工,斯密所谓的"分工"是指"工业"上的分工。② 张忆认为孔子发现了分工带来的益处,只是没有将其详细阐述出来。③ 鲁深指出,斯密所谓的分工效果是指"工分则业专,则生之者众,而为之者疾",这其实类似于《大学》所讲的"生众、食寡、为疾、用舒"的理财学说。④ 邹珍璞认为斯密把医生、文人等当作"不生产的劳力"是错误的。原因是在文明社会里,精神文化比物质文化更重要。孟子的劳力劳心说强调文人创造精神文化的重要性,文人同样也是生产者。因此邹珍璞认为孟子的劳力劳心说是完全建立在经济学的分工原理之上,在两千年前就颠覆了亚丹斯密的"不生产劳动说"。⑤

四是自由贸易。孟子生活在战国时代,国与国之间、地区之间的关税壁垒重重,加之各国土地税繁重,人民生活贫困,鉴于此,孟子在租税政策方面主张自由贸易政策。孟子与梁惠王谈论政治时说:"市而不征,法而不,则天下之商皆悦而愿藏于其市矣,关而不征,则天下之旅,皆悦而愿出于其路矣。"(《孟子·公孙丑章》)。周汉夫认为孟子的"天下为一家"的经济思想与斯密的自由贸易政策"不谋而合"。⑥

五是自由放任。"自由放任"这一法语单词,本是法国经济学者的发明,却被国人常常用来指代斯密的经济自由主义思想。他们十分自信地列举了道家与儒家思想中的自由经济思想。道家崇尚自然,主张无为而治。国人因而将道家的"无为而治"思想视为一种"放任主义"(自由放任),与斯密的"放任主义"是"不谋而合"。⑦ 孔子主张政府对人民的求利行为应该采取放任的态度,不要干涉经济的正常运行。孔子提出的"惠而不费"也被视为一种"放任主义"思想。⑧ 司马迁因其主张"放任主义"以及承认人们在社会经

---

① 赵迺抟:《斯密亚当〈国富论〉撰述经过与学说渊源:纪念〈国富论〉的一百六十周年》,《食货》1936年第3卷第7期,第8—9页。
② 唐庆增:《中国儒家经济思想与希腊经济学说》,《经济学季刊》1933年第4卷第1期,第7页。
③ 张忆:《孔子的经济思想》,《中国经济》1933年第1卷,第2期第5—6页。
④ 鲁深:读《原富》和《国家经济学》的偶感,《商职月刊》1936年第2卷第1期,第85页。
⑤ 邹珍璞:《孟子经济论发微》,《孔学》1944年第2期,第134—136页。
⑥ 周汉夫:《孟子之经济思想》,《文化先锋》1946年第5卷第10期,第18页。
⑦ 丁同力:《中国古代经济思想之研究》,《社会科学杂志》,1930年第2卷第3期,第2页。
⑧ 唐庆增:《桓宽〈盐铁论〉经济学说今解》,《东方杂志》1929年第26卷第17期,第87页。

济活动中具有自利的天然本性而被北大经济系学生伟民誉为"中国的亚丹斯密"。①

六是利己。趋利避害是人的天性,斯密看到了利己心是人天生的一种本性,是经济活动的原动力,能够促进社会经济的发展。而在中国古代,管子把"利"视为人的经济行动的动机,"趋利"是人之常情,与西方古典学派所持"求利为人类之天性"的观点相同。② 墨子提倡"兼爱",主张"义,利也",承认追求个人利益是正当的。张觉人指出,墨子的"兼爱"与斯密的利己心是相通的。③ 与之相反,严复、吴汝纶等借斯密的"自利"思想批评重农抑商、重义轻利等中国传统经济伦理思想。

七是货币。斯密在18世纪批评了重商主义视贵重金属为唯一财富的观点。章相伯指出,管子的货币理论比法国政治思想家让·博丹的货币理论早了一千年,可惜中国人孤陋寡闻,"冤枉了管子,否则决不让亚典士Adam Smith 辈沾美于前"。④ 章相伯把斯密的货币学说归为博丹一派,言下之意,管子的货币学说比斯密更早甚多。唐庆增在《中国经济思想史》一书中也认为管子的"货币数量理论"比博丹早了千余年。另外,顾炎武批评明王朝视银为唯一财富的错误观念,他比亚当·斯密早出生 110 年。郑行巽认为顾炎武的货币理论比亚当·斯密还要早。⑤

《国富论》包含的理论十分丰富,除了上述所列之外,国人还认为墨子提出的"欲民之众而恶其寡"的人口论观点,与斯密的人口理论相似;⑥管子早在两千年前已经具有斯密所谓的"国民经济"的概念。⑦ 以上仅列举中国近代学人文章中涉及的部分理论观点。上述中国近代学人的文章大多按照西方经济学的术语、概念、方法、体系来研究中国古代的经济思想,他们在论述中国古代经济思想时虽然提到亚当·斯密,文章中不时出现分工、消费、分配、价值等经济学术语,但也许是他们没有专研过《国富论》的原因,他们并未详细阐述斯密的理论,也没有与中国古代经济思想进行比较,多数场合下把斯密当作一种理论点缀。当然,也不排除他们对中国传统文化极度自信,认为《国富论》中的一些理论在中国古代早已有之。

---

① 伟民:《中国的亚丹斯密》,《北大经济学会半月刊》1924 年第 20 期,第 3 页;《北大经济学会半月刊》1924 年第 21 期,第 3 页;《北大经济学会半月刊》1924 年第 22 期,第 2 页。
② 黄钖凡:《管仲的经济思想》,《经济商业期刊》1941 年第 1 期,第 112 页。
③ 张觉人:《墨子的经济思想》,《学艺》1935 年第 14 卷第 2 期,第 166—167 页。
④ 章相伯:《管子的经济思想:为蕙兰高中周会讲》,《蕙兰》1930 年春季刊,第 14 页。
⑤ 郑行巽:《顾亭林之经济思想研究》,《国闻周报》1930 年第 7 卷第 33 期,第 5 页。
⑥ 李锡周:《墨子之经济思想》,《燕大月刊》1927 年第 1 卷第 3 期,第 22 页。
⑦ 黄文铎:《管仲经济思想》,《南大经济》1932 年第 1 卷第 1 期,第 100 页。

值得注意的是,西方经济学的西学东渐在近代一直是主流,但这一过程并非单向度的,中国古代经济思想也曾东学西渐,成为西方经济学的源流之一。中国近代学者已经认识到中国古代经济思想对西方也是有贡献的,甚至于中国古代经济思想也在影响《国富论》。袁问不就认为中国古代的经济制度和思想曾经对西洋经济思想"很有影响",他提到了《国富论》中大量有关中国的描述。① 只是袁问不在论证中国古代文化影响《国富论》时所给出的证据并不充分。

(三) 对"中国经济学"这一学科发展的影响

《国富论》的发表常被视为经济学作为一门独立科学诞生的标志。经济学这一西方舶来品,最早由传教士引进,亚当·斯密在传教士作品中往往被描述成经济学创始人的形象,《国富论》在传教士译著中被刻画成促使西方与英国富强的理论源泉,传教士在介绍《国富论》时常与经济学相提并论。就这个意义上而言,《国富论》在中国的"跨国旅行"可被视为经济学在近代中国的成长之旅。这个传播过程曲折复杂,在政策实践层面,《国富论》始终在近代中国无立锥之地,但它在思想理论层面对于"中国经济学"的构建与发展却有相当重要的作用。

经济学(政治经济学)在晚清的传播,最早是通过传教士译著实现的。这些译著主要在"经济学"这一学科术语的翻译和重要基本理论的引入两个方面做出了历史贡献。具体来说,传教士译著用富国、富国策、财用、理财、养民等表示中国古代治国理政的词汇来翻译西方经济学重要概念、译介其重要理论,体现了西方经济理论的首次中国化。《致富新书》《富国策》《富国养民策》《西学略述》《佐治刍言》《泰西新史揽要》《富民策》等传教士译著介绍了斯密的分工理论、生产性与非生产性消费理论、资本理论、工资理论、赋税理论、关税理论、自由贸易理论等,使得《国富论》的理论概念在《原富》未诞生之前就在晚清流传开来,所译创的分工、资本、地租、利息等名词沿用至今,为中国经济学基本概念的创立奠定了专业词汇。此外,传教士通过创办学校、引进经济学课程、教师、教材等途径,输入了西方的经济学教育,推动了中国传统经济思想的近代化。

严复是继传教士之后将西方政治经济学理论系统介绍到中国的主要代表。他对于政治经济学的译名相当考究。他既不认同传教士的译法,也排斥日本自18世纪60年代以来就出现的译名"经济学"。严复指出,

---

① 袁问不:《我们对于西洋思想的贡献》,《商学期刊》1930年第4期,第1—2页。

经济学最新的著作,多用"叶科诺密"(economics)表示经济学,而删除了"political",①西文"叶科诺密"源自希腊语,叶科"eco"意为"家",诺密"nomics"意为"治""计",因此这个词的意思是"治家",并且从治家可以引申出治国。他认为,日本假借中国古典词"经济"译"economy"不恰当,古代汉语的"经济"指"经邦治国""经世济民",与西方的家庭管理大相径庭,"经济"在中国传统文化的含义太宽泛,而用"理财"则又太狭窄,因为"理财"是一门"术",而不是一门"学",且该词多指涉国家,而非人民,"计学"包含生财、分财、用财等理论,其范围远远大于"理财"的内容。他进而指出,中国古代经济思想史中,会计、计相、上计、计事等均是与"计"组合而成的词语,国计、家计与希腊语中的"聂摩"意思比较接近。② 因此严复将"economics" "political economy"均译为"计学"。1909 年,严复被聘为学部审定名词馆总纂,负责审定统一各科译名,学部最终定政治经济学为"计学","富国""养民""理财""财用"也就随之而逐渐边缘化,1916 年,德国人卡尔·赫美玲(Karl Hemeling,1878—1925)编写的《官话》所列"political economy"词条下共有四种译文:"富国策、经济学、理财学、计学(部定)"。③

即便严译的"计学"获得了官方的支持,最终还是被日本译名"经济学"所取代了。④ 日本借用汉字"经济"来翻译"economy","经济"在古汉语中的意思是"经世济民",含有治理国家之义,日本翻译西方经济学时正值古典经济学大行其道,"政治经济学"还未去政治化。当留日学生将日译"经济"传回中国时,严复认为该词"太阔",而选择具有中国特色的"计学"。但是严译"计学"是单音词,不如复合词"经济"在意义传递上的丰富性。计学这一译名容易与"statistics"相混淆,这是因为日本人将"statistics"也译为"计学",而且,"计"字是单音节,例如日本所谓的"经济

---

① 王栻主编:《严复集》(第 3 册),中华书局 1986 年版,第 517 页。
② [英]亚当·斯密:《原富》,严复译,商务印书馆 1981 年版,第 7、347、348 页。
③ K. Hemeling, *English-Chinese Dictionary of the Standard Chinese Spoken Language and Handbook for Translators* (*including Scientific, Technical, Modern, and Documentary Terms*), Shanghai: Statistical Department of the Inspectorate General of Customs, 1916, p.1067.
④ 严译失败的原因参见黄克武:《新名词之战:清末严复译语与和制汉语的竞赛》,《"中央研究院"近代史研究所集刊》2008 年第 62 期,第 4 页;沈国威:《近代中日词汇交流研究:汉字新词的创制、容受与共享》,中华书局 2010 年版,第 174—176 页。关于经济的译名,参见方维规:《"经济"译名溯源考——是"政治"还是"经济"》,《中国社会科学》2003 年第 3 期,第 178—188 页;叶坦:《"中国经济学"寻根》,《中国社会科学》1998 年第 4 期,第 59—71 页;邹进文、张家源:《Economy、Economics 中译考——以"富国策""理财学""计学""经济学"为中心的考察》,《河北经贸大学学报》2013 年第 4 期,第 116—121 页;冯天瑜:《"经济"辨析》(上),《湖北经济学院学报》2005 年第 6 期,第 5—12 页;冯天瑜:《"经济"辨析》(下)《湖北经济学院学报》2006 年第 1 期,第 5—11 页。

问题""经济世界""经济革命等无法改为计问题""计世界""计革命等"。① 这显然是"计学"无法克服的弊端。严译"太务渊雅,刻意模仿先秦文体"不易为人理解,所以在五四白话文运动中难以流行。经济学(经济)这一本源自中国的词汇,经过日本人的使用与推广,又回归中国,易引起国人对传统文化的认同,经世济民、经邦济世能够很好地反映中国人从总体上对经济的认识,随着20世纪初期汉译的日本书籍大量涌入中国,这个内涵丰富的词汇与严译"计学"以及传教士的"富国""养民""理财""财用"译名进行竞争并最终淘汰了后者。总之,经济学在中国的早期传播就是一个翻译的过程。

除开翻译的层面,经济学的社会功能与作用更为晚清人士所看重。18世纪下半期,英国产生的政治经济学以探讨国民财富的增长为旨归,作为政治经济学开山之作的《国富论》不仅被传教士描述成实现财富增长的理论之源,而且与晚清国人追求富强的需求相契合,遂得到了国人的认同。郭嵩焘、刘锡鸿、杨然青、陈炽、郑观应、康有为等或听闻,或认识到该书对于国家富强的重要意义,但并未真正了解该书的全部内容与理论观点。严复的《原富》出版后,经梁启超与报刊的大力宣传,《国富论》的内容才逐渐为国人所知晓。从当时的社会环境来看,处于半殖民地半封建社会的中国屡遭侵略,整个社会积贫积弱,寻求富强的诉求使得经济学的重要性日益凸显,以至于20世纪初期连梁启超都惊呼,今日之世界乃"生计竞争之世界",从今往后经济学"左右世界之力将日益,国之兴亡,种之存灭"。② 他曾经称"经济学"为"富国学""富国之学",把经济学的重要性上升到亡国灭种的高度,正是在这种紧迫情况下,他比较了中西经济学说,编写出第一部中国经济学说史著作《生计学学说沿革小史》,为中国经济思想史学科的建立奠定了基础。留日学生王璟芳也认为经济学始于1776年《国富论》的出版,这门新学科"距今不过百二十寒暑也,而其学之左右世界之力,已足使欧西诸国各臻一道以致富强"。③

这种对西方经济学的重视与膜拜也促使国人开始对自身传统文化进行反思,他们试图找到与之匹配的传统经济思想资源。1900年,反映近代学科分类的学术类刊物《学报汇编》刊登了一篇未署名作者的文章——《论中国古代经济学》,据作者交代,这篇文章的写作目的是针对晚清中国社会的

---

① 《新民丛报》第八号(1902年5月22日)"问答",第97—98页。
② 梁启超:《生计学学说沿革小史》,《梁启超全集》(第2册第4卷),北京出版社1999年版,第984页。
③ 王璟芳:《普通经济学》,《湖北学生界》1903年第1期,第31页。

贫困而寄希望于探索"富国之术"。此文作者认为经济学是"富国之术",中国古代就已存在,此文声称:"中国经济学始于周易,大抵以利民为重。"①这可能是民国报刊上最早出现"中国经济学"的记载,此文作者认为"中国经济学"的核心要义就是"利民",孔子、孟子、墨子、管子、荀子、杨朱等先哲均提出过"利民"或"自利"之说,但是秦、汉之后士大夫高谈道德性命之说,以言"利"为讳,中国经济学遂逐渐消亡。

此后不久,《论中国古代经济学》一文被《济南报》《东方杂志》《警钟日报》等报刊大量转载,激发了国人对中国古代是否存在经济学的思考。有学者指出,早在两千年前,管子的《富国篇》《侈靡篇》《八观篇》中就含有"经济之概念"。② 其实,管子的著作中根本就不存在"经济"一词,即使管子著作中含有"经济之概念",那么这个"经济"究竟是何含义呢? 据叶坦考证,"经济"这个词语最早见于《晋书》,从《晋书》《文中子》《宋史》到清代《皇朝经济文编》,上述文献中的"经济"均没有脱离"经世济民""经邦治国""经国济世""经国济民"等传统内涵。③ 由此可见,中国古代典籍中的"经济"并非完全等同于近代西方经济学中的"经济"。

不过,由于西学思潮的风行,国人对于古代的中国经济学还是底气不足。陈焕章的《孔门理财学》是在西方经济学的理论与范式下对孔子及其儒家学派的经济思想进行系统研究的著作,但此书是他在美国完成的博士论文,他的论文写作始终受到西方经济学理论的影响,像他这样受到欧美学术界关注的中国学者在当时是凤毛麟角,绝大多数国内学者在评论中国古代经济思想时仍言必称"西方"。譬如,张效敏在论述孟子的经济思想时坦承借用西方经济学术语,他在文章末尾强调,经济学作为一门科学始自亚当·斯密,"中国只有经济思想,并无经济学这种科学"。④ 因此中国近代学人往往采取比附、暗合的态度来对待中西经济思想,比如,认为斯密的"致富强"与《周礼》有关内容很接近,⑤王夫之的经济思想与"斯密《原富》不谋而合",⑥等等。这些反映出《国富论》激发了国人对中国传统经济思想的重新思考。

20世纪初期,中国留学日本、欧美等国学习经济学的学生逐渐增多,随

---

① 《论中国古代经济学》,《学报汇编》1900年,第29页。
② 张振声:《管子经济学说之解析》,《创造》1922年第1卷第1期,第127页。
③ 叶坦:《"中国经济学"寻根》,《中国社会科学》1998年第4期,第61—63页。
④ 张效敏:《孟子的经济学说》,《留美学生季报》1927年第3期,第170页。
⑤ 孙诒让:《周礼政要》,四库未收书辑刊编纂委员会编:《四库未收书辑刊第四辑》第5册,北京出版社1998年版,第24页。
⑥ 勇立:《王船山学说多与斯密暗合说》,《东方杂志》1906年第3卷第10期,第197页。

着他们从海外学成归国,西方经济学在中国快速传播,中国的经济学教育开始得到了发展,经济学论著也逐渐增多,社会上出现了一些经济学学术团体与经济学家。成立于1923年的中国经济学社是近代中国经济学界的中心组织,在中国经济学发展史上具有划时代意义,标志着"中国经济学"开始步入"仿效与研究"的时代。① 就《国富论》而言,其"仿效与研究"的一个显著成果是1924年刘秉麟出版的《亚丹斯密》,该书对《国富论》成书的环境、学说渊源、内容、影响、评论以及学术史的梳理进行了系统研究,是1949年之前国内唯一研究斯密生平的人物传记。唐庆增是民国时期较早提出中国传统经济思想对斯密经济思想产生过影响的学者之一,他的《中国经济思想史》被视为中国经济思想史学科创立的标志性著作,推动了中国经济学的理论创新,可以说该书是国人摆脱仿效西方经济学而自主研究中国古代经济思想的重要理论成果。从学理来源来看,中国经济学社社员大多深受美国经济思想的影响,虽然推崇新古典经济学理论,还是视《国富论》为"正统经济学之圣经"。此外,就经济学方法论而言,斯密的归纳法、演绎法也为中国经济学社社员所推崇。

中国经济学社社员主张资本主义经济学,他们对构建中国经济学做出了重要贡献。以陈豹隐、王亚南为代表的马克思主义者主张社会主义经济学,他们明确提出了中国经济学的概念。可惜的是,陈豹隐只是提出了中国经济学而未进行论证,但王亚南则以此作为研究的重点,发表和出版了《中国经济学界的奥大利学派经济学》《关于中国经济学建立之可能与必要的问题》《关于中国经济学之研究对象与研究方法的问题》《经济科学论丛》《中国经济论丛》《中国经济原论》《中国经济意识论丛》等一系列论著,进一步阐明"中国经济学"产生的前提、动机、可能性、必要性、研究对象、研究方法与研究内容。在这个过程中,王亚南吸收、借鉴、批判了斯密关于人性论、自然秩序、自由主义、生产力理论、分工、价值、价格、货币、资本、工资、利息、利润、雇佣劳动等一系列理论概念与学说,可以说《国富论》为构建中国经济学提供了理论元素与参照。这也是近年来国内研究《中国经济原论》与王亚南的中国经济学思想应该注意的地方。

四、《国富论》在近代中国传播的启示

习近平总书记指出:"坚持和发展中国特色社会主义政治经济学,要以马克思主义政治经济学为指导,总结和提炼我国改革开放和社会主义现代

---

① 朱通九:《近代我国经济学进展之趋势》,《财政评论》1941年第5卷第3期,第118页。

化建设的伟大实践经验,同时借鉴西方经济学的有益成分。"① 以亚当·斯密为代表的英国古典政治经济学是西方经济学的重要组成部分,而英国古典政治经济学是马克思主义政治经济学的主要来源,马克思当年在批判、继承《国富论》的基础上创立了马克思主义政治经济学的科学体系。那么,《国富论》对于今日之中国有何现实意义呢? 梳理《国富论》在近代中国的百年传播史,我们或许可以得到如下几点现实启示。

第一,有关斯密中国观的启示。亚当·斯密是一位具有全球视野的学者,他把中国置于欧洲、亚洲、美洲、北非的大背景下,通过综合考察20几个国家的资料来判定中国的经济成就、经济特点、经济地位以及存在的缺陷,他的中国观散见于《国富论》一书的多处地方,其内容包括中国的富裕、重农主义、产业、交通、商贸、工资、人口、劳动状况等方面。斯密的中国观既展示了中国富足优越的一面,如他称中国是世界上最富裕的国家之一,认为中国是自然资源丰富、人口众多、人民勤劳、国内水陆交通方便、市场巨大的大国,单是国内市场就能支持大部分的制造业,但斯密的中国观更多地着眼于中国社会经济停滞静止的一面,例如,中国长期是一个小农经济的国家,政府实行重农抑商、闭关自守的政策,出现了劳动者工资微薄,生活贫困,人口增长迟滞,以及利息率高等诸多问题,中国必须要改变"法律制度"才能摆脱停滞落后的状态。斯密的中国观实质上是他考察大国兴衰的"斯密之问",引起了民国学者的反响。胡善恒认同斯密的看法,认为中国要改变经济的落后面貌应该发展工商业,制造业的完善须依靠分工来解决,工业的发达程度取决于分工的程度,并提醒国人勿忘西方殖民者对中国的商业侵略史。陶希圣认为中国的农业与工业在古代社会进步得早,但后来停滞了,其原因是中国政府只重视农业,不重视工业和对外贸易。在陶希圣看来,斯密的中国观不能解决中国经济的停滞问题,因为斯密企图以自由主义为处方,来改变中国社会经济的停滞落后面貌。然而,自由主义适合于18世纪的英国,并不适用于18世纪的中国,更不适用于20世纪的中国,陶希圣从中英历史的对比中得出"只有社会主义是唯一的道路"的结论。同时,他还指出,斯密的中国"停滞论"的片面性,即中国社会的停滞是大多数人的生活要求没有得到满足而造成的,中国不完全如斯密所说的那般不重视工商业,而是中国工商业的发展在地主官僚的层层剥削、国家政权的干扰,以及闭关锁国政策的阻扰下步履维艰,工商界人士不愿进行技术改良、扩大再生产,社会才陷

---

① 习近平:《2016年7月8日在主持召开的经济形势专家座谈会上的讲话》,《人民日报》2016年7月9日第1版。

入停滞落后的状态。

推崇市场经济的斯密认识到了中国政府在修建运河、公路等公共工程中发挥的巨大作用,他描绘了中国水陆交通便捷的场景,而在今天中国已经是一个名副其实的交通大国,建成了世界上最大的高速铁路网、高速公路网,正在加快建设"四纵、四横、两网"的全国高等级航道,迈向了交通强国之路。斯密认识到中国的自然资源丰裕、交通发达、市场巨大,完全可以支撑中国制造业,因而中国应该立足于国内市场,同时他还建议中国应该积极开拓国外市场,扩大对外贸易,学会国外"各种机械的使用术与建造术,以及世界其他各国技术上、产业上其他各种改良",这样才能够提升中国制造业的生产力,"如果这种国外贸易,有大部分由中国经营,则尤有这种结果"。① 这可以视为斯密当年为破解中国停滞论而提出的"中国方案",这种方案实质上是一种以国内需求为主的大国发展道路模式,对目前中国政府提出的构建国内大循环为主体、国内国际双循环相互促进的新发展格局具有重要的借鉴意义。斯密所说的学习各国机械的"使用术与建造术"、各国技术与产业的"改良",实际上就是我们今天所提倡的对外开放。古代中国因重农抑商、闭关锁国等未能很好地开发国外市场、发展国外贸易,但在中国共产党的领导下,我们坚持改革开放,取得了辉煌的成就,中国经济总量稳居世界第二,目前我们的"一带一路"倡议正得到越来越多的国家的支持,对外开放为中国经济的发展注入了强大的动力。斯密关于中国是世界最富裕的国家之一这一论断在 21 世纪已经变为现实,中国经济已从停滞静止的状态转变为斯密所称的进步繁荣状态。

第二,当代中国哲学社会科学的任务是构建具有中国特色的哲学社会科学学科体系、学术体系与话语体系,《国富论》在近代中国的传播对于构建具有中国特色的经济学学科体系和话语体系提供了镜鉴。西方经济学在晚清的传播同时伴随着《国富论》的传播,在《富国策》《佐治刍言》《富国养民策》这三本政治经济学教科书中,经济学总是同时伴随着"亚当·斯密""国富论"这样的字眼,经济学、亚当·斯密、《国富论》这三者的关系十分密切,例如,《富国策》言斯密"首创是学,名其书曰《邦国财用论》"。由于西方经济学在晚清的传播处于草创阶段,经济学定名的问题异常棘手。晚清来华传教士运用"富国""理财""财用""富国策""富国养民策"等词汇来翻译"经济学",用"邦国财用论""富国策""富国探源""万国财用""万国富贵法"等名称来翻译"国富论"一书,用"分工""均输"等具有中国本土特色的

---

① [英]亚当·斯密:《国富论》(下卷),郭大力、王亚南译,商务印书馆2008年版,第247页。

经济学术语来译介《国富论》的经济学理论。

在传教士的译语中,《国富论》与"经济学"具有同一性,均与"富国"话语息息相关。严复最初用"计学"来命名斯密的"国富论",后又把"economics"也翻译为"计学",说明严复是在努力挖掘中华优秀传统文化,以便实现西方经济学的本土化、中国化。梁启超也曾经尝试用多个译名来表示"经济学",他承认国人"今尚不知此学之重且要也""兹学译出之书,今只有《原富》一种"。① 然而,上述译名抵不过日本的"经济学"译名的冲击,最终被取而代之,日译"经济学"究其根源还是源自中国古代汉语中的"经济"一词,国人选择日译名称是对中国传统文化的心理认同与回归。可见,《国富论》与"经济学"在近代中国的早期译介过程就是具有中国特色的经济学学术话语在近代中国的孕育与初步建构的过程。在此背景下,就不难理解国人为了回应西方经济学的冲击而于 1900 年在《论中国古代经济学》一文提出"中国经济学"这个术语的缘由了,但此文中的中国经济学实际上是零碎的中国古代经济思想,根本不成其为一门科学。中国古代经济思想无法"内生"出"经济学",彼时的"经济学"只能是从西方舶来的、移植的。梁启超编写的经济学说史著作《生计学学说沿革小史》以斯密学说为理论框架,反映出梁启超对西方经济学这一学科的认识与斯密学说对他的影响。陈焕章的《孔门理财学》是对中国古代的经济学的反思,出版后引起了全球学术界的关注,但其著作仍沿袭西方经济学的研究范式与写作模式,在写作体例上与《国富论》有亲缘关系。梁启超与陈焕章可谓移植与模仿西方经济学的典范。

中国经济学社成立后,该社社员传播古典经济学与新古典经济学理论,主张在中国发展资本主义,他们将西方经济学本土化推进到了一个新阶段。李权时主张中国经济科学应该在仿造"洋货"的基础上改良发明"国货",但他的部分经济学著作仍然仿照《国富论》的体例来撰写。推崇英国古典学派的唐庆增力主设立"中国化的经济学系",创建适合中国国情的经济学,其著《中国经济思想史》是民国时期中国经济思想史学科的"最高成就",标志着经济学的分支学科——中国经济思想史学科的创立,同时该书还较早地探讨了中国古代经济思想对亚当·斯密的影响,以此彰显"中国经济学"对西方经济学的影响力。中国经济学社社员力主构建的中国经济学是中国资产阶级经济学,他们的贡献在于使资产阶级经济学中国化。《国富论》同样是

---

① 梁启超:《生计学学说沿革小史》,《梁启超全集》(第 2 册第 4 卷),北京出版社 1999 年版,第 982 页。

中国马克思主义者在翻译、引进马克思主义经济学过程中不可回避的理论高峰,陈豹隐、王亚南则运用《资本论》的理论与方法,把斯密学说当作批判的泉源,将马克思主义经济学中国化,他们建构的中国经济学是中国马克思主义政治经济学,从阶级属性来看,与中国经济学社的中国经济学是根本不同的。总之,以《国富论》等为代表的西方经济学的输入,在一定程度上促进了具有中国特色的经济学话语体系与学科体系的形成与发展,中国近代学人根据中国国情探讨、创造适合自己的经济学的理论探索精神尤为值得我们学习与借鉴。

第三,有助于思考如何实现中华优秀传统经济思想的创造性转化与创新性发展。习近平总书记在党的二十大报告中指出:"新时代党的创新理论深入人心,社会主义核心价值观广泛传播,中华优秀传统文化得到创造性转化、创新性发展。"① 这一关于中国传统文化的"两创"理论,为探讨《国富论》在近代中国传播的启示提供了可遵循的方法论,也就是说,我们应努力挖掘中国传统经济思想资源,推动中华优秀传统经济思想的创造性转化、创新性发展。

传教士利用中国古代文化典籍,实现了以《国富论》为代表的西方经济学理论的初次中国化,严复、梁启超运用斯密学说重新解读了孟子、荀子、管子、司马迁等人的经济思想,唐庆增的《中国经济思想史》更是全面系统研究中国古代经济思想的成功典范。《国富论》促进了中国传统经济思想的近代转型,而中国传统经济思想的近代化又为构建具有中国特色的经济学做出了独特的贡献。"经济"在古代汉语中意指"经世济民""经邦治国",同样,富国、富民、养民、利民、理财、无为、义利、富强、节用、"轻重论"、"善因论"等中国古代经济思想中的概念与理论,可以为构建中国特色社会主义政治经济学提供有益养分。

斯密认为政治经济学的目标是"富国裕民",他所谓的"富裕",既不是某个阶级的富裕,也不是指君主的收入,而是国家与人民的普遍富裕。斯密分析了地主阶级、劳动阶级、资产阶级的收入分配情况,既批判了不劳而获的地主阶级,也批判了贪得无厌的资产阶级,同时对劳动阶级的贫穷与苦难表示同情。中国古代也存在"富国裕民"学说,它以富国为主,通过富民、养民、利民等一系列政策措施来实施,是传统中国社会的经济发展战略与目标。富国是中国传统经济思想的基本概念,是中国古代治国理政的一种思

---

① 习近平:《在中国共产党第二十次全国代表大会上的报告》,人民出版社 2022 年版,第 10 页。

想与策略。在中国古代历史上,富国思想是适应大国争霸而产生的,例如,管仲为齐桓公称霸推出了一系列富国之政,使国家和军队富强起来。在中国古代社会,富国的主体是指国家政权及其统治集团,富国就是要增加国家财政收入。中国古代"富国裕民"学说中的"裕民"可视为富民、养民、利民等诸学说、思想的集合体。富民是古代各家学说的普遍诉求,从主观上来说,富民思想的提出者均希望人民普遍富裕起来,但在阶级社会中却是少数人的富裕,这少数富人往往又是统治阶层人士居多。先秦时期的富国富民思想大致是统一的,如荀子主张"上下俱富",即国富与民富并行不悖,国家富裕了,人民自然富裕,富国包含了民富。到了西汉时,富国与富民逐渐产生分歧,如"盐铁会议"反映的是国家垄断与自由经济的冲突,这是富国与富民矛盾的地方。这也表明中国古代经济思想是在中央集权专制国家形成与发展的基础上产生的,国家干预或国家主导是其经济发展模式,因此富国思想始终优先于富民思想,富民思想受富国思想支配,养民、利民思想也同样如此。养民、利民是国家的职责,为了增加国家财政收入,中国古代政权采取以农为本、兴修水利工程、轻徭薄赋、使人民有恒产、调节市场与价格等养民、利民措施,既维持了国家的稳定,又保障了人民的社会福利,改善了人民的生活。中国传统文化中的这套"富国裕民"学说保证了中国古代社会的繁荣富强,成为斯密笔下古代中国曾经是世界上最富裕国家的一个制度原因。只是到了近代,当西方列强的坚船利炮打开了中国大门,当中国的"富国裕民"学说遭遇《国富论》的"富国裕民"学说时,少数国人开始思考西方富强之谜。

《国富论》刚传入中国时常常被描述成英国与西方的富强之源,传教士通过传播西方经济学来展示西方的富强,严复通过译介《国富论》来揭示西方国家富裕的缘由,并以"富其君又富其民"作为国策献于光绪皇帝。陈炽受《国富论》的影响,撰写《续富国策》一书,希望"他日富甲环瀛,踵英而起",表达了期待中国像英国那样富裕的强烈愿望。但是,从历史经验来看,近代中国的富国之路走得并不顺利,洋务运动、戊戌变法、辛亥革命均未能实现国富这一目标,直至中国共产党领导的新民主主义革命、社会主义革命与建设以及改革开放,才真正实现了这一夙愿。究其原因,半殖民地半封建社会的中国缺乏富国的制度条件与和平环境。在中国共产党的领导下,我们建立了中国特色社会主义制度,这是我们能够富起来的根本原因。斯密"富国裕民"学说阐发了如何提高劳动生产力、建立市场经济,以及增加国家和人民财富的经济增长理论,英国在他的理论影响下经济快速发展,但斯密并没有预计到19世纪资本主义社会贫富两极分化的现象会那么严重,而当今资本主义国家财富不平等程度已经达到历史最高水平则更超出了斯密的预料。

如果说中国古代的"富国裕民"学说的阶级属性是封建制度,斯密"富国裕民"学说的阶级属性是资本主义制度,那么当今中国共产党的"富国裕民"学说,即"共同富裕"思想,其阶级属性毫无疑问是社会主义制度。我国建立的中国特色社会主义制度也与斯密"富国裕民"学说那样注重解放生产力与发展生产力,只是两者的根本区别在于斯密的"富国裕民"学说为资产阶级利用,首先实现了资产阶级的富裕,而中国特色社会主义的本质要求是要实现共同富裕,即全体人民的富裕。作为中国特色社会主义理论的组成部分,中国特色社会主义政治经济学是基于改革开放与社会主义现代化建设的实践,研究社会主义经济发展和运行规律的科学,是以人民为中心的经济学。它为全体人民逐步实现共同富裕而渐次走向共产主义指明了方向。也就是说,中国特色社会主义政治经济学真正实现了国富与民富,既跳出了中国古代国富与民富矛盾的历史怪圈,更超越了资本主义国家的政策只为资本家服务的狭隘视野与资本主义社会贫富分化的社会现实。

综上看见,中国特色社会主义政治经济学对中国古代"富国裕民"学说的改造与超越,同时我们还应看见中国特色社会主义政治经济学对它的继承与发展。比如,养民问题实际上就是人民的民生问题,孙中山先生提出的"民生主义是以养民为目的"的思想是对古代养民思想的继承与发展;中国共产党自成立之日起,就一直重视民生问题,经过百年奋斗使得人民的生活历经了从温饱到小康,到富裕,再到幸福的崭新历程,养老保险、医疗保障、义务教育、失业救助、优抚安置等社会保障制度,可以说是新时代中国政府"养民"政策的具体体现。

又比如,斯密认为节俭可增加资本的积累,提高资源利用效率,增进国民财富。节俭是中华民族的传统美德,历代思想家普遍主张黜奢崇俭,节俭富国。严复、梁启超继承了这一点,赞同斯密的节俭思想。中国传统的节俭思想在当今被一部分人遗忘与抛弃,他们追求奢侈,铺张浪费。党的十八大以来,习近平总书记高度重视节约问题,崇尚勤俭节约,他善于汲取中华优秀传统文化。例如,为了实施全面节约战略,他引用张居正《论时政疏》的话:"取之有制、用之有节则裕,取之无制、用之不节则乏",以便全面推进社会各领域的节约行动。

第四,有助于警惕经济自由主义、新自由主义所带来的危害。《国富论》的中心思想是经济自由主义,《国富论》在近代中国的传播就某种程度上而言就是经济自由主义在近代中国的传播。以自由竞争、自由贸易、自由经营为核心要义的经济自由主义既是一种理论学说，又是一种政策主张。具有经济自由主义色彩的《资政新篇》由于战争的原因没有真正实行，而戊戌变法则是经济自由主义在晚清经济层面、政治层面的改革尝试，惜乎百日夭折。在这之后，严复为了反对封建专制，为了救亡图存、富国强兵而继续翻译《原富》，传播经济自由主义，成为中国经济自由主义的先驱与启蒙者，其启蒙意义不可低估，因为100年后中国才建立了社会主义市场经济制度。经历戊戌变法失败的梁启超流亡日本，逐渐放弃经济自由主义，转向认同以国家干预经济为主的德国历史学派。即便如此，在清末新政时期，无论是严复、梁启超，还是清廷官员，抑或当时的报刊著作中，都能找到关于货币、金融、财政、贸易、铁路等问题的经济自由主义解决方案。辛亥革命期间，留洋多年的孙中山目睹了欧美国家贫富分化严重的现象，反对斯密的经济自由主义与分配论，认为中国不能实行经济自由主义，而是应该节制私人资本，发展国家资本。他的看法在当时社会具有风向标的作用，直接影响并坚定了学界对斯密的批判态度。

经济自由主义是对自由贸易的合理性与自由竞争的正当性进行辩护的一种西方经济学说，由于19世纪在中国传播的西方经济学说主要是经济自由主义，因而这一时期它在中国的传播除了晚清政府之外，很少受到其他西方社会思潮的挑战与阻扰，但是在20世纪初期，保护主义、马克思主义、社会主义等西方思潮相继传入中国，与之产生了激烈的冲突。这里仅以自由贸易与保护贸易之争的文章为例，这类文章见诸《申报》《申报月刊》《大公报》《广益丛报》《商业杂志》《浙江省立甲种商业学校校友会杂志》《南洋甲种商校季刊》《中国商业研究会月刊》《银行杂志》《中央大学商学院丛刊》《民众教育半周刊》《三民半月刊》等20余种报刊，时间跨度从《原富》刚出版之时一直延续到20世纪40年代，其中有两个重大的历史事件影响了国人对自由贸易与保护贸易的判断：一个事件是第一次世界大战暴露了资本主义制度的弊端，社会主义思潮开始兴起，社会主义制度、计划经济似乎更容易解决经济自由主义所造成的贫富不均的问题，甚至连英国都放弃了传统的自由贸易政策，转而实行贸易保护主义政策；另外一个事件是1929—1933年资本主义世界的经济大萧条，经济自由主义遭遇了彻底失败，西方开始实行以国家干预主义为特征的凯恩斯主义，国民党也采用了政府干预的统制经济。正是基于以上原因，上述杂志大多认为自由贸易不适合中国的国情，中国应采取贸易保护主义政策。自由贸易与保护贸易之争实际上是"英国式道路"与"德国式道路"两条不同的富国路径在中国的选择。

纵观中国近代史，政府全面主导经济的发展，即国家干预经济的模式一直居于主流地位,经济自由主义始终处于边缘地位,甚至被扼杀,这与中国当时的国情存在很大的关联。首先,斯密经济自由主义与中国传统文化存在隔阂,中国传统文化讲究均贫富、讳言利、注重社会整体利益与群体利益、轻视个人利益,这些文化因素很难培育出经济自由主义产生的土壤,虽然老子的"无为"思想、司马迁的"善因论"常被视为能与斯密经济自由主义相媲美的优秀传统经济思想,但与后者还是存在很大的不同。同是提倡政府不干预经济,前者寄希望于统治者通过道德自律来约束自己的行为,不能对政府的权力进行有效的监督与约束,政府因而常常全面干涉经济。后者是建立在民主、法制基础上,政府的权力受到议会的监督,英国的宪政制度能够为经济自由提供法律保障,中国的经济自由思想在古代始终得不到政治制度、法律制度的支持,因而长期处于弱势地位,不为当政者重视。其次,从经济自由主义的实施主体来看,经济上主张自由主义的中国民族资产阶级具有两面性,一方面是革命性,如参加1924—1927年的大革命、抗日民族统一战线、人民民主统一战线;另一方面是自身的软弱性与妥协性,民族资产阶级经济力量弱小,与帝国主义、封建主义、官僚资产阶级有千丝万缕的联系,在经济上具有一定的依附性,加上自身就是剥削阶级,害怕革命力量的壮大,因而有时妥协,甚至背叛革命。从洋务运动、戊戌变法、辛亥革命、五四运动到新民主主义革命,经济自由主义都不是一种重要的经济思潮,历届政府都采取国家主义的经济政策,民族资产阶级自身的弱小导致了经济自由主义始终发展不充分,影响力很小。另外,中国的自由主义者热衷于政治与文化层面的自由主义,除严复之外,绝大多数并不赞成经济自由主义,例如继严复之后的自由主义代表胡适曾倾向于苏联的计划经济模式。再次,中国当时缺少经济自由主义施行的条件。英国资产阶级是在国家主权独立、工业革命业已进行、国内处于和平环境、海外市场巨大的情况下实行经济自由主义的,在此之前,英国长期实行贸易保护主义。在近现代中国,资本主义不发达。外国资本帝国主义、本国官僚资本主义、封建主义,再加上连绵不断的战争,制约了民族资本主义的产生与发展。换言之,经济自由主义在近现代中国虽然微弱,但并没有断绝,因为中国自近代以来一直处于世界资本主义经济体系之中,而且产生了中国近代资本主义生产方式及相应的民族资本家。

上述对经济自由主义在近代中国传播历程及其式微的分析,有助于把握与经济自由主义有渊源的新自由主义在近代中国的缘起、传播与影响。新自由主义在中国的出场是西学东渐、留学生的海外教育、国际政治经济环境的变迁等诸多要素交互作用的结果。《申报》《大公报》上的文章显示新自由主义这一术语来到中国是源自英国、日本、美国三种渠道,但相关报道并不多见。新自由主义者在近代中国以追求政治自由为主,1945年抗战胜利后建立的民主同盟、民主建国会、九三学社等民主党派中有一部分人主张新自由主义,企图走介于国民党与共产党之间的"中间路线",结果被国民党政权排斥、解散、镇压,因此新自由主义的政治主张在中国是根本不可能实现的。从经济政策的利用层面而言,周德伟、吴元黎、夏道平、蒋硕杰、施建生等哈耶克的追随者没有受到国民党南京政府的重视,主要原因是国民党奉行统制经济,反对自由经济,因而新自由主义的经济思想基本上未被当局采纳。新自由主义的传播仅限于部分高校的学者,如中法大学的裴斐、湖南大学的周德伟、武汉大学的任凯南、北京大学的蒋硕杰等。胡适、傅斯年、周德伟、施建生、夏道平等人于1949年之后离开中国大陆去了台湾,蒋硕杰、吴元黎等去了美国定居。以上是新自由主义在1949年之前在中国的概况。在经济学界,在民生主义经济学与马克思主义经济学的夹击之下,新自由主义的影响力十分有限。1949年,中华人民共和国成立到改革开放之前,我国的经济政策是社会主义计划经济,新自由主义在中国基本上无立足之地,国内学术界对斯密的认识几乎完全依照《资本论》《剩余价值学说史》的观点,将之视为接受马克思主义的批判性源头。从世界范围来看,20世纪30—70年代,凯恩斯主义成为资本主义国家的主流经济学,新自由主义退居幕后,成为书斋里的学问,经济自由主义遭受冷落,《国富论》也长期被主流经济学界所忽视。

　　新自由主义在改革开放后逐渐再次进入中国,此时的新自由主义在全世界大行其道。英国首相撒切尔夫人、美国总统里根强力推行新自由主义,中国因为开始以经济建设为中心,探索建立社会主义市场经济体制,需要吸收借鉴西方资本主义经济理论的科学成分以及市场经济的经验与教训,斯密是首位系统阐述资本主义市场经济的经济学家,因而以探讨如何实现国民财富增长的《国富论》受到经济学界的热烈讨论,翻译界一再重译此书,译本多达50种以上。新自由主义吸收与革新了《国富论》的经济理论,并将其理论极端化,因此需要区分新自由主义与《国富论》的界限,以自由观为例,《国富论》的自由观针对的是重商主义、政府的干涉政策、封建残余、基尔特同业组织、济贫法等的束缚,以便使资本、劳动力能够自由流动,是"自然的自由",是新兴资产阶级反对封建主义的理论武器。《国富论》体现了西方18世纪的自由观,经过200年的发展,新自由主义继承了《国富论》的自由经营、自由贸易思想,并将其发展至极端,极力鼓吹"绝对自由化",[①]尤其是

---

① 中国社会科学院编:《中国社会科学院新自由主义批判文选》,中国社会科学出版社2016年版,第265—386页。

金融领域的自由化。新自由主义的"自由化"是一种自由放任主义,引发了国际金融危机,给中国的改革开放伟业带来了巨大的危害。邓小平说:"某些人所说的改革,应该换个名字,叫作自由化,即资本主义化。"①我们必须坚决反对与抵制新自由主义在当代中国的传播,坚持马克思主义自由观,这是因为自由是马克思主义的终极目标,是中国特色社会主义的基本要义,是社会主义核心价值观的重要组成部分,它与新自由主义存在本质上的区别。

考察以《国富论》为代表的经济自由主义在近代中国的传播,首先应当考虑如何警惕和避免其弊端。经济自由主义是为资本主义私有制服务的,它的核心虽然也是"自由",但其本质是资本的自由。纵观人类社会的发展,无论是经济自由主义还是新自由主义的经济增长模式均带来了资源环境恶化、生态环境灾难、资本无序扩张等问题。当今资本主义社会,贫富分化严重、失业率高、收入分配不公的现象大量存在,这表明经济自由主义以及新自由主义并不能很好地解决上述社会问题。但是从历史经验的角度而言,我们也可以从中获得两点借鉴。

一是从历史经验中认真审视当今世界的自由贸易与保护贸易。在当今世界,保护主义、民粹主义思潮抬头,全球自由贸易体系面临前所未有的挑战,世界各国始终面临着自由贸易与保护贸易的选择。斯密批判重商主义、力主自由贸易的思想有助于我们正确面对逆全球化风潮。我们应当坚持以人类命运共同体理念来化解自由贸易和贸易保护的分歧,从而不断推动经济全球化的健康发展。当下,美国政府采取了贸易保护主义,发动中美"贸易战",面对严峻的国际形势,我们应该"实行更加积极主动的开放战略""形成更大范围、更宽领域、更深层次对外开放格局",②坚定不移地走具有中国特色的改革开放道路。我们不主张"自由主义",但是坚持以自由贸易引领经济全球化;我们以保护国家和民族利益为底线,但是扬弃贸易保护主义。

二是正确认识资本的作用,引导资本的健康发展。经济自由主义与新自由主义是资产阶级的经济理论,这就决定了它们要为资本的合法性与正当性进行辩护。当前,中国存在国有资本、集体资本、民营资本、外国资本、混合资本等各种形态的资本。即使是在社会主义市场经济体系下,资本仍然有着逐利的天然特性,以及扩大规模的内在动力。但是我们不能放任资

---

① 《邓小平文选》(第3卷),人民出版社1993年版,第297页。
② 习近平:《在中国共产党第二十次全国代表大会上的报告》,人民出版社2022年版,第9页。

本的野蛮生长,我们要改变资本的无序发展,设置资本的"红绿灯",既充分发挥资本的积极作用,这是实现共同富裕的物质基础,也要让其受到社会主义基本经济制度的制约,正确处理资本和利益分配这一事关全体人民生活幸福的重要问题。简言之,我们既要让资本遵循社会主义市场经济的运行规律,也要激发其活力,从而实现社会主义生产的目的。

第五,合理借鉴《国富论》的有益成分,思考如何构建中国特色社会主义市场经济体制,尤其是高水平社会主义市场经济体制。中国特色社会主义市场经济体制是中国共产党在改革开放的历史进程中把市场经济与社会主义基本制度结合起来的伟大创造,打破了那种认为市场经济只能与资本主义而不能与社会主义相结合的陈旧观念。进入新时代,中国共产党坚持唯物辩证法与两点论,创新了政府与市场的理论,提出了"使市场在资源配置中起决定性作用和更好发挥政府的作用",以及"有效市场和有为政府更好结合"的新论断,目前正在探索有效市场与有为政府深度融合的路径与方法。① 党的二十大报告提出了构建高水平社会主义市场经济体制的重大理论命题,还提出国家从法律层面加强反垄断与反不正当竞争。针对党的这些重大理论创新成果,有必要重温《国富论》的相关理论,思考古典市场经济理论对中国特色社会主义市场经济的现实启示。

斯密作为市场经济的先驱,他的《国富论》初步创设了现代市场经济理论体系,其理论要点有分工与市场的关系,利己与利他的平衡,市场效率说,看不见的手,自由竞争、自由贸易,政府在经济活动中的作用,等等。斯密关于市场经济的论述奠定了以后 300 年资本主义世界市场经济的理论基础。尽管斯密的市场经济理论所处的时代背景与 21 世纪的中国相距甚远,但仍存在一些共同的普遍性的话题。

比如,市场经济要求政府在经济活动中承担相应的职能与作用,如何恰当处理好政府与市场的关系长期以来是一个全球性经济难题。《国富论》一方面提出了"看不见的手"的市场机制在资源配置中的基础性作用,鼓励自由竞争、自由贸易,国内很多学者误以为斯密只讲市场调节而不关心政府的作用。其实,该书另一方面又规定了君主承担国防、司法、公共工程与公共机关的三项基本职能或者义务,这实际上是规定政府这只"看得见的手"在经济活动中的基本功能。政府的第一项职能是为市场经济提供一个和平、稳定的国内外环境;第二项职能是建立严格公正的司法制度,使行政权与司

---

① 宁阳:《高水平社会主义市场经济体制的内涵要义与建构路径》,《马克思主义研究》2023 年第 3 期,第 67—75 页。

法权脱离,切实保护每个人的财产、自由、身体以及声誉等,以便维持市场经济的秩序;第三项职能是提供社会公共服务,包括公路、桥梁、运河、邮政、公立银行、教育、卫生等。斯密认为国家为了维持这三项职能需要一定的支出,因而向全体国民征税,由此确定了平等、确定、便利、经济的四大赋税原则。

斯密关于政府三个职能的论述是他所处时代的反映,他抓住了政府职能最核心的三个部分,不同时代的政府均需处理好这三者的关系。关于政府的第一项职能,斯密赞同政府的航海法,认为国家安全远大于国富。中国近代市场经济始终不发达,一个重要原因是国家安全始终受到国内外因素的侵扰,中国的改革开放是在国内和平稳定的环境下展开的,并取得了举世瞩目的成就。关于政府的第二项职能,斯密强调司法对个人产权的保护,社会主义市场经济同样也是法治经济,构建高水平的社会主义市场经济不仅需要经济手段,更要注意运用法律手段。党的二十大报告明确提出"依法保护民营企业产权和企业家权益",并把"完善产权保护"当作市场经济的基础制度。[1] 可以说,产权保护制度是建构高水平社会主义市场经济的基石。关于政府的第三项职能,斯密所谓的"公共工程与公共机关"的内容非常广泛,包含了当今社会的国有企业与关系国计民生的行业,这些企业或者行业需要巨额资金,不能由个人或者少数人经营。其实,当今一些资本主义发达国家也没有履行好国家的第三项职能,这些国家的基础设施至今陈旧落后,公共产品价格高昂。与资本主义市场经济相比,中国特色社会主义市场经济体制能够更好地发挥制度优势与政府的主导作用,在建构高水平社会主义市场经济体制过程中能够提供比资本主义市场经济更优质、更价廉的公共产品与社会福祉,解决资本主义市场经济条件下生产资料私有制与社会化大生产的矛盾。这也警示我们,公共基础设施、银行、学校、医院等部门不能搞私有化、市场化,必须坚持党的领导,必须坚持公有制的主体地位,为构建高水平社会主义市场经济指引正确的方向。

又比如,斯密是经济思想史上第一个把分工放在首要位置的经济学家,他重视分工与市场范围的关系。在斯密看来,分工起因于人类的交换倾向,交换产生市场,因而有分工的地方就有市场,但分工又受市场范围的限制,市场范围决定了分工的水平。斯密是一位经验论者,他认为水上运输所开辟的市场比陆地运输大得多,工业的分工与技术改良往往先发生在沿河沿

---

[1] 习近平:《在中国共产党第二十次全国代表大会上的报告》,人民出版社2022年版,第29页。

海地区，然后才拓展到内陆地区。也就是说，交通运输条件制约着分工的发展，沿海的交通发达，其分工程度与市场范围均高于内陆地区，因而其产业分工与技术改进也远远早于内陆地区。斯密的这个看法对中国现代与当代的工业布局均有启示意义。20 世纪五六十年代，中国在社会主义建设中需要考虑沿海工业与内陆工业孰轻孰重的问题，由于当时的国际国内因素，我们在一定时期内采取优先发展内陆工业，其后发展沿海工业的策略，结果内陆工业发展缓慢，沿海工业也没有得到发展。可见，分工不合理会影响到经济的正常发展。自 1978 年实行改革开放以来，我国以东部沿海地区为改革开放的起点，逐步形成沿海—沿边—内陆的开放格局，东部沿海工业的发展速度日新月异，同时也带动了内陆工业的发展，这说明产业结构的专业化分工可以提升资源的配置效率，不断拓宽市场的范围。

如果以斯密的分工理论来看中国 40 年的改革开放史，我们就会发现，改革开放史就是一部不断突破斯密所谓的"分工受市场范围限制"的历史，中国的改革从农村开始，然后延伸至城市，引发了农村产业的分工、国有企业的改革、城乡分工、政府职能的分工、国际贸易的分工，等等，改革的重点是从以政府为主导或者计划为主导的分工转向以市场为主导的分工，这一转变过程也是社会主义市场经济体制形成的过程。中国的开放则开辟了国内市场与国际市场联系的渠道，不断解除分工发展受市场规模的约束。分工、市场、经济发展三者之间是紧密联系的，分工可以提高劳动生产率以及促使经济增长，市场范围的扩大要求国内分工与国际分工的细化与深化，经济发展程度取决于分工的程度与市场范围的大小。目前中国是世界上工业体系最健全、产业链最完整的国家，要建设高水平的社会主义市场经济，就必须坚持社会主义市场经济改革方向与高水平的对外开放，中国企业必须"深度参与全球产业分工和合作"，①为中国经济与世界经济的繁荣与稳定做出应有的贡献。

《国富论》的市场经济理论反映的是市场经济的一般规律，它提出的人的逐利性、优胜劣汰机制、限制垄断、廉洁政府、政府的三种职能等原理同样适用于高水平社会主义市场经济体制。但是，《国富论》的市场经济理论实质上是资本主义市场经济，与高水平社会主义市场经济体制有着本质的区别。资本主义市场经济是为资本、资本家服务的，始终避免不了生产资料私有化与社会化大生产的矛盾，避免不了工人阶级受剥削的地位。高水平社

---

① 习近平：《在中国共产党第二十次全国代表大会上的报告》，人民出版社 2022 年版，第 33 页。

会主义市场经济体制是社会主义制度下的市场经济,它的价值取向是以人民为中心,即社会主义市场经济体制是"以人民为中心"的"人民至上"价值理念的重要载体,①尊重每一个人全面而自由的发展,能够有效避免资本主义市场经济造成的贫富两极分化。高水平社会主义市场经济体制提倡公平竞争而非自由竞争,提倡有效市场与有为政府的结合,而非仅仅是"看不见的手"。因此,我们在思考《国富论》对中国构建高水平社会主义市场经济体制的启示借鉴时,必须将其置于中国特色社会主义制度下,坚持与完善社会主义基本经济制度,坚持党的领导,坚持马克思主义,避免《国富论》中负面的、消极的因素。

---

① 唐任伍:《构建高水平社会主义市场经济体制的价值内涵、内容呈现和路径选择》,《贵州师范大学学报(社会科学版)》2023年第1期,第3页。

附　录

关于亚当·斯密及《国富论》的论文一览表(1892—1949)

作者①	题　名	报　刊	出处(年、卷、期)
[英]艾约瑟	富国养民策	万国公报	1892—1896 年第 43—88 期
[英]李提摩太	论生利分利之别	万国公报	1893 年第 51—52 期
	泰西近百年来大事记	万国公报	1894 年第 62—68 期
[美]卜舫济	税敛要例	万国公报	1894 年第 67 期
[英]马林著、李玉书译	各家富国策辨	万国公报	1899 年第 121—122 期
	论地租归公之益	万国公报	1899 年第 125 期
通正斋生译述	重译富国策叙	时务报	1896 年第 15 期
通正斋生译述	富国策卷一	时务报	1896 年第 15 期
[德]李士德	理财学:原名经济论	译书汇编	1901 年第 2 卷第 2—4、8 期
[日]笹川洁	理财学	译林	1901 年第 8 期
作者不详	原富释租篇书后	湖北商务报	1901 年第 76 期
讲筵	最近经济学	大陆报	1902 年第 1 期,1903 年第 2 期
黄群	公利	新世界学报	1902 年第 2 期

---

① 附录中的大部分作者均抄录于原文。对有些作者的名字进行了统一,例如梁启超的文章曾以不同笔名署名,这里统一用"梁启超"一名;报刊上未署名作者的文章一律标注"作者不详"。

(续表)

作 者	题 名	报 刊	出处(年、卷、期)
无逸	经济学之范围及分类说	译书汇编	1902 年第 2 卷第 10 期
[德]李士德	理财学:原名经济论	译书汇编	1901 年第 2 卷第 2、3、4、8 期
[日]田岛锦治	最新经济学	翻译世界	1902 年第 1、2 期,1903 年第 3、4 期
[日]滨田健二郎、伊势本一郎	经济学史	翻译世界	1903 年第 4 期
严复	与新民丛报论所译原富书(壬寅三月)	新民丛报	1902 年第 7 期
严复	与新民丛报论所译原富书(壬寅三月)	国闻报汇编	1903 年下卷
严复	史传:斯密亚丹传	鹭江报	1903 年第 27 期
严复	斯密亚丹传	北洋官报	1903 年第 31 期
严复	计学大家斯密亚丹传	政艺通报	1903 年第 2 卷第 1、2 期
严复	论铜元充斥病国病民不可不急筹挽救之法	中外日报	1906 年 3 月 12 日
严复	论铜元充斥病国病民不可不急筹挽救之法	广益丛报	1906 年第 108 期
作者不详	论自由贸易与保护贸易之比较	广益丛报	1911 年第 272 期
吴汝纶	原富叙	政艺通报	1903 年第 2 卷第 4 期
吴汝纶	原富序	北洋官报	1903 年第 29 期
吴汝纶	原富叙	鹭江报	1903 年第 30 期
雪震	斯密亚丹传	绍兴白话报	1903 年第 14 期
王璟芳	普通经济学	湖北学生界	1903 年第 1—4 期
作者不详	国际商业政策	湖北学生界	1903 年第 4、6、7、8 期
作者不详	与《新民丛报》论所译原富书	国闻报汇编	1903 年下卷

(续表)

作者	题 名	报 刊	出处(年、卷、期)
梁启超	文野三界之别	清议报	1899年第27期
	绍介新著《原富》	新民丛报	1902年创刊号
	学术之势力左右世界	新民丛报	1902年创刊号
	新民说	新民丛报	1902年创刊号
	生计学学说沿革小史	新民丛报	1902年第7、9、13、17、19、23号,1904年第51号
	干涉与放任	新民丛报	1902年第17号
	进化论革命者颉德之学说	新民丛报	1902年第18号
	二十世纪之巨灵托辣斯	新民丛报	1903年第42—43号
	中国货币问题	新民丛报	1903年第46—50、52、56号
	外资输入问题	新民丛报	1904年第52—54、56号
	论中国学术思想变迁之大势	新民丛报	1904年第10号
	杂答某报	新民丛报	1905年第86号
	再驳某报之土地国有论	新民丛报	1906年第90—92号
	大乘起信论考证	东方杂志	1922年第19卷第23号
作者不详	问答:(一)问:读贵报第一号绍介新著一门原富条下	新民丛报	1902年第3号
重远	外国贸易论	新民丛报	1906年第4卷第21、22号
作者不详	续绿邑令观风题	申报	1902年6月9日
作者不详	恩科浙江乡试二场题	申报	1903年10月6日
作者不详	松江岁试六志	申报	1904年5月4日
作者不详	说榜后案转录南洋官报	申报	1904年10月16日
作者不详	论禁米出口之无益于民生	申报	1905年2月21日至23日

(续表)

作　者	题　名	报刊	出处（年、卷、期）
作者不详	论重工主义	申报	1905年4月25日
作者不详	论铜元官宜限制	申报	1905年7月31日
作者不详	直督饬学务处妥各堂学生公费自费章程札	申报	1905年9月25日
作者不详	论米禁	申报	1905年11月16日
作者不详	奏请疏通米谷折	申报	1906年6月5日
作者不详	续留日学生姚明德上张殿撰条陈请注重机械以与实业	申报	1906年7月20日
作者不详	论商业与各种学科之关系	申报	1906年11月1日
作者不详	外国商政之沿革	申报	1907年11月9日
作者不详	江督请给严复进士出身原奏	申报	1908年5月3日
作者不详	朱福生奏请开设议会折	申报	1908年7月5日
作者不详	敬告苏省咨议局第一次会议当以振兴本省实业为宗旨	申报	1909年6月23日
作者不详	论东三省极宜注意之点选	申报	1910年5月12日
作者不详	李程婚姻纠葛	申报	1934年5月18日
孙本文	青年与社会（上）	申报	1936年3月24日
作者不详	泰西十大家传	政法学报	1904年第3卷第6期
爱弥勒	近世经济学之思潮	政法学报	1904年第3卷第78期
作者不详	计学大家英儒斯密亚丹	商务报	1904年第6期
章宗元	读计学书杂书所见	商务官报	1906年第11期
杨志洵	近世最近世经济学派别略说	商务官报	1906年第21期
杨志洵	公司类别说	商务官报	1907年第13期

（续表）

作　者	题　名	报　刊	出处（年、卷、期）
子纯	泰西生计学学说沿革古今递变有重商主义有重农主义自斯密亚丹原富书出始倡两利为利之说能略陈其梗概否	之罘报	1905 年第 10 期
侠魔	兴办西北实业要论	夏声	1908 年第 1 期
作者不详	编译：第三则斯密所谓分功既著确有发明机巧之作用	四川学报	1905 年第 9 期
作者不详	王船山学说多与斯密暗合说	四川学报	1907 年第 3 期
严复	政治学讲义	教育杂志	1905 年第 15、16、18、19 期，1906 年第 20 期
[日]葛冈信虎（讲述）、直隶留学日本速成师范生（笔记）	经济学讲义	教育杂志	1906 年第 21—22 期
[英]玛克斐森	欧洲近百年智力之长进	大同报	1909 年第 10 卷第 23 期
作者不详	生计学沿革小史	民声	1910 年第 1 卷第 2 号
作者不详	第一节——自由贸易主义	中国商业研究会月刊	1910 年第 1 期
钱永铭	自由贸易主义与保护贸易主义	中国商业研究会月刊	1910 年第 1 期
凌希英	评劳动价值论	惊蛰丛刊	1911 年第 2 期
朱执信译述、煮尘重治	社会主义大家马儿克之学说	新世界	1912 年第 2 期
煮尘	驳社会主义商兑	新世界	1912 年第 8 期
方宗鳌	分功与共乐	谠报	1913 年第 2 期
屠富	进步与贫乏	民报	1905 年第 1 期
朱执信	德意志社会革命家列传	民报	1906 年第 2、3 期

(续表)

作 者	题 名	报 刊	出处(年、卷、期)
率群	欧洲经济学思想变迁论	独立周报	1912年第13期、1913年第2、3、7、8、16—17期
[日]金井延著、率群译	经济学研究法	独立周报	1913年第16—17期
梦渔	论社会主义	独立周报	1913年第26—27期
作者不详	参政院代行立法院咨请大总统励行经济政策整饬国货文	农商公报	1914年第1卷第5期
徐祖同	原富	商业杂志	1917年第1卷第4期
赵光策	近代欧洲经济思想论	商业杂志	1927年第2卷第7期
姚颂箴	保护政策与自由贸易孰宜于中国	商业杂志	1929年第4卷第7期
赣父	斯密亚丹与理财学	太平洋	1917年第1卷第3、4、5期
黄花	经济定国论	戊午	1918年第1卷第1期
胡乃瓒	论自由贸易与保护贸易	浙江省立甲种商业学校校友会杂志	1918年第3期
刘叔雅	怎样叫做中西学术之钩通	新中国	1919年第1卷第6期
[日]金井延著、陈承泽译	财政学之近况	法政杂志	1911年第1卷第5期
杨昭恁	评斯密亚丹租税原则	法政学报	1919年第11期
[日]内池廉吉著、杨昭恁译	社会政策的租税之价值	法政学报	1920年第2卷第3期
[日]河上肇著、罗琢章译	马克思之经济论	法政学报	1920年第2卷第4期
钱镜民	自由保护贸易得失论	新中国	1919年第3、4、6、7期
杨肇遇	自由竞争	新群	1920年第1卷第4期

(续表)

作者	题名	报刊	出处(年、卷、期)
刘秉麟	经济思想的发展	时事新报	1919年9月20日
	经济思想之变迁	新群	1920年第1卷第3、4期
	劳动力之研究	国立劳动大学劳动季刊	1931年创刊号
	史学派之经济学研究方法及其要点	知言	1947年第10期
	新刊介绍与批评：A Review of Economic Theory By Edwin Cannan	国立武汉大学社会科学季刊	1930年第1卷第3期
	经济学之最近趋势	国立武汉大学社会科学季刊	1930年第1卷第4期
陶因	三大经济学派的研究方法	国立武汉大学社会科学季刊	1931年第2卷第2期
	资本的意义	国立武汉大学社会科学季刊	1933年第3卷第4期
	价值论	国立武汉大学社会科学季刊	1935年第5卷第2、3期
浦薛凤	十八世纪后半欧洲之社会思想	国立武汉大学社会科学季刊	1932年第2卷第4期，1932年第3卷第1期
伍启元	货币数量说及其史的发展	国立武汉大学社会科学季刊	1937年第7卷第2期
彭迪先	论自然主义的经济学	国立武汉大学社会科学季刊	1942年第8卷第1期
曹光洁	亚当斯密 A. Smith；马尔萨斯 Malthus；李嘉图 Ricardo 之个人主义经济学说之发展及其批评	国立武汉大学四川同学会会刊	1935年第2卷第1期

(续表)

作者	题名	报刊	出处(年、卷、期)
荆其毅	亚当斯密氏经济学说之研究	国立武汉大学第9届毕业论文	1940年
程思贤	亚丹斯密之价值论	国立武汉大学第15届毕业论文	1946年
甘大志	亚丹·斯密史(Adam Smith)之利润学说及其修正者	国立武汉大学第15届毕业论文	1946年
甘乃光	讨论和介绍几种经济思想史的书	南风	1920年第1卷第1期
陈启修	现代之经济思潮与经济学派	北京大学月刊	1920年第1卷第6期
李守常	马克思经济学说	北京大学日刊	1922年第963期
季陶	几德氏政治经济学的批评	建设	1920年第3卷第1期
陈华钰	理嘉图之经济学说源流考	留日庆大学报	1922年创刊号
[英]John Spargo著、倪鸿文译	社会主义和个人主义	民国日报·平民	1920年第23期
黄慰华	亚丹斯密与现代思想	民国日报·觉悟	1923年6月26日
王光祈	分工与互助	旅欧周刊	1920年第47期
刘秉麟	劳动问题是些什么	新青年	1920年第7卷第6期
瑞鼎	亚丹斯密斯和马克斯略史	东南日报	1921年12月6日
John. M. Ferguson著、张贻惠译	欧洲经济思想史之五：欧洲重商主义之经济思想	新青年	1944年第9卷第1、2期
	欧洲经济思想史之五：亚丹斯密之经济思想	新青年	1944年第9卷第5期

(续表)

作者	题名	报刊	出处(年、卷、期)
陈独秀	马尔萨斯人口论与中国人口问题	新青年	1920年第7卷第4号
	马克思学说	新青年	1922年第9卷第6号
	答张君劢及梁任公	新青年	1924年第3期
	寸铁:数典忘祖	布尔塞维克	1927年第1卷第7期
	致胡适(1932年12月1日)	胡适来往书信选(中)	中华书局1979年版
张振声	管子经济学说之解析	创造	1922年第1卷第1期
楼维涛	论自由贸易与保护贸易	南洋甲种商校季刊	1922年第2卷第2期
逸园	Karl Mark氏对于富之根本的性质之研究	上海总商会月报	1923年第3卷第10期
正声	珊氏的经济学说和他同斯密亚丹(当)的关系	北大经济学会半月刊	1923年第17期
贾祝年	亚丹斯密士之分工论	北大经济学会半月刊	1923年第17期
王清彬	经济价值论略史	北大经济学会半月刊	1924年第18、19期
伟民	中国的亚丹斯密	北大经济学会半月刊	1924年第20、21、22期
仲祖龄	述亚丹斯密之论工资问题	钱业月报	1921年第1卷第8号
施督辉	斯密亚丹租税四大原则与华格那氏租税九大原理之比较	钱业月报	1922年第2卷第6号
[美]韩内博士著、施督辉译	经济思想史	钱业月报	1923年第3卷第5、6、7、8、9、10号,1932年第12卷第11号
唐庆增	国富与民生	平论半月刊	1945年第9期
	郑观应对于发展中国工业之意见	中国工业	1944年第2卷第2期

(续表)

作者	题　名	报　刊	出处(年、卷、期)
唐庆增	研究西洋经济思想史之方法	学术界	1943 年第 1 卷第 3 期
	介绍埃利斯之"德国货币学说"	金融知识	1942 年第 1 卷第 1 期
	陆贽之经济思想	财政评论	1940 年第 4 卷第 4 期
	从租税原则上以观察中国之税制	财政评论	1939 年第 2 卷第 6 期
	租税之原则	信托季刊	1936 年第 1 卷第 1 期
	中国消耗问题	浙江青年	1935 年第 5 卷第 4 期
	李嘉图地租律之研究	学术世界	1935 年第 1 卷第 5 期
	经济学之研究法	出版周刊	1934 年第 97—98 期
	中国经济思想之史料及其整理之方法	出版周刊	1936 年第 167 期
	桓宽盐铁论经济学说研究	光华大学半月刊	1934 年第 2 卷第 9 期
	中国经济思想四大潮流	光华大学半月刊	1935 年第 3 卷第 7 期
	拔休脱与吐能	光华大学半月刊	1937 年第 5 卷第 7 期
	国家经济之缘起	大夏	1934 年第 1 卷第 1 期
	亚丹斯密斯与李嘉图之价值学说	天南	1933 年第 1 卷
	中国经济思想之特点	经济学月刊	1933 年第 1 卷第 1 期
	西洋经济名著之读法及其版本之选择	图书评论	1933 年第 1 卷第 7 期
	统计学之今昔观	国立暨南大学法学院政治经济与法律	1931 年第 1 卷第 1 期
	近三十年来之欧美经济思想	南洋公学卅周征文集	1930 年第 1 卷第 3 期

(续表)

作者	题名	报刊	出处(年、卷、期)
唐庆增	中国经济思想改造	复旦五日刊	1930年第51期
	休穆勒之经济思想	社会科学杂志	1930年第2卷第2期
	商人与经济理论	商业杂志	1928年第3卷第3期
	商人研究经济思想之方法	商业杂志	1930年第5卷第1期
	希腊经济思想之特点	商学期刊	1929年第3期
	中国经济思想之改造	商学期刊	1929年第4期
	社会学与经济学	社会学刊	1929年第1卷第2期
	经济学用书概要	东方杂志	1926年第23卷第22期
	孙鼎臣之经济思想	东方杂志	1928年第25卷第12号
	桓宽盐铁论经济学说今解	东方杂志	1929年第26卷第17号
	美国经济思想溯源	学艺	1927年第8卷第6号
	中国经济思想史之研究	学艺	1932年第11卷第9号
	经济学中之经典学派	学艺	1933年学艺百号纪念增刊
	英国之财政制度	上海总商会月报	1925年第5卷第12号
	今日国中经济学家之责任	上海总商会月报	1927年第7卷第6号
	英美经济图书馆发达之概况	上海总商会月报	1927年第7卷第11号
	为国中研究商学者进一言	商报	1927年元旦增刊
	马休尔对于经济学之贡献	钱业月报	1927年第7卷第1号
	租税制度及格式之研究	钱业月报	1927年第7卷第7号
	管子之货币学说	钱业月报	1928年第8卷
	中西经济思想家心目中之商人	工商新闻	1928年元旦增刊

(续表)

作者	题名	报刊	出处(年、卷、期)
唐庆增	经济学原理教法管窥	中华教育界	1927年第16卷第12期
	中学生研究经济学之方法	学生杂志卷	1927年第14第1期
	经济学中之算术学派	科学	1926年第11卷第3期
	美国各大学经济科之设施	新闻报·教育新闻	1926年6月
	释经济学中之相对名词	新闻报·学海	1927年11月29日
	经济学中之历史学派	新闻报·学海	1928年2月10日
	马尔萨斯以前之人口学说	时事新报·学灯	1927年9月26日
	购买经济书籍之一得	时事新报·学灯	1927年8月7日
	近代各国政府支出之解剖	银行周报	1928年第12卷第6号
	论斯密斯四大税纲	甲寅周刊	1927年第1卷第38号
	柏拉图之经济思想	民铎杂志	1926年第7卷第5期
	亚丹斯密斯原富与马尔塞斯人口论版本考证	民铎杂志	1927年第8卷第5号
	美国各大学经济科之设施	江苏教育公报	1926年第9卷第6期
	中国生产之现代化应采个人主义	申报月刊	1933年第2卷第7号
	资本之种类	申报·常识	1925年11月2日
李汉俊	马克思与达尔文和亚当斯密斯	京报	1923年5月5日
方超一	我国对外贸易应采自由贸易主义乎抑采保护贸易主义乎	京报	1924年7月30日
王清彬	租税原则学说之发展	京报	1925年2月10日

(续表)

作 者	题 名	报 刊	出处(年、卷、期)
宇承	劳动价值论的史的发展	京报	1933年12月1日
德佑	亚丹斯密和马克思	澄衷学生半季刊	1927年第1期
张鸿藻	马夏佛律 Machiavelli 穆尔多玛斯 Thomas More 倍根 Bacon 与包鼎 Bodin 四大哲学家哲学中之政治经济学说	钱业月报	1929年第9卷第2号
孝翁	孙鼎臣之经济思想	钱业月报	1935年第15卷第1号
吴永权	货币价值之成立	学艺	1920年第2卷第1号
[日]河上肇著、杨山木译	救贫丛谈	学艺	1920年第2卷第3号
徐式圭	中国财政史略	学艺	1922年第3卷第8号
陶因	经济价值论概略	学艺	1922年第4卷第3号
林骙	马尔沙士人口论的要领及其批判	学艺	1923年第4卷第8号
周佛海	《亚丹斯密先生年谱》	学艺	1923年第5卷第7号
周佛海	亚丹斯密之租税四大原则	学艺	1923年第5卷第7号
资耀华	亚丹斯密与马克思之关系	学艺	1923年第5卷第7号
孙德修	亚丹斯密先生的著作	学艺	1923年第5卷第7号
林骙	亚丹斯密先生传	学艺	1923年第5卷第7号
郭心崧	亚丹斯密之自由放任政策论	学艺	1923年第5卷第7号
戴时熙	亚丹斯密之工资论	学艺	1923年第5卷第7号
淑清	最近公表的亚丹斯密的一封信	学艺	1923年第5卷第7号
萨孟武	亚丹斯密之经济思想与儒家之经济思想之差异	学艺	1923年第5卷第7号

(续表)

作　者	题　名	报　刊	出处(年、卷、期)
孙倬章译	亚丹斯密经济学之渊源	学艺	1923年第5卷第7号
史维焕	亚丹斯密之价值论	学艺	1923年第5卷第7号
阮湘	亚丹斯密之根本思想	学艺	1923年第5卷第7号
李超桓	亚丹斯密之中国经济观	学艺	1923年第5卷第7号
黄典元	亚丹斯密非资本主义者说	学艺	1923年第5卷第7号
王首春	分功论	学艺	1924年第5卷第9号
[日]河上肇著、王首春译	分功的发展	学艺	1925年第7卷第3号
杨学颖	经济价值论	学艺	1924年第5卷第10号
资耀华	经济阶段发达说之研究	学艺	1925年第6卷第7号
王秋心	马寅初博士的劳动价值说批评	学艺	1926年第8卷第4号
[日]上田贞次郎著、黎学澄译	股份有限公司论	学艺	1930年第10卷第3号
[日]那须皓著、周宪文译	经济政策学原理	学艺	1931年第11卷第5、7号
周宪文	统制经济之研究	学艺	1932年第11卷第9号
漆琪生	景气变动学说史及诸学派	学艺	1933年第12卷第3、4号
张素民	重商主义之研究	学艺	1933年第12卷第4号
祝伯英	李权时与朱通九的价值论	学艺	1933年第12卷第5号
瞿荆洲	经济恐慌之否定论：J. B. Say之贩路理论	学艺	1934年第13卷第4号
卢勋	经济学说之历史性	学艺	1934年第13卷第5号
张百高	社会进化理论之检讨	学艺	1934年第13卷第9号
张觉人	墨子的经济思想	学艺	1935年第14卷第2号

(续表)

作 者	题 名	报 刊	出处(年、卷、期)
王海波	英国费边社(Fabian Society)概说	学艺	1935年第14卷第2号
林履信	社会问题与社会学	学艺	1936年第15卷第9号
朱升华	三民主义的政治哲学	学艺	1936年第15卷第10号
王亚南	亚丹斯密马尔萨斯及里嘉图之经济学说的比较研究	学艺	1932年第11卷第9号、第12卷第3号、1933年第12卷第1号、1933年第12卷第8号
	金与银的斗争(日本通讯)	东方杂志	1935年第32卷第3号
作者不详	论中国宜保护商务	东方杂志	1904年第1卷第9号
勇立	王船山学说多与斯密暗合说	东方杂志	1906年第3卷第10号
严复	论铜元充斥病国病民不可不急筹挽救之法	东方杂志	1906年第3卷第4号
作者不详	论国际商业之政策	东方杂志	1906年第3卷第8号
蛤笑	论中国儒学之误点	东方杂志	1907年第4卷第6号
作者不详	公司类别说	东方杂志	1907年第4卷第11号
前刘	西洋立身编	东方杂志	1911年第8卷第4号
伧父	英国之帝国会议	东方杂志	1911年第8卷第4号
欧阳溥存	社会主义	东方杂志	1911年第8卷第12号
	社会主义商兑	东方杂志	1912年第9卷第2号
钱智修	克罗懋氏之中国论	东方杂志	1913年第10卷第2号
棠公	理财学沿革小史	东方杂志	1913年第10卷第6号
[日]河上肇	共同生活与寄生生活	东方杂志	1914年第10卷第12号
如如	近三十年之资本界与劳动界	东方杂志	1914年第11卷第5号
海期	中国物价腾贵问题	东方杂志	1916年第13卷第5号

(续表)

作　者	题　名	报　刊	出处(年、卷、期)
孟森	财政学序	东方杂志	1916年第13卷第6号
君实	马尔桑斯人口论价值之失坠	东方杂志	1918年第15卷第8号
	战争之建设	东方杂志	1918年第15卷第9号
稚晖	论工党不兴由于工学不盛	东方杂志	1918年第15卷第9号
刘大钧	社会主义	东方杂志	1918年第15卷第11号
[日]北昤吉原著、君实译	社会主义之检讨	东方杂志	1919年第16卷第10号
刘叔雅	怎样叫做中西学术之钩通	东方杂志	1919年第16卷第12号
甘乃光	经济思想活动中心之迁移	东方杂志	1920年第17卷第7号
[英]Harpur, J. W. 著、杨荫槻译	建设全国同业公会之计画	东方杂志	1920年第17卷第5号
何思源	英法美民主政治之比较	东方杂志	1920年第17卷第11号
邵振青	资本主义与各国对华政策	东方杂志	1920年第17卷第13号
端六	论企业阶级	东方杂志	1920年第17卷第16号
说难	同情之价值	东方杂志	1920年第17卷第23号
孙中山	孙中山先生之社会主义讲演录	东方杂志	1921年第9卷第6号
三无	产业战争世界中之英美地位	东方杂志	1921年第18卷第7号
杨端六	中国改造的方法	东方杂志	1921年第18卷第14号
于树德	资本之研究	东方杂志	1921年第18卷第20号
	劳动之一研究	东方杂志	1922年第19卷第8号
	妇女问题与贫富问题	东方杂志	1924年第21卷第7号
[英]Ervine, J. 著、王靖译	美国的文学——现在与将来	东方杂志	1921年第18卷第22号

(续表)

作 者	题 名	报刊	出处（年、卷、期）
胡文楝	欧洲生产制度之历史及我国应取之方针	东方杂志	1921年第18卷第24号
邓飞黄	个人主义的由来及其影响	东方杂志	1922年第19卷第7号
史维焕	我国宪法应明定国民之生存权	东方杂志	1922年第19卷第21号
梁启超	大乘起信论考证	东方杂志	1922年第19卷第23号
［日］田中义夫著、丐尊译	马尔萨斯的中国人口论	东方杂志	1923年第20卷第10号
侯厚培	中国设施遗产税问题	东方杂志	1923年第20卷第10号
朴之	斯密亚丹二百年纪念	东方杂志	1923年第20卷第17号
孙倬章	农业与中国	东方杂志	1923年第20卷第17号
叶元龙	劳动价值论之研究	东方杂志	1922年第19卷第9号
叶元龙	巴维克对于利息论之贡献	东方杂志	1923年第20卷第11号
叶元龙	中国工资低贱之解释	东方杂志	1923年第20卷第7号
叶元龙	斯密亚丹经济学说概观	东方杂志	1923年第20卷第17号
叶元龙	自斯密亚丹至二十世纪之经济学说	东方杂志	1923年第20卷第17号
朱朴	斯密亚丹以前之经济思想	东方杂志	1923年第20卷第17号
黄惟志	斯密亚丹评传	东方杂志	1923年第20卷第17号
瞿秋白	国法学与劳农政府	东方杂志	1923年第20卷第18号
李权时	斯密亚丹学说之批评	东方杂志	1923年第20卷第17号
李权时	二十年来中国的经济思想	东方杂志	1924年第21卷第1号
周佛海	租税应据之原则	东方杂志	1923年第20卷第24号
甘蛰仙	最近二十年来中国学术蠡测——为东方杂志二十周年纪念作	东方杂志	1924年第21卷第1号

(续表)

作　者	题　名	报　刊	出处(年、卷、期)
于树德	妇女问题与贫富问题	东方杂志	1924年第21卷第7号
刘秉麟	欧战后之人口问题	东方杂志	1924年第21卷第14号
潘力山	社会主义与社会政策	东方杂志	1924年第21卷第16号
朱文叔	布尔乔和社会连带主义	东方杂志	1924年第21卷第24号
[英]威尔斯著、得一译	全世界最重要的十大名著	东方杂志	1924年第21卷第24号
陈灿	欧美各国最近之关税政策及将来之趋势	东方杂志	1925年第22卷第6号
	陆宣公之财政学说	东方杂志	1926年第23卷第16号
胡梦华	帝国主义之研究	东方杂志	1925年第22卷第8号
蓝德莱、张君励、孙师毅	社会学研究方法上之争辩	东方杂志	1925年第22卷第10号
楼桐孙	十年来之法国经济状况	东方杂志	1925年第22卷第15—16号
端木铸秋	关税制度与中国之关税问题	东方杂志	1925年第22卷第20号
贺麟	严复的翻译	东方杂志	1925年第22卷第21号
[日]堀江归一著、韦伯译	失业问题及其对策	东方杂志	1925年第22卷第24号
楼桐孙	所贵乎有国家者	东方杂志	1926年第23卷第6号
宋慈裒	孙籀顾先生年谱	东方杂志	1926年第23卷第12号
李璜	历史学与社会科学的关系	东方杂志	1926年第23卷第20号
胡善恒	原富一百五十岁寿言(伦敦通信)	东方杂志	1926年第23卷第6号
	个人主义思想之嬗变与没落	复兴月刊	1934年第2卷第8期
[俄]都介涅甫著、仲云译	烟	东方杂志	1927年第24卷第17号

(续表)

作 者	题 名	报 刊	出处(年、卷、期)
沈星若	由经济上观测遗产税的效果	东方杂志	1927年第24卷第24号
俞颂华	英国劳动党与自由党政见之比较	东方杂志	1928年第25卷第1号
寿勉成	三民主义与合作主义	东方杂志	1928年第25卷第2号
董修甲	市财政问题	东方杂志	1928年第25卷第10号
陶父	日本最近的出版界	东方杂志	1928年第25卷第14号
从予	英国资本主义之过去与现在	东方杂志	1928年第25卷第20号
安世	英国国债问题	东方杂志	1928年第25卷第20号
[美]斯图尔特(Stewart, C. L.)	现代各国农业政策之一斑	东方杂志	1929年第26卷第12号
[美]塞格利曼(Seligman)	消费信用论	东方杂志	1929年第26卷第18号
[美]巴特勒(Butler, N. M.)	今日世界之新重心	东方杂志	1930年第27卷第4号
朱偰	战后各国关税政策之趋势与最近欧洲关税休战会议	东方杂志	1930年第27卷第7号
朱偰	德国租税制度与社会政策	东方杂志	1930年第27卷第19号
朱偰	中国今日征收所得税问题	东方杂志	1935年第32卷第11号
章渊若	英国之社会问题与社会立法	东方杂志	1930年第27卷第10号
李石岑	费尔巴哈的思想系统	东方杂志	1930年第27卷第13号
鲁学瀛	大不列颠与其自治殖民地之关系	东方杂志	1930年第27卷第21号
潘公展	民生主义与财产自由	东方杂志	1931年第28卷第1号
崔晓岑	研究银价后之观察——用统计图分析	东方杂志	1931年第28卷第7号

(续表)

作　者	题　名	报　刊	出处(年、卷、期)
龙大均	法兰西现代经济学鸟瞰	东方杂志	1931 年第 28 卷第 8 号
周以仕	近十年来英美关税政策之一瞥	东方杂志	1931 年第 28 卷第 10 号
杨及玄	凯塞尔氏在经济学上的立场	东方杂志	1933 年第 30 卷第 12 号
王绍成	德国之政党与希特勒	东方杂志	1933 年第 30 卷第 19 号
叶作舟	军事费与国家财政	东方杂志	1933 年第 30 卷第 23 号
李恭律	经济进化法则的研究	东方杂志	1934 年第 31 卷第 1 号
张梁任	仲伯德之计划经济观	东方杂志	1934 年第 31 卷第 1 号
徐柏园	政治的经济与经济的政治——近代欧美政治与经济势力之变迁	东方杂志	1934 年第 31 卷第 14 号
连士升	英国经济史学的背景和经过	东方杂志	1935 年第 32 卷第 1 号
郭子勋	实施统制贸易几个根本问题	东方杂志	1935 年第 32 卷第 3 号
王渔村	金与银的斗争(日本通讯)①	东方杂志	1935 年第 32 卷第 3 号
孙本文	现代社会心理学之流派及其最近趋势	东方杂志	1935 年第 32 卷第 7 号
彭瑞夫	盐政改革与新盐法之实施	东方杂志	1935 年第 32 卷第 10 号
章育才	现代家庭与儿童教养	东方杂志	1935 年第 32 卷第 11 号
陶羡敏	吾国所得税施行之症结及其对策	东方杂志	1935 年第 32 卷第 16 号
王绍成	德国"统制对外贸易"之背景及其方策(德国通讯)——新德意志之对外贸易政策	东方杂志	1935 年第 32 卷第 18 号

① 又见王渔村:《金与银的斗争》,《文化月刊》1935 年第 13 期。

(续表)

作者	题名	报刊	出处(年、卷、期)
顾季高	中国新货币政策与国际经济均衡	东方杂志	1935年第32卷第23—24号
浦薛凤	康德之历史哲学	东方杂志	1936年第33卷第1号
周宪文	经济学本质论	东方杂志	1930年第27卷第21号
	说贫	东方杂志	1944年第40卷第12号
	经济学组织议	经济与经营	1944年第1卷第3期
	经济学组织议	东方杂志	1946年第42卷第4号
振甫	严复的中西文化观	东方杂志	1937年第34卷第1号
徐中玉	普式庚的生平和艺术——为普式庚逝世百年纪念而作	东方杂志	1937年第34卷第3号
杨幼炯	我国政党政治之蜕变及其对于近代文化之影响	东方杂志	1937年第34卷第7号
马寅初	价值论	东方杂志	1924年第21卷第11号
	经济思想随社会环境变迁之程序	东方杂志	1937年第34卷第1号
	经济思想随社会环境变迁之程序	文摘	1937年第1卷第2期
黄廷英	政权夺取之今昔观	东方杂志	1937年第34卷第16/17号
张白衣	世界经济新恐慌论	东方杂志	1938年第35卷第18号
	中国经济参谋本部论	东方杂志	1939年第36卷第6号
	中国战时财政政策改革论	东方杂志	1940年第37卷第23号
符滁尘	读了"节约运动大纲"之后	东方杂志	1938年第35卷第16号
[日]波多野鼎著、符梦铃译	节约贮蓄论	东方杂志	1938年第35卷第18号
龚家麟	我国遗产税暂行条例平议	东方杂志	1938年第35卷第23号

(续表)

作者	题名	报刊	出处(年、卷、期)
刘不同	论战时节约与税收	东方杂志	1939 年第 36 卷第 6 号
黄霖生	日本能支持长期战争吗——日本人力资源的检讨	东方杂志	1939 年第 36 卷第 24 号
赵自强	英法邦交之史的观察	东方杂志	1940 年第 37 卷第 19 号
端木蕻良	中国三十年来之文学流变	东方杂志	1941 年第 38 卷第 4 号
陈钟浩	外交与利益	东方杂志	1943 年第 39 卷第 1 号
夏炎德	中国建设独立自主国民经济之机运	东方杂志	1943 年第 39 卷第 4 号
陈振汉	经济政策在苏德经济建设中之地位——经济建设与经济政策问题之一	东方杂志	1943 年第 39 卷第 11 号
沈来秋	原贫	东方杂志	1943 年第 39 卷第 12 号
曾纪桐	战后我国对外贸易政策的商榷	东方杂志	1944 年第 40 卷第 5 号
钟兆璿	论关税与我国财政及工商业之关系	东方杂志	1944 年第 40 卷第 6 号
王平陵	出版物的行销问题	东方杂志	1944 年第 40 卷第 7 号
朱有瓛	英格兰教育与苏格兰教育	东方杂志	1944 年第 40 卷第 10 号
王璧岑	战后建设新中国的财政问题	东方杂志	1945 年第 41 卷第 4 号
朱偰	战后国际贸易之趋势与我国之对策——贡献给出席旧金山联合国会议之我国代表团	东方杂志	1945 年第 41 卷第 4 号
何贯衡	"富"与"贵"	东方杂志	1945 年第 41 卷第 5 号
吴泽炎	明日的世界是否会左倾	东方杂志	1945 年第 41 卷第 22 号
姜蕴刚	社会的形成	东方杂志	1946 年第 42 卷第 9 号
周子亚	政治理想与政治实验	东方杂志	1948 年第 44 卷第 4 号

(续表)

作　者	题　名	报　刊	出处(年、卷、期)
黄炳坤	自由主义是否没落	东方杂志	1948年第44卷第4号
杨瑞六	马克思学说评	太平洋	1920年第2卷第7号
杨瑞六	二百周年纪念：斯密亚丹小传	太平洋	1923年第4卷4期
P.S.K.	经济学的个人主义与社会主义	民铎杂志	1919年第1卷第7期
毛简青	资本与劳动	民铎杂志	1919年第1卷第7期
黄逸之	正统经济学派经济思想之综合与批评	民铎杂志	1924年第5卷第2期
郑行巽	剩余价值论评的发端	前锋月刊	1931年第1卷第3、4期
郑行巽	穆勒经济学原理导言	民铎杂志	1928年第9卷第3期
郑行巽	马夏律(Matshall)之经济思想	民铎杂志	1926年第8卷第2期
张铭鼎	我之人类自私观	民铎杂志	1925年第6卷第3期
李大钊讲、黄绍谷记	马克思底经济学说	觉悟	1922年第2卷第27期
安体诚讲、梅电龙记	经济思想史	觉悟	1924年第12卷第2、5、7、8、10、13期
任开国	经济学说之阶级性	觉悟	1924年第4卷第29期
周镕	理嘉图之经济学说	中国季刊	1925年第1卷第1期
刘炎祥	自由贸易主义与保护贸易主义之比较观	银行杂志	1925年第2卷第22、24期
[日]出井盛之著、善哉译	二百岁亚丹斯密的不朽	青年进步	1923年第66期
孟实	谈升学与选课：给一个中校生的十二封信之七	一般	1927年第2卷第4期
杨劫弦	对于Haney经济思想史译本的指谬	现代评论	1926年第4卷第98期

(续表)

作　者	题　名	报　刊	出处(年、卷、期)
龙守成	亚丹斯密之工资论	四川留日同乡会年刊	1927年第1期
马寅初讲、林君勋记	马克斯价值论之批评：在北京惜阴补习学校讲	醒狮	1927年第137期
潘无知	新经济学建设：经济学革命论	革命评论	1928年第15期
姚嘉椿	从保护贸易与自由贸易政策讨论中国今后应取之方针	中央大学商学院丛刊	1929年第4期
成信	斯密司的《国富论》	青年进步	1929年第119期
朱通九	经济学的科学方法	经济学季刊	1930年第1卷第1期
朱通九	批评李权时著经济学原理	经济学季刊	1930年第1卷第1期
朱通九	经济学家的四大派别	经济学季刊	1931年第2卷第1期
刘秉麟	中国税制之研究	经济学季刊	1930年第1卷第3期
姚庆三	法兰西现代经济思想鸟瞰	经济学季刊	1930年第1卷第3期
李权时	评杨著民生主义经济学	经济学季刊	1930年第1卷第4期
李权时	介绍斯本著经济理论的派别	经济学季刊	1931年第2卷第1期
李权时	纯粹经济学上的几个重要问题	经济学季刊	1931年第2卷第1期
李权时	生产力之研究	经济学季刊	1932年第3卷第2期
李权时	劳力价值论答客难	经济学季刊	1933年第4卷第1期
李权时	评马著中国经济改造	经济学季刊	1935年第5卷第4期
唐庆增	西洋经济思想最近之趋势	经济学季刊	1931年第2卷第3期
唐庆增	经济学自修指导	经济学季刊	1931年第2卷第4期
唐庆增	三千年来西洋经济思想之总观察	经济学季刊	1932年第3卷第3期

（续表）

作　者	题　名	报　刊	出处（年、卷、期）
唐庆增	经济学与现代文明	经济学季刊	1932年第3卷第3期
	中国儒家经济思想与希腊经济学说	经济学季刊	1933年第4卷第1期
	经济学之基本观念	经济学季刊	1933年第4卷第1期
	大学经济学系论文之作法	经济学季刊	1934年第5卷第3期
	介绍李嘉图之货币问题杂著	经济学季刊	1935年第6卷第1期
	利润问题	经济学季刊	1935年第6卷第2期
	奢侈与节俭	经济学季刊	1935年第6卷第3期
	介绍海穆斯编经济学社会学及近代世界	经济学季刊	1936年第6卷第4期
	从历史上以观察我国今后应采之经济政策	经济学季刊	1936年第7卷第1期
	本能与经济	经济学季刊	1936年第7卷第2期
	记欧美各国出售经济学珍本之旧书坊	经济学季刊	1937年第7卷第4期
章植	评李权时著财政学原理	经济学季刊	1932年第3卷第1期
章湘伯	评朱通九著劳动经济学	经济学季刊	1932年第3卷第4期
王永新	中国经济学社第九届年会纪祥	经济学季刊	1933年第4卷第2期
张素民	古典派及其批评派之价值论	经济学季刊	1933年第4卷第4期
	奥国派之价值论	经济学季刊	1933年第4卷第2期
	统制经济之意义	经济学季刊	1934年第5卷第2期
	韦卜伦论经济学中之成见	经济学季刊	1935年第6卷第2期
	经济学家康门斯之学行（上）	经济学季刊	1935年第6卷第3期
	经济学家康门斯之学行（中）	经济学季刊	1935年第6卷第4期
	经济学家康门斯之学行（下）	经济学季刊	1937年第7卷第4期

(续表)

作者	题名	报刊	出处(年、卷、期)
马寅初	制度学派康孟氏之价值论	经济学季刊	1934年第5卷第1、2期
陈振鹭	税源之面面观	经济学季刊	1934年第5卷第2期
[美] W. A. Scott 著、黄造新译注	经济思想史之鸟瞰	经济学季刊	1934年第5卷第2、3期
戈宝权	经济学一名词之溯源及其意义之变迁	经济学季刊	1934年第5卷第3期
戈宝权	亚丹斯密生平著作一览	经济学季刊	1935年第6卷第2期
胡继瑗译注	马尔塞斯百年纪念典礼中之演词	经济学季刊	1935年第6卷第3期
夏炎德	凯塞尔之分配论	经济学季刊	1935年第6卷第2期
	阚能教授在经济学上之贡献	经济学季刊	1937年第7卷第4期
[匈] 舒朗易·恩格著、夏炎德译	最近经济思潮的哲学渊源	经济学季刊	1936年第7卷第2期
葛豫夫	民生主义经济政策之进路	经济学季刊	1936年第7卷第1期
刘絜敖	现代各家经济学说方法论之分析	经济学季刊	1936年第6卷第4期
顾翊群	中国新货币政策与国际经济均衡	经济学季刊	1936年第7卷第1期
王烈望	货币数量说之两大派别	经济学季刊	1937年第7卷第4期
张毓珊	重商主义之真谛	经济学季刊	1937年第7卷第4期
周伦超	自由贸易与保护贸易之历史观	重庆中校旅外同学总会会报	1924年第6期
	自由贸易说与保护贸易说之比较观	京报副刊	1925年第322、323期
	自由贸易说与保护贸易说之比较观	四川省立嘉陵高级中学校刊	1930年第4期

(续表)

作 者	题 名	报 刊	出处(年、卷、期)
作者不详	答 T. S. S. 君	学生杂志	1924 年第 11 卷第 12 期
作者不详	第一次《原富》出现	中央时事周报	1935 年第 4 卷第 1 期
河上肇著、杜守素译	个人主义（资本主义）及社会主义	北京朝阳大学旬刊	1924 年第 2 卷第 1、2、3 期
萧纯锦	马克斯学说及其批评	学衡	1922 年第 2 期
萧纯锦	治经济思想史发凡	科学	1925 年第 10 卷第 1 期
施督辉	晚近英美两国经济思想之趋势与各经济学家有名之著作	科学	1925 年第 10 卷第 1 期
叶元龙	重农派之经济学说	科学	1925 年第 10 卷第 1 期
叶元龙	经济学底几个根本观念	科学	1925 年第 10 卷第 1 期
叶元龙	亚丹斯密之经济学说	政治家	1926 年第 1 卷第 4 期
叶元龙	资本主义的经济学	留英学报	1929 年第 1 期
叶元龙	战时的经济	时代公论	1932 年第 1 期
叶元龙	经济与价值	文讯	1942 年第 3 卷第 1 期
华立	孔孟之经济思想	南洋季刊	1926 年第 1 卷第 3 期
郭大力	社会科学与社会批评	民铎杂志	1929 年第 10 卷第 2 号
郑行巽	马夏律（Matshall）之经济思想	民铎杂志	1926 年第 8 卷第 2 期
郑行巽	王船山之经济思想研究	民铎杂志	1929 年第 10 卷第 3—4 期
朱进	富国策	留美学生季报	1914 年第 1 卷第 3 期
张效敏	孟子的经济学说	留美学生季报	1927 年第 12 卷第 3 期
张效敏	康门斯氏之经济学说	留美学生季报	1927 年第 12 卷第 3 期

（续表）

作　者	题　名	报　刊	出处（年、卷、期）
陈萃寅	国家主义派经济学说之渊源	留美学生季报	1927年第11卷第4期
赵兰坪	劳动价值论之矛盾	新生命	1928年第1卷第5期
李如棣	吾国关税自主后采自由贸易乎？抑采保护政策乎？	台中半月刊	1928年第1期
黄铁铮	评亚丹斯密之租税四大原则	台中半月刊	1928年第2期
厚培	发刊词	合作月刊	1929年第1卷第1期
宋斐如	个人主义制度的兴衰浅说	村治月刊	1929年第1卷第6期
邵印章	经济思想史的进展	东亚学生	1929年创刊号
为彬	一点儿的社会科学——自由贸易和保护贸易	民众教育半周刊	1930年第1卷第26期
树华	经济的自由主义之发展	劳资合一	1930年第1卷第2期
王文彝	西洋经济思想之史的发展	史学杂志	1930年第1—2期
罗隆基	论共产主义	新月	1930年第3卷第1期
［美］坎恩斯著、杭立武译	放任主义告终论	建国月刊	1930年第3卷第5期
铨	亚丹斯密记念专号（学艺杂志五卷七号）	清华周刊：书报介绍副刊	1924年第9期
培	奥国学派价值论的书籍	清华周刊：书报介绍副刊	1925年第16期
［日］金井亨著、栋译	现代世界人口问题	清华周刊	1929年第32卷第4期
冈田宗司著、李白馀译	资本主义的发展与经济学之派别	清华周刊	1929年第32卷第4期
李白馀	社会主义经济思想小史	清华周刊	1929年第32卷第5—6期

(续表)

作 者	题 名	报 刊	出处(年、卷、期)
刘芝城	严复所介绍及所抱持的政治学说	清华周刊	1932 年第 38 卷第 3 期
伍启元	一个经济学方法论之研究	清华周刊	1934 年第 40 卷第 11—12 期
张凤阁	马克斯经济学理体系中的辩证观点——社会主义派经济学方法论的研究	清华周刊	1934 年第 41 卷第 11/12 期
	正统派经济理论中的自由放任主义	清华周刊	1934 年第 42 卷第 1、7 期
陈岱孙	经济学系	清华暑期周刊	1932 年第 2—3 期
徐毓枬	曼达维尔和休谟的经济思想	清华暑期周刊	1934 年第 1 期
李炳焕	分配论的新趋向	商学期刊	1929 年创刊号
李炳焕(演讲)、何麟褒(笔记)	古典学派之分配论	商学期刊	1929 年创刊号
李炳焕	奥国学派的经济思想述评	商学期刊	1929 年第 6 期
戴行轺	中国经济思想之史的鸟瞰	商学期刊	1929 年第 6 期
朱通九	经济学之变迁	商学期刊	1930 年第 3 期
袁问不	我们对于西洋经济思想的供献	商学期刊	1930 年第 4 期
刘洁川	资本主义经济学说到三民主义经济学	商学期刊	1931 年第 6 期
王士豪	英国正统学派的经济学说概观	河南政治	1931 年第 1 卷第 1 期
李广源	价值论	安徽教育	1931 年第 2 卷第 6 期
李权时	劳力价值论答客难	国立劳动大学劳动季刊	1931 年第 1 卷第 2 期

(续表)

作　者	题　名	报　刊	出处（年、卷、期）
刘铠	自由主义经济制度之批评	山西大学法学院政治学系学艺季刊	1932年创刊号
张汝喆	亚丹斯密租税四大原则之批评	政治会刊	1932年第1卷第2期
严肃	正统派之三大经济学家及其代表作	石室学报	1932年第7—8期
觉生	论两大经济学派对于劳动问题见解	每周评论	1932年第18期
李炳焕	经济思想的背景（经济学之基础知识）	绸缪月刊	1934年第1卷第1期
詹声	个人主义经济学者亚当斯密李加图经济学的述评	国立四川大学周刊	1934年第2卷第19、20期
金戈	亚丹斯密经济论的研究	南锋学刊	1934年创刊号
史非	新经济学的先驱者——古典经济学派	新知十日刊	1939年第6期
陈恂至	论俗流经济学派	新知十日刊	1939年第7—9期
郭大力	经济学的前途	前途	1933年第1卷第1期
郭大力	生产与消费的不平衡	前途	1933年第1卷第2期
郭大力	劳动与机械的斗争	前途	1933年第1卷第3期
郭大力	使用价值与交换价值的矛盾	前途	1933年第1卷第6期
张素民	正统派经济思想之成立及其影响	前途	1934年第2卷第9期
张素民	中国现代化之前提与方式	申报月刊	1933年第2卷第7号
李炳焕	奥国学派经济学说述评	政治经济与法律	1931年第1卷第1期
伍纯武	亚当斯密与李嘉图的价值论	经济学月刊	1933年第1卷第1期

（续表）

作　者	题　名	报　刊	出处（年、卷、期）
［英］坎南著、胡宝昌译	土地价值论	经济学月刊	1934年第1卷第2期
张素民	乐观派之经济学说	经济学月刊	1934年第1卷第2期
田朝荣	自由主义经济制度之探讨	军需杂志	1935年第33期
任树郈	李士特氏之生平及其经济学说	校风	1935年第250、251期
陶森杰	经济学家密尔氏历史及其学说	商学	1923年第32期
杨定铣	评重商派重农派亚当斯密派三者之得失	商学	1924年第37期
戴铭礼	重农学派以前价值学说之变迁	商学	1924年第37期
［英］斯马特（William Smart）著、张克明译	奥国学派之价值论	商学研究	1941年第3期
杨可华	重农主义经济学派之批判	商学研究	1947年4期、1948年5期
章相伯	管子的经济思想：为蕙兰高中周会讲	蕙兰	1930年春季刊
汪水滔	马寅初博士了解马克斯价值论么？——博士的马克斯价值论批评的驳论	新兴文化	1929年第1期
周廷栋	经济思想之历史底变迁	社会科学杂志	1929年第1卷第2期
丁同力	中国古代经济思想之研究	社会科学杂志	1930年第2卷第3期
樊弘	马克思经济学说的讨论	社会科学杂志	1930年第1卷第1期
［日］北泽新次郎著、王南坡译	古代希腊的经济思想	泰东月刊	1929年第2卷第6期
	科学的经济思想与马克斯	泰东月刊	1929年第2卷第9期
吴乐平	马克思主义精粹	新思潮	1930年第4期

(续表)

作　者	题　名	报　刊	出处(年、卷、期)
[苏]卢彬著、代青译	马克思价值论的基点及其与李嘉图学说之区别	动力	1930年第1卷第1期
健儿	奥大利学派的价值论概说	新声月刊	1930年第2卷第4期
姚飘云	民生主义之价值论:"平均地权"和"节制资本"的论据	新声半月刊（即新声月刊改名而来）	1930年新年号
郑行异	顾亭林之经济思想研究	国闻周报	1930年第7卷第32—33期
腾霞	经济学之世界的趋势	国闻周报	1931年第8卷第28期
鲍幼申	经济思想之发展及其归趋	三民半月刊	1930年第4卷第4、5期
张之杰	自由贸易与保护贸易之比较并评论	三民半月刊	1930年第5卷第3、4期
姚公铭	民生主义之"价值论":"平均地权"和"节制资本"的论据	安徽学报	1933年第7期
[英]坎南著、黄菩生译	国富论导言	社会科学论丛	1929年第1卷第5—6期
李超桓	亚丹斯密之货币理论	社会科学论丛	1929年第1卷第9期
郑孝思	塞伊与亚丹斯密在经济上的地位	社会科学论丛	1930年第2卷第10期
资耀华	经济鼻祖亚丹斯密氏之人生观	社会科学论丛	1930年第2卷第1期
辛茹	资本主义与价值论:质何浩若先生	读者	1931年第1卷第1期
区克宣	德国历史学派经济学溯源	现代学术	1931年第1卷第2期
汪洪法	经济学派别的鸟瞰——经济学说史大纲序说	现代学术	1931年第1卷第5期
黄文铎	管仲经济思想	南大经济	1932年第1卷第1期
黄默忱	站在节制资本的立场来谈自由竞争	感化月刊	1934年第1卷第4期

（续表）

作 者	题 名	报 刊	出处（年、卷、期）
盾	劳动价值学说之研究：经济问题研究之一	北平交大周刊	1934年第16期
张毓珊	马寅初著中国经济改造	社会科学研究	1935年第1卷第1期
涂西畴	全体主义经济理论总清算	社会科学	1945年第1卷第2—3期
萧公权	书评：中国经济思想史上卷	社会科学	1935年第1卷第1—4期
傅宛因	经济学的根本问题	二十世纪	1931年第1卷第1期
王既知	价值论概观	二十世纪	1932年第1卷第7期
王既知	李权时经济学批判	二十世纪	1932年第1卷第8期、1932年第2卷第1期
沄素	亚当斯密的学生时代	循环	1932年第1卷第30期
李鼎声	现代学生与经济思想	现代学生	1932年第2卷第1期
汪洪法	关于古版经济书籍	读书杂志	1931年第1卷第1期
汪洪法	亚当斯密的生涯	读书杂志	1931年第1卷第9期
[日]泷本诚一著、健伯译述	重农学派之根本思想的探源：西洋近代经济学的渊源在于中国的学说	读书杂志	1931年第1卷第6期
郭大力	关于"经济学及赋税之原理"译本	读书杂志	1931年第1卷第3期
郭大力	经济学上的阶级观	读书杂志	1932年第2卷第6期
王亚南	世界经济名著讲座	读书杂志	1931年第1卷第1、2、3、9期，1932年第5期
王亚南	略论经济学之基础并答辛茹君	读书杂志	1931年第1卷第6期
王亚南	关于经济学之几个别号的诠释	读书杂志	1932年第2卷第6期
王亚南	几个关于经济学的初学的问题	读书杂志	1932年第2卷第11—12期
王亚南	现代思想危机论	读书杂志	1933年第3卷第5期

(续表)

作　者	题　名	报　刊	出处(年、卷、期)
镜园	评两本论中国经济的著作	读书杂志	1932 年第 1 卷 4—5 期
孙倬章	秋原君也懂马克思主义吗?	读书杂志	1932 年第 2 卷第 2—3 期
道明	由自由主义经济到统制主义经济	读书杂志	1933 年第 3 卷第 7 期
胡封	资本主义之三大经济学者的研究	大夏期刊	1931 年第 2 期
腾霞	经济学之世界的趋势	新闻周报	1931 年第 8 卷第 28 期
蒋支本	亚丹斯密以前的价值论	中法大学月刊	1932 年第 1 卷第 4 期
肇良	经济理论上的民族主义——古典经济学派与民族主义	平明杂志	1932 年第 1 卷第 11 期
[新西兰]康德·利夫(J. B. Condliffe)著、晋连译	远东人口问题——马兰萨斯和亚丹斯密对于中国的观察	平明杂志	1933 年第 2 卷第 1 期
[英] J. B. Condlifee、俞庆贲译	远东人口问题之紧迫	大中国周报	1933 年第 1 卷第 2 期
端木砚	亚丹斯密	江苏广播周刊	1936 年第 14 期
[英]基德著、朱子仞译	卡尔经济学说底基础理论	现代评坛	1936 年第 1 卷第 10—12 期
范寿康	近代经济学界的两大伟人	珞珈月刊	1934 年第 1 卷第 3 期
[新西兰]贺伦特(W. L. Holland)、杨君易译	远东的人口问题及人口政策	华年	1937 年第 6 卷第 19—20 期
蜀骏	亚当史密斯之价值论的研究	鹤声	1934 年第 1 卷第 1 期
金天锡	介绍四本经济学史	不忘	1933 年第 1 卷第 11 期
	过去经济学说之一般缺点及今后应有之改革	不忘	1934 年第 2 卷第 3 期

(续表)

作 者	题 名	报 刊	出处(年、卷、期)
舒宏远	自由经济思想之反映	大道月刊	1933 年第 1 卷第 5 期
沈逸	罗斯福与美国自由放任主义	平话	1935 年创刊号
[日]河上肇著、杜守素译	个人主义(资本主义)及社会主义	晨光	1924 年第 2 卷第 1 期
[日]原经夫著、萨孟武译	个人主义的自由及社会主义的自由	晨报副刊	1923 年 10 月 26、27、28 日
赵兰坪	史密斯的经济学说	晨报副刊	1922 年 11 月 3、4、5、6、8、9 日
	论价值	政治季刊	1933 年 1 期
朱巽元	亚丹斯密与英国经济政策改变之研究	政法与经济	1934 年第 3 期
张素民	论现代经济思想	银行期刊	1934 年第 3 期
	马著《中国经济改造》与现代经济思想	文化建设	1935 年第 1 卷第 8 期
	我的读书经验谈	文化建设	1935 年第 1 卷第 7 期
	现代经济生活之历史背影	商学季刊	1937 年第 1 卷第 3 期
	现代中国经济思想界	自修	1939 年第 56 期
周宪文	利息学说之鸟瞰	暨南学报	1936 年第 1 卷第 2 期
	商品本质论	暨南学报	1936 年第 1 卷第 1 期
	开内之自由贸易论：经济学说辞典中之一条	学生时代	1938 年第 1 卷第 2 期
	经济、经济问题、经济思想、经济学说与经济学：比较经济学试论之一	改进	1945 年第 11 卷第 5—6 期
刘絜敖	经济学方法论引论	暨南学报	1936 年第 1 卷第 2 期
	利润学说之史的发展	暨南学报	1936 年第 2 卷第 2 期

(续表)

作　者	题　名	报　刊	出处(年、卷、期)
刘絜敖	经济学体系之新区分	民族	1936 年第 4 卷第 7—12 期
	经济法则概念之发展	民族	1936 年第 4 卷第 7—12 期
	静态经济学与动态经济学	民族	1936 年第 4 卷第 7—12 期
	经济学的价值判断问题	民族	1937 年第 5 卷第 1—6 期
	理论经济学之认识对象	商学季刊	1937 年第 1 卷第 2 期
平镐	我们应读的几部经济学书	出版周刊	1934 年第 81 期
林光澄	《原富》的内容和阅读方法	出版周刊	1935 年第 141、142 期
[日]神田丰穗著、志政译	因格拉门的《经济学史》	出版周刊	1936 年新第 202 期
李光忠	法国重农学派与中国政治经济思想之关系	北大学生	1931 年第 1 卷第 3 期
叔渊	古典经济学派的中心思想	认识	1931 年第 14 期
杨汝梅	近代经济学说之研究	银行月刊	1927 年第 7 卷第 9 期
	价值论与经济原理之中心问题	银行月刊	1928 年第 8 卷第 2 期
马寅初	资本主义国家经济思想之两大派	银行周报	1934 年第 18 卷 46 期
郭声宏	方苞之经济思想	银行周报	1944 年第 28 卷第 13—16 期
李权时	近卅年来中国财政学小史	银行周报	1937 年第 21 卷第 49 期
沈麟玉	中国经济思想史之重要性及其研究法	银行周报	1943 年第 27 卷第 15—16 期
马寅初	中国国外贸易如何失去权利与古典派学说应如何更正	银行生活	1937 年第 1 卷第 5 期
汪杨时	价值论之研究	福建省银行季刊	1946 年第 1 卷第 3—4 期

（续表）

作者	题名	报刊	出处（年、卷、期）
林焕森	自由贸易政策的没落	香港华商总会月刊	1935年第1卷第6期
王大枚	英吉利重商主义的经济思想	文明之路	1935年第12期
王大枚	德国重商主义经济思想	文明之路	1935年第24期
陈宪章	自由贸易与保护关税	文明之路	1935年第21期
郭兆昌	经济学之新研究	中国经济评论	1934年第1卷第7期
[英] D. H. Cole著、坚冰译	现代之经济学	人文	1934年第5卷第9期
[日] 栗生武夫著、李景禧译	经济上的自由放任与契约自由	法律评论	1936年第13卷第32、33期
张仲实	政治经济学史	中山文化教育馆季刊	1936年第3卷第1期
张季荪	古典派经济学理论之历史性	中山文化教育馆季刊	1936年第3卷第2期
张忆	孔子的经济思想	中国经济	1933年第1卷第2期
健伯	穆勒之生涯	中国经济	1933年第1卷第2期
秦璋	劳动价值说之基本原理	中国经济	1933年第1卷第7期
范苑声	经济学中的自然法则学派之解剖——资本主义经济学与自然法则	中国经济	1934年第2卷第1期
石径斜	重农思想之历史性与阶级性——中国经济思想史研究之一	中国经济	1934年第2卷第3期
石决明	中国经济思想史方法论商榷：兼评唐庆增博士的中国经济思想史研究法蠡测	中国经济	1934年第2卷第6、7期
石决明	外国学者关于中国经济史之研究与其主要文献	中国经济	1934年第2卷第10期
石决明	清末经济学之输入——附清末出版经济学书目	中国经济	1937年第5卷第8期

(续表)

作　者	题　名	报　刊	出处(年、卷、期)
谢劲健	世界经济思想之史的发展	中国经济	1934年第2卷第6期
郭垣	重农学派经济思想解说	中国经济	1934年第2卷第8期
傅筑夫	研究中国经济史的意义及方法	中国经济	1934年第2卷第9期
[日]田中忠夫著、何健民译	马尔萨斯的中国人口论	中国经济	1934年第2卷第10期
彭迪先	地租理论之史的发展	中国经济	1934年第2卷第11、12期
邢世同	近代租税制度的新趋势	中国经济	1935年第3卷第7期
余精一	社会劳动价值论——经济名著研究之一	中国经济	1936年第4卷第3、4期
[苏]乌拉德米尔著、李立中译	城市与农村之对立的消减	中国经济	1936年第4卷第8期
郭大力	晚近经济思潮之转变	中国经济	1936年第4卷第9期
[日]向坂逸郎著、谭辅之译	农民之历史的性质	中国经济	1936年第4卷第10期
晓帆	Mehrwert学说	中国经济	1937年第5卷第2期
晓帆	剩余价值学说	中国经济	1937年第5卷第2、4期
张觉人	恐慌事实与恐慌理论的发展	中国经济	1937年第5卷第2期
张觉人	塞伊(SAY)的恐慌理论——贩路说	中国经济	1937年第5卷第4、6期
[日]谷口彦吉著、张觉人译	经济思想	中国经济	1937年第5卷第3、4期
[瑞典]卡塞尔著、邓飞黄译	经济思想	中国经济	1937年第5卷第5期
周咸堂	生活标准之学理的研究	中国经济	1937年第5卷第6期
郭垣	斯密亚丹与重农学派经济思想之比较研究	中国经济	1937年第5卷第7期

(续表)

作 者	题 名	报 刊	出处(年、卷、期)
[瑞典]海克歇尔著、陈忠经译	重商主义的新评价	中国经济	1937年第5卷第8期
张佑周	书报介绍:国富论(上下两卷)	农报	1936年第3卷第25期
黄玉斋	亚丹斯密与伟科	厦大校刊	1937年第1卷第16期
[日]工藤重义著、T.Y生译	亚丹斯密的租税原则	厦大周刊	1926年第136、138期
汪洪法	研究经济史的方法与社会经济的发展阶段	安徽大学月刊	1933年第1卷第5期
张素民	斯密亚丹之研究	商兑	1933年第1卷第5期
张素民	经济学中之生产论	商兑	1933年第1卷第3期
杨振先	价值论的分析	厦门大学学报	1933年第2卷第1期
君良编译	亚丹·斯密之原富	中国新书月报	1930年第1卷第1期
郑啸崖	观严译原富抄稿之感	中国新书月报	1933年第3卷第2—3期
王央	资本主义经济学之史的发展之评价	中国新书月报	1932年第2卷第4—5期
高信	李嘉图地租论的轮廓及其最近发展之倾向	地政月刊	1933第1卷第2期
杜俊东	李权时著财政学原理上卷	图书评论	1933第1卷第10期
伍启元	李权时著经济学原理	图书评论	1933第1卷第10期
陈晖	赵兰坪编近代欧洲经济学说	图书评论	1933年第1卷第7期
陈晖	资本主义经济学之史的发展	图书评论	1933年第1卷第11期
陈晖	朱通九金天锡著近代经济思想史	图书评论	1933年第2卷第3期
止戈	自由放任学说之史的发展	进展月刊	1933年第2卷第5—6期

(续表)

作　者	题　名	报　刊	出处(年、卷、期)
[美]塞利格曼著、范奔公译	经济思想之史的发展	汉口商业月刊	1934年第1卷第9期
观	亚当斯密前经济思想史（袁贤能著）	图书季刊	1941年新3第1—2期
[美]怀台科著、陈振汉译	经济思想史	图书季刊	1943年第4卷第1—2期
宋孝璠	价值论	经济学报（上海）	1933年第1期
秦佩珩	晚清五十年经济思想史述评	经济学报（北平）	1940年第1期
袁贤能	亚当斯密前的经济思想史序	经济学报（北平）	1940年第1期
袁贤能	伯拉图的经济思想	经济学报（北平）	1940年第2期
袁贤能	经济思想史导言	经济研究季报	1941年第1卷第1期
黄惕凡	管仲的经济思想	经济商业期刊	1941年第1期
邹幼臣	论亚当斯密氏对中国经济言论之不正确	经济商业期刊	1941年第1期
唐庆永演讲、潘祖永笔记	近几年来中国经济界思想与事实之演化	之江经济期刊	1934年创刊号
章乃器	经济学宗派时代的分野	之江经济期刊	1934年第2期
孙金容	克鲁泡特金传略及其经济思想	之江经济期刊	1934年第2期
琬如	亚丹斯密士李加图马克斯三家之价值学说	湖南大学期刊	1933年第9期
李宏略	三民主义经济学：几个基本概念	民族文化	1942年第2卷第8/9期
吕调阳	三民主义经济学	大路	1942年第2—3期

(续表)

作 者	题 名	报 刊	出处(年、卷、期)
何锦波	土地增值税与非常时期过分利得税的理论根据	财政知识	1942年第3期
李炳焕讲演,苏绍仪、牟广铺笔记	经济学新体系	银行系刊	1946年第2期
张素民讲、蔡金镱笔记	旧历史学派	经济学期刊	1933年第1卷1期
李炳焕	经济学说与经济制度	经济学刊	1931年第1卷第1期
	制度学派的经济学说述评	经济学期刊	1933年第1卷第1期
	经济思想的背景	经济学期刊	1934年第2卷第2期
史宝楚	斯密亚当与李加图之劳力价值论	经济学期刊	1934年第2卷第1期
朱通九	由经济革命而产生思想革命	经济学期刊	1934年第2卷第1期
	研究经济学的科学方法	经济学期刊	1934年第2卷第2期
王聚书	中国经济思想史上之重农主义	经济学期刊	1934年第2卷第1期
景伟	史密斯底价值论	经济学期刊	1934年第2卷第2期
谢挹芬	资本主义经济学的体系	经济学期刊	1934年第2卷第2期
云	理嘉图的地租论	经济学期刊	1934年第2卷第2期
朱通九	放任经济与统制经济	信托季刊	1936年第1卷第1期
直夫	我国新货币政策的剖面观	商职月刊	1935年第1卷第4期
鲁深	读《原富》和《国家经济学》偶感	商职月刊	1936年第2卷第1期
顾季高	经济思想与社会改造	民族	1935年第3卷第8期
王既知	中国经济思想批判史	民心月刊	1936年第1卷第1期
毛泽东	新民主主义的政治与新民主主义的文化	中国文化	1940年第1期

(续表)

作　者	题　名	报　刊	出处(年、卷、期)
[德]斯班讲、萧虞廷译	经济学说之危机	力行月刊	1940年第2卷第2、3、5期
高开诚	亚丹斯密小传	科学时报	1935年第2卷第7期
张萌麟	严几道	史地社会论文摘要	1935年第1卷第10期
郑学稼	严复先生的政治经济思想	史地社会论文摘要	1935年第2卷第1期
郑学稼	严侯官先生的政治经济思想	文化建设	1935年第1卷第12期
林耀华	社会思想史和经济思想史的分别及关系	社会问题	1930年第1卷第2/3期
林耀华	严复社会思想	社会学界	1933年第7卷
方铭竹	各家经济学者地租论之检讨	乡村建设	1936年第5卷第13、14期
方铭竹	各家经济学者地租论之检讨	裕民	1942年第3期
朱公准	斯密亚丹、马尔沙士、马克斯、资本主义经济组织之观察及批评	学林	1921年第1卷第3期
周振甫	严复思想转变之剖析	学林	1941年第3期
林灿英	严复及其翻译	海滨	1934年第5期
云彬	严复	中学生	1943年第67期
千家驹	怎样研究经济学	中学生	1941年第37期
郭斌和	严几道	国风半月刊	1936年第8卷第6期
赵叔雍	严几道	古今	1944年第38期
王森然	严又陵先生评传	北华月刊	1941年第1卷第1、2期
周越然	追忆先师严几道	杂志	1945年第15卷第5期
马泽恒	斯密亚丹经济思想之讨论	四川经济月刊	1935年第3卷第6期

(续表)

作 者	题 名	报 刊	出处(年、卷、期)
陈豹隐	商品的价值	国立北平大学学报	1933 年第 1 卷第 2 期
	民生主义经济学之特质与体系	四川经济季刊	1943 年第 1 卷第 1 期
沈光沛	自由贸易之过去与将来	贸易月刊	1943 年第 5 卷第 3 期
作者不详	原富出版一百六十周年纪念征文启事	食货	1935 年第 3 卷第 1 期
连士升、陶希圣	斯密亚丹论中国	食货	1936 年第 3 卷第 3 期
[英] 费著、连士升译	《论原富》	食货	1936 年第 3 卷第 4 期
赵迺抟	斯密亚当国富论撰述经过与学说渊源：纪念国富论的一百六十周年	食货	1936 年第 3 卷第 7 期
	价格经济学	国立北京大学社会科学季刊	1935 年第 5 卷第 3 期
	《国富论》学说述原：纪念《国富论》的一百六十周年	国立北京大学社会科学季刊	1936 年第 6 卷第 1 期
李永霖	学者杜尔克 Turgot 与中国两青年学者之关系	国立北京大学社会科学季刊	1922 年第 1 卷第 1 期
袁贤能	柏拉图的经济思想	政治经济学报	1936 年第 4 卷第 4 期
陈序经	社会学的起源	政治经济学报	1937 年第 5 卷第 3 期
[日] 高畠素之著、伍忠道译	关于亚丹斯蜜的国富论	青春周刊	1936 年第 4 卷第 10 期
李炳焕	数理学派的经济学说述评	复旦学报	1935 年第 1 期
查石郐	哈勃孙的经济思想	复旦学报	1935 年第 1 期
李权时	美国经济的国家主义思想之兴起	复旦学报	1936 年第 4 期

(续表)

作　者	题　名	报　刊	出处(年、卷、期)
方显廷	马沙尔经济学概念之研究	复旦学报	1948年复第4期
张毓珊	亚当斯密的经济思想	国立上海商学院季刊	1937年第1卷第1期
恽中	政治经济学研究大纲	读书与出版	1937年第27期
王渔村	亚丹斯密《国富论》述评	自修大学	1937年第1卷第3期
王亚南	政治经济学在中国	新建设	1941年第2卷第10期
	政治经济学及其应用	新建设	1942年第3卷第2—3期
	中国现代经济思想的演变——由传统的封建经济思想到现代的买办经济思想	世界新潮	1947年第1卷第6期
李肇义	重农学派受中国古代政治经济思想影响之考证	社会研究	1937年第1卷第3期
[英]欧文著、连士升译	经济史的目的	社会研究	1935年第102期
[苏]巴什柯夫著、沈志远译	论广义的政治经济学	时事类编	1934年第2卷第23期
[日]金原贤之助著、陈城译	理论经济学之新趋向	时事类编	1936年第4卷第14期
[日]田中忠夫著、何健民译	亚丹斯密的中国经济论	时事类编	1937年第5卷第1期
于树生译	现代经济思想	光华大学同学会会刊	1937年第26期
作者不详	语录	战旗	1939年第47期
陆大年	分配学说之史的发展	政干通讯	1940年第1卷第4期
王廉	试论"经济人"	金融导报	1940年第2卷第2期
江锦邦	民生主义与共产主义经济思想之研究	新认识	1940年第2卷第3期
段叔良	总理经济思想概论	新认识	1940年第2卷第4期

（续表）

作 者	题 名	报 刊	出处（年、卷、期）
罗仲言	中国五千年经济史论	新认识	1943年第8卷第2—3期
方锦译	经济学的定义与范围	现代读物	1940年第5卷第6期
扬幼炯	晚近经济思想与民生主义经济政策	三民主义周刊	1941年第1卷第22期
刘联名	总理之"劳工价值论"	革命与战争	1941年第2卷第12期
麦园	假日政治经济学	学习	1941年第3卷第11期
	怎样研究经济学	学习	1941年第4卷第8期
顾绍熙	共产主义经济学说之批判	新东方杂志	1941年第4卷第1—6期
陈鹤声	论欧洲经济思想与中国经济组织变迁之关系	学思	1942年第1卷第8期
曹茂良	经济自由主义之源流	学思	1942年第1卷第7期
熊子骏	中西经济思想之汇流	大学月刊	1942年第1卷第11期
王惟中	亚丹斯密士之经济学说评论	学术季刊	1942年第1卷第1期
郭大力	论发展生产与实行义务劳动	广东省银行季刊	1943年第3卷第4期
	论劳动的有效化	广东省银行季刊	1944年第4卷第1期
石兆棠	论纳粹经济政策的主潮：史盘（Spann）的全体主义经济学说	广东省银行季刊	1941年第1卷第3期
	古典经济学的经济自由思想	经济科学	1942年第2期
张与九	利加图分配论之研究	经济科学	1929年创刊号
萧铁峯	资本主义经济学始祖亚丹斯密的略史	经济科学	1929年创刊号
涂先求	庞巴卫克经济学说体系的解析与批判	经济科学	1942年第2期

(续表)

作　者	题　名	报　刊	出处（年、卷、期）
王亚南	政治经济学上的一人：经济学笔记之一	经济科学	1942 年第 2 期
王念周	劳动价值说之史的发展	经济科学	1943 年第 5 期
王亚南	恐慌学说之理论的检讨	文化杂志（上海）	1932 年第 1 期
（国籍不详）格·德布宁著、洪济译	古典派政治经济学的评价	文化杂志（桂林）	1942 年第 1 卷第 6 期
陈洪进	亚丹斯密司之地租思想	文化杂志（桂林）	1942 年第 2 卷第 5、6 期
李仁璧	总理经济思想之历史渊源及其特质	文化导报	1942 年第 2 卷第 2 期
似彭	罗尔的经济思想史	新经济	1940 年第 3 卷第 1 期
朱伯康	自由贸易与保护关税	新经济	1943 年第 8 卷第 7 期
李晋勋	民生主义经济思想之建设	新经济半月刊	1943 年第 10 卷第 1 期
徐志明	论国富及其来源	新政治	1943 年第 7 卷第 2 期
朱剑农	马克斯价值论的批判	民族正气	1943 年创刊号，1943 年第 1 卷第 2、4 期，1944 年第 2 卷第 1、3 期
李定中	亚丹斯密底分配论研究	国立河南大学学术丛刊	1943 年第 1 期
吴斐丹	经济学讲话：第四讲、现代经济社会组织的解剖	青年杂志	1943 年第 1 卷第 6 期
徐宗士	现代经济思想与政策之主潮	湖南省银行经济季刊	1943 年第 1 卷第 5 期
赵兰坪	自由主义派与当前之经济问题	中农月刊	1943 年第 4 卷第 5 期
彭迪先	近代经济学说之倾向	经济学会会刊	1943 年第 6 期

(续表)

作者	题名	报刊	出处(年、卷、期)
许涤新	论全体主义的经济思想	群众	1944年第9卷第34期
胡寄窗	二十年来经济思想发展之新趋势	华大经济学报	1944年第1期
吴澄华	民生主义经济思想体系之试探价值论、生间论	华大经济学报	1944年第1期
冯泽芳	农业经济学之重要	国立中央大学农业经济集刊	1944年第1期
黄升泉	地租论研究	国立中央大学农业经济集刊	1948年第4期
张贻惠译	自斯密至李嘉图时期之欧洲经济思想	公余生活	1944年第2卷第6期
梓园	李嘉图——英国古典学派的经济学家	新学生	1944年第4期
梓园	马克思——古典经济学派的批判者	新学生	1944年第5期
元同	古典经济学派底建筑者——阿达姆斯密斯	新学生	1944年第6期
沈春祺	读张著《经济思想史》	财政评论	1940年第4卷第1期
朱通九	近代我国经济学进展之趋势	财政评论	1941年第5卷第3期
余长河	现代经济思潮之制度背景与思想背景	财政评论	1943年第10卷第3期
张白衣	亚当斯密斯的罗曼史及其著作	财政评论	1946年第14卷第3期
管照微	亚丹斯密谷物贸易论发凡	财政评论	1944年第12卷第3期
李述中	经济学鼻祖亚当斯密	华侨经济	1946年第1卷第7期
刘煦南	历史学派的经济思想史要	经济丛刊	1937年第7期

(续表)

作 者	题 名	报 刊	出处(年、卷、期)
于一	报酬递减法则的注释	经济建设季刊	1944 年第 2 卷第 3 期
彭定基	从亚丹斯密氏租税四原则论现阶段田赋征实	经建季刊	1947 年第 3 期
赵迺抟	欧美经济思潮之演变	经济评论	1947 年第 2 卷第 2 期
王亚南	中国经济研究之路	经济评论	1948 年第 2 卷第 17 期
赵迺抟	古典经济学的盛衰——为约翰·密尔的《政治经济学》百年纪念而作	经济评论	1948 年第 3 卷第 7 期
甘士杰	评"经济学说史"（作者：Eduard Heimann）	经济评论	1948 年第 3 卷第 13 期
作者不详	财政常识：一、租税之原则：亚丹斯密对课税原则之规定	江苏直接税通讯	1947 年第 4 期
胡寄窗	二十世纪之社会主义经济理论	经济论评	1947 年第 4—6 期
罗仲言	经济哲学发凡	经济论评	1947 年第 6 期
	中国经济史分期新论	经济论评	1947 年第 10 期
吴庆和	古典经济学述评	经济周报	1947 年第 4 卷第 10 期
朱绍文	自由贸易论者的先驱：台特莱·诺尔斯的《贸易论》	经济周报	1946 年第 3 卷第 23 期
	大卫·休谟的《政治论集》	经济周报	1947 年第 4 卷第 13 期
	詹姆斯·史丢阿脱的《政治经济学原理》	经济周报	1947 年第 4 卷第 16 期
	康梯龙之《商业一般本质论》及米拉波之《人间之友》	经济周报	1947 年第 4 卷第 22 期
	转变期中的经济理论	综合	1946 年第 1 卷第 5 期
	论经济民主	综合	1946 年第 1 卷第 7 期
院前	原富	中美周报	1947 年第 229 期

(续表)

作者	题名	报刊	出处(年、卷、期)
作者不详	辞语浅释：原富	现代周刊	1947年第66期
秦墨	翻译《资本论》的王亚南与郭大力(学府人物)	人物杂志	1947年第10期
彭泽益	晚清五十年经济思想史	中国社会经济史集刊	1949年第8卷第1期
周汉夫	孟子之经济思想	文化先锋	1946年第5卷第10期
刘涤源	货币政策财政政策与充分就业	实业金融	1948年第1卷第3期
韦恒章	经济学鼻祖：阿丹史密斯的生平与学术	学生杂志(汉口)	1948年第3卷第1期
黄凯文	李嘉图与屠能的地租论之研究	新生路月刊	1948年第15卷第1期
赵兰坪	经济学之定义考	经济	1923年第1期
刘乃绪	李加图地租论的研究求完	经济	1935年复刊号
邹珍璞	孟子经济论发微	孔学	1944年第2期
李锡周	墨子之经济思想	燕大月刊	1927年第1卷第2—3期
[英]斯巴哥(John Spargo)、[美]阿纳(George Arner)著、慕宇译	价值的衡量	燕大月刊	1927年第1卷第3期
佐之译,冯友兰校	社会主义问题之历史	燕大月刊	1927年第1卷第1期
赵兰坪	史密斯价值论之解释	东南论衡	1926年第11期
[苏]V.布列金娜著、魏辛译	英国古典派的政治经济学	青年知识	1946年第2卷第2期
蒋中正	中国经济学说	改进	1943年第8卷第2期
进知	"总裁的中国经济学说"要义	王曲	1944年第12卷第12期

(续表)

作者	题名	报刊	出处(年、卷、期)
王亚南	论文化与经济	改进	1945 年第 11 卷第 1—2 期
	中国经济学界的奥大利学派经济学	中山文化季刊	1943 年第 1 卷第 3 期
	中国当前经济改造上的社会劳动生产力与社会	求真杂志	1947 年第 1 卷第 9 期
	论国家资本主义经济形态与国家社会主义经济形态	中国建设	1948 年第 6 卷第 1、2 期
	我们需要怎样一种新的经济学说体系	社会科学	1948 年第 4 卷第 1 期
	政治经济学史与新史学	新中华	1949 年第 12 卷第 7 期
郭大力	论价值存在	社会科学	1948 年第 4 卷第 2 期
	论资本课税	时代中国	1944 年第 9 卷第 1 期
	价值由劳动时间决定的理论	论坛杂志	1947 年第 1 卷第 1 期
朱懋庸	经济科学的非中立性	经济观察	1948 年第 1 卷第 6 期
吴元黎	现代经济思潮的趋势	观察	1947 年第 2 卷第 9 期
樊弘	传统的经济学说何以竟成了阻挠中国进步的绊脚石？	观察	1948 年第 5 卷第 5 期
汪铠	古典学派的价值论	聚星	1948 年复 1 第 8 期
祝世康	民生主义的思想渊源与经济学说	三民主义半月刊	1945 年第 6 卷第 2 期
	民生主义所创造的经济学说	经济论衡	1944 年第 2 卷第 7—8 期
夏炎德	论经济制度之研究	经济论衡	1943 年创刊号
	中国近三十年经济学之进步	文化先锋	1944 年第 3 卷第 4 期
	中国经济学之过去与现在	文化先锋	1944 年第 4 卷第 9 期

(续表)

作者	题名	报刊	出处(年、卷、期)
夏炎德	抗战七年来之经济学	文化先锋	1944 年第 3 卷第 24 期
	经济诱因论	复旦学报	1948 年第 4 期
	为社会主义的名词作一详解	舆论	1949 年第 2 卷第 6 期

主要征引书目与参考文献

一、中文部分

(一) 中文报刊

1. 经济类报刊

《经济》《经济观察》《经济论衡》《经济评论》《经济科学》《经济论评》《经济学刊》《经济丛编》《经济学报》《经建季刊》《经济丛刊》《经济学月刊》《经济学季刊》《经济学期刊》《经济商业期刊》《经济与经营》《经济学会会刊》《经济建设季刊》《经济研究季报》《之江经济期刊》《中国经济》《中国工业》《中国经济评论》《中国商业研究会月刊》《中农月刊》《南大经济》《华侨经济》《华大经济学报》《新经济》《新经济半月刊》《北大经济学会半月刊》《商兑》《商学》《商报》《工商新闻》《商业杂志》《商学研究》《商学期刊》《商学季刊》《商职月刊》《商务报》《商务官报》《湖北商务报》《汉口商业月刊》《上海总商会月报》《中央大学商学院丛刊》《国立上海商学院季刊》《香港华商总会月刊》《贸易月刊》《经济周报》《银行期刊》《钱业月报》《银行杂志》《银行月刊》《银行周报》《银行系刊》《银行生活》《广东省银行季刊》《福建省银行季刊》《湖南省银行经济季刊》《金融知识》《金融导报》《信托季刊》《食货》《贵州财政月刊》《财政知识》《财政评论》《政治经济学报》《四川经济季刊》《四川经济月刊》《江苏直接税通讯》《国立中央大学农业经济集刊》《实业金融》《农报》《裕民》《农商公报》

2. 非经济类报刊

《京报》《民报》《民声》《申报》《申报月刊》《谠报》《时报》《汇报》《大陆报》《之罘报》《时务报》《大公报》《新闻报》《鹭江报》《广益丛报》《万国公报》《独立周报》《新民丛报》《北洋官报》《吉林官报》《时事新报》《晨报副刊》《京报副刊》《新闻周报》《国闻周报》《中央时事周报》《绍兴白话报》《暨南学报》《国闻报汇》《北洋学报》《四川学报》《中国新书月报》《复旦学报》《安徽学报》《安徽教育》《留美学生季报》《留英学报》《法政学报》《政法学

报》《政艺通报》《文化导报》《顺天时报》《科学时报》《东南日报》《民国日报·平民》《民国日报·觉悟》《留日庆大学报》《石室学报》《重庆中校旅外同学总会会报》《大中国周报》《甲寅周刊》《旅欧周刊》《清华周刊》《清华暑期周刊》《厦大周刊》《厦大校刊》《出版周刊》《民众教育半周刊》《三民半月刊》《三民主义周刊》《地政月刊》《北华月刊》《合作月刊》《泰东月刊》《大道月刊》《燕大月刊》《大学月刊》《力行月刊》《安徽大学月刊》《绸缪月刊》《进展月刊》《村治月刊》《前锋月刊》《感化月刊》《民心月刊》《新生路月刊》《北京朝阳大学旬刊》《东亚学生》《北大学生》《北京大学日刊》《北京大学月刊》《中法大学月刊》《国风半月刊》《光华大学半月刊》《光华大学同学会会刊》《复旦五日刊》《国立大学联合会月刊》《国立四川大学周刊》《国立武汉大学四川同学会会刊》《国立武汉大学社会科学季刊》《国立河南大学学术丛刊》《国立劳动大学劳动季刊》《国立北京大学社会科学季刊》《国立北平大学学报》《国立中央大学半月刊》《湖南大学期刊》《中山文化季刊》《澄衷学生半季刊》《政治会刊》《政治季刊》《学术季刊》《图书季刊》《浙江省立甲种商业学校校友会杂志》《南洋甲种商校季刊》《南洋季刊》《新知十日刊》《十日》《大夏期刊》《中国社会经济史集刊》《南锋学刊》《青春周刊》《云南训政半月刊》《台中半月刊》《惊蛰丛刊》《新声半月刊》《新声月刊》《四川留日同乡会年刊》《四川省立嘉陵高级中学校校刊》《中山文化教育馆季刊》《每周评论》《时代公论》《图书评论》《现代评坛》《现代评论》《现代读物》《乡村建设》《文化建设》《文化先锋》《文化杂志》《杂志》《求真杂志》《读书与出版》《读书月报》《读书杂志》《民铎杂志》《论坛杂志》《教育杂志》《史学杂志》《学生杂志》《学生时代》《人物杂志》《平明杂志》《军需杂志》《社会学界》《社会研究》《社会科学》《社会科学研究》《社会科学杂志》《社会科学论丛》《东方杂志》《新东方杂志》《文明之路》《新兴文化》《中国文化》《中国季刊》《中国合作》《总裁言论》《训练与服务》《福建训练月刊》《雍言》《醒狮》《平话》《南风》《王曲》《校风》《人文》《综合》《建设》《海滨》《鹤声》《动力》《聚星》《古今》《群众》《民族》《觉悟》《前途》《孔学》《天南》《认识》《改进》《文摘》《舆论》《战旗》《华年》《知言》《戊午》《天籁》《不忘》《蕙兰》《文讯》《观察》《循环》《创造》《大路》《夏声》《科学》《学习》《学衡》《学思》《学林》《学艺》《学术界》《现代学术》《一般》《新群》《新建设》《新政治》《新中华》《新中国》《新世界》《新世界学报》《新思潮》《新生命》《新认识》《新青年》《新学生》《中学生》《民族文化》《民族正气》《河南政治》《政治经济与法律》《翻译世界》《译林》《译书汇编》《时事类编》《自修大学》《现代学生》《二十世纪》《东南论衡》《青年进步》《青年知识》《青年杂志》《中国建设》《时代中

国》《太平洋》《史地社会论文摘要》《公余生活》《政法与经济》《湖北学生界》《学报汇编》《革命与战争》《革命评论》《政干通讯》《江苏广播周刊》《建国月刊》

（二）中文著作（按作者音序排列）

A

［美］埃德加·斯诺：《西行漫记》，董乐山译，解放军文艺出版社2002年版。

B

［美］鲍留云：《致富新书》，香港飞鹅山书院藏版，道光二十七年（1847）。

［美］本杰明·史华兹：《寻求富强：严复与西方》，叶凤美译，江苏人民出版社2010年版。

［英］布来德：《保富述要》，傅兰雅口译、徐家宝笔述，江南制造总局，光绪十五年（1889）。

C

陈豹隐：《陈豹隐全集》，西南财经大学出版社2013年版。

程碧波：《国计学》，社科文献出版社2010年版。

陈孟熙主编：《经济学说史教程》，中国人民大学出版社1992年版。

陈晋：《毛泽东读书笔记解析》，广东人民出版社1996年版。

陈忠倚编：《清经世文三编》，光绪二十三年（1897）石印本。

陈炽：《陈炽集》，中华书局1997年版。

［日］村井知至：《社会主义》，罗大维译，广智书局1903年版。

［日］出井盛之：《经济思想史》，刘家鋆译，上海联合书店1929年版。

D

［日］大河内一男：《过渡时期的经济思想——亚当·斯密与弗·李斯特》，胡企林、沈佩林译，朱绍文校，中国人民大学出版社2009年版。

［法］道图门兹：《经济思想史》，卫惠林译，上海民智书局1930年版。

东海散士著：《佳人之奇遇》，上海中国书局1935年版。

《第八届北京大学史学论坛论文集》，北京大学出版社2012年版。

F

［英］傅兰雅：《佐治刍言》，上海书店出版社2002年版。

［日］福泽谕吉：《西洋事情》，东京尚古堂1867年版。

G

［日］高畠素之：《地租思想史》，王亚南译，神州国光社1931年版。

高平叔编：《蔡元培全集》，中华书局 1984 年版。

高军：《五四运动前马克思主义在中国的介绍与传播》，湖南人民出版社 1986 年版。

顾廷龙：《清代朱卷集成》（第 88—90 册），成文出版社 1992 年版。

管仲：《管子》，上海古籍出版社 1989 年版。

郭大力：《西洋经济思想》，中华书局 1950 年版。

郭嵩焘：《伦敦与巴黎日记》，岳麓书社 1984 年版。

郭湛波：《近五十年中国思想史》，山东人民出版社 1997 年版。

H

［美］哈罗德·史扶邻：《孙中山与中国革命的起源》，丘权政、符致兴译，中国社会科学出版社 1981 年版。

［美］韩讷：《经济思想史》，臧启芳译，商务印书馆 1925 年版。

［日］河上肇：《近世经济思想史论》，李培天译，上海学术研究会 1920 年版。

［日］河上肇：《资本主义经济学之史的发展》，林植夫译述，商务印书馆 1928 年版。

［日］后藤延子：《李大钊思想研究》，王青等编译，中国社会出版社 1999 年版。

［英］赫胥黎：《天演论》，严复译，商务印书馆 1981 年版。

侯厚吉、吴其敬：《近代经济思想史稿》，黑龙江人民出版社 1983 年版。

黄颂杰主编：《光华文存：〈复旦学报〉复刊 30 周年论文精选经济学卷》，复旦大学出版社 2008 年版。

胡寄窗：《中国近代经济思想史大纲》，中国社会科学出版社 1984 年版。

胡寄窗：《中国经济思想史简编》，中国社会科学出版社 1981 年版。

胡寄窗主编：《西方经济学说史》，立信会计出版社 1991 年版。

J

蒋中正：《中国经济学说》，连锁书店 1944 年版。

［法］基特、［法］里斯脱：《经济学史》，王建祖译述，商务印书馆 1923 年版。

江标：《经济实学考》，博济书院，光绪二十四年（1897）石印本。

K

［英］坎南编著：《亚当·斯密关于法律、警察、岁入及军备的演讲》，陈福生、陈振骅译，商务印书馆 2005 年版。

孔安国：《尚书正义》，上海古籍出版社 2007 年版。

L

［美］理查德·J. 司马富等编：《赫德日记——赫德与中国早期现代化（1863—1866）》，陈绛译，中国海关出版社 2005 年版。

赖建诚：《亚当·斯密与严复：〈国富论〉与中国》，浙江大学出版社 2009 年版。

《李大钊全集》，人民出版社 2006 年版。

［英］李嘉图：《经济学及赋税之原理》，郭大力、王亚南译，上海三联书店 2008 年版。

［德］李斯特：《国家经济学》，王开化译，商务印书馆 1927 年版。

李权时：《中国经济思想小史》，世界书局 1927 年版。

李权时：《自由贸易与保护关税》，南京书店 1929 年版。

李权时：《李权时经济论文集》，世界书局 1929 年版。

李权时：《经济学原理》，商务印书馆 1931 年版。

李权时：《李权时经济财政论文集》，商务印书馆 1933 年版。

李权时：《现代中国经济思想》，中华书局 1934 年版。

李权时：《财政学原理》，商务印书馆 1935 年版。

李权时：《经济学新论》，商务印书馆 1937 年版。

李大钊：《守常文集》，上海书店出版社 1989 年版。

李天纲编校：《万国公报文选》，三联书店 1998 年版。

梁启超著、夏晓红辑：《〈饮冰室合集〉集外文》（下册），北京大学出版社 2005 年版。

《梁启超全集》，北京出版社 1999 年版。

林代昭、潘国华编：《马克思主义在中国——从影响的传入到传播》，清华大学出版社 1983 年版。

刘秉麟：《亚丹斯密》，商务印书馆 1924 年版。

刘秉麟：《李士特经济学说与传记》，上海商务印书馆 1925 年版。

刘秉麟：《理嘉图》，上海商务印书馆 1926 年版。

刘秉麟：《各国社会运动史》，商务印书馆 1927 年版。

刘秉麟：《经济学原理》，商务印书馆 1929 年版。

刘秉麟：《经济学》，商务印书馆 1929 年版。

刘絜敖：《经济学方法论》，商务印书馆 1937 年版。

刘瑾玉：《翻译、概念与经济：严复译〈国富论〉研究》，社会科学文献出版社 2021 年版。

刘向：《说苑校证》，中华书局1987年版。

刘锡鸿：《英轺私记》，岳麓书社1986年版。

［苏］鲁平：《新经济思想史》，季陶达译，北京好望书店1932年版。

鲁友章、李宗正主编：《经济学说史》，人民出版社1965年版。

［苏］卢森贝：《政治经济学史》，李侠公译，三联书店1959年版。

［英］罗伯特·麦肯齐：《泰西新史揽要》，李提摩太译、蔡尔康述，上海书店出版社2002年版。

M

［加］马林、李玉书译：《富民策》，美华书馆1911年版。

［英］马尔萨斯：《人口论》，郭大力译，北京大学出版社2008年版。

［英］麦肯齐：《泰西新史揽要》，李提摩太译、蔡尔康述，上海书店出版社2002年版。

［法］孟德斯鸠：《孟德斯鸠法意》，严复译，商务印书馆1981年版。

马寅初：《中国经济改造》，商务印书馆1935年版。

马寅初：《经济学概论》，商务印书馆1943年版。

《马寅初全集》，浙江人民出版社1999年版。

《毛泽东选集》，人民出版社1960年版。

［英］穆勒：《穆勒经济学原理》，郭大力译，上海社会科学院出版社2016年版。

慕维廉编译：《大英国志》，墨海书院1856年版。

P

皮后锋：《严复评传》，南京大学出版社2011年版。

Q

［意］乔万尼·阿里吉：《亚当·斯密在北京：21世纪的谱系》，路爱国等译，社会科学文献出版社2009年版。

钱钟书总编、朱维铮执行主编：《郭嵩焘等使西纪六种》，三联书店1998年版。

R

任建树等编：《陈独秀著作选编》，上海人民出版社2009年版。

S

沈国威：《近代中日词汇交流研究：汉字新词的创制、容受与共享》，中华书局2010年版。

［日］实藤惠秀：《中国人留学日本史》，谭汝谦、林启彦译，三联书店1983年版。

四库未收书辑刊编纂委员会编:《四库未收书辑刊第四辑》,北京出版社1998年版。

司马哲编:《墨子全书》,中国长安出版社2008年版。

石云艳:《梁启超与日本》,天津人民出版社2004年版。

[美]斯科特:《经济思想史》,李炳焕等译,上海黎明书局1936年版。

宋涛主编:《20世纪中国学术大典》,福建教育出版社2005年版。

孙宝义、刘春增等编:《毛泽东谈读书学习》,中央文献出版社2008年版。

孙大权:《中国经济学的成长:中国经济学社研究(1923—1953)》,上海三联书店2006年版。

《孙中山全集》(第2卷),中华书局1982年版。

《孙中山全集》(第6卷),中华书局1985年版。

《孙中山全集》(第8—9卷),中华书局1986年版。

《孙中山选集》,人民出版社1956年版。

孙应祥、皮后锋主编:《严复补编》,福建人民出版社2004年版。

T

谭汝谦:《中国译日本书综合目录》,香港中文大学出版社1980年版。

谈敏:《回溯历史——马克思主义经济学在中国的传播前史》,上海财经大学出版社2008年版。

谈敏:《1917—1919马克思主义经济学在中国的传播启蒙》,上海财经大学出版社2016年版。

唐庆增:《西洋五大经济家》,黎明书局1930年版。

唐庆增:《唐庆增经济论文集》,中国经济学社1930年版。

唐庆增:《唐庆增经济演讲集》,世界书局1933年版。

唐庆增:《唐庆增最近经济文集》,民智书局1933年版。

唐庆增:《经济学概论》,世界书局1933年版。

唐庆增:《大学经济课程指导》,民智书局1933年版。

唐庆增:《中国经济思想史》,商务印书馆2010年版。

W

万典武:《情系当年》,中国商业出版社2001年版。

汪凤藻译、丁韪良核对:《富国策》,鸿宝书局1901年版。

王国维:《人间闲话:王国维随笔》,北京大学出版社2011年版。

王浩整理、朱熹注:《四书集注》,南京凤凰出版社2008年版。

王栻主编:《严复集》,中华书局1986年版。

王世家编:《青年必读书》,河南大学出版社2006年版。

王亚南:《经济学史》(上卷),民智书局1932年版。

王亚南:《中国社会经济改造问题研究》,中华书局1949年版。

王亚南:《中国经济原论》,广东经济出版社1998年版。

王亚南:《王亚南文选》,中国社会科学出版社2007年版。

王亚南:《王亚南文集》,福建教育出版社1989年版。

魏泉:《梁启超:从"承启之志"到"守待之心"》,山东文艺出版社2006年版。

X

奚金芳、伍玲玲主编:《陈独秀南京狱中资料汇编》,上海人民出版社2016年版。

[英]晳分斯:《富国养民策》,艾约瑟编译,上海总税务司1886年版。

夏炎德:《中国近百年经济思想》,《民国丛书》(第1编第36册),上海书店1989年版。

夏东元编:《郑观应集》,上海人民出版社1982年版。

[日]小林丑三郎:《经济思想史》,周宪文、柯瀛译述,中华书局1938年版。

荀况:《荀子》,上海古籍出版社2014年版。

[日]狭间直树编:《梁启超·明治日本·西方》,社会科学文献出版社2001年版。

[日]狭间直树、石川祯浩主编:《近代东亚翻译概念的发生与传播》,袁广泉等译,社会科学文献出版社2015年版。

熊月之:《西学东渐与晚清社会》,上海人民出版社1994年版。

Y

[英]亚当·斯密:《道德情操论》,谢宗林译,中央编译出版社2008年版。

[英]亚当·斯密:《国民财富的性质和原因的研究》,郭大力、王亚南译,神州国光社1931年版。

[英]亚当·斯密:《国富论》,郭大力、王亚南译,中华书局1936年版。

[英]亚当·斯密:《国民财富的性质和原因的研究》,郭大力、王亚南译,商务印书馆2008年版。

[英]亚当·斯密:《原富》,严复译,商务印书馆1981年版。

晏智杰主编:《西方经济学说史教程》,北京大学出版社2002年版。

晏智杰:《晏智杰讲亚当·斯密》,北京大学出版社2011年版。

杨代春:《〈万国公报〉与晚清中西文化交流》,湖南人民出版社2002

年版。

杨天石:《找寻真实的蒋介石:蒋介石日记解读》,山西人民出版社 2008 年版。

叶世昌:《近代中国经济思想史》,上海财经大学出版社 2017 年版。

[英]因格拉门:《经济学史》,胡泽、许炳汉译,商务印书馆 1932 年版。

王锡祺辑:《贸易通志》,光绪二十三年(1897)上海著易堂铅印本。

袁俊德辑:《富强斋丛书续全集》,光绪二十七年(1901)小仓山房石印本。

尹伯成主编:《西方经济学说史:从市场经济视角的考察》,复旦大学出版社 2005 年版。

尹伯成编著:《西方经济学说史简明教程》,科学出版社 2007 年版。

Z

张登德:《求富与近代经济学中国解读的最初视角——〈富国策〉的译刊与传播》,黄山书社 2009 年版。

张觉:《荀子校注》,岳麓书社 2006 年版。

张素民:《价值论》,世界书局 1934 年版。

赵迺抟:《欧美经济学史》,正中书局 1948 年版。

赵兰坪:《近代欧洲经济学说》,商务印书馆 1928 年版。

赵兰坪:《经济学》,商务印书馆 1928 年版。

赵兰坪:《经济学大纲》,商务印书馆 1944 年版。

赵丰田:《晚清五十年经济思想史》,哈佛燕京学社 1939 年版。

赵靖:《中国近代经济思想史讲话》,人民出版社 1983 年版。

赵靖:《赵靖文集》,北京大学出版社 2002 年版。

赵靖、易梦虹主编:《中国近代经济思想资料选辑》,中华书局 1982 年版。

郑观应:《盛世危言新编》,光绪二十三年(1897)成都刻本。

郑观应:《盛世危言》,辛俊玲评注,华夏出版社 2002 年版。

郑玄:《周礼注疏》,上海古籍出版社 2010 年版。

载振:《英轺日记》,上海文明书局,光绪二十九年(1903)。

中国大百科全书编辑委员会:《中国大百科全书》,中国大百科全书出版社 1986 年版。

邹进文:《近代中国经济学的发展:以留学生博士论文为中心的考察》,中国人民大学出版社 2016 年版。

周志太主编:《外国经济学说史》,中国科学技术大学出版社 2009 年版。

朱熹注:《四书集注》,王浩整理,凤凰出版社 2008 年版。

朱俊瑞：《梁启超经济思想研究》，中国社会科学出版社 2004 年版。
朱绍文：《朱绍文集》，中国社会科学出版社 2009 年版。
朱绍文：《经典经济学与现代经济学》，北京大学出版社 2000 年版。
朱维铮校注：《梁启超论清学二种》，复旦大学出版社 1985 年版。
《朱执信集》，中华书局 1979 年版。
朱谦之：《历史学派经济学》，商务印书馆 1933 年版。
周宪文：《资本主义与统制经济》，中华书局 1933 年版。
《最新经济学》，上海作新社 1903 年版。

（三）论文

包振宇、曹斌：《"国民财富"不可改作"国家财富"——就〈国富论〉译名与谢祖钧先生商榷》，《中国翻译》2012 年第 1 期。

陈克俭：《王亚南对创建中国经济学的历史性贡献及其启示——纪念王亚南诞辰 100 周年》，《东南学术》2002 年第 1 期。

戴金珊：《一部风格独特的经济学说史》，《读书》1984 年第 2 期。

戴金珊在：《亚当·斯密与近代中国的经济思想》，《复旦学报》1990 年第 2 期。

杜艳华：《严复思想对毛泽东早期文化观形成的影响》，《吉林大学社会科学学报》1998 年第 4 期。

方维规：《"经济"译名溯源考——是"政治"还是"经济"》，《中国社会科学》2003 年第 3 期。

冯天瑜：《"经济"辨析》，《湖北经济学院学报》2005 年第 6 期、2006 年第 1 期。

郭双林：《沉默也是一种言说——论梁启超笔下的严复》，《史学理论研究》2011 年第 2 期。

黄克武：《新名词之战：清末严复译语与和制汉语的竞赛》，《"中央研究院"近代史研究所集刊》2008 年第 62 期。

黄兴涛：《"民族"一词究竟何时在中文里出现》，《浙江学刊》2002 年第 1 期。

姜义华：《孙中山思想发展学理上的重要准备——跋新发现的一份孙中山购书清单》，《近代中国》1994 年第 4 辑。

姜义华：《孙中山的革命思想与同盟会——上海孙中山故居西文藏书的一项审视》，《史林》2006 年第 5 期。

康有为：《请以爵赏奖励新艺新法新书新器新学设立特许专卖折》（1898 年 6 月 26 日），《杰士上书汇录》（卷二）。

赖建诚：《亚当·斯密与严复：〈国富论〉与中国》，《汉学研究》1989 年第 7 卷第 2 期。

李长莉：《梁启超论新民德与国民生计》，《近代史研究》2004 年第 3 期。

李丹：《晚清西方经济学财富学说在华传播研究——以在华西人著述活动为中心的考察》，《中国经济史研究》2015 年第 3 期。

梁台根：《近代西方知识在东亚的传播及其共同文本之探索——以〈佐治刍言〉为例》，《汉学研究》2006 年第 24 卷第 2 期。

刘重焘：《严复翻译〈原富〉之经过》，《华东师范大学学报》1985 年第 4 期。

卢江、钱书法：《王亚南对中国经济学研究的理论与实践贡献》，《经济学家》2012 年第 8 期。

马涛：《唐庆增与其〈中国经济思想史〉》，《经济思想史评论》2006 年第 1 辑。

莫江平：《论毛泽东对严复社会有机体理论的批判与改造》，《学海》2009 年第 4 期。

［日］森正夫著，韩一德、刘多田译：《李大钊在早稻田大学》，《齐鲁学刊》1987 年第 1 期。

沈国威、王扬宗：《关于〈贸易通志〉》，《或问》2004 年第 7 号。

孙大权：《唐庆增经济思想研究》，中国经济思想史学会第十四届年会论文，2010 年 8 月，武汉。

谈敏：《中国经济学的过去与未来——从王亚南先生的"中国经济学"主张所想到的》，《经济研究》2000 年第 4 期。

谭继东：《近代西方思潮对青年毛泽东价值观念的影响》，《宝鸡文理学院学报》2002 年第 2 期。

汤照连、冯泽：《孙中山研习与传播西方经济学始末》，《经济研究》1984 年第 7 期。

王宏斌、王琳：《孙中山对于欧洲古典经济学的批判与继承——以亚当·斯密与萨伊为例》，《民国档案》2008 年第 3 期。

王亚南：《研究古典经济学的现实意义》，《人民日报》1962 年 1 月 13 日。

吴义雄：《鲍留云与〈致富新书〉》，《中山大学学报》（社会科学版）2011 年第 51 卷第 3 期。

谢祖钧：《我是怎样翻译〈国富论〉的》，《中国科技翻译》2010 年第 1 期。

熊月之：《郭实腊〈贸易通志〉简论》，《史林》2009 年第 3 期。

叶世昌：《经济学译名源流考》，《复旦学报》1990 年第 5 期。

叶坦：《1920—30 年代中国经济思想史研究之分析》，《中国研究》1995 年 12 月号、1996 年 1 月号。

叶坦：《"中国经济学"寻根》，《中国社会科学》1998 年第 4 期。

余开祥：《唐庆增：中国经济思想史领域的辛勤耕耘者》，《复旦大学·校史通讯》2005 年第 32 期。

尹伯成：《斯密理论在中国影响的三个阶段——为〈国富论〉问世二百三十周年而作》，《探索与争鸣》2006 年第 4 期。

张登德：《〈富国策〉著译者考释》，《安徽史学》2006 年第 6 期。

张登德：《亚当·斯密及其〈国富论〉在近代中国的传播和影响》，《理论学刊》2010 年第 9 期。

张登德：《亚当·斯密在晚清中国的境遇考察与分析》，《聊城大学学报》2020 年第 1 期。

张登德：《近代中国学界对亚当·斯密的纪念与评论》，《山东师范大学学报》2020 年第 2 期。

赵靖：《经济学译名的由来》，《教学与研究》1982 年第 2 期。

朱立文：《王亚南著译系年目录》，《中国经济问题》1981 年第 5 期。

[日] 中村哲夫：《试论孙文与美国经济学》，《中山大学学报论丛》1992 年第 5 期。

[日] 中村哲夫：《关于上海孙中山故居藏书——1993 年 3 月 10 日在上海中山学社的报告》，《近代中国》1994 年第 4 辑。

邹进文、张家源：《Economy、Economics 中译考——以"富国策""理财学""计学""经济学"为中心的考察》，《河北经贸大学学报》2013 年第 4 期。

（四）学位论文与博士后出站报告

乔雪松：《严复的经济思想初探》，东北财经大学 2003 年硕士论文。

宋雄伟：《严复与福泽谕吉的"自由经济理论"》，山东大学 2007 年硕士论文。

郑斌孙：《严复的经济思想初探》，山东大学 2009 年硕士论文。

张琳：《亚当·斯密〈国富论〉在近代中国的传播》，上海财政大学 2010 年硕士论文。

张丁丹：《〈原富〉的经济术语翻译会通研究》，湖南科技大学 2018 年硕士论文。

方小玉：《民国〈经济学季刊〉（1930—1937）研究》，武汉大学 2009 年博士论文。

郑双阳：《严复经济思想研究》，福建师范大学 2012 年博士论文。

朱圆满：《梁启超早期经济思想研究》，中山大学 2004 年博士后出站报告。

二、外文部分

（一）外文档案

MS Despatches from U.S. Ministers to China, 1843–1906, Volume 8, National Archives, from Asia and the West: Diplomacy and Cultural Exchange.

（二）外文著作

Adam Müller, *Versuche einer neuen Theorie des Geldes*, Jena: Gustav Fischer, 1922.

Adam smith, *An Inquiry into the Nature and Causes of the Wealth of Nations*, R. H. Campbell and A. S. Skinner ed., Oxford: Clarendon Press, 1976.

Alexander Wylie, *Memorials of Protestant Missionaries to the Chinese: A List of Their Publications, and Obituary Notices of the Deceased*, Shanghai: American Presbyterian Mission Press, 1867.

Anonymity, *Chambers's Educational Course: Political Economy for Use in Schools, and for Private Instruction*, Edinburgh: William and Robert Chambers, 1852.

《アダム・スミス文献目録》（Adam Smith Bibliograph），关西大学经济学会资料室编辑：《关西大学经济论集》，1960 年版。

Charles Gide and Charles Rist, *A History of Economic Doctrines from the Time of the Physiocrats to the Present Day*, Boston: D. C. Heath, 1913.

Charles Ganilh, *Des Systémes D'économie Politique*, Paris: Xhrouet, 1821.

Christopher J. Berry, *Social Theory of The Scottish Enlightenment*, Edinburgh: Edinburgh University Press, 1997.

E. C. Mossner and I. S. Ross, ed., *Correspondence of Adam Smith*, Indianapolis: Liberty Fund, 1987.

François Ferrier, *Du Gouvernement Considéré dans ses Rapports avec le Commerce*, Paris: Perlet, 1805.

F. M. L. Thompson, *English Landed Society in the Nineteenth Century*, London: Routledge & Kegan Paul, 1963.

Henry Fawcett, *Manual of Political Economy*. London: Macmillan, 1863.

I. M. Condit, *English and Chinese Dictionary*, New York: American Tract Society, 1882.

James Cantlie and C. S. Jones, *Sun Yat Sen and the awakening of China*, London: Jarrold & Sons, 1912.

James Steuart, *An Inquiry into the Principles of Political Econom*, London: Printed for A. Millar and T. Cadell, 1767 (Digitized by the Internet Archive in 2010).

John Gray, *The Essential Principles of the Wealth of Nations: Illustrated, in Opposition to Some False Notions of Dr. Adam Smith and Others*, London: T. Becket, 1797.

John McVickar, *Outlines of Political Economy*, New York: Wilder & Campbell, 1825.

John McVickar, *First Lessons in Political Economy*, Albany: Common School Depository, 1837.

John Ramsey McCulloch, *A Dictionary, Practical, Theoretical and Historical of Commerce and Commercial Navigation*, London: Longman, 1835.

John Ruskin, *Unto This Last and the Two Paths*, London & Glasgow: Collins Clear-Type Press, 1862.

K. Hemeling, *English-Chinese Dictionary of the Standard Chinese Spoken Language and Handbook for Translators (including Scientific, Technical, Modern, and Documentary Terms)*, Shanghai: Statistical Department of the Inspectorate General of Customs, 1916.

Kwong Ki-chiu, *An English and Chinese Dictionary*, Shanghai: Wah Cheung, 1887.

Lai Cheng-chung, *Adam Smith across Nations: Translations and Receptions of the Wealth of Nations*, Oxford: Oxford University Press, 2000.

Malcolm Warner ed., *The Diffusion of Western Economics Ideas in East Asia*, London and New York: Routledge, 2017.

Paul B. Trescott, *Jingji Xue: The History of the Introduction of Western Economic Ideas into China, 1850–1950*, Hong Kong: The Chinese University of Hong Kong, 2007.

Phyllis Deane, *The First Industrial Revolution*, Cambridge: Cambridge University Press, 1979.

Robert Mackenzie, *The 19th Century: A History*, London: Thomas Nelson & Sons, 1880.

S. Wells Williams, *An English and Chinese Vocabulary, in the Court Dialect*, Macao: Office of the Chinese Repository, 1844.

Tatsuya Sakamoto and Hideo Tanaka ed., *The Rise of Political Economy in the Scottish Enlightenment*, London and New York: Routledge, 2003.

Thomas Malthus, *An Essay on the Principle of Population*, London: Printed for J. Johnson, in St. Paul's Church-Yard, 1798 (Electronic Scholarly Publishing Project, 1998).

Thomas Malthus, *An Essay on the Principle of Population*, London: Ward, Lock, 1890.

Wang Y. C., *Chinese Intellectuals and the West, 1872 - 1949*, Carolina: University of North Carolina Press, 1966.

Warren A. Candler, *Young J. Allen, the Man Who Seeded China*, Nashville: Cokesbury Press, 1931.

W. Lobscheid, *An English and Chinese Dictionary*, Tokokyo: Fujimoto, 1884.

William Stanley Jevons, *Science Primers: Political Economy*, London: Macmillan, 1878.

(三) 外文期刊论文

Albert M Craig, "John Hill Burton and Fukuzawa Yukichi", *Kindai Nihon Kenkyu*, Vol.1, 1984.

Albert Feuerwerker, "The State and the Economy in Late Imperial China", *Theory and Society*, Vol.13, No.3, 1984.

Anonymity, "Catalogue of Books in the library of the Morrison Education Society", *The Chinese Repository*, Vol.14, 1845.

Anonymity, "Current Topics", *The Economic Journal*, Vol.33, No.131, 1923.

Federica Casalin, "Some Preliminary Remarks On The Zhifu Xinshu 致富新书", *Wakumon*, No.11, 2006.

[日] 河上肇:《竹内法学士译『富国论』》,《经济论丛》1922年第14卷第4号。

Jeng-Guo S. Chen, "Between the Modernist and Traditionalist: Receptions of Adam Smith in China, 1902 - 2012", *The Journal of Economics*, Vol.82,

No.3, 2019.

Lai Cheng-chung, "Adam Smith and Yen Fu: the Wealth of Nations and China", *Chinese Studies*, Vol.7, No.2, 1989.

Lai Cheng-Chung, "Adam Smith and Yen Fu: Western Economics in Chinese Perspective", *Journal of European Economic History*, Vol.18, No.2, 1989.

Lai Cheng-Chung, "Translations of the Wealth of Nations", *Journal of European Economic History*, Vol.25, No.2, 1996.

Roy Pascal, "Property and Society: The Scottish Contribution of the Eighteenth Century", *Modern Quarterly*, Vol.1, 1938.

Samuel R. Brown, "Report of the Trustees", *The Chinese Repository*, Vol.15, 1846.

［日］王斌:《明治初期における経済学翻訳の一齣—漢訳書『致富新書』をめぐって》,《翻訳研究への招待》,2016 年第 15 卷。

后　　记

　　2010年秋天，我进入四川大学理论经济学博士后流动站从事研究工作。由于我在博士期间从事的是英国近代经济史的研究，对于理论经济学的专业知识较为缺乏，因此特地去旁听了合作导师蒋永穆教授所上的经济思想史课程。在课堂上，蒋老师提到，英国的学者很关心《国富论》在中国的流传和影响的问题。回到家后，我跟妻子在聊天中提及此事，从事中国古典文献学研究的她，敏锐地意识到研究西方经典著作在中国的传播有着广阔的研究空间和重要的学术价值，再三鼓励我在站期间就以此作为研究方向，并且就从《国富论》在中国的传播入手。

　　由于此前没有相关的研究基础，我怀着惴惴不安的心情，将这一想法跟蒋老师交流，没有想到得到了他的大力支持和肯定。于是我在站期间，就正式以《国富论》在近代中国的传播为研究题目。经过三年的搜集资料、梳理文献、分析材料，我于2013年3月完成了以《〈国富论〉在近代中国的传播（1870—1949）》为题的出站报告。博士后出站后，我于2013年7月正式入职西南交通大学马克思主义学院工作，由于新的工作需要，我将这份尚不成熟的出站报告暂时搁置一旁，但是心里一直希望能够提升自己的相关素养，对这份出站报告进行深入地修改。新入职的西南交通大学从上至下都积极支持老师们出国访学，提升专业素养，我也顺利地申请到了国家留学基金委的资助，于2016年3月至2017年3月，在亚当·斯密曾经执教的英国格拉斯哥大学作访问学者，联系导师即苏格兰启蒙运动的研究专家克里格·史密斯教授。在苏格兰一年的访学期间，我接触到了更多的关于亚当·斯密的研究成果和第一手学术资料。

　　回国之后，2018—2019年间，我断断续续对出站报告进行了全面地修订，并于2019年申请了国家社科基金后期资助，且顺利立项。此后的三年里，我根据评审专家的意见，针对课题的理论价值、现实意义、《国富论》对中国近代经济思想发展和经济学研究的影响等方面，做了进一步修改和完善，于是，这本书才有了呈现在读者面前的样子。

为此，我首先感谢我的博士后合作导师蒋永穆教授。蒋老师为人谦和，学识渊博，治学严谨。不仅在站期间悉心指导我的研究，出站之后，蒋老师对于我的工作调动、事业发展仍关怀备至。拙作正式出版之际，又于百忙之中亲赐序言。人生中得如此良师，是我的幸运。同时，也因与蒋老师的这份师生之缘，我在站期间，还得到了杨启智、杨少磊、纪志耿、杜兴端、张鹏、黄晓渝、涂文明、董亮等诸位同门的帮助和情谊，这也时常让我感念不已。

其次，感谢周春、张衔、刘灿、刘方健、李天德、蒋和胜、朱方明、曾令秋、李萍诸位先生，在开题和出站报告鉴定会上，给我提出了许多宝贵建议；感谢英国格拉斯哥大学的克里格·史密斯教授，让我有幸与妻子一同在斯密的故乡从容地度过了一年充实的学术生活。感谢爱丁堡大学哈里·迪金森教授与格拉斯哥大学克里斯托弗·贝瑞教授所提供的学术信息和建议。这本书的写作和修订与上述诸多师友曾给予的帮助和鼓励是分不开的。

最后，真诚地感谢我的家人。当我正式确定了以"《国富论》在近代中国的传播"为出站报告题目时，妻子正怀孕在身，如今这本书即将面世，小儿泊廷已成长为一位13岁的翩翩少年。在我撰写出站报告的三年里，是妻子和双方父母给予了生活上无微不至的帮助，我才能得以全身心地投入到这本书的撰写中。尤其是岳父母如今已是年过七旬的老人，仍然像以前一样，远离家乡桂林，来到成都帮助我们洗衣做饭、照顾孩子。功劳最大的当属我的妻子刘玉珺。2016年，她早已经是教授了，为了让我没有后顾之忧，她放下自己的研究，与我一同前往格拉斯哥大学访问，一同去爱丁堡大学查阅亚当·斯密的手稿。虽然我们的专业不同，但是书籍传播史的研究让我们在学术上有了交集和更为一致的学术目标，学术交流甚至成了我们日常生活的一部分。

感谢上海社会科学院出版社责编张晶女士的细心编校。本书内容涉及面广，疏漏和不足之处在所难免，我真诚欢迎各位专家学者、读者的批评与指正，以期能够抛砖引玉。

何洪涛

2024年9月2日于西南交通大学犀浦校区三教